LA BIBLE
ET L'HISTOIRE

John Romer

LA BIBLE ET L'HISTOIRE

ÉDITIONS FRANCE LOISIRS

L'édition originale de cet ouvrage a été publiée en Grande-Bretagne en 1988 par Michael O'Mara Books Limited sous le titre : *Testament - The Bible and History*.
Traduit de l'anglais par Geneviève Jackson

Édition du Club France Loisirs,
avec l'autorisation des Éditions du Félin.

Éditions France Loisirs,
123, boulevard de Grenelle, Paris
www.franceloisirs.com

ISBN : 2-7441-5614-0

De la traductrice au lecteur

Toute traduction est cheminement vers une rencontre. Dans l'ouvrage de John Romer, l'intérêt du sujet est soutenu par un style ferme, une syntaxe souple et un lexique abondant. La prose a une qualité orale bien particulière puisque l'origine de ce livre est une série de conférences télévisées ou l'érudition s'exprime souvent sur le ton familier de l'entretien. J'ai essayé de mon mieux de respecter à la fois le style et le ton de l'original.

Les citations de la Bible faites par l'auteur sont le plus souvent tirées de la Bible du roi Jacques *(Version autorisée, 1611) mais certaines proviennent du texte plus récent de la* New English Bible *(1961-1970). Par souci de cohésion, les éditeurs français de* La Bible et l'Histoire *ont choisi pour seul ouvrage de référence la* Traduction œcuménique de la Bible *(TOB) publiée en 1972-1975 par la Société Biblique Française et les Editions du Cerf, et qui existe en Livre de Poche.*

J'ai traduit moi-même les citations et poèmes dont l'auteur a semé son texte avec tant d'évident bonheur ; non parce que je trouvais les versions françaises disponibles de ces textes insuffisantes, mais pour le pur plaisir d'aller jusqu'au bout d'un travail qui me passionnait.

Avec l'accord de l'auteur, les éditeurs français ont modifié le chapitre VII de La Bible et l'Histoire *pour inclure des informations supplémentaires sur la place et le rôle de la Bible dans l'histoire et la mentalité françaises. Pour ces ajouts, mes sources ont été l'irremplaçable collection* Bible de Tous les Temps, *dirigée par Charles Kannengiessen et publiée aux Editions Beauchêne. Particulièrement précieux m'a été le volume VIII*, Le Monde contemporain et la Bible, *sous la direction de C. Savart et J. N. Aletti (1985).*

Je tiens à remercier mon mari Basil Jackson pour sa patiente lecture croisée de l'original et de la version française. J'exprime ma reconnaissance à l'équipe de la bibliothèque municipale de La Ciotat qui a aidé mes recherches avec autant de compétence que de gentillesse.

Je dédie ce travail à la mémoire de Madeleine Garrigou-Lagrange, l'amie au cœur tendre et au regard lucide. Son souvenir est en chacune de ces pages.

GENEVIEVE JACKSON

CHAPITRE PREMIER

La Genèse

Une visite à Abraham

Dans les premiers mois de l'année 1862, fuyant un printemps maussade et la cour de Windsor encore toute endeuillée par la mort récente du prince Albert son père, le prince de Galles [1] entreprit un voyage en Egypte et en Terre sainte. Il accomplissait ainsi — comme le rapporte son précepteur — « un vœu exprimé par feu le regretté prince consort ». Inlassablement, année après année, le prince Albert s'était efforcé de modeler son fils aîné à sa propre image. Tentative assez mal récompensée car c'était chez sa fille, la Princesse Royale, que l'empreinte paternelle semblait la plus forte. « Mon très cher frère », câblait-elle au prince de Galles qui, avec sa suite, faisait route à travers l'Orient, « le Devoir ! le Devoir avant tout ! Le Devoir et rien que le Devoir ! », conseil dont le jeune prince avait les oreilles rebattues depuis belle lurette et qu'il écoutait avec une patience angélique nuancée toutefois d'une expression éberluée parfaitement sincère.

La suite du prince formait un groupe hétérogène rassemblé par le général Bruce qui devait d'ailleurs mourir d'épuisement peu après son retour en Angleterre. Elle comprenait deux des habituels compagnons des parties de

1. Futur roi Edouard VII, qui accéda au trône à la mort de sa mère, la reine Victoria, et régna de 1901 à 1910.

chasse princières, Meade et Keppel (la femme de ce dernier allait par la suite devenir une des maîtresses favorites du roi), une pléiade d'écuyers et de domestiques ainsi qu'un photographe pour immortaliser leurs portraits, un naturaliste pour empailler leurs trophées de chasse, sans oublier un éminent homme d'Eglise pour veiller au salut de leurs âmes.

— Il n'y a dans toute l'université d'Oxford qu'un seul homme à qui je souhaiterais confier l'éducation de Bertie, avait dit un jour le prince Albert. C'est le doyen Stanley.

Et ce fut donc à lui que l'on remit le soin de choisir l'itinéraire des voyageurs. Au rythme de ses homélies, comme Abraham, ils descendirent vers l'Egypte et, comme Joseph, ils en sortirent ; à Nazareth le Vendredi saint, au lac de Tibériade à Pâques, et jusque sur le chemin de Damas au jour anniversaire de la conversion de saint Paul, le doyen prêcha, prêcha sans désemparer.

Il préparait ses sermons tandis que, du pont du yacht royal, le prince, Meade et Keppel faisaient un tel carnage sur le Nil, abattant crocodiles et gibier avec tant d'entrain que le naturaliste « ne s'y retrouvait plus entre le plumage des colombes et celui des perdrix » et que Francis Bedford, le photographe, prenait cliché sur cliché « avec un empressement touchant chaque fois qu'on voulait bien solliciter ses services ». A Thèbes, en Haute-Egypte, le doyen prit la parole dans la grande salle hypostyle du temple de Karnak et glosa longuement sur le verset 9 du psaume LXXX : « La vigne que tu as retirée d'Egypte, tu l'as replantée... », cependant que le prince commentait : « Encore un vieux temple ! Encore des ruines ! C'est comme à Rome : des théâtres ou des machins dont il ne reste qu'une pierre ou deux ! »

Une photographie de Bedford fait revivre la scène. On y voit le doyen avec son profil d'oiseau, son pantalon de flanelle blanche, sa jaquette grise et son casque colonial et le jeune prince qui se tient un peu à l'écart du groupe, le visage caché par l'ombre portée d'une énorme colonne. Il fallait à ses mentors des trésors de patience pour que le regard distrait de leur royal disciple voulût bien se fixer sur les pierres de l'Antiquité égyptienne !

Dès son arrivée à Gizeh, devant les pyramides, le doyen s'était exclamé : « Quelle noblesse dans ces monuments ! C'est cette même noblesse qui marque la personne d'Abraham ! » Et, noblement, avec tout son entourage, il avait gravi chaque pyramide jusqu'au sommet. Mais le prince n'avait pas suivi le mouvement et, à leur retour, ses compagnons le trouvèrent « assis devant sa tente, occupé à fumer et à lire *East Lynne*[1] ».

Contrairement au jeune prince, l'enthousiasme du doyen Stanley pour les sites historiques était inépuisable. Il aimait tout particulièrement les champs de bataille, les lieux marqués par quelque crime et les nécropoles. Aussi avait-il tenu à être présent à l'ouverture des tombes royales à l'abbaye de Westminster. Et voilà que cette chevauchée à travers la Palestine allait lui offrir une aventure hors du commun : l'occasion de voir à Hébron un temple devenu synagogue, puis église, puis mosquée, et qui, selon les croyances traditionnelles juives, chrétiennes et musulmanes, abritait les sépultures des patriarches de la Bible, celles d'Abraham et de toute sa famille, et même — selon la légende — celle d'Adam et d'Eve, car Dieu aurait tiré leur chair et leur squelette de la poussière ocre de la colline même sur laquelle était bâti le temple d'Hébron.

Ce lundi 7 avril 1862, le site d'Hébron se trouvait sous l'occupation des régiments de l'infanterie turque. Un prince qui était un Infidèle venait visiter un monument où nul Chrétien n'avait pénétré depuis cinq siècles et les officiers du pacha craignaient qu'un Musulman ne se sen-

1. Ouvrage paru en 1861 de Mrs. Henry Wood dont les romans à intrigues sentimentales étaient fort prisés dans l'Angleterre victorienne.

tît outragé au point de tenter d'assassiner les visiteurs anglais. Lentement, le prince et sa suite passèrent entre les rangs des troupes en uniforme écarlate, puis ils gravirent les marches polies par les ans de la mosquée. « Tout prince de tout autre pays aurait dû me marcher sur le corps avant de pénétrer en ces lieux, dit le vieil Iman dont l'accueil courtois n'allait pas sans quelque restriction mentale. Mais nous sommes disposés à accorder jusqu'à ce suprême privilège au fils aîné de la reine d'Angleterre. »

Une fois déchaussés, les visiteurs princiers pénétrèrent, le souffle court, dans la sombre mosquée et, silencieusement, ils suivirent les longs corridors ornés de peintures qui conduisaient à une salle de dimension modeste. Là, sur deux rangées, s'alignaient des tombeaux surmontés de petits dômes et dont chacun était la sépulture d'un patriarche de la Bible ou de son épouse. Les gardes expliquèrent que, malheureusement, les étrangers ne pourraient examiner les tombeaux des épouses qui — bien que défuntes — n'échappaient pas aux interdits du harem. Une semblable restriction s'appliquait au tombeau du fils d'Abraham, Isaac, car il était bien connu qu'il avait l'âme farouche et jalouse. Ibrahim, le terrible pacha d'Egypte, le conquérant de la Palestine, avait dû lui-même s'écarter sans mot dire de cette présence ombrageuse. Cependant, après quelques instants, le doyen sollicita la permission de franchir les grilles qui, comme pour toute sépulture en Turquie, entouraient le tombeau d'Abraham. Au moment où l'Anglais passa le seuil du tombeau sous la portière de damas brodé, au grincement que fit la grille, une vibrante protestation sortit des rangs des Musulmans : « O, Ami de Dieu, pardonne cette intrusion ! », disaient les gardes à leur Saint.

A l'une des extrémités de la mosquée, à même le sol, se trouvait une ouverture circulaire. De cette bouche sortait de la crypte funéraire le souffle d'air qui baignait les défunts patriarches et qui, en s'exhalant par bouffées, emplissait toute la salle et la sanctifiait. Précautionneusement, le doyen Stanley glissa le bras dans l'orifice, les doigts tendus comme pour toucher le monde évoqué par le livre de la Genèse. Là, dans les profondeurs, juste au-dessous de lui, gisaient peut-être Abraham qui, selon la Genèse, acheta la grotte de Makpela à Ephrôn le Hittite pour la somme de quatre cents sicles (Genèse, XXIII, 8-16) ainsi que ses descendants, Joseph et Jacob, encore enveloppés dans leurs linceuls égyptiens. La main de l'homme de Dieu brassait l'air frais de la crypte et son bras gainé de drap gris cherchait un contact avec les ancêtres de sa foi. Les contemporains du doyen Stanley furent sans doute les derniers hommes à pouvoir ainsi espérer toucher du doigt les patriarches de l'Antiquité dans un geste où la croyance s'exprimait avec une simplicité aussi directe.

Aux origines

> Lorsque Dieu commença la création du ciel et de la terre, la terre était déserte et vide, et la ténèbre à la surface de l'abîme ; le souffle de Dieu planait à la surface des eaux, et Dieu dit : « Que la lumière soit... »
>
> (Genèse, I, 1-3)

Dès les premières lignes, le lecteur de la Bible se retrouve seul avec Dieu au moment de la Création du monde, vaste plateau de scène conçu pour que s'y déroulent les multiples épisodes du texte sacré. A quel endroit, à quelle époque faut-il placer les origines de la Genèse ? Il n'existe pas de sources écrites, mais le contenu de l'ouvrage livre de nombreux indices. La Bible dit que les premiers humains, Adam et Eve, vivaient dans un jardin clos de murs, que leurs enfants étaient des bergers et des chasseurs qui fondèrent les premières villes et que, de leur postérité, sortirent les nations de la terre. Cette chronique occupe les dix chapitres qui ouvrent le livre de la Genèse et établissent le lignage d'Abraham et de sa famille, tous patriarches de l'antique territoire d'Israël dont les divers royaumes et leurs destinées sont le sujet principal de l'Ancien Testament et même les véritables protagonistes du récit. Abraham et sa famille sont les premiers personnages du texte biblique dont la vie, les mœurs et les coutumes seront décrites en détail, et cette description suffirait à leur donner une place dans l'histoire profane car elle les inscrit dans un milieu culturel. La première mention d'Abraham le situe comme citoyen d'une ville nommée « Our des Chaldéens » et souligne qu'il résidait dans son pays d'origine et parmi les gens de sa race (Genèse, XI, 31). La Chaldée est le nom biblique de la Mésopotamie, terre connue depuis la plus haute Antiquité. Délimitée par deux grands fleuves, le Tigre et l'Euphrate, ses confins vont des collines de la Turquie orientale et de l'Irak septentrional au nord, jusqu'aux rives du golfe Persique au sud. L'identification que donne la Bible du pays d'Abraham trouve sa confirmation dans les paysages des premiers épisodes du livre de la Genèse avec leur atmosphère moyenne-orientale : déserts, pâturages, cours d'eaux, routes poussiéreuses.

Les héros de la Genèse appartiennent, eux aussi, à cet Orient antique, qu'ils soient nomades ou urbanisés. Pour le lecteur contemporain, le monde du livre de la Genèse peut bien évoquer un décor exotique ou mythique, mais il correspond parfaitement à la réalité de son époque et le texte en reproduit les données géographiques dans le style sans fioriture propre aux scribes de l'Antiquité. Né en Chaldée, dit la Genèse, Abraham s'est rendu en Egypte par une route qui suit l'arc de cercle que formait alors le Moyen-Orient. C'est cette route que le lecteur doit prendre à son tour s'il veut déchiffrer la Genèse et son propos et comprendre ses auteurs. Certes, l'archéologie a déjà amplement balisé ce territoire, décrivant ses tentes et ses temples, ses cités sombres, ses oliveraies et ses champs de blé : univers aux tons de brique, de bronze et d'or. Dans les temps les plus reculés, la frontière entre l'humain et le divin était moins nette qu'elle ne l'est aujourd'hui et le pays abritait des jardins comparables à l'Eden, des tours semblables à celles de Babel ; des princes et des pharaons y régnaient et les temples de pierre gardaient le secret de divinités qui ne différaient guère dans leurs manifestations de Yahvé, le Dieu d'Abraham. C'est en replaçant Abraham dans l'histoire de l'Antiquité que l'on retrouve les origines de la Bible et, avec elles, la plupart des racines de la civilisation occidentale. Du même coup, on découvre le monde de ceux qui ont tissé la trame des grands récits bibliques : la Création, le Déluge, l'arche de Noé, tout le matériel de la Genèse. Encore faut-il savoir en saisir le premier fil !

Pour les scribes qui calligraphiaient le livre de la Genèse, le temps ne se comptait pas en années mais en générations, en énumérations d'ancêtres par une méthode commune à toute l'Antiquité qui faisait remonter la lignée paternelle, les héritages et les alliances jusqu'au premier patriarche, à la source unique. Ainsi, les généalogies de la Genèse sont les premiers maillons d'une chaîne qui relie tout l'Ancien Testament et rattache Adam aux rois d'Israël. Mais les historiens de la Bible ne nourrissent pas leurs études scientifiques de preuves aussi aimablement aléatoires que les liens du sang et le legs des biens ; ils réclament une datation précise. D'autant plus que, pour nombre d'entre eux, la recherche biblique a des objectifs bien définis comme, par exemple, de retrouver l'existence d'Abraham pour prouver que « leur » Bible est la vraie Bible, et « leur » foi la vraie foi. La plupart de ces érudits partent du principe que l'Abraham de la Bible a bien existé, que le livre de la Genèse est l'histoire d'une race humaine spécifique et que les découvertes archéologiques doivent, de gré ou de force, se plier aux exigences du texte. On a bien souvent l'impression qu'en toute innocence, ils n'hésitent pas, quand il le faut, à manipuler les « faits ». Pour retrouver Abraham de manière plus crédible, il est souhaitable de ne pas s'attacher au sens du texte de manière aussi littérale et de s'efforcer de localiser non tant la personne d'Abraham que son mode de vie dans l'Antiquité. Mais, là encore, où trouver un fil directeur ?

Les habitants de la ville d'Urfa en Turquie, ville qui, dans l'Antiquité, se rattachait à la Haute-Mésopotamie, croient que leur ville est l'« Our des Chaldéens » dont parle la Bible, et que c'est de là qu'Abraham entreprit ses nombreuses pérégrinations. D'autre part, les musulmans affirment que l'Abraham de la Bible était un prophète qui fut le premier homme à témoigner que la Création était l'œuvre d'un Dieu unique. Une tradition locale qui persiste à Urfa veut que, sur les ordres du cruel Nemrod, roi de Chaldée, Abraham ait été précipité dans une fournaise ardente pour avoir attaqué les idoles des dieux du Soleil et de la Lune. Il est dit qu'Abraham fut jugé dans le palais de Nemrod et que ce monarque abominable le fit attacher entre les deux grands piliers de la salle principale.

Dans le quartier moderne d'Urfa se trouve un site sacré, une grotte où Abraham serait né, et qui s'inscrit dans un paysage comprenant deux colonnes dont les fûts se découpent contre les murs de la vieille citadelle qui couronne la ville, et deux sources se déversant dans des bassins jumeaux où nagent quantité de beaux poissons bien en chair. Cette même tradition rapporte que les torches avec lesquelles les bourreaux de Nemrod devaient allumer le brasier destiné au prophète s'étaient miraculeusement changées en carpes argentées. Aujourd'hui encore, personne à Urfa n'aurait l'audace de pêcher et de manger ces poissons sacrés.

La tradition a résisté au passage du temps. Et cependant, il y a un siècle, un missionnaire anglais a raconté comment il avait surpris quelques membres de la communauté chrétienne d'Urfa pêchant sous couvert de la nuit dans les eaux saintes, et même mijotant discrètement leur prise dans une sauce au vin blanc. Quinze siècles auparavant, la très haute et noble Dame Egeria qui, en bonne chrétienne, était venue faire pèlerinage à Urfa écrivait que, jamais, elle n'avait vu de poissons comparables « par la taille, l'éclat de leurs écailles et la finesse de leur chair ». Pendant son séjour à Urfa, sous la conduite de l'évêque de la ville, Egeria avait visité la maison d'Abraham et s'était même rendue au puits où Jacob, le petit-fils d'Abraham, avait — selon ce qu'on lui avait raconté — rencontré Rachel pour la première fois. La communauté chrétienne d'Urfa était des plus anciennes et ses membres se considéraient comme les sujets du premier royaume chrétien sur terre, croyant que Jésus lui-même avait eu une correspondance avec leur roi. Egeria confirme qu'on pouvait voir au palais de l'évêque une lettre de Jésus adressée au roi Abgar V.

Pourtant, les succulentes carpes d'Urfa nageaient dans leurs bassins sacrés des milliers d'années avant l'aube du christianisme et de l'islam. Dans les temps les plus reculés, Urfa, ville de Mésopotamie, avait adoré les dieux du Soleil, de la Lune et des Etoiles, et cette croyance avait survécu dans les territoires alentour jusqu'au Moyen Age, car les croisés avaient encore trouvé quelques prêtres isolés qui en pratiquaient les rites dans d'antiques temples en ruines. C'est de Basse-Mésopotamie que ce culte était parvenu à Urfa et aux villes voisines dont plusieurs avaient, à la même époque, des bassins sacrés semblables à ceux d'Urfa. Certains possédaient des autels de pierre à fleur d'eau et les prêtres qui allaient à la nage y faire leurs dévotions chaque jour étaient, dit-on, entourés de ces poissons sacrés qui bondissaient joyeusement dans les ondes et étaient devenus si familiers qu'ils s'approchaient de qui les appelait par leur nom. Un auteur de l'Antiquité affirme qu'une de ces carpes, illustre entre toutes, portait un joyau d'or sur sa nageoire supérieure.

De nos jours, les carpes d'Abraham sont pour la ville une attraction de plus, et les bassins sacrés avec leurs eaux vertes sont pour la population d'Urfa un but de promenade vespérale. La légende s'est focalisée sur ces poissons comme elle l'a fait pour les corbeaux de la Tour de Londres. Le conseil municipal d'Urfa assure le coût du nettoyage hebdomadaire des bassins, et les vendeurs ambulants de miettes et de lentilles destinées à nourrir les fameux poissons doivent payer patente. Cependant, aujourd'hui encore, personne à Urfa ne se risquerait à tuer ces carpes qui ont la réputation de sécréter un poison violent qui provoque une paralysie instantanée. D'ailleurs, un arrêté municipal l'interdit. Et voilà comment on se retrouve dans un monde où les croyances persistent au fil ininterrompu du temps et où les différentes religions ne sont que motifs décoratifs, broderies ajoutées. C'est une constante qui affecte la plus grande partie du livre de la Genèse ainsi que tout le monde où vécut Abraham. Car, dans ce monde, le sacré avait la solidité du réel et le contingent n'offrait aucune forme de crédibilité comparable. Pour nos contemporains, c'est un monde désormais perdu, inaccessible, monde où les humains n'étaient ni sots, ni spécialement crédules, où la science et la morale n'existaient que par rapport à la foi, où chacun pouvait percevoir le pouvoir du sacré dans les grandes forces de l'univers. Dans un tel monde, tout débat sur l'existence des dieux était futile, l'évidence les rendant tangibles à tous, mais il importait de connaître leur caractère et leur nom. Cette recherche occupait tous ceux qui ne se consacraient pas exclusivement à la production de la nourriture : les prêtres qui célébraient les rites, les poètes composant hymnes et pièces de vers, les peintres et les sculpteurs à travers leurs œuvres, et les architectes bâtisseurs de temples. La Bible n'est que la continuation de ce grand projet de recherche vers une définition plus affinée du sacré et du divin.

Sillonnant les ondes des religions successives, les poissons sacrés des bassins d'Urfa servent à démontrer combien il est difficile d'arriver à trouver une datation précise dans le temps continu du sacré. On retrouve cette leçon dans le livre de la Genèse, dans sa foi spontanée, dans ses chroniques familiales. Et pourtant, de nos jours, il faut remonter aux sources, découvrir les origines des carpes d'Urfa et les ancêtres d'Adam et Eve, savoir d'où ils viennent puisque plus personne ne se contente de penser « qu'il en a toujours été ainsi ». Les esprits contemporains ne veulent plus se satisfaire d'approximations et l'époque de la Genèse, avec son récit de la Création, celle d'Abraham et de sa famille, se doivent d'être reconstituées au travers des témoignages écrits du monde de l'Antiquité.

Abraham dans son époque

C'est un peu désolant, mais il fallait s'y attendre : les premiers mots tracés par l'homme sont des « écritures », des actes d'enregistrement ; les listes des provisions stockées dans les greniers d'un temple de Mésopotamie sont transcrites en signes pictographiques gravés à l'aide d'un bâtonnet taillé en pointe sur des supports d'argile polie ressemblant à des coussinets. L'archéologie a découvert que ce code d'écriture dite cunéiforme inventé trente-trois siècles environ avant Jésus-Christ en Basse-Mésopotamie ne tarda pas à se répandre dans les grandes villes marchandes de l'Orient antique. Cette écriture et sa diffusion reflètent l'évolution rapide et complexe de ces grandes cités méridionales. En effet, sur ces tablettes, on consignait, outre les écritures comptables, reçus et contrats, les rudiments des lois civiles, les principes fondamentaux des savoirs scientifiques et littéraires de la Mésopotamie, les mesures du temps qui s'évaluait en années et minutes ainsi que des systèmes numériques basés sur des unités de 60 qui donnaient un cercle de 360° et 12 signes au zodiaque.

Ces mêmes tablettes firent connaître les dieux des Mésopotamiens dans tout l'Orient car elles révélaient leur nom, leur histoire et le rituel des cultes à leur rendre. La Mésopotamie antique fut non seulement le berceau d'Abraham mais le creuset de toute cette connaissance. Seule, l'Egypte, à l'abri de sa douillette vallée, échappa à cette influence et, non sans quelque arrogance, transforma l'écriture cunéiforme inventée en Mésopotamie pour élaborer peu à peu sa propre transcription en hiéroglyphes. Certes, le noble style égyptien avec sa belle raideur hiératique allait largement influencer toute l'Antiquité, mais il ne devait engendrer que d'assez gauches imitations, alors que la civilisation mésopotamienne, plus proche du vécu quotidien de la plupart des populations de l'Orient antique, eut finalement un impact beaucoup plus général. Il paraît donc normal que la Mésopotamie soit le lieu d'où Abraham ait entrepris ses pérégrinations.

La Bible dit qu'Abraham partit de l'« Our des Chaldéens » pour une ville nommée Harran que les tablettes cunéiformes situent non loin de l'antique cité d'Urfa. Aujourd'hui, Harran n'est plus qu'un champ de ruines, un énorme monticule pelé flanqué d'un gué sur une rivière au beau milieu d'une plaine de terre rouge. Le site est connu dans la Bible sous le nom de Paddân-Aram, c'est-à-dire « la plaine d'Aram » (Genèse, XXV, 20). La ville d'Harran, dont le nom signifie « carrefour », protégeait les routes du commerce dans l'Antiquité. Huit cents kilomètres au sud-est, en aval du Tigre et de l'Euphrate, le pays de Sumer formait le cœur même de la Mésopotamie. Là était née l'écriture cunéiforme ; là se trouvaient les plus puissantes cités, celles mêmes que la Bible énumère : « Babel, Erek, Akkad, toutes villes du pays de Shinéar » (Genèse, X, 10) c'est-à-dire, en clair, Babylone, Uruk et Akkad au pays de Sumer. Ces grandes villes du sud ne commerçaient pas seulement avec Harran et les régions septentrionales, mais aussi avec les territoires situés à l'est et encore plus au sud ; elles avaient établi des comptoirs dans les îles du golfe Persique ainsi que sur les grands axes routiers vers les Indes et la Chine. Ces places marchandes et leurs environs jouissaient d'une belle prospérité grâce au commerce de l'ivoire, du lapis-lazuli et autres pierres précieuses, des parfums et des bois exotiques. Le pays de Sumer importait des métaux rares et des pierres à bâtir. Du Liban, par flottage sur les grandes rivières, arrivaient des poutres massives en bois de cèdre, « longs serpents glissant au fil de l'eau », pour reprendre l'image d'un scribe de l'époque. Les villes riveraines alignaient d'immenses quais, et leurs forces policières et douanières étaient importantes. Les caravanes et les marchands y trouvaient des hébergements à l'abri de leurs fortifications, tandis que des patrouilles militaires gardaient les voies fluviales et les axes routiers. En Haute-Mésopotamie, des villes comme Mari, Nouzi et Harran le disputaient en richesses à Sumer, et le volume de leurs transactions était énorme : vins fins, miel, essences précieuses, riches tissus sans doute teints dans les officines appelées « teinteries » des Chypriotes et des Syriens. Le pays de Sumer était un gros client de produits alimentaires de haute qualité : locustes confites, truffes, laitance de poisson fumé. En hiver, le gibier des montagnes du nord y était expédié empaqueté dans des plaques de neige et de glace.

Au nord d'Harran, au-delà du massif montagneux, les cités-Etats d'Anatolie installées dans le climat continental des hautes plaines servaient de relais entre la Mésopotamie et l'Europe. Au sud et à l'ouest d'Harran, suivant la route qui descendait vers l'Egypte, s'échelonnaient les villes marchandes de Syrie et du pays de Canaan. Aux environs de l'an 2600 avant Jésus-Christ, l'une d'elles, Ebla, envoya des expéditions qui, descendant le cours de l'Euphrate, vinrent brigander en Basse-Mésopotamie tandis qu'à leur tour les armées du sud partaient piller les villes du nord. Les fouilles d'un entrepôt en Syrie ont révélé quantité de jarres d'origine crétoise signalant ainsi l'une des nombreuses voies de passage entre la Mésopotamie et la Méditerranée. Le long de ces grands axes, les mythes de la Mésopotamie comme ceux de la Grèce s'interpénétraient, tout comme les grands épisodes de la Bible, et c'est l'un de ces axes qu'empruntèrent Abraham et ses troupeaux quand, selon le livre de la Genèse, il quitta Our pour se rendre à Harran, puis à Canaan, et enfin descendre en direction de l'Egypte.

Ce grand arc de cercle si propre à la circulation des biens, cette voie immense qui allait du pays de Sumer en Egypte en traversant la Syrie et le pays de Canaan était alors la seule route ouverte aux commerçants ou aux nomades comme Abraham dont les troupeaux d'ânes et de moutons ne pouvaient franchir les déserts du centre de la Syrie et de l'Arabie. Le monde de l'Antiquité ne connaissait pas les grandes caravanes chamelières capables de couvrir de longues distances sans avoir besoin de points d'eau. Lorsque l'utilisation s'en généralisa, quelques siècles avant Jésus-Christ, les anciennes routes commerciales qui évitaient la traversée des déserts disparurent et de nouveaux centres urbanisés commencèrent à se développer autour des oasis de Palmyre et de Petra. Cette évolution du système des échanges dans l'Antiquité est une donnée importante dans toute recherche concernant le livre de la Genèse. En effet, à moins de supposer qu'Abraham et sa famille aient vécu à l'époque où fut introduit l'usage des caravanes chamelières, c'est-à-dire bien plus tard — et l'itinéraire que la Genèse fait suivre à Abraham ne semble en rien confirmer cette hypothèse —, alors il faut bien admettre que toutes les descriptions bibliques si riches en détails sur l'utilisation et l'élevage des troupeaux de chameaux forment des ajouts introduits dans un corpus d'épisodes remontant à des temps plus anciens avec une foule d'autres notations qui figurent dans

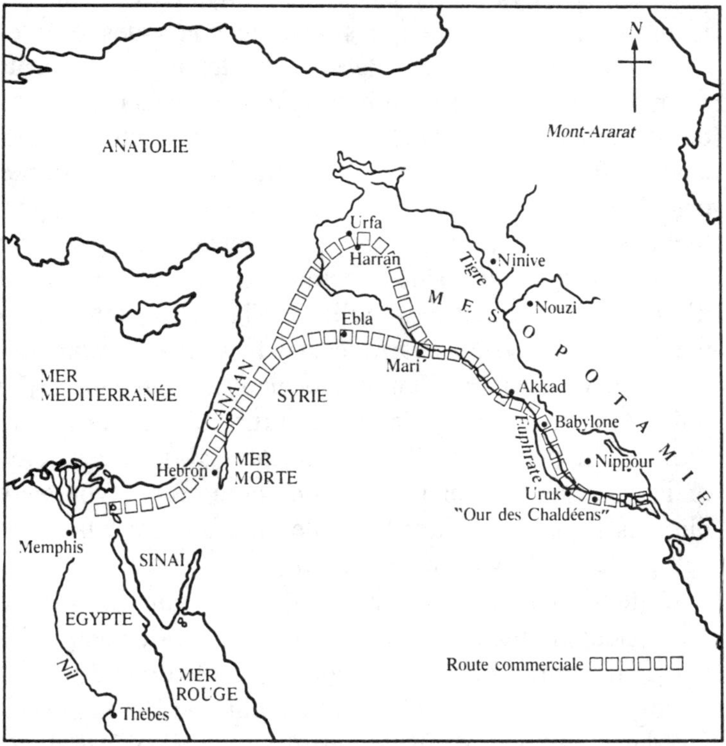

Le Croissant fertile

l'ouvrage. Un autre exemple de ces ajouts est l'emploi du nom « Our des Chaldéens », car ce terme ne devait apparaître que plus tard dans le vocabulaire de l'histoire ancienne.

En revanche, sur tout ce qui concerne l'Orient de l'Antiquité, celui des pérégrinations d'Abraham, de la Mésopotamie, du pays de Canaan et de l'Egypte, bref sur tout le grand arc de cercle qui suivait le cours des rivières et contournait les espaces désertiques, les renseignements abondent et l'on peut se référer à des centaines de milliers de documents d'époque, tous en écriture cunéiforme, trouvés dans les fouilles archéologiques parmi les ruines des villes de l'Antiquité. Sur ce nombre, beaucoup rapportent des noms et des coutumes qui se retrouvent également dans le livre de la Genèse comme le prouve cet extrait d'un texte provenant de la ville de Mari et datant de dix-neuf siècles environ avant Jésus-Christ : « A mon Seigneur, son serviteur Bannum déclare ce qui suit : j'ai quitté Mari hier et passé la nuit à Zuruban. Tous les Benjaminites du district de Terka ont alors allumé des feux, mais je ne suis pas arrivé à comprendre ce que voulaient dire ces signaux... Il serait bon de faire renforcer la garde aux portes de la ville de Mari... »

Cette tribu qui semble tant effrayer Bannum, il l'appelle « les Benjaminites » — c'est-à-dire, littéralement, « les fils de la main droite » ou encore « les fils du sud » — et le nom évoque celui de la tribu israélite de Benjamin qui regroupe les descendants de l'arrière-petit-fils d'Abraham. Outre cette mention des Benjaminites, les textes cunéiformes font référence à de nombreux autres noms, ceux des patriarches, mais aussi de divers personnages du livre de la Genèse. Dans ces textes de l'Antiquité, reviennent les noms d'Abraham, d'Isaac et de Jacob et même celui d'Israël, mais il faut bien dire qu'ils étaient alors aussi courants qu'ils le sont encore de nos jours sur les pierres tombales des quakers[1] et que leur présence ne fournit aucune preuve formelle de l'origine ethnique de ceux qu'ils désignaient, car, loin d'appartenir au seul Ancien Testament, ils persistent dans toute l'Antiquité.

Pour désigner des nomades comme les Benjaminites, ces textes cunéiformes utilisent l'épithète Habiru qui signifie « paysan » ou « gitan » et qui est encore en usage de nos jours soit pour identifier, soit pour indiquer un degré de mépris. Il n'est donc pas surprenant qu'une querelle d'école ait opposé les linguistes sur ce terme qui n'est pas sans rappeler le mot biblique d'Hébreu. Mais, comme tant d'autres mots de l'Ancien Testament, son usage est répandu dans tout l'Orient de l'Antiquité. Un texte datant d'environ 1500 avant Jésus-Christ signale, par exemple, les déclarations d'un prince syrien qui dit avoir passé six ans de sa jeunesse à vivre dans des conditions primitives auprès des Habiru. Généralement, c'est le contexte qui apporte l'explication : par Habiru, on entendait des nomades dont la présence sans cesse menaçante était redoutée du pays de Sumer jusqu'à l'Egypte, et il est naturel de se demander si ces farouches populations n'étaient pas les Hébreux, ces « fils d'Abraham » dont parle la Bible. Il semble bien que non, mais la question n'est pas innocente car elle montre comment se crée l'amalgame entre race et culture et souligne un discours obsessionnel propre à l'histoire moderne et contemporaine. Dans l'Antiquité, le terme Habiru désignait un groupe socioculturel et les textes sont, à cet égard, fort explicites : il s'agissait d'un groupe humain qui se déplaçait entre les villes jalonnant les grandes voies commerciales faisant alterner mode de vie nomade et sédentarisation. Dans cette acception du terme et dans cette seule acception, il est licite de dire que, selon le

1. Membres d'une secte religieuse fondée par George Fox en 1652 par réaction contre le conformisme de l'Eglise anglicane.

texte de la Genèse, Abraham et sa famille semblaient bien mériter l'épithète de Habiru sans que ni eux, ni leur postérité ne puissent en être considérés comme les détenteurs exclusifs.

Reste que l'on peut affirmer qu'à l'époque où Bannum vivait à Mari, les Benjaminites faisaient peser une menace telle que l'on devait surveiller de près leur poussée vers le sud. Un texte retrouvé dans la ville d'Harran dit que « Asditakim et les rois de Zamalkum d'une part, et les Sakaku et les anciens des Benjaminites d'autre part, ont conclu un traité dans le temple de la Lune ». Il semblerait donc que, tout comme les patriarches de la Genèse, les Benjaminites réglaient leurs différends par la parole plutôt que par l'épée. D'ailleurs, les textes des tablettes confirment que les rapports entre les habitants des villes et les nomades étaient basés davantage sur le respect et l'amitié que sur la méfiance. Il y est fait mention de marchés où les nomades échangeaient leurs produits, peaux de bêtes, fromages, viandes ou autres contre ceux des artisans des villes. Des éléments de leur vocabulaire — tels les mots désignant « colline » et « vallée » — pénétrèrent le lexique des citadins, et les dieux des villes — Dagon, dieu des Céréales et Ada, dieu des Orages — furent adoptés par les nomades et véhiculés par eux du pays de Sumer jusqu'à Canaan et même jusqu'en Egypte. Les mêmes textes rapportent que bon nombre de citadins se mirent à nomadiser, comme Abraham dans la Genèse, tout en retournant parfois aux environs des villes à un mode de vie sédentaire pour s'adonner à l'agriculture et aux soins des troupeaux comme le fit Abraham au pays de Canaan. Dans un style vif et intimiste qui tranche totalement avec celui des tablettes, la Genèse (XXIII, 3-17) décrit le voyageur qu'était Abraham occupé par une affaire qui revient souvent dans les textes juridiques cunéiformes : des tractations pour l'achat d'un terrain, tractations qui se déroulent « à la porte de la ville » c'est-à-dire à l'endroit consacré par la tradition pour ce type de négociations un jour de marché. Il est facile d'imaginer les scribes assis devant leurs tablettes d'argile encore molle, attendant l'accord des deux parties pour enregistrer l'acte, comme leurs successeurs le font aujourd'hui avec leur machine à écrire à la porte des tribunaux en Orient. Les archives qui conservent les traces de ces contrats légalisés ont été trouvées dans des entrepôts près des portes de la ville.

Ces recoupements, ce cadre législatif et coutumier commun au livre de la Genèse et aux écrits cunéiformes sont de la plus haute importance. Les ordonnances et les pactes de l'Ancien Testament sont bien souvent, dans leur formulation et dans leurs sujets mêmes, très proches des fameux codes juridiques de Sumer qui forment le plus ancien corpus de lois écrites. Tout comme Moïse avait reçu de Yahvé, son Dieu, les tables de la Loi au sommet d'une montagne, le roi Hammurabi de Babylone figure sur une stèle datant du XVIIIe siècle avant Jésus-Christ, recevant les lois des mains de son dieu en haut d'une ziggurat, une de ces montagnes-temples érigées de main d'homme que l'on retrouve dans les plaines de Mésopotamie.

Les preuves sont donc bien là : une grande partie du monde présenté par la Bible coïncide exactement avec celui que les textes de la Mésopotamie antique décrivent avec le plus grand luxe de détails. On pourrait croire qu'une fois ce lien établi, il serait très facile de replacer Abraham et sa famille dans l'histoire et de localiser ainsi la période qui inspira les auteurs des plus anciens épisodes de la Bible. Mais l'entreprise s'avère hérissée de difficultés, car les paramètres qui recoupent des modes de vie similaires sont loin d'être précis. Ainsi, dans le livre de la Genèse, on voit Abraham cheminer sur d'antiques routes commerciales vieilles de dix mille ans, tandis qu'à l'autre bout de cette échelle à mesurer le temps, bon nombre de noms et de coutumes consignés dans la Genèse et les textes cunéiformes subsistent toujours dans l'Orient contemporain.

Il est cependant possible de dater les textes cunéiformes qui reprennent les noms et épisodes bibliques : ils correspondent aux années 1850-500 avant Jésus-Christ. Mais d'autres textes fort nombreux découverts en 1960 dans les archives de la ville d'Ebla en Syrie, et qui offrent d'autres possibilités de recoupements avec le livre de la Genèse, ont reculé les dates ci-dessus — jusqu'alors généralement acceptées — de quelques sept cents ans. Rappel opportun, s'il en est, que toutes les concordances entre les écrits cunéiformes et la Bible sont doublement dépendantes du hasard : hasard de ce que le temps a bien voulu préserver et hasard des découvertes archéologiques ! Ce que l'on peut dire aujourd'hui de plus précis sur Abraham et sa famille est que, si les patriarches ont vraiment existé comme l'affirme la Genèse, ils ont dû apparaître sur terre antérieurement à la mention d'Israël dans le pays de Canaan, c'est-à-dire avant l'an 1207 avant Jésus-Christ selon les archives de l'Antiquité égyptienne. Il se pourrait qu'Abraham ait vécu à une époque recouvrant mille ans avant cette date quoiqu'on n'ait jamais retrouvé trace ni de sa personne ni de sa famille.

Dans les autres religions de l'Antiquité, les patriarches, les ancêtres ou prosélytes sont eux-mêmes dieux ou, tout au moins, demi-dieux. Mais le Yahvé d'Abraham est un Dieu jaloux qui ne tolère « d'autre Dieu que *lui* »... Des générations successives d'auteurs de l'Antiquité ont retouché ces textes, veillant à ce que les héros de la Genèse apparaissent toujours comme des mortels. C'est ainsi que les patriarches de la Bible ont traversé les siècles, êtres de chair et de sang, personnages résolument et vigoureusement humains. Cette insistance sur la mortalité, sur l'humanité des patriarches donne à la Genèse un avantage unique en son genre. Seule, parmi toutes les versions de la création du monde, la Bible avec ses héros propose un texte fait d'ambiguïté et de tension dramatique où le discours hésite à la frontière du mythe et de la réalité, et c'est ce qui lui apporte sa troublante originalité. Avec leurs récits de voyages dans le monde de l'Antiquité, leur monde de tentes, la présence pastorale de leurs ânes et de leurs troupeaux, les chroniques familiales d'Abraham sonnent juste ; elles ont le ton de la vérité. Il y figure, certes, des anges et des miracles, mais ce qui prédomine, c'est le poids du quotidien, du vécu ordinaire qui finit par donner au texte une solidité archéologique et anthropologique. Cependant, comme les poissons sacrés des bassins d'Urfa, Abraham fait corps avec le temps continu de la foi et de la coutume. Si l'on tente de placer les patriarches dans les limites exactes des mesures du temps, on sent qu'ils pourraient bien démonter subrepticement leurs tentes et, avec toute leur famille, repartir sur les grandes routes marchandes vers des horizons lointains et mille fois millénaires.

L'archéologie et ses mythes

Abraham continue à nous échapper, et pourtant on croit et on dit bien souvent que l'archéologie « démontre » la véracité de quantité d'histoires sacrées dans la Genèse. Les chrétiens, plus particulièrement, ont toujours été les premiers à vouloir figer les patriarches dans des limites temporelles qui conviendraient au monde occidental. C'est ainsi que notre calendrier commence avec l'année où le Christ, fils de Dieu, est apparu sur la terre pour y vivre à une période bien déterminée de l'Antiquité. Mais, contrairement à Jésus, Abraham et sa famille ont pu trouver une nouvelle authenticité dans des mythes nouveaux argumentés en termes scientifiques. Des archéologues contemporains ont fixé sur les cartes la ville natale d'Abraham, la fameuse « Our des Chaldéens », à l'endroit même où les fouilles des expéditions scientifiques avaient retrouvé les limons que mentionne le récit qui concerne Noé et le Déluge. Bien sûr, de nos jours, les chrétiens ne se rendent plus en pèlerinage à Urfa en Turquie, croyant remettre leurs pas dans les pas d'Abraham. Ils ont constaté avec beaucoup de bon sens qu'Harran était toute proche et que l'on ne pouvait décemment réduire les héroïques pérégrinations du patriarche au parcours d'une petite promenade dominicale. Sur la situation exacte de la ville d'Abraham, les opinions ont longtemps divergé : certains voyaient dans l'antique ville sumérienne d'Uruk (Ur-uk) l'Our d'Abraham tandis que d'autres en tenaient pour un monticule de Mésopotamie, Tell el-Mukkayer, la « colline de Poix » ainsi nommée à cause du gisement de bitume qu'elle abritait, matériel que les Anciens utilisaient en guise de ciment et qui donnait à ses flancs un éclat particulier. D'autres encore avançaient que le mot « Our » était tout simplement la traduction du terme qui signifie « ville » en langue mésopotamienne. En 1930, toutes ces hypothèses furent balayées car les savants annoncèrent au monde entier que c'était Tell el-Mukkayer qui était bien l'Our d'Abraham. Un éminent archéologue, Léonard Woolley, avait trouvé, lors de ses fouilles, les fondations d'une ville comprenant des temples et des habitations qui, disait-il, « dataient de l'époque d'Abraham ». En même temps, il réussissait à graver et à immortaliser dans l'opinion publique le nom d'Our grâce à la découverte d'un trésor : l'or de Tell el-Mukkayer, qui devait jouir quelque temps d'une réputation comparable à celui trouvé dans le tombeau de Tout Ankh Amon. Le mythe d'Our était né.

La recherche archéologique en Mésopotamie est d'ordinaire assez routinière et peu gratifiante, et ce n'est pas souvent qu'on y déterre des trésors. Dès les débuts de sa carrière, Woolley avait bien vu que « la misère des subventions pénalise lourdement toutes les entreprises officielles » et il s'était lancé dans de grandes campagnes de presse pour orchestrer les résultats de ses fouilles : télégrammes, articles de journaux et publications diverses tombaient régulièrement de sa plume pour alerter l'opinion, soutenir l'intérêt du grand public, et ainsi rapporter des subsides qui finançaient ses expéditions. Toute sa vie, il procéda de la sorte. Il était persuadé que « faire revivre la Bible » était partie intégrante de sa mission, et son imagination fertile savait faire surgir la vie de la poussière des sites où il pratiquait ses excavations. Comme tant d'archéologues de sa génération, Woolley avait commencé par faire des études de théologie. Fils d'un pasteur du Surrey, il citait à tout bout de champ aux membres de son équipe des passages de l'Ancien Testament et, dès son arrivée sur le site de Tell el-Mukkayer, il fut certain que là se trouvait la ville d'Abraham. Rien de ce qu'il devait y découvrir ne vint jamais ébranler ses certitudes. Il publia le fruit de ses recherches dans de superbes volumes sous le titre *L'Ur des Chaldéens* bien qu'il sût parfaitement que le terme « Chaldée » n'avait aucun sens pour les Mésopotamiens qui avaient construit les antiques cités dont il avait dirigé les fouilles.

Wooley avait décrit l'une de ces villes et la faisait remonter à « l'époque d'Abraham » en reliant les estimations les plus récentes des dates de la vie du patriarche (qu'on fixait, vers 1920, à environ 1800 avant Jésus-Christ) à sa propre estimation de la datation du fonds archéologique de Tell el-Mukkayer. Estimation ne vaut pas preuve. Il n'empêche qu'en classant les fondations qu'il avait mises au jour sous la rubrique « maisons datant de l'époque d'Abraham », Woolley avait, sans s'en rendre compte, créé un système de preuves qui se bouclait parfaitement : Abraham avait vécu aux environs de l'an 1800 avant Jésus-Christ parce que la ville qu'il avait habitée (et qui avait fait l'objet de fouilles par les plus grands savants) datait de cette même époque. C'est ainsi que la science en arrive à produire ses propres mythes.

Que Tell el-Mukkayer soit ou non la ville d'Abraham

— et de nombreux indices font penser que le site aurait bien pu s'appeler Our dans le lointain des temps — il est certain que Woolley a découvert l'un des centres les plus importants de la civilisation de Sumer : des villes nombreuses disposées en cercles concentriques comme les anneaux d'un tronc autour d'un site sacré qui remonte à la même époque que les grandes pyramides d'Egypte. Ces mêmes fouilles avaient révélé la plus vaste partie de la cour centrale, y compris une ziggurat, grande pyramide mésopotamienne fort bien conservée, et une prodigieuse nécropole remplie de tombeaux et d'or. Là, gisaient princes et princesses enterrés avec leur cortège de musiciens, de serviteurs et de concubines dans la posture où le poison pris cinq mille ans auparavant les avait foudroyés. Contrairement au tombeau de Tout Ankh Amon en Egypte, ces chambres funéraires n'étaient pas creusées dans le roc et garnies de trésors savamment empilés. A Tell el-Mukkayer, les corps et les objets précieux avaient été écrasés sous le poids de la terre. Seuls, l'or et la pierre avaient résisté ; le reste, ossements, fragments de bois, cuir et argent et tous les matériaux périssables étaient dans un état de décomposition avancée. Avec un esprit d'initiative et un sérieux remarquables, Woolley entreprit et mena à terme les fouilles de près de deux mille de ces sites funéraires et restitua au monde ces précieuses et fragiles reliques, sauvant ainsi un des plus grands trésors de l'Antiquité. Mais il fit plus encore : par ses publications, il réveilla l'imaginaire collectif et le peupla des images d'une Mésopotamie trop longtemps oubliée. Tous les archéologues se trouvèrent devant Woolley en position de débiteurs, et ses immenses mérites furent récompensés par des honneurs officiels accordés « pour services exceptionnels rendus dans le cadre de sa profession ». Aujourd'hui encore, quand l'archéologie mentionne Our, c'est aux villes de Tell el-Mukkayer découvertes par Woolley qu'elle fait référence. Mais le fantôme d'Abraham ne cesse pour autant de hanter ses chercheurs.

Cependant, au moment même où Woolley annonçait l'ouverture de ces tombeaux avec leurs trésors, une autre découverte venait reléguer cette nouvelle au second plan. Car, dans l'énorme tranchée qu'il avait creusée en dessous de la « Fosse aux Morts » — nom habilement choisi pour désigner le plus vaste des grands sites funéraires —, tout au fond, parmi les strates des villes les plus anciennes, il trouva une épaisse couche blanchâtre formée de limon naturel de rivière, dépôt vaseux d'une inondation d'une force destructrice considérable. Woolley fut tout de suite persuadé qu'il ne pouvait s'agit que des traces du Déluge dont parle le livre de la Genèse. Et il se mit à bombarder les agences de presse de télégrammes affirmant que ces anciens limons avaient été charriés par les eaux mêmes sur lesquelles l'arche de Noé avait navigué ! Cette nouvelle sensationnelle fit instantanément oublier les trésors d'Our, les joyaux, les harpes et les heaumes dont l'éclat brasillait parmi les ossements des princes et princesses de l'Antiquité. Une fois de plus, l'archéologie revenait à son obsession favorite : démontrer la « véracité » du texte biblique. Certes, il semble bien possible que l'épisode biblique du Déluge ait été inspiré par les terribles inondations de l'Antiquité en Mésopotamie, par les monstrueuses crues du Tigre et de l'Euphrate. Les expéditions archéologiques qui ont suivi celles de Woolley ont souvent trouvé dans le sous-sol mésopotamien des strates limoneuses datant d'époques diverses. Ces phénomènes de précipitations d'ampleur catastrophique, on ne les retrouve pas dans les autres pays parcourus par Abraham ; ils n'ont jamais affecté les collines du pays de Canaan ou la paisible vallée d'Egypte dont l'inondation annuelle était nécessaire à la survie de ses habitants. Mais ce n'est pas l'incidence du Déluge qui donne à l'histoire de l'arche de Noé son intérêt majeur, c'est l'utilisation qui en a été faite et le sens qu'on a choisi de lui donner.

De nos jours, il est courant de dire que les grands schémas mythiques trouvent leurs sources dans l'« inconscient collectif » qui serait comme une énorme banque de données de l'imaginaire regroupant les moments saillants de l'aventure humaine. Avec cette théorie, on a vu des anthropologues relier l'épisode du Déluge de la Genèse et ses images d'une inondation totale du monde à la mémoire inconsciente du liquide amniotique qui baigne le fœtus dans l'utérus maternel, ou encore aux sensations éprouvées par le bébé lors de la miction spontanée. C'est oublier que des histoires aussi archaïques que celles du Déluge n'ont pas été conçues comme des textes littéraires destinés à faire resurgir l'expérience primale, mais plutôt comme des guides ponctuels donnant une méthode et une interprétation de la survie à des êtres dont l'existence était sans cesse menacée par un environnement dont ils ne maîtrisaient pas les caprices. Ces textes faisaient office de manuels des sciences de la nature. Transformer par le discours une catastrophe naturelle imprévisible, lui donner une logique, en faire l'occasion d'un dialogue entre les dieux et les hommes (dans le cas du Déluge, entre Yahvé et Noé), c'était établir les rudiments d'un savoir sur l'environnement, et donner un sens et même un semblant d'humanité à des forces apparemment aveugles acharnées à détruire les hommes et leurs œuvres.

Ces histoires qui remontent du fond des âges et que la parole et l'iconographie ont ressassées, siècle après siècle, gardent aujourd'hui encore dans l'Occident contemporain leur étrange pouvoir de fascination. Mais la première version d'un déluge qui dévasta le monde et du héros qui sut en braver les flots nous est venue de Basse-Mésopotamie et elle eut à son époque un tel succès que l'histoire se répandit au point d'être familière à l'Antiquité tout entière. Le plus ancien texte connu qui la rapporte est gravé sur une tablette cunéiforme provenant de la ville de Nippour en Basse-Mésopotamie et date d'environ 1600 avant Jésus-Christ. Mais le thème de cette histoire remonte à des temps encore plus reculés car le Déluge forme l'un des épisodes d'un long poème connu sous le titre de *L'Epopée de Gilgamesh* et il existe des extraits de ce poème qui sont antérieurs de mille ans au moins à la date précitée. Déjà, au deuxième millénaire avant Jésus-Christ, cette épopée figurait dans de nombreuses bibliothèques d'Orient et on en a trouvé des fragments dans les cités-Etats de Syrie et de Turquie, dans les archives d'un palais égyptien et, un peu plus tard, dans la ville-forteresse de Meggido au pays de Canaan.

A bord des bateaux marchands, au fil des caravanes de commerçants, l'histoire du Déluge et de son héros fabuleux passa de la Mésopotamie jusqu'aux contrées les plus lointaines. Déjà, à Tell el-Mukkayer, on avait trouvé des broches de pierre taillées en forme de paons et importées du Belouchistan persique, et il n'est pas étonnant qu'en Perse, tout au bout de l'antique grande voie commerciale, existe une vieille légende dont le personnage principal est un certain Yema qui construisit une énorme forteresse pour sauver tous les animaux du monde d'une terrible inondation. Et, de même que plusieurs villes de Mésopotamie ont révélé dans leurs fouilles de petites pierres précieuses polies provenant du nord de l'Inde, la tradition des Indes possède un héros qui fabriqua une arche pour s'y réfugier pendant un déluge et y attela un poisson gigantesque pour la tirer sur la crête des vagues. De l'Inde et de la Perse, l'histoire parvint jusqu'en Chine et en Extrême-Orient.

Plus tard, grâce aux antiques routes commerciales, c'est en Occident qu'arrivent ces mêmes histoires de déluges. En Grèce, le puissant Zeus joue le rôle de Dieu, grand maître du Déluge, et Deukalion, fils de Prométhée, celui de Noé dont l'embarcation viendra échouer sur le mont

Parnasse. Reprenant le texte d'un prêtre d'origine perse, le grand historien classique Flavius Josèphe, dans son *Histoire des Juifs*, donne à l'Occident le premier avant-goût d'une aventure qui, décidément, continue à avoir beaucoup de succès et qui parle d'un vieux bateau à l'abandon au sommet du mont Ararat : « On dit qu'une partie de ce bateau serait conservée en Arménie... et qu'il se trouve des gens pour en arracher des morceaux de goudron qu'ils emportent pour en faire des amulettes qui les protègent de toutes sortes de maléfices. »

Toutes ces histoires de déluges viennent dont bien d'une source commune : la Mésopotamie ; elles ne peuvent, en aucun cas, s'être logées dans la mémoire collective, consciente ou non, des populations vivant près de rivières à risques car, si le thème en existe dans d'autres peuplements riverains coupés du réseau de communications commerciales propre aux cultures de l'Antiquité, l'incidence de l'inondation est traitée dans des contextes totalement différents où n'interviennent jamais les trois éléments principaux : le déluge, le bateau, et le personnage héroïque. Comme précédemment dans le cas d'Abraham, à moins que le Déluge de la Genèse ne remonte à une période antérieure à l'Antiquité, sa source est bien ancrée en Mésopotamie. En fait, les compilateurs du livre de la Genèse ont utilisé pour écrire l'histoire de Noé une version parfaitement localisable puisque rédigée en hourrite, langue d'une tribu qui, du nord de l'Inde, avait pénétré en Orient vers l'an 1600 avant Jésus-Christ, et qui donne la racine même du nom de Noé, son héros s'appelant Nahmizuli, mot dont les trois premières consonnes N H M forment l'équivalent en hébreu de Noé. En outre, la cohérence des données géographiques est parfaite puisque l'arche de Nahmizuli vient s'échouer sur le mont Ararat qui se trouvait au cœur de l'ancien empire.

A la manière des carpes d'Urfa, l'histoire du Déluge survit à la foi antique qui en sous-tend le thème et continue à transmettre toute la portée de son message : c'est une parcelle des connaissances de l'époque en sciences de la nature que la Bible a empruntée — avec une foule d'autres histoires — au vieux fonds culturel de la Mésopotamie. Entre Adam et Noé, la Genèse compte dix générations d'hommes ; avant la plus ancienne des grandes crues mésopotamiennes, on compte aussi dix générations de rois au pouvoir, et la Bible va suivre ce schéma lorsqu'elle énumère dix générations de patriarches entre Noé et Abraham. Mais, par-delà le système de « reprises » voulu par le jeu narratif, par-delà le sens que l'histoire donne à un événement dû aux caprices de la nature, il y a dans l'épisode du Déluge un autre élément qui fait le cœur même du récit. Car, en conclusion, vient l'alliance passée entre Noé et Yahvé qui garantit à l'homme une existence durable sur terre, sorte de contrat, assurance que l'humanité n'est pas abandonnée mais destinée à survivre. De cet espoir ténu les scribes de la Bible vont s'emparer, le garder jalousement, car ils établissent qu'en face du pouvoir divin absolu, l'homme peut affirmer ses droits.

Cette alliance est le pivot d'un équilibre soigneusement maintenu entre l'humain et le divin, et les premières pages du livre de la Genèse s'attachent à en définir et à en approfondir le mode d'application. L'extraordinaire passage sur les Géants et les filles des hommes (Genèse, VI, 1-4) semble faire allusion à une époque où les rapports entre la divinité et l'homme étaient empreints d'une plus grande familiarité. Quant à l'histoire de la tour de Babel, la Genèse ne fait aucunement mention du péché d'orgueil de la part de l'homme, péché que souligneront maintes gloses faites par les auteurs chrétiens ; elle se borne à montrer l'inquiétude croissante de Yahvé devant la grande tour qui défie le ciel : « Eh ! dit le Seigneur, ils ne sont tous qu'un peuple... et c'est là leur première œuvre ! Maintenant, rien de ce qu'ils projetteront de faire ne leur sera inaccessible ! » (Genèse, XI, 6)

Un commentaire juif datant de l'Antiquité ajoute que les bâtisseurs tiraient du sommet de la tour des flèches vers le ciel, et que les anges, après avoir trempé ces flèches dans un bain de sang, les faisaient retomber à terre.

Confronté à des créatures douées d'une telle intelligence et d'une telle agressivité, comment Yahvé qui, en cela, ressemble fort aux autres dieux de l'Antiquité, ne se serait-il pas senti menacé par les hommes ? A Babel, il se contente de provoquer la confusion des langues. Avec le Déluge, il se manifeste par un geste plus appuyé de fermeté. Il est étonnant de voir combien le livre de la Genèse, qui a su coller à la version mésopotamienne jusque dans la minutie des détails, arrive à en solliciter l'esprit pour imposer sa propre interprétation. Il ne l'est pas moins de constater la manière dont les scribes de la Genèse ont transformé le panthéon des dieux de Mésopotamie en une divinité unique et toute-puissante. Dans la version du Déluge de la tradition mésopotamienne, la colère du dieu Enlil déclenche, comme celle de Yahvé, les pluies torrentielles et, lorsqu'elles cessent, il reste courroucé en remarquant que la vie qu'il voulait à jamais anéantir persiste encore sur terre. « Quoi ! s'exclame-t-il, il y a des mortels qui ont pu survivre ? Je voulais que la destruction n'épargne personne ! » Enlil ne se calmera que grâce à l'intervention de la déesse Ishtar. Alors, tous les dieux mésopotamiens se rassemblent autour du sacrifice offert par le héros qui joue dans l'histoire le rôle de Noé — et, comme Noé plus tard dans la version biblique, c'est le premier acte qu'il accomplit en touchant terre. Depuis le début des grandes pluies, les dieux avaient été privés d'offrandes et regrettaient « les parfums suaves du bois et des joncs, les essences de cèdre et celles des myrrhis odorants... ainsi que les fumets des viandes sacrificielles » et — toujours selon les anciens scribes — « ils se mirent à bourdonner comme des mouches » autour des victuailles qui leur étaient destinées. Ensuite — et comme Yahvé le fit avec Noé — la déesse Ishtar proposa un pacte avec les humains ; promettant de les sauver à l'avenir du courroux d'Enlil, elle s'engageait à ne plus jamais les abandonner, et dédiait à la mémoire du monde désormais enfoui au fond des eaux un merveilleux collier que le dieu du Ciel avait fabriqué pour elle. Admirons le génie qui, de cette image de la déesse Ishtar tenant à bout de bras les « Joyaux du Ciel », a su faire lever à l'horizon de la Genèse la vision d'un arc-en-ciel qui scelle l'alliance entre Yahvé et sa créature :

> J'ai mis mon arc dans la nuée pour qu'il devienne un signe d'alliance entre moi et la terre. Quand je ferai apparaître des nuages sur la terre et qu'on verra l'arc dans la nuée, je me souviendrai de mon alliance entre moi, vous et tout être vivant quel qu'il soit ; les eaux ne deviendront plus jamais un Déluge qui détruirait toute chair.
>
> (Genèse, IX, 13-15)

Sara et les mandragores

Lorsque Noé navigue sur les eaux du Déluge, ou que Yahvé transforme le collier de la déesse Ishtar en arc-en-ciel, symbole d'une alliance avec l'humanité, les rationalistes commencent à prendre leurs distances ! Mais, depuis l'Antiquité, la notion de « rationnel » s'est profondément modifiée et tous les chercheurs contemporains qui ont tenté de situer Abraham dans l'histoire commencent presque toujours inconsciemment par introduire une distinction entre le vraisemblable et le mythique. Dans le livre de la Genèse, tous les éléments que les historiens contemporains ne peuvent insérer facilement dans leurs textes ont été aussi soigneusement retirés que les noyaux de cerises d'un clafoutis ! Ils passent sous silence — ou trouvent des explications faciles — pour faire accepter le merveilleux, les apparitions des anges, les déluges destructeurs du monde ou la prodigieuse fécondité des épouses des patriarches, se réservant le soin d'ancrer les aventures vraisemblables d'Abraham et de sa famille dans la bonne vieille iconographie de la bonne vieille ethnologie des civilisations agro-pastorales de l'Antiquité avec leurs bons vieux moutons ! Cependant, il y a mille cinq cents ans, dans une glose sur le livre de la Genèse, un rabbin juif donnait déjà à l'extraordinaire fécondité de l'épouse d'Abraham, Sara, une cause qui ne devait rien au merveilleux et semblerait beaucoup plus proche des coutumes et pratiques de l'époque. Si Sara était aussi féconde, affirmait-il, c'était parce qu'elle mangeait des mandragores. La mandragore est une plante dont les fleurs, d'un beau rouge pourpré, donnent à l'automne des pommes aux effets magiques, et dont les racines forment des excroissances ressemblant à des grappes de pénis. Les mandragores favorisent la fécondité mais, ajoutait le rabbin, encore faut-il, avant de les cueillir, les arroser abondamment de flux menstruel, sinon elles tuent qui les récolte, à moins qu'on ne tourne le visage vers l'ouest et le dos au vent en dessinant trois cercles avec la pointe d'une épée autour de la plante. La légende veut aussi que, si on l'arrache, la mandragore pousse alors un cri qui peut rendre fou l'auteur de ce geste imprudent.

Voilà de quoi entraîner le lecteur bien loin de l'histoire contemporaine pour le faire pénétrer dans un autre monde qui a sa propre logique et sa propre sagesse, celui de la mythologie. La mythologie occupe une place importante dans le livre de la Genèse. Pris au sens propre et non perverti par les modernes détournements langagiers qui n'y voient que fausseté, le mythe est un conte sacré dont le propos est filtré avec la même précision inconsciente qui décante les notions grammaticales dans l'apprentissage qu'un enfant fait de sa langue maternelle. A la différence de l'histoire qui propose une simple séquence d'événements, les mythes sont chargés de messages parfaitement codés et toujours porteurs d'un sens qui en fait la valeur. Ils ne se contentent pas de raconter des histoires d'où se dégagerait une « morale », mais engagent une réflexion sur les plus graves problèmes de l'époque où ils apparaissent.

Les plus anciens épisodes du livre de la Genèse avaient ainsi le pouvoir d'apaiser l'inquiétude latente des nations de l'Israël antique, c'est-à-dire des descendants d'Abraham et de Sara. Un exemple : selon les lois de Yahvé, Abraham s'était rendu coupable d'inceste en épousant sa demi-sœur, Sara, qui « donnera naissance à des nations ; des rois de peuples sortiront d'elle » (Genèse, XVII, 15). Mais comment ne pas tenir compte des circonstances exceptionnelles ? Il fallait que l'issue légitime d'Abraham fût conçue par une très proche parente pour que la lignée des enfants d'Israël pût être garantie dans toute sa pureté. Tout comme l'inceste entre Adam et Eve engendra les nations de la terre, celui entre Abraham et Sara engendra Israël. On retrouve ici un idéal commun à maintes sociétés et tribus de l'Antiquité : la pureté ancestrale doit se conserver au sein d'une même famille. Mais les arbres généalogiques de ces familles risquent d'être secoués de fortes bourrasques car il est impossible de résoudre la contradiction qui existe entre la notion d'inceste et celle de pureté. Ce problème est évident dans l'histoire d'Abraham et de Sara, mais il interviendra dans d'autres passages de la Bible ainsi que dans les mythes de nombreuses civilisations de l'Antiquité.

C'est à travers le narratif que la contradiction inceste/pureté ancestrale est exposée : la stérilité y sera vue, par exemple, comme le châtiment qui frappe l'union incestueuse. Dans la mythologie grecque, le mariage d'Œdipe avec sa mère Jocaste ne produit pas de postérité, et l'épouse d'Abraham, Sara, reste « barrée » jusqu'à l'âge de quatre-vingt-dix ans. La Genèse montre qu'Abraham était conscient de commettre une faute en épousant sa demi-sœur. Par deux fois, l'histoire dit qu'il tenta de donner Sara en concubinage à des rois étrangers, mais c'est Yahvé, toujours soucieux de garantir la pureté ancestrale, qui s'y oppose. Dans les générations suivantes, on va retrouver des histoires similaires d'épouses prêtées comme dans le cas d'Isaac et de Rebecca. Certains commenteront : « Tel père, tel fils », et d'autres verront là une « ancienne coutume », mais comment accepter des explications aussi simplistes pour des narratifs dont les effets sont calculés au plus juste et qui, même s'ils devaient être pris au pied de la lettre, ne justifieraient pas l'introduction voulue et redondante de tels épisodes dans cette grande chronique familiale qu'est le livre de la Genèse ? C'est par de tels passages que l'on peut voir combien la Genèse diffère d'une histoire événementielle dont les faits seraient pris en simple séquence et que l'on peut juger du soin qui a été mis dans leur conception et leur rédaction. Ces répétitions sont la marque même des littératures orales qui, comme dans les feuilletons télévisés, reproduisent toujours des thèmes archiconnus avec une gamme infinie de variantes mineures et qui — à la demande même du public — fonctionnent dans un cadre dont la familiarité doit rester constante. Et, toujours, le récit s'enroule dans le voile d'une imperturbable décence : dans le cas de Sara, la faute majeure qu'est l'inceste est en partie occultée par les rencontres pittoresques avec des rois pleins de concupiscence, par sa longue stérilité et, finalement, par une grossesse commandée par décret céleste (Genèse, XII, 10-20 ; XVII, 16). De même, la scandaleuse séduction du neveu d'Abraham, Lot, par ses deux filles (Genèse, XIX) est précédée de passages qui introduisent l'apparition de deux anges, la destruction de Sodome et Gomorrhe, le souffle d'un tourbillon volcanique avec ses pluies de feu et de soufre, véritable champignon atomique, et aussi les personnages des deux jeunes femmes qui pensent que leur père pourrait bien être le seul homme encore en vie sur la terre ! La conclusion de ces deux histoires contient cependant une référence claire à la contradiction qui existe entre l'inceste et les impératifs de la pureté ancestrale et propose une solution : Abraham et Sara engendreront Isaac qui deviendra le père de Jacob / Israël, et Lot et ses deux filles engendreront les tribus qui peupleront l'Orient aux confins de l'antique royaume d'Israël.

Ce n'est pas le « rationnel » qui permet d'élucider de telles histoires ; il est un outil beaucoup trop rudimentaire qui ne fait qu'en gratter la surface pour obtenir des titres à sensation : « Les savants affirment : une femme peut concevoir à quatre-vingt-dix ans ! » ou encore : « Enfin une date précise pour l'éruption qui a creusé la mer Morte : 1264 avant Jésus-Christ. » La portée du message contenu dans ces passages ne serait plus que sable qui file entre les doigts alors qu'une lecture attentive peut offrir au lecteur des détails sur Abraham que l'archéologie est bien incapable de lui fournir.

La Genèse

> Lorsque Dieu commença la création du ciel et de la terre, la terre était déserte et vide, et la ténèbre à la surface de l'abîme ; le souffle de Dieu planait à la surface des eaux, et Dieu dit : « Que la lumière soit ! ». Et la lumière fut. Dieu vit que la lumière était bonne. Dieu sépara la lumière de la ténèbre. Dieu appela la lumière « jour » et la ténèbre il l'appela « nuit ». Il y eut un soir, il y eut un matin : premier jour.
>
> (Genèse, I, 1-5)

La grande séparation entre la lumière et la ténèbre domine de très loin tous les moments de la Création qui vont suivre : Dieu s'est fait une horloge qui va lui servir à mesurer les phases de son acte créateur en sept unités, les sept jours.

Au XVIIe siècle, un puritain de la Nouvelle-Angleterre constatait avec humour : « L'homme peut bien tourner en dérision Moïse et le sabbat ! Ni les médecins, ni les incroyants, n'ont pourtant réussi à arrêter l'évolution de la fièvre thyphoïde avant le septième jour de la maladie. »

Ce bon prédicateur avait remarqué combien le texte biblique est hanté par la récurrence du chiffre 7 dont le magnétisme marque tant de pages de l'Ancien et du Nouveau Testament. Créé en sept jours, le monde retrouve une nouvelle vie avec les sept Paroles du Christ en croix ; il sera anéanti avec l'ouverture des sept Sceaux de l'Apocalypse et retournera à la fin des temps dans le sein du Dieu tout-puissant au son éclatant des sept Trompettes. Mais Yahvé n'était pas le premier créateur à baser son univers sur un système d'unités de 7. Le récit de la création de la Mésopotamie et du premier homme à y vivre, l'*Enouma Elish*, texte lu une fois par an dans les temples d'Our et d'Harran comme dans tous les autres sanctuaires du pays pendant une période de quatre mille ans ou plus, était, lui aussi, divisé en unités de 7 qui suivaient les sept générations de la famille des dieux.

La convergence ne s'arrête pas à ce nombre magique. Tout comme Yahvé, dans la Genèse, fabrique dans les trois premiers jours de la Création les éléments du monde, les trois premières générations des dieux de l'*Enouma Elish* sont ceux de l'eau, du limon et du ciel, c'est-à-dire des trois éléments essentiels de la cosmogonie mésopotamienne. Dans les quatrième, cinquième et sixième jours de la Création, Dieu fabrique le monde animé et, de même, les quatrième, cinquième et sixième générations des dieux de l'*Enouma Elish* sont les divinités des choses en mouvement. Le quatrième jour, Yahvé fait le soleil, la lune et les étoiles et, comme lui, le dieu mâle de la quatrième génération de l'*Enouma Elish* est le dieu du Ciel, Anu. Au bout de six jours, Yahvé se repose avant de créer l'homme, et Mardouk, dieu de la sixième génération de l'*Enouma Elish*, se charge de la création de l'homme pour que les dieux de Mésopotamie puissent prendre du repos. Les deux récits et les deux univers construits sont faits de matériaux semblables. Et tous deux s'inscrivent dans un environnement identique qui n'est pas l'Islande ou la Nouvelle-Angleterre, ni même l'Israël de l'Antiquité, mais un paysage typique de Basse-Mésopotamie où les eaux douces du Tigre et de l'Euphrate se déversent dans les flots salés du golfe Persique, où les aubes sont radieuses et voilent l'horizon de leurs brumes denses. Là, les grandes rivières couleur d'encre précipitent leurs alluvions qui forment les îles du delta, et le soleil qui monte incendie les vapeurs matinales pour faire surgir la terre et le ciel nimbés d'un même bleu. A des époques différentes et dans d'autres villes, les dieux de l'*Enouma Elish* ont changé de nom comme il est arrivé au héros de l'histoire du Déluge. Mais ils ont toujours créé le même paysage mésopotamien et joué leur rôle dans une histoire en tout point semblable. Il est prouvé que leur grande geste est antérieure à la Genèse. Et, en effet, c'est bien une création mésopotamienne que fabrique Yahvé, dieu des énergiques tribus qui peuplaient les collines d'Israël. La Genèse garde le souvenir lointain de l'immense plaine de Mésopotamie avec ses eaux abondantes.

En dehors des limites de l'Eden, le monde d'Adam était rude, et la Mésopotamie n'offrait, elle aussi, à ses habitants, qu'une existence difficile et précaire. L'Eden est le prototype de milliers de jardins semblables. Leurs murets abritaient potagers et vergers des pluies torrentielles, des violents orages et des rafales de sable qui, chassé par le vents à travers les déserts de l'Ouest, menaçait d'ensevelir champs et récoltes. Comme si les assauts de ce climat brutal n'étaient pas suffisants, la Mésopotamie devait encore souffrir des pillages et sacs répétés des nomades venus en rezzous des montagnes environnantes. Cette violence, ce climat de cataclysme, la littérature cunéiforme les transmet de façon émouvante dans les mythes tragiques qui ont résisté à l'engloutissement des empires et de leurs architectures de terre. En reprenant à leur compte la geste de l'*Enouma Elish* pour tirer de sa violence la majesté unique de Yahvé, en retouchant ces poèmes archaïques que les prêtres de l'Antiquité entonnaient au dernier jour de l'année sur le seuil de leurs temples, les scribes de la Genèse n'ont pas fini d'étonner le monde.

Enouma Elish la nabu shamanu (« Alors que là-haut, les cieux étaient encore innommés »), telle était la première phrase du chant de ces prêtres. La suite du poème raconte que seuls, en ces temps, existaient les dieux Tiamât et Apsu qui régnaient l'une sur l'eau douce des rivières et l'autre sur les mers salées. Mammu, dieu de la Matière, mélangea les eaux, créant les dieux des Rives limoneuses Lahmu et Lahamu qui, à leur tour, engendrèrent les dieux de l'Horizon Kinshar et Anshar, et ces derniers engendrèrent Anu, dieu du Ciel, dont le fils Ea devint dieu de la Terre. Ea représente la cinquième génération divine ; à son fils Mardouk incombera la tâche de créer l'homme, parachevant ainsi la création de la Mésopotamie.

Tout comme la Genèse dans l'épisode d'Abraham et de Sara, l'*Enouma Elish* tente de résoudre le problème de l'interdit de l'inceste et de ses rapports avec une pureté ancestrale à maintenir. Dans un récit tortueux, la geste englobe la chronique de sept générations et restitue leur monde fermé, leur climat passionnel. Dès les premières pages, le grand patriarche Apsu décide d'anéantir toute sa postérité qu'il trouve trop bruyante. Mais il est mis à mort par son petit-fils Ea, ce qui déchaîne le courroux de la déesse Tiamât, épouse de la victime. A la tête d'une armée de démons, Tiamât et son second mari déclarent la guerre au reste de la famille figée de terreur au point que le rusé Ea lui-même semble incapable de trouver la parade qui les sauverait tous. Alors Mardouk, le cadet des fils, s'offre à être leur champion, à condition qu'on consente à le reconnaître comme roi. La proposition est acceptée à l'unanimité et Mardouk prend l'offensive, met en déroute l'armée des démons et, après avoir capturé Tiamât dans un filet, lui emplit la bouche d'une énorme tempête :

Le vent féroce remplit son ventre
et lui secoue les tripes et pour vomir
elle ouvre grand la bouche.
A toute volée, il lance une flèche qui lui perce le ventre,
taillade ses entrailles
et lui fait au cœur une blessure béante.
La maintenant de toutes ses forces, il lui retire le souffle de la vie...

Puis, Mardouk fracasse le crâne de Tiamât et ordonne au vent de recueillir le sang qu'elle a perdu pour le disperser en ondées orageuses sur les plaines de Mésopotamie. Il fait de la dépouille de Tiamât deux moitiés dont l'une sera le ciel et l'autre la terre et, pour fabriquer la voûte céleste, il prend la fourche des jambes de la malheureuse déesse. Enfin, il enterre la tête de Tiamât sous une montagne après lui avoir crevé les yeux, et, de ces deux cavités, jailliront les sources du Tigre et de l'Euphrate. Ainsi fit Mardouk pour créer son royaume de Mésopotamie, préparant une scène où ne manquait que l'homme. C'est alors que le second époux de Tiamât, Kingu, est traîné devant les autres dieux et mis à mort. « Je nouerai ses artères, déclara Mardouk, et ainsi je fabriquerai un *lullu* (esclave) à qui je donnerai le nom d'homme. » Cet homme/esclave est en effet condamné au travail : il doit finir la construction d'une ziggurat que les dieux s'efforçaient d'édifier en l'honneur de leur roi Mardouk. La geste affirme que cet ouvrage est la tour de Babel.

A la première lecture, comment imaginer que de ce grand-guignol païen ait pu sortir la trame de la sobre et magistrale Création, œuvre du Yahvé de la Genèse ? Et pourtant ! Non seulement, on retrouve dans la création des deux mondes le schéma des six premières phases créatrices, mais le contenu intellectuel et affectif des œuvres présente, jusque dans sa portée, toutes sortes de similitudes. C'est la manière dont le récit est composé qui fait la différence. En effet, si la Genèse utilise toute la violence dramatique de l'*Enouma Elish*, elle la distribue en deux actes qui se succèdent dans le temps : au premier acte se déroule la construction du monde par Yahvé, personnage unique, action épurée jusqu'à l'abstraction ; toutes les grandes pulsions qui agitent l'*Enouma Elish*, la jalousie, la rage et les conflits toujours sous-jacents de l'inceste et de la pureté ancestrale sont occultés. La Genèse va les reporter à l'acte II avec la création de la première génération des hommes. Mais il existe aussi, entre les deux récits, un autre facteur de différence : l'*Enouma Elish* ne se contente pas de décrire la création du monde, elle donne la généalogie de son créateur, ce que la Genèse ne peut faire puisque Yahvé, l'unique, est à la source de toutes choses.

Pour arriver au récit d'une Création présentée comme l'œuvre d'un seul et universel pouvoir, il a donc fallu transformer la version mésopotamienne, réinventer la fureur des passions qui balayait toute l'histoire avec la force élémentale d'une tornade. C'est pourquoi Adam est d'abord présenté comme innocent de toute faute et dépourvu de toute connaissance. Puis interviendra le serpent malin qui placera Eve devant une double option : la faute liée à l'acquisition de la sagesse ou l'innocence accompagnée d'ignorance. Après qu'elles aient mordu la pomme dans un premier geste affirmant leur liberté, Yahvé chasse ses créatures de l'Eden, il les projette dans le temps humain et les dures réalités de la plaine de Mésopotamie. A la différence d'Abraham, Adam et Eve ne sont pas des nomades mais des cultivateurs (un rabbin de l'Antiquité a même dit, dans une glose, que les anges avaient bien dû prêter main-forte à Adam pendant sa première année hors du paradis terrestre « pour qu'il ne prenne pas de retard dans ses labours »). Les débuts de la race humaine sont la conséquence de la chute d'Adam et Eve (Genèse, IV, 1) et de la connaissance qu'ils ont de l'arbre du Bien et du Mal. Ainsi, l'éternelle énigme qui doit, de toute nécessité, frapper la première famille humaine est résolue comme elle le sera plus tard dans la chronique familiale d'Abraham : devant l'impératif de la procréation, l'inceste devient le moindre mal.

Toujours en vue de résoudre le problème de l'inceste, l'*Enouma Elish* propose une autre alternative : il sépare par l'espace de plusieurs générations le créateur de l'homme, Mardouk, de Tiamât sa compagne, et occulte leur rapport amoureux par l'écran de fumée des combats. Mardouk dépèce son épouse avec toute la férocité d'un psychopathe, et ses flèches viennent percer l'utérus de Tiamât qui n'est pas vue comme une amante mais comme une ennemie vaincue ; la terre de Mésopotamie est faite du terrible équarrissage de sa dépouille, et son second mari est exterminé avec une rage rancunière qui rappelle celle des enfants abandonnés ; « le sang fermente à gros bouillons et se transforme en os » ; l'homme semble fabriqué de façon quasi artisanale.

Les Mésopotamiens les plus cultivés croyaient que leur civilisation tirait ses origines d'une force naturelle indomptable que la médiation de Mardouk avait transformée et sacralisée par un processus d'essence culturelle. Le dieu du Ciel, grand-père de Mardouk, avait donné à son petit-fils partant au combat contre Tiamât les quatre vents qui lui serviraient à couper le souffle à la déesse, et avait reçu de lui en échange un carquois rempli de flèches. Les flèches sont le produit d'une civilisation mais c'est le vent qui les porte, et ainsi, Mardouk, ce primate brutal et terrifiant qui met en pièces les cadavres de sa famille pour fabriquer la terre de Mésopotamie et l'homme qui y vivra, agit comme médiateur entre les forces sauvages de la nature et la culture qui sera l'apanage de l'humanité.

Cet habile jeu dialectique entre éléments naturels et civilisation, on le retrouvera au fil de la Genèse dans les chroniques familiales d'Abraham. Les deux fils d'Eve sont les fondateurs d'une société qui est à la fois pastorale et urbaine : Abel, le berger, le chasseur, vit à l'ouest de l'Eden, et Caïn, l'agriculteur, à l'est, c'est-à-dire du côté qui marque le renouveau avec chaque aube naissante, et tous deux sont campés dans le paysage mésopotamien fait de la dépouille de Tiamât. Caïn, premier homme à vivre à l'écart de Dieu, voit ses sacrifices rejetés par Yahvé, mais c'est lui qui bâtira la première ville et, lorsqu'il assassine son frère, l'innocent Abel, Yahvé ne le punit pas mais lui donne une marque distinctive de façon à ce que tous voient bien qu'il est sous protection divine. Le meurtre d'Abel par Caïn est vu comme un sacrifice que Yahvé accepte. Le meurtrier fondateur de ville est aussi le père de toute civilisation.

En établissant ainsi une distinction entre les personnalités des humains et l'acte créateur du monde, les premiers chapitres de la Genèse remettent en question tous les autres dieux de l'Antiquité. Dans la Genèse, l'homme avec sa connaissance est un être responsable ; les premiers personnages de la Bible commettent des fautes qui provoquent la colère de Dieu, mais ce sont également des hommes doués de liberté. L'humanité de la Genèse n'est pas l'esclave de son Dieu — alors que Mardouk clamait : « Qu'on charge les hommes de tous les travaux qui pèsent sur les dieux ! » — et les passions ne s'y déchaînent pas avec la fureur aveugle des vents : tout y est calculé par rapport au facteur humain. Yahvé, celui qui n'a ni commencement ni fin, Yahvé créateur de toutes choses, remplace à lui seul le panthéon des divinités. Ce qui ne doit pas faire oublier que cette majestueuse histoire se déroule dans la plaine de Mésopotamie et s'inscrit dans une cosmogonie toute mésopotamienne. La Bible a décanté les tensions et les pulsions de cette antique famille de dieux fratricides où jouent toutes les forces imbriquées de l'amour qui rapproche et de la haine qui divise pour produire un monde où le système relationnel familial est très fortement dynamisé. C'est un schéma modèle qui est encore utilisé de nos jours, un processus qui date du moment où les auteurs de la Genèse ont fait une seconde lecture attentive des grandes gestes mésopotamiennes et ont transformé les concepts et les structures de ce texte archaïque pour y introduire la notion d'Israël et de son Dieu, unique dans toutes les acceptions de ce terme.

La tour de Babel et le Sphinx

En 450 avant Jésus-Christ, l'historien grec Hérodote se rendit en Mésopotamie dans l'antique cité de Babylone où il vit la tour de Babel, appelée aussi « la porte du dieu ». A l'époque, la grande ziggurat de brique n'était pas désaffectée ; elle continuait, depuis des milliers d'années, à abriter des cohortes de prêtres, et ses abords étaient tout embrumés des volutes d'encens d'Arabie. Hérodote remarqua que son sommet s'ornait d'un petit sanctuaire fait de briques revêtues d'une couche d'émail bleu qui abritait « un lit de repos aux somptueuses draperies et une table d'or ». Les prêtres affirmèrent à leur visiteur que c'était en ce lieu que Mardouk passait la dernière nuit de chaque année en compagnie de jeunes filles choisies parmi les plus belles de Babylone. Cette union mystique de la terre et du ciel était le temps fort de la plus grande fête religieuse de Mésopotamie, et il est tout à fait possible que les tombeaux en or révélés par les fouilles de Wooley à Our aient marqué les anciennes sépultures des concubines de Mardouk que l'on aurait mises à mort avec toute leur suite, une fois leur mission accomplie.

Les ziggurats, énormes pyramides à degrés des plaines alluviales de Mésopotamie, figuraient des moyens d'accès aux cieux, et cette portée symbolique n'a pas échappé aux bâtisseurs de la tour de Babel dans la Genèse (Genèse, XI, 1-9). Hérodote raconte que les prêtres de Babylone montaient et descendaient l'escalier central de la ziggurat dans un va-et-vient incessant pour aller faire leurs dévotions dans le sanctuaire du sommet situé à la porte même des cieux. Dans la Bible, l'échelle de Jacob, « dont le sommet touchait le ciel ; des anges de Dieu y montaient et y descendaient » (Genèse, XXVIII, 12), n'est pas, comme on l'a d'abord cru par la faute d'un contresens de traducteur, une simple échelle de bois, mais l'escalier de brique d'une ziggurat. Une fois de plus, le tissu du livre de la Genèse prend ses fils dans une trame mésopotamienne, mais toujours avec un rejet aussi conscient que systématique des dieux de son panthéon. Dans la version biblique, au sommet de la tour de Babel, pas de logette aux murs carrelés de bleu et, bien sûr, aucune mention de belles créatures qui viendraient peupler la couche de Yahvé, mais, en leur lieu et place, une vision de désordre, de malheur et de conflit. Ce que le livre de la Genèse veut souligner, c'est que Yahvé ne se trouve ni dans la foi des Mésopotamiens, ni dans ses temples ou dans ses rites, qu'il est un Dieu tout différent.

Mais alors, d'où peut bien provenir l'image que donne la Genèse de la divinité ? Quelles sont donc les origines de ce Dieu unique en son genre par sa sérénité, sa majesté, sa toute-puissance ? Et où trouver les sources de son culte et le cérémonial que réclame son adoration, tous ces attributs essentiels de la religion qui permettent aux humains de reconnaître leurs dieux et de les approcher ? Pour la quasi-totalité du monde occidental, les figurations et les rites du Yahvé de la Bible continuent à exprimer le caractère même du sacré.

La Genèse rapporte qu'Abraham et sa famille quittèrent

la Mésopotamie pour se rendre en Egypte. Il n'en reste pas moins que les fondements de la religion mésopotamienne ont eu sur eux une influence majeure et structuré leur vie spirituelle et leur conception de l'univers. Au cours de son rêve, Jacob, petit-fils d'Abraham, voit la porte des cieux au sommet d'une ziggurat. Dans l'Egypte pharaonique, on trouvera des expériences similaires exprimées d'autre manière, mais dont certains détails apparaissent dans l'épisode du songe de Jacob. Un texte égyptien bien connu relate le même songe fait par un jeune prince qui s'était assoupi à l'ombre du Sphinx aux heures chaudes de midi pendant une partie de chasse dans le désert. « Je suis ton père, lui dit le dieu égyptien en guise de présentation, et c'est moi qui te donnerai ton royaume. » En écho, Yahvé dit à Jacob, dans son rêve : « Je suis le Seigneur, Dieu d'Abraham, ton père. La terre sur laquelle tu couches, je la donnerai à toi et à ta descendance. » (Genèse, XXVIII, 13). Bien des années plus tard, le rêve du jeune prince se réalise et, devenu le pharaon Thoutmôsis IV (1400-1390 av. J.-C.), il grava sa vision sur une grande stèle de granit qu'il fit placer entre les pattes du Sphinx. Aujourd'hui encore, on y voit l'image de Thoutmôsis versant l'huile de son offrande sur un autel placé au-dessous d'une représentation du Sphinx ; et on y remarque de grandes portes : les portes du ciel des Egyptiens. Jacob, lui aussi, croyait qu'il avait dormi aux portes du ciel et changea le nom du sanctuaire syrien près duquel il avait eu sa vision en songe et l'appela Beth-el, c'est-à-dire « la maison de Dieu ». Comme Thoutmôsis l'Egyptien, il marqua le lieu d'une pierre et y versa de l'huile. Si la famille d'Abraham est baignée dans la culture des grandes cités de Mésopotamie, c'est en Egypte qu'elle trouvera les formes rituelles destinées à exprimer en actes sa foi en Yahvé. Car il ne faut jamais oublier qu'à la différence de la Mésopotamie, dont les dieux se livraient à de féroces combats, l'Antiquité égyptienne avait un sens profond de l'universalité du sacré et de son unité.

Si le départ d'Abraham de la ville d'Our est traité avec discrétion, le récit de la Genèse fournit un bel effet de contraste en s'étendant abondamment sur l'accueil tout royal que ses descendants Jacob et Joseph reçoivent à leur arrivée en Egypte. « Prenez votre père et les vôtres, dit le pharaon aux patriarches, pour que je vous offre les délices du pays d'Egypte et pour que vous mangiez le suc du pays. » (Genèse, XLV, 18). Mais, au fur et à mesure que Joseph et ses frères prospéraient au royaume d'Egypte, les pharaons — selon la Genèse — se mirent à éprouver les mêmes craintes qu'avait eues Yahvé devant la construction de la tour de Babel. « Voici que le peuple des fils d'Israël est trop nombreux et trop puissant pour nous, déclare le pharaon dans le livre de l'Exode. Prenons donc de sages mesures contre lui... » « On lui imposa donc des chefs de corvées pour le réduire par des travaux forcés et il bâtit pour le pharaon des villes-entrepôts : Pitôm et Ramsès » (Exode, I, 10-11). Ces paroles du pharaon marquent le commencement de la grande geste biblique qui aboutira à l'Exode et à l'établissement d'Israël. Peu importe que les ruines de l'Egypte antique n'aient pas laissé trace de la famille d'Abraham ni des Israélites des temps bibliques, l'imaginaire universel les condamne à courber l'échine sous le fouet des Egyptiens qui leur font construire pyramides et palais ! La vision que l'on a de l'Antiquité égyptienne et des étrangers qui vinrent vivre sur le territoire de l'Egypte est bien souvent inexacte ; elle gêne, en la déformant, la compréhension des passages de l'Ancien Testament qui se déroulent en Egypte.

Cela est dû, pour une large part, à l'image des Egyptiens de l'Antiquité léguée par les historiens des siècles passés. A leur époque, les Egyptiens antiques jugeaient le reste du monde quelque peu primitif. En retour, il se trouva bon nombre d'historiens dans le monde occidental pour considérer l'Antiquité égyptienne comme un décor exotique de type colonial sur fond de cruauté et de sensualité mêlées à une certaine faiblesse intellectuelle, ce qui ne correspond en rien au monde qu'ont connu et les Egyptiens et la famille d'Abraham. Dans un guide de musée qui faisait fureur vers les années 1930, un égyptologue, Sir E. A. Wallis Budge, affirmait : « Dans l'Antiquité, l'Egyptien moyen n'est guère qu'un *evviete effendi* — expression turque qui signifie un « type pas contrariant » — un brave homme, pas trop compliqué et de mœurs assez douces, avec un goût prononcé pour la musique, le chant et la danse... et une attirance pour le faste sous toutes ses formes. » Budge voyait les Egyptiens comme un peuple « joyeusement démonstratif, aimant le vin, la musique et les fêtes », mais il fronçait le sourcil devant leur idéal religieux qu'il estimait « déplorable ». C'est sans doute que malgré leur « sens aigu du rituel », les Egyptiens ne partageaient pas la croyance de Budge en « un monde où l'exercice de la bonté sur terre est le passeport pour une félicité éternelle ». Les rites de l'antique religion égyptienne n'étaient pas conçus pour monnayer une entrée dans un quelconque paradis, mais constituaient une démarche dont le but était d'atteindre et de perpétuer sur terre toute l'harmonie cosmique.

Cette fonction, la religion égyptienne la remplissait à la perfection ; elle était officielle, comptait un clergé considérable et formait le creuset d'une des plus prestigieuses civilisations de l'Antiquité. Quoique religion d'Etat, elle ne soumettait pas ses fidèles à de grandes épreuves physiques et ne leur demandait guère plus que de rester dans les limites assez floues de la moralité civique. Cependant, pendant près de trois mille ans, cette religion allait définir une conception du sacré, des pouvoirs royaux et divins, et structurer toute la vie d'un peuple par des rites et des formes artistiques d'une beauté et d'une vigueur qui coupent encore le souffle.

L'harmonie cosmique, c'est-à-dire l'équilibre fécond entre l'homme et les dieux, était le fruit d'une symbiose entre une vie civique de rectitude et une pratique religieuse méticuleusement observée. Toute dissonance, tout déséquilibre entraînaient la disgrâce des dieux et représentaient une fausse note dans l'harmonie cosmique. Le blasphème, par exemple, provoquait la cécité, et l'impiété ou l'incompétence d'un pharaon amenaient sécheresse et famine.

Le panthéon des dieux égyptiens procédait du même principe qui a permis à la science de percer les mystères de l'univers ; il fonctionnait sur un système de divisions et subdivisions. Le monde et le champ de l'expérience humaine étaient tous deux divisés en sections qui allaient du plus grand au plus petit, chacune de ces sections étant représentée par un dieu qui pouvait changer d'identité, se fondre avec d'autres dieux, diminuer ou croître en importance à mesure que se modifiait la perception que l'homme avait de lui. Sous ces perpétuelles mutations, ces subdivisions à l'infini, s'affirmait la conscience d'une force stable et sacrée, d'un pouvoir qui ne venait pas de chaque dieu pris en particulier mais de la divinité, de l'essence même du sacré. Ce pouvoir fort et serein reproduisait l'ordre naturel des choses et servait de garant à la vie en Egypte. Si ferme était cette foi que même les divinités les plus barbares et les plus farouches, celles de la guerre, du chaos, de la peste et de l'altérité trouvaient place dans le panthéon égyptien. On leur consacrait des temples qui avaient leurs propres ministres du culte, car les origines de ces dieux du désordre fusionnaient au sein de l'ordre profondément et immuablement sacré de l'univers.

L'Egypte, qui a inventé l'idée de nation, faisait coïncider l'Etat avec l'image même du paradis, et la personne divine du pharaon se trouvait à la jointure exacte de ces deux domaines également sacrés. Tous les rites des temples étaient célébrés au nom du pharaon ; à lui étaient dédiés tous les sacrifices. Les cérémonies exigeaient une telle surabondance d'or et d'argent, un tel luxe d'accessoires, et assumaient une si haute portée cosmique que rois et prêtres ne pouvaient manquer d'être vus comme les incarnations des dieux qu'ils révéraient. Tous les voyageurs, même les plus blasés, tel le Grec Hérodote qui ne visita pourtant l'Egypte qu'à une période de déclin, en étaient éblouis. Certes, ces visiteurs et les Egyptiens eux-mêmes n'avaient que très rarement accès aux grands temples — car les principales fêtes religieuses et les cérémonies officielles n'étaient jamais célébrées en public — mais ils ne pouvaient manquer de voir passer, en longues théories sur les routes et sur le fleuve, les processions qui accompagnaient les rituels sacrés et en faisaient des manifestations publiques. Siècle après siècle, au centre de chaque ville, dans les profondeurs obscures des temples, se perpétuèrent les mystérieux rituels qui marquaient le passage des saisons. La prospérité de l'Etat proclamait bien haut le succès d'un système de gouvernement dont le pivot était le pouvoir des dieux, source de richesses, de victoires, de biens multiples, de récoltes, de fécondité pour les femmes, et de l'autorité même du pharaon. On trouvait en Egypte un ordre universel, et de cet ordre découlait un optimisme qui manquait totalement au reste du monde, en particulier à celui d'Abraham. Il est donc licite de reprendre les termes du livre de l'Exode et de dire en respectant la vérité qu'« Israël est sorti de l'Egypte ».

La place des étrangers dans l'Egypte de l'Antiquité

Le sentiment populaire, la fiction et le technicolor donnent de l'Antiquité égyptienne une même image bien commode si l'on veut suivre la fin du périple d'Abraham car, mis à part les renseignements que fournit la Bible sur lui, rien dans les découvertes archéologiques ne permet de le situer avec sa descendance à une période précise dans le grand vague temporel qu'est l'histoire de l'Egypte dans l'Antiquité. Des légendes datant du Moyen Age racontent que les pyramides étaient les fameux greniers de Joseph, hypothèse balayée par les archéologues en même temps que celle qui ferait des esclaves israélites les bâtisseurs de ces mêmes pyramides. Mais, lorsque la Genèse dit : « Et Abraham descendit en Egypte pour y séjourner car la famine sévissait sur le pays » (Genèse, XII, 10), elle fournit sur l'Antiquité égyptienne un renseignement exact. Tout l'Orient antique considérait l'Egypte comme un pays où le grain et l'or étaient aussi abondants que les sables des rivages, et les archives de l'époque font souvent mention de nomades qui, en période de famine, descendaient vers ce pays d'abondance.

Pour atteindre l'Egypte, en sortant de Canaan, Abraham avait le choix entre deux itinéraires à travers le désert du Sinaï : l'un, plus tard appelé Via Maris, longeait la côte, et l'autre, connu sous le nom de « Voie d'Horus », suivait un tracé plus à l'est passant par le Sinaï et par Suez. Cette « Voie d'Horus » était la grand-route empruntée pendant des millénaires par les armées égyptiennes conduites par leur pharaon quand elles marchaient sur le pays de Canaan ou la Syrie. Elle se terminait aux confins nord-est de l'Egypte par une rangée de forteresses pharaoniques dont les troupes contrôlaient également des alignements d'anciens puits situés dans la zone désertique du Sinaï septentrional. « De la part du scribe Inena à son seigneur Kagabu, scribe du Trésor royal [...] nous venons de laisser les dernières tribus de Bédouins venus d'Edom traverser la forteresse du pharaon Menenptah [...] en direction des bassins de Per-Atum [...] elles pourront ainsi survivre par la grâce du pharaon. A lui, longue vie ! Santé ! Prospérité ! [...] en cette huitième année, le cinquième jour de Seth » (c'est-à-dire fin juin de l'an 1204 avant Jésus-Christ).

Edom, la « Terre Rouge » dont venaient les Bédouins, était une région vallonnée qui, de nos jours, forme le sud-est d'Israël. Côté désert, ses escarpements fournissaient des pâturages d'hiver aux troupeaux que l'on faisait traditionnellement descendre chaque été jusqu'aux terres marécageuses du delta du Nil. Il est donc tout à fait juste de dire que le pharaon et ses officiers permettaient à ces tribus nomades de survivre. Quant aux « bassins de Per-Atum » que mentionne Inena, ils pourraient bien se trouver à l'emplacement de la ville de Pitôm citée avec Ramsès dans le livre de l'Exode qui ajoute que ces deux cités auraient été construites par des Israélites réduits en esclavage. Il faut dire cependant que les vieux bâtiments découverts aux confins du désert lors de fouilles datant du début de notre siècle, et dont on disait que les briques avaient été posées par ces Israélites, ne sont en fait que les caves d'un fort de l'époque romaine.

Les tribus de Bédouins venaient en Egypte pour y trouver des pâturages d'été longtemps avant que le scribe Inena n'ait consigné leur passage dans son rapport et continuèrent bien après sa mort. Per-Atum et ses bassins n'étaient que les marches d'une vaste région à l'est du Delta, qui n'est pas sans rappeler la Camargue et ses marais. Les pharaons y chassaient les grands taureaux sauvages qui peuplaient les cannaies de ce delta, et, avant même que l'Egypte ne devienne une nation, des villes s'alignaient sur les longues levées sablonneuses qui bordaient la boue des marécages. La population de ces antiques cités devaient tenir à l'œil les tribus nomades de passage, tout comme le faisaient de leur côté les Mésopotamiens.

Durant la période qui vit l'âge d'or de la construction des grandes pyramides, dans les années 2600-2500 avant Jésus-Christ, ces villes du Delta s'étaient appauvries comme tant d'autres provinces égyptiennes, car on avait fait appel à toute la population — approximativement un million de personnes — pour les grands chantiers des tombeaux pharaoniques. Six cents ans plus tard, quand la crue du Nil se mit à décroître et que la vallée commença à s'assécher, les terres humides de l'est du Delta furent regagnées et repeuplées sur l'ordre exprès du pharaon qui y dépêcha des dignitaires pour en surveiller la remise en exploitation. Dans les suites de ces hauts fonctionnaires se trouvaient des artistes qui ont laissé dans les tombeaux de leurs maîtres des œuvres où figurent ces nomades qui venaient fréquemment dans le Delta. La plus célèbre de ces œuvres, peinte aux environs de 1890 avant Jésus-Christ, se trouve dans la tombe d'un gouverneur provincial du nom de Khumhotep. On y voit une famille nomade : les hommes barbus sont vêtus d'une « tunique brodée » comme l'était Joseph, le petit-fils d'Abraham, lorsqu'il fut emmené en Egypte. Sur cette fresque, certains ont cru reconnaître les personnages d'Abraham et de Sara. La vérité est autre. Disons plutôt que si Abraham et Sara avaient vécu à la manière de ces nomades du désert, la pérennité du mode de vie nomade est telle que la fresque donnerait d'eux une représentation crédible. Le patrimoine égyptien est si minutieux dans la présentation de ses documents qu'il arrive à donner sur les populations de l'Antiquité une foule de détails qui, sans eux, seraient perdus à tout jamais. Car la fresque arrive à restituer l'apparence qu'avaient ces nomades venus du nord pour commercer avec les Egyptiens : hommes basanés, armés d'arcs courts mais terriblement efficaces, faits de lamelles de bois et de corne, avec leurs femmes et leurs enfants et leurs ânes aussi — étonnants « chevaux-vapeur » des grands axes commerciaux de l'Antiquité ! — chargés de toutes les possessions de la tribu, y compris les lourdes tentes de peaux de bêtes à longs poils qui servaient de maisons. Aux yeux des Egyptiens, ces étrangers avec leurs caravanes devaient constituer un spectacle pour le moins insolite.

Venus dans un royaume réputé pour être l'un des plus

riches du monde, les nomades apportaient et vendaient les produits de leur désert : gazelles et bouquetins, peaux de bêtes et fromages. Les Egyptiens n'avaient pas grand respect pour ces visiteurs : « Malheureux Asiates ! Notait un scribe usant de l'épithète vague par laquelle on désignait tous ceux qui arrivaient en Egypte des pays du Nord. Ils n'ont pas de point fixe, le besoin les chasses hors de chez eux, et leurs pieds sont sans cesse condamnés à fouler le sol ! »

Pour des grands casaniers comme les Egyptiens, la condition nomade semblait le pire des sorts ! Quand, par leurs mouvements, ces mêmes tribus causèrent des troubles dans les provinces de l'Egypte septentrionale, au pays de Canaan ou en Syrie, les scribes n'hésitaient pas à inscrire les noms de ces « malheureux Asiates » sur des statuettes d'argile qu'ils brisaient ensuite en mille morceaux avec autant de haine que de solennité rituelle.

Que pouvaient bien penser les nobles Egyptiens et leurs scribes, lorsque, du haut des terrasses de leurs palais du Delta, ils voyaient surgir du désert ces tribus d'hommes, ces intrus qui leur ressemblaient si peu avec leurs barbes poussiéreuses et les lourds manteaux qui les protégeaient des extrêmes du climat, ces vagabonds qui, comme Abraham dans le livre de la Genèse, n'avaient aucun scrupule à donner leurs épouses en concubinage ou, sur l'ordre de quelque dieu inconnu, à sacrifier leurs propres enfants au sommet d'une colline lointaine balayée par les vents ? Aux yeux des Egyptiens, ils devaient avoir à peine figure humaine ! De toute façon, ils n'auraient pu avoir rang d'hommes qu'à condition d'accepter de se conformer au style de vie propre à l'Egypte. A la différence de nos contemporains, les Egyptiens de l'Antiquité n'accordaient aucune importance à une classification des populations par types ethniques. Les blonds Libyens et les noirs Nubiens étaient tous des Egyptiens puisqu'ils respectaient le code du pays. La notion d'altérité était culturelle et non raciale, et les artistes égyptiens distinguaient les tribus ou nations étrangères par de simples détails descriptifs : coiffure, coupe de cheveux, tatouages ou armes.

Mais les nomades à la recherche de pâturages d'été et de débouchés commerciaux n'étaient pas, et de beaucoup, les seuls étrangers à emprunter la « Voie d'Horus » pour venir s'établir et travailler en Egypte. Il s'en trouvait dans toutes les couches de la société égyptienne où ils remplissaient de multiples fonctions, que ce soit dans les forces armées ou à la cour, comme domestiques ou manœuvres, ou encore comme majordomes dans les grandes maisons. Vêtus à l'égyptienne, mariés à des conjoints égyptiens, connus sous des noms à consonance égyptienne, ils étaient parfaitement intégrés. De nombreux historiens affirment que la plus célèbre des reines d'Egypte, Néfertiti, était née de parents étrangers. Après l'invasion du pays de Canaan et de la Syrie, l'Egypte était devenue un pôle d'attraction pour les populations conquises et, comme souvent dans les grands empires, les frontaliers franchissaient les limites impériales. Les premiers auriges des pharaons étaient venus d'Anatolie avec leurs chariots de guerre et leurs attelages, apportant avec eux le lexique de leur profession. Des régiments de mercenaires qui avaient autrefois menacé l'Egypte avaient fini par rallier les armées égyptiennes et, jusque dans la vallée du Nil, avaient introduit leurs propres dieux ainsi que des armes d'un type nouveau, des costumes et des poteries de styles différents. Dans ce contexte historique parfaitement documenté, la trajectoire des patriarches est tout a fait plausible, et plus particulièrement celle de Joseph qui, arrivé en Egypte comme esclave, parvient à se hisser à un poste de grand administrateur civil dans le pays, ou encore celle de Moïse, enfant trouvé qui sera adopté et élevé par la cour royale égyptienne. Les petites escarmouches qui opposent Abraham au pharaon (Genèse, XII, 14-20) — et, en l'occurrence, il semblerait qu'Abraham ait eu affaire à un des gardes frontières de la « Voie d'Horus » plutôt qu'au pharaon en personne — ne sont pas sans rappeler l'incident similaire noté dans le rapport du scribe Inena aux bassins de Per-Atum. Voilà à peu près tout ce que l'on pouvait dire sur le sujet. Du moins jusqu'à une époque récente.

Il y a quelques années seulement, les fouilles d'une ville ancienne située au cœur de la région orientale du Delta sur un monticule dont le nom moderne est Tell el-Dab'a ont mis au jour des preuves nouvelles et d'une indubitable originalité de l'importance du peuplement étranger dans l'Egypte de l'Antiquité. Depuis un siècle, grâce à la traduction de poèmes égyptiens, on savait qu'avec un bon vent debout, il était possible de remonter le courant de Tell el-Dab'a jusqu'à la ville capitale de Memphis en une journée, et que les plus cultivés des citoyens de Memphis considéraient leur cité comme la dernière frontière. Les récentes fouilles apportent à cela une preuve supplémentaire, mais leur plus grand mérite est d'avoir mis en lumière la seule vraie colonie de peuplement qui puisse correspondre peu ou prou à la description d'Israël en Egypte telle qu'elle est faite dans la Bible.

Vers l'an 2000 avant Jésus-Christ, un décret royal avait fondé la cité qui fut construite à Tell el-Dab'a et qui faisait probablement partie du programme d'aménagement de la région du Delta confié au gouverneur Knumhotep. La ville possédait de beaux temples de pierre et au moins cinq majestueux palais ; elle entretenait en outre de profitables relations commerciales avec la Syrie, la Grèce et Mycènes. Dans les siècles qui suivirent, les populations du Nord y étaient venues, non seulement pour y commercer et trouver des points d'eau pour leurs troupeaux, mais aussi pour s'y établir et en faire leur résidence permanente. L'arrivée de ces nombreux étrangers amena, bien sûr, toutes sortes d'innovations. Un examen attentif des vastes quantités de poteries importées d'autres pays montre curieusement que la pratique normale en Egypte d'achats ponctuels à tel ou tel commerçant de passage n'était pas en usage à Tell el-Dab'a qui pratiquait des relations stables et solides avec les villes côtières du Liban et du nord du pays de Canaan. On y fabriquait des chariots et des armes, et on a retrouvé dans son sous-sol humide des moules pour faire de longues épées ou de petites haches taillées en bec de canard et d'une solidité à toute épreuve, ainsi que des boucliers d'un style tout à fait différent de ceux qu'utilisaient les Egyptiens. D'autres fouilles récentes, sur un site très proche de la ville moderne d'Haïfa, ont révélé des scarabées sacrés égyptiens (dont l'un porte le nom d'un prince, un certain Jacob !) et d'autres objets importés dont la présence semblerait confirmer l'existence de rapports commerciaux entre l'Egypte et le pays de Canaan. Et comment ne pas remarquer que la plupart des maisons de Tell el-Dab'a montrent des fondations sur plan carré alors que ce plan, tout à fait courant à l'époque en Syrie comme au pays de Canaan, ne se retrouve nulle part ailleurs en Egypte ? En outre, la ville contient des temples cananéens jouxtant des sanctuaires égyptiens plus petits. Tout semble montrer qu'il y avait à cet endroit, en plein cœur du territoire égyptien, une ville étrangère de belle et grande dimension, une véritable implantation cananéenne.

Après trois siècles d'existence, la ville fut ravagée par une vague d'envahisseurs venus du nord à une époque où s'amorçait déjà le déclin de l'Egypte et où les fortifications frontalières au long des routes du Sinaï avaient été laissées sans garnison. Aux environs de l'an 1640 avant Jésus-Christ, ces mêmes envahisseurs firent de Tell el-Dab'a une place forte d'où ils partirent à la conquête de la région septentrionale jusque dans l'ancienne capitale de Memphis. Un siècle plus tard, leurs chefs, ces rois que l'on appela Hyksôs, c'est-à-dire « rois-bergers », furent chassés d'Egypte par la dynastie des princes qui régnaient à Thèbes, au sud, mais non sans perdre, au cours des combats, l'un de leurs pharaons, Sekenenre. Retrouvée à Thèbes, la momie de Sekenenre montre encore la terrible blessure qu'il reçut à la tête de la hache des envahisseurs du Nord, et son visage a gardé dans la mort l'horreur et la souffrance qui ont marqué sa dernière bataille. Les textes des archives royales de Thèbes consignent les victoires finalement remportées aux environs de 1530 avant Jésus-Christ sur les ennemis du Nord, et l'archéologie fournit la preuve que la ville de Tell el-Dab'a fut, à cette même époque, à nouveau incendiée et sa forteresse démantelée ; on rasa aussi tous les temples cananéens ; on profana et on pilla allègrement la grande nécropole où les Cananéens se faisaient ensevelir avec leurs chevaux, leurs armes et tous leurs trésors. Sur les monuments érigés pour célébrer ce triomphe, les pharaons du Sud racontent, au fil des inscriptions, comment ils boutèrent ces étrangers hors du sol de la patrie et les pourchassèrent jusqu'au pays de Canaan et même au-delà. D'après les documents archéologiques, c'est la seule grande migration étrangère, le seul exode hors de l'Egypte pour lesquels on ait quelque preuve.

Après le malheureux intermède des Hyksôs, il était normal que l'Egypte éprouve le besoin de se recentrer et que, de la vallée du Nil, le pouvoir remonte vers la région du Delta. Le pharaon voulait rester en contact avec la scène internationale et, abandonnant les temples et les tombeaux de Thèbes, la cour le suivit. Au XIIIe siècle avant Jésus-Christ, le roi Ramsès II construisit à proximité des ruines de Tell el-Dab'a un nouveau palais de proportions gigantesques dont le nom figure dans tous les catalogues de musées car il contenait des quantités de superbes carrelages de faïences retrouvés dans les fouilles faites sur ses ruines par les archéologues mais plus souvent encore par de simples pillards. La ville qui se développa jusqu'à donner une agglomération de huit kilomètres autour du palais est la célèbre Ramesses que le livre de l'Exode baptise avec une certaine imprécision Ramsès, point de départ de la sortie d'Egypte des Israélites. A l'époque de Ramsès II, c'était une véritable métropole dont les divers quartiers, temples, villas, palais, casernes, habitations, quais, entrepôts et docks étaient desservis par un réseau de canaux et de bras de rivières affluentes. Mais, peu après la mort du grand monarque, le Nil qui pulsait toute cette vie urbaine commença à s'envaser, et toutes les activités retombèrent, les unes après les autres. Les rois qui suivirent en excavèrent les pierres, en retirèrent la statuaire pour construire dans le Delta d'autres cités, sans empêcher pourtant les nomades de continuer à descendre, pendant ces années d'épreuves, de la terre de Palestine vers le Delta pour y conduire leurs troupeaux aux pâturages d'été ou, parfois même, comme Joseph, Marie et l'Enfant Jésus, pour venir y trouver refuge. Sur les rapports qui existaient entre l'Egypte et ses voisins du Nord, voilà tout l'état des connaissances, voilà le contexte dans lequel se déroulent les épisodes que relate le texte biblique. Comme pour Abraham en Mésopotamie, il est impossible de trouver un seul élément qui permettrait de situer à une époque donnée de l'histoire de l'Egypte les célèbres passages de l'Ancien Testament.

L'Antiquité égyptienne vue au travers de la Bible

> Le pharaon dit à Joseph : « Vois : je t'établis sur tout le pays d'Egypte. » Il retira de sa main l'anneau qu'il passa à la main de Joseph, il le revêtit d'habits de lin fin et lui mit au cou le collier d'or. Puis il le fit monter sur son deuxième char et l'on criait devant lui : « A genoux ! ».
>
> (Genèse, XLI, 41-43)

Avec l'histoire de Joseph, la Bible demeure très proche de la réalité égyptienne. Lorsque les serviteurs de Joseph crient « A genoux », à l'approche de son char, ils répètent un acte et des paroles que les domestiques des princes et des grands commerçants égyptiens faisaient et disaient depuis des milliers d'années. Le cérémonial que la Genèse décrit avec un tel sens du mouvement stylistique dans le passage ci-dessus figure dans les fresques et les sculptures des plus célèbres sanctuaires funéraires de l'Antiquité égyptienne : on y voit de grands personnages, les bras haut levés en signe d'exultation, le cou encerclé de colliers d'or, et qui ont été revêtus par leurs serviteurs de robes de lin de coupe savante et tombant en plis impeccables ; ils se tiennent bien droit devant un pharaon qui, très cérémonieusement, très officiellement, leur donne le titre et les insignes des grands vizirs d'Egypte. Très souvent, à côté de ces fresques funéraires, des inscriptions retracent les étapes de la carrière de ces dignitaires. L'histoire de la vie de Joseph racontée dans la Genèse rappelle irrésistiblement ces textes biographiques rédigés par des scribes, mais elle passe sous silence le lourd apparat qui était de mise en la circonstance. Dans son style inimitable, la Genèse fait de ce qui était en réalité une cérémonie où se manifestait toute la pompe de la cour pharaonique — car l'intronisation d'un grand vizir était un rituel public aussi vieux que le royaume égyptien — la rencontre joyeuse et spontanée de deux personnes.

Cependant, le récit biblique de la carrière de Joseph est fidèle dans ses moindres détails au contexte ethnographique et sociologique. Le récit du voyage de Joseph descendant la « Voie d'Horus » avec les caravanes des Madianites sonne juste, de même que celui de sa période d'esclavage dans la maison du prêtre Pôtiphar. Le nom même de Pôtiphar est bien de consonnance égyptienne et signifie « celui qui est un don du soleil », ce qui semble parfaitement approprié pour un prêtre de l'antique ville de On, où la Genèse dit qu'il avait sa résidence. De nos jours, On est située dans la banlieue du Caire, mais à l'époque où Pôtiphar y vivait, elle abritait un des plus grands temples égyptiens dédiés au Soleil, et ce temple fut desservi pendant deux mille ans et plus par des prêtres comme Pôtiphar.

A en croire les inscriptions des sanctuaires funéraires, les vertus que les technocrates égyptiens mettaient au premier rang étaient la sagesse et la prévoyance. En cela, ils ne différaient guère de nos hommes politiques modernes dont ils partageaient le souci de montrer leur capacité à planifier à long terme la prospérité de l'Etat, à faire de la prospective. Aujourd'hui, les politiciens basent leurs prévisions et leurs propositions de solutions sur des données statistiques ou sur la récurrence de schémas historiques ou philosophiques. Avec pratiquement autant de succès qu'eux, les Egyptiens de l'Antiquité se fiaient aux rêves, à la magie et à leur connaissance pratique du terrain. L'oniromancie, ou science d'interpréter les rêves, que la Genèse attribue à Joseph comme un don particulier était, à l'époque, pratique courante. Les anciens Egyptiens croyaient qu'au cours du rêve l'âme abandonnait le corps pour retourner à la ténèbre vague d'avant la création du monde et que, de ce périlleux voyage jusqu'au lieu qui rassemblait tous les temps et tous les êtres, elle rapportait, sur l'avenir, de mystérieuses certitudes. « Celui-ci [le pharaon] dit à Joseph : "J'ai eu un songe et personne n'a pu l'interpréter. Mais j'ai entendu dire de toi, qu'en entendant le récit des songes, tu étais à même de les interpréter." » (Genèse, XLI, 15). L'analyse du songe que fait Joseph (Genèse, XLI, 17) et qui, selon la Bible, le rend célèbre dans toute l'Egypte est, parmi les nombreuses méthodes d'oniromancie proposées par les manuels de l'époque, l'une des plus rudimentaires. Elle se contente de transposer les termes : « vaches grasses », signifie « bonnes récoltes » et « vaches maigres » donne « mauvaise année », ce qui est un constat à la portée du cultivateur de base ! Il y avait, dans la tradition égyptienne, d'autres interprétations possibles qui auraient pu donner au rêve du pharaon un sens moins évident comme, dans les tarots, lorsque la carte du Pendu se transforme en signe de chance. Mais Joseph prend la solution de la facilité, préférant se baser sur le contenu même du rêve. Il n'est pas surprenant non plus que les prisonniers détenus avec Joseph (Genèse, XL) aient rêvé de leur avenir, car les prisons de l'Egypte antique n'étaient pas des lieux de punition, mais plutôt des sortes de camps où l'on rassemblait les prévenus pendant que l'instruction de leur affaire suivait son cours. Jugement et sentence étaient prononcés à la fin de cette période de détention préventive. Pour le panetier qui a vu en songe des oiseaux venir picorer son pain et gâcher ainsi le travail qui le fait vivre, Joseph interprète le rêve comme un mauvais présage. A l'échanson qui s'est vu, en songe, retourner devant le tribunal, Joseph prédit, fort justement, que le rêve va se réaliser. Le fait que Joseph était étranger — l'échanson royal le désigne au pharaon comme « un jeune Hébreu » (Genèse, XLI, 12) — donnait peut-être à ses oracles un poids d'exotisme, comme il arrive, de nos jours, pour certains « voyants », mais la Genèse ajoute que Joseph ne se contentait pas d'interpréter les songes ; il pratiquait d'autres formes de divination. Le fameux « bol d'argent » que ses serviteurs avaient mis dans les sacs de grains de ses frères et qui fut cause de leur arrestation (« N'y a-t-il pas ici ce qui est à mon seigneur pour boire et pour pratiquer la divination ? ») [Genèse, XLIV, 5] est un bol qu'utilisaient les pratiques magiques traditionnelles de l'Egypte, un de ces gobelets d'or ou d'argent, ou parfois de cette faïence qui a la couleur même du ciel égyptien, et que l'on remplissait d'eau pour y « lire » l'avenir. Il arrivait qu'on écrivît sur les parois de ces gobelets des mots à l'encre, et que cette encre, dissoute dans l'eau, devînt un remède que l'on buvait. La médecine traditionnelle égyptienne fait toujours usage de tels remèdes et, de nos jours encore, nombreux sont les paysans malades à boire ainsi les versets du Coran qui s'appliquent à leurs maux.

Lorsque Joseph conseille au pharaon de prendre des mesures en vue des années difficiles qui s'annoncent, et de mettre en réserve l'excédent de grain des années d'abondance, il agit en homme qui sait reconnaître chez son souverain des signes d'inquiétude et qui trouve le moyen de les calmer, en conseiller politique avisé qui serait aussi un peu magicien, car l'amalgame de ces deux rôles était fréquent dans les cours pharaoniques. Les textes égyptiens relatent que la mission de ces grands serviteurs de l'Etat ne se limitait pas à des études de prospective et qu'ils devaient parfois, tout comme les hommes politiques contemporains, accomplir de véritables tours de passe-passe pour sauver de l'ennui leurs seigneurs et maîtres. C'est ainsi que des chroniques qui remontent à la période de la construction des pyramides racontent qu'un homme aussi sage que célèbre avait « retenu de ses mains les eaux d'un petit lac », les soulevant « très haut, de chaque côté » pour qu'une des concubines royales puisse retrouver la boucle d'oreille qu'elle avait perdue dans une régate où s'affrontaient les pensionnaires du harem. On dit que ce tour plut beaucoup au pharaon. Peut-être pourrait-on y voir une modeste répétition pour la grande scène biblique où la mer Rouge s'ouvrit en deux puisque Moïse était, lui aussi, un grand magicien qui « au milieu de toi, Egypte, envoya les signes et les prodiges » (Psaumes, CXXXV, 9).

De toute évidence, les épisodes de la Bible qui se déroulent en Egypte sont fermement ancrés dans la réalité du milieu égyptien, tout comme ceux de la Genèse le sont en Mésopotamie. Aussi parlantes qu'elles soient, ces concordances culturelles ne constituent en rien une preuve que lesdits épisodes se réfèrent à des événements historiques ou à des personnages ayant véritablement existé, pas plus que les descriptions détaillées des armées napoléoniennes de Tolstoï dans *Guerre et Paix* ne font sortir les héros de son roman du domaine de la fiction. Aucun des épisodes de la Genèse qui se déroulent en Egypte ne donne un seul élément qui permette de le placer à une période ou à une autre de l'histoire égyptienne. Les théories qui essaient à tout prix de trouver des points de rapprochement entre les détails du texte biblique et les modes de vie de l'Antiquité égyptienne s'appuient plus sur notre ignorance que sur notre connaissance du passé, car il est très rare que l'histoire de l'Antiquité égyptienne fournisse une datation précise en ce qui concerne ses coutumes et les habitudes de son vécu. Toutefois, il existe un lien certain entre l'Ancien Testament et le monde de l'Antiquité égyptienne, un lien qui permet de dater de façon très approximative ces textes bibliques sur fond de décor égyptien. Ce lien est donné par le contenu même des textes. De la même manière que certains passages de l'Ancien Testament montrent clairement une origine mésopotamienne, d'autres montrent, tout aussi clairement, une source égyptienne. Dans les livres de la Genèse, de l'Exode et des Proverbes, ainsi que dans certains des Psaumes, on trouve des rapports étroits avec des textes égyptiens de l'Antiquité qui sont universellement connus. L'un d'eux, *L'Hymne à Aton*, poème célèbre qu'on dit écrit par le pharaon hérétique Akhenaton aux environs de 1345 avant Jésus-Christ, offre avec le psaume CIV toutes sortes de correspondances qui semblent se faire ouvertement et mystérieusement écho (cf. p. 73).

L'hymne égyptien fut composé pour célébrer une foi schismatique éphémère, mais ses échos se sont prolongés longtemps dans les textes sacrés. Sa date de composition est connue : 1345 avant Jésus-Christ, soit plusieurs siècles avant la toute première mention d'Israël dans l'histoire de l'Antiquité et c'est un indice qui permettrait de situer historiquement le psaume CIV. Mais rien de plus qu'un indice. D'autres études comparatives de textes de l'Ancien

Testament et des textes égyptiens donnent des correspondances tout aussi vagues. Pourtant, il en est une qui permet de réduire la marge d'erreur d'un siècle ou deux dans la datation du passage biblique : l'histoire de Joseph et de la femme de Pôtiphar faisait partie des contes traditionnels d'Egypte et on en trouve une première version écrite aux environs de 1200 avant Jésus-Christ.

La version égyptienne intitulée *Le Conte des Deux Frères* présente le personnage d'un régisseur appelé Bata qui ressemble à Joseph (Genèse, XXXIX) et qui, comme lui, est accusé par la femme de son maître d'avoir tenté de la séduire. Au cours d'une scène qui doit bien être l'une des plus anciennes dans la tradition de la littérature dite « intimiste », on voit ladite épouse, « assise à sa coiffeuse et nattant sa chevelure », admirer la musculature de Joseph qui charrie des sacs de semences de la ferme aux champs. Tout comme Joseph, Bata repousse les avances de la femme qui le dénonce injustement. Puis, averti par un mystérieux présage que le mari cherche à le tuer, Bata s'enfuit. Il franchit un étang infesté de crocodiles et, de l'autre rive, admoneste le jaloux (qui, dans le conte égyptien est son propre frère) prudemment resté au bord de l'eau. Bata lui fait un long discours où passe toute son indignation avant de se couper le pénis et de le jeter dans l'étang où un petit poisson n'en fait qu'une bouchée.

D'aventures à résonances aussi ouvertement freudiennes, la Bible ne donne que très peu d'exemples. A ce point du récit, la version de la Genèse et celle de la tradition égyptienne divergent. Car, dans la version égyptienne, l'histoire va s'amplifier et rejoindre le mythe du grand duel entre les dieux Osiris et Seth — le pénis d'Osiris étant de même abandonné aux flots — et donc le personnage de Bata contiendra des éléments de caractérisation très évocateurs pour le public égyptien. L'histoire biblique de Joseph bifurque vers une autre conclusion, mais, comme celle de Bata, elle comporte une leçon morale :

Grand hymne d'Akhenaton	Psaume CIV
	Versets 20-21
Quand tu te couches dans l'horizon [occidental la terre est dans les ténèbres comme [dans la mort Les hommes dorment dans leurs [chambres, la tête voilée ; aucun d'eux ne peut en voir un autre. Tous leurs biens placés sous leurs [têtes, sont-ils volés, ils ne s'en aperçoivent pas Les lions sortent de leurs antres, les [serpents mordent La terre gît dans le silence car celui qui l'a créée se repose en [son horizon.	*Tu poses les ténèbres et c'est la nuit où remuent toutes les bêtes des bois. Les lions rugissent après leur proie et réclament à Dieu leur nourriture.*
	Versets 25-26
Les bateaux descendent ou remontent [le fleuve Tous les chemins sont ouverts quand [tu apparais Les poissons bondissent devant ta [face à la surface du fleuve, Tes rayons pénètrent jusqu'en la [mer très-verte.	*Voici la mer, grande et vaste de tous [côtés où remuent des reptiles innombrables [des animaux petits et grands. Là vont et viennent les bateaux et le Léviathan que tu as formé pour [jouer avec lui.*
	Verset 24
Comme elles sont nombreuses, tes [créations ! Elles sont cachées aux visages des [hommes, ô Dieu unique, à qui nul autre n'est [semblable. Tu as créé la terre selon ton désir [alors que tu étais seul[1]	*Que tes œuvres sont nombreuses, [Seigneur ! Tu les as toutes faites avec sagesse. La terre est remplie de tes créatures.*

1. In *Prières de l'Ancien Orient*. A. Barucq et al. Ed. Le Cerf. 1989. Trad. A. Barucq. pp. 68-70.

l'injustice ne paie pas et doit, un jour ou l'autre, être redressée. Il est bien évident que le livre de la Genèse ne pouvait faire état d'un des mythes les plus importants de l'Antiquité.

Tous ces emprunts de la Bible à la littérature la plus archaïque et la plus païenne, cet usage récurrent dans la Genèse de la mythologie ancienne et de son discours servent le plus souvent à ancrer les épisodes bibliques dans l'Antiquité, à les placer aux origines mêmes de la civilisation. Croire qu'il suffise de trouver des concordances entre l'histoire de Noé et l'incidence du déluge qui vint frapper Babylone, ou entre le *Conte des Deux Frères* et le passage mettant en scène Joseph et la femme de Pôtiphar, pour jeter le discrédit sur l'authenticité de la Genèse, relèverait d'une incompréhension complète des intentions de ses auteurs. La Genèse et la plus grande partie de l'Ancien Testament ne peuvent être prises comme des œuvres de pure fiction. Quand l'Ancien Testament cède à la tentation de la couleur locale — égyptienne ou mésopotamienne — ou s'inspire des souvenirs de Bata ou du déluge, il le fait pour les mettre au service d'un thème qui est d'une importance primordiale : montrer la lente émergence d'un rapport établi entre Yahvé et Israël, la montée d'une révélation qui aboutira à une définition du divin. Dans cette immense geste, les histoires du livre de la Genèse ne sont qu'une manière de prologue, et il est normal qu'elles reprennent à leur compte les éléments des fictions culturelles les plus archaïques.

Dans le contexte de cette immense geste, dans l'interminable démarche vers cette révélation, l'histoire de Joseph s'inscrit dans le narratif beaucoup plus ample des interactions entre Yahvé et les patriarches dont les chroniques familiales contiennent en germe toute l'histoire future d'Israël. L'histoire de Joseph est le prélude à l'Exode, à la sortie d'Egypte et à l'établissement du royaume d'Israël. Comme la détention de Joseph chez

Pôtiphar, l'esclavage des Israélites descendants des frères de Joseph qui, eux, étaient venus en Egypte à l'invitation du pharaon, est une injustice, mais l'enjeu est d'une autre envergure. La cause de Joseph était juste et, avec l'aide de Yahvé, il put la faire triompher et connaître la prospérité ; de même, Israël sortira de l'esclavage pour aller « au pays où coulent le Lait et le Miel » car Yahvé tient son rôle avec une parfaite cohérence. La sortie d'Egypte devient donc la justification de l'existence d'Israël, la preuve que Yahvé, le dieu tout-puissant, est proche de son peuple. Il avait soutenu Joseph et ses frères et il soutiendra leurs descendants, les Israélites, pendant leur captivité ; il récompensera leur piété par le don d'un royaume qui sera bien à eux. Mais la délivrance n'interviendra qu'après un long séjour en terre d'Egypte où Yahvé choisira de se révéler pour la première fois à Israël car, en ce lieu, le culte solennel des dieux de l'Antiquité a pu faire entrevoir aux Israélites l'existence d'un sens du sacré empreint d'une sérénité souveraine obtenue par l'infinie répétition de sublimes rituels.

L'Exode

L'Exode — ou plus littéralement « la Sortie » — est le deuxième livre de la Bible. Il raconte comment Moïse fit sortir son peuple d'Egypte et réussit presque à en faire une nation. En quelques phrases, dès les premiers paragraphes, ce qui, dans la Genèse, était chronique familiale devient épopée nationale. Abraham et sa famille étaient des nomades, étrangers dans un pays étranger. Le héros du livre de l'Exode, Moïse, ne leur ressemble en rien : sa vie a un sens et un but et, autour de lui, la distribution des personnages va s'amplifier ; le livre de l'Exode raconte la naissance d'une nation.

Après la mort de Joseph, « un nouveau roi qui n'avait pas connu Joseph se leva sur l'Egypte » (Exode, I, 8) et le peuple d'Israël fut asservi. Et l'histoire se poursuit : fuyant l'esclavage et traversant la mer Rouge, les enfants d'Israël errent pendant quarante ans dans la solitude désertique du Sinaï avant d'arriver au seuil de la Terre promise. Au fil du récit, un thème se fait jour, celui de la naissance et de l'évolution d'une nouvelle religion : la religion de Yahvé.

De même que la Genèse, le texte du livre de l'Exode, tel qu'il est parvenu jusqu'à nous, est le produit de divers moments de l'histoire. Il contient un mélange si étonnant d'épisodes et d'images emblématiques, il exprime tant d'aspiration qu'il est devenu un archétype dans l'histoire de l'Occident, un symbole porteur d'un message universel : tous les opprimés connaîtront un jour la liberté et le bien finira par triompher. Cette puissante geste commence avec une sobriété comparable à celle de la Genèse. L'histoire de l'enfance de Moïse, avec ses échos mythologiques, appartient de toute évidence à la tradition mésopotamienne. Pas la moindre trace d'influence égyptienne, en effet, dans ce passage où l'on voit un tout petit enfant livré aux caprices des éléments et descendant le Nil dans une corbeille d'osier ! En revanche, on y retrouve le même type de circonstances qui ont entouré la naissance de nombreux héros de l'Antiquité ; par exemple, celle du roi Sargon qui, aux environs de l'an 2000 avant Jésus-Christ, fonda un nouvel et vaste empire en Basse-Mésopotamie. Comme le roi Sargon, le petit Moïse est abandonné au fil du courant dans un de ces paniers calfatés de poix totalement inconnus en Egypte, mais dont l'usage était courant en Mésopotamie. Pourtant, le nom de Moïse est bien de consonance égyptienne et ses racines rappellent les noms de nombreux pharaons : Ra-moses ou Ramsès, Tut-moses ou Thoutmôsis. Ramsès signifie « vie du dieu Râ » et Thoutmôsis « né du dieu Tot », et le nom de Moïse marque, lui aussi, une relation à la naissance : celle du peuple d'Israël.

L'histoire de Moïse en Egypte est, pour l'essentiel,

ancrée dans le milieu qui caractérise le monde de l'Antiquité. Cela est plus particulièrement vrai pour les passages décrivant la séquence des fléaux. Alors que Moïse affronte le pharaon dans le terrible face à face dont l'issue sera la décision du souverain de laisser le peuple d'Israël quitter le sol égyptien, le narrateur brosse, avec la plus grande précision, l'arrière-fond écologique et la diversité des biotopes qui caractérisent le pays : un manque total de pluviosité sur un territoire restreint pour sa seule survie aux berges d'une grande rivière. Et là, le regard de l'auteur témoigne d'un sens de l'observation sans faille. En se réalisant l'une après l'autre, les prédictions de Moïse culminent dans le constat d'une véritable catastrophe écologique à l'échelle de l'Antiquité. En effet, les fléaux annoncés par Moïse ne sont que les séquelles désastreuses de la crue du Nil lorsqu'elle prend des proportions anormales au lieu de donner, comme elle le fait à chaque printemps par inondation, un arrosage bien nécessaire aux cultures. Le premier fléau prédit par Moïse — ces flots de sang roulant en pleine rivière — n'est que le signe avant-coureur du désastre majeur qui se prépare : avec la fonte des neiges sur les hauts plateaux africains aux sources du Nil, les courants commencent à se gonfler en vagues épaisses et gluantes qui entraînent les limons éthiopiens, donnant ainsi une première indication du formidable volume des eaux en amont. Ce flot monstrueux déferlant sur l'Egypte avec l'inondation charrie des micro-organismes de couleur rouge qui, sur leur passage, détruisent toute vie en milieu riverain. Dans les années 1960, au moment où le lac Nasser se remplissait lentement à l'arrière du barrage d'Assouan, les îles du lac dont la superficie se réduisait progressivement furent infestées de scorpions, serpents et grenouilles qui cherchaient à s'y réfugier. Il y a dans les prédictions de Moïse une invasion similaire et elle est, en fait, inévitable pendant la phase initiale d'une crue exceptionnelle. Les archives de l'Antiquité rapportent que ces crues dévastatrices arrivaient à enfoncer les digues qui, normalement, retenaient l'inondation annuelle, et à détruire villes, temples, et jusqu'aux entrepôts où étaient conservées les semences pour les futures récoltes. Autres fléaux : quand l'inondation était totale, le pays était envahi de nuées de mouches ; les cadavres d'innombrables noyés et la stagnation des eaux provoquaient un empuantissement de l'atmosphère véritablement insupportable.

Puis, les flots finissaient par baisser, et les champs ensemencés trop tard donnaient, l'année suivante, de maigres récoltes encore amenuisées par la prolifération des bactéries et des moisissures dans une terre devenue trop humide. Ces conditions climatiques exceptionnelles s'accompagnaient d'orages d'une violence incroyable ; des tornades de poussière faisaient tourbillonner locustes, grenouilles et poissons dont les corps tombaient en pluie sur le sol, et cela aussi figurait dans les prédictions de Moïse (Exode, VII). Normalement, une inondation annuelle abondante était vue comme la bénédiction des dieux et la marque du pouvoir d'un pharaon particulièrement puissant, mais une crue d'une telle violence aurait causé la ruine de l'Egypte. En effet, au XVIIIe siècle avant Jésus-Christ, un désastre de cette même amplitude et d'une durée de plusieurs années causa la chute du gouvernement d'un pharaon. Comment ses sujets n'auraient-ils pas mis en question sa compétence puisque le pharaon était jugé responsable de l'équilibre entre les hommes et les dieux, équilibre qui assurait, la prospérité du pays ? Dans l'état des mentalités courant en Egypte, jamais les prédictions de Moïse et les fléaux qu'elles annonçaient n'auraient pu être interprétés comme une punition pour avoir réduit les Israélites en esclavage mais, en revanche, il était possible d'y voir une phase de la joute entre deux grandes divinités : Pharaon et Yahvé. Lorsque le livre de l'Exode raconte comment le bâton d'Aaron se transforme en serpent sur l'ordre de Moïse dont Aaron est le grand prêtre, le sujet abordé est clair pour tout Egyptien de l'Antiquité, le serpent ayant toujours été l'emblème du pouvoir pharaonique. Les couronnes qui ornaient le chef des pharaons portaient des cobras en or dont les têtes dressées semblaient prêtes à siffler, et donc, selon la symbolique égyptienne, il était évident que Moïse et son dieu s'opposaient au souverain d'Egypte.

Avec le dixième et dernier fléau, Yahvé frappe l'Egypte en plein cœur. En effet, la mort des premiers-nés est une malédiction tout particulière dans la tradition égyptienne, et sa portée dépasse de très loin le domaine du deuil personnel. Dans la société traditionnelle de l'Egypte, le fils aîné héritait, bien sûr, du rang paternel, mais, en outre, par la pratique minutieuse du culte rendu aux morts, il lui incombait d'assurer la continuité entre ce monde et l'au-delà. Car une fois ce lien rompu, les Egyptiens de l'Antiquité se retrouvaient sans racines, retombaient dans les ténèbres du néant, dans un cosmos à jamais déréglé. Faire sortir d'Egypte Moïse qui semblait être responsable des dix fléaux et bannir toute sa descendance représentaient donc une mesure prise pour la sauvegarde de toute la nation. Yahvé montre, par ce dernier fléau, qu'il peut, avec une efficacité perverse, manipuler les mentalités égyptiennes qu'il connaît parfaitement, ce qui ne manque pas de donner à l'épisode une indéniable note de vérité.

> A minuit, le Seigneur frappa tout premier-né au pays d'Egypte, du premier-né du pharaon, qui devait s'asseoir sur le trône, au premier-né du captif dans la prison... Le pharaon se leva cette nuit-là... Il appela Moïse et Aaron et dit : « Levez-vous ! Sortez du milieu de mon peuple, vous et les fils d'Israël. Allez et servez le Seigneur comme vous l'avez dit. »
>
> (Exode, XII, 29-31)

Quelle interprétation donner à la sortie d'Egypte ? Faut-il y voir la geste de quelque prince mythologique prenant la tête d'une nation encore à naître et lui faisant franchir des mers qui se dressent, de chaque côté, en de hautes murailles pour le laisser passer, ou l'histoire d'une émigration très ancienne dont l'archéologie trouvera un jour la preuve scientifique permettant de la dater, de la localiser, et ainsi de la transformer en épopée historique ? Le récit englobe tant de détails réalistes et se charge de tels symboles moraux qu'il y a eu — comme on pouvait à bon droit s'y attendre — de nombreuses tentatives pour faire de l'Exode un événement réel et l'intégrer dans l'histoire de l'Antiquité. Pourtant, à part le texte biblique, aucun document d'archives découvert à ce jour ne mentionne la personne de Moïse, l'assujettissement d'Israël ou l'occurrence d'un quelconque exode, ce qui est tout à fait surprenant, étant donné la seule importance en nombre de cette émigration. La Bible, en effet, dit que plus de six cent mille personnes quittèrent le territoire égyptien, soit entre 20 et 25 % de la population totale du pays. C'était là un bouleversement de nature à engendrer des conséquences socio-économiques d'une telle ampleur (surplus alimentaires, diminution brutale de la population active, etc.) qu'il aurait dû laisser des traces dans les documents administratifs qui, certes, n'ont pas tous été sauvés des injures du temps mais demeurent néanmoins fort nombreux et extrêmement détaillés.

Le texte de la Bible montre la préoccupation de donner pour l'Exode une datation précise : « La durée du séjour des fils d'Israël en Egypte fut de quatre cent trente ans » (Exode, XII, 40). Avec ce chiffre, un petit exercice de calcul mental permet, sinon de fixer précisément la date de l'Exode, du moins de situer l'événement à une date supposée être « la première possible ». Le plus ancien texte connu portant mention de l'existence d'Israël en Terre promise remonte à 1207 avant Jésus-Christ. En ajoutant à ce chiffre celui de 40 pour les années d'errance dans le désert du Sinaï et celui de 430 pour celles passées en Egypte, on arrive à trouver pour « première date possible » de l'Exode l'année 1677 avant Jésus-Christ. Résultat immédiatement et formellement contredit par un autre texte biblique qui raconte le départ des Israélites : « Les fils d'Israël partirent de Ramsès pour Soukkoth, environ six cents milliers de fantassins » (Exode, XII, 37). La ville en question est bien celle qui est située dans le delta du Nil (*cf.* p. 66) et fut fondée par Ramsès II. Or, ce monarque vécut quatre siècles après la date calculée ci-dessus. A l'époque de l'Exode, cette ville n'existait pas encore. On va donc partir du principe que le chiffre de 430 années pour le séjour en Egypte est inexact et revenir à la case départ : 1207 avant Jésus-Christ. En ajoutant à cette date les 40 années d'errance, on obtient une autre « première date possible » : 1247 avant Jésus-Christ. Mais il est bien connu que le règne de Ramsès II est compris entre 1279 et 1212 avant Jésus-Christ. On peut donc encore réduire la marge d'erreur de 32 années et arriver à dater l'Exode à une période qui se situerait entre 1279 et 1247 avant Jésus-Christ. N'excluons pas toutefois l'hypothèse du copiste zélé qui aurait mentionné la ville de Ramsès à une date ultérieure dans le souci de donner une précision géographique supplémentaire, tout comme la notation « des Chaldéens » qui complète le nom de la ville d'Our est un ajout au texte de la Genèse (*cf.* p. 24). Et puis, est-il possible de prendre la période de quarante années d'errance comme une donnée mathématique exacte ? Pour solliciter les textes bibliques dans le but d'en extraire des dates précises, il faut avoir non seulement la foi chevillée au corps mais encore un œil sélectif !

Les étendues désertiques du Sinaï où se sont déroulées les fameuses années d'errance semblent le lieu idéal pour en conserver ne serait-ce que quelques traces. Mais pas plus que les dates, les sables n'apportent de vraies précisions. Pourtant, en ce lieu, les conditions climatiques ont conservé jusqu'au moindre vestige des anciens campements bédouins et des rares villages situés près des gisements de minerais et vieux de cinq mille ans. De Moïse et des Israélites qui auraient été — et de loin ! — la population la plus nombreuse à vivre dans ces solitudes du désert, il ne reste pas une seule empreinte. Mais on se demande aussi comment une telle multitude aurait pu y survivre, même l'espace d'une semaine, puisque le Sinaï ne possède que d'infimes ressources en eau. Les pasteurs protestants qui, au XIXe siècle, étaient nombreux à partir en expédition « sur les pas de Moïse » furent prompts à constater le fait. « Fuyant les rigueurs de l'hiver anglais pour un pays qui appartient aux troupeaux et aux nomades, avec la Bible pour seul guide », comme dit l'un d'eux, ils ne tardèrent pas à remarquer que la version biblique de l'Exode présentait quelques incohérences une fois qu'on était sur le terrain et que, dans ce pays perdu, le livre saint n'était pas un guide vraiment fiable. Le récit que déroule le livre de l'Exode va à l'encontre de toute expérience du voyage. En fait, plus on l'étudie de près, et moins il semble cadrer avec l'ensemble de l'histoire de l'Antiquité.

Si l'on souhaitait, à tout prix, trouver des preuves pour étayer l'épisode de l'Exode, il faudrait d'abord commencer par extraire du texte toutes les petites phrases qui n'expriment que des probabilités, puis écarter tout ce qui relève de l'erreur dans les informations qu'il contient — comme le chiffrage fictif de six cent mille pour les Israélites — en tenant compte que les auteurs des textes de l'Antiquité ne résistaient pas plus que les journalistes contemporains à la tentation de gonfler les chiffres ! Mais alors, faudrait-il aussi rejeter du narratif tous les éléments de fantastique, les fléaux prédits par Moïse, la traversée miraculeuse de la mer Rouge et la colonne de feu avec laquelle Yahvé guide son peuple ? Privée de cet apport de merveilleux, l'histoire serait dépourvue de tout sens et qu'en resterait-il, à part un récit sans grand intérêt, à la composition bancale, retraçant les aventures de quelque peuplade « primitive » d'une incroyable crédulité et, devant leur dieu, plus fanatiques que fidèles ?

Un tel décorticage du texte est à mille lieues des mentalités des peuples de l'Antiquité. Le genre d'histoire que raconte l'Exode n'a pas été conçu comme une séquence de faits historiques et il a une tout autre portée. Au deuxième siècle avant Jésus-Christ, la ville égyptienne d'Alexandrie comptait une communauté juive importante et influente au sein de laquelle circulait une nouvelle version de l'Exode. Le héros n'en était pas Moïse mais un prêtre de Mésopotamie du nom d'Osarseph, chef d'une colonie de quatre-vingt mille lépreux que le pharaon avait réduits en esclavage, puis exilés dans une forteresse des Hyksôs proche de la ville de Ramsès. De là, Osarseph fit parvenir un message aux Hyksôs qui vivaient alors à Jérusalem, leur demandant de revenir en Egypte. Ce qu'ils firent, pour rallier les troupes d'Osarseph et de ses lépreux et, « ensemble, ravager la terre d'Egypte et y commettre toutes sortes d'outrages impies ». Alors, les souverains égyptiens qui avaient d'abord fait retraite vers le sud, prirent l'offensive contre les lépreux et les Hyksôs « les exterminant en grand nombre et pourchassant ceux qui restaient jusqu'aux frontières mêmes de la Syrie ». Voilà qui, bien sûr, ne ressemble en rien à la grande épopée de l'Exode, et il est évident que cette version est un pastiche, un tract antisémite issu d'un milieu urbain dont les préjugés contre toute communauté étrangère étaient bien connus.

L'historien juif Flavius Josèphe rapporte que cette même version était l'œuvre d'historiens qui auraient consulté des « sources d'une objectivité douteuse ». Pourtant, les fouilles de Tell el-Dab'a, à proximité de la ville de Ramsès, ont permis de constater qu'il y avait bien eu là deux périodes d'occupation distinctes qui correspondraient à l'histoire d'Osarseph. En fait, la recherche scientifique n'accrédite pas plus le contenu d'un torchon de propagande qu'elle ne prouve la vérité historique de l'Exode. Une fois de plus, on voit vers quelles impasses conduit une lecture de la Bible qui se contenterait d'y chercher des bribes d'information pour faire cadrer l'Exode avec telle ou telle période historique. Il faut toujours garder à l'esprit que ces vénérables histoires avaient un autre but que de consigner des événements. Redisons que l'Exode est l'histoire de la naissance d'une nation, et que même la version qui circulait à Alexandrie le constate avant de pervertir les sources bibliques pour donner aux Juifs une ascendance ignoble au sens le plus littéral de ce terme. On a le droit de refuser qu'une population de plus d'un demi-million de personnes puisse, sans préparation aucune, traverser à pied un désert inhospitalier et y survivre pendant quarante ans, sans pour autant refuser de voir que cette histoire porte un sens qui lui donne une place à part, et que ce sens même a valeur historique et l'intègre dans l'Histoire tout court, et plus particulièrement dans celle du monde occidental. Et cela, malgré le fait qu'elle traite un sujet archaïque dans une langue qui ne l'est pas moins et dont les phrases reprennent, en écho, les mêmes formulations qui scandaient la Genèse.

Cette langue archaïque, on la retrouve dans toutes les parties dont l'ensemble forme l'Ancien Testament. Le grand face à face épique entre le pharaon et Moïse, par exemple, est parfois évoqué en termes bien étranges ; ce n'est plus le pharaon qu'affronte Moïse mais d'énormes dragons, ceux-là mêmes que Yahvé doit combattre (Job, XXVI, 12) au moment de la Création. Certains passages des Psaumes (LXXXIX, 10) et des Livres prophétiques décrivent des assauts semblables et, inévitablement, les monstres vont resurgir dans l'Apocalypse où tout le bestiaire qui figure aux origines du monde doit être présent à sa fin.

De nos jours, on entend parfois dire que ces bêtes faramineuses n'étaient qu'hippopotames et crocodiles vus par des gens à l'esprit simple. Mais il semble incroyable de confondre Léviathan, Rehab et Behemoth, animaux fabuleux et terrifiants hauts de plus de trois mètres qui crachaient les flammes et les fumées et qui, selon de vénérables rabbins, avaient semé la terreur parmi les anges, avec la faune habituelle des berges du Nil ! La vérité est que ces monstres peuplaient les cauchemars des humains depuis la nuit des temps et que leurs apparitions étaient beaucoup plus fréquentes dans la mentalité du monde antique que ne le laissent supposer les brèves mentions de la Bible.

Dans l'enfer des « méchants » de l'Antiquité égyptienne, le démon Rehab occupe une place de choix (Isaïe, XXX, 7 — Psaumes, LXXXVII, 4). Il est également connu sous le nom de Tiamât, déesse du Chaos et des Eaux salées et déesse mère dans le panthéon mésopotamien que Mardouk extermine dans l'*Enouma Elish*. Avec le texte du livre de l'Exode, on dirait que ces grands récits arrivent à boucler la boucle : utilisés pour donner à la version biblique de la Création son support et en tisser la trame, ils reparaissent, cette fois pour décrire une autre création, celle d'une nation, la nation d'Israël. Dans cette seconde création, Tiamât est devenue la mer Rouge et Mardouk s'est transformé en Moïse qui partage les eaux. L'allusion est claire et d'autant plus précieuse qu'elle est rare et indique que c'est bien l'imagerie mésopotamienne qui sous-tend la plus grande partie du narratif de la Genèse et de l'Exode. Jusqu'à l'époque romaine, certains rabbins gardèrent en mémoire toute cette panoplie d'images archaïques qui dramatisaient les textes sacrés, car l'un d'eux — dérivant sans doute au fil de ses flots de rhétorique — va jusqu'à suggérer que les eaux de la mer Rouge étaient celles-là mêmes du Déluge qui portèrent l'arche de Noé, et celles-là encore que Yahvé avaient divisées au moment de la Création, ajoutant de surcroît que si Moïse avait pu faire courber la crête des vagues jusqu'à terre, c'était pour les punir de ne pas s'être pliées à l'ordre initial de Yahvé et d'avoir refusé de se séparer des autres éléments liquides pendant la Création !

> Moïse étendit la main sur la mer. Le Seigneur refoula la mer toute la nuit par un vent d'Est puissant et il mit la mer à sec. Les eaux se fendirent...
>
> (Exode, XIV, 21)

Le monde qui vient de naître au moment où les enfants d'Israël foulent les sables humides des profondeurs sous-marines est décrit exactement comme dans une seconde création. Ce moment miraculeux, véritable temps fort du récit de l'Exode, marque la charnière entre un monde ancien et un monde nouveau.

Une théorie scientifique récente voit un lien entre la séparation des eaux de la mer Rouge et une éruption volcanique qui, vers l'an 1450 avant Jésus-Christ, détruisit en Méditerranée l'île de Théra. Ce cataclysme frappa les cités minoennes de la Crète toute proche, provoquant un raz de marée et des pluies de cendres qui retombèrent jusque sur les côtes d'Egypte, du pays de Canaan et d'Anatolie. Ce seraient les vagues de ce raz de marée qui auraient englouti les troupes du pharaon lancées à la poursuite des Israélites, cependant que ces derniers, ayant cette nuit-là établi leur campement sur des hauteurs, ne purent que s'émerveiller de la puissance de leur dieu. Selon ladite théorie, le récit des fléaux d'Egypte serait basé sur les séquelles de l'éruption (retombées de poussières volcaniques) et d'une épidémie de peste, l'une des plus virulentes à sévir dans tout le Moyen-Orient à cette époque. Quant à la colonne de feu grâce à laquelle Yahvé guidait les Israélites dans la traversée du désert, elle n'aurait été que le brasillement du cratère reflété sur le fond sombre des nuées. Que les enfants d'Israël aient pu passer à travers toutes ces catastrophes et survivre par un tel enchaînement de miracles démontrerait bien qu'ils étaient sous protection divine, protection qui, non seulement accréditait leur foi, mais confirmait leur sentiment d'avoir quelque grand destin à accomplir.

Il se trouve que cette fameuse éruption n'a pas eu de grand retentissement dans les autres pays du bassin méditerranéen car, avant que les géologues n'en aient repéré les traces, c'est-à-dire jusqu'à une période fort récente, elle semble être passée totalement inaperçue. Aucune archive n'en fait mention, aucun scribe n'a jugé bon de relever l'événement. On pourrait s'en étonner si l'on ne savait que, jamais, dans l'histoire de l'Antiquité, une divinité n'a pris prétexte d'une catastrophe naturelle pour la dramatiser ou intervenir dans les affaires des hommes. Les dieux de l'Antiquité ne se manifestaient pas ainsi. Comment, alors, les Israélites ont-ils pu voir une puissance divine dans ce brasier, dans ces panaches de fumée ? Si, vraiment, avant 1450 avant Jésus-Christ, il leur a été possible d'interpréter ces désastres naturels en termes d'intervention divine, c'est un moment de l'histoire qui dépasse en importance une éruption volcanique et qui devrait avoir un tout autre retentissement : pour la première fois, l'homme aurait eu du divin une autre idée, il aurait reconnu un dieu complètement différent des autres dieux.

Il y avait, en effet, dans l'Antiquité, un tel nombre de dieux, que Yahvé, lorsqu'il apparut à Moïse sous la forme d'un buisson ardent, dut se présenter avec tous ses titres : « Il dit : Je suis le Dieu de ton père, Dieu d'Abraham, Dieu d'Isaac, Dieu de Jacob. » (Exode, III, 6). En tenant compte du niveau moyen de crédulité en ces temps reculés, qui d'autre que Moïse, dans toute cette population de l'Antiquité, aurait pu avoir la disponibilité d'esprit suffisante pour croire que cette voix sortie du désert pût être celle d'un dieu unique et universel ? Presque tout le monde y aurait vu le délire d'un dangereux mégalomane, d'un esprit pervers et malin. Et c'est pourtant ce dieu que Moïse va suivre, selon le texte de l'Exode, qui va guider pendant quarante ans le peuple d'Israël de sa sortie d'Egypte à son arrivée en Terre promise. Cette vision d'un dieu qui n'a pas de racine historique, qui traverse le temps et l'espace, a quelque chose de vraiment révolutionnaire. Voilà un concept qui semble parfaitement incompréhensible pour les mentalités de l'époque et dont, pourtant, va découler une nouvelle perspective du rôle que joue l'homme sur terre. L'esprit libéré des cycles sacrés mais contraignants imposés par les anciens dieux — crue et décrue des rivières, germination des céréales — l'homme reçoit de Yahvé le message qu'il peut, désormais, comme Moïse dans le Sinaï, marcher sur les traces de son dieu et aussi commencer à agir en son nom propre, prendre sa vie en charge.

Pendant cette longue période d'errance dans le Sinaï, Yahvé va se faire reconnaître de son peuple élu et les Israélites apprendront à se familiariser avec l'étonnante personnalité de ce nouveau dieu qui est le leur. Parfois, comme dans l'épisode du buisson ardent, Yahvé aura recours aux bonnes vieilles pratiques magiques des dieux de l'Antiquité et il lui arrivera de faire usage de leurs accessoires traditionnels. Ainsi, les Israélites fabriquent pour lui un véhicule : l'Arche d'alliance copiée sur les litières dans lesquelles les dieux et pharaons d'Egypte se faisaient transporter. A d'autres moments, il se montrera aussi brutal, aussi imprévisible qu'un dieu mésopotamien, anéantissant dans son courroux tous ceux qui ne respectent pas sa loi. Mais le Yahvé du livre de l'Exode conservera aussi une auguste majesté, une auréole de pouvoir suprême qui ne sont pas sans rappeler le souvenir des rituels sacrés de l'Egypte.

La plus grande originalité de Yahvé est encore ailleurs : à la différence des dieux égyptiens et mésopotamiens, il n'est pas sorti de l'esprit des poètes ou de l'imagination des artistes, il n'est pas fixé géographiquement, mais il n'est pas non plus déplaçable aux fins de trouver une épouse et d'engendrer une postérité ou de former de nouvelles alliances. Yahvé se démarque de tous les dieux qui l'ont précédé : en lui et en lui seul est la source de tout ce qui est saint. Yahvé est un concept abstrait, théologique et moral qui n'aurait jamais pu naître du seul engloutissement d'une île. Le véritable propos de l'Exode est bien éloigné des histoires d'éruption volcanique ou de mer qui se dresse pour se fendre en deux : il offre les perspectives d'un monde nouveau.

En quittant le sol égyptien et l'influence de sa civilisation, en traversant la mer Rouge entre deux murs d'eaux dressées, les Israélites passent d'un monde révolu à un monde neuf. Même s'ils gardent encore en eux des résurgences, des réminiscences des dieux du passé, leur nouvelle intelligence de la divinité est un bouleversement qui va définitivement changer les rapports entre l'homme et ses dieux et la nature des espoirs qu'il met en eux. En même temps que les Israélites, c'est chaque être humain qui émerge de l'archaïsme. Pour raconter l'histoire de ce nouveau dieu, l'Exode va prendre le style de la plus ancienne tradition orientale, avec ses décors de ziggurats ou de pyramides et la magie de symboles universels comme l'arche ou l'Eden, et elle en fera un narratif inspiré, un récit qui s'enroule et se déroule autour de la vision toujours plus forte, toujours plus grandiose de son dieu, vision qui s'élabore et prend tout son sens au fur et à mesure que les auteurs de l'Ancien Testament eux-mêmes en perçoivent le message. Livre après livre, cette vision débouche sur la révélation de Dieu.

En face du texte de l'Exode, le fond du problème n'est donc pas de donner une date pour la traversée du désert.

Même si, demain, les ossements de Moïse étaient arrachés aux sables, on ne serait pas plus à même de comprendre le rôle qu'il a joué et l'importance du Dieu qu'il révérait, tout comme on serait incapable de mieux évaluer les théories de Freud si le sous-sol de la Grèce nous rendait le squelette du roi Œdipe. La seule date importante serait celle qui permettrait de dire à quelle époque l'homme a pris conscience d'une nouvelle conception de la divinité ; c'est une date essentielle pour comprendre l'évolution de l'Occident jusqu'à la période contemporaine. Il est heureusement plus facile de dater le livre de l'Exode que de retrouver l'itinéraire de Moïse dans le désert ; tout porte à croire que l'Exode a été écrit bien longtemps après la destruction qui fit de la ville de Ramsès un champ de ruines. A la thématique création/re-création qui irrigue tout l'ouvrage, s'en ajoute une autre tout aussi importante : la libération de toute forme d'esclavage et la vengeance que Yahvé fait fondre sur tous les oppresseurs. En présentant Israël comme un peuple assujetti, le récit de la sortie d'Egypte s'écarte de la fidélité au monde de l'Antiquité qui marquait la Genèse et l'Exode. A l'échelle et sous la forme données par le texte biblique, l'esclavage n'existait ni en Egypte, ni ailleurs dans le monde antique où l'homme — placé qu'il était dans un ordre sacré, qu'il fût pharaon ou paysan louant ses bras — n'avait de comptes à rendre qu'aux dieux et à l'Etat. Dans ce type de société, nos conceptions modernes de l'esclavage, de la liberté ou même de la propriété et des échanges commerciaux sont difficilement transposables. En outre, les archives égyptiennes sont riches en documents prouvant que les étrangers qui vivaient dans le pays — prisonniers de guerre ou émigrants pacifiques — étaient rapidement et très officiellement intégrés à la population autochtone (à l'exception de la ville de Tell el-Dab'a que les Egyptiens eux-mêmes considéraient comme une ville étrangère). Le monde de l'Antiquité avait sur les problèmes raciaux et culturels des idées très différentes des nôtres, et le thème de la libération de l'esclavage tel que traité dans le livre de l'Exode apparaît comme totalement en porte à faux avec la réalité de l'époque, c'est-à-dire avec les âges datant d'avant la période gréco-romaine. En revanche, les siècles qui vont de l'exil des Israélites à Babylone (Ve ou VIe siècle av. J.-C.) à la terreur qui marquera la présence romaine en Judée (Ier au IIe siècle av. J.-C.) sont ceux où de nombreux Juifs connaîtront la dure réalité de la vie en ghetto et de la servitude. Pendant cette période, le peuple d'Israël a dû souvent prier que vienne un nouveau Moïse, un Messie qui les conduirait au pays où coulent le Lait et le Miel. A ces époques plus récentes de l'histoire de l'Antiquité, on trouvait dans diverses cultures des conceptions de la divinité qui se rapprochaient de celle donnée par Yahvé dans le Sinaï et qui s'accompagnaient d'une même appréhension du temps et de l'espace, et aussi de l'idée que l'homme pût devenir maître de son destin. Il faut donc voir dans le livre de l'Exode un document qui mêle les versions les plus archaïques sur les origines des civilisations à l'élaboration d'une grande geste patriotique. Plus tard, viendra s'y ajouter un vibrant appel à la liberté d'une nation. Les anciennes chroniques des patriarches ont été refondues pour inclure au cœur même du récit l'idée nouvelle d'un Dieu détenteur de toutes les grandes espérances nationales, et ce Dieu intemporel apporte à ces très anciennes histoires leur complexité, leur ampleur visionnaire, leur poids de réel et de magie. Vers la fin de l'Antiquité, la candeur, l'émerveillement et la curiosité qui marquaient ce temps révolu fusionnent avec l'angoisse et la terrible colère d'un douloureux présent, pour donner naissance à une œuvre dont les origines sont enfouies dans la nuit des temps, mais dont la fulgurante portée nous éblouit encore.

CHAPITRE II

Des Chroniques et des Rois

Dieu arraché aux sables

Au printemps de l'année 1889, un voyageur anglais accompagné de son serviteur arabe, d'un âne et de deux chameaux chargés de bagages avec leur chamelier, arrivaient à un tertre isolé, un « tell », le Tell el-Hesi situé parmi les vallonnements de la Judée biblique à quelque quatre-vingt-dix kilomètres au sud-ouest de Jérusalem. Après dix saisons de recherches en Egypte, l'archéologue Flinders Petrie venait pratiquer des fouilles en Terre sainte. Avant de choisir Tell el-Hesi, Petrie avait visité beaucoup d'autres sites où, fort de son expérience égyptienne, il n'avait vu, après examen, que ruines romaines ou arabes. Or, Petrie voulait remonter beaucoup plus loin dans le temps, s'attaquer à un sol qui pourrait lui livrer des vestiges du royaume d'Israël.

Du sommet du tell, Petrie contempla une plaine dégagée, aux tons d'ocre brûlée, complètement déserte à part un éparpillement de tentes noires et quelques silhouettes de nomades guidant leurs troupeaux vers le ruisseau saumâtre qui suintait au flanc du tertre. Ces nomades étaient si pauvres et si farouches que, depuis longtemps, les gouverneurs turcs les avaient abandonnés à leur triste sort. Il leur arrivait d'attaquer et même, parfois, de tuer les voyageurs. D'ailleurs, sur la route de Tell el-Hesi, Petrie avait été dévalisé et quasiment étranglé et il garda de cette attaque une faiblesse à la trachée qui lui laissa une voix enrouée jusqu'à la fin de ses jours. Les expéditions de Petrie n'étaient jamais des promenades de santé et, pour l'accompagner, il fallait avoir le cœur bien accroché ! Plus tard, Petrie devait raconter que son campement de Tell el-Hesi était infesté de scorpions noirs et, qu'une nuit, il avait dû tuer une tarentule qui s'était glissée dans son lit de camp. Et il concluait sobrement : « La vie d'un archéologue sur le terrain n'est pas toujours des plus confortables. »

Le ruisseau ayant érodé l'un des flancs du Tell el-Hesi, Petrie put en observer les strates archéologiques : couche sur couche, les traces des villes de l'Antiquité s'y trouvaient exposées en pleine lumière. Il passa quelques jours à monter et descendre le long de cette falaise, grattant avec son couteau de poche des fragments d'anciennes poteries. En Egypte, Petrie avait appris l'importance des surfaces stratifiées que présentent tant de sites archéologiques : épaisseurs superposées de poussière et de sable, de briques et de pierres, de cendres noircies d'anciens foyers, fragments de murs nivelés indiquant des constructions imbriquées dans les fondations de bâtiments ultérieurs, formant un gigantesque feuilleté d'où se détachent d'innombrables débris de poteries, plats, assiettes, jarres, bref tous les ustensiles de ménage d'une époque pré-industrielle. Depuis 1860 environ, les archéologues allemands qui travaillaient en Grèce utilisaient certains morceaux de poterie — ceux surtout dont les couleurs indiquaient un style déjà connu — pour dater les strates où on les avait trouvés. Petrie avait commencé à adopter cette méthode pendant ses fouilles en Egypte et il avait pu ainsi classer et dater quantité d'humbles objets à usage domestique. Il possédait un don absolument remarquable : sa prodigieuse mémoire lui permettait de reconnaître toute la diversité des formes et des styles de poterie et de les organiser en classifications aussi efficacement que par ordinateur. Mis sous forme de tableau et enrichi d'une foule d'autres notations qu'il engrangeait, son système arrivait à offrir un véritable résumé historique du site. La marque de son génie consistait à étayer ce qu'il y avait d'intuition dans son savoir par une analyse rigoureuse, ce qui donnait à des archéologues moins doués que lui la possibilité d'appliquer sur tout autre site son fameux tableau désormais devenu méthode scientifique. A Tell el-Hesi, en l'espace de six semaines et avec une main-d'œuvre réduite de paysans recrutés sur place — « trente musulmans souffrant de la soif et dont chacun faisait porter ses paniers par une femme ou une jeune fille » selon ses propres termes — Petrie réussit à structurer un projet archéologique pour l'ensemble de la Palestine qui, de toute évidence, allait englober la période des royaumes d'Israël.

A la base même du tertre, à l'endroit où le sol vierge indiquait le niveau le plus ancien du site, Petrie avait trouvé des poteries d'un genre qu'il n'avait jamais vu auparavant et qu'il appela « Amorrite », utilisant le nom que la Bible donne aux habitants du pays de Canaan dont il est dit dans le livre de la Genèse qu'ils avaient conclu un traité avec le patriarche Abraham. Petrie data cette poterie comme antérieure à deux mille ans avant Jésus-Christ, car il avait trouvé dans la strate juste au-dessus quelques rares fragments de poteries mycéniennes d'un style déjà rencontré dans ses fouilles en Egypte. Beaucoup plus haut, bien au-dessus de ces couches, d'autres avaient livré des pans de villes qui, tous, contenaient des poteries inclassables, impossibles à dater. Mais en remontant encore, certaines veines retenaient des fragments parfaitement reconnaissables comme appartenant au Ve siècle avant Jésus-Christ. On décida donc de classer sous cette date toute la poterie qui se trouvait dans ces strates, poterie locale comme poterie étrangère, tandis que les strates inférieures qui gardaient une bonne partie de leur mystère et que l'on avait attribuées à une période « allant de 2000 à 500 avant Jésus-Christ » se virent octroyer l'étiquette « juive ». Petrie avait conclu que ces veines remontaient aux origines du peuplement juif et conjecturait que, tout au fond, on pourrait bien trouver des vestiges du royaume fondé par David, enrichi par Salomon et finalement vaincu par les invasions des Babyloniens. En somme, les profondeurs du sous-sol de Tell el-Hesi cachaient les ruines du monde que décrivent les livres des Rois et des Chroniques.

Après les fouilles de Tell el-Hesi, Petrie entreprit une autre expédition : deux semaines durant, il parcourut à pied la région qui s'étend au nord du tertre jusqu'à la ville côtière de Jaffa, revenant par l'intérieur à travers les collines sur un trajet de près de cent soixante kilomètres pour rejoindre Jérusalem, toujours dans l'espoir de trouver d'autres sites d'intérêt archéologique. Par la suite, Petrie jugea que son voyage en Terre sainte avait été « déterminant pour l'histoire de la poterie en Palestine ». En fait, il avait surtout réussi à faire le point des connaissances et à systématiser quelque peu la partie émergée du domaine historique de la Terre sainte qui n'était connu jusqu'alors qu'au travers des pages de la Bible. Dans les années 1970, une autre expédition se remit au travail sur le site de Tell el-Hesi désormais enclavé par les orangeraies et les champs de blé des fermiers israéliens. Elle comprenait un effectif de près de cinquante personnes : géologues, archéologues, spécialistes en paléontologie et en paléobotanique, photographes, dessinateurs, géomètres-experts. L'avant-projet de l'expédition formait un volume plus épais que le rapport final de Petrie ! On sait que les méthodes archéologiques se sont grandement affinées depuis les premières fouilles « sauvages ». Aussi bon nombre des conclusions atteintes par Petrie au cours de son expédition en solitaire furent-elles l'objet de contestations, de révisions et de corrections. Il n'en reste pas moins que Petrie a été le premier sur le terrain et qu'il a initié une démarche d'une singulière ampleur en montrant qu'une vraie méthode scientifique pouvait retrouver les origines de l'antique royaume d'Israël. Désormais, les strates de Tell el-Hesi pouvaient s'ouvrir comme les pages de la Bible et la grande quête pour y retrouver les vestiges du royaume terrestre des Enfants de Dieu allait pouvoir commencer.

Israélites et archéologues

Il y a dix mille ans, bien longtemps avant que n'apparaisse la première poterie, dans les solitudes sauvages de la Judée, près de la source de Jéricho, vivait une petite communauté de quelque trois mille paysans qui construisirent la célèbre tour de pierre connue comme « le plus vieux monument du point le plus bas de l'écorce terrestre ». La tour est toujours debout ; ses fondations reposent sur un filon rocheux d'où suinte un ruisseau qui coule jusqu'au Jourdain pour finir avec lui dans les eaux de la mer Morte et qui était, pour les voyageurs, le dernier point d'eau potable avant la traversée du désert par la route qui grimpe sur trente-deux kilomètres jusqu'à Jérusalem où ils en trouvaient un autre aux portes de la ville, au mont des Oliviers. Jéricho était situé en bordure d'une vaste oasis dont les palmeraies étaient si belles et si fructifères que Marc Antoine l'avait donnée à Cléopâtre en cadeau de noces. D'après la Bible, Jéricho, l'une des plus vieilles cités du monde, allongée dans la suavité de son merveilleux bassin, fut la première ville de Canaan à tomber aux mains des Israélites lorsqu'ils pénétrèrent en Terre promise.

Aujourd'hui, le tell aride de Jéricho semble perché en équilibre précaire au bord de l'oasis. Autrefois lisse et arrondie, sa butte n'est plus qu'un terril éventré, zébré d'arêtes et de tranchées. La poussière de ce terril est tout ce qui reste de l'antique ville, et la fameuse tour qui, à sa construction, se dressait à plus de six mètres au-dessus du sol est maintenant enfoncée dans les cendres et les gravats. Si l'on suit le grand fossé où se trouve la tour et que l'on continue vers l'ouest, on foule un sol qui est parmi les plus riches du monde en vestiges historiques de l'humanité. On longe d'abord un mur aussi vieux que la tour, puis d'autres murs construits à la même époque que les pyramides d'Egypte, et l'on arrive enfin devant quelques strates filiformes datant de l'ancien royaume d'Israël où furent retrouvées, inscrites sur l'anse d'un pot, les lettres JDH qui signifient Juda. Si le récit de la destruction de Jéricho dans la Bible n'est pas une simple fiction, on devrait découvrir quelque part, enterrées dans ces strates, les traces du sac de la ville par Josué. Mais, parmi les multiples couches de cendres et de débris de briques, laquelle marque le passage des Israélites ?

Jusqu'à la Première Guerre mondiale, toutes les expéditions archéologiques qui faisaient des fouilles en Palestine suivaient la méthode de Flinders Petrie et classaient les couches excavées sous des catégories assez vagues : « Amorrite », « Sémitique » ou autres, qui furent sources de maintes confusions dans les travaux des archéologues biblistes. En somme, les savants choisissaient les classifications selon leur propre interprétation de l'histoire de l'Antiquité. Enfin, en 1922, au cours d'une réunion dans les bureaux du Département des Antiquités du Mandat britannique sur la Palestine, quatre spécialistes — un Français, un Américain et deux Britanniques, tous deux disciples de Petrie — se mirent d'accord sur l'usage d'un seul et unique système de classification inventé au début du XIXe siècle par le conservateur du musée danois qui avait établi trois grandes catégories par périodes : les âges de la pierre, du bronze et du fer.

Soumis à une multitude de révisions, divisions, subdivisions en sections et sous-sections, ces trois âges qui marquaient — en théorie — l'apparition sur terre de chacun des trois matériaux furent adoptés comme mesures du temps. L'usage de ces termes se généralisa et on les emploie encore aujourd'hui. A l'époque où ils furent introduits, même si les fouilles montraient bien leur présence en Palestine, on était encore incapable de les dater avec précision, mais déjà les archéologues biblistes étaient à pied d'œuvre et ils commencèrent à suivre, sur le terrain, la conquête du pays de Canaan par Josué et son armée.

Aux yeux des historiens et des archéologues biblistes, il était évident que la période d'intérêt majeur pour leurs recherches était comprise entre la fin de l'âge du bronze et le premier âge du fer (c'est-à-dire entre les années 1300 et 1200 avant Jésus-Christ) car cette époque avait été traversée de maintes invasions et marquée de destructions multiples. Si l'Ancien Testament ne fournit pas de date pour la pénétration des Israélites en Terre promise, des textes qui remontent à la fin de l'Antiquité et qui sont étayés de façon irréfutable par les découvertes archéologiques indiquent que ce serait bien pendant ces années-là que Josué et ses troupes auraient atteint le pays de Canaan. La ville biblique de Jéricho (Josué, VI) doit donc être enfouie sous le tell à proximité de l'endroit où les strates datant de l'âge du fer succèdent aux strates de l'âge du bronze. Ce lieu marque un point de fracture, le point de passage entre Cananéens et Israélites. Là, devrait se trouver une couche noirâtre de cendres et de briques provenant des murailles effondrées de la ville.

John Garstang qui, en 1922, avait présidé la fameuse réunion d'experts qui s'était tenue à Jérusalem, fut le premier à entreprendre sur le site du tell de Jéricho des fouilles répondant aux normes des nouvelles méthodes archéologiques. Il allait enfin pouvoir dater les nombreuses fortifications qui ceinturaient la ville en anneaux concentriques comme ceux que l'on trouve au cœur des troncs d'arbres. Il attribua aux débuts de l'âge du bronze les pans de murs construits en belles briques de terre rouge dont les angles se détachaient encore dans l'amas des débris accumulés près du sommet du tertre et au milieu de ce même âge le contre-mur de la fortification. Outre ces murailles, il avait aussi mis au jour un système complexe de remparts et de fossés dont certaines pentes étaient encore recouvertes d'un glacis de plâtre poli conçu par un excellent stratège pour défendre la place contre l'assaut des troupes et des chars. Ce type de défenses fortifiées que l'on retrouve de l'Egypte à la Syrie est caractéristique de l'âge du bronze. Dans un tombeau, à proximité, Garstang découvrit des bijoux d'origine égyptienne portant le nom d'un pharaon qui avait régné aux environs de 1350 avant Jésus-Christ. Il avait donc toute raison de sentir qu'il touchait au but. Josué et ses Israélites étaient, en quelque sorte, à portée de sa main ! C'est alors que les fouilles révélèrent un autre mur, construction assez rudimentaire de pierres et de briques non jointoyées, édifiée sur les restes d'autres murailles et qui donnait l'impression d'avoir été ajoutée en toute hâte peut-être sous la menace imminente d'un siège. Ce mur que Garstang data de la fin de l'âge du bronze montrait les signes de multiples et terribles effondrements ; le sol, tout autour, était jonché de briques et sa partie inférieure offrait sur tout le pourtour une large strie de cendres mouchetées comme des ailes de papillons ; les débris bariolés de briques et de plâtre qui y étaient incrustés indiquaient un incendie d'une violence telle que la terre sèche des matériaux s'était émaillée et semblait comme cuite au four d'un potier. Garstang en déduisit que les assaillants avaient tenté de mettre le feu aux murailles en allumant à leur base des piles de fagots, probablement pendant la période initiale de l'attaque de la ville. La Bible, d'ailleurs, le confirme : « Quant à la ville, ils [les Israélites] l'incendièrent ainsi que tout ce qui s'y trouvait » (Josué, VI, 24). Il y avait donc coïncidence entre la datation du mur donnée par l'expert et la cause de sa destruction évoquée dans le texte biblique. Ce qui n'empêcha pas Garstang de remarquer que l'effondrement des murailles était peut-être également dû à l'un des nombreux tremblements de terre dont la région était périodiquement ébranlée plutôt qu'aux fameuses sept sonneries des sept cornes de bélier des troupes de Josué ! Le pragmatisme des archéologues essayait de voler un miracle à Yahvé mais il avait réussi à donner à un épisode biblique une base rationnelle accréditée par des preuves scientifiques.

Pourtant, la date que Garstang venait de fournir pour l'attaque de Jéricho par Josué (env. 1500 av. J.-C.) et qu'il avait documentée au moyen des preuves apportées par les murailles incendiées, ne tarda pas à être remise en question par de nombreux savants biblistes. Ils soulignèrent que, dans le livre de l'Exode, les Israélites partaient vers la Terre promise d'une ville nommée Ramsès, et qu'aucune ville égyptienne n'aurait pu porter ce nom avant que Ramsès n'accède au trône. En outre, avec le passage des années, au fur et à mesure que la méthode de classification des poteries en Palestine devenait plus pointue, la datation de Garstang basée sur l'évidence des murs brûlés se révéla quelque peu fantaisiste. En 1952, une archéologue britannique, Kathleen Kenyon, se rendit à Jéricho où elle resta sept ans et mit en chantier de nouvelles fouilles pour faire toute la lumière sur le problème. Ses recherches, d'une importance égale à celles de Petrie à Tell el-Hesi, ont donné des résultats qui bouleversent toute la perspective archéologique au Moyen-Orient : elles montrent que la date fournie par Garstang était erronée car, à l'épreuve du carbone 14, la plus ancienne des strates s'avéra antérieure de quatre mille ans. Plus étonnant encore, le travail de Kathleen Kenyon apporta les preuves que les murailles incendiées remontaient au milieu de l'âge du bronze et que la bataille dont Garstang avait retrouvé les traces s'était déroulée mille ans avant le premier âge du fer. On avait cru faire sortir Josué et les Israélites des pages de la Bible... ils n'avaient plus qu'à y rentrer !

Mais ce n'était pas tout : Kathleen Kenyon établit que,

pendant toute la première période de l'âge du fer — seule période où les Israélites auraient pu s'établir au pays de Canaan — la ville de Jéricho était en grande partie abandonnée car une destruction datant de la fin de l'âge du bronze, soit quelques trois cents ans auparavant, l'avait pratiquement anéantie. En arrivant à Jéricho, Josué et les Israélites n'auraient trouvé qu'un misérable village perché sur un ancien tertre. La poursuite des fouilles montre que dans les villes voisines où, selon la Bible, Josué et ses hommes se rendirent également, la situation n'était guère plus brillante. Cette fois, les historiens biblistes accusèrent le coup. Depuis longtemps, ils accumulaient les preuves archéologiques d'une invasion et d'une destruction systématique de toutes les villes de Canaan appuyant leurs théories sur les récits bibliques de la pénétration des Israélites en Terre promise, et voilà que tout leur système s'effondrait, la destruction des villes s'étant produite sur une période beaucoup plus longue et sans stratégie globale. Ils essayèrent bien de jongler un peu avec les dates, de « sauver les meubles » et de faire sortir leurs belles théories de l'impasse — ce qui amena à retoucher légèrement la datation archéologique — pour que Josué et ses Israélites trouvent des adversaires à confronter sur le terrain. Nombreux, toutefois, furent les vrais érudits à admettre que la nouvelle donne des connaissances en archéologie imposait une autre démarche et une autre approche si l'on voulait arriver à comprendre le contenu des textes bibliques.

D'autres théories furent avancées : dès les années 1960, d'historique, l'armée des Israélites de Josué était devenue symbolique ; la jeune nation des envahisseurs s'était transformée en un conglomérat de tribus nomades avides de s'emparer des terres du pays de Canaan affaibli et laissé exsangue par des siècles de guerres. La fusion de ces groupes disparates en une seule force devenue l'armée d'Israël était une invention des auteurs de l'Ancien Testament. Cette hypothèse avait au moins le mérite de fournir une explication au passage du livre des Juges, où il est dit qu'avant que David ne devienne roi d'Israël, les Douze Tribus n'étaient unies que par une alliance militaire et leur foi commune en Yahvé. Demeurait cependant un problème de fond : le genre de nomadisme inventé pour ces Israélites « nouvelle vague » reposait davantage sur la vision romantique que le XIXe siècle avait des Arabes du désert que sur la réalité du monde de l'Antiquité ; dans le contexte historique donné, l'idée que des tribus soient venues des sables de la Syrie et de l'Arabie, prétendues « creuset de la population sémite », poussées par le seul désir de posséder des terres, est tout simplement aberrante.

La possibilité même que le pays de Canaan ait pu être envahi à l'âge du bronze souleva des vagues d'objections, les archéologues étant désormais certains que la Palestine de l'âge du fer (première période à être dite « israélite ») présentait des formes de civilisation enracinées dans des cultures locales encore plus anciennes. Les styles des poteries datant de l'âge du bronze montraient, en effet, que cette forme artistique s'était développée pendant toute la période de l'âge du fer au lieu de disparaître brutalement comme l'aurait voulu une conquête aussi impitoyable que celle décrite par le texte biblique. En outre, voilà qu'on découvrait que la langue même de l'Ancien Testament, la langue hébraïque, faisait partie du même groupe de dialectes que celle des Cananéens que Josué était censé avoir conquis et anéantis ! Une fois de plus, il fallait se remettre à l'étude et fournir de nouvelles interprétations pour que la Bible et l'Histoire pussent marcher de front. Les envahisseurs israélites allaient donc reconnaître un dernier avatar : on en fit des révolutionnaires autochtones qui se seraient regroupés après la chute des villes cananéennes dont ils avaient précipité la ruine. Et la procession de l'armée de Josué autour des murailles de Jéricho devint un geste symbolique, une manifestation de victoire de la part du prolétariat local sur la tyrannie des grandes cités-Etats. A ce stade, le personnage de Josué fait plus penser à Kirk Douglas dans *Spartacus* qu'à un Israélite de l'Ancien Testament.

Ces multiples théories sur Josué et l'invasion de Canaan ont cependant toutes un point commun : elles reposent sur la certitude qu'avec ses miracles et ses vignettes épiques, l'épisode garde le souvenir d'événements qui ont véritablement eu lieu. Le passage du temps et les changements formels de la tradition y ont peut-être ajouté une mesure d'affabulation mais le récit reste ancré dans le réel. Une chose paraît certaine : comme le livre de l'Exode et comme presque toutes les autres histoires sorties de l'Antiquité, l'Ancien Testament donne du passé une vision archaïque qui déroute les mentalités contemporaines. Le document a bien été élaboré dans une perspective historique mais cette perspective demeure résolument celle de l'Antiquité.

On peut en prendre pour exemple un passage où l'Ancien Testament traite un sujet historique d'une époque qui est à la fois documentée par le texte biblique et vérifiée et datée par d'autres sources de l'Antiquité : le règne du roi Achab. Pour tous les textes autres que bibliques, ce monarque s'est illustré par le rôle qu'il a joué dans une grande bataille contre les envahisseurs assyriens en 853 avant Jésus-Christ dans la plaine de Qarqar. De cette bataille, la Bible ne dit rien. Pourtant, les formidables armées assyriennes sortirent du combat si affaiblies qu'elles cessèrent, pendant trois années, toute offensive vers l'ouest. Les archives assyriennes mentionnent la bataille, ajoutant que la victoire fut chèrement acquise grâce à la protection des dieux. Dans la Bible, le règne d'Achab est traité différemment : il est vu comme un mauvais roi qui n'a pas suivi la voie du Seigneur, et le texte ne décrit que les défaites qu'il a subies et sa mort sanglante. En face de ces deux sources, datant toutes deux de l'Antiquité, les archives assyriennes d'une part, la Bible de l'autre, on constate que, pour l'une et l'autre, la vérité historique ne consiste pas à donner une description objective et détaillée des faits mais à privilégier les éléments qui peuvent souligner le rapport d'une nation avec son ou ses dieux. Tradition parfaitement suivie par Chrétiens et Juifs dans leurs interprétations de la miraculeuse destruction de Jéricho par Josué lorsqu'ils disent qu'il y avait eu un pacte entre Dieu et son peuple élu. Des interprétations de ce genre, les premiers archéologues venus faire des fouilles en Terre sainte en ont donné beaucoup ; chrétiens, ils s'efforçaient de retrouver quelques bribes du vaste décor où s'étaient déroulés tant d'événements où le drame le disputait au sacré. De nos jours, l'archéologie a fait d'énormes progrès techniques et ses méthodes se sont singulièrement affinées, mais la mentalité des chercheurs n'a pas beaucoup évolué.

En résumé, on pourrait dire que le rôle de l'archéologie n'est ni de « prouver » ni de « réfuter » l'Ancien Testament mais d'évaluer les thèses contemporaines qui donnent au texte ses diverses interprétations. Mais elle peut aussi faire sortir le monde de l'Antiquité des limites du texte et offrir des perspectives nouvelles. Ainsi, l'épisode de la bataille de Josué devant Jéricho reproduit, *grosso modo*, la destruction du pays de Canaan à l'âge du bronze, documentée par les fouilles. Il faut savoir que, comme tant d'autres passages de la Bible, cet épisode a été écrit, révisé, abrégé puis repris, modifié, augmenté au cours des siècles par ses auteurs, des prêtres membres d'une caste dirigeante soucieuse de prouver que la nation dont elle avait la charge était vraiment la seule à avoir été créée par un Dieu aussi unique qu'universel. Comparer le traitement de l'histoire dans la Bible et les grands textes historiques de l'Antiquité est un exercice fructueux. Mais il est indispensable d'y faire place aux dates des quelques rares événements consignés à la fois dans les textes sacrés et dans les chroniques des autres nations. Or, ces événements se rattachent tous à la période où le récit biblique développe la destinée des divers royaumes d'Israël, c'est-à-dire aux livres de Josué, des Juges, des Chroniques et des Rois.

Les premiers Israélites

De tous les pays, c'est l'Egypte qui a conservé le plus de témoignages sur le monde de l'Antiquité. Pendant les règnes belliqueux des rois d'Israël, Thèbes, la grande ville sacrée, était la capitale de l'Egypte. De nos jours, Thèbes étale ses pierres et ses ruines sur quelque quinze kilomètres et est devenue un vaste chantier où travaillent au coude à coude des archéologues utilisant truelle et pinceau et d'autres qui ont recours à la logistique la plus sophistiquée : échafaudages gigantesques, systèmes de grues et de câbles... On est loin de Jéricho et de son modeste tertre arasé !

Six ans après son expédition à Tell el-Hesi, Flinders Petrie vint à Thèbes pratiquer des fouilles. Patiemment, tonne après tonne, il passa au tamis des éclats de pierrailles, misérables vestiges des temples royaux. Plus tard, il avoua combien cette recherche lui avait pesé dans sa désespérante monotonie au point qu'il avait eu la tentation de tout abandonner. Mais un jour, comme par miracle, au milieu des amoncellements de gravats, apparurent des objets abandonnés là depuis des millénaires. D'abord, une statue du roi qui avait fait construire l'un des temples, première image connue du pharaon Méneptah, fils de Ramsès II qu'on disait, à l'époque de Petrie, être le pharaon de la période de l'Exode. Puis, l'équipe de l'archéologue tomba sur un énorme bloc de granit gris de forme rectangulaire dont l'envers se détachait au milieu des décombres accumulés : c'était une stèle de proportions énormes, couverte de fines lignes d'hiéroglyphes. Sa masse était telle que, faute d'équipement, Petrie ne put la faire déplacer, mais il avait été tout de suite intrigué par cette découverte d'un monument nouveau, en très bon état de conservation et qui semblait d'une portée historique considérable. Petrie demanda à ses hommes de dégager un espace sous le bloc de façon à ce qu'on puisse « ramper au-dessous, s'allonger dans la petite tranchée ainsi pratiquée et lire les inscriptions qui étaient véritablement à vue de nez ». Puis, il prit l'avis d'un savant de passage, grand spécialiste en inscriptions qui étudia en détail le long texte de la stèle.

« Il y a les noms de plusieurs villes syriennes, dit l'expert qui sentait la fatigue des heures passées à plat dos dans un espace aussi confiné. Et un autre aussi que je n'avais encore jamais vu : *Isirir*.

— Quoi ? s'exclama Petrie, mais c'est d'Israël qu'il s'agit !

— Eh oui ! conclut l'expert. Et voilà une nouvelle qui va réjouir tous nos bons pères ! »

Il y avait là, en effet, de quoi réjouir tous les « bons pères » du monde et pour un bout de temps, car la stèle d'Israël — ainsi fut-elle nommée — portait la plus ancienne mention du mot d'Israël connue à ce jour. Pendant une carrière qui couvre presque quatre-vingts ans, Petrie a pratiqué la recherche archéologique sur le terrain, il a écrit quelques mille ouvrages et articles, découvert des tombeaux royaux, ouvert des pyramides et mis au jour des trésors d'orfèvrerie mais, comme il le disait lui-même au cours d'une conversation d'après-dîner, le jour où la stèle avait enfin livré le message de ses hiéroglyphes : « De tout l'ensemble de ce que j'ai pu faire, c'est cette stèle qui frappera le plus la mémoire des hommes. » Réflexion qui montre bien le subtil jeu d'attirances qui existait alors entre la Bible et l'archéologie. Et les choses n'ont guère changé depuis.

Pourtant, sur la stèle, la référence à Israël est des plus brèves. Elle intervient dans un poème qui énumère les peuples vaincus par Meneptah au cours d'une campagne militaire qui remonte au XIIIe siècle avant Jésus-Christ :

Canaan est asservi
Ascalon est prisonnier
Pris est Géser
Anéanti est Jénoam
Israël est inconsolable, il n'a plus de postérité...

On remarqua tout de suite que les trois noms cités avant Israël — Ascalon, Géser et Jénoam — étaient suivis de l'hiéroglyphe en forme de cercle qui signifie « ville », tandis que la transcription phonétique du pictogramme qui désignait Israël s'accompagnait d'un signe différent réservé aux communautés ou tribus nomades. Les archéologues biblistes y virent la confirmation qu'à l'époque de Méneptah les Israélites n'étaient encore ni des fermiers ni des citadins, ce qui cadrait parfaitement avec la réputation de « pharaon de l'Exode » qu'avait le souverain. Toutefois, le texte de la stèle était si pompeusement officiel, si plein de clichés que de nombreux chercheurs se demandèrent s'il rapportait bien des événements réels. Après tout, les hymnes de victoire composés par les Egyptiens étaient souvent des copies de textes plus anciens purement et simplement repris pour célébrer la gloire d'un nouveau pharaon. Il est vrai que les listes des villes soumises et des tribus asservies par Méneptah rappelaient les souvenirs lointains d'anciennes guerres ; sur cette constatation, toute spéculation, toute discussion en restèrent au point mort.

Et voilà que, dans les années 1970, un jeune étudiant qui faisait des recherches dans le temple de Karnak, à Thèbes, observa qu'une petite collection de textes et de documents picturaux, que l'on avait toujours pris pour des œuvres votives mineures dédiées à Ramsès II, étaient en fait à la gloire de son fils et successeur, le pharaon Méneptah. Le mur d'une des nombreuses cours intérieures du temple présentait quatre fresques en fort mauvais état accompagnées de brèves inscriptions. L'ensemble relevait d'un style si courant que personne encore ne l'avait examiné de près. Sur trois de ces fresques figurent des forteresses étrangères subissant les assauts du pharaon et de son armée, et l'une porte le nom de la ville où s'est déroulée la bataille : Ascalon. On y voit les Cananéens engagés dans un combat terrible et succombant sous la grêle des flèches égyptiennes alors que les troupes du pharaon escaladent déjà les remparts de la ville et qu'un guerrier fracture à la hache un grand portail de bois ; des pères tentent de sauver leurs enfants en les faisant descendre de la muraille dans des paniers ; la ville est au bord de la reddition et une délégation de notables se prépare à implorer la clémence du vainqueur égyptien.

Il n'y avait rien là de particulièrement remarquable et les murs de Thèbes abondent en scènes de batailles du même genre. Mais la quatrième fresque dont il ne restait pas grand-chose dépeignait un sujet un peu plus original. Là, pas de forteresse, simplement un monceau de cadavres gisant sur la plaine devant l'armée du pharaon, des morts abandonnés. L'étudiant qui avait remarqué cet ensemble de fresques fit immédiatement le parallèle entre ces quatre scènes et le poème de la stèle de Meneptah puisque, aussi bien les documents picturaux que le texte de la stèle mentionnaient trois villes cananéennes dont Ascalon. Il en déduisit que la quatrième fresque, celle où ne figurait pas de forteresse, devait représenter l'armée d'Israël qui, dans sa déroute, avait laissé ses morts sur le champ de bataille. Avec ce mémorial, on aurait donc la plus ancienne image des Israélites correspondant à la période où ils erraient encore à travers le pays de Canaan. Quoique non sédentarisés dans les grandes villes de la région, leur nombre et leur pugnacité avaient frappé les artistes officiels du pharaon qui les ont ainsi immortalisés. Cet ensemble de fresques donnait sur les campagnes de Meneptah un témoignage supplémentaire qui venait confirmer que la stèle d'Israël était bien un authentique document d'histoire. L'Egypte de l'Antiquité avait un système d'archives si minutieux qu'on ne peut ranger les événements qu'elles consignent dans des catégories aussi floues que « âge du bronze » ou « âge du fer », aussi ridiculement anachroniques en l'occurrence que l'usage de la hache de silex ; les historiens de Thèbes usaient d'une chronologie rigoureuse, datant chaque document et allant même parfois jusqu'à préciser le mois et le jour. Les chercheurs contemporains ont donc pu arriver à un quasi-consensus sur la période des campagnes de Meneptah en pays de Canaan et la situer aux environs de 1207 avant Jésus-Christ.

Voilà la première vraie preuve de l'existence d'Israël dans l'Antiquité : une date de son histoire à laquelle pourra se rattacher, par la suite, toute une séquence d'événements.

Le pays de Canaan

Au temps de l'Antiquité, le pays de Canaan comptait d'innombrables petits fortins semblables à ceux qui figurent sur les fresques des temples égyptiens et que les pharaons ne se privaient pas d'attaquer. En Syrie, en Israël, on trouve des centaines et des centaines de ces tells, petites buttes qui se détachent sur les plaines, avec leurs flancs escarpés et leur sommet pelé comme des volcans éteints. Ils se trouvent généralement à proximité de sources vives qui arrosent des touffes de fenouil sauvage et de cyclamens, et qui alimentaient autrefois les vieux puits d'une ville ou les bassins d'arrosage des cultures des plaines avoisinantes. Ces tells étaient des lieux de résidence pour les princes qui régnaient sur le pays et y abritaient leurs entrepôts. Un petit fragment d'ivoire ciselé venu de Syrie donne une bonne idée de la vie de ces cours princières : le potentat local est assis majestueusement sur un trône à l’égyptienne ; autour de lui, le modeste aréopage de ses courtisans, musiciens, scribes, hommes d’armes, prêtres, palefreniers, domestiques divers... La scène a du mouvement, de l’atmosphère, elle palpite de vie. Dans ces mêmes tells, on a retrouvé des tablettes cunéiformes mésopotamiennes contenant des passages de la grande geste de l’*Enouma Elish*, des sceaux et de la statuaire venus d’Egypte, des bijoux et des armes de toutes provenances qui disent combien ces lieux étaient perméables aux grands courants d’influence de l’époque. Le fonds culturel cananéen est si hétérogène, si peu spécifique que, si ce petit morceau d’ivoire ciselé avait été découvert dans un rayon de mille six cents kilomètres de l’endroit où il se trouvait, sa présence n’aurait pas paru le moins du monde insolite. Ce qui donne à un pays son style particulier, c’est son architecture régionale et surtout sa poterie toujours prise comme mesure de référence dans les systèmes de classification. Dans le cas présent, c’est au travers des divers livres de l’Ancien Testament que ces populations de Canaan ont influencé tout le monde occidental.

Avec la variété de ses paysages, le pays de Canaan ne semble pas présenter la topographie idéale pour devenir le creuset d’une nation : flanqué par l’Egypte et par l’Anatolie, enclavé entre mer et désert, il offre un mélange de terres arides et de plaines verdoyantes. Les parties montagneuses assez inhospitalières se prêtaient mal à accueillir des cours princières faites pour les jeux subtils de la politique. Dans les plaines du Centre et du Nord, les villes s’échelonnaient sur les anciennes routes commerciales et occupaient parfois des carrefours importants pour le grand réseau de communications de l’empire égyptien. Ces cités étaient d’ailleurs assez prospères pour tenter l’avidité de certains pharaons qui n’hésitaient pas à venir piller leurs trésors et leurs récoltes. Meggido, Asor, Géser et Beth Shan montrent dans les strates de leur sous-sol des veines noirâtres, couches de cendres laissées par une succession de pillages et de mises à sac.

De toutes ces villes, Meggido est la plus célèbre, car la Bible lui donne le nom d'Har Magedon et dit que, de sa position dominante, elle verra à la fin du monde les derniers combats entre les armées du Seigneur et celles de la terre. La plaine qui l'entoure sera « un immense champ de bataille » (Apocalypse, XVI, 16). Har Magedon signifie « Ha-Meggido » ou « la colline de Meggido ». Sur ce site, les archéologues n'ont pas pratiqué le même type de fouilles qu'à Jéricho. Au lieu de découper les strates en tranches comme on le ferait d'un gâteau, ils ont procédé par découpes horizontales, attaquant les couches les unes après les autres et découvrant ville sur ville. Ce fut une entreprise à très gros budget et la dépression des années 1930 amena l'interruption des travaux. Mais, avant cette date, les archéologues américains avait mis au jour une cité datant de l'âge du fer et donc de la période du royaume biblique d'Israël. A l'une des extrémités du tertre, celle qui domine la plaine de la destruction finale, ils avaient complété leurs excavations par des coupes verticales jusqu'au soubassement rocheux et trouvé des strates indiquant la présence de villes encore plus anciennes. Le socle calcaire conservait des vestiges de temples remontant à plus de cinq mille ans et qui étaient sûrement consacrés aux dieux que les prophètes de la Bible invectivaient si copieusement. Toutefois, les plans de ces temples n'étaient pas sans montrer quelque ressemblance avec les tabernacles et les temples de Yahvé : mêmes cours intérieures, mêmes bassins, mêmes autels pour les offrandes d'encens et les sacrifices d'animaux. A son niveau le plus bas, le tell révéla un vaste autel circulaire de pierre non taillée selon le modèle imposé par le livre du Lévitique. Quand on l'exhuma, il portait encore des fragments d'ossements calcinés, offrandes rituelles semblables à celles que l'on dédiait à Yahvé et que la

Bible appelle « olah » — mot qui, avec l'ajout d'une racine grecque, donnera le terme « holocauste ». L'archéologie et la Bible s'accordent à dire que l'on dressait sur ces autels des pierres sculptées qui étaient les images des dieux. Bien sûr, l'Ancien Testament n'omet jamais de souligner que les pieux prophètes et les rois dévôts faisaient détruire ces sanctuaires, mais Israël ne put jamais complètement abattre les idoles ; les anciennes divinités venaient du fond des âges et le temps les avaient rendues fort vénérables.

En contradiction totale avec le récit biblique dans lequel la farouche armée israélite détruit les villes idolâtres de Canaan pour fonder à leur place une nouvelle nation fidèle à une nouvelle foi, les archéologues soutiennent que les changements qui sont intervenus en Palestine entre l'âge du bronze et l'âge du fer ont suivi un processus d'évolution assez lent, et que les anciens rituels qui honoraient soit le Yahvé de la Bible, soit les dieux archaïques de Canaan subsistèrent longtemps, car ils exprimaient entre l'homme et le sacré des rapports aussi forts que dramatiques.

Cet élément de continuité était nécessaire. Sans lui, le nouveau dieu d'Israël aurait eu peu de chance d'affirmer sa qualité théologique. Il semble que la Bible veuille à toute force démontrer ce que Yahvé avait d'unique et d'original, mais la recherche archéologique constate que les différences cultuelles entre la religion de Yahvé et celle pratiquée au pays de Canaan étaient, somme toute, assez minces, ce qui aide à expliquer la virulence des prophètes contre les anciens dieux dont ils redoutaient que l'influence ne fît de l'ombre à la nouvelle foi qu'ils promulguaient. Sans la véhémence dont la Bible fait preuve à l'endroit des Cananéens, les archéologues, devant les ruines des cités de l'âge du fer empilées sur celles de l'âge du bronze, auraient pu croire à une évolution sans heurts majeurs. La Bible a exprimé une opposition si féroce à toute manifestation cultuelle ou culturelle des Cananéens, elle a formulé ce rejet dans un code qui délimite si étroitement les domaines du licite et de l'interdit dans tous les aspects de la vie quotidienne, qu'elle a fini par hériter involontairement d'un des aspects les plus négatifs de la religion de Canaan. En effet, il y a quelque ironie à retrouver dans la foi de Yahvé une religiosité quasi superstitieuse de telle sorte qu'elle pourrait laisser le champ libre à la voyance et aux sciences occultes.

Des tells en ruines comme celui de Meggido, il y en a beaucoup, et ils font tous penser à de vieux arbres rabougris. Mais ce n'est pas le temps qui les a ainsi taillés à ras, c'est le passage successif de tant d'armées ! Les villes situées plus au nord, en ruines elles aussi, sont d'un aspect moins tragique : elles marquent les sites de petits Etats-tampons de peuplement assez hétérogène, établis sur les belles plaines d'alluvions rouges ou de fiefs royaux entourés des modestes communautés urbaines et rurales qui dépendaient d'eux. Du mode de vie de ces royaumes en miniature, qui disparurent avec la fin de l'âge du bronze, il reste un émouvant témoignage en la personne d'un certain prince Idrimi qui régnait sur la ville d'Alalakh, maintenant réduite à un petit tertre isolé par un écran de grands pins noirs aux confins de la Turquie du Sud-Ouest. Une statue d'Idrimi — silhouette de calcaire blanc découpée sur la pierre sombre qui forme son trône — restitue sa petite taille, la vivacité de sa personne et les traits de son visage illuminé par ses yeux écarquillés et qui semblent porter sur le monde un regard lourd d'inquiétude, un questionnement qui a dû hanter, pendant des millénaires, d'autres personnages dont les statues ornaient d'autres temples en Mésopotamie. Idrimi fit écrire sa biographie par Shuranna, l'un de ses cinq scribes, et la première ligne en est gravée à la manière d'une bulle, près de la bouche du roi sur l'effigie. C'est une prière : « Puissent les dieux du ciel et de la terre me donner leur protection. » La suite du texte recouvre toute la statue, si bien que le roi semble faire corps avec l'histoire de sa propre vie : « J'ai régné pendant trente ans et je veux que mes actions soient inscrites sur mon image pour que tout le peuple puisse les lire et continuer à me bénir. » Selon le texte gravé, Idrimi était le cadet de la famille princière d'Alalakh qui, probablement à la suite d'un soulèvement, avait dû renoncer au trône. Las de mener dans une ville étrangère une vie d'exilé, Idrimi avait quitté les siens. Equipé d'un cheval et d'un char, avec un écuyer pour toute compagnie, il avait pris la route de Canaan. Arrivé dans la région centrale du pays, il avait partagé la vie nomade des sauvages tribus des Habiru. Maintes fois, il avait observé les rites sacrificiels dans les temples où il s'arrêtait, guettant le signe favorable qui lui permettrait de retourner à Alalakh. Sa patience fut récompensée après six années d'attente et Idrimi et toute sa famille rentrèrent triomphalement chez eux. Idrimi signa alors des traités de paix avec les pays voisins et, devenu roi, il fit construire à Alalakh un nouveau palais dans le style régional, une majestueuse bâtisse de pierre grise que couronnait un étage fait de bois et de brique. A l'entrée, s'élevait un large perron flanqué de deux énormes piliers comme il y en avait dans tout Canaan aux frontons des palais et des temples, et la Bible mentionnera plus tard un perron identique dans la construction du temple de Salomon. Derrière le palais, l'archéologue Woolley découvrit un véritable trésor, car l'un des successeurs d'Idrimi avait fait édifier une salle d'archives qui conservait encore tous les écrits officiels consignés en écriture cunéiforme et en langue locale mésopotamienne sur des tablettes d'argile. Les décrets royaux d'Alalakh commençaient tous par la même formule que les lois des Israélites dans le Deutéronome : « Aujourd'hui, le Seigneur ton Dieu t'ordonne de mettre en pratique ces lois et ces coutumes... » (Deutéronome, XVI, 12).

Le palais d'Idrimi était de dimension modeste et les odeurs de cuisine des communs devaient flotter dans les salles de réceptions. Idrimi était sans doute un souverain assez bonhomme dont la table était ouverte et il connaissait probablement par leur nom la plupart des quelque deux ou trois mille sujets qui formaient son royaume. Cette familiarité, cette convivialité qui marquent la vie des petites cours princières, on les retrouvera au fil des pages de la Bible. D'ailleurs, la biographie d'Idrimi est rédigée dans un style qui rappelle beaucoup celui des chroniques familiales de l'Ancien Testament, et ses aventures ressemblent passablement à celles de David, Absalon ou Saül. A une époque où le domaine littéraire se cantonnait soit dans le genre noble des grandes gestes pharaoniques avec leurs hymnes de victoire, soit dans la raideur des documents juridiques ou des biographies officielles, cette concordance de style n'est pas le fruit du hasard. Elle témoigne que les scribes d'Idrimi et les auteurs de l'Ancien Testament partageaient le même patrimoine littéraire.

Les fouilles d'Alalakh ne cédèrent, hélas, que peu de textes religieux. En revanche, on en trouva beaucoup, non loin de là, dans les vestiges de la riche ville côtière d'Ougarit. Pendant le règne d'Idrimi, Ougarit entretenait de multiples relations commerciales avec les pays du Croissant fertile et du bassin méditerranéen mais, de même qu'Alalakh, la ville ne put résister à la terrible poussée des envahisseurs venus du nord qui, aux environs de 1200 avant Jésus-Christ, ravagèrent la partie septentrionale de Canaan, détruisant tout sur leur passage. Comme ceux de Meggido, les temples d'Ougarit montrent, pour les parties du sanctuaire réservées aux offrandes sacrificielles, un plan qui sera repris dans la description que fait la Bible du temple de Salomon : chaque bâtiment comprend trois salles en enfilade, et trois sanctuaires sont inclus dans la dernière. Les normes de construction sont également les mêmes jusque dans la similarité de leurs caractéristiques régionales, tels les murs de pierre surmontés de poutres de bois qui sont décrits dans le livre des Rois : « On avait donné du retrait à la Maison, au pourtour extérieur, pour éviter un encastrement dans les murs mêmes. » (I, Rois VI, 6). Le texte ajoute que le Temple de Salomon avait été construit par les ouvriers du prince de Tyr, autre ville côtière située à cent soixante kilomètres au sud d'Ougarit (I, Rois IX, 11).

Contrairement à Alalakh, Ougarit était un grand centre administratif et possédait un vaste scriptorium admirablement organisé où l'on préparait l'argile et où l'on fabriquait des tablettes ; les centaines de textes qui en sont sortis prouvent que la ville abritait une communauté multilingue, que la pratique du commerce y avait favorisé l'ouverture des esprits. A Ougarit, les comptables utilisaient un alphabet cunéiforme de vingt-six signes, invention qui allait permettre à l'écriture de se simplifier, de sortir enfin des temples et des mystères sacrés des pictogrammes pour donner la graphie cursive démotique adaptable aux besoins langagiers de chaque nation, et dont l'usage allait se répandre et être à l'origine non seulement de la langue hébraïque de la Bible, mais des différents alphabets du monde occidental contemporain.

Aux temps bibliques, la foi d'Israël s'exprimait dans des temples qui ressemblaient aux vieux sanctuaires cananéens, et c'est aussi du fonds littéraire traditionnel de Canaan que sont sortis les plus anciens textes de l'Ancien Testament, ceux qui définissent la liturgie ou égrènent les Psaumes. Une lecture comparée du texte sacré et des écrits qu'a laissés la tradition d'Ougarit montre des correspondances si évidentes qu'on peut à bon droit se demander s'il n'y avait pas entre cette ville et le royaume d'Israël des liens privilégiés. Tel n'est pourtant pas le cas car les écrits d'Ougarit sont antérieurs à l'existence d'Israël, la ville ayant été détruite vers la fin de l'âge du bronze.

N'empêche qu'ils reflètent des coutumes, des pratiques sociales typiquement cananéennes qui ont directement influencé l'Ancien Testament. Ils révèlent aussi qu'à Ougarit on connaissait l'existence de la ville de Jérusalem et du mont Sion à proximité, dont le nom est d'ailleurs identique dans la langue cananéenne et signifie « le siège d'un dieu ». De nombreux personnages de l'Ancien Testament portent des noms cananéens : Absalon et Salomon, par exemple, rappellent dans leur racine commune Solom, le dieu de l'Etoile du soir, et cette racine se retrouve aussi dans le nom de Jérusalem. Dans la Bible, le vocabulaire du quotidien, celui qu'on utilise pour nommer les vêtements, les parfums, les meubles, est aussi d'origine cananéenne et la fréquence de ces termes souligne une influence qui dépasse le domaine littéraire pour imprégner tous les gestes de la vie.

Les textes sacrés d'Ougarit ont même permis de décoder des passages de la Bible que les retouches des copistes, au cours des millénaires, avaient fini par rendre très obscurs. C'est ainsi que la déploration d'Absalon par David comportait une phrase aussi célèbre qu'énigmatique : « Montagnes de Guilboa, ne recevez ni rosée, ni pluie, ne vous couvrez plus de champs féconds » (II Samuel, I, 21) dont une autre déploration de la traduction d'Ougarit est venue éclaircir le sens en donnant la version : « Ni rosée, ni pluie, ni renouveau venant des profondeurs. » Par ces mots, le dieu païen priait les trois sources d'eau potable (rosée, pluie, sources vives) de se tarir pendant les périodes de deuil, et la phrase incantatoire de David est l'écho de ce vœu archaïque. De même, les immortelles paroles de l'exilé dans le psaume CXXXVII : « Si je t'oublie, Jérusalem, que ma droite oublie... » (phrase poétique au sens très complexe) ont pu être élucidées en les comparant à un texte d'Ougarit qui dit beaucoup plus prosaïquement : « Que ma main droite se dessèche. » Et que penser de ces petits signes graphiques qui apparaissent parfois dans le texte des Psaumes et gardent un tel poids de mystère que les nouvelles éditions de la Bible trouvent parfois plus commode de les supprimer ? Ils rappelaient pourtant la manière qu'avait le psautier d'Ougarit de disposer les mots à répéter comme on le fait pour les indications de rythme et d'atmosphère dans les partitions musicales. Dans les sites de Meggido et d'Ougarit, il n'est pas rare de trouver des statuettes de musiciens : harpistes, joueurs de luth ou de tambour. Ces figurines expriment un mouvement, une énergie extraordinaires ; elles semblent encore habitées par une musique dont les échocs se sont tus. La présence de signes semblables dans les Psaumes bibliques suggère une influence très marquée des musiques cananéennes dans les cérémonies rituelles, et c'est là une tradition qu'Israël a allègrement perpétuée.

Mais il y a plus encore : l'intérêt des textes d'Ougarit n'est pas seulement de pouvoir apporter des précisions sur des points de détail de l'Ancien Testament, ils donnent aussi une saisie plus fine de la manière dont les auteurs de la Bible élaboraient leur travail stylistique. Le texte sacré est souvent rédigé avec une spontanéité, une fraîcheur qui rappellent la biographie d'Idrimi, mais les divers genres narratifs de l'Ancien Testament existaient déjà dans les œuvres littéraires trouvées à Ougarit. Comme le puissant Baal de la tradition cananéenne, Yahvé monte « dans les nuées » dans son grand char et, comme lui encore, il déchaîne sa voix « au milieu des éclairs et du tonnerre » et se place au-dessus de l'« assemblée des dieux ». Ce sont les scribes de Canaan qui ont légué aux auteurs de la Bible leurs magnifiques rhapsodies qui se déroulent en effets contrastés bien calculés comme le célèbre face à face entre Elie et Yahvé au mont Horeb :

> « Il y eut devant le Seigneur un vent fort et puissant qui érodait les montagnes et fracassait les rochers ; le Seigneur n'était pas dans le vent. Après le vent, il y eut un

tremblement de terre ; le Seigneur n'était pas dans le tremblement de terre. Après le tremblement de terre, il y eut un feu ; le Seigneur n'était pas dans le feu. Et après le feu, le bruissement d'un souffle ténu. »

(I Rois, XIX, 11-12)

Il y a quatre-vingts ans encore, la plupart des grands biblistes pouvaient continuer à croire que le corpus de l'Ancien Testament avait été composé longtemps après la fin du royaume d'Israël, mais la découverte récente d'une littérature cananéenne originale montre à quel point le texte sacré est solidement enraciné dans une tradition régionale. C'est dans le pays de Canaan, à l'âge du bronze, qu'il faut chercher les sources de la grande tradition liturgique d'Israël. L'origine des monuments d'Israël et celle de ses textes se cachent dans les souvenirs de ces braves petits royaumes dont les ruines ont servi de fondations aux cités des Israélites. A la fin de l'âge du bronze, les envahisseurs du Nord avaient détruit le palais d'Idrimi ainsi que les temples et le reste de sa capitale.

Dans la cour du temple, Woolley a retrouvé le trône de pierre noire qui complétait la statue d'Idrimi et qui gisait là depuis plus de deux mille ans alors que la figure brisée avait été soigneusement enterrée parmi les ruines du sanctuaire. Quelqu'un a dû revenir fouiller les décombres de la ville pour accomplir ce geste pieux. Mais personne n'entreprit jamais la reconstruction de la cité ! Ce ne sont donc pas les tribus israélites qui ont dévasté le pays de Canaan mais les farouches hordes des gens du Nord, les envahisseurs venus des plaines de l'Asie qui, peu à peu, en ordre dispersé, poussaient leur marche vers le sud. Leurs navires venaient croiser au large des côtes et leurs armées avançaient à découvert dans le centre du pays. Les villes de Canaan tombèrent les unes après les autres. Une fois le pays investi, rien ne pouvait arrêter la progression de la soldatesque asiate qui arriva ainsi jusqu'aux marches de l'Egypte.

Ecumeurs de villes

L'affrontement entre Egyptiens et envahisseurs du Nord eut lieu en 1176 avant Jésus-Christ, soit quelque vingt-quatre ans après les destructions d'Alalakh et Ougarit. La violence des combats, l'importance des enjeux et le triomphe final expliquent pourquoi ces exploits guerriers sont devenus le thème de la grande fresque qui décore le temple funéraire érigé à la mémoire du pharaon victorieux, Ramsès III. Les peintres ont donné les seules images qui existent de ces hordes du Nord et leur regard aigu n'a omis aucun détail. Ils ont bien vu la variété des types humains soudés par la volonté farouche qui fait les grandes migrations : soldats, femmes et enfants entassés dans des chars à bœufs comme ceux que l'on croise aujourd'hui sur les chemins de Chypre ou d'Anatolie, hommes issus d'une douzaine de tribus et tous en tenue de combat, portant avec panache les attributs qui marquent leurs origines : casques et coiffures, bijoux — fibules et boucles d'oreilles — tatouages et toute la panoplie de leurs armes de mort, grandes épées à lame droite et effilée pour charger et tailler en pièces, lourds boucliers ronds. A côté de la fresque, figurent les noms des envahisseurs : les Sherdan, mercenaires venus des fortins aux frontières de l'Egypte, les Peleset que la Bible appelle Philistins, les Tjekker et une foule d'autres, tous alliés contre le pharaon et ses régiments. Ramsès III avait réussi à bloquer leur flotte dans les marécages du Delta au moment où ils allaient aborder. Les Egyptiens possédaient des galères à hautes proues ornées de têtes de lions qui leur servaient à forcer le passage et dont les gréements d'un modèle repris aux embarcations du Nord étaient très perfectionnés. Les envahisseurs avaient des navires dont la proue était en bec de canard et s'ornait de dessins d'yeux immenses et taillés en amande comme on en voit encore aujourd'hui sur les barques de tout le bassin méditerranéen. Les archers égyptiens étaient redoutables et ne faisaient pas de quartier. La fresque montre le sort réservé aux ennemis tombés prisonniers : des montagnes de mains et de pénis non circoncis coupés et méticuleusement comptés par les scribes du pharaon, nombreux à la tâche.

Plusieurs millénaires avant cette invasion, les tribus du Nord avaient déjà chassé les populations voisines, les forçant à fuir vers le sud ; des vagues successives de migrations s'étaient ainsi éparpillées à travers tout le Moyen-Orient. Antérieurement à la destruction de Canaan, entre 1800 et 1200 avant Jésus-Christ, un énorme mouvement de population s'était produit, brassant les groupes humains les plus divers : tribus, nations nomades, bandes de francs-tireurs et de gueux armés jusqu'aux dents. Ces soudards avaient parcouru tout le territoire de la Méditerranée orientale, poussant jusqu'en Grèce, en Italie et même en Europe du Nord et de l'Ouest. Lorsqu'ils se faisaient tuer, on les enterrait avec toutes leurs possessions ; ainsi, de la Suède à l'Egypte, on a retrouvé au plus profond des sols leurs longues épées, leurs bijoux, fibules et boucles de ceinturons. Cet éparpillement d'objets dans une zone aussi vaste est tout à fait exceptionnel dans l'Antiquité, et on ne peut l'expliquer par la seule existence des grands réseaux de routes commerciales.

On trouve des allusions aux désordres de l'époque aussi bien dans les récits d'Homère que dans les pages de l'Ancien Testament où l'on raconte comment ces hordes d'hommes redoutables issus de races différentes — et qu'Homère appelle des « écumeurs de villes » — arrivaient par la mer et longeaient les côtes non dans un esprit de conquête ou une quelconque volonté de prendre le pouvoir, mais tout simplement pour piller. Dans la Troie d'Homère, la force d'Achille était aiguillonnée par le goût des femmes, le sens de l'honneur et la soif de l'or. Il dut en être de même pour Nestor, Ulysse et Pâris... Une des dernières lettres écrites dans la ville d'Ougarit décrit sept navires noirs avançant vers la côte ; on peut imaginer qu'ils avaient attaqué et incendié d'autres villes côtières sur leur passage. Le XIIIe siècle avant Jésus-Christ est une des grandes périodes de fracture dans l'histoire de l'humanité. En s'effondrant, les murailles de Troie et d'Ougarit ont entraîné le déclin de tout un mode de vie. Seules, l'Egypte et la Basse-Mésopotamie purent résister aux coups de boutoir des invasions. C'est dans cette époque de feu et de sang que se situe le grand épisode biblique de l'Exode ; il s'inscrit dans un temps où tout finit, où tout commence.

Un siècle après le règne de Ramsès III, un prêtre égyptien du nom de Wen-amun, qui avait embarqué sur un navire marchand pour aller au Liban acheter du bois de cèdre pour les travaux de réfection du temple d'Amon à Thèbes, fit escale dans le port de Dor, sur la côte de Canaan. La ville était alors aux mains des Tjekker, descendants d'une tribu que le pharaon avait chassée d'Egypte. Dans son rapport officiel, Wen-amun nota : « En moins d'un mois, je suis parvenu à Dor, port des Tjekker. Berer, le chef de la ville, nous a fait apporter une cinquantaine de miches de pain... »

Sur cette côte basse qui étirait ses rivages à l'infini, Dor représentait une escale importante car les ports y étaient rares. Les installations portuaires, quais, bassins, docks et rampes d'accès, étaient l'œuvre de la population locale qui avait coupé un petit promontoire de dunes pétrifiées pour les abriter. Les Tjekker étaient apparentés aux Philistins ; ils avaient une flotte puissante et entretenaient de bons rapports avec les autres ports de la Méditerranée orientale. Après la défaite que leur avaient infligée les Egyptiens, les tribus étaient revenues en grand nombre s'installer autour du bassin méditerranéen. Peut-être faut-il voir en eux les ancêtres des Achéens de Grèce, des

Sardes, des Chypriotes, des Siciliens et — qui sait ? — des Etrusques ? Entre tribus s'étaient conclu des pactes, alliances politiques ou traités de commerce, créant tout un réseau de communications. A l'époque où Wen-amun y fit escale, Dor était aussi un grand centre de production, et les sources, nombreuses près du rivage, alimentaient les teintureries qui exportaient une étoffe de couleur pourpre très renommée. Centre de commerce international, Dor voyait passer tous les produits du bassin méditerranéen : cuivre, poteries, huiles, verreries... La ville que vit Wen-amun avait été bâtie par les Tjekker sur les décombres d'une vieille cité cananéenne et était en plein essor. Pourtant, d'après les archéologues, peu de temps après le passage de Wen-amun, le port et la ville tombèrent sous la domination des Philistins qui, vaincus par les Egyptiens, s'étaient établis aux portes mêmes de l'Egypte et se louaient comme mercenaires au pharaon régnant, imitant en cela leurs ancêtres.

Telle était donc la nouvelle forme de civilisation qui prédominait sur les côtes et dans la plaine : plurinationale, sans grande forme d'expression, mais cependant riche d'un art que les archéologues ne pouvaient manquer de remarquer, d'une poterie tout à fait originale par la splendeur de ses tons et qui suffit à lui donner une place à part dans l'artisanat traditionnel du pays de Canaan. La Bible affirme qu'au faîte de leur pouvoir, les Philistins contrôlaient toute la plaine côtière de Canaan, ce qui leur assurait la maîtrise des mers. Mais jamais ils ne s'aventurèrent dans les zones de montagne qui surplombaient les côtes. Or, c'est dans la région Est de ces montagnes aux flancs escarpés que, si l'on en croit la Bible, les premiers Israélites étaient venus s'établir.

David, Goliath et Samson

Grâce aux fouilles des archéologues, on a découvert que, parallèlement à l'invasion des côtes et du pays de Canaan par les diverses tribus nomades, d'autres peuplements s'étaient établis dans l'intérieur du pays ; leurs modestes fermes et leurs pauvres demeures s'échelonnaient à l'est le long du Jourdain et s'éparpillaient dans les régions du nord.

Le texte de la Bible dit que c'est à peu près à la même époque que les Israélites commencèrent à investir les collines de la rive ouest du Jourdain. Selon les livres des Juges et de Samuel, une fois sédentarisés sur ces hautes terres, ils se lancèrent dans des guerres intestines, mais affrontèrent également les peuples des montagnes voisines : Edomites, Moabites, Ammonites, Syriens.

L'habitat en montagne tend à faire naître des petites communautés isolées, ce que confirment les fouilles archéologiques dans ces collines. Les auteurs du texte sacré montrent les Douze Tribus vivant et se développant en semi-isolation, créant chacune ses propres coutumes et ne se rassemblant que pour faire face à l'ennemi commun. Le pays est rude, et rude aussi a dû être l'existence de ces premiers Israélites qui n'avaient pour toutes ressources que l'élevage du mouton et la petite exploitation de cultures sur les sols calcaires des pentes, c'est-à-dire la vigne et l'olivier, le blé n'étant cultivé que dans quelques parcelles en terrasses ou dans les fonds des vallées. Pourquoi les Philistins si bien installés dans les plaines fertiles auraient-ils convoité d'aussi pauvres terres ? Pourtant la Bible abonde en récits de batailles entre les deux communautés et fait surgir toute une pléiade de héros de ces moments épiques ! Et ce sont justement ces moments qui permettent de situer les Israélites et leur Terre promise à une période donnée de l'histoire de l'Antiquité. Si l'on prend, par exemple, le combat entre David et Goliath, on voit que la Bible le campe dans le décor des premiers escarpements entre la plaine côtière, territoire des Philistins, et les collines où les Israélites étaient retranchés, décrivant ainsi une ligne de frontière naturelle que, plus tard, les Arabes, puis les croisés et, plus récemment, les Israéliens et les Jordaniens n'allaient pas manquer de fortifier. En outre, le combat est vu comme un duel entre deux champions et le discours de Goliath résonne comme les défis que l'on lançait dans les joutes chevaleresques de l'Antiquité. L'histoire d'Abner, général de l'armée du roi Saül, qui va lui aussi se battre en duel pour décider de l'issue d'un combat entre Israël et un pays voisin, contient un défi semblable montrant que, déjà, à cette époque, les jeunes générations devaient payer de leur personne dans des guerres que leurs pères avaient fomentées : « Que les garçons se lèvent et qu'ils joutent devant nous ! » (II Samuel, II, 14).

David est un berger israélite et n'a, pour toute arme, que la fronde traditionnelle des Cananéens ; ses pierres, des cailloux polis par le courant, il a dû les ramasser dans le ruisseau qui coule au milieu de la vallée et que l'on voit encore courir à la frange des escarpements calcaires, là où l'odorant maquis cède la place aux lourdes boues rouges de la plaine alluviale. Goliath, champion des Philistins, porte l'armure et la panoplie guerrière d'un soldat de métier, sans doute rapinées aux envahisseurs du Nord puisque de telles techniques de fabrication étaient encore inconnues à Canaan. En fait, sa tenue de combat n'a rien à envier à celle d'Achille tel que le décrit Homère : heaume de bronze — accessoire insolite dans la tradition du Moyen-Orient, compte tenu des conditions climatiques — plastron et jambières de métal (ces dernières n'avaient jamais été utilisées dans la région). Mais c'est la lance du géant qui impressionna le plus les Israélites : « Le bois de sa lance était comme l'ensouple des tisserands et la pointe de sa lance pesait six cents sicles de fer » (I Samuel, XVII, 7). Or, le fer était très rare en Palestine au XIIe siècle avant Jésus-Christ et l'on a même soutenu que si son usage avait fini par se développer dans les pays du Nord, c'était parce que ces pays s'étaient trouvés coupés des ressources de bronze du Moyen-Orient ravagé par les guerres. Les premiers spécimens de fer forgé étaient venus d'Anatolie, et les Egyptiens très intrigués par ce métal si dur, si froid au toucher, lui avaient aussitôt attribué des pouvoirs sacrés de guérison et en enterrait des fragments sur les momies des pharaons. La lance de Goliath avec son manche « comme l'ensouple des tisserands » a souvent été vue comme un accessoire métaphorique, une outrance de style visant à souligner que le guerrier portait une arme à la mesure de son exceptionnelle stature. Mais, plus tard, on trouva des dessins représentant des soldats grecs portant des javelines dont le manche était équipé d'une boucle semblable à la courroie — la fameuse ensouple — des anciens métiers à tisser. En passant son doigt dans cette boucle, le combattant pouvait faire tournoyer la javeline dans son mouvement de lancer, obtenant l'effet que produit le rayage du canon de fusil qui envoie la balle droit sur la cible. Goliath, champion des Philistins, était donc armé comme les envahisseurs du Nord, les célèbres « écumeurs des villes ». Lorsqu'il tomba sous les coups de la fronde de David, les hommes d'Israël et de Juda s'ébranlèrent en poussant le cri de guerre et poursuivirent les Philistins [...] jusqu'à Gath et à Eqrôn (I Samuel, XVII, 52), deux villes parmi les cinq plus importantes tenues par les Philistins.

Les passages de l'Ancien Testament qui racontent les combats entre Israélites et Philistins offrent encore d'autres ressemblances avec les épopées de la mythologie grecque. Le personnage de Samson, par exemple, semble être le pendant exact donné par la Bible au dieu Hercule : tous deux sont d'un courage physique hors du commun et, pour tous deux, leur chute sera causée par les femmes. La vie de Samson et celle du dieu grec sont semées de passages en symétrie parfois exprimée dans la récurrence de nombres : Samson tue trente hommes à son festin de noces, il lâche trois cents renards dans les champs des Philistins et, pour le retenir prisonnier, il faut trois mille Judéens. Le nom même de Samson a pour racine « shemish » qui signifie « soleil » et, en mettant le feu aux champs de blé des Philistins, Samson accomplit un geste qui prend tout son sens dans un pays où l'été est une fournaise.

Que Samson ait ou non existé n'ajoute rien à la portée d'une histoire qui décrit certainement des événements réels, mais il est intéressant de noter que les auteurs des livres de Samuel ont composé leurs ouvrages selon les codes narratifs de la mythologie pour mieux faire passer leur propre message où l'on trouve des éléments pour définir une sorte de *modus vivendi* entre les Israélites et leurs voisins philistins. Ces derniers étaient riches et jouissaient d'une civilisation cosmopolite alors que les Israélites n'étaient que de pauvres cultivateurs, et cette disparité de moyens entre les deux nations devait poser problème. Il était donc important de fixer les types de contacts que le peuple élu pouvait légitimement avoir avec un monde païen aussi proche. Samson avait succombé aux charmes de Dalila l'étrangère, cela soulevait une question : les mariages mixtes étaient-ils licites ? Pouvait-on, comme Samson, assister aux banquets des Philistins ? La Bible voit dans la chute de Samson le châtiment qui suit la violation de la loi de Yahvé. Le livre de Ruth va clairement établir la situation des enfants issus de mariages mixtes en donnant des règles pour reconnaître ceux qui peuvent être légitimement acceptés au sein du peuple d'Israël. Derrière les histoires de hauts faits et de prouesses, il faut lire un code minutieux fixant les modalités des héritages et la légitimité de la descendance. Déjà donné dans les chroniques familiales d'Abraham, il est à nouveau exposé et renforcé à la mesure des nouvelles conditions de vie d'une nation en devenir. Page après page, ces récits distillent une pédagogie qui agit sur l'inconscient et finit par établir ce qui est « naturel » et ce qui est « contre nature », sacré ou souillé, « bon », ou « mauvais ». Instrument de la chute de Samson, la belle Dalila est, avec Jézabel et la reine de Saba, l'une des nombreuses grandes séductrices de la Bible. La menace que présentaient ces femmes était claire : capables d'introduire au sein d'Israël les rites de religions étrangères, de pervertir et d'ensorceler son peuple, de l'entraîner à commettre d'innombrables fautes, elles seraient la cause de sa damnation.

Impossible, en revanche, de confondre les Philistins avec des héros de la mythologie. Les archéologues ont constaté qu'au XIIe siècle avant Jésus-Christ, et pour une centaine d'années encore, ils avaient poursuivi leur avancée vers le nord. La Bible dit que les Israélites des montagnes réussirent à briser leur élan, et l'archéologie précise qu'aux environs de l'an 1000 avant Jésus-Christ, les Philistins avaient été obligés de retourner dans les régions côtières et de se cantonner dans l'étroit périmètre de leurs cinq villes. Selon le texte sacré, les guerres avec les Philistins servirent à forger la nation d'Israël. Le récit de la bataille entre Sisera, Baraq et Débora dans la plaine de Yizréel, suivi du grand hymne de victoire (Juges, V, 2-31) souvent considéré par les biblistes comme l'un des plus anciens textes de l'Ancien Testament, a pour sujet principal la diversité des tribus fidèles aux lois de Yahvé et les débuts de leur fédération.

Dominée par Meggido, la vaste plaine de Yizréel est le lieu où se dérouleront les combats de la fin du monde, mais c'est aussi le lieu choisi par la Bible pour donner aux Douze Tribus leur baptême de sang. Le mont Guilboa, à l'est, est l'endroit qui vit le massacre du roi Saül et de ses fils dont les dépouilles furent exposées — comme les animaux des sacrifices rituels sur les autels cananéens — au sommet des murailles de la vieille cité-forteresse de Beth Shan. Car les Israélites commençaient à descendre de leurs montagnes, à pénétrer dans les riches plaines, à conquérir les anciennes villes et donc à rencontrer les civilisations des cours royales que les prophètes montraient du doigt avec un véhément mépris. Le grand projet national, en s'élaborant, s'opposait aux droits des individus, et la Bible souligne les nouvelles tensions qui découlaient de ce conflit. C'est là un des temps forts du texte sacré, un message qui engage tout l'avenir de la nation. On peut se demander d'où ces Israélites isolés dans les collines pouvaient bien tirer la compréhension qu'ils avaient de Dieu et des problèmes de gouvernement. La réponse se trouve justement au cœur même des montagnes où les Douze Tribus bibliques ont forgé leur identité nationale.

Israël : au commencement

Selon le livre de Josué, la seconde ville après Jéricho à tomber aux mains des Israélites qui poussaient leur offensive en Terre promise fut Aï : « Tends vers Aï le javelot que tu as en main, car je vais te la livrer, dit Yahvé à Josué » (Josué, VIII, 18). Par ruse, Josué désarma la milice qui montait la garde aux remparts puis encercla la ville laissée sans défense et massacra toute sa population, soit douze mille habitants. Ensuite, il tailla ses armées en pièces, captura le roi et le pendit, laissant son cadavre suspendu à un arbre pendant toute une journée avant de le faire enterrer devant les portes de sa capitale en ruine. « Josué brûla Aï et la transforma pour toujours en une ruine, en un lieu désert qui existe encore aujourd'hui » (Josué, VIII, 28).

Les archéologues ont eu beau fouiller le sol devant les portes d'Aï, ils n'ont jamais retrouvé les traces du roi pendu et enterré sous les décombres, mais ils ont observé que la ville — de belles proportions — avait été abandonnée mille ans avant la première période de l'âge du fer, c'est-à-dire mille ans avant que les Israélites de la Bible n'arrivent au pays de Canaan. Donc, si l'on souhaite trouver dans les pages de l'Ancien Testament des faits réels, acceptables pour des mentalités contemporaines, il faut soit situer Aï à un autre endroit, soit admettre que la Bible n'est pas un manuel d'histoire au sens moderne de ce terme. De quelque façon que l'on tourne le problème, Aï donne au destin d'Israël des prémices quelque peu litigieuses, mais la suite réserve bien d'autres questions car l'émergence du royaume des Israélites et de son nouveau dieu est semée de points d'interrogation.

Aujourd'hui, le site d'Aï déroule la douce courbe de sa colline à vingt-cinq kilomètres environ de Jéricho et offre aux visiteurs un tableau complet de l'archéologie du pays de Canaan : des murailles de villes datant de l'âge du bronze, période où les Etats étaient prospères, les lettres, les arts et le commerce florissants, un temple superbe avec une vaste salle centrale entourée de cours et de parvis d'un style qu'Israël allait adopter pour ses propres lieux de culte, et, enfin, après un vide architectural de quelque mille ans, des restes d'habitations imbriquées dans l'ancienne ville ou empilées sur ses ruines et remontant à la première période de l'âge du fer.

A l'examen, les poteries trouvées dans ces maisons de l'âge du fer se révèlent être des jarres pour l'eau ou la conservation des aliments. Au sommet de cette colline, parmi les ruines, le quotidien devait être précaire ; pourtant les habitants de ces demeures n'étaient pas des bâtisseurs novices, car elles présentent des plans au sol fort bien conçus, des pièces aux proportions agréables et des colonnes de pierre d'un style nouveau. Pour les besoins des exploitations agricoles, leurs fondations creusées en pleine roche prévoyaient l'emplacement de deux ou trois citernes. Tandis que les villes de l'âge du bronze avaient toutes un système communal pour la distribution des eaux, les habitations de l'âge du fer privilégiaient la collecte des eaux pluviales par chaque famille dans des citernes où l'eau passait d'un bassin à l'autre par un système de siphons pour que ses impuretés soient filtrées et précipitées en dépôts.

Le paysannat des environs d'Aï vivait de la double ressource de son cheptel — moutons et chèvres — et des céréales cultivées sur les petites surfaces des fonds de vallées, ou sur les terrasses qui escaladaient le tertre et avaient été créées de main d'homme en étalant entre des murets, en minces rubans, la bonne terre rouge transportée depuis la vallée en contrebas. La culture en terrasses est d'exploitation difficile et, entre les murets, on trouvait plus de pieds de vigne et d'oliviers que de sillons de blé. Mais la juxtaposition de ces produits signifiait que les paysans, quoique pauvres, n'ignoraient pas les modes d'exploitation de terres plus fertiles que les leurs et avaient su intelligemment les adopter et les adapter. Toute l'organisation de la communauté rurale d'Aï rappelle irrésistiblement l'ère des « pionniers » américains au XIXe siècle : même précarité de vie, même expérience d'un milieu plus favorable à l'agriculture, et même savoir-faire pour réinvestir l'acquis dans l'exploitation de nouvelles terres.

Des communautés agro-pastorales comme Aï, il y en avait des centaines, voire des milliers, dispersées sur les collines à l'est de la Palestine, mais Aï est la seule dont les habitants se soient installés sur des ruines et non sur un sol vierge. Ces petites fermes perchées sur des tertres en bordure de la plaine de Canaan auraient-elles été les demeures des Israélites des temps bibliques ? Sur ce point, le contexte archéologique est en accord avec le texte sacré, et les archéologues peuvent même expliquer les raisons qui poussèrent des agriculteurs à s'installer sur des terres aussi peu hospitalières, et dire d'où ils venaient : c'étaient des gens des plaines venus se réfugier sur les hauteurs pour échapper aux guerres qui ravageaient le pays ; et leur mode de vie — petites exploitations adaptées au terrain, habitat, poteries, accessoires divers — n'était pas différent de celui du reste du pays de Canaan ; il continuait, en quelque sorte, à très petite échelle, l'existence qu'avaient connue les villes à l'âge du bronze. Leurs citernes souterraines étaient construites sur le même modèle qu'à Ougarit et dans les autres villes côtières où bon nombre d'habitations gardaient leurs réserves d'eau dans des cuves aux parois semblablement enduites de plâtre. Il est tout à fait possible que ces gens des collines aient été des réfugiés fuyant la désolation et le saccage qui dévastaient le pays de Canaan à l'âge du bronze. Il y avait peut-être parmi eux des citadins soucieux de se tenir à l'écart des grandes poussées migratoires des tribus du Nord et, plus tard, après la défaite subie aux frontières de l'Egypte, de la menace de domination que les envahisseurs faisaient peser sur Canaan. Les montagnes offraient un refuge, mais la sécurité s'y payait d'un dur labeur. Leur sous-sol donne peu de preuves qu'il y ait eu, entre ces communautés isolées et la civilisation des villes, un véritable lien : quelques morceaux de tablettes cunéiformes, un soc de charrue datant de l'âge du bronze, peu de chose, en somme...

Le texte de la Bible marque cependant un monde de différence entre ces communautés, distinguant celles qui sont peuplées par les premiers Israélites dans un territoire bien défini par l'Ancien Testament de celles établies en dehors de ces limites. Là où l'archéologie voit continuité et similarité, la Bible érige la frontière entre les adorateurs de Yahvé et les adorateurs des autres dieux. Pourtant, les fouilles n'ont rien trouvé dans ce haut pays qui puisse indiquer telle ou telle pratique culturelle pour telle ou telle communauté ; elles n'ont vu que vestiges d'habitation et de granges sans même tracer de murs qui auraient séparé ou protégé les propriétés. Où, alors, situer le lieu de naissance d'Israël et de sa foi ? Au Sinaï, au temps de Moïse et de l'Exode ? Cela voudrait dire que les archéologues se sont trompés ou, du moins, qu'ils ne sont pas allés jusqu'au bout de leurs recherches. Ou plutôt là, au milieu de ce paysage âpre et parfois hostile, parmi ces petites communautés montagnardes exposées à tous les dangers ?

D'après la Bible, si les petits fermiers israélites se sont unis jusqu'à former de véritables coalitions militaires alors que familles et tribus ne s'aimaient guère — les textes bibliques donnant d'abondants exemples de leurs rivalités — c'est que tous redoutaient la rapacité de leurs belliqueux voisins. Cela, l'archéologie le confirme : elle a fait les preuves que la civilisation des collines est peu à peu descendue vers les plaines et les vallées, atteignant des villes comme Meggido et Jérusalem, ce qui cadre parfaitement avec les épisodes de la Bible où l'on voit le rassemblement des tribus, sous l'égide d'un Dieu commun, former une alliance pour arriver à fonder un royaume, le royaume d'Israël, et à lui donner une capitale, Jérusalem, la ville sainte de l'Alliance. Le texte sacré redit — et répète — que Yahvé a été le Dieu de cette coalition, le ciment de l'union des tribus israélites et que, sans cette union, il eut été impossible d'abord de repousser les invasions ennemies, puis de fonder les villes, et enfin d'établir un royaume. Pour que cette vaste entreprise fût couronnée de succès, Yahvé avait donné à son peuple tout un cadre de dispositions à valeur légale et contraignante que la Bible énumère : alliances, traités de paix, accords de coalition, nécessité d'une identité commune basée sur l'existence d'un Dieu à la fois unique et unificateur. Cette rigueur légiférante s'explique par le climat de méfiance qui régnait dans les tribus encore hantées par la haine des anciennes cités-Etats et de leurs religions, avec leurs cortèges d'échecs et de ruines. Pour ces pauvres fermiers, un roi était un luxe bien inutile, et ils gardaient du pouvoir royal un souvenir à la fois vague et amer lié à l'oppression des seigneurs toujours avides de lever l'impôt. Il n'est que d'écouter ce que le prophète Samuel dit haut et fort :

> Voici comment gouvernera le roi qui régnera sur vous : Il prendra vos fils... Il les prendra pour s'en faire des chefs... pour labourer son labour, pour moissonner sa moisson, pour fabriquer ses armes... Il prendra vos filles... vos champs et vos vignes... Il lèvera la dîme sur vos grains... Il prendra vos serviteurs et vos servantes... vos troupeaux... Ce jour-là, vous crierez à cause de ce roi que vous vous serez choisi...
>
> (I Samuel, VIII, 11-18)

Dans l'innocence de ses origines, Israël pouvait fort bien, en effet, se passer de roi, et les prophètes, visionnaires sacrés, suffisaient à guider la confédération des tribus mais, avec le passage du temps, sa pureté initiale qui venait de l'adoration de Yahvé commença à se ternir, et l'histoire du royaume d'Israël que suivent les livres des Rois et des Chroniques raconte le lent déclin d'une nation qui va progressivement abandonner son idéal premier et glisser de désastre en désastre. L'Alliance biblique avec Yahvé, Dieu jaloux, imposait une foi inconditionnelle, et les rudes fermiers israélites avaient besoin de multiples contraintes pour que leur coalition ne présentât aucun point de faiblesse : pas de mariages mixtes — d'où l'exemple de Samson —, des lois incontournables pour la transmission des héritages, jamais de pactes avec des voisins païens, ni de culte aux dieux étrangers. Les juges et les prophètes étaient chargés de veiller au respect de ces lois qui régissaient une foi. Et cette foi dépassait la seule conjoncture politique. Dans l'Antiquité, le sacré imprégnait toutes les activités de l'homme, occupait tout l'espace de sa vie. De Yahvé venaient tout savoir, toute connaissance de l'ordre du monde ; c'est ainsi que la stérilité, la maladie et l'issue malheureuse des combats étaient considérées comme les conséquences naturelles du péché. Seul Yahvé, Dieu de l'Alliance, pouvait donner la victoire à ces tribus en les fédérant. Divisées, elles couraient à leur perte. Cette foi était totalement pragmatique et le terme de « religion » dans son acception contemporaine ne s'appliquait qu'à son noyau essentiel, au domaine mystique de l'âme, à l'indicible. Soudés par l'expérience d'une vie nouvelle dans un milieu difficile, les montagnards israélites avaient embrassé une croyance qui convenait au temps qui était le leur et donnait les moyens d'y survivre, et l'adhésion aux lois promulguées par Yahvé dans son Alliance était pour ce peuple biblique une garantie de sécurité et de paix, une promesse d'abondance avec la certitude de vivre dans un monde parfait. La fédération des tribus portait en elle sa propre récompense, une récompense terrestre.

Des générations d'érudits et de théologiens se sont penchés sur les listes minutieusement établies des diverses alliances et lois que le texte de l'Ancien Testament propose aujourd'hui à ses lecteurs. Ils les ont maintes fois révisées, remises à jour, et ils en ont aussi remanié la présentation. Reprenant, tour à tour, des histoires bien plus anciennes que celles des Israélites, ils se sont efforcés de les rendre crédibles dans le contexte de ces premières communautés perdues dans leurs collines. Mais ils ne se sont pas trompés de lieu ; c'est bien dans ces collines que naquit, sous la pression des circonstances, l'idée d'une fédération des tribus, et que surgit l'image même de ce Dieu de l'Alliance qui allait symboliser l'unité de son peuple d'une manière parfaitement conforme aux mentalités du monde de l'Antiquité. Les auteurs de la Bible inscrivent cette grande étape dans un décor qui leur est évidemment familier : leur regard balaie des hauts plateaux dont ils connaissent les moindres replis, s'arrête sur tel ou tel détail du paysage, reconnaît au passage les essences végétales dont ils consignent les noms au fil de leur plume. Ils campent admirablement le décor où va se dérouler l'action des livres des Juges, de Ruth et de Samuel et s'accomplir le destin des premiers Israélites. De ces collines, affirment-ils, sont descendues les tribus d'Israël fédérées pour aller combattre les Philistins et les Canannéens dans les plaines ; sur ces pentes, Saül et ses fils furent massacrés mais, avec l'aide de Yahvé, rien ne put arrêter la marche triomphale de David et de son peuple allant à la conquête de Jérusalem.

Le Seigneur est notre rempart, notre forteresse...

A la frontière méridionale de l'antique royaume d'Israël, dominant les sables du Néguev, le site d'Arad est le point idéal pour provoquer un face à face entre les archéologues et le peuple des Israélites : couronnant la colline, une forteresse datant des Israélites contient un temple dédié au culte de Yahvé, nouveau Dieu de leur jeune nation. Son plan de masse rappelle celui de Meggido. Il a une cour intérieure avec un bassin pour les ablutions rituelles avant la prière d'adoration, un autel pour les sacrifices et, tout au fond, un sanctuaire secret réservé au culte du dieu. Dans la forteresse même, on a trouvé des textes écrits en hébreux archaïque, des lettres rédigées par des scribes officiels traitant surtout de dispositifs militaires et dont l'une comporte une référence à une « maison du Seigneur ». Ces documents — pièces presque uniques à dater de l'époque du royaume d'Israël — permettent d'affirmer qu'Arad était bien une forteresse israélite et que son temple avait bien été consacré à Yahvé. L'un de ces messages est adressé sans doute au commandant de la place qui, d'ailleurs, porte un nom assez courant dans l'Ancien Testament :

> « A Eliashib [...] Ordre est donné de distribuer aux mercenaires trois grandes coupes de vin [...] et de prendre

dans les réserves de grain une mesure à moudre pour qu'ils puissent avoir une ration de pain [...] et de veiller à ce que le vin leur soit servi dans des hanaps. »

Derrière ses énormes murailles, la forteresse abritait dix casernes pour le logement des officiers et de la troupe. Sa position stratégique était telle que, plusieurs fois rasée, elle ne fut pourtant jamais démantelée et demeura place forte sans discontinuer pendant quinze siècles jusqu'aux premières invasions arabes. Le sous-sol de la cour du temple a révélé une citerne qui devait alimenter le bassin destiné aux ablutions rituelles, et l'autel pour les sacrifices de cette même cour a été construit selon les normes de la Loi, c'est-à-dire avec des pierres non taillées (Exode, XX, 25) et ses mesures — cinq coudées de long, cinq coudées de large et trois en hauteur — correspondent à celles de l'autel du tabernacle d'après les instructions données à Moïse dans le désert (Exode, XXVII, 1).

Conforme aux spécifités du culte israélite définies par la Bible, le temple d'Arad ne s'écarte pourtant guère des règles traditionnelles de construction au pays de Canaan. Il s'en différencie seulement en ce qu'il a été construit en l'honneur d'un dieu nouveau. Et ici, l'adjectif dépasse l'acception que lui donne l'Ancien Testament. La mentalité contemporaine voit tout un monde de différence entre Yahvé — qui va devenir le Dieu de Jésus — et les dieux de Canaan à propos desquels certains esprits pieux ont pu laisser délirer une imagination parfois fertile en images lubriques, mais faire cette distinction, c'est montrer une incompréhension totale de la notion de sacré dans l'Antiquité et en pervertir le sens. A Arad, le dieu d'Israël est bien, comme le dit l'hymne composée par Luther, un rempart et une forteresse, car la position dépendait de la solidité des murailles du temple, tout comme la nation d'Israël dépendait pour sa survie de son alliance avec Yahvé. Mais la métaphore est aussi l'expression d'une réalité : Arad faisait partie d'un système stratégique de défense. Dans l'Ancien Testament, Yahvé se révèle à son peuple en phases successives où la connaissance du sacré procède d'une acquisition pédagogique, et le temple d'Arad est un livre de pierre où l'on peut suivre les diverses étapes de cette montée vers la lumière.

Selon les estimations des archéologues, la construction du premier temple d'Arad avec sa forteresse remonterait au xe siècle avant Jésus-Christ, soit à l'époque du roi Salomon. Bien sûr, la Bible s'étend sur la construction par Salomon du grand Temple de Jérusalem, le premier en importance, mais il devait y en avoir bien d'autres dans le pays. Toujours opposés à ce qui ressemblait à une dissémination des lieux de culte, les prophètes ont voulu faire de Jérusalem le point unique de l'alliance entre Yahvé et son peuple et ils encourageaient la destruction de tous les autres temples et sanctuaires existants. Ainsi, au fil des ans, Arad, tout comme d'autres lieux de culte, perdit de son prestige et de son rayonnement. On réduisit la superficie de la grande cour intérieure, on bannit les sacrifices, et les autels furent désaffectés, le rite des offrandes étant réservé au seul Temple de Jérusalem. Plus tard, on mura le petit sanctuaire où se trouvaient les autels aux encens, on condamna la minuscule chapelle qu'il abritait. Les livres des Juges, des Rois et des Chroniques fournissent maints exemples de mesures identiques, toujours prises à des époques où l'invasion menaçait, où l'unité de la jeune nation avait besoin d'être soutenue et renforcée.

L'amalgame entre théocratie et autocratie n'était pas rare dans l'Antiquité, et l'originalité de Yahvé ne peut se réduire à cela. En revanche, ce qui est nouveau, c'est de voir le fossé qui se creuse entre un dieu et le rythme de la nature, l'ordre naturel du monde avec ses épisodes cycliques — naissance du jour ou crue de la rivière — qui marquaient pour les rois et les prêtres les temps forts de l'année, ceux où les dieux donnaient à la terre sa promesse de fécondité. Dans l'Ancien Testament, c'est au travers des initiatives de l'individu que Yahvé choisit de manifester sa présence. Les fermiers des collines, dans leur existence précaire, avaient appris à prendre en main le destin de leurs propres familles, puis celui de leur peuple. Il est significatif de ne pas retrouver dans ces petites communautés montagnardes les dizaines et dizaines de milliers de documents officiels — reçus et inventaires — qui encombrent les archives des cités de l'âge du bronze, vestiges de royaumes qui ont bien mérité d'être qualifiés de « bureaucratiques ». Aïd et Arad sont de bons exemples de ce que pouvaient être ces petits Etats pris au piège de l'écriture. Dans la Bible, en revanche, l'identité nationale se fonde sur des accords, des traités, jamais sur des édits royaux. On peut dire que c'est à Jérusalem qu'a sombré l'idéal de perfection qui animait le peuple des Israélites. Là, dit la Bible, l'Alliance se trouva rompue ; là, selon les prédictions des prophètes, les commandements furent foulés au pied. En châtiment, Yahvé imposa à Israël une terrible évolution politique, et les historiens de l'Ancien Testament montrent à merveille le dilemme dans lequel se trouva la jeune nation ; la monarchie est incompatible avec le libre arbitre des individus qui, pourtant, souhaitent voir s'établir un pouvoir central. C'est ainsi qu'intervint la tragédie qui divisa le pays en deux royaumes : Israël et Juda, chacun avec ses monarques voués à l'échec du jour même de leur accession au trône et dont les règnes sont des enchaînements de catastrophes jusqu'à ce que le peuple d'Israël retourne à la nuit de ses origines et soit à nouveau condamné à l'exil. Seule la monarchie davidienne semble émerger de ce désastre ; elle rayonne comme un âge d'or, un temps où l'Alliance entre Yahvé et son peuple était souveraine, où les fermiers n'étaient encore devenus ni scribes, ni soldats, ni courtisans, où les péchés du roi ne compromettaient pas le destin national.

Selon le texte sacré, David prit Jérusalem aux Jébusites qui y étaient installés. La ville devait alors être située au-dessous de la colline du Temple et s'étendre sur des ruines datant de l'âge du fer (dont la plus grande partie a été mise au jour au cours du dernier demi-siècle), c'est-à-dire au sud-est de l'actuelle Jérusalem. Mais il faut bien admettre qu'il n'existe aucune véritable preuve permettant de relier ce site à la capitale du roi David. Quant à l'existence même de David et de Salomon, elle n'a jamais pu être documentée par les recherches de l'archéologie contemporaine et ce n'est qu'au travers des pages de la Bible qu'on peut la connaître. Une fois encore, on se heurte au problème de l'exactitude historique des textes sacrés, de la part de vérité — au sens moderne du terme — qu'ils contiennent. Peut-on les considérer comme des documents au même titre que les instructions d'Eliashib ou les milliers de tablettes cunéiformes qui sont d'irréfutables traces du monde de l'Antiquité ? Tous les chercheurs s'accordent à dire que la Bible ne leur ressemble en rien, qu'elle rassemble dans ses diverses parties une somme colossale d'informations sur l'Antiquité, mais que la masse de son matériel tour à tour mis bout à bout, coupé, revu, corrigé, cent fois remanié, ne peut être considérée comme un simple ouvrage d'histoire.

L'histoire du temple d'Arad et de son évolution n'est qu'un exemple parmi beaucoup d'autres du jeu des concordances qui existent entre la recherche archéologique et l'étude du texte sacré. On pourrait également dire que la topographie de la Jérusalem de l'âge du fer apporte son lot de preuves indirectes qui ne manquent pas d'intérêt. De son palais, au sommet de la colline, David pouvait certainement avoir une vue plongeante sur les demeures d'une bonne partie de ses sujets ; il avait ainsi toute occasion d'épier — comme le confirme la Bible — des femmes au bain, telle Bethsabée. Il faut cependant apporter tout de suite un correctif à ce genre de suppositions : si le site de Jérusalem à l'âge du fer avait été excavé à tout autre endroit, en Jordanie, en Syrie, ou même ailleurs en Israël lors de fouilles comme il s'en pratique tous les jours, l'affaire n'aurait pas eu le même retentissement. Car c'est la Bible qui a donné à la ville de David son nom et fait sa réputation. Certes, on y a trouvé quelques inscriptions, quelques lignes d'écriture gravées sur des tombeaux, certaines impressions de sceaux qui retenaient des rouleaux de papyrus, tous en écriture cunéiforme et témoignant bien de la présence des Israélites dans la ville à l'âge du fer, mais ces vestiges datent d'époques qui sont de beaucoup postérieures aux règnes de Salomon et de David. Ajoutons qu'il n'y a rien d'anormal ni de suspect dans cette quasi-absence d'inscriptions ou de monuments, car les Israélites de l'Antiquité ne se sont jamais signalés par le désir d'immortaliser leur mémoires.

Pour la vieille ville située en dessous de la plate-forme du Temple, aucun doute n'est permis : elle représente bien une partie de l'antique cité de Jérusalem qui fut peut-être la capitale de David et le décor que connut Jésus, quoique, bien avant son temps, la surface urbaine se fût déjà agrandie, mordant sur les flancs des collines du Temple construit par Salomon, roi dont il ne reste pas la moindre trace mais dont la présence imprègne toute l'atmosphère du lieu. Le grand dôme doré qui coiffe maintenant la plate-forme semble contenir, dans sa courbe, le passé et l'avenir de tout un monde, judaïsme, christianisme et islam confondus. Sur les murailles de la vieille cité de l'âge du fer, l'imagination peut faire défiler comme sur un écran les innombrables séquences des épisodes bibliques qui ont la « cité royale de David » pour toile de fond. L'extraordinaire citerne souterraine creusée sur toute la longueur de l'éperon rocheux qui fait dévier le cours d'une source d'eau vive devait être capable de fournir en eau potable toute la ville en cas de siège, et on trouve des répliques de cette citerne dans maintes forteresses datant de la même époque. Pour envahir Jérusalem, les soldats de David ont sans doute emprunté certains des tunnels d'accès à la citerne avant que le passage n'ait été élargi sur les ordres du roi Ezéchias en 701 avant Jésus-Christ au moment de l'offensive égyptienne sur la capitale. Les murs du tunnel offrent une inscription découverte au XIXe siècle et qui est le plus long texte existant en hébreu archaïque — à part le texte biblique, bien sûr. Le style de cette inscription a d'ailleurs un ton très particulier ; alors que, dans d'autres pays, les textes muraux se contentent de louer les dieux et les rois dans la langue de bois des scribes du régime, celui du tunnel de Siloé, qui rapporte probablement le récit des grands travaux entrepris par le roi Ezéchias (II Rois, XX, 20), est un narratif plein de spontanéité et de fraîcheur qui rappelle irrésistiblement la prose des auteurs de la Bible et montre l'enthousiasme de bons artisans et leur fierté de l'œuvre accomplie. Il raconte l'histoire des deux équipes de compagnons carriers qui, ayant commencé à creuser, chacune à un bout de la colline, se rencontrent un jour au milieu du passage percé au cœur du filon rocheux :

« Arrive le moment du raccordement. Voilà comment cela s'est fait. Les carriers y allaient à grands coups de pic et les deux équipes se rapprochaient. Trois coudées les séparaient encore que, déjà, par une fissure du rocher sur la droite, les voix des compagnons d'une des équipes parvenaient aux autres... Le jour où le raccord a été terminé, tous les carriers se sont retrouvés face à face, pic contre pic... Et la longueur totale du tunnel entre source et bassin atteignait 1 200 coudées, et l'épaisseur de roc, au-dessus de la tête des compagnons, était de cent coudées au moins... »

Tout près du bassin — que l'on appelle « étang de Siloé » — à l'extrémité sud de la ville de l'âge du fer, les carriers romains ont, à leur tour, manié le pic, trouvant dans les anciennes fondations les pierres dont ils construisirent forteresses et casernes. Ils ont fracturé trois longues salles voûtées. Il est impossible de les dater ou de dire à quel usage elles étaient réservées, mais leur emplacement et leur architecture semblent conformes aux instructions que donne la Bible pour la construction rituelle des tombeaux royaux. Aurait-on trouvé là les lieux de sépulture des plus anciens rois d'Israël ? Par leur conception architecturale tout à fait originale, ces salles sembleraient bien faites pour accueillir des dépouilles de monarques avec leurs alcôves de pierres superposées et taillées au ciseau dans la plus pure tradition de l'âge du fer. Oubliées, à demi éventrées, seraient-elles les demeures dernières de Salomon et de David ? A condition, s'entend, que ces souverains légendaires aient bien existé, qu'on aît pu trouver quelque preuve de leur terrestre passage...

Ce restrictif, c'est le cœur même du dilemme que pose l'Ancien Testament et, avec lui, on aborde vraiment le mystère de l'existence de l'antique royaume d'Israël. Il ne faut pas oublier que, sans les quelques points de détail montrant des concordances avec le texte biblique, tous les vestiges de l'âge du fer en pays de Canaan auraient été mesurés à la même aune que ceux trouvés dans les régions avoisinantes : on n'y aurait vu rien d'autre que des traces anonymes d'implantations autochtones. La présence du royaume d'Israël, la riche texture de son histoire aux cent actes divers n'existent qu'à travers le fantastique mélange de mythologie et d'histoire, d'énigmes et de paradoxes que propose la Bible. C'est par ce seul texte qu'Israël prend corps. Animés par leur foi, convaincus de la vérité du texte sacré, nombreux sont ceux qui vont en Israël avec la Bible pour tout guide archéologique, alors que d'autres, en revanche, auraient tendance à utiliser les travaux des archéologues pour dénigrer un texte dont ils contestent l'exactitude. Ne vaudrait-il pas mieux oublier ces positions extrêmes et retenir pour critère le point de vue des historiens qui ont pris quelque distance avec les querelles byzantines qui agitent les archéologues biblistes ? Selon ces historiens, voici comment on pourrait faire le point de la situation : il existe des vestiges nombreux et encore muets qui pourraient être ceux des antiques villes d'Israël dont parle la Bible, mais seul le témoignage de documents écrits serait à même de fournir la preuve que ce royaume ait véritablement existé ; or cette évidence par l'écriture est fort mince : quelques centaines de courts passages de correspondances comme ceux découverts à Arad, quelques douzaines de sceaux minuscules où sont gravés les noms et titres de leurs propriétaires, et un certain nombre d'empreintes d'autres sceaux qui, eux, n'ont pas été retrouvés. A cause de son manque de production écrite, le pays de Canaan à l'âge du fer n'a laissé de sa présence que des traces hétérogènes, bégayantes...

En 1980, des archéologues qui travaillaient sur le site d'une nécropole datant de l'âge du fer à la périphérie de Jérusalem tombèrent tout à fait par hasard sur deux minces plaques d'argent portant des textes gravés à peine visibles. Restaurées avec le soin le plus minutieux et finalement déchiffrées, les plaques ont livré un texte qui ressemble de très près aux trois célèbres versets (24 à 26) du chapitre VI du livre des Nombres :

> Que le Seigneur te bénisse et te garde !
> Que le Seigneur fasse rayonner sur toi son regard et t'accorde sa grâce !
> Que le Seigneur porte sur toi son regard et te donne la paix !

Non seulement les petites plaques d'argent consignaient les plus anciens passages de la Bible découverts à ce jour, mais il y était fait mention de Yahvé et de sa ville, Jérusalem. Plus merveilleux encore, ces lignes reprenaient une prière universellement connue comme la « formule de bénédiction » récitée par les rabbins pour clore les prières du sabbat et par la majorité des prêtres et religieux au cours de leur office quotidien ! Sans être un des grands textes théologiques de la Bible, cette bénédiction a une place toute particulière dans le rituel de la communication entre l'homme et son Dieu, et elle est porteuse d'une espérance spirituelle qui est le fondement même de toute religion.

Le cimetière où l'on trouva ces deux versets gravés est situé à l'ouest de Jérusalem, presque à l'amont d'un *wadi* qui coule sud-sud-est le long des murailles dans un lieu aujourd'hui appelé Ketef Hinnom. Cette zone abritait de vastes nécropoles israélites dont les tombeaux étaient taillés en plein calcaire en accordance avec la Loi, ce qui tendrait à prouver qu'à l'âge du fer la ville était beaucoup plus vaste qu'on ne l'avait cru d'abord. A l'intérieur des tombeaux, on plaçait les cadavres dans des alcôves de pierre superposées ; après décomposition, les ossements et les offrandes funéraires étaient jetés dans un caveau familial creusé dans la roche à l'arrière du tombeau, et la phrase de la Bible qui dit que les défunts doivent « rejoindre leurs ancêtres » se trouvait ainsi prise au premier degré. Le caveau où furent découvertes les deux minces plaques d'argent contenait les ossements accumulés au cours des siècles d'une très nombreuse famille. Les gravures ont probablement été exécutées avec une plume de fer comme celle que décrit le prophète Jérémie et on peut les dater approximativement du VIIe siècle avant Jésus-Christ, époque des royaumes bibliques. D'autres objets trouvés dans le caveau font penser qu'il continua à recevoir les dépouilles de la même famille pendant encore un siècle, c'est-à-dire après l'attaque et le sac de Jérusalem par les Babyloniens en 587 avant Jésus-Christ.

Ces plaques soigneusement enroulées sans doute autour de cordelettes avaient été attachées au cou des cadavres de deux enfants comme des amulettes destinées à les protéger dans le long et ténébreux passage vers l'au-delà. A proximité, se trouvaient des bijoux en quantité : boucles d'oreilles en or finement ouvragées en forme de coussinets et qui gardaient tout leur éclat, longs pendentifs incrustés de gouttelettes d'argent en motifs archaïques très élaborés, rongées et ternies par le temps, merveilleuses perles de verre et de pierre dont l'une était taillée en tête de guignol et qui devaient provenir de l'une ou l'autre des villes côtières d'un pays que l'époque appelait Phénicie. Un vrai trésor dont aucune pièce ne pouvait vraiment provoquer la surprise tant ce genre de trouvaille est quotidien dans les sites du Moyen-Orient. La tombe des deux enfants ne faisait que rassembler les vestiges ordinaires des anciennes civilisations du Levant, des royaumes égyptiens, assyriens et phéniciens, mais la présence des plaques d'argent et les dimensions de la sépulture indiquent une origine israélite et donnent ainsi un exemple de la pluriculturalité qu'évoquent les livres des Chroniques et des Rois, exemple certes modeste mais qui suggère qu'Israël, tout comme les royaumes alentour, n'était formé que d'un petit groupe de villes au carrefour des grandes civilisations de l'Antiquité.

On peut donc se faire une meilleure idée de la réalité qui a inspiré les auteurs de l'Ancien Testament : ce royaume illustre, dont les monarques avaient l'oreille du Créateur de l'univers, plonge ses racines dans un vécu assez humble, dans un milieu culturel aussi flou qu'hétérogène. Seule l'écriture a pu modifier et magnifier cette pauvre expérience humaine, et il faut admirer le génie visionnaire qui sous-tend le texte sacré. D'une civilisation sans grand prestige, des hommes ont su tirer les mots qui exaltaient leur foi et en fécondaient les rites.

Les Royaumes

C'est au mois de janvier qu'il fait le plus frais en Egypte ; la terre demandant moins de bras, c'est aussi la meilleure période pour entreprendre de grandes constructions. Justement, dans une carrière, une inscription datée de janvier 924 avant Jésus-Christ, et sans doute exécutée sur les ordres des industrieux chefs de travaux du pharaon Chéchanq — que la Bible appelle Sheshonq — signale que : « Sa Majesté a donné ordre que soit édifiée une double porte d'une hauteur d'innombrables coudées pour la cour des fêtes du temple de son père Amon-Râ, le Père des Dieux, laquelle cour sera entourée d'un péristyle. » L'énorme colonnade commandée par Chéchanq se dresse encore dans la première cour du temple de Karnak même si la double porte de bois et de bronze a disparu depuis longtemps. Quant aux textes qui racontent les campagnes militaires de Chéchanq dans les territoires du Nord, ils sont bien là, gravés dans la pierre. Depuis le règne de Ramsès III, quelques siècles auparavant, il n'y avait pas eu de grands programmes de construction. Chéchanq renouait avec la tradition des pharaons bâtisseurs, et aussi avec celle d'entraîner l'armée égyptienne hors des frontières de l'Empire. Selon le texte sacré, c'est lui qui accueillit en Egypte Jéroboam, l'un des plus belliqueux successeurs de Salomon. On aurait pu espérer trouver dans les inscriptions de Karnak quelques échos des épisodes bibliques mais elles ne contiennent aucune référence spécifique à l'histoire d'Israël et il n'y est fait mention ni de Jéroboam ni d'aucun autre roi étranger.

Pourtant, longue est la liste des victoires remportées par Chéchanq dans le royaume de Salomon ! Et le temps n'a pas totalement effacé sur la pierre du grand portique la puissante silhouette du pharaon qui s'abat sur ses adversaires du Nord, cependant que le roi des dieux, Amon-Râ de Thèbes, tient la corde qui ligote les cent trente cités soumises, représentées chacune par la tête d'un guerrier barbu surmontant le plan en coupe ovale de sa forteresse abattue dont le nom figure en hiéroglyphes.

A nouveau assiégées, à nouveau capturées, Meggido,

Gaza et Beth Shan, et d'autres villes qui gardaient les accès de la vallée du Jourdain ou les confins du Néguev. Arad, malgré son système de fortifications, n'avait pu résister et, aujourd'hui encore, il n'est pas rare de retrouver au cours de fouilles archéologiques les larges strates noirâtres des cendres accumulées au cours des terribles assauts de Chéchanq, ce qui prouve bien que l'interminable liste rapporte des événements réels et n'est pas l'habituelle reprise de hauts faits du passé. La Bible mentionne la division du territoire en deux royaumes, l'un au nord et l'autre au sud, mais le désastre a été d'une telle ampleur que c'est l'ensemble même du pays qui a dû se trouver destructuré tant l'avance du pharaon a été foudroyante, entraînant la chute de toutes les cités, petites ou grandes. Le souverain avait exigé de tels tributs du trésor de Jérusalem que le livre des Rois parle de « pillage », mais la capitale avait sans doute pu acheter sa sauvegarde à Chéchanq car son nom ne figure pas sur le mémorial des victoires où il eût été en bonne place si la ville avait été prise d'assaut. Toutes les suppositions peuvent être envisagées mais une certitude demeure : chaque fois qu'on trouve une référence au royaume d'Israël dans les documents et vestiges des autres nations, ce royaume est vu comme un regroupement de villes distinctes luttant pour leur survie sous les coups de boutoir d'envahisseurs toujours plus nombreux et plus avides de faire main basse sur les carrefours des grandes voies de communication du Moyen-Orient, succombant sous le nombre et finissant par être anéanties. L'histoire de ces villes est tragique et, de ce destin, l'Ancien Testament fait bon usage en démontrant comment, à travers la lente agonie des royaumes d'Israël, le châtiment divin choisit d'accabler des peuples dont les rois infortunés ont osé enfreindre la Loi sacrée de Yahvé. C'est une geste impitoyable où le bras divin semble s'abattre avec un acharnement tout particulier sur les braves petits rois de la capitale du royaume du Nord,

Samarie. Pourtant de récentes découvertes archéologiques prouvent que ces monarques étaient loin de manquer de compétence ou d'initiative, mais les compilateurs de l'Ancien Testament qui n'avaient pas les mêmes étalons de valeur que les historiens contemporains les prennent pour exemples de ce que peut donner le courroux de Yahvé lorsqu'il atteint son paroxysme.

Si l'on souhaite avoir un aperçu de la manière dont ces compilateurs traitent le matériel historique, il n'est que de prendre l'épisode biblique qui a pour sujet le personnage d'Achab, roi d'Israël, époux de Jézabel et grand vainqueur parmi les souverains coalisés lors de la bataille de Qarqar. Sur le site de l'antique Samarie, au milieu des oliviers et des amandiers, on voit encore les ruines d'un palais de bonnes dimensions qui se trouvent encastrées dans les fondations d'un temple romain. D'après ce que l'on sait de lui, Achab était un souverain plein de bon sens, un homme de grand courage. L'Ancien Testament raconte comment, blessé au cours de son dernier combat contre le roi de Damas, il refusa d'être mis à l'abri et demeura debout, appuyé à son char, statue vivante que ses blessures bariolaient de passementeries écarlates, pour que ses troupes ne puissent prendre prétexte de sa mort pour rendre les armes. Le bassin où ses serviteurs ont dû laver son équipage ensanglanté est maintenant enfoui sous les dalles des marches du temple romain. A proximité, les fouilles ont livré quelques fragments de superbes ivoires qui ornaient les murs d'une des plus belles salles de son palais et étaient d'une telle richesse que le prophète Amos en dénonçait encore, un siècle plus tard, l'outrageuse ostentation (Amos III, 15 ; VI, 4).

Les rois de Damas n'étaient pas des voisins commodes ! Les archives assyriennes établissent qu'ils avaient, par le passé, fait alliance avec le roi Achab et combattu à ses côtés en 853 avant Jésus-Christ à Qarqar. Mais l'Ancien Testament omet de rapporter cette grande victoire (v.

p. 103), préférant épiloguer sur les nombreux vices d'Achab, sur les défaites qu'il subit et sur sa fin lamentable et solitaire sous les assauts des troupes damascènes. Tout ce qui vient compléter le texte biblique et reconstruire, fragment par fragment, l'histoire perdue du peuple d'Israël est source de surprise et mérite attention, et c'est ce qui fait l'intérêt d'une stèle au sommet arrondi trouvée à Moab, petit Etat situé au sud de Damas : il y est fait mention d'un soulèvement — qui, sans ce témoignage, serait passé totalement inaperçu — contre des suzerains israélites, soulèvement que ne purent maîtriser ni les armées d'Achab ni celles d'Omri, son père, et qui dut se terminer assez mal puisque un des autels du roi David fut transporté de Jérusalem à Moab dans le butin des vainqueurs, et que de nombreux Israélites se virent emmenés en captivité et condamnés à construire une route et un palais. En outre, certaines inscriptions — fort peu nombreuses, en vérité — suggèrent que des royaumes voisins d'Israël adoraient parmi d'autres divinités un dieu du nom de Yahvé avec qui ils auraient également conclu une alliance pour la sauvegarde de leur nation.

Au cours du VIIIe siècle avant Jésus-Christ, tous ces petits royaumes allaient disparaître sous la poussée conquérante des armées assyriennes. Sa position géographique veut que le sort de la Palestine soit toujours tributaire des événements qui se déroulent hors de son territoire et, cette fois, ce fut au tour de l'Assyrie d'y faire peser son hégémonie. L'Ancien Testament consigne la liste des tributs exigés par les Assyriens et l'enchaînement des circonstances qui conduisit les conquérants à détruire Jérusalem. La pierre noire d'une petite stèle assyrienne a conservé le souvenir des temps forts de cette période : on y voit des scènes aussi variées que pittoresques, remises de tributs, inscriptions célébrant les victoires ; on y remarque même Jéhu, le successeur d'Achab, se prosternant devant le roi d'un pays qui n'en finirait jamais de hanter la mémoire et le destin du peuple d'Israël. Sur l'inscription de la stèle, le roi assyrien s'adresse à ses dieux : « J'ai avancé [...] jusqu'à un promontoire en bord de mer [...] et j'y ai fait placer une effigie de ma royale personne. Et c'est alors que j'ai reçu les tributs des villes de Tyr et de Sidon et de Jéhu fils d'Omri. »

Tout comme le pharaon Chéchanq, les envahisseurs assyriens demandèrent paiement en échange de la liberté qu'ils laissaient aux Israélites de Samarie : tribut qui comprenait récoltes, femmes et trésors. Les fouilles des palais assyriens ont livré des quantités de fragments d'ivoires d'origine phénicienne semblables à ceux qui ornaient la belle demeure d'Achab.

Leur sens de la discipline et leur formidable pugnacité donnaient aux Assyriens un avantage considérable sur toutes les autres nations, avantage qu'ils surent conserver pendant de longs siècles. Les butins de leurs conquêtes et les sommes colossales qu'ils extorquaient des vaincus remplissaient les coffres du trésor de leur grand Empire au nord de l'Euphrate. De ces richesses accumulées, l'Empire assyrien allait vivre longtemps.

> « Moi, Adad-Nirari, Roi de ce pays, dans la dix-huitième année de mon règne, j'ai, pour la seizième fois, traversé l'Euphrate... Hazaël d'Aram, roi de Damas, était sûr de l'emporter, car ses troupes étaient nombreuses. Du mont Sanar dont le pic se dresse en face du Liban, il avait fait une place forte. Je l'ai combattu, je l'ai vaincu, j'ai tué 16 000 de ses hommes, la fleur de son armée. Je lui ai arraché 1 121 chars et 470 chevaux de selle, j'ai fait main basse sur tout son approvisionnement. J'ai saccagé ses terres et ses récoltes, j'ai détruit, pillé, incendié presque tous ses villages et j'en ai tiré un butin considérable. »

Année après année, au fil de tels comptes rendus, les razzias assyriennes affichent l'escalade de leur violence et décrivent de véritables scènes de carnage. L'armée des conquérants avec ses auriges, ses fantassins armés jusqu'aux dents, ses archers et ses sapeurs, avançait en rangs serrés sur les petits royaumes ; elle attaquait vers le sud, puis vers l'est, exigeant des vaincus des tributs de plus en plus lourds, tuant et réduisant en esclavage tous ceux qui lui résistaient. Les annales des campagnes de l'Assyrie font surgir la nation biblique d'Israël sur la scène de l'histoire de l'Antiquité. Elles racontent l'anéantissement du royaume du Nord (Israël) en 722 avant Jésus-Christ, l'entrée de Sargon II dans Samarie, la mise à mort des rois et des nobles et la déportation de tout le reste de la population dans de lointaines cités de l'Est. Voici, dans sa brutale sobriété, le récit de cette campagne :

> « Un roturier qui n'avait pas la moindre raison de pouvoir prétendre au trône, un de ces maudits Hittites, tenta par ruse de devenir roi d'Hamath et réussit à soulever contre moi les villes d'Azwad, Simmirra, Damas et Samarie... Je levai les troupes d'Assour qui vinrent en masse assiéger cet imposteur... Je conquis sa ville et la livrai aux flammes. Je le fis écorcher vif et j'allai massacrer les rebelles jusqu'au cœur de leurs villes... Je fis le siège de Samarie et, une fois la ville conquise, j'emmenai dans mon butin ses 27 000 habitants parmi lesquels j'ai recruté tout un régiment qui compte plus de 50 chars... J'écrasai les tribus des « haï-apa », Arabes établis au fond des déserts qui n'avaient jamais connu aucune forme de gouvernement ou payé l'impôt à aucun monarque... Je fis déporter les survivants et les envoyai à Samarie... »

Page après page, les chroniques assyriennes décrivent le sort qui échut au royaume d'Israël, et leurs illustrations qui ne manquent pas de réalisme permettent d'imaginer à quoi ressemblaient les vaincus qui avaient survécu au massacre. A l'apogée de l'Empire assyrien, au VIIIe siècle avant Jésus-Christ, des milliers de réfugiés parfois regroupés en tribus ou en familles étaient ainsi arrivés jusqu'en Mésopotamie et en Syrie, poussant toujours plus à l'est pour tenter de s'établir dans les villes que les précédentes campagnes avaient ruinées. Les Assyriens, féroces guerriers venus du nord de l'Irak, étaient l'objet d'une haine aussi implacable qu'universelle. Jamais aucune nation de l'Antiquité n'avait été aussi redoutée. Les annales assyriennes attribuent tout le mérite de leurs victoires à leur dieu « au Seigneur Assour, à sa terrifiante et glorieuse Majesté » de la même façon que l'Ancien Testament donne au seul Yahvé le droit de décider du triomphe ou de la défaite ainsi que le confirme le passage du livre des Rois sur la capitulation de Samarie :

> La neuvième année du règne d'Osée, le roi d'Assyrie s'empara de Samarie et déporta les Israélites en Assyrie [...] Cela est arrivé parce que les fils d'Israël ont péché contre le Seigneur leur Dieu qui les avait fait monter du pays d'Egypte *(suit une longue récapitulation des fautes d'Israël)* [...] Le Seigneur s'est mis dans une violente colère contre Israël ; il les a écartés loin de sa présence.
>
> (II Rois, XVII, 6-7, 18)

Ces Israélites « écartés », ce sont les dix tribus perdues. Désormais, seuls Juda et son petit allié Benjamin restaient sur le territoire du royaume de Juda, alors même que sa capitale Jérusalem était, elle aussi, sous domination assyrienne depuis longtemps comme le révèlent les chroniques de l'époque.

Quatre-vingts ans après la chute de Samarie, pendant que l'Empire assyrien tentait d'écraser les révoltes fomentées à ses propres frontières, la Bible rapporte que Josias, roi de Juda, prit l'initiative de secouer le joug des conquérants. Dans les livres des Rois et des Chroniques, il est dit que Josias « fit ce qui est droit aux yeux du Seigneur et suivit exactement le chemin de David » (II Rois, XXII, 2) et qu'il entreprit également de restaurer le temple de Jérusalem. Ce texte suggère que le monarque avait compris la leçon : en se détournant de Yahvé et de ses Lois, ses sujets avaient fait leur propre malheur. Mais la Bible souligne qu'il y avait alors dans la capitale des sanctuaires dédiés aux dieux des Moabites, des Ammonites et même à plusieurs divinités phéniciennes. Pire encore, dans la vallée de l'Hinnom, on avait édifié un temple en l'honneur de Baal à qui l'on offrait des sacrifices humains « brûlés au feu » — l'expression est écrite en toutes lettres. Parmi les prédécesseurs de Josias certains n'avaient pas hésité à immoler leurs propres enfants dans l'espoir de remporter une victoire (II Rois, XXII et XXIII). Si Josias avait initié une réforme religieuse, c'est qu'il avait découvert dans le temple de Salomon qu'il faisait restaurer un certain nombre de livres sacrés remontant à la plus haute Antiquité, découverte annoncée dans le livre des Chroniques :

> Le prêtre Hilqiyahou trouva le livre de la Loi du Seigneur donnée par Moïse... Il s'adressa au secrétaire Shafân pour lui dire : « J'ai trouvé le livre de la Loi dans la Maison du Seigneur » [...] Shafân en fit lecture devant le roi [...] Lorsque le roi eut entendu les paroles de la Loi, il déchira ses vêtements [...] car elle est grande la fureur du Seigneur qui s'est déversée sur nous parce que nos pères n'ont pas observé la parole du Seigneur en n'agissant pas selon tout ce qui est écrit dans ce livre.
>
> (II Chroniques, XXXIV, 14-21)

C'est la première fois que la Bible fait mention du « livre de Moïse », désignant probablement sous ce nom soit l'ensemble, soit certaines parties des cinq premiers livres de l'Ancien Testament. Le contenu de ce fameux « livre de Moïse » est certes important, mais ce qui l'est plus encore c'est la manière dont les auteurs du texte sacré utilisent son existence en voyant dans sa découverte la récompense accordée à Josias pour le geste pieux qu'il avait fait en entreprenant la reconstruction du temple en ruine de Jérusalem.

Voilà pourtant un épisode qu'il faut bien se garder de prendre trop littéralement ! Comment, en effet, admettre que les grands prêtres de Yahvé aient pu égarer des textes aussi essentiels et oublier jusqu'aux formules qui scellaient l'Alliance entre un Dieu et son peuple ? L'histoire n'aurait-elle pas plutôt pour objet de mettre l'accent sur le renouveau de ferveur religieuse provoqué par les grands travaux de Josias, le retour au véritable culte de Yahvé ? L'époque historique choisie par les auteurs du livre des Chroniques expliquerait du coup les modifications apportées au temple d'Arad en les justifiant. En outre, cette séquence d'événements coïncide avec une montée des périls, la poussée assyrienne se faisant de plus en plus menaçante. En dehors même du contexte historique, la manière dont le texte sacré amène la découverte du « livre de Moïse » est intéressante car elle marque une étape dans l'histoire de l'Ancien Testament.

Le VIe siècle avant Jésus-Christ devait amorcer le déclin de l'hégémonie de l'Empire assyrien. Les pharaons d'Egypte, soucieux de prévenir la menace d'autres puissances plus à l'est, se portèrent au secours des armées assyriennes. L'Ancien Testament rapporte que Josias, à Meggido, tenta d'arrêter la marche des troupes du pharaon, sans doute dans l'espoir de briser la terrible coalition des deux grands Empires et de sauvegarder l'indépendance de son propre royaume. « Qu'y a-t-il entre nous, roi de Juda ? Crie le pharaon à Josias. Ce n'est pas contre toi que je viens aujourd'hui, mais contre mon ennemi habituel. Dieu m'a dit de me dépêcher. Ne t'oppose pas au Dieu qui est avec moi, sinon il te détruira ! » (II Chronique, XXXV, 21). Mais le roi Josias tint ferme dans sa volonté de combattre les Egyptiens. Alors « les archers tirèrent sur le roi Josias et il dit à ses serviteurs : "Emportez-moi, car je suis grièvement blessé." Ses serviteurs l'emportèrent hors de son char de combat, le mirent dans son second char et le conduisirent à Jérusalem. Il mourut et fut enseveli dans les tombes de ses pères, et tout Juda et Jérusalem se mirent en deuil pour Josias... Le reste des actes de Josias, donc ses actes des premiers aux derniers, sont écrits dans le livre des Rois d'Israël et de Juda » (II Chroniques, XXXV, 23-27). De semblables annales — aujourd'hui perdues — étaient courantes dans le monde de l'Antiquité. Nul doute que les compilateurs qui rédigeaient l'histoire d'Israël ne s'en soient servis, et l'Ancien Testament y fait parfois indirectement référence.

Le royaume de Juda avait pu, en grande partie, échapper aux ravages des campagnes assyriennes, sans doute au prix de lourds tributs versés à l'ennemi. Cependant, la sévère et majestueuse ville-forteresse de Lachis, située au sud-ouest de Jérusalem, n'avait pas été épargnée. Son tertre en position dominante au milieu des vallonnements de la Judée porte encore les stigmates des assauts répétés qu'il a subis ; on y voit les vestiges d'une rampe construite par les sapeurs assyriens pour atteindre le monumental portique d'entrée, et les fouilles de la ville ont mis au jour d'innombrables couches de cendres. On imagine l'infanterie assyrienne chargeant sur cette rampe avec toute la masse de ses machines de guerre qui avançaient sur des poutrelles formant rails tandis que les assiégés faisaient pleuvoir rocs et torches de poix enflammée sur les assaillants. Des bas-reliefs assyriens montrent l'agonie du dernier combat : les régiments de fantassins en grande tenue, en ordre impeccable, investissent implacablement la citadelle, et les défenseurs de Lachis, au sommet des remparts, tentent de former un dernier carré. Sur d'autres, on voit la longue et pathétique théorie des hommes de Juda, et ces vaincus sont les premières images que l'on possède de « personnes déplacées » ou de « réfugiés » ; sous le fouet des vainqueurs, ils empilent dans des chariots ou chargent sur des chameaux toutes leurs possessions ; les femmes et les enfants sont entassés dans des chars ; les hommes marchent devant et l'un d'eux porte son fils sur ses épaules. C'est pour tous le début d'un interminable voyage qui, sur les pistes d'immenses déserts, les emmène vers l'est. La lamentable procession défile devant la tente royale assyrienne, devant le lieu d'exécution où deux soldats sont en train d'écorcher vif les notables de la ville avec des peignes de fer. Les malheureux sont attachés face à terre, entravés comme du bétail. Les artistes qui ont sculpté ces scènes atroces ont choisi d'immortaliser dans la pierre les moments les plus horribles, les gestes les plus inhumains. Et pourtant, leur œuvre a une vraie qualité de compassion et la pitié n'en est pas absente. Il faut croire que les Assyriens n'étaient pas que des brutes féroces, sinon comment leurs bas-reliefs pourraient-ils encore communiquer une telle force d'émotion devant ces spectacles abominables ? Au cours des fouilles de Lachis, on a trouvé, dans une canalisation à proximité du portique, parmi les couches de cendres, des vestiges qui apportent des témoignages bouleversants de la tragédie vécue par la ville et qui authentifient le texte des annales : un casque assyrien identique au modèle porté par les fantassins des bas-reliefs, des quantités de pierres lancées par les catapultes, et des pointes de javelines. Dans la ville même, sur l'emplacement où le prince résident avait fait construire son palais, un gouverneur assyrien a édifié sa demeure dont il reste aujourd'hui deux belles pierres taillées qui devaient servir de socles aux piliers de la grande salle d'honneur.

Toujours sur ce même site de Lachis, les archéologues ont découvert la seule preuve existant à ce jour qu'une seconde vague d'envahisseurs soit venue de l'est, détruisant d'abord l'Assyrie puis tout le territoire de Juda. Une fois Lachis conquise, les Assyriens avaient abandonné la ville pour regagner leurs frontières où couvaient d'autres menaces. Dans un poste de garde des portes de Lachis, on a trouvé quelques archives consignant ce qu'était le quotidien des avant-postes du royaume de Juda. Ecrits aux environs de 590 avant Jésus-Christ sur de simples éclats de poterie, ces textes sont les seuls à avoir survécu à la destruction de ce petit Etat croupion, dernier reste de la grande confédération qui se targuait de descendre des Douze Tribus de Moïse. Ils sont rédigés en hébreu et leur style n'est pas sans rappeler celui de l'Ancien Testament ; la plupart traitent de sujets administratifs ou de problèmes d'intendance, et leur contenu est assez terne, mais il en jaillit parfois comme un éclat de vie :

> « Que Yahvé en ce jour veuille bien faire parvenir à mon Seigneur d'heureuses nouvelles [...] toutes les instructions données par les messages de mon Seigneur ont été exécutées à la lettre par son serviteur [...] Conformément à ses ordres, nous sommes allés à Beth-Haraphid et avons trouvé la ville déserte [...] Nous mettons toute notre vigilance à guetter les signaux qui pourraient nous parvenir de Lachis et nous les interpréterons comme l'a demandé mon Seigneur, mais aucun signal ne nous parvient plus d'Azéqa. »

Ce document fait sans doute allusion à l'avancée des troupes babyloniennes qui, en 586 avant Jésus-Christ, allaient écraser les derniers restes du royaume de Juda, les deux villes citées étant des avant-postes et la dernière une place forte (Jérémie, XXXIV, 7). Que l'une soit déserte et que l'autre n'adresse plus de signaux signifiait que rien n'allait arrêter la progression de Nabuchodonosor et de ses troupes qui, à la tête d'une vaste coalition, avaient déjà anéanti l'Assyrie une vingtaine d'années auparavant. Ces Babyloniens, nouveaux ennemis pour le petit royaume de Juda, furent encore plus cruels que ne l'avaient été les Assyriens ; après avoir soumis Lachis, ils marchèrent sur

Jérusalem, pillèrent le temple, emmenèrent le roi en exil et installèrent à sa place un prince fantoche, Sédécias, qui s'englua lamentablement dans les jeux de la politique. Dans les derniers paragraphes du livre des Rois, il est dit que Sédécias tenta de secouer le joug de Babylone et qu'il fut vaincu dans une bataille livrée sur la plaine de Jéricho, à l'endroit même où la nation d'Israël était née. Le triomphe de Babylone était total et sa revanche fut écrasante : prêtres, grands dignitaires de l'armée et scribes massacrés, le temple de Salomon rasé, ses trésors pillés. Sur le sort réservé au dernier roi de Juda, la Bible est explicite : les Babyloniens « égorgèrent les fils de Sédécias sous ses yeux, puis Nabuchodonosor creva les yeux de Sédécias, le lia avec une double chaîne de bronze et l'amena à Babylone » (II Rois, xxv, 7). Tout ce qui restait de notables, de clercs, de prêtres et de suzerains fut emmené en exil avec leur roi aux yeux morts.

La nostalgie de Sion

> « La ville s'étend sur une vaste plaine où elle aligne son plan au carré de plus de deux cents stades de côté... Déjà remarquable par ses dimensions, elle dépasse en splendeur toutes les autres villes. Elle est ceinturée de douves larges et profondes, à l'arrière desquelles se dresse une muraille d'une épaisseur de cinquante coudées et d'une hauteur de deux cents coudées. Sur tout le pourtour, au sommet de cette muraille, à l'extérieur et à l'intérieur, on a construit face à face des maisons d'une pièce chacune. Entre ces maisons, il reste un espace où quatre chariots attelés ont assez de place pour tourner... La muraille est percée de centaines de portails de cuivre dont les chambranles et les linteaux sont faits de ce même métal... Le fleuve divise la ville en deux parties... La plupart des maisons sont hautes de trois ou quatre étages... Les rues se coupent à angle droit et, lorsqu'elles débouchent sur le fleuve, elles se terminent par de petits portillons pratiqués

dans la clôture qui suit la rive. Comme les portails des murailles extérieures, ces portillons qui permettent de descendre au fleuve sont faits de cuivre. »

On sent une mesure d'émerveillement dans ce passage où l'historien grec Hérodote donne ses premières impressions de Babylone où il vint aux environs de 460 après Jésus-Christ, alors que la ville abritait encore bon nombre d'Israélites toujours exilés. Quand leurs ancêtres y avaient été amenés, cent trente ans auparavant — après le sac de Jérusalem —, les grands portails (de bronze et non de cuivre, bien sûr !) avaient dû être pour eux les portes mêmes de l'enfer. Les prophètes d'Israël appelaient Babylone « la Grande Prostituée » ; ses antiques dieux vénérables et vénérés, idoles d'or massif qui brasillaient dans des temples aussi vieux que le monde avaient dû frapper de terreur les familiers de la cour de Jérusalem. Dès leur entrée dans la ville, en longeant les murs carrelés d'émaux bleus de la somptueuse avenue des processions, à mesure qu'ils pénétraient dans un décor raffiné qui ouvrait ses perspectives à l'infini, ils avaient vu, sculptées sur les briques polies, des images de dieux et de démons qui habitaient l'imaginaire babylonien depuis des millénaires. Yahvé en personne avait combattu ces farouches divinités au moment de la Création comme le rappellent les textes des Psaumes. Les exilés du royaume de Juda arrivaient dans une ville célèbre par ses séductions et ses sortilèges, et où les Commandements de Yahvé étaient lettre morte. Les Israélites allaient se voir confrontés en permanence avec un monde païen qui exigerait d'eux des compromis de toutes sortes.

Ce n'était pas la première fois que Babylone voyait arriver à ses portes de longues théories de nobles réfugiés à l'aspect étrange, de voyageurs émergeant du désert : rois traînant à leur suite les rescapés de leur cour, scribes et artistes officiels, prêtres embrassant encore les dieux qu'ils avaient servis. Ces étrangers faisaient partie des butins de guerre de leurs souverains ; ils avaient été prélevés comme impôts et Babylone était le percepteur du monde entier ! Mais, à la vérité, pour les rois et les nobles, et même pour les dieux qu'ils apportaient, la vie à Babylone n'était pas trop dure, pas tellement différente en tout cas de celle qu'ils avaient connue chez eux, et certainement moins dangereuse. La Bible rapporte que Joiakîn, roi de Juda, avait été pris en otage longtemps avant la révolte de Sédécias, et qu'il avait vécu à Babylone avec huit de ses courtisans et cinq de ses fils dans un certain faste, l'intendance des entrepôts royaux subvenant à tous leurs besoins. Un reçu gravé sur une tablette cunéiforme et trouvée dans les fouilles d'un magasin aux portes de la ville le confirme :

> « A Ya' u-Kinn (Joiakîn), roi du pays de Yahudu (Juda)
> 26 pintes [d'huile] pour sa royale personne
> et 3 pintes 3/4 pour l'usage de ses 5 fils
> et 6 pintes pour 8 autres hommes de Juda, soit 3/4 de pinte à chacun.
> Ecrit de la main du scribe Kanama. »

Après trente-sept années de captivité, Joiakîn semble avoir trouvé auprès de la cour de Babylone protection et même promotion (II Rois, xxv, 27-30) ; comme tant d'autres princes étrangers, il avait fini par s'intégrer parfaitement dans la grande capitale cosmopolite de l'Antiquité et dans son milieu culturel.

Les royaumes d'Israël et de Juda qui, pendant deux siècles, s'étaient trouvés soumis à l'influence mésopotamienne furent engloutis sous l'hégémonie de Babylone. Patrie envahie, patrimoine dispersé dans le pillage des villes et des forteresses, trésors de leur grand temple éventrés et saccagés, il ne restait plus rien aux Israélites. Le peuple avait tout perdu, son âme et même sa langue, car le vieux parler hébraïque avait dû céder devant l'araméen qui était devenu la *lingua franca* de tous ces humiliés et offensés. Israël avait sombré dans ce désastre. On comprend alors pourquoi tous les textes qui avaient survécu — rouleaux de papyrus, livres d'histoire, protocoles des cérémonies du temple, contes populaires, psaumes et poèmes — ont pris pour ces naufragés un sens si fort qu'il exprimait en de profonds échos toute la tristesse et l'amertume de ces temps d'exil. A Babylone, ces textes devaient apparaître aux Israélites comme porteurs de l'essence même de leur culture. Psalmodiés au fil des jours, ils devenaient aussi thèmes de méditation. Sous l'éclairage de la catastrophe, les promesses faites par Yahvé dans son Alliance avec la nation d'Israël, la liste des récompenses et des punitions inscrites dans la Loi, avaient le son d'une terrible vérité. Tout s'était accompli comme il avait été dit et les prophètes avaient eu raison. Oui, le royaume d'Israël était bien un don de Yahvé, don toujours précaire et qui n'était accordé qu'en échange de la fidélité aux termes de l'Alliance.

Les annales des royaumes ne cessaient de le répéter : les Israélites n'avaient pas toujours vécu dans le pays d'où ils étaient exilés et, du coup, le pacte conclu entre eux et Yahvé et qui leur donnait une patrie était aussi important que la Création. Pour garder cette patrie, Yahvé avait imposé des conditions qu'il fallait connaître, d'où le besoin d'en avoir des copies détaillées ; c'est pourquoi les Tables de la Loi données à Moïse prenaient une telle importance et passaient au premier rang de toutes les préoccupations. Il devenait impératif de conserver les généalogies des familles royales d'Israël, de garder des traces de tous les actes de ventes de biens et propriétés, comme l'achat par Abraham de la parcelle de Makpéla à Hébron pour en faire sa propre sépulture (Genèse, XXIII, 8-16) et les tractations de David avec Ornan le Jébusite, propriétaire du terrain où devait s'ériger le temple de Jérusalem (I Chroniques, XXI, 18).

Pour l'Ancien Testament, l'exil à Babylone est un point d'orgue, une page qui se tourne. C'est l'occasion d'examiner ce qui fait la spécificité d'Israël, ce qui lui donne sa singularité. Le malheur a pouvoir de transformer le souvenir. Derrière les murailles de Babylone, les Israélites donnèrent à leur passé une nouvelle dimension.

Mais la ville de l'exil ne fut pas seulement pour les Israélites un lieu propice à la méditation et à la nostalgie. L'éloignement de leur patrie remettait en cause les acquis culturels qui avaient forgé leur identité nationale. Ils vivaient au coude à coude avec d'autres peuples captifs, ce qui devait être cause de frictions ou même de rejets, mais permettait aussi d'accéder à de nouvelles connaissances, d'élargir les perspectives de leur monde. Comme toujours, lorsque la conjoncture favorise le métissage culturel, les mentalités s'ouvrent à des modes de pensées différents, à d'autres conceptions du temps et de l'histoire, à d'autres démarches spirituelles ou théologiques. Au contact d'une civilisation extrêmement pugnace et sous le regard souvent hostile de leurs oppresseurs, les Israélites arrivèrent à faire de leur royaume perdu un pays de rêve qu'ils paraient des couleurs idylliques de l'innocence, d'une qualité bucolique, regrettant la vie qu'ils y avaient menée avec sa simplicité, sa rudesse, mais aussi sa liberté, sa totale absence de toute brutale domination par des étrangers, de tout le poids d'amertume qui vient avec l'exil. Et les images de ce lointain passé faisaient lever dans les mémoires la nostalgie d'un monde parfait. Cette fontaine de nostalgie allait, le moment venu, donner aux textes bibliques une force visionnaire et nourrir un discours qui préparerait l'avenir : en retrouvant la ferveur de leur foi, en renouvelant leur adhésion à la Loi sacrée qu'ils n'avaient pas su respecter, les Israélites pourraient faire valoir leur droit à un nouvel Eden. Cette charge d'émotions où l'espérance le disputait au deuil viendra donner aux antiques textes sacrés un souffle neuf et à leurs auteurs un regain de lucidité et de lyrisme.

1er septembre 1939

Dans ce bar mal famé
Au fond de la Cinquante-Deuxième,
Rongé de peur, rongé de doute
J'assiste à l'agonie
D'une décennie de mensonges, de bassesses.
Même nos espérances étaient truquées...

Ce passage d'un poème d'Auden [1] évoque l'émotion d'un exilé à l'annonce de la déclaration de la Seconde Guerre mondiale. Avec un recul de trois mille ans, quelles chances auraient les lecteurs de ces lignes de pouvoir comprendre les sentiments qui agitaient l'auteur ou même de saisir ce qu'il veut vraiment dire à travers l'arrangement des structures, le choix des mots et le système métaphorique enclenché par l'image initiale ? On imagine les grammairiens essayant d'arracher aux phrases un message symbolique, les critiques portant l'analyse sur le plan philosophique, cependant que les socio-linguistes déplieraient un vieux plan de New York retrouvé dans des archives pour y situer la Cinquante-Deuxième et ses bars mal famés ; les historiens seraient appelés à la rescousse pour dater la fameuse « décennie » et élucider le mystère de ses « espérances truquées », les archéologues brandiraient le résultat de leurs dernières fouilles et les érudits accumuleraient en de savantes gloses concordances et analyses comparées ! Et finalement, toute la richesse de cet appareil critique, toutes les ressources de la science et de l'intelli-

1. W. H. Auden (1907-1973). Poète anglo-américain très engagé politiquement.

gence humaines seraient impuissantes à recréer la vague d'émotions soulevée par le poème d'Auden pour ceux qui ont vécu ce moment si particulier de l'histoire contemporaine. Alors, quel commentaire proposer pour ce texte d'un autre exilé dont l'écho nous vient du VIe siècle avant Jésus-Christ ? Quelle analyse rendrait justice à la force de son inspiration ?

Là-bas, au bord des fleuves de Babylone
nous restions assis tout éplorés
en pensant à Sion.
Aux saules du voisinage
nous avions pendu nos cithares.

Là nos conquérants nous ont demandé des chansons
et nos bourreaux des airs joyeux
« Chantez-nous quelque chant de Sion. »

Comment chanter un chant du Seigneur
en terre étrangère ?
Si je t'oublie Jérusalem
que ma droite oublie !...
que ma langue colle à mon palais
si je ne pense plus à toi.

Les célèbres versets du psaume CXXXVII ont traversé les siècles et on les a un peu accommodés à toutes les sauces, sujets de pièces de patronages ou rengaines pour musique disco. Pourtant, dans le contexte de l'exil à Babylone, ce genre de poésie ne relevait pas de la littérature larmoyante. Comme tous les autres psaumes, le psaume CXXXVII est bourré de souvenirs et d'allusions — lieux-dits, arbres, rivières, chansons populaires — qui, tous, avaient pour les Israélites un sens bien précis, et dont les innombrables connotations sont à jamais perdues. L'archéologie, les recherches de biblistes et même la ferveur religieuse ne peuvent restituer au monde contemporain qu'une infime partie de ce qu'était réellement Israël dans le monde de l'Antiquité.

Il existe toutefois entre le psaume CXXXVII et le poème d'Auden une forme de concordance : la présence de la nostalgie, de ce regard venu de l'âme, tourné vers le passé. L'Ancien Testament a pieusement conservé la topographie même du royaume perdu avec chacun de ses villages, les courbes de ses collines et le cours du moindre de ses ruisseaux. On dirait que ses mots sont écrits dans la poussière du sol ancestral. Au moment de raconter l'histoire d'Israël et la terrible chute de son peuple oublié de son Dieu, la Bible enrichit son registre narratif ; tour à tour, épique ou élégiaque, le récit tisse sa trame ; il fait surgir des protagonistes plus grands que nature, silhouettes héroïques ou gracieuses de jeunes hommes, présences candides ou ensorceleuses de femmes. Le texte, comme un torrent, charrie ses flots dans une rhétorique de la douleur, de la culpabilité. Il est traversé, comme un ciel, de fulgurants éclairs annonciateurs de désastres, de nuées où s'éloigne la présence divine, mais aussi d'aubes claires où rayonne la nostalgie d'une perfection perdue depuis les origines. Il y avait de quoi ébranler le monde de l'Occident et l'on comprend que la Bible l'ait marqué à jamais.

CHAPITRE III

La Bible : un ouvrage en chantier

Paroles d'exilés

Une célèbre histoire juive raconte que quelques rabbins s'étaient un jour rassemblés pour débattre d'un point de détail de la Thora. La réunion allait se terminer et le consensus semblait général lorsqu'une voix fit entendre son désaccord. Quoique nettement en minorité, le contestataire était persuadé d'avoir Dieu pour lui et il invita le Très-Haut à se prononcer en sa faveur : « Si c'est moi qui ai raison, s'exclama-t-il avec quelque pétulance, que les rivières d'Israël remontent jusqu'à leurs sources ! » Ce qu'elles firent sans que l'assemblée en fût particulièrement émue. « Alors, ajouta le rabbin, que tous les arbres d'Israël se courbent vers le sol ! » Ce qu'ils firent sans pour cela faire pencher l'opinion du conseil. Exaspéré, le rabbin sortit sa botte secrète : « Si j'ai raison, que la voix de Dieu se fasse entendre pour le confirmer ! » Ce qu'elle fit pour appuyer l'opinion de notre homme. Mais le conseil n'en démordit pas pour autant : « La voix de Dieu ne compte pour rien en la circonstance. C'est là un point qui a été débattu il y a fort longtemps... La chose écrite est chose jugée ! » Moïse au Sinaï avait transmis aux ancêtres la vérité sacrée et tout autre message divin était, de ce fait, considéré comme parfaitement superflu. Une fois écrite, la parole de Dieu ne pouvait être remise en question par une autre intervention, fût-elle divine, car Dieu lui-même est-il toujours à l'abri de l'erreur ?

Pourquoi, parmi toutes les antiques civilisations du bassin méditerranéen, les Juifs sont-ils les seuls à avoir laissé une telle somme d'ouvrages sacrés ? Certes, il fallait bien consigner les lois qui fixaient l'Alliance entre Yahvé et son peuple pour que les enfants d'Israël puissent les transmettre et y rester fidèles, mais d'autres raisons intervenaient aussi, raisons historiques, mesures d'urgence. En l'espace de cinq siècles, la nation israélite avait été totalement déstructurée par deux désastres : l'exil à Babylone d'abord, à la suite du sac de Jérusalem en 587 avant Jésus-Christ, l'anéantissement total de cette ville ensuite, après les guerres romaines des années 70-135 de l'ère chrétienne. Ces deux catastrophes avaient ébranlé Israël jusqu'en ses fondements. Pendant ces périodes de grandes déchirures, les textes sacrés de la Loi étaient devenus le garant de l'identité nationale, son bouclier. Pendant les années d'exil, la voix des humiliés et offensés n'avaient pas fait entendre le chant du cygne, elle avait résonné pour Israël comme une promesse de survie et de renouveau.

Ainsi, la Bible qui allait devenir l'Ancien Testament de la chrétienté s'est forgée au feu de deux grands désastres nationaux, et ces exceptionnelles circonstances historiques affectent l'identité et l'image du Dieu qui a inspiré les grands textes sacrés. Liés à la vie et au milieu spécifique des villes qui les avaient vus naître et célébraient leur culte, les dieux de l'Antiquité, en changeant de pays, prenaient parfois des formes nouvelles. Loin des paysages et des climats de leurs origines, sortis des sanctuaires sculptés ou peints où la piété des croyants s'exprimait en cérémonies, rituels, hymnes et contes que sanctifiait la tradition, les dieux se trouvaient pour ainsi dire déracinés, et la foi simple et sincère de leurs adorateurs vacillait. Il était difficile pour des exilés vivant en terre étrangère et hostile de rester attachés à des divinités elles-mêmes exilées, difficile aussi de faire cadrer un nouvel environnement avec les traditions et obligations de leurs anciennes croyances. Pour préserver une observance religieuse qui, dans leur patrie d'origine, avait l'évidence du rythme des récoltes et du cycle des saisons, il devenait nécessaire de la soutenir de preuves judicieusement choisies, de l'étayer d'une argumentation théologique modulée et convaincante. Les livres de l'Ancien Testament répondent en partie à ces nouveaux besoins mais ils font bien plus encore : élargissant le champ des mythes et dieux locaux à la dimension d'un milieu nouveau, ils le font entrer dans une logique plus générale et arrivent à lui donner une dimension quasi scientifique. Ainsi, l'histoire de la création d'un petit coin de terre devient le récit de la création de tout l'univers pour que les fidèles des dieux exilés aient l'impression d'être les uniques détenteurs des grands secrets de la terre et du ciel, donc les seuls à être promis au salut. Autrefois, confinée dans leur territoire, publique, spontanée, joyeuse dans ses manifestations spirituelles et cultuelles, la foi va devenir, pour les exilés, une force puissante mais enrobée de secrets, de mystères, et réservée à ses seuls initiés. Les religions de l'Antiquité ont toutes connu de semblables mutations. Dans le cas des Israélites, par deux fois, ils se sont retrouvés loin de Jérusalem, et il est normal que leur Dieu ait subi des avatars de ce genre. Les textes datant du premier exil contenaient pour la deuxième vague d'exilés des leçons dont ils avaient tout loisir de remâcher les vérités amères ; ils en ont médité la tristesse et parfois nourri leur colère. Bandant la foi d'Israël comme un formidable ressort, les périodes de répression ont réussi à dynamiser le verbe divin figé par l'écriture dans les anciens textes qui, décantés, revus, corrigés et orchestrés par les générations suivantes vont donner à une nouvelle nation une nouvelle raison de vivre.

C'est à Babylone, pendant l'exil, que le mot « Juif » fut utilisé pour la première fois ; il désignait les Israélites originaires de Juda, le royaume du Sud. Lorsque Babylone tomba aux mains de Cyrus le Grand vers 539 avant Jésus-Christ, Juda devint une province de l'Empire perse. Le souverain eut la finesse de comprendre que, si sa victoire sur Babylone avait été aussi aisée, c'était parce que le vieil empire abritait trop de peuples vaincus humiliés par leurs conquérants et il vit là un piège à éviter. L'ambition de Cyrus était de dominer le monde et, dans sa sagesse, il chercha des modes de gouvernement qui lui permettraient de s'attacher les populations soumises plutôt que de les voir se retourner contre lui. C'est pourquoi il décida de renvoyer les exilés de Babylone, de les faire rentrer avec leurs rois, leurs cours et leurs dieux dans leurs patries respectives, dans « les lieux où ils trouveraient leur contentement » pour reprendre les termes de l'édit qu'il promulgua. Après un exil de plus d'un demi-siècle, le peuple israélite allait enfin pouvoir rentrer chez lui, revoir Jérusalem, reconstruire sa nation, retrouver sa foi et son identité nationale. A la différence des autres exilés, ceux que l'on peut désormais appeler les Juifs ne possédaient pas d'effigies de Yahvé à ramener dans leurs bagages puisque leur Loi interdisait toute image gravée de Dieu. Alors, Cyrus, qui avait officiellement donné l'ordre de reconstruire le grand Temple de Jérusalem, leur permit d'emporter les vases et objets sacrés, reliquats du pillage de la première destruction du sanctuaire qui — selon le verset 1 du livre d'Esdras — avaient été conservés par les Babyloniens. Zorobabel, petit-fils de Joiakîn dernier roi de Juda, prit la tête du long cortège de retour et entreprit les travaux de reconstruction du Temple. Quatre-vingts ans plus tard, le scribe Esdras arriva à son tour à Jérusalem où il fut chargé de promulguer et faire respecter les Lois sacrées. Puis, Néhémie, un dignitaire juif de la cour de Perse, mit en chantier la réfection des murailles de la capitale. D'abord le Temple, puis les Lois, ensuite la Forteresse : l'ordre biblique traditionnel était enfin rétabli.

Pourtant, les citoyens de cette Jérusalem d'après l'exil n'avaient plus grand-chose en commun avec leurs ancêtres.

Après le départ du premier groupe d'exilés, les Israélites demeurant à Babylone se ressaisirent. Si l'on en croit les documents de l'époque, il faut dire que nombre d'entre eux s'étaient adaptés à leur nouveau milieu au point de changer leur patronyme, tel Zorobabel dont le nom signifie « semence de Babylone ». Dans un sursaut de nationalisme, les parents se remirent à donner à leurs enfants des noms d'origine israélite, et cette initiative fut encouragée par les Perses qui pensaient qu'une identité nationale bien assumée ne pourrait servir qu'à cimenter un peu plus leur immense Empire qui s'étendait de la Libye aux frontières de l'Inde.

Le texte biblique dit que Néhémie était échanson du roi Cyrus et haut fonctionnaire de la cour où il exerçait les fonctions de chambellan — ce qui semblerait le désigner comme eunuque — c'est-à-dire un personnage considérable par son rang et son influence. Tout comme les Juifs dévôts, les membres de la cour de Perse devaient se soumettre à des rituels de purification et observer les règles d'un cérémonial sacré car ils croyaient que le monde était sous la menace perpétuelle de forces hostiles dont les armes majeures étaient la maladie, la corruption et la mort, et que, pour lutter contre ces pouvoirs maléfiques, la purification systématique était la meilleure défense. On imagine aisément avec quel scrupuleux empressement Néhémie veillait au respect de telles coutumes. Toujours comme les Juifs, les Perses possédaient un grand nombre de livres sacrés contenant l'essentiel de leur religion. Il reste, hélas ! peu de traces de leur *Zend Avesta* qui s'est perdu, mais il n'est pas interdit de penser qu'au contact de la cour de Perse, les Juifs aient senti l'urgence de rassembler le patrimoine littéraire sacré d'Israël et de remettre à jour leurs propres livres.

On a souvent été tenté de passer sous silence les influences étrangères qui ont pu affecter la rédaction de l'Ancien Testament alors que les années d'exil à Babylone avaient rendu aux Juifs la possibilité de renouer avec les plus anciennes mythologies orientales dont certains passages racontaient des histoires de création et de déluge qui figurent dans la Bible. L'accès aux sources d'une antique sagesse alimenta chez les exilés un renouveau de ferveur et donna à leur foi d'autres perspectives. Ces modifications de mentalités vont s'exprimer par des retouches aux textes déjà existants. C'est ainsi, par exemple, que la version biblique de l'histoire d'Adam et Eve semble avoir été resituée dans un contexte qui est celui de la Perse.

L'influence de la civilisation des Perses dépasse cependant de beaucoup ce type d'enrichissement apporté au champ sémantique ou au mode narratif. Les Perses avaient une religion infiniment complexe dans son abstraction, et leurs notions du divin et du sacré étaient d'une étonnante variété. Il est impossible que les scribes et les hommes de pouvoir juifs, tels Esdras et Néhémie, aient échappé à cette influence que très peu de preuves viennent documenter mais qui aurait bien pu être d'une importance majeure. D'ailleurs, le texte de l'Ancien Testament porte souvent la marque de ces nouveaux courants de pensée. Le premier exemple qui vient à l'esprit est celui de l'épisode de la Création dans la Genèse où il est dit que « le souffle de Dieu » planait à la surface des eaux. Formulation tout à fait étonnante, unique ! C'est la seule fois dans tout l'Ancien Testament que Yahvé est perçu comme un « souffle », alors que l'expression était courante dans les textes de la tradition perse, tout aussi courante que l'idée-force d'une vie qui se prolongeait au-delà de la mort. Cette notion d'une après-vie qui, à une date ultérieure, imprégnera les paroles des grands prophètes bibliques, n'apparaît que rarement dans les textes sacrés les plus anciens. Elle intervient brièvement dans le passage où Saül rencontre le défunt prophète Samuel qui sort, en quelque sorte, des Enfers et monte « de la terre » à l'appel de la nécromancienne d'En-Dor pour se manifester un peu à la façon d'un revenant (I Samuel, XXVIII, 7-21). Plus tard, le livre d'Isaïe — dont la compilation a certainement été faite après l'exil de Babylone — développera, de manière encore implicite, une théorie de la résurrection après la mort qui s'amplifie au fil des pages et sera reprise pour devenir un des grands thèmes du Nouveau Testament.

A cette même époque — celle du retour d'exil — commencent à apparaître dans la Bible d'autres thèmes d'une égale importance pour l'avenir du judaïsme comme du christianisme et dont le moindre n'est pas celui de la venue d'un Messie qui serait « l'Oint du Seigneur ». L'empereur Cyrus est le premier héros biblique à recevoir ce titre. Par la suite, les scribes de l'Ancien Testament donneront au terme d'« Oint » une définition plus précise et le mot sera réservé à un descendant de la maison de David, à un défenseur des enfants d'Israël qui viendra annoncer pour la terre une aube nouvelle et fera de Jérusalem la capitale de son grand royaume. On voit combien l'influence des courants d'idées qui irriguaient l'antique empire des Perses a marqué à la fois l'Ancien et le Nouveau Testament ; on en retrouvera des échos jusque dans les paroles prononcées par Jésus.

Le retour

Il ne reste plus rien du Temple dont la Bible attribue la construction à Zorobabel et à ses successeurs. La grande plate-forme qui servait de socle au sanctuaire, et ressemble aujourd'hui à une large pierre d'autel au sommet du mont Moriah, n'a pas cédé un seul vestige. L'un des sites les plus sacrés de toute l'humanité, l'un des lieux au monde le plus marqué d'orgueil, de nostalgie et de foi, ce rectangle fait de quatre grandes murailles de pierre encadrant l'énorme dôme d'or n'a rien laissé qui puisse combler la curiosité des archéologues. En l'absence de toute preuve scientifique, de tout vestige, les chercheurs doivent, comme ils l'ont fait pour les textes bibliques de cette époque, s'en remettre au jeu des concordances et des probabilités.

Le type de plate-forme surmontant une butte — comme celle de Jérusalem — est caractéristique à la fois de la civilisation perse et de l'époque de Cyrus qui, d'ailleurs, fit construire son propre palais à Pasargades, au sud de la Perse, sur un terre-plein identique, par des maçons qu'il avait ramenés en captivité de ses campagnes contre Crésus de Sardes. Il y a près de deux mille kilomètres de distance entre Jérusalem et Pasargades, mais les deux temples témoignent de la même technique dans l'art de tailler la pierre et de surélever quelque peu les trois assises du soubassement du sanctuaire comme le stipule l'édit de Cyrus pour la reconstruction de la maison du Seigneur de Jérusalem : « Le roi Cyrus a donné un ordre : maison de Dieu à Jérusalem. La maison sera rebâtie là où l'on offre des sacrifices et où se trouvent ses fondements ; sa hauteur sera de soixante coudées et sa largeur de soixante coudées. Il y aura trois rangées de pierre de taille et une rangée de bois neuf » (Esdras, VI, 3-4). Esdras recopie les termes de l'édit royal et le style pompeusement officiel de son texte rappelle celui des bureaucrates de l'époque, ce qui pourrait authentifier ce passage de la Bible. Mais toute vérification s'arrête là car il ne reste presque rien de la période où Jérusalem était sous la domination perse, c'est-à-dire entre 587 et 331 avant Jésus-Christ ; des pans de murs massifs encastrés dans la plate-forme du temple ont livré quelques éclats de poterie permettant une datation qui soutient l'hypothèse ci-dessus, et les fouilles ont révélé des fragments d'autres murs en pierres non jointoyées et quelques inscriptions. C'est peu et l'on regrette d'autant plus cette pénurie de vestiges que la période est d'une importance capitale pour la préparation du texte de l'Ancien Testament. C'est en effet l'époque où le corpus des anciens textes fut non seulement expurgé et remis en ordre mais actualisé dans une nouvelle rédaction pour le faire cadrer avec les impératifs du temps. Moment charnière où s'est posée une question incontournable pour les compilateurs : que fallait-il garder de tout le matériel accumulé pour en faire la base du grand travail qu'ils avaient entrepris ? On peut se demander aussi à quelles pressions des circonstances ils ont pu être soumis pour que l'Ancien Testament en conserve si évidemment l'empreinte. Une fois encore, en l'absence d'un système de preuves, il faudra, pour tenter de résoudre ces énigmes, procéder par analogies, se contenter d'analyser des probabilités.

A l'époque du retour de Babylone, la majorité des livres de l'Ancien Testament n'avait pas encore été rédigés. Les documents existants — écrits datant des années d'exil et vieilles annales des royaumes d'Israël et de Juda — constituaient un matériel assez hétérogène dans lequel on allait puiser pour obtenir le livre de la Loi (ou canon) qui comprend les ouvrages que la Bible considérait comme provenant de la main même de Moïse : la Genèse, l'Exode, le Lévitique, les Nombres et le Deutéronome. Cet ensemble formait le Pentateuque — du nom des cinq étuis où étaient conservés les rouleaux de chaque livre. Dans les pages des volumes des Chroniques et des Rois, les auteurs donnaient leur propre version de l'histoire d'Israël. Ce texte reste la seule source disponible pour éclairer toute la période, et l'on n'y trouve qu'un seul épisode où le livre de la Loi est mentionné, celui où le grand prêtre du roi Josias découvre l'ouvrage dans les ruines du Temple de Jérusalem (II Rois, XXII, 8 et II Chroniques, XXXIV, 14). Si la même histoire est racontée deux fois, elle ne comporte aucune précision sur le contenu du texte. Outre ces deux messages, les livres des Chroniques et des Rois font allusion à des annales qui remonteraient au temps des anciens royaumes et comprendraient des œuvres aujourd'hui disparues : les Annales des Rois de Juda et d'Israël, le Testament d'Aser et les Actes de Salomon.

A ces derniers ouvrages dont l'existence a quelque chose de fantomatique, s'ajoutaient sûrement d'autres documents, certains très anciens, certains écrits dans l'éloignement de l'exil, un vaste patrimoine littéraire où se mêlaient des bribes de récits des grandes traditions orales archaïques, des poèmes, des prophéties, des contes, des généalogies et des histoires mythologiques. Ces « incunables » remontant aux premiers petits Etats d'Israël, l'Ancien Testament allait soigneusement les intégrer. Il est extrêmement difficile de mettre le doigt sur les passages où affleurent ces emprunts et de retrouver leur origine tant le texte a été, par la suite, remanié par les scribes. Parfois, on tombe sur un épisode qui tranche nettement sur le reste du corpus par l'émotion et la force qu'il dégage, par l'équilibre de sa composition et l'unité de son action. C'est le cas par exemple pour le cantique de Debora (Juges, V, 2-31) ou pour l'étonnante histoire des géants et des filles des hommes (Genèse, VI, 4). Ces moments du récit semblent bien venir en ligne directe du temps de la première confédération où les Douze Tribus fidèles à Yahvé étaient encore enclavées et où chacune, sur son propre territoire, développait un patrimoine culturel spécifique fait de contes et de traditions. Même reliés au grand narratif biblique et fondus dans l'ensemble, ces extraits montrent un curieux mélange de croyances et de coutumes qui soulignent leur authenticité. Ainsi, grâce à l'infinie variété de ses sources, l'Ancien Testament a pu garder une jeunesse, une spontanéité qui suffiraient à lui assurer une place à part dans la production littéraire — somme toute assez indigeste — des autres royaumes de l'Antiquité.

On n'a pas la moindre preuve qu'il y ait eu, au sein des cours d'Israël et de Juda, des esprits assez lettrés pour pouvoir systématiser et remodeler la profusion et la variété des documents disponibles à l'époque. En admettant même qu'il y en ait eu, où ces sages auraient-ils puisé la volonté — ou le goût — de s'attaquer à une entreprise aussi monumentale ? Dans l'état actuel des recherches, il semble bien que cette idée ne soit venue à personne. D'ailleurs, Israël n'a pas laissé sur ses monuments la moindre inscription, ce qui pourrait indiquer que la jeune nation ne se souciait guère d'immortaliser son histoire. L'Ancien Testament, dans la forme où il est parvenu à l'époque contemporaine, serait donc l'aboutissement d'un travail de remaniement opéré sur les documents existants datant de la période d'exil à Babylone, ou de celle du retour à Jérusalem fortement marquée par les influences perses. Cette hypothèse est confirmée par le contenu des divers livres où les passages les plus anciens se sont enrichis des perspectives et des espoirs de renouveau qui s'offraient aux Israélites de ces générations.

A la même époque, d'autres textes étaient en voie de rédaction, tels les livres d'Esdras et de Néhémie qui donnent une version biblique de l'histoire d'Israël au temps de l'Empire perse, version dont les documents qu'on a pu retrouver dans les archives impériales confortent l'authenticité. En outre, d'autres œuvres de la même période reflètent les espérances d'hommes engagés dans des entreprises à buts similaires. Alors que les textes antérieurs avaient fait l'objet d'une méticuleuse réécriture pour bien montrer comment Israël, s'étant détourné de Yahvé, avait été châtié par la défaite et par l'exil, les récits de la période perse commencent à projeter la vision d'un possible redressement et à préparer l'avenir. La leçon avait été rude mais bien comprise ; au cauchemar de l'exil succédaient les rêves de l'espoir ; la cruauté des temps s'estompait devant les promesses de l'Avènement d'un nouveau Ciel et d'une nouvelle Terre. Toutes les visions, tous les discours des prophètes pendant l'exil de Babylone trouvaient désormais leur expression lyrique dans le livre des

Psaumes, admirable collections d'hymnes anciens et contemporains spécialement composés pour les cérémonies du culte dans le nouveau temple construit par Zorobabel à Jérusalem. Dans les versets des Psaumes, la maladie et le mal seront à jamais bannis du monde, la Loi de Yahvé ne s'inscrira plus sur des rouleaux de papyrus ou de parchemin mais se gravera dans le cœur des hommes qui arriveront à comprendre leur Dieu. Et ce grand rêve du paradis perdu, désormais retrouvé, sera l'apanage d'une nation capable de rester fidèle à la Loi de Yahvé.

Au-dessous de la colline du Temple, dans la vallée du Cédron, en face du mont des Oliviers, coule une source abondante qui fournissait en eau presque toute la vieille ville de Jérusalem. La source de Gihon traverse l'ingénieux tunnel du roi Ezéchias, alimente l'étang de Siloé et arrose un verger de beaux figuiers bien verts. Avant qu'Ezéchias ne fît creuser son tunnel, la source se trouvait à l'extérieur des remparts et, pour y accéder, il fallait passer par la Porte des Eaux. Selon le livre de Néhémie (Néhémie, VIII, 12), c'est en ce lieu qu'Esdras le Scribe rassembla la population de la ville qui comprenait alors les exilés rapatriés et la population localement implantée (que la Bible désigne comme « le peuple ») pour faire publiquement lecture du « livre de la Loi de Moïse ». L'épisode vient confirmer les premières références assez obscures à cet ouvrage que l'on avait trouvées dans l'histoire de Josias. Bien que l'extrait du livre de Néhémie s'insère assez mal dans le contexte historique en faisant de Néhémie une sorte de sage, un « ancien » qui réciterait un texte un peu comme on le ferait dans une synagogue alors que ce lieu de culte n'existait pas encore, il réaffirme l'existence du livre et son importance dans le corpus de la Bible. Il évoque aussi avec précision un moment où toute l'attention de la ville est mobilisée par le besoin de communier dans un même rite, de célébrer « l'obéissance joyeuse » à la Loi sacrée dans un grand élan de foi, dans un engagement irréversible. Le récit de cette lecture publique de la Loi par Esdras est le symbole de la naissance du Judaïsme.

A ce point, interviennent deux questions : quel était le contenu du texte ? Quelles étaient ses origines ? Il est impossible de prendre au pied de la lettre l'affirmation de la Bible qui fait de Moïse l'unique auteur des cinq premiers livres de la Loi constituant le Pentateuque. Si l'on s'en tient à l'exemple du Deutéronome, dernier ouvrage du Pentateuque, on voit qu'il donne sur Moïse, ses paroles et ses actes, un témoignage de première main, les derniers versets allant jusqu'à décrire la mort et la sépulture du patriarche ! Mais des raisons plus sérieuses font penser que sa rédaction est postérieure à l'époque de Moïse, car l'ensemble des cinq ouvrages n'est que le prologue de la grande histoire de l'Antique Israël, histoire qui va être amplifiée et développée dans la suite de l'Ancien Testament. Peu d'œuvres littéraires ont une ouverture aussi solennelle, aussi opératique : l'histoire de la Création introduit avec une majestueuse lenteur le dialogue privilégié entre Yahvé et Abraham. Puis le thème est orchestré, il s'enfle à mesure que les personnages deviennent plus nombreux, avec la descendance d'Abraham et la constitution des Douze Tribus. Les origines d'Israël sont vues comme une dramaturgie sacrée de composition complexe où se succèdent les générations jusqu'à la révélation que le personnage principal de toute l'histoire est le peuple d'Israël devenu adulte et vibrant du désir de conquérir sa Terre promise. Alors, le narratif se ralentit soudain et le récit se charge de sourdes vibrations annonciatrices du malheur qui menace, tandis que les péchés des rois et l'infidélité du peuple entraînent « les enfants de Juda » dans une chute qui les conduira à l'exil, à Babylone. A la fin de ce prologue, les descendants des exilés, encouragés par Esdras et Néhémie, vont retourner à Jérusalem pour essayer de retrouver la foi de Moïse dans la pureté des origines.

Il est bien évident que cet ample mouvement narratif a été composé par des auteurs qui avaient du recul face aux événements rapportés. Croire que Moïse ait pu être l'auteur unique de ce grand prologue, c'est lui accorder un don prodigieux de visionnaire, mais cela revient aussi à priver Israël d'une bonne part de son libre arbitre. Aujourd'hui, nombre d'érudits pensent que le début de la Genèse, avec sa référence au « souffle de Dieu » qui fleure l'influence perse, a dû être rédigé *a posteriori*, au moment où les documents existants étaient remis en ordre et en forme pour donner aux autres ouvrages, qui développaient l'idée d'un nouveau destin national pour les enfants d'Israël, une introduction qui soit digne de ce vaste contenu. Il y a du génie chez ces rédacteurs ; leur dosage de littérature populaire archaïque et de discours politique dans un registre soutenu est terriblement efficace, et le brassage qu'ils ont opéré du patrimoine mythologique et des thèses nationalistes est audacieux et garde sur les mentalités d'aujourd'hui toute sa force de séduction.

Pour rédiger avec un tel brio un texte aussi lourd de sens, il a fallu des écrivains exceptionnels. Comment découvrir leur identité ? L'attribution de l'ensemble du Pentateuque au seul Moïse ressemble au procédé astucieux de rédacteurs qui souhaitaient donner à la Loi de Yahvé l'autorité que confère une source unique, le travail d'un seul homme, mais certaines allusions font penser que l'œuvre est de facture plus récente et plus collective. Il y a, par exemple, dans le Deutéronome des références à un temple à Jérusalem qui ne peut être que celui que Zorobabel avait fait reconstruire. Le style même du Deutéronome montre que le texte pourrait bien faire partie d'une trilogie qui comprenait aussi les livres de Josué et des Rois. Les auteurs-compilateurs de cette trilogie qui forme dans la Bible un tout parfaitement autonome sont désignés collectivement sous le nom de « Deutéronomiste » tandis que la composition des quatre premiers livres du Pentateuque, qui ont la même unité de ton mais une approche thématique très différente de celle du Deutéronome, est attribuée tout aussi collectivement à d'autres auteurs-compilateurs que l'on désigne d'un nom générique : l'auteur sacerdotal.

Le plus important dans l'Ancien Testament n'est jamais l'écrivain en tant qu'individu mais l'exactitude du récit, la conviction qui sous-tend le style et surtout l'inspiration qui se doit de rester fidèle au Verbe divin. Pour son travail de compilation, le Deutéronomiste a, d'évidence, puisé son matériel à des sources très anciennes, mais il a eu soin de l'adapter pour que les lecteurs de son temps, qui vivaient sous l'influence perse, puissent en dégager le message. Sa trilogie est d'une belle cohérence puisque les châtiments divins détaillés au tome III (Livre des Rois) sont annoncés par les manquements à la Loi qui avait été formulée clairement dans le tome I (Deutéronome). Dans la Bible, le scribe Esdras fait une lecture publique de cette Loi devant la population de Jérusalem rassemblée ; c'est donc qu'il est intimement persuadé que la prospérité de la nation dépend de son adhésion au texte sacré et que tout manquement aux divins commandements pourrait avoir des conséquences fatales pour elle. Qu'un seul maillon lâche et la chaîne se rompt ! Et pourtant, tous les Juifs ne partageaient pas les convictions d'Esdras ; textes bibliques et documents de l'époque s'accordent sur ce point. Ces divergences d'opinions et les factions qu'elles commençaient à créer ont joué un rôle très important dans l'élaboration des divers volumes qui forment l'Ancien Testament.

De multiples Yahvés...

Tous les Juifs exilés à Babylone ne rentrèrent pas à Jérusalem. Nombre d'entre eux choisirent de rester à

Babylone alors que d'autres, profitant de la nouvelle liberté de mouvement que leur offrait l'empire perse, étaient allés s'établir à sa frontière la plus orientale. Ainsi, au ve siècle avant Jésus-Christ, à l'époque où Esdras et Néhémie vivaient à Jérusalem, une petite communauté juive s'était implantée en Egypte, à Assouan, rejoignant les rangs de l'armée perse qui y tenait garnison.

Assouan était un poste frontière situé en bordure des barres granitiques de la grande cataracte que franchit le Nil avant de couler paisiblement jusqu'au nord de l'Egypte. Depuis des millénaires, sur la petite île Eléphantine, les prêtres du temple de Khnoum mesuraient la crue annuelle du fleuve pour évaluer le volume de l'inondation qui assurait les récoltes du pharaon. Au sud d'Assouan, s'étendait la Nubie peuplée de tribus sauvages de nomades du désert ; au nord, le territoire était soumis à l'autorité de l'Empire perse. Des documents trouvés au cours du présent siècle ont donné sur cette colonie juive d'Assouan un coup de projecteur qui en fait comprendre la vie et rééquilibre les récits et déclarations d'Esdras et Néhémie — témoins plutôt partisans — sur le peuple d'Israël et la religion de Yahvé.

A la différence des exilés qui étaient rentrés à Jérusalem, les Juifs d'Assouan cohabitaient très librement avec la population locale ; tout en conservant leurs noms juifs et en reconnaissant la ville de David comme le centre spirituel de leur foi, ils n'hésitaient pas à contracter des unions mixtes. Nullement intimidés par les autorités de Jérusalem, ils allèrent jusqu'à pétitionner le grand prêtre afin d'obtenir l'autorisation de reconstruire à Assouan un vieux temple dédié à Yahvé qui avait été incendié au cours d'une émeute quand les prêtres de Khnoum avaient découvert que les Juifs y avaient sacrifié un bélier, animal sacré de leur propre dieu. Il semble désormais certain que le temple détruit n'était pas n'importe quel lieu de culte mais bien un véritable sanctuaire. L'auteur de la pétition est parfaitement conscient de ce que sa requête peut avoir de scandaleux pour des Juifs orthodoxes fermement attachés à l'idée d'un seul grand Temple. Aussi prend-il la précaution d'ajouter un paragraphe où il s'engage à ne plus sacrifier d'animaux sur l'autel du futur temple, apaisant du même coup et les autorités religieuses locales et les grands prêtres de Jérusalem, ce qui montre qu'il avait l'art du compromis.

L'ancien temple juif d'Assouan était une belle bâtisse de pierre, ornée de portes de bronze, qui possédait un trésor en objets de culte d'or et d'argent. Persuadés que les origines du judaïsme ne se trouvent que dans les pages de la Bible, les esprits contemporains ont du mal à imaginer que les Juifs d'Assouan aient eu le front de demander à ces piliers de l'orthodoxie qu'étaient les grands prêtres de Jérusalem la permission de reconstruire un sanctuaire d'une telle importance. La requête a comme un parfum d'hérésie ! Pourtant, d'après les termes de la pétition, les Juifs d'Assouan ne voyaient rien d'extraordinaire dans cette démarche, et leur demande n'avait d'ailleurs pas de caractère exceptionnel. Les annales bibliques d'Israël rapportent qu'à part le grand Temple de la capitale, il y avait depuis les temps les plus reculés bien d'autres sanctuaires dans le pays dont certains étaient consacrés à Yahvé mais dont d'autres avaient été érigés en l'honneur de divinités païennes. L'existence de lieux de culte multiples est confirmée à la fois par le texte sacré et par les recherches archéologiques. Deux siècles après l'envoi de la pétition d'Assouan, le fils d'un des grands prêtres de Jérusalem vint consacrer, en terre d'Egypte, un autre temple à Yahvé. Les livres d'Esdras et de Néhémie donnent de la situation du peuple juif et de sa pratique religieuse une version dont on n'a aucune raison de mettre en doute la véracité, mais il est utile de compléter leur témoignage en disant qu'à la même époque le judaïsme offrait d'autres aspects dont ils ne parlent pas. Le judaïsme d'Esdras représentait un courant orthodoxe ; il soutenait que seul le Temple de Jérusalem était le sanctuaire de Yahvé, que tout mariage avec des non-Juifs était strictement interdit et que la Loi sainte devait être suivie dans ses moindres détails. Parallèlement, il existait un autre courant représenté par la communauté juive de l'île Eléphantine dont la foi et les pratiques cultuelles correspondaient encore aux mentalités du monde de l'Antiquité, ce qui n'empêchait pas ces Juifs d'aller au temple, d'observer rigoureusement les rites d'adoration, de chanter les psaumes bibliques et de célébrer les fêtes traditionnelles. Ils ne se considéraient en rien comme moins dévôts que leurs coreligionnaires de Jérusalem mais, suivant les antiques coutumes, ils admettaient d'autres dieux aux côtés de Yahvé dans leurs lieux de culte ; en outre, ils contractaient des unions mixtes. Leur foi et leurs pratiques manifestaient donc le même genre de laxisme que celui qui avait désespéré le cœur des grands prophètes de la Bible.

Ces deux courants du judaïsme exprimaient deux façons opposées de percevoir Yahvé. Pour Esdras, Yahvé l'unique était infini et universel et, si sa puissance se faisait sentir en Egypte comme sur le territoire national, c'était à Jérusalem et nulle part ailleurs qu'il avait élu d'établir son Temple et sa présence terrestre. Pour les Juifs d'Assouan, en revanche, le Yahvé de Jérusalem était le dieu local de cette seule ville ; dans leur propre temple, sur l'île granitique d'Eléphantine, ils adoraient le Yahvé d'Assouan. Le dieu égyptien local Khnoum avait plusieurs sanctuaires en Egypte ; il existait un Khnoum de Memphis et un Khnoum de Thèbes et, comme lui, Yahvé régnait sur la ville d'Assouan. Puisqu'il n'était pas indivisible, les Juifs installés sur les bords du Nil n'avaient pas conscience de briser un interdit en présentant leur pétition aux prêtres de Jérusalem que, d'ailleurs, ils respectaient. En demandant la reconstruction du temple d'Eléphantine, ils inscrivaient tout naturellement Khnoum et Yahvé comme des dieux antiques dans une société où leur double présence était nécessaire. Entre ces fidèles et leurs divinités, la connivence était parfaite et ne s'embarrassait d'aucune explication, tandis qu'à Jérusalem, Yahvé, Dieu universel, s'entourait de tout un appareil légal et théologique. Pour élucider les mystères divins, élaborer les rites et gagner l'adhésion des croyants, il fallait passer par les arcanes d'un savoir sacré. Ainsi naquit la hiérarchie des prêtres et docteurs, caste privilégiée puisqu'elle s'arrogeait le droit d'interpréter les Lois sacrées et ainsi de faire régner la paix dans la communauté et d'assurer au peuple le salut. La notion de religion au sens moderne et occidental de ce terme a donc ses origines à Jérusalem.

Mais à Jérusalem même, au temps d'Esdras et de Néhémie, cette idée de la religion était loin de faire l'unanimité. Les livres de la Bible gardent les traces des tiraillements que suscitaient les divergences d'opinion sur la notion de Dieu et sur le rôle que jouait Yahvé dans la destinée humaine. Il se pourrait bien que le livre de Jonas soit une forme de satire visant la bigoterie un peu bornée de certains exilés de retour au pays. Il est vrai que l'histoire de ce vieux bonhomme têtu qui se laisse engloutir par une baleine et qui est prêt à tout sacrifier pour garder sa petite dignité personnelle au point de friser le ridicule a quelque chose d'infiniment cocasse. Le nom de Jonas apparaît dans le livre des Rois — comme si on avait essayé d'antidater son existence, de le situer dans des temps plus reculés —, mais le style du livre de Jonas montre une forte influence de la langue araméenne qui était le parler de l'empire de Cyrus, et fait penser que l'ouvrage a été écrit dans la période de la domination perse.

D'autres divergences encore se faisaient sentir dans le judaïsme, certaines d'ordre ponctuel. Les Juifs qui revenaient de Babylone n'étaient pas seulement un groupe de nationalistes dévôts ; ils avaient fait l'expérience d'une société urbanisée et structurée, et certains avaient reçu mission d'assumer le pouvoir dans leur ancienne patrie devenue désormais province de l'Empire perse. Certes, les nobles rentrés dans ces conditions retrouvaient en Jérusalem une ville appauvrie et qui avait perdu beaucoup de son prestige mais — et le texte sacré le précise bien — ils ramenaient des subsides accordés par l'autorité impériale pour les aider dans le travail de restauration qui les attendait. Ils rapportaient en outre un sens très fort de l'identité nationale acquis en exil, et aussi un respect fervent pour les Lois sacrées dont le viol avait jadis causé leur éloignement de la patrie et l'effondrement des anciens royaumes.

Il n'est donc pas surprenant que ces « déportés » (Esdras, x, 7) se soient trouvés en conflit avec la population qui, pendant leur absence, s'était implantée à Jérusalem. Le livre d'Esdras raconte comme le pieux scribe exigea de ces pauvres gens la séparation d'avec leurs épouses « étrangères », et l'épisode est imprégné d'une poignante tristesse. « Tout le peuple demeura sur la place de la maison de Dieu, tremblant à cause de cette affaire et à cause de la pluie » (Esdras, x, 9). Déjà on avait exclu ces malheureux des grands chantiers de reconstruction du Temple en raison de leurs manquements aux rites de la purification. La tradition rapporte que ces frictions entre « déportés » et population locale furent encore aggravées lorsque le gouverneur perse de la province au nord de Jérusalem donna aux autochtones l'autorisation de faire bâtir leur propre temple sur une petite colline située près de la vieille citadelle israélite de Samarie. Connus sous le nom de « Samaritains », ils firent schisme et ne reconnurent comme textes sacrés que les seuls livres formant le Pentateuque.

Dans le livre de Jérémie, la plupart des traductions de la Bible appellent ces autochtones « le peuple » ; l'une les désigne comme les fils et petits-fils d'« une partie du prolétariat qui ne possédait rien[1] » et à qui on avait donné « des champs et des vignes » (Jérémie, XXXIX, 10). Certains d'entre eux avaient contracté des mariages mixtes avec les femmes de la colonie étrangère dont les Babyloniens avaient repeuplé la ville après que le roi de Juda — celui dont avait crevé les yeux — eut pris le chemin de l'exil, captif comme tous ses autres nobles. Il est bon, à ce stade, de rappeler que l'histoire de l'Antiquité traite exclusivement de faits touchant les monarques, leurs cours et les campagnes militaires. Qui était donc ce « peuple » ou « prolétariat » sinon la masse anonyme de tous ceux qui, courbés sur la glèbe, relevaient parfois l'échine pour regarder caracoler au loin les conquérants et leurs troupes ? Leur mode de vie, leurs noms, leur foi restent enveloppés de mystère.

En revanche, on sait de source sûre que la ville de Jérusalem abritait une multitude de factions religieuses et les savants biblistes ont essayé de voir comment leurs diverses influences avaient infiltré le texte de l'Ancien Testament. Certains soutiennent que quelques passages traduisent un courant de sympathie pour le « peuple » tandis que les livres des Chroniques, d'Esdras et de Néhémie (qui forment une entité par leur unité de style et la cohérence de leur contenu) donneraient un point de vue plus marqué d'orthodoxie. Le collectif des auteurs de ces ouvrages est appelé le « Chroniqueur » ; il a, tout comme le Deutéronomiste, procédé à une compilation de l'histoire religieuse d'Israël, traçant la généalogie qui, de David, remonte à Adam, et expliquant le problème des « déportés » par un système de causalités qui se rattachent aux origines historiques d'Israël. Les divergences de points de vue entre le Deutéronomiste et le Chroniqueur sont souvent attribuées à l'existence des factions religieuses qui ont divisé la communauté juive après son retour d'exil.

1. Bible TOB.

De toutes ces suppositions émerge une certitude : pendant toute l'époque de la domination perse, la collection d'ouvrages qui, avec quelques ajouts, allait devenir l'Ancien Testament, n'existait pas encore. Il y avait, certes, une somme considérable de documents très anciens auxquels s'étaient adjoint un certain nombre d'œuvres de rédaction récente ; d'autres allaient venir les compléter mais on était encore loin de l'opus magnus que constitue la Bible hébraïque. Les livres d'Esdras, plus tard rangés par le judaïsme [1] parmi les Apocryphes, confirment le fait. Ils ont la verdeur de style qui est la patte des anciens scribes et leur véritable antiquité apporte des témoignages du plus grand intérêt. Ainsi, dans le livre d'Esdras, au verset 23 du chapitre XIV, l'auteur révèle comment Esdras reçut de Yahvé lui-même le souffle de son inspiration [2] : après avoir bu « une coupe pleine [...] Son contenu était comme de l'eau mais sa couleur était semblable au feu », il se remit à dicter les textes sacrés avec une nouvelle vigueur :

> « Mon cœur faisait jaillir l'intelligence
> Ma poitrine s'enflait de sagesse...
> Alors ma bouche s'ouvrit et ne se ferma plus. Le Très-Haut donna aussi l'intelligence aux cinq hommes [*les scribes*] et ils écrivirent ce que je disais en ordre à l'aide de signes qu'ils ne connaissaient pas. »

Dans ce passage, l'auteur semble décrire un moment où, soit un texte ancien, soit un fragment provenant de la vieille tradition de l'oralité, est repris pour en modifier le contenu et la formulation. Le respect des docteurs juifs pour Esdras était si grand qu'ils lui prêtaient l'intelligence

1. Le protestantisme et le catholicisme les acceptent comme « livres inspirés ». (Note du Trad.).
2. Quatrième livre d'Esdras. In *Ecrits Intertestamentaires*, p. 1464. Coll. La Pléiade, Gallimard, 1987.

d'un sage, la ferveur d'un saint et le talent d'un écrivain qui sait faire passer dans sa prose sa faculté de création. L'un d'eux, dans une glose très ancienne, déclare : « Si Moïse n'avait pas vécu avant lui, c'est Esdras qui aurait reçu "la source de l'intelligence". » L'anecdote est bien dans le ton de cette période d'après l'exil, et elle éclaire un peu cette époque quasi insaisissable par manque de vraie documentation, et pourtant cruciale, car c'est celle où l'Ancien Testament connaissait sa propre genèse.

Des villes de lumière

A l'époque, justement, où Yahvé illuminait l'esprit d'Esdras du « flambeau de la connaissance », l'historien grec Hérodote se trouvait au nord de Jérusalem dans la ville portuaire de Tyr ; il était venu voir le temple d'Hercule et « rassembler sur les origines de ce dieu une documentation aussi complète que possible ». Cet infatigable voyageur, qui vécut de 490 à 425 avant Jésus-Christ, avait passé sa vie à parcourir le monde antique, collationnant toutes sortes de légendes et de contes qu'il articulait en longs narratifs souvent considérés comme les premiers ouvrages historiques jamais écrits. Il faut bien avouer que, malgré les travaux scientifiques des archéologues depuis le siècle dernier, la somme des connaissances historiques actuellement disponibles sur l'époque repose presque entièrement sur les témoignages de voyageurs comme Hérodote ; l'ancienne mythologie égyptienne, les grandes gestes d'Isis, d'Osiris et de tous les autres dieux n'ont pas été rédigés par les Egyptiens mais par des Grecs lettrés qui ont rassemblé, pour l'organiser sous la forme d'amples épopées, un matériel hétérogène et souvent archaïque de coutumes et de croyances.

Les Grecs avaient du récit historique la même conception que les auteurs de l'Ancien Testament. Contrairement à la plupart des peuples de l'Antiquité, qui voyaient histoire et religion comme une série de cycles scandés par les semailles et les moissons suivant l'ordre immuable de l'harmonie cosmique et par les victoires qu'accordaient les dieux pour récompenser la fidélité de leurs adorateurs, ils avaient en commun le sens de l'histoire événementielle faite d'une succession d'épisodes séparés et uniques. Autrefois perçus comme des coups du sort qui venaient parfois interrompre le cours des bonnes relations entre les hommes et les dieux, les grands moments de l'histoire jouaient dans les chroniques des Grecs et des Juifs un rôle de premier plan. L'histoire devint la chronologie de ces grands moments saisis dans un temps continu et reliés logiquement par des rapports de causes à effets. Seuls, les paysans continuaient à travailler selon le rythme des dieux qui gouvernaient la nature ; les rois et leurs courtisans, les gens instruits savaient désormais marcher avec leur temps. Et c'est pourquoi, pendant la période perse, les auteurs-compilateurs de la Bible avaient actualisé l'histoire des patriarches en la faisant sortir du temps cyclique de la mythologie et des grandes gestes archaïques pour l'insérer dans le contexte plus large d'une séquence historique basée sur les tournants de l'aventure humaine. Jadis cantonné dans le domaine théologique, le passé d'Israël faisait son entrée dans l'Histoire.

Ces nouvelles perspectives ne furent pas sans retombées sur le vécu quotidien et le destin d'hommes qui n'ignoraient plus que l'avenir leur appartenait. En suivant au plus près les Lois dictées par Yahvé, les Juifs, par exemple, étaient persuadés, en prenant les armes, d'aller à la victoire et d'assurer la prospérité de leur patrie. Ils avaient donc, en quelque sorte, prise sur leur devenir. Cette conception de l'histoire n'existait pas en Mésopotamie et elle est totalement absente du livre de la Genèse ; elle est née avec l'époque d'Hérodote contemporain du Deutéronomiste, du Chroniqueur et des autres auteurs-compilateurs des textes sacrés qui vivaient sous l'influence de l'Empire perse. De tels hommes étaient fortement inscrits dans leur temps, marqués par leur milieu, et, lorsqu'on examine leurs travaux, on a parfois l'impression que les grands ancêtres dont ils racontent la vie ont une longueur d'avance sur leur époque.

Juifs et Grecs étaient imprégnés des grands courants de pensées communs à tout l'est du bassin méditerranéen, mais c'est sur la philosophie et la civilisation grecques que cette empreinte allait être la plus profonde, car leur singulière audace ébranla l'ensemble du Moyen-Orient. A la différence des Juifs, les Grecs n'avaient jamais cru qu'on pût infléchir l'avenir par la seule observance d'un système de rites. Pour eux, le destin de l'humanité dépendait d'options politiques, financières ou stratégiques. Le hasard intervenait, certes, mais les rois et les princes prenaient en toute lucidité des décisions ponctuelles aux buts très précis. L'histoire de leur règne devenait le déroulement des actes qui découlaient de choix faits librement. Cette formidable idéologie à l'occidentale vint prendre par surprise non seulement le royaume de Juda mais toutes les antiques civilisations, des rives de la Méditerranée aux frontières des Indes, qui furent emportés comme des fétus de paille dans ce puissant maelström.

Le premier missionnaire de cette nouvelle idéologie fut Alexandre le Grand, roi de Macédoine. Avant de mourir des fièvres à Babylone, à l'âge de trente-trois ans, il avait, avec ses armées, conquis l'Egypte et la Perse, ne faisant qu'une bouchée du petit royaume de Juda dans la foulée... Ses campagnes l'avaient conduit jusqu'en Afghanistan et au cœur de la vallée de l'Indus. S'il laissait derrière lui le monde antique dévasté par les guerres et pillages, il marqua chaque étape de son passage par la construction de villes d'une étonnante splendeur. A sa mort, ses généraux commencèrent à se disputer les territoires de son vaste imperium. Ptolémée établit son pouvoir sur l'Egypte, et Séleucos le sien sur la Syrie. Pour capitales de leurs nouveaux royaumes, ils choisirent les plus prestigieuses des villes que les architectes grecs avaient enchâssées comme autant de joyaux dans les paysages des territoires envahis. Les dynasties des Ptolémées et des Séleucides allaient durer huit siècles, avec des fortunes diverses, hantées qu'elles étaient par la grande ombre d'Alexandre le Conquérant et par la nostalgie de l'âge d'or qui avait marqué son époque. Au milieu de ce Moyen-Orient soudain transformé, Juda faisait vraiment figure de parent pauvre avec son rude climat, ses maigres terres et les dévastations successives des armées étrangères qui, empruntant dans leurs campagnes les anciennes routes commerciales, avaient ruiné le royaume. Pendant trois siècles encore, après la mort d'Alexandre en 323 avant Jésus-Christ, les troupes égyptiennes et syriennes prirent la Judée comme champ de bataille en plus de deux cents occasions. Pendant toute cette période, écrasé sous le pilonnement des forces qui se disputaient son territoire, menacé par l'influence grecque qui venait saper sa culture, le peuple de Juda s'accrocha désespérément à sa Loi sacrée.

Les premières campagnes des armées d'Alexandre en Orient firent de l'empereur le point de mire de toutes les curiosités, et le nomadisme de sa cour attirait dans son sillage une foule composite où les esprits les plus brillants de son temps côtoyaient un certain nombre d'illuminés. Parmi ces derniers, un jeune architecte originaire de Rhodes, du nom de Deinocrates, voulait construire à la gloire d'Alexandre une statue si gigantesque qu'une ville entière pourrait tenir dans la paume de sa dextre ; la cité serait alimentée en eau par la condensation en pluie des nuages au-dessus de la statue, pluie qui serait canalisée dans les veines de plomb de l'effigie et coulerait en rivières et en fleuves ! L'empereur jugea le projet irréalisable, mais il donna à Deinocrates une place à la cour en raison de ses prodigieuses qualités d'imagination. Une fois l'Egypte conquise, c'est à ce jeune surdoué qu'il demanda de concevoir les plans d'une ville qui immortaliserait la mémoire impériale et deviendrait plus célèbre encore que toutes celles qu'il avait déjà fait construire. Ainsi, sur un banc de sable au bord du delta du Nil, naquit Alexandrie.

Les villes créées sous l'impulsion d'Alexandre sont devenues très vite des métropoles cosmopolites ouvertes à toutes les influences, accueillantes à tous les modes de vie. Ainsi, les soies chinoises étaient-elles fort prisées des muscadins des pourtours de la mer Egée, et les sculpteurs grecs allaient-ils installer leurs ateliers jusqu'aux franges du désert de Gobi, cependant que des missionnaires bouddhistes venaient prêcher en terre égyptienne à Alexandrie. Les entrepôts de la ville regorgeaient de sacs de grain et de barils de vin, et les grands négociants importaient en vastes quantités toutes sortes de produits de luxe fabriqués dans des ateliers où les esclaves fournissaient la main-d'œuvre : papyrus, parchemin, perles, encens, parures d'or et de pierres précieuses. Les magasins de ces grandes métropoles, dont Alexandrie était la dernière en date, alignaient ces richesses sur des rayonnages qui ressemblaient beaucoup à ceux des « grandes surfaces » qui existent de nos jours car on y trouvait de tout. Mais la glorieuse cité d'Alexandre a été en quelque sorte victime de son propre succès et elle n'est plus aujourd'hui que la seconde ville d'Egypte. Si l'on souhaite retrouver l'atmosphère de ces grandes métropoles, de ces villes de lumière, c'est en Turquie qu'il faut aller, à Ephèse qui fut à demi abandonnée et pillée lorsque ses docks commencèrent à s'envaser avec le recul de la ligne côtière, mais qui continue à évoquer avec force ce que dut être sa splendeur première.

Il faut se mettre à la place des marins de l'Antiquité qui, contournant le promontoire, faisaient force de rames pour remonter l'estuaire de la Cayster et voyaient surgir soudain la ville dans toute sa gloire. A leurs yeux, elle devait représenter tout le raffinement d'une civilisation qui leur était parfaitement étrangère. Les toits des temples et les statues recouvertes de feuilles d'or étincelaient au soleil ; au sommet de la colline, le grand hémicycle du théâtre s'ouvrait comme en un geste d'accueil. Les bassins portuaires étalaient leurs marbres ; de marbre aussi, le dallage de la large avenue qui conduisait des docks au centre ville et qui était éclairée toute la nuit. Grande merveille que cet éclairage nocturne qui n'existait nulle part ailleurs ! Un rabbin de l'Antiquité a dit : « Les Grecs se vantent d'avoir la passion du savoir ; que n'ont-ils honte d'avoir pour l'or une passion égale ! » Cette honte n'était nullement manifeste à Ephèse qui montrait partout, dans ses rues, ses entrepôts, ses monuments publics et ses palais, les signes du faste et de l'opulence.

Le grand théâtre d'Ephèse dominait tout le panorama marin ; son imposante masse indiquait que, comme toutes les autres métropoles hellénistiques, la ville n'était pas dédiée aux dieux — à la différence de Babylone ou de Jérusalem — mais à la jouissance des hommes qui l'habitaient. Selon les Actes des Apôtres, les orfèvres de la ville organisèrent, au premier siècle de l'ère chrétienne, une manifestation dans le théâtre pour protester contre le zèle missionnaire de Paul qui risquait de mettre en péril les ventes des petits reliquaires d'argent et des statues de Diane, déesse d'Ephèse. En effet, les boutiques des orfèvres jouxtaient le théâtre, prenant tout un côté de la grande place des marchands, véritable centre civique de la ville, appelée agora. Ces vastes places dallées, on les retrouve dans toutes les métropoles construites à l'époque d'Alexandre ; elles étaient des lieux de commerce et d'échanges, des aires de loisir pour la population, et les Romains allaient tout naturellement en imiter les tracés qui subsistent encore en Italie avec les merveilleuses *piazzas* qui font le charme de tant de villes. L'agora traduisait en termes d'architecture ce qui était l'essence même de ce nouvel urbanisme. A Babylone, à Jérusalem et même dans l'île Eléphantine, les centres des cités étaient réservés aux temples, vastes monuments richement décorés qui abritaient les statues des dieux sur lesquelles veillaient une caste de prêtres dont les rangs et les rôles étaient fixés par la tradition ; les habitants vivaient dans des maisons-ruches qui s'entassaient dans le labyrinthe de sombres venelles sans un seul espace à découvert, ni lieu public, alors que les villes de lumière d'Alexandre étaient conçues pour que l'homme puisse y vivre pleinement son temps de travail et ses heures de loisir. Dans leurs murs, le cours de l'histoire n'était plus l'affaire des dieux mais celle des humains qui, désormais, évoluaient en pleine lumière au cœur même de leurs cités.

Les touristes contemporains qui arrivent à Ephèse ont l'impression de se retrouver en pays connu, car les villes modernes sont nées de ce grand schéma classique. Aucun des sites plus anciens de Sumer ou d'Egypte ne donne ce sentiment de familiarité. L'urbanisme d'Ephèse est immédiatement accessible, car il met l'homme à la première place dans l'ordonnancement majestueux de ses espaces, dans l'alignement géométrique de ses axes. Pour les Juifs et pour les autres peuples des civilisations de l'Antiquité, ces villes blanches, percées de larges avenues et de places spacieuses, ornées de colonnes grecques et de statues de marbre, exaltaient l'humain, et le divin s'en trouvait rabaissé. C'était là afficher le blasphème ! Plus tard, les premiers chrétiens, qui trouvaient ces cités peu accueillantes avec le formalisme guindé de leur plan au carré, prirent l'habitude de graver de petites croix sur les dallages et les murs de pierre. Quant aux Orientaux de l'Antiquité, ils voyaient dans ces nouvelles métropoles la condamnation, l'arrêt de mort de leurs anciennes cultures fondées sur une totale connivence entre les dieux et les hommes.

L'arrivée des armées d'Alexandre et la montée de l'hellénisme qui commençait à se faire sentir à Jérusalem n'avaient pas pris les Judéens par surprise. Déjà, les mercenaires juifs à la solde des conquérants étrangers n'avaient pas manqué de remarquer chez les Grecs une certaine forme d'arrogance alliée à un sens très fort de l'initiative et de l'efficacité. A la mort d'Alexandre, les guerres incessantes qui ruinaient leur patrie poussèrent de nombreux Juifs à émigrer vers l'est et ses grandes villes de lumière dans l'espoir de profiter des chances qu'offrait le cosmopolitisme d'une nouvelle forme de culture. L'héritage laissé par Alexandre dans tout l'Orient était devenu un idéal commun de beauté car l'art classique de l'Antiquité grecque avait su évoluer et affirmait son dynamisme dans des œuvres de plus en plus ambitieuses. En outre, le grec était devenu la langue des affaires et de la diplomatie. Il fallait donc désormais choisir entre devenir hellénisé ou rester barbare, et les traits d'Alexandre idéalisés sur les images et statues symbolisaient la race grecque devenue race de seigneurs. Dans toutes les dynasties royales, de la Libye à l'Afghanistan, des souverains de groupes ethniques très divers s'efforçaient de vivre « à la grecque » et tâchaient d'imiter la silhouette de l'empereur légendaire en copiant jusqu'au moindre détail de ses vêtements. Sur les pièces de monnaie qu'ils faisaient battre, leur profil semblait se tourner vers les horizons d'une Grèce éternelle. Leurs bâtiments publics — marchés ou théâtres — exprimaient tous la même influence impériale avec leurs inscriptions en langue grecque sur les murs et les architraves, et ils avaient fait venir de Grèce les artistes et les orateurs qui donnaient du lustre à leurs cours. Avec un souci de tolérance très hellénistique, ces monarques avaient permis aux anciennes coutumes locales de s'intégrer à la nouvelle culture qu'ils adoptaient et c'est ainsi qu'à Ephèse, Diane, la grande déesse de la ville, n'était plus représentée comme autrefois sous la forme d'une momie anatolienne, mais se dressait — suivant les canons de la beauté grecque — avec le port majestueux d'une vierge aux formes rebondies, à la maturité rayonnante. A Alexandrie, on inventa, à la satisfaction générale, de nouvelles divinités en qui fusionnaient la sainteté des vénérables dieux égyptiens et le dynamisme des dieux grecs. A force d'audace et de sens du compromis, l'hellénisme était bel et bien en train de triompher partout ; sa progression était subtile dans sa démarche et éclatante dans ses manifestations, et elle apportait tant d'espoirs de prospérité, elle s'auréolait de tant de largeur de vue que toute confrontation ouverte entre les Grecs et les fidèles de Yahvé allait pouvoir être évitée pendant quelques siècles encore. Mais, au cœur même des grandes villes de lumière se dessinaient déjà les lézardes annonciatrices du séisme qui viendrait ébranler la citadelle du judaïsme. Ce bouleversement des mentalités ferait enfin sortir les vieux textes sacrés de leurs limbes pour donner la grande Bible hébraïque.

Pendant plus de trois siècles, de nombreuses et prospères communautés juives vécurent dans les grandes métropoles d'Alexandre et leurs membres participaient activement à la vie civique. Il était établi que chacun des groupes ethniques les plus importants avait, dans l'espace urbain, son propre quartier jouissant d'une administration autonome. A l'intérieur de cette structure, les Juifs étaient présents dans toutes les couches de la société, qu'ils fussent grands négociants, artisans modestes, soldats, courtisans ou esclaves. Dans les campagnes avoisinantes, dont les cultures approvisionnaient les métropoles, d'autres Juifs s'étaient installés comme fermiers ou ouvrier journaliers. Dans la ville de Miletos, proche d'Ephèse, on réservait aux notables juifs les meilleures places du théâtre et on peut y voir aujourd'hui encore, gravées dans le marbre blanc, des inscriptions en lettres grecques qui signalent : « Ces places sont attribuées aux Juifs qui sont aussi connus sous le nom de "dévôts". »

La population des métropoles hellénistiques était aussi

hétérogène que la foule des grands aéroports internationaux de nos jours, cependant certains modes de vie, certaines attitudes mentales rapprochaient les citoyens. Les pyramides d'Egypte et les jardins suspendus de Babylone constituaient des hauts lieux du tourisme, mais le point de mire de toutes les curiosités demeurait le gigantesque phare d'Alexandrie ; véritable merveille de la technologie de l'époque, son énorme lentille magnifiait la flamme d'une lampe à huile et en faisait un grand rayon qui guidait vers le port les navires venus du monde entier. Le phare apparaissait comme le fanal de cette nouvelle civilisation vaniteuse et arrogante dont les marbres et les colonnades, les monuments et les places marchandes étalaient toutes les tentations : esclaves, métaux précieux, pièces de soieries, orgueilleuse statuaire célébrant l'ordre civil, chevaux de race, prostituées, mets exotiques... Cet enivrant mélange exerçait sur les anciennes civilisations orientales une fascination comparable à celle de notre monde occidental — avec ses jeans, son whisky et son capitalisme libéral — sur le Moyen-Orient contemporain.

Dans les campagnes qui, en l'espace de dix ans, allaient lui ouvrir le monde, Alexandre n'entraînait pas seulement les généraux qui avaient été ses compagnons d'adolescence ; il se faisait suivre de presque tous les dignitaires de sa cour de Macédoine, y compris de ses musiciens, de ses prêtres et de ses savants dont certains avaient dépassé l'âge des combats et des marches forcées, mais dont aucun ne rechignait à suivre jusqu'au bout les expéditions de son souverain. Il est bien connu qu'Alexandre avait la passion de toutes les richesses du patrimoine culturel de la Grèce. C'est ainsi qu'il ne se séparait jamais, dit-on, d'un exemplaire des œuvres d'Homère qu'il avait arraché à l'empereur de Perse et fait placer dans un coffret d'orfèvrerie précieusement ouvragé. Il utilisait la grande geste homérique comme un guide du protocole et un manuel de civilités pour la vie de cour. Et tout l'Empire de lui emboîter le pas ! Tous les souverains sous l'influence hellénistique rivalisaient dans l'avancement du savoir, la création de bibliothèques, et certains rassemblaient des équipes de lettrés chargés de copier les textes de la littérature de l'Antiquité, comme s'ils avaient souhaité enfermer toute la sagesse du monde entre les murs de marbre de leurs splendides villes. Leurs bibliothèques étaient immenses ; un nombreux personnel de scribes et de documentalistes travaillaient sur des manuscrits qui se comptaient par centaines de milliers. Pour faire pièce à la dynastie des Atalides de Pergame (ville qui se trouve aujourd'hui en Turquie), les rois ptolémaïques d'Alexandrie construisirent la plus grande bibliothèque de toute l'humanité. Autrefois, les sacrifices offerts aux dieux assuraient au monde antique sécurité et prospérité ; maintenant, les hommes de pouvoir manifestaient leur bienfaisance dans des réalisations à usage civique : bibliothèques, bains publics, fontaines, grandes avenues dallées de marbre contribuaient au bonheur de tous. L'hellénisme oriental avait trouvé sa propre dynamique, et les grandes villes de lumière étaient devenues de véritables lieux de vie.

Les communautés juives des métropoles hellénistiques ne tardèrent pas à s'ouvrir aux nouvelles formes de culture. Déjà, du temps d'Alexandre, un voyageur avait pu dire que les Juifs étaient grecs « par l'esprit autant que par la langue » car ils s'étaient mis au parler urbain, à la langue véhiculaire démotique très expressive, appelée « koine », et qui était dérivée du grec classique. Génération après génération, les Juifs commençaient à s'hellléniser ; non contents de s'exprimer en koine, ils vivaient à la grecque, changeaient leur patronyme pour des noms grecs, et toutes leurs transactions commerciales se faisaient en drachmes, sauf pour les plus dévôts d'entre eux qui réservaient cette monnaie frappée d'images interdites aux seuls actes d'achats quotidiens. Et si, aux jours de l'exil de Babylone, s'était fait sentir la nécessité de traduire les antiques textes sacrés de l'hébreu archaïque dans la langue araméenne de l'Empire perse, désormais une nouvelle traduction s'imposait, en koine cette fois. On traduisit d'abord les livres de la Loi de Moïse formant le Pentateuque, travail qui fut complété aux environs de l'an 250 avant Jésus-Christ à Alexandrie ; les autres volumes suivirent. La traduction avait été confiée à des scribes professionnels qui possédaient parfaitement l'art de transcrire les textes d'une langue vers une autre puisque cette entreprise était chose courante dans les grandes bibliothèques de l'époque.

Que l'on traduise ainsi leurs textes sacrés ne plaisait pas à tous les Juifs ; nombre d'entre eux craignaient que cette version désormais accessible à tous ne donnât d'eux-mêmes et de leur foi une image dérisoire. Comparé au splendide dynamisme qui rayonnait des nouvelles métropoles, leur passé n'allait-il pas apparaître comme douteux avec ses généalogies de vieux patriarches ? Qu'allait-on penser de leur ascendance, et y verrait-on une lignée de truqueurs, de menteurs, de voleurs et de débauchés ? Certains épisodes ne risquaient-ils pas de donner de leurs ancêtres l'image d'êtres primitifs aux mœurs barbares, tel celui où Tamar tombe tout naturellement dans la prostitution après que Yahvé ait mis à mort ses deux époux, et qu'elle ait conçu deux fils de son beau-père, le patriarche Juda (Genèse, XXXVIII, 6) ? De nos jours, il est possible de juger ce passage à un autre niveau de lecture et de l'interpréter en termes socio-historiques (nécessité de la survie de l'espèce ou illustration des coutumes matrimoniales de l'époque) sans y voir la moindre leçon de morale à l'usage du monde d'aujourd'hui. Mais sans ce recul ? Et que dire de l'histoire de Jacob et Esaü dans laquelle Jacob, qui a volé des troupeaux, est épargné par la colère divine et tire même de son larcin une bonne source de profit ? Ou encore du destin comparé des deux frères ? Esaü, aimable bon à rien, se souciant comme d'une guigne de préserver les biens et la pureté de la tribu d'Abraham, et Jacob vu comme un véritable prédateur qui, non content de dépouiller son frère, va mettre toute son énergie à sauvegarder le patrimoine et le bien-être de sa seule famille. Ces anciennes histoires tournaient le plus souvent autour de questions concernant la pureté rituelle des Israélites et les modalités des rapports — permis ou non — entre Yahvé et son peuple élu. Si elles interpellaient fortement les Juifs pris dans le vécu quotidien des grandes villes cosmopolites, elles faisaient naître aussi en eux de douloureuses contradictions.

La légende qui entoure les circonstances dans lesquelles fut traduit le texte sacré est très belle : on raconte que, sur les ordres du roi ptolémaïque Philadelphe qui régnait alors à Alexandrie, soixante-douze érudits et docteurs — six descendants pour chacune des douze tribus — furent rassemblés pour entreprendre ce travail. On les isola sur un banc de sable du port. Chaque homme dans sa hutte n'avait pour le guider que l'inspiration divine ; comme Esdras autrefois, il ne pouvait compter que sur « la source de l'intelligence » pour illuminer son esprit. En soixante-douze jours exactement, les soixante-douze traductions étaient terminées et, miracle ! elles étaient toutes, en tout point, identiques. Ainsi naquit la fameuse *version des Septante* qui allait avoir une influence toute particulière sur les premiers chrétiens et sur le Nouveau Testament puisqu'elle fut, jusqu'au IVe siècle de notre ère, le seul texte de l'Ancien Testament utilisé dans l'Eglise chrétienne.

Le travail des traducteurs avait inévitablement apporté aux textes sacrés quelques modifications : ils avaient un peu perdu de leur saveur première et aussi de leur force. Contrairement aux langues écrites hébraïque et araméenne, le grec littéraire classique était enraciné dans l'art de la rhétorique et dans le discours philosophique. Les Grecs qui auraient cherché dans la lecture de la version des Septante de nouvelles définitions des notions de divin et de sacré se seraient très vite heurtés au casse-tête stylistique que devient toute transcription de textes provenant de traditions et de civilisations inconnues. Pourtant, ils s'y seraient parfois trouvés en pays de connaissance, car les visions mystiques des grands prophètes étaient rédigées dans une prose tout à fait familière aux membres de certaines sectes religieuses grecques qui, d'ailleurs, se trouvaient fort intrigués par le mot hébraïque utilisé pour désigner dieu. En effet, les textes sacrés nommaient la personne divine par quatre lettres : JHVE — que les Grecs appelaient le Tétragramme — dont la transcription phonétique donnait Yahvé, mot qui fut déformé par erreur dans la version écrite en anglais élisabéthain en Jéhovah. Dans la version des Septante, les traducteurs avaient remplacé ces quatre lettres par les deux caractères grecs IO ; cette juxtaposition de deux voyelles existait déjà dans le lexique des sectes mystiques et signifiait « le nom ineffable de l'essence divine ». Ainsi, par un simple avatar de l'énoncé, certains textes sacrés qui traitaient de sujets pratiques dans un style qui n'avait rien d'abstrait en vinrent à être considérés comme porteurs d'un savoir symbolique ou ésotérique d'origine mystérieuse, et dont chaque mot devait être décrypté, syllabe par syllabe, pour en exprimer le sens caché. Dans les grandes villes de lumière, les sectes religieuses des gentils et les communautés juives vivaient au coude à coude et, pendant les deux premiers siècles de l'ère chrétienne, leurs fidèles se montrèrent particulièrement réceptifs aux prédications des missionnaires chrétiens.

C'est la rencontre du judaïsme avec l'hellénisme qui fut à l'origine de la création des synagogues. Il n'en reste plus aucune de la période d'avant notre ère, mais il en existait pourtant déjà un certain nombre dans les métropoles hellénistiques si l'on en croit la tradition qui en compte plus de trois cents pour la seule ville d'Alexandrie. Le mot même de synagogue est d'origine grecque, et les Israélites n'avaient jamais encore entrepris de construire de tels lieux de culte dont la conception doit tout à l'hellénisme. La synagogue était un ouvrage d'architecture civique ; son plan comprenait une salle de conseil tout à fait classique, ou « basilica », où les anciens de la communauté tenaient leurs réunions et où l'on distribuait l'aumône aux pauvres. Les cérémonies de circoncisions et mariages y étaient célébrées selon le rituel le plus strict, et on y récitait solennellement les prières du sabbat ; les grands rouleaux des livres de la Loi occupaient la place d'honneur, au centre ; gardés sous clé, ils étaient lus et portés en procession dans les assemblées. La récitation publique et commentée du Pentateuque se faisait sur un cycle de trois ans et était confiée à des enseignants appelés rabbins qui devinrent les chefs spirituels de ces congrégations de la période grecque.

Bientôt, pour les communautés juives, les synagogues devinrent des lieux de ralliement. Au cours de leurs voyages, les Juifs de passage — tel Paul — étaient tout naturellement attirés vers l'endroit où leurs coreligionnaires se rencontraient et où l'on célébrait le culte dans le respect des traditions puisque les textes sacrés y étaient en bonne place. C'est en cela que l'on peut voir combien leur religion faisait des Juifs des citoyens à part dans les grandes cités hellénistiques. Comme toutes les sociétés de l'Antiquité, la société de ces villes était tolérante et accueillait à bras ouverts des croyances et des dieux venus d'ailleurs et très divers, alors que les Juifs se refusaient à tout compromis, car ils se savaient le peuple élu de Yahvé, Dieu jaloux. Dans les grandes métropoles à population cosmopolite, les Juifs étaient entourés de respect. Pour les Grecs, tous les étrangers étaient, bien sûr, des barbares, et les Juifs ne faisaient pas exception ; mais ils n'étaient pas tout à fait des barbares comme les autres, car ils avaient le goût de l'abstraction et plaçaient le débat d'idées au-dessus de tout, ce qui leur donnait quelque affinité avec le mode de penser grec. Les Juifs étaient donc considérés par les Grecs comme des philosophes, philosophes certes barbares mais respectables en tant que penseurs. A cette admission, se limitait le seuil de tolérance des Grecs à l'égard des Juifs.

La population des villes de lumière percevait bien l'altérité des Juifs, mais ne voyait en elle aucune menace. On acceptait qu'ils ne travaillent pas le jour du sabbat — qu'ils soient esclaves ou grands négociants familiers de la cour —, on savait qu'il leur était impossible de vénérer, à l'égal de Dieu, tout être humain — qu'il s'agisse d'Alexandre ou des empereurs romains qui régnèrent ensuite sur le monde hellénistique. Les Juifs eux-mêmes avaient fini par trouver leur place et leur équilibre dans ces grandes métropoles peuplées d'impies ; ils coulaient des jours paisibles à l'abri de leurs belles murailles, tout en respectant la Loi de Yahvé qui leur interdisait de devenir membres à part entière de l'étincelante société au milieu de laquelle ils évoluaient. C'est ainsi que les Juifs ne pénétraient jamais dans ces grands centres de loisirs urbains qu'étaient les gymnases, véritables temples dédiés au culte du corps humain.

Toutes les villes hellénistiques possédaient leur gymnase. Ceux des plus grandes métropoles — Alexandrie ou Ephèse — étendaient leurs bains et leurs palestres sur de vastes périmètres. Déjà, la statuaire des lieux publics avec ses colosses de marbre sculptés dans le plus pur style de la Grèce classique offrait une perpétuelle célébration de l'homme idéal : un corps en parfaite condition physique symbolisant la sagesse et la force virile de l'esprit qui l'habitait. Ces statues accordaient leur gigantisme aux nouvelles normes d'urbanisme et résumaient tout le message de l'hellénisme. Si écoles et bibliothèques dispensaient l'enseignement qui rend l'intelligence humaine souple et déliée, le gymnase, qui tenait dans la vie grecque une place très importante, prenait soin du corps grâce à un personnel d'athlètes professionnels. Toutes classes sociales confondues dans la nudité, les hommes libres allaient s'y entraîner, puis ils se baignaient dans les grandes piscines de marbre si caractéristiques des civilisations gréco-romaines qu'on devine leur importance en termes de vie sociale. Pour qui voulait faire carrière et connaître la réussite, il était indispensable de se montrer au gymnase et d'y faire ses preuves. C'est au gymnase de Macédoine que l'armée d'Alexandre avait suivi son entraînement. Là, dès l'enfance, l'empereur et ses généraux avaient fait leurs classes, appris l'art de la guerre dans un compagnonnage viril qui allait leur permettre d'emmener leurs armées de Macédoine jusqu'en Inde et de conquérir Babylone, comme en se jouant, sur la route du retour. Mais, dans les prospères cités hellénistiques, les gymnases ressemblaient plus à de luxueux clubs privés qu'à des camps d'entraînement et, en leur centre, se dressaient, dans des sanctuaires desservis par des officiants appointés, les statues des empereurs et princes divinisés qui formaient, en quelque sorte, le « gratin » d'une société urbaine fort raffinée. A l'extérieur, sur le terrain d'exercices — ou palestre —, devant le public des notables de la ville qui, à la façon d'un jury, donnait des notes, les hommes libres paradaient, s'affichaient, rivalisaient d'adresse, sachant que leurs qualités de caractère autant que leur prestance étaient sous jugement. On organisait parfois des compétitions entre amateurs et athlètes professionnels, sous le regard critique des anciens qui se retrouvaient là pour deviser de bonne compagnie.

Lentement, sournoisement, les sortilèges de l'hellénisme sapaient les valeurs essentielles du judaïsme. Moins d'un siècle après la mort d'Alexandre, les Juifs installés dans les grandes villes de lumière étaient déjà très nombreux. Peu à peu, ils échappaient à l'influence des traditions inscrites dans les Lois sacrées, ils s'hellénisaient, renchérissant en ardeur et en ambition sur les peuples voisins impies dans l'espoir de participer à la prospérité que promettaient les métropoles cosmopolites. Pris en tenaille entre la rigoureuse observance de leur antique foi et les tentations dont l'époque était pleine, le judaïsme était en proie à de multiples pressions. Il fallait choisir entre deux mondes. D'abord, on crut à une possible et chaleureuse coexistence mais, après des siècles de compromis furtifs et de révisions — comme il se doit — déchirantes, vint le dramatique moment du rejet. La réaction amena une fracture totale. Cette période d'aversion et de refus coïncide avec les années de la vie de Jésus. C'est également celle où l'Ancien Testament a pris la forme dans laquelle il est finalement parvenu jusqu'à nous.

Hérode et l'hellénisme

Telle une hydre menaçante, l'hellénisme rôdait encore aux portes de Jérusalem au IIIe siècle avant Jésus-Christ, assiégeant la ville et son grand Temple à Yahvé nouvellement reconstruit. En 332 avant Jésus-Christ, un an avant qu'il ne soit venu à bout de l'Empire perse, Alexandre avait conquis la Palestine. Deux siècles plus tard, la tradition rapporte que le grand prêtre qui était — du moins en titre — la plus haute autorité d'Israël depuis le retour d'exil, n'hésitait pas à écourter la liturgie vespérale pour permettre aux officiants d'assister aux manifestations sportives qui, dès le crépuscule, se déroulaient dans l'enceinte du gymnase. Dans un autre pays, à la même époque, sous le règne d'un monarque syrien descendant d'une dynastie fondée par l'un des généraux d'Alexandre, il était de notoriété publique que la fonction de grand prêtre était mise à l'encan et allait au plus offrant. Les deux livres des Maccabées[1], ouvrages judaïques mais écrits directement en grec et qui montrent la lucidité et l'objectivité de la

1. *Cf.* note, p. 188.

grande tradition historique hellénique, font la chronique de cette peu glorieuse époque. Ils racontent le pillage du temple de Zorobabel et de ses trésors, les complots, les guerres et aussi les terribles souffrances causées par l'édit du roi syrien Antiochus Epiphane, en 168 après Jésus-Christ, lorsqu'il interdit aux Juifs toute pratique religieuse. Ses généraux firent brûler les rouleaux des manuscrits sacrés, bannirent la circoncision et la célébration du sabbat, et placèrent dans le Temple un autel pour les cultes païens, faisant du sanctuaire le lieu des rites de prostitution. Une vague d'indignation qui surprit les Syriens par son exceptionnelle violence souleva la population. Déjà le peuple avait mal supporté de voir les prêtres de Jérusalem glisser peu à peu vers l'hellénisme et, lorsque Judas Maccabée, fils de Mattathias, paysan d'une petite bourgade des environs de Jérusalem, égorgea un Juif et un officier syrien qui étaient venus ensemble déposer des offrandes au roi de Syrie sur un autel païen, l'émeute éclata puis dégénéra en guerres interminables où périrent les cinq fils de Mattathias.

Durant tout un siècle, les Maccabées réussirent à imposer leur propre dynastie de rois prêtres qui, de Jérusalem, gouvernèrent la Judée d'une poigne de fer, repoussant les Syriens aux frontières et rétablissant l'antique Loi sacrée. A nouveau, comme aux jours de David, l'obéissance à la Loi de Yahvé était devenue le meilleur rempart de la nation contre la défaite et l'oppression. Loi dure, certes, mais qui représentait pour les enfants d'Israël le seul espoir de salut. On pourrait, bien sûr, donner de ces événements une version différente et dire que, si les Syriens ont fini par perdre la Judée, c'est à cause de la faiblesse de leur dynastie régnante et des sordides guerres intestines dans lesquelles s'émiettait leur force. Ce que l'on peut affirmer avec certitude, c'est que tous les soulèvements qui déchiraient alors le Proche-Orient desservaient les intérêts d'un grand pouvoir qui ne cessait de s'affirmer, celui de Rome. Rome que courtisaient tous les ennemis de la Judée, les Syriens comme les Egyptiens, et même les pieux rois Maccabées. Personne ne semblait comprendre combien la puissance romaine était impitoyable dans son égocentrisme. Les Romains gouvernaient avec arrogance et ils n'avaient pas le doigté des souverains hellénistiques. Au cours de grandes manœuvres, on raconte qu'un roi syrien avait demandé une marge de réflexion pour examiner les ordres du sénat romain ; le général Pompilius Laenus traça alors un cercle sur le sol autour de lui et dit au Syrien de prendre sa décision avant qu'il n'en puisse franchir les limites. Avec Rome, l'Orient allait connaître un ordre nouveau.

L'architecte romain Vitruve (Marcus Vitruvius) écrivait : « Pour faire le plan d'un théâtre, voici comment procéder : trouver l'endroit qui doit en être le point central ; décrire à partir de ce point la circonférence qui donnera la superficie du théâtre en sa partie inférieure ; inscrire dans cette circonférence quatre triangles équilatéraux et équidistants, à la manière dont les astrologues procèdent pour relier les figures du zodiaque ; tenir compte que le théâtre romain doit être plus profond que le théâtre grec, car nos acteurs évoluent sur tout l'espace scénique et l'aire de l'orchestre doit également accommoder les places réservées aux sénateurs. » Dans l'Empire romain, comme en Grèce, le théâtre était un des hauts lieux de la vie urbaine, et Vitruve exigeait en outre qu'on lui donne un emplacement climatiquement privilégié, car, disait-il, « tandis que la pièce se déroule, l'attention des spectateurs est rivée sur la scène ; leur corps est immobile et le plaisir dilate leurs pores qui sont ainsi ouverts à toutes les brises balsamiques ».

Sur la côte de Palestine, le théâtre de Césarée est construit en bordure de mer. S'ils trouvaient la pièce un peu longue, les spectateurs avaient tout loisir, sans quitter leur place, de contempler les gigantesques installations portuaires, œuvres des ingénieurs romains, et de regarder le mouvement des navires impériaux venus d'Afrique, d'Asie et d'Europe avec leur cargaisons et leurs passagers, militaires ou fonctionnaires. Césarée était la capitale d'Hérode, prince d'Idumée, province du sud de la Judée. Les Romains lui avaient conféré le titre de roi des Juifs, lui laissant le soin d'affirmer peu à peu son pouvoir. Ce qu'il fit. Triomphant d'abord des derniers descendants des Maccabées, il s'empara de la Judée qui était leur royaume, puis il annexa la Samarie, la Galilée et une partie de la Syrie. Hérode avait commencé par soutenir le parti de Marc Antoine — il avait même toléré Cléopâtre ! — mais il se rallia fort habilement à Auguste, le futur empereur, qui le récompensa en mettant d'autres villes sous son autorité, d'autres provinces sous son gouvernement. Hérode servait d'agent recruteur pour les armées romaines en Orient, et il sut toujours combler les césars romains de prébendes et de flatteries au point d'être, avec deux d'entre eux, sur un pied d'amitié. En plein centre de Césarée, se dressait un temple dont la masse blanche se voyait de très loin lorsqu'on arrivait par la mer. Hérode l'avait dédié à César et à Rome qui avaient toujours veillé à mettre du beurre dans ses épinards royaux ! Comme la plupart de ses sujets, Hérode était juif, ses ancêtres ayant été convertis de force à l'époque des guerres des Maccabées, mais, contrairement à son peuple, il était convaincu d'assurer la prospérité de la nation en adoptant un mode de vie hellénistique et en soutenant la cause romaine. Dans son palais de Césarée, il aimait à se donner les airs de tout souverain hellénisé : il portait de riches tuniques de soie, se paraît de bijoux, et ses écuries étaient remplies des plus beaux chevaux arabes ; au milieu des déserts, il s'était fait construire une douzaine de palais de style corinthien qui devaient combler les fantasmes les plus échevelés du guerrier aussi féroce que retors qu'il était. Lorsqu'il venait à Jérusalem, il veillait à changer quelque peu son mode de vie pour l'accorder à l'atmosphère de la Ville sainte et savait se montrer juif dévôt, zélé et sourcilleux du respect des Lois de Yahvé.

En l'an 15 de notre ère, Hérode fit une proclamation que rapporte en ces termes l'historien Josèphe : « Avec le secours de Dieu, j'ai réussi à exalter la nation, à l'amener à un état de bonheur comme elle n'en avait jamais connu... Nos pères, à leur retour de Babylone, ont en vérité construit ce Temple dédié à notre Tout-Puissant Seigneur, mais il s'en faut encore de soixante coudées pour qu'il atteigne les dimensions requises, sans qu'on puisse accuser quiconque de négligence ou de tiédeur religieuse. Si nos pères n'ont pu terminer l'œuvre entreprise, il m'incombe à moi qui suis, de par la volonté de Dieu, votre gouverneur, et qui ai fait régner une paix durable, à moi qui jouis de la considération de tous et de la plus haute faveur auprès des Romains qui sont — il faut bien l'admettre — les maîtres de l'univers, à moi donc de prendre énergiquement la relève [...] et de remercier Dieu par un acte de piété pour avoir fait pleuvoir ses bénédictions sur mon royaume en achevant son Temple, tâche que je m'efforcerai de mener à terme... »

A Balbek, à Palmyre, les nations voisines de la Judée célébraient les cultes de leurs antiques religions dans des temples qui s'inspiraient du nouveau style hellénistique, et voilà qu'Hérode voulait imposer cette mode à la religion juive ! C'en était trop pour les prêtres de Jérusalem qui craignaient qu'une fois démoli, le Temple datant de Zorobabel fût remplacé par un sanctuaire qui, n'étant pas conforme aux prescriptions de la Loi sacrée, risquerait d'être inutilisable. Mais Hérode sut rassurer les prêtres ; avec des trésors de tact, de fermeté, et aussi d'argent largement puisé dans les coffres de l'Etat, il arriva peu à peu à accorder son projet avec toutes les exigences de la Loi. A la stupéfaction générale, en dix ans, l'énorme chantier fut terminé. Au sommet du mont Moriah, à l'endroit même où Isaac avait offert son fils en sacrifice et où David avait jeté le plan du premier Temple, les architectes et les ingénieurs d'Hérode avaient érigé la masse imposante de blancheur d'une citadelle hellénistique. Encadrant le sommet de la colline, se dressait un formidable rectangle dont la superficie faisait le double du terre-plein construit à l'époque persique. Les murs de ce rectangle étaient « de pierres massives, blanches et de vingt-cinq coudées chacune », soit douze mètres. Au centre, se trouvait le nouveau Temple de Yahvé qui correspondait en tout point aux canons de la Loi de Moïse et aux grandioses visions des prophètes. Enorme cube (de proportions semblables à celles de la Ka'ba de La Mecque) recouvert de feuilles d'or que le soleil faisait étinceler, il détachait sa splendeur de très loin sur l'horizon. Le cœur du Temple était le saint des saints, sanctuaire à Yahvé dont les prêtres en personne avaient assuré la construction, lieu si sacré qu'Hérode lui-même n'y pénétra jamais.

Autour du Temple, en longues enfilades, s'ouvraient d'immenses cours dont la décoration dans le plus pur style corinthien alignait des puissantes colonnades qui étaient tout à fait dans le goût des grands monuments romains et des civilisations hellénistiques orientales. Pour aller faire leurs dévotions aux parvis du Temple, les fidèles gravissaient des rues en pente et de majestueuses volées de marche. Ligne de démarcation entre la ville profane et la colline sainte, un pont de pierre jetait sur la vallée l'impressionnante procession de ses arches. On avait suivi jusque dans leurs moindres détails les instructions de la Loi sacrée. Le génie cosmopolite de l'hellénisme conjugué à l'art des ingénieurs romains avait donné à un Dieu vénérable une demeure où la tradition s'alliait avec le goût de l'époque. Le Temple de Jérusalem était le triomphe de la rencontre de deux cultures, mais également le symbole de la corde raide sur laquelle Hérode, sa vie durant, joua sa réputation de funambule...

La Judée sous domination romaine

Quelles étaient les réactions du peuple devant cette invasion de l'hellénisme triomphant ? Il n'existe aucune preuve que le nouveau style d'architecture ait le moins du monde choqué. La culture urbanisée de villes comme Jérusalem s'était si bien adaptée au cosmopolitanisme ambiant, elle en était tellement pénétrée, que les monuments plus anciens et de facture moins recherchée étaient en déshérence. Maintenant, au jour du sabbat, les Juifs fréquentaient des synagogues conçues sur le modèle des salles de conseil à la grecque dont la décoration se devait d'inclure le classique péristyle. Dans les siècles qui suivirent le règne d'Hérode, il arriva même que les images de la ménora — grand chandelier à sept branches — fussent entourées de somptueuses feuilles d'acanthe ciselées sur les chapiteaux de colonnes corinthiennes. On trouvait les quatre plantes traditionnelles des fêtes juives : myrte, tamaris, saule et cédrat, dans les entrelacs des motifs de frises de marbre à la manière hellénistique. Il existe même une frise provenant d'une synagogue montrant une représentation de l'Arche, c'est-à-dire du coffret qui contenait les manuscrits sacrés. Dans cette image, la seule de ce type à être parvenue jusqu'à nous, l'artiste a fait de l'Arche un petit chariot monté sur roulettes. D'anciens signes magiques, telles les étoiles à six pointes, dites de David, et celles à cinq pointes, dites de Salomon, étaient parfois mêlés à des motifs décoratifs d'inspiration grecque. Le monde classique avait imposé des formes plastiques que le peuple de Judée acceptait parfaitement alors que l'enseignement des rabbins et des docteurs de la Loi dans les synagogues dénonçait bien haut la civilisation qui les avait produites et le mode de vie qui les accompagnait. « En matière de sainteté, déclarait un rabbin, aucune dérogation n'est licite », et la langue hébraïque, celle des textes sacrés, était la seule pratiquée dans les cérémonies du culte alors que, dans la Judée romaine, le parler populaire — l'araméen avec toutes ses variantes dialectales dont certaines fortement patoisantes — dominait. Il fallait donc rendre les textes sacrés accessibles et, pour cela, les transcrire en langue vernaculaire ; des rabbins, linguistes chevronnés, se mirent à l'œuvre, et leurs traductions, ou *targums* [1], jouirent d'une large audience. Hors de la Judée, dans les communautés juives des villes de l'Empire romain, c'était toujours le texte grec de la version des Septante et ses traductions en latin qui faisaient autorité. Malgré tous les efforts des traducteurs, la langue hébraïque restait la seule vraie langue de la foi ; les érudits dont la vie était tout entière consacrée à l'étude des textes saints, et qui guidaient les fidèles dans tous les dédales de leurs applications pratiques, ne les utilisaient que dans leur version hébraïque. Ces savants docteurs s'étant longuement penchés sur l'histoire d'Israël donnée par les livres les plus anciens de la Bible, quoi de plus normal qu'ils en aient dégagé la principale leçon : la Loi devait être observée dans toute sa rigueur. Et ils citaient en exemple le court règne du petit-fils d'Hérode, Agrippa (41-44 ap. J.-C.) qui avait voué au Temple et au service de la foi le meilleur de ses forces et de ses ressources. De son temps, disait-on, les grains de blé étaient aussi gros que des pièces de monnaie et les fèves aussi larges qu'un poing ! Les prêtres conservaient à Jérusalem des échantillons de ces récoltes miraculeuses qu'ils exhibaient pour bien montrer qu'une stricte obéissance à la Loi pouvait rapporter gros... même si le pieux Agrippa avait fini par être « frappé de la main de Dieu » pour s'être fait diviniser en grand apparat devant le public émerveillé de l'amphithéâtre romain de Césarée...

La présence romaine affirmait son pouvoir sur tout le

1. Ou *targumin*.

territoire de la Judée, et l'hellénisme investissait peu à peu tous les aspects de la vie. Situation d'urgence qui exigeait que les commandements des textes sacrés prennent une forme toujours plus contraignante et soient donc impérativement étudiés et commentés par des spécialistes. Dans le Nouveau Testament, les Evangiles donnent maints exemples de la façon dont Jésus débattait des nouvelles interprétations de la Loi dans une société désormais totalement hellénisée. Ces mêmes questions préoccupaient les rabbins de Jérusalem qui fondèrent des écoles dans le seul but de les élucider ; ils inventèrent une nouvelle discipline, une sorte d'exégèse qui jaugeait tous les actes de la vie quotidienne à la seule lumière des textes sacrés. Cependant la majorité des Judéens estimaient que les prêtres du Temple avaient été gagnés par l'hellénisation — ne portaient-ils pas des noms grecs ? Ne vivaient-ils pas à la grecque dans un splendide isolement ? — et sombraient dans la corruption. Les plus zélés des croyants dénonçaient leur indolence, leurs mœurs dissolues, et les accusaient de faire barrage à toute propagation de la foi. Dans toute la Judée, couvaient de formidables tensions, et les commentaires des textes sacrés de cette époque en portent la marque : leur contenu est lourd de non-dit ou de références obliques aux événements contemporains ; il parle de combats à venir entre les fidèles serviteurs de Dieu et les impies, et parfois même fait allusion à la venue d'un Messie qui viendra libérer son peuple élu, quand le ton ne se fait pas carrément prophétique pour annoncer la fin du monde au son de la dernière trompette.

Tous ces écrits martèlent le même message : le compromis avec la Loi est impossible ; il n'y a qu'un seul vrai Temple et un seul vrai Dieu ; sous aucun prétexte, ce Dieu ne peut être confondu avec l'empereur de Rome ; dévier de cette ligne est la plus grave des fautes. Pour les Romains, le pouvoir impérial et la religion étaient en quelque sorte liés, et nier la sacralité de l'Empire revenait à nier son existence. La majorité des nations orientales acceptait de fort bon gré et les empereurs romains et leurs dieux. Les Juifs, au contraire, les rejetaient en bloc. Si Hérode avait réussi à maintenir un équilibre précaire et toujours menacé entre Rome et la Judée, c'était en grande partie grâce à son génie du compromis ; il avait toujours su donner les quelques signes extérieurs de soumission sur lesquels les Romains ne transigeaient pas. Au Temple, par exemple, on faisait tous les jours des offrandes à Yahvé au nom de l'empereur, et quand, en l'an 66 de l'ère chrétienne, les prêtres refusèrent cette pratique, les Romains y virent fort justement un acte de rébellion bien plus ouverte et bien plus grave que toute émeute populaire en ville ou toute jacquerie.

Pendant les travaux de construction du nouveau Temple, Hérode avait fait sculpter un fronton massif : l'aigle de Rome déployait ses ailes au-dessus du grand portail d'entrée. Les Juifs les plus pieux avaient été profondément choqués par cette audace blasphématoire. Bien des années plus tard, alors qu'Hérode agonisait dans la solitude de son palais de Jéricho, en plein désert, les fidèles firent abattre ce fronton. Hérode apprit la nouvelle. Bien qu'à l'article de la mort, l'énergie qui l'avait si longtemps maintenu à la tête de la nation n'était chez lui aucunement affaiblie ; il fit brûler vif tous les coupables parmi lesquels se trouvaient deux rabbins et exécuter l'un de ses fils qui semblait avoir quelque peu trempé dans cette affaire qui était clairement une insulte pour le pouvoir romain. Il mourut cinq jours plus tard, mais non sans avoir donné l'ordre de mettre à mort un certain nombre de notables de la ville de Jérusalem pour qu'au jour de ses funérailles dans la cité sainte les manifestations de deuil retentissent d'une douleur authentique. Sa sœur Salomé fit libérer les condamnés, et le roi des Juifs fut enterré dans le plus grand secret sans que personne n'ait à le pleurer. Ces événements se passaient sept ans avant la naissance de Jésus de Nazareth. Les années qui suivirent la mort d'Hérode virent ses descendants se déchirer le pouvoir, multiplier les complots et les meurtres, pour finir, soit dans l'oubli, soit en exil, et Rome confia le gouvernement de la Judée à ses propres fonctionnaires. Le pays devint donc une province de troisième ordre de l'Empire romain, sous la férule de bureaucrates de petite envergure qui ne se souciaient ni de comprendre la situation du peuple ni de compatir à son sort. Cependant, la politique de la Rome impériale — semblable en cela à celle de certaines grandes puissances colonisatrices d'époques récentes — avait ses bons côtés et ne faisait pas de la répression systématique une méthode de gouvernement. Le pouvoir romain prenait parfois des décisions ponctuelles assez aberrantes, mais il préférait toujours préserver ses intérêts, même au prix d'une certaine modération. Mieux valait gouverner des villes prospères que des ruines fumantes ! Aussi longtemps que la souveraineté de Rome n'était pas remise en cause, les peuples conquis pouvaient plus ou moins vivre comme bon leur semblait.

Devant les problèmes religieux de la Judée, les Romains souhaitaient garder un profil bas. Ils respectaient la foi des Juifs, et leurs annales rapportent que, lorsque leurs soldats commettaient des actes qui portaient offense au judaïsme, ces derniers étaient mutés ou même punis de mort. Pendant les grandes manœuvres, les légions romaines faisaient un détour, évitant la Judée pour que les étendards sacrés qui déployaient les portraits des empereurs ne soient pas paradés en territoire juif. A l'exception de Caligula qui, dans sa folie, avait exigé d'avoir sa propre statue dans le Temple de Jérusalem, et qui faillit ainsi provoquer l'émeute, les Césars romains n'érigèrent en Judée ni statues, ni temples, et, par mesure exceptionnelle, la monnaie de la province ne fut jamais frappée du profil impérial.

La présence romaine était cependant une pression

constante, et il était inévitable que les Judéens en arrivent à trouver avec l'ordre impérial toutes sortes d'accommodements. Les docteurs de la Loi en étaient bien conscients, et leurs interprétations des textes sacrés devenaient dès lors de plus en plus détaillées, se chargeant d'une autorité toujours plus forte. Certains allaient jusqu'à dire que, hormis la terre sainte d'Israël, tout autre sol était impur, que tout contact avec ce monde étranger fait de souillures et abominations devait être rituellement interdit. La personne même des gentils était impure et communiquait son impureté à tout ce qu'elle touchait : produits manufacturés, récoltes, animaux. La moindre vétille était prétexte à des débats interminables et passionnés. Du pain cuit, par inadvertance, dans un four chauffé de bois fourni par des bûcherons non-juifs pouvait-il vraiment être considéré comme pur ? Et si le tisserand utilisait une navette taillée dans un bois autre que local, le tissu qui sortait de son métier était-il pur ? A toutes ces questions, les anciens textes sacrés n'apportaient pas de réponse, et les savants docteurs devaient en passer le contenu au peigne fin en quête d'allusions, de précédents, d'indices, car tout laxisme aurait entraîné des catastrophes en chaîne. Sur ce point-là, du moins, l'histoire passée d'Israël rapportée au fil des pages des livres des Chroniques et des Rois ne laissait planer aucune ambiguïté.

Pendant toute l'époque où la Judée et la Galilée furent gouvernées par des fonctionnaires romains de bas niveau et de compétence médiocre, grandissait dans ces provinces la conviction que l'observance rigoureuse de la Loi, l'obéissance aveugle au moindre de ses commandements étaient le seul antidote au malheur. Grâce à elles, une victoire des troupes juives contre les légions romaines devenait possible. En cas de défaite, les combattants n'auraient qu'à battre leur coulpe, tout revers étant dû à des manquements — conscients ou non — à la Loi. La caste des prêtres qui vivaient dans l'aisance, des négociants et des princes de Judée, n'ignorait rien de la puissance romaine et n'acceptait ni cette lecture au premier degré des textes sacrés, ni les contraintes qui en découlaient. Certes, ils accomplissaient scrupuleusement leurs devoirs religieux en privé mais, dans la vie publique, ils savaient ménager leur image. Ainsi, à l'époque d'Hérode, il y avait un gouffre entre les tenants d'une orthodoxie conservatrice et les citadins hellénisés dont beaucoup s'étaient enrichis dans le commerce avec le monde hellénistique. Un prédicateur très populaire, originaire de la province du nord, Jean Baptiste, avait été décapité pour avoir dénoncé le mariage impur et illégal d'un prince de Galilée, et nul doute que les propos de Jésus de Nazareth n'aient souvent été perçus comme des appels au nationalisme avec leur vibrante exhortation à la pureté et à la ferveur religieuse. Il y a, dans les Evangiles, de nombreux passages qui soulignent les contradictions entre la culture hellénique et la perception que les Juifs avaient de leur religion. Jésus, prédicateur itinérant, a dû passer sous le fronton déployant l'aigle romaine, véritable blasphème de pierre érigé par Hérode, lorsqu'il a pénétré dans le Temple de Jérusalem pour en chasser les « vendeurs » protégés par des prêtres corrompus par l'hellénisme. Dans son ensemble, le peuple de Judée n'avait que mépris pour les Romains ainsi que pour les Juifs des castes privilégiées qu'il jugeait avec une égale sévérité. Il estimait que la présence de tous ces impies faisait obstacle à l'idéal de pureté des enfants d'Israël et les séparait de Yahvé, leur Seigneur.

Le voile déchiré

Aujourd'hui, il ne reste plus rien du grand Temple d'Hérode mais, en pénétrant dans les grandes cours carrées ceinturées de colonnades, après avoir gravi les marches qui y conduisent, il semble qu'on arrive à percer quelque peu les secrets de son histoire. D'abord, ces degrés polis par le passage de tant de pieds chaussés de sandales datent bien du temps d'Hérode ; ce sont les derniers d'une longue volée de marches par laquelle on accédait aux parvis ; là, les rabbins rassemblaient leurs disciples avant de se diriger vers les cours où ils dispensaient leur enseignement, à la manière des grands sages de la Grèce, sous les splendides arcades. Ces marches, Jésus les a gravies lorsqu'il monta au Temple, le jour, par exemple, où il renversa les tables des changeurs d'argent. C'était là, en effet, qu'on échangeait les pièces romaines avec leurs gravures païennes contre la monnaie locale, seule acceptable pour que l'achat des animaux à sacrifier soit conforme au rituel de pureté.

On peut distinguer la découpe des grands portails d'entrée du Temple dans le mur ouest qui surplombe les marches, mais la partie supérieure de l'escalier est obstruée par d'énormes blocs de pierre qui forment le soubassement de la mosquée el-Aqsa ; il conduisait autrefois à une immense cour. De là, on devait voir le contre-mur de l'enceinte du Temple où des écriteaux indiquaient aux gentils, dans toutes les langues, les limites à ne pas franchir, sauf à leurs risques et périls. De toute cette partie du bâtiment, il ne reste rien ; les seuls vestiges du grand Temple d'Hérode sont les tunnels d'accès souterrains, les murailles soutenant la grande plate-forme et le tracé des portails murés au sommet des marches. La superbe corniche qui décore le portail nord doit dater des débuts de la période byzantine ou peut-être même de l'époque islamique. Au-dessus des trois rangées de pierres qui dominent la corniche, on peut voir, encastré à l'envers en pleine muraille, le socle d'une statue romaine portant une inscription en l'honneur de l'empereur Hadrien. Au deuxième siècle de l'ère chrétienne, les Juifs avaient été bannis de Jérusalem ; on leur avait même interdit, sous peine de mort, de porter leur regard sur la ville. Le Temple de Yahvé avait été effacé de la surface de la terre, la cité sainte n'était plus qu'un amas de décombres et de cendres et, en grande cérémonie, les prêtres de Rome en avaient fait retourner le sol à la charrue. Débaptisée par décret impérial, Jérusalem s'appelait désormais Ælia Capitolina et servait de garnison à une légion. Le socle de la statue d'Hadrien provient du temple construit pour ces légionnaires. Toute la dramatique histoire du grand Temple est contenue dans ce cube de pierre aux tons de cuivre patiné.

Le grand Temple d'Hérode avait pourtant connu son heure de gloire ; pendant quelques années, ses ors avaient brasillé sur l'horizon, ses prêtres avaient honoré Yahvé par leurs offrandes rituelles dans le sanctuaire. Mais voilà que les Romains avaient lancé une offensive dans l'est de la Judée, et les habitants de la province durent payer les lourds impôts qui finançaient cette campagne. En outre, la guerre mettait fin aux fructueux échanges commerciaux qui formaient les principales ressources de toutes les civilisations hellénistiques. Ecrasées sous les extorsions des percepteurs de l'Empire, poussées à bout par l'incompétence de ses fonctionnaires, les provinces orientales commençaient à gronder. En Judée, même la caste des grands négociants et des prêtres se détachait peu à peu du pouvoir en place ; quant à la population, elle s'était trop longtemps lamentée des outrages blasphématoires des occupants pour ne pas faire cause commune avec ses notables que la crise économique avait fait revenir à plus de ferveur religieuse. Trente ans après la crucifixion de Jésus, éclata une révolte qui ne surprit vraiment que les Romains : en refusant d'accepter de consacrer les offrandes faites chaque jour au nom de César, les prêtres firent jaillir l'étincelle qui embrasa tout le pays. Les Romains avaient laissé en Galilée et en Judée des garnisons assez réduites, ce qui donna aux dirigeants juifs une appréciable marge de temps pour organiser la défense avant que l'ennemi ne déclanchât l'offensive. A Flavius Josèphe, noble de Jérusalem, et qui se fit ensuite le minutieux chroniqueur de la longue guerre qui s'annonçait, on confia le système défensif de tout le nord de la province de Galilée. Tout ce que l'on sait aujourd'hui des terribles événements qui allaient se dérouler nous vient de son récit.

Josèphe avait pourtant déconseillé à ses compatriotes toute forme de révolte ; en donnant à cet intellectuel un rôle militaire de premier plan, les Juifs montraient bien qu'ils mettaient tous leurs espoirs dans le pouvoir de la foi soutenue par le savoir et le zèle religieux. Josèphe se retrouva bientôt au cœur même des hostilités, car, de la Syrie, l'armée romaine vint déferler sur la Galilée. Quelques places du nord avaient été solidement fortifiées et offrirent une farouche résistance, payant bravement le prix du sang, mais les factions juives étaient source de désunion parmi les combattants, si bien que Josèphe devait pratiquement mener le combat sur deux fronts. Blessé au cours d'un affrontement, l'ennemi le traqua dans une caverne où il s'était réfugié avec quelques compagnons. Ils avaient décidé un suicide collectif, mais, à la dernière minute, Josèphe revint sur sa décision de mourir ; fait prisonnier, il comparut enchaîné devant l'empereur Vespasien qui, séduit par le personnage, décida de le garder à ses côtés en Judée pendant tout le reste de la campagne et, à la fin de la guerre, lui offrit un domaine à Rome, largesse qu'il assortit d'une pension. Au cours des siècles, les historiens ont été quasiment unanimes à condamner ce qu'ils jugeaient être de la part de Josèphe un acte de soumission impardonnable. Quand le fils de Vespasien, Titus, arriva avec ses légions devant les murailles de Jérusalem, la ville était défendue par des forces importantes constituées des diverses factions auxquelles étaient venus s'ajouter bon nombre d'officiers qui avaient servi sous les ordres de Josèphe. Mais les luttes intestines entre ces défenseurs étaient d'une telle férocité que les Romains se contentèrent d'établir leurs campements sous les murailles et d'attendre. Dans la cité assiégée, les combats de rues, les actes de violence faisaient régner un climat de terreur. Six mois passèrent, ponctués de meurtres, de famines, de prises de pouvoir par les extrémistes. Enfin, les Romains donnèrent l'assaut : ils avaient dressé contre les murailles de hautes tours et dirigeaient les projectiles de leurs catapultes contre la butte du Temple qui devait être incendiée pendant les combats. Les chefs juifs s'étaient réfugiés dans les grottes au-dessous de la forteresse. Méthodiquement, l'armée romaine investit la ville et la mit à sac.

En 1967, à la suite d'une autre guerre qui avait dévasté les mêmes rangées de collines, les fouilles israéliennes, en déblayant des ruines encore fraîches, mirent au jour des cendres et des décombres datant du sac de Jérusalem par les Romains en l'an 70 de notre ère. Dans les vestiges de la demeure de Kathros, un des riches prêtres du Temple, la cuisine portait encore les stigmates de ces lointains jours de violence : un épieu à pointe de fer posé contre un mur, un bras coupé conservé par la couche de cendres derrière une table renversée, et tous les ustensiles familiers, écuelles, pots, mortiers, pilons, brisés en mille morceaux...

Quand les troupes romaines eurent investi la colline du Temple, Titus — selon le récit de Josèphe — avait proposé aux derniers rebelles qui occupaient encore les remparts de se rendre sans d'ailleurs leur offrir la moindre brèche par où ils pourraient sortir. Devant la volonté des Juifs de se battre jusqu'au bout, Titus fit incendier toute la vallée située entre le Temple et la ville, lieu où les prêtres avaient leurs résidences. Il serait donc tentant de conclure que la maison de Kathros fut détruite au cours de cette opération, mais rien ne permet de l'affirmer. Il y avait eu tant d'affrontements entre factions opposées, tant de combats fratricides, que la maison du prêtre a tout aussi bien pu être dévastée au cours du siège. D'ailleurs, les grandes familles sacerdotales avaient piètre réputation ; on a retrouvé un texte qui accuse nommément un certain Kathros de vénalité, et il n'est pas invraisemblable qu'il ait été victime de la justice sommaire qu'exerçaient les chefs des rebelles juifs.

Après la chute de Jérusalem, Josèphe parcourut la ville dévastée, marcha parmi les ruines de ses rues. Sur la colline du Temple, il vit qu'on rassemblait des femmes et des enfants qui allaient être vendus en esclavage et il demanda et obtint la liberté de nombreux captifs qu'il connaissait personnellement. Lors d'une sortie avec la cavalerie romaine, il vit un lieu où l'on crucifiait des prisonniers par centaines ; les corps de certains de ses anciens amis pendaient déjà sur les croix. « Les larmes aux yeux, dit-il, je suppliai Titus ». L'empereur fit détacher les hommes que lui désignait Josèphe dont certains purent être ranimés par les médecins romains. Titus avait offert à Josèphe de choisir à son gré ce qu'il voulait dans le butin de la ville. Ainsi put-il faire affranchir ses amis et son frère ; pour lui-même il ne réclama rien sinon la permission d'emporter les Livres saints. Requête prophétique ! Providentielle même car la sauvegarde des textes sacrés était la préoccupation première de tous les intellectuels juifs qui avaient échappé au massacre. La capitale spirituelle du pays réduite en cendres, ses habitants crucifiés ou réduits en esclavage, que restait-il désormais de tout le passé d'Israël sinon la Loi et les Livres sacrés ? Grâce à ces textes, Josèphe et tous les savants docteurs rescapés de l'enfer allaient pouvoir continuer à travailler à la grande œuvre qui serait le mémorial de leur antique culture.

Les manuscrits de la mer Morte

Les écrits de Josèphe sont précieux car ils donnent une chronique détaillée de son époque ; d'autre part, son autobiographie expose bien le dilemme dans lequel se trouvaient les intellectuels juifs qui vivaient en Judée au premier siècle de notre ère pendant les années où se décidaient les derniers remaniements, les ultimes retouches, le choix définitif des textes qui allaient donner la Bible hébraïque, c'est-à-dire l'Ancien Testament. A l'âge de trente ans, Josèphe avait fait un premier voyage à Rome pour plaider en faveur de certains de ses amis qui étaient en prison. Il avait réussi à gagner à sa cause la courtisane Poppée — qu'il décrit comme « l'épouse de Néron, une personne très pieuse » — et à obtenir l'élargissement des captifs. Plus tard, quant il eut à faire face aux Romains, sur les champs de bataille de Galilée, il savait parfaitement que les effectifs des légions romaines représentaient une formidable machine de guerre. Respectueux du pouvoir de Rome et féru de culture classique, il restait cependant fidèle au patrimoine du pays de ses ancêtres et à ses Lois sacrées. Avant de se rendre à Rome, Josèphe avait passé trois années dans le désert de Judée en compagnie d'un ermite du nom de Bannus « qui ne se vêtait que de ce qui poussait sur les arbres, ne se nourrissait que de cueillette et se baignait à maintes reprises, de jour comme de nuit, dans l'eau froide des rivières pour pouvoir rester dans un état de chasteté ». On pourrait dire qu'entre les tentations hédonistes et aguichantes de Rome et les macérations d'une vie partagée avec un cénobite, le jeune Josèphe avait connu les deux extrêmes de ce que pouvait offrir la civilisation de son époque.

Né en Palestine aux environs de l'an 37 de notre ère, Josèphe était issu d'une famille noble et il avait reçu une excellente éducation ; encore adolescent, il lui arrivait d'être consulté par les docteurs sur quelque « point de la Loi ». Avant sa rencontre avec Bannus, il avait déjà « adhéré pour de courtes périodes à certaines sectes », telle celle des sadducéens parmi lesquels il avait des membres de sa famille et qui l'avaient guidé dans ses premières études. Les sadducéens formaient une caste aristocratique de prêtres à demi hellénisés qui administrait le Temple et gérait ses énormes ressources. Puis il avait suivi l'enseignement des pharisiens, docteurs et rabbins, qui s'étaient donné comme première tâche de décrypter les moindres détails de la Loi. A l'époque de Josèphe, leurs voix se faisaient entendre haut et fort, et ils mettaient les croyants sous obligation de la plus stricte observance. Josèphe avait également fréquenté une secte monacale, celle des esséniens regroupés en communautés purement masculines ; les esséniens, dans leur total respect de la Loi, évitaient autant que possible tout contact avec le monde profane, mais leur ferveur et leur ascétisme exerçaient sur les intellectuels et les écrivains de l'époque une sorte de magnétisme. L'historien romain Pline l'Ancien parle des esséniens avec enthousiasme : « Plus que toute autre communauté au monde, ils sont dignes de notre admiration... Ils vivent sans femme, sans argent, avec les palmiers pour toute compagnie. »

Cet enthousiasme allait se communiquer à certains spécialistes d'histoire des religions qui, au XVIIIe siècle, se demandaient si les esséniens n'avaient pas pratiqué une forme de protochristianisme. Un peu plus tard, Gibbon [1], dont la plume n'était jamais tendre, observait : « La mise en commun des biens, plaisante fantaisie qui avait déjà titillé l'imagination de Platon [...] est une idée qui a fait son chemin et on la retrouve dans la philosophie de la secte des austères esséniens. » Et il poursuivait, ajoutant que, dans les oasis perdues des déserts d'Egypte qui devaient devenir le berceau du monachisme chrétien, une communauté essénienne connue sous le nom de Theraputæ donnait « un très bon exemple de vie monastique primitive ». Au XIXe siècle — époque marquée par une

1. Edward Gibbon (1737-1794). Historien anglais, auteur du célèbre ouvrage *Histoire du déclin et de la chute de l'Empire romain*, publié en 1776. (Note du Trad.)

véritable passion de vouloir toujours remonter aux sources, celles des fleuves autant que celles de la vie de l'homme — on présenta souvent les esséniens comme des précurseurs du christianisme. Il est possible que Jean-Baptiste ou même Jésus aient reçu l'enseignement de cette secte qui demeure mystérieuse. Les seules preuves que détenaient les historiens du XIXe siècle sur l'existence des esséniens étaient quelques rares textes classiques, les mêmes qu'avait consultés Gibbon, quelque cent ans avant eux.

Les années 1940-1950 allaient arracher les esséniens aux ombres de leur passé et les projeter en pleine lumière avec la découverte du fabuleux trésor que constituent les manuscrits dits « de la mer Morte ». On pensa tout de suite que ces documents provenaient d'une de leurs communautés et on leur attribua, de ce fait, une place de premier plan dans l'histoire de la Bible. Il faut dire que tous les manuscrits de la mer Morte étaient d'une date antérieure au sac de Jérusalem et consistaient en grande partie de textes bibliques de mille ans plus anciens que tous ceux connus jusqu'alors. Le miracle de cette découverte était de permettre des écrits sacrés une lecture en version originale, vierge des innombrables retouches et remaniements que la main des copistes y avait apportés au cours des siècles.

Les manuscrits de la mer Morte promettaient donc une véritable révélation ; les premiers érudits à les examiner en détail proclamaient bien haut que ces nouveaux textes allaient bouleverser l'état présent des connaissances sur le judaïsme et la Bible, et qu'ils seraient l'occasion d'une remise en cause complète. Il fallut, avant toute autre chose, établir l'authenticité des manuscrits. Bientôt, le doute ne fut plus permis : il s'agissait bien de textes antiques originaux et non de simples copies. Mais comment découvrir leurs auteurs et leurs origines ? Provenaient-ils de la bibliothèque du temple de Jérusalem ?

Etaient-ils l'œuvre des pharisiens ou des sadducéens et, en ce cas, pouvait-on y déceler l'empreinte des courants d'idées qui avaient divisé ces deux factions, ou peut-être même d'autres influences, celle des énigmatiques esséniens, par exemple ? En résumé, allait-on pouvoir considérer les manuscrits de la mer Morte comme donnant des Saintes Ecritures une version orthodoxe ?

La plupart de ces manuscrits avaient été trouvés par des bergers bédouins et vendus par eux, fragment par fragment, à des archéologues israéliens et jordaniens. De ces fragments, il en existait des milliers ! Seuls, quatre manuscrits présentaient un texte à peu près intégral, quatre magnifiques rouleaux d'une belle épaisseur dont la peau de mouton montrait encore l'empreinte des mains savantes et vénérables qui les avaient roulés et déroulés quelque deux mille ans auparavant. La quasi-totalité des manuscrits découverts fut confiée à un des laboratoires de recherches de Jérusalem. Admis à les examiner, un visiteur a comparé leur aspect à celui de « feuilles d'automne qui seraient restées tout l'hiver sur le sol d'un sous-bois ». La mise bout à bout et le classement de ces fragments représentaient une entreprise colossale, un travail de méticuleuse érudition, de quoi occuper pendant des siècles toute une pléiade de chercheurs. En attendant leur verdict, les spéculations allaient bon train car la découverte était d'une importance majeure pour les juifs comme pour les chrétiens.

Outre des textes bibliques, les grottes de la mer Morte avaient également révélé quantité d'autres écrits. Les premiers à être déchiffrés contenaient une sorte de code, une kyrielle de règles de vie destinées à une communauté juive et assorties de protocoles pour des cérémonies d'initiation et d'ordination. On pensa immédiatement qu'il s'agissait des règles en vigueur chez les esséniens. Pourtant, les trois exemplaires distincts de ces codes que l'on avait trouvés étaient loin de concorder, et le terme « essénien » n'y figurait pas. Un chercheur contemporain a émis l'idée que ces textes pourraient bien représenter la systématisation de principes pour une vie d'idéale rectitude, un peu à la manière du code de conduite qu'imposait le roi Arthur aux chevaliers de la Table ronde. Ce genre de littérature était en effet très prisé jusqu'au Moyen Age, et il existait toutes sortes de versions de ces règles pour tendre vers la perfection qui restaient souvent du domaine du jeu intellectuel et n'affectaient en rien les us et coutumes du temps. Mais ceux qui avaient déchiffré ces premiers fragments étaient convaincus d'avoir trouvé la règle d'un ordre religieux qui ne pouvait être que celui de la secte des esséniens. C'est alors que, non loin des grottes où avaient été découverts les premiers manuscrits, des fouilles mirent au jour quelques vestiges remontant à l'Antiquité et que l'on nomma Qirbet Qumrân, c'est-à-dire « les ruines de Qumrân ». Le rapport des archéologues fut formel : ces vestiges étaient ceux d'un « monastère essénien » et l'une des salles formait le scriptorium où les manuscrits de la mer Morte avaient été écrits et conservés, quoique ce dernier point fût l'objet de quelques controverses.

Depuis ces découvertes, le décryptage et l'interprétation des manuscrits de la mer Morte constituent un assez joli fonds de commerce qui a été savamment exploité. Il faut dire que le scénario, les personnages et le décor ne laissent rien à désirer : un monastère niché entre la blondeur du désert et le bleu intense de la mer, des moines pieux attelés à leur tâche, des montagnes de textes sacrés, fruit de leur incessant labeur ! Voilà qui ne manqua pas de faire flamber l'imagination des historiens, de combler l'attente d'un public avide et de produire de gros tirages pour les éditeurs. Toute une série d'ouvrages fit son apparition sur le marché. On avait là une occasion unique de traiter les manuscrits de la mer Morte comme une œuvre à part à ne pas confondre avec les textes sur lesquels les savants juifs, contemporains des esséniens, travaillaient à Jérusalem. Si les manuscrits de la mer Morte s'écartaient de l'orthodoxie, on pouvait toujours mettre ces distorsions sur le compte des marginaux excentriques qu'étaient les membres de la secte ! Théorie fort commode qui faisait des manuscrits l'œuvre d'une petite communauté schismatique disparue depuis fort longtemps et permettait de réserver leur étude aux spécialistes de l'histoire religieuse. Cette thèse fut donc adoptée sans soulever trop d'objections.

Cependant, les résultats des fouilles archéologiques de Qirbet Qumrân étaient bien loin de fournir les preuves qui auraient permis d'étayer une telle théorie. Ils n'apportaient aucune certitude que les bâtiments dont les vestiges avaient été trouvés sur le site aient été un monastère des esséniens ou de tout autre secte, et que des manuscrits aient pu y être entreposés. On n'a pas trouvé un seul objet à vocation religieuse et il n'y a, dans ces ruines, rien qui puisse indiquer l'existence d'un lieu de culte. En présence des vestiges de Qirbet Qumrân, on s'est rallié — comme si souvent dans d'autres sites en Terre sainte — à des thèses où croyants et poètes trouvaient en quelque sorte midi à leur porte ! Ceux qui avaient pratiqué les fouilles ne cessaient de répéter : « Il ne faut pas voir dans l'archéologie une science exacte. » C'est qu'ils auraient été bien en peine, en effet, de documenter leurs affirmations...

Toutefois, les archéologues étaient tous d'accord sur le même point : les vestiges de Qirbet Qumrân remontaient à une époque située entre le IXe et le VIIe siècle avant Jésus-Christ et marquaient, à l'origine, l'emplacement d'une forteresse judéenne remantelée pour la dernière fois un siècle à peu près avant notre ère, puis finalement détruite, probablement lors d'un tremblement de terre, après un siège au cours duquel certains de ses murs avaient été rasés. Dans les cendres du sous-sol, des pointes de flèches romaines indiquent que le sac de Qumrân date de la révolte juive des années 66-70 de notre ère, date à laquelle les légions romaines avaient atteint la rive ouest de la mer Morte. Le petit tertre de Qumrân, avec sa vue panoramique, devait être une position stratégique privilégiée et, de sa tour de garde, il était possible de surveiller les grandes voies de communication vers Jéricho et Jérusalem. D'ailleurs, juste derrière Qumrân, il y avait une route romaine en plein désert montrant que les Romains connaissaient l'importance de ce petit éperon qui pouvait verrouiller les carrefours des routes au nord de la mer Morte. Ce que nos braves archéologues ont pris pour un monastère essénien, ne seraient-ce pas plutôt les parties communes d'une caserne juive ? Pline avait vu des esséniens vivant dans des palmeraies, sans femme ni argent, et les archéologues de Qirbet Qumrân ont découvert exactement le contraire de ce que décrivait l'historien romain, car il y avait des squelettes de femmes enterrés dans le cimetière à côté des bâtiments, des pièces de monnaie cachées sous les dalles des sols et, pour les palmiers, où auraient-ils pu prendre racine sur ces escarpements désertiques ! Qirbet Qumrân n'est pas une oasis ; sa survie dépendait d'un système très complexe de captation des eaux dans de vastes citernes aux parois enduites de plâtre. Si le site ne s'était pas trouvé à proximité des grottes et de leurs caches, les bâtiments effondrés de Qirbet Qumrân n'auraient signalé qu'un petit bastion avancé de plus dans le système défensif qui protégeait Jérusalem, et on les aurait laissés dormir dans la paix des déserts.

Si elles n'avaient pas servi de cachettes aux fameux manuscrits, on aurait sans doute vu les grottes jouxtant le site de Qirbet Qumrân comme des entrepôts servant à l'approvisionnement de la forteresse ; en effet, grottes et vestiges ont révélé des poteries similaires et on a remarqué que, dans les grottes, le roc avait été percé et des ouvertures pratiquées pour maintenir la fraîcheur des aliments en laissant circuler les vents du désert dans ces ingénieux garde-manger. Il est tout à fait possible que les soldats de la forteresse de Qumrân aient aidé ceux à qui étaient confiés les manuscrits à les cacher dans les grottes, car les fouilles archéologiques ont établi qu'il y avait un lien entre la place fortifiée et les caches des rochers. Tout comme David et Salomon, dont l'existence réelle n'est encore aujourd'hui étayée par aucune preuve scientifique, Qirbet Qumrân attend la documentation solide qui fera de son site un monastère essénien. Les manuscrits de la mer Morte sont-ils l'œuvre de la secte essénienne qui en aurait été la propriétaire et la gardienne ? Cette question demeure sans réponse.

Reste que l'existence de ces manuscrits marque une étape importante dans l'histoire de la Bible. Même si l'on ignore l'identité de leurs auteurs et de ceux qui sont venus les cacher là, ils ont une qualité unique donnée par leur datation ; avant qu'on ne les découvre, les textes existants remontant à la même époque étaient rares et leurs fragments dispersés. On avait bien retrouvé quelques passages de la version du Pentateuque adoptée par les Samaritains schismatiques qui ne reconnaissaient que les cinq livres de Moïse, mais sans pouvoir leur attribuer de date précise ; on avait pu mettre la main sur un certain nombre d'exemplaires de la traduction grecque, ou version des Septante ultérieurement recopiée par des érudits chrétiens ; mais, à part ces documents, les plus anciens textes hébraïques connus étaient des copies des « manuscrits conformes et mis au net par les soins de maître Aaron ben Moses ben Asher » en Galilée, dans la ville de Tibériade en l'an 1008 de l'ère chrétienne. Bien qu'il n'y ait eu, entre ces différentes versions, aucune divergence vraiment sérieuse, les chercheurs qui essayaient de les dater, ou de trouver les concordances qui établiraient leur valeur respective, en étaient réduits aux conjectures. Jusque dans les années 1940, après un siècle d'études et de vérifications, les biblistes se demandaient encore si l'Ancien Testament que nous connaissons offrait une traduction fiable de l'ouvrage original en langue hébraïque, et leur espoir de donner à cette question une réponse était fort mince. La découverte des manuscrits de la mer Morte déchira le voile et ouvrit du même coup au monde mille ans de l'histoire de la Bible. Sur les quelque 800 textes provenant des grottes qui ont pu être identifiés à ce jour, 175 sont des copies des livres bibliques dont 70 du seul Pentateuque, 48 contiennent des copies des textes prophétiques extraits en majorité du livre d'Isaïe, et 57 sont des copies du livre des Psaumes et des ouvrages historiques. Parmi les pièces de ce fantastique puzzle, le texte le plus ancien est l'une des quatre copies du livre de Samuel que son style et sa calligraphie permettent de placer au IIIe siècle avant Jésus-Christ. Il est intéressant de souligner que la version qu'il donne est identique à celle qui fut utilisée pour la traduction grecque de la version des Septante et qu'elle présente des variantes nombreuses lorsqu'on la compare avec le texte massorétique[1] orthodoxe du rabbin Ben Asher de Tibériade.

Compte tenu de la diversité des sources, le matériel des manuscrits de la mer Morte, avec toutes les variantes des textes bibliques qu'il comporte, a été classé en grandes catégories ou « familles ». La première de ces familles regroupe les versions revues et corrigées du Pentateuque des Samaritains. D'autres rassemblent les versions qui montrent le plus de ressemblances avec le texte massorétique qui leur est ultérieur, et les dernières, les plus nombreuses, offrent un éventail des textes qui intègrent des passages de versions différentes, travail de compilation où l'on peut suivre, page après page, les nombreuses retouches apportées de la main des scribes. Ce qui est étonnant, c'est de trouver, dans les mêmes grottes et soigneusement rangés côte à côte, des documents d'origines

1. Massorétique : de « massorah ». Travail d'exégèse fait par un groupe de docteurs juifs appelés « massorètes ». (Note du Trad.)

aussi diverses. L'observation prend tout son poids lorsque l'on songe que, dans les siècles qui allaient suivre, l'omission d'un seul point, d'un seul tiret allait suffire pour qu'un manuscrit tout entier soit impitoyablement rejeté, car, pour préserver la totale fidélité d'inspiration des Saintes Ecritures, l'œil de lynx des rabbins ne laisserait passer aucune erreur de présentation ou de libellé. Il semblait en aller tout autrement à l'époque des manuscrits de la mer Morte, avant la destruction de Jérusalem ! Et cela suffit à rendre parfaitement redondante la question de savoir si l'Ancien Testament qui est parvenu jusqu'à nous est ou non conforme à la version originale en langue hébraïque puisqu'il apparaît qu'il n'y a jamais eu une unique version originale des textes sacrés. Le contenu des manuscrits de la mer Morte permet au moins de penser qu'à l'époque où le dernier d'entre eux a été rédigé, c'est-à-dire au cours du premier siècle de l'ère chrétienne, les différentes versions existantes ne présentaient entre elles que des variantes mineures, alors que chacune formait une entité distincte provenant d'une source très ancienne.

L'étude de ces différentes versions n'a encore apporté aucune révélation fracassante. Leur lecture a parfois fait la lumière sur des points où le débat théologique s'était un peu enlisé, par exemple sur le sens précis d'un mot, tel le terme « Seigneur » par opposition à « Dieu ». Dans l'ensemble, on ne peut pas dire que les manuscrits de la mer Morte aient apporté une contribution majeure à la connaissance que les contemporains ont du texte biblique. Certes, quelques passages que les copistes avaient réussi à embrouiller à force d'ajouts et de corrections sont maintenant compréhensibles comme ce verset du livre d'Isaïe (XXI, 8) où le veilleur de la tour ne crie plus désormais : « Un lion ! A mon poste de guet, monseigneur, je me tiens tout le jour ! » mais lance avec plus de bon sens : « Celui qui regarde a crié (avec la voix d'un lion ?) : A mon poste de guet, etc. ». Toute la différence de sens était venue de la simple inversion de deux lettres dans le texte hébraïque ! Il faut passer outre à ces pittoresques vétilles et dire que les manuscrits de la mer Morte continuent à poser de multiples questions et que les savants biblistes qui en sont devenus les détenteurs nous doivent encore un certain nombre de réponses.

En tout premier lieu, il faudrait établir pourquoi une telle somme de manuscrits si divers a été cachée et en plein désert, de surcroît. On ne cesse de répondre que les documents provenaient du scriptorium des esséniens et que c'est pour les préserver que les moines les auraient placés dans les grottes proches de Qumrân. Dans ce cas, la très petite salle trouvée dans les vestiges de Qirbet Qumrân devait être, à l'échelle de la Judée, le pendant de la bibliothèque des Nations unies, avec sa montagne de textes venus de tous les horizons et de toutes les traditions. Quand on pense combien la recherche piétine, il semble scandaleux que quarante ans après la découverte des manuscrits de la mer Morte, sur huit cents textes trouvés, plus de la moitié n'ont pas encore été publiés. Ah ! si on avait découvert des documents étayant la confortable théorie du scriptorium essénien, il est à parier que la parution des documents n'aurait pas pris autant de retard... A mesure que l'examen des manuscrits de la mer Morte par les nouvelles générations de savants biblistes se fait plus pointu, on voit fréquemment remettre en cause l'existence d'un rapport entre ces documents et les esséniens. On commence à douter que tout ce matériel ait pu être écrit dans le scriptorium de Qumrân et placé dans les grottes par les membres de la secte schismatique. Un chercheur a exprimé ce doute et dit : « Cette théorie n'était que de la science-fiction. » On a également compris que les esséniens étaient fort nombreux, hautement organisés et présents dans d'autres pays que la Judée. Ils devaient en effet être bien connus puisque Pline avait entendu parler d'eux et que Josèphe, dans son œuvre, les classe tout de suite après les sadducéens et les pharisiens parmi les « influences spirituelles » de l'époque. En admettant qu'on puisse prouver que Qirbet Qumrân était bien un de leurs monastères, ce coin perdu devait être tout à fait secondaire dans une structure beaucoup plus large dont le centre ne pouvait se trouver qu'à Jérusalem. Il est tout à fait possible que les manuscrits de la mer Morte aient quelque rapport avec une bibliothèque essénienne — comme d'ailleurs avec d'autres collections d'ouvrages appartenant à d'autres sectes —, mais ce n'est là qu'une supposition.

On a fait beaucoup de bruit autour de ces fameux manuscrits. En contrepartie, il a fallu attendre une époque très récente pour qu'on mentionne un document qui se trouvait parmi eux et apporte sur leurs origines une preuve indiscutable. Il s'agit d'un texte gravé sur un rouleau de cuivre, ce qui en fait une pièce unique puisque les autres textes étaient écrits à l'encre sur parchemin, cuir ou papyrus. Le rouleau de cuivre révéla un texte si étrange qu'à première lecture on le prit pour l'œuvre de quelque esprit dérangé : c'était une de ces listes interminables comme il s'en trouve dans les contes populaires ou les jeux de devinettes, sans doute une fiction sans le moindre rapport avec la réalité. Mais pourquoi aurait-on dissimulé aussi soigneusement dans le secret des déserts un objet aussi singulier et d'une facture aussi élaborée s'il ne contenait que des sornettes ? D'autre part, comment ne pas penser que si cet extraordinaire document a été impitoyablement rejeté par les savants biblistes comme un tas de sottises, c'est peut-être parce qu'il indique que les manuscrits de la mer Morte provenaient de Jérusalem et non de Qumrân comme on le prétendait ?

Fortement oxydé quand on le mit au jour, le rouleau de cuivre était si fragile qu'on craignait de le voir se désagréger si on tentait de le dérouler. Le laboratoire de l'université de Manchester, en Angleterre, le découpa en minuscule copeaux, et cette délicate opération révéla que le rouleau était l'un des deux exemplaires d'un ouvrage identique ; en effet, on pouvait lire : « Près des grottes, il y a une anfractuosité avec une ouverture sur la gauche ; on y trouvera une copie de ce rouleau qui contient des explications, des indications de mesures et des renseignements complémentaires. » Il s'agissait donc bien de deux textes similaires donnant l'emplacement des caches où se trouvaient les trésors énumérés sur les listes et qui auraient été enfouis dans un espace compris entre les grottes des vallées désertiques de Judée et les murailles de Jérusalem. Comme la topographie des lieux décrits dans le document n'a fait l'objet d'aucune vérification sérieuse, le trésor caché, s'il existe, doit dormir quelque part, dans les parages.

Contrairement aux manuscrits de la mer Morte, le curieux rouleau est rédigé dans la langue hébraïque populaire du premier siècle de notre ère, et son style qui ne s'embarrasse pas de lyrisme rappelle celui des comptables de l'Antiquité. On est là en présence d'une pièce unique en son genre dans la masse des autres textes : d'abord, elle a été gravée sur métal pour assurer sa bonne conservation, ensuite, à la différence des autres écrits trouvés dans les grottes, son contenu est de nature strictement profane, et enfin, elle date de la période exacte où les manuscrits étaient mis en sécurité. Il s'agit donc d'un document authentique remontant à l'époque de la destruction de Jérusalem en l'an 70 après Jésus-Christ.

Pendant des milliers d'années, bien avant l'invasion de la Judée par les Romains, les gens du pays avaient coutume d'enterrer dans le désert — qui conservait toute chose — leurs possessions les plus précieuses, et, très récemment, des fouilles archéologiques ont mis au jour quantité de ces « trésors » enfouis : masques étranges montrant une implantation de l'homme datant de l'âge de la pierre (8000-7000 av. J.-C.), vestiges de l'âge du bronze (5000-4000 av. J.-C.), bijoux et bibelots, héritages de familles ou clefs de maisons. On a même trouvé des cadavres de réfugiés qui avaient fui devant l'offensive romaine au deuxième siècle de notre ère. Cependant, la formidable liste de trésors consignée sur le rouleau de cuivre dépasse de très loin les ressources d'une secte religieuse, ou même les fortunes privées que pouvaient avoir les Judéens. D'autant plus que les manuels de règles religieuses des manuscrits de la mer Morte interdisaient formellement d'amasser de telles richesses. C'est sans doute pourquoi on fut, de prime abord, tenté de ne pas prendre au sérieux le contenu de ce document. Un seul lieu pouvait contenir une telle accumulation de biens de valeur : le Temple de Jérusalem, centre économique du judaïsme, dont les fonctionnaires administraient un réseau national chargé du prélèvement des dîmes et géraient le revenu des dons en espèces. Lorsque Titus rentra à Rome, après la conquête de Jérusalem, il ne fit parade dans le défilé de son « triomphe » que des esclaves juifs et des ornements arrachés au Temple. Où étaient donc passées les richesses de la ville, sans parler de toutes celles que possédait la caste des prêtres ? Parmi les cachettes indiquées sur le rouleau de cuivre, il n'y en a que huit d'allouées aux seuls manuscrits ! Dans les siècles qui suivirent le sac de Jérusalem, les chroniques chrétiennes rapportent que, par deux fois, on découvrit des jarres contenant des textes de la Bible ; avec les manuscrits de la mer Morte, le désert de Judée livrait des documents pour la troisième fois. De la brume des suppositions surgit un rayon de lumière, une sorte de schéma de pensée permettant d'avancer, sur les origines des manuscrits, une thèse qui aurait au moins le mérite de la vraisemblance.

A première vue, le rouleau de cuivre semblerait bien être un inventaire authentique de trésors et documents cachés avant la destruction de Jérusalem en 70 avant Jésus-Christ, au moment où — selon les écrits de Josèphe — les prêtres et les anciens comprirent l'étendue de la menace qui pesait sur la ville et risquait de l'anéantir. Alors, on enterra pêle-mêle tout ce qu'il y avait de plus précieux à Jérusalem, texte sacrés et biens matériels. Cela expliquerait l'infinie diversité des manuscrits et aussi le désordre dans lequel on les a trouvés : trois recueils de règles tout à fait contradictoires se trouvaient, par exemple, placés côte à côte, et plusieurs versions de textes similaires étaient empilées au même endroit. Ces documents ont dû être soustraits à l'énorme masse des travaux en cours et emportés dans les grottes du désert pour y être mis à l'abri. Ils provenaient sans doute des bibliothèques et synagogues de Jérusalem, et représentaient les archives de la tradition hébraïque, toutes périodes confondues, avec leur infinité de variantes contradictoires et de doublons. La théorie d'un grand scriptorium essénien est séduisante, mais elle ne tient pas débout ! En revanche, si les manuscrits de la mer Morte proviennent des archives disponibles à Jérusalem, leur importance et leur rôle sont encore plus grands, car ils apportent un témoignage irremplaçable. Ils fournissent le matériel d'apprentissage des rabbins et docteurs qui allaient plus tard élaborer la composition de la Bible hébraïque, source de l'Ancien Testament du monde chrétien. Les manuscrits de la mer Morte donnent donc une preuve que le corpus des grands Livres du judaïsme existait dès l'an 70 avant Jésus-Christ, mais que le travail de mise en forme du texte définitif n'était pas encore commencé.

A côté des livres bibliques et des recueils de règles de conduite, les manuscrits de la mer Morte offraient tout un pan du patrimoine littéraire juif, un éventail de texte hétérogènes dont l'inspiration doit tout à la période hellénistique : manuels de sciences ésotériques, satires qui vitupéraient une époque où le judaïsme était attaqué de toutes parts par les impies, longues lamentations, méditations traversées de l'éclat de violentes colères. Certains passages font allusion au triste sorte qui advint à un mystérieux

« Maître de Justice », d'autres parlent d'un « Prêtre Pervers » et on y rencontre des personnages étranges affublés du nom alléchant d'« Adeptes de Toute Suavité » ! Avec leurs références voilées aux événements historiques, ces écrits retrouvent la tradition des chroniques où l'on voyait des patriotes juifs, comme les Maccabées, affronter les grands prêtres hellénisés du Temple ou les cruels rois syriens. L'un de ces textes, appelé le *Règlement de la guerre*, évoque le combat qui aura lieu à la fin des temps et en décrit la préparation et la logistique ; le dispositif militaire suit à la lettre les instructions de la Loi pour assurer le triomphe des Enfants de Lumière contre le Lot des Ténèbres. Tout est prévu, de l'emplacement des latrines de campagne à l'âge des porteurs de fardeaux, en passant par le déploiement rituel des troupes chargées de remporter l'ultime victoire. Cette prose visionnaire était bien faite pour soutenir le moral des combattants juifs en face de l'offensive des légions romaines en Judée, mais c'est peut-être sur les hauteurs de Massada, forteresse dominant la mer Morte et rendue célèbre par la résistance de sa garnison qui tint la place pendant trois longues années après la chute de Jérusalem, que ce texte épique eut le plus puissant écho.

A l'origine, Massada n'était qu'une cité hellénistique fortifiée, un nid d'aigle qui surplombait le dramatique paysage de la mer Morte, mais le caprice du roi Hérode en fit une sorte de palais d'été. Hérode avait fait creuser en pleine roche, installant de vastes entrepôts, aménageant des piscines. Le palais semblait un balcon en plein ciel, avançant jusqu'au bord de la falaise ses salles d'honneur ornées de gracieuses colonnes de grès rouge et de corniches de plâtre peint. De ce décor de rêve, l'historien Josèphe fait le cadre d'une terrible histoire. Il raconte comment un petit groupe de nationalistes s'y était retranché et soutint le siège interminable des armées romaines. Se voyant perdus quand l'ennemi commença à investir la place, les combattants optèrent pour un suicide collectif. De la présence à Massada de ces farouches patriotes, il ne reste aucun vestige. Toutefois, on a retrouvé, éparpillés dans les coins et recoins des entrepôts ou soigneusement enfouis sous le dallage d'une petite synagogue, des fragments des quelque quatorze manuscrits qu'ils possédaient et qui comprenaient des textes bibliques et apocryphes parmi lesquels une version du livre des Psaumes avec des variantes dont l'original n'était connu que depuis la découverte des manuscrits de la mer Morte. Si ces quatorze documents proviennent, eux aussi, du fameux « monastère » de Qumrân, comment sont-ils arrivés à Massada ? Il faudrait imaginer que les « moines esséniens » aient pu faire parvenir les textes aux combattants de la forteresse ou que certains, enfreignant les interdits d'une règle qui faisait d'eux des « pacifistes », soient venus se joindre aux défenseurs de Massada, apportant les manuscrits dans leurs bagages... N'est-il pas plus plausible que ces quatorze ouvrages constituent un exemple de plus du foisonnement des textes religieux existant aux environ de 70 avant Jésus-Christ ? Les fragments trouvés à Massada fournissent un nouveau témoignage de la vigueur intellectuelle du judaïsme et de l'importance des textes sacrés à l'époque de la destruction de Jérusalem.

Parmi ces manuscrits, ceux qui ne sont pas des textes bibliques portent sur des sujets très divers dont l'un revient sans cesse : le souci de percer les mystères du futur. Les moindres passages des textes sacrés traitant de visions prophétiques, ou faisant allusion à des combats eschatologiques, que beaucoup de Juifs pieux tenaient pour imminents, y étaient débusqués et exploités. D'après les annales bibliques, l'histoire d'Israël se présentait comme un cycle parfait et le peuple pouvait y voir clairement la projection de son destin. L'Exil et le Retour avaient marqué à la fois une fin et un recommencement accomplissant les paroles des prophètes. Et voilà qu'une autre catastrophe annonçait une autre fin. Les Romains étaient en train de détruire Jérusalem, le Temple allait à nouveau être rasé, l'apocalypse semblait donc imminente. Devant cette menace d'un anéantissement général, la plus stricte obéissance à la Loi devenait pour les défenseurs de Massada la seule méthode possible de survie. A mesure que les légions romaines déferlaient sur la Galilée, l'épisode de la dernière bataille entre les Enfants de Lumière et le Lot des Ténèbres venait leur adresser un message poignant, à eux seuls destiné :

> « Et les prêtres sonneront des six trompettes de la tuerie tandis que les lévites et toute la troupe des trompes feront retentir d'une seule voix une immense clameur guerrière pour faire fondre le cœur de l'ennemi [...] ils commenceront à abattre leurs mains sur les tués [...] et toute la troupe se taira, cessant le bruit de la clameur, et les prêtres sonneront des trompettes de la tuerie pendant la durée du combat [1] ».

Dans le nid d'aigle de leur forteresse, les défenseurs de Massada étaient désespérément seuls. Au pied de la falaise, parmi les courbes des collines, l'armée romaine déployait l'ordonnancement de son camp. Des hauteurs où ils étaient retranchés, les combattants juifs devaient pouvoir entendre les mots d'ordre lancés aux sentinelles et les bruyantes conversations des hommes autour des bivouacs, et voir aussi les incessants préparatifs de cette formidable armée de métier. A l'abri des petites cahutes qu'ils avaient construites dans les décombres du palais d'Hérode, leur vie précaire se déroulait suivant le rituel imposé par la Loi, rituel immémorial et qui ponctuait de ses devoirs les journées de ces hommes de la fin des temps. Car la fin des temps était proche ! Les prophètes l'avaient dit : avec

1. Dans *Ecrits Intertestamentaires*, p. 207. Coll. La Pléiade, Gallimard, 1987.

les destruction du Temple, le monde était voué à disparaître. Ils vivaient donc leurs derniers instants, au bord de ce précipice perdu dans le désert hostile, entre le bleu impitoyable du ciel et de la mer, cependant qu'autour d'eux, le Lot des Ténèbres resserrait son étau. Si on peut faire surgir de telles visions, c'est grâce aux auteurs des textes sacrés. Quelle que soit leur identité, leur inspiration a permis à la Bible hébraïque et à l'Ancien Testament de voir le jour.

Des auteurs à l'œuvre

Un ancien texte juif raconte comment, pendant le siège de Jérusalem, alors que les factions s'entr'égorgeaient à l'intérieur de la ville, le rabbin Yokhanan ben Zakay se fit confectionner un cercueil et demanda à être conduit au-delà des murailles jusqu'au camp romain dans ce curieux équipage, symbole de la division et de l'asservissement de son peuple. Il pria Titus, alors général en chef, de lui accorder la permission de fonder une académie qu'il installerait à l'écart de cette ville en plein naufrage, et Titus accéda à sa requête. Avec ses disciples, le rabbin prit la route qui filait vers l'ouest jusqu'à la côte, et choisit la ville de Jamnia, toute proche de Jaffa, pour y ouvrir une école qui reçut le nom de Beth Hannidrash. Pendant un demi-siècle, les savants et docteurs qui avaient pu échapper au massacre vinrent à Jamnia, et c'est en ce lieu que le canon de la Bible hébraïque fut établi.

On peut affirmer, sans la moindre exagération, que la destruction de Jérusalem en l'an 70 de l'ère chrétienne a été — et de loin — l'événement le plus important de toute l'histoire du judaïsme. « Le rabbin Yokhanan passait de longues heures à regarder dans la direction des murailles de Jérusalem, il attendait des nouvelles, et, quand il comprit que le Temple avait été détruit et le saint des saints incendié, il se dressa, déchira ses vêtements, arracha ses teffelim (petits sachets de cuir contenant des passages des Ecritures et portés pendant les prières rituelles[1]), et laissa libre cours à ses larmes, imité en cela par tous ses disciples. » Ce que le rabbin pleurait, ce n'était pas la disparition du grand Temple d'or qu'Hérode avait fait construire, mais la demeure même de Yahvé, le centre du monde, seul lieu sur terre où les Juifs pouvaient expier leurs fautes. L'anéantissement du Temple et l'interruption des sacrifices signifiaient que le dernier maillon de la longue chaîne qui reliait Yahvé à son peuple depuis les origines avait cédé. Pour les hommes de l'Antiquité, il n'y avait pas véritablement de distinction entre l'autorité religieuse et le pouvoir civil ; du même coup, Rome avait donc réduit à néant le centre de la foi juive et le royaume terrestre des Juifs. En regardant monter à l'horizon les flammes qui engloutissaient Jérusalem, le rabbin Yokhanan prévoyait que les survivants allaient se trouver devant un vide vertigineux : ils venaient de perdre l'essence même de leur foi. Les principales communautés juives en dehors de la Judée, celles d'Egypte, de Babylone, mais aussi celles qui étaient disséminées à travers tout l'Empire romain étaient désormais sans guides spirituels et donc sans gouvernail. Dans les cendres du Temple, c'était tout le judaïsme qui se consumait. Le pessimisme du rabbin Yokhanan devait être bien profond puisqu'il permit de déroger aux rites traditionnels de purification obligatoires en cas de décès ou de jugements des adultères, tant la fréquence des meurtres et l'incidence du vagabondage sexuel étaient grandes à l'époque.

Cependant, à Jamnia, les érudits et les esprits les plus distingués affluaient tous les jours et venaient grossir le nombre des disciples du rabbin Yokhanan dans sa nouvelle académie. Le saint homme eut bientôt la réputation d'avoir rendu sa voix au judaïsme. Mais il était d'un âge

1. Aussi appelées « phylactères ». (Note du Trad.)

déjà fort avancé au moment où il avait quitté Jérusalem, et le rabbin Gamaliel assura sa succession. Gamaliel, dit Gamaliel II ou Gamaliel « le Jeune », descendait de la grande lignée des sadducéens qui, du temps du Temple d'Hérode, avaient tout pouvoir sur le grand sanhédrin et les cours de justice. A l'époque, le rabbin Yokhanan avait sévèrement critiqué ces grandes familles sacerdotales, mais maintenant les survivants des castes privilégiées du judaïsme étaient bien obligés de faire cause commune. Peu à peu, malgré maintes chicanes et maintes arguties dont les relents d'amertume affleurent dans les annales du temps, une nouvelle autorité religieuse se mit en place, et son administration fut confiée à un prince, ou « nasi ».

L'autorité de Gamaliel n'était pas contestée, même en dehors des cercles d'intellectuels fortement politisés où la lutte pour le titre de « nasi » était chaude. Un de ses contemporains disait que Gamaliel était « la voix céleste qui a retenti dans Jamnia ». Par-dessus tout, les rabbins et docteurs souhaitaient promouvoir une réforme du judaïsme en vue d'aider la population à surmonter la perte de leur cité sainte. On attribue à Gamaliel la majorité des règles qui sont encore en vigueur dans le judaïsme, tels les rites de la pâque et l'obligation des trois prières quotidiennes. En même temps, l'académie supervisait la préparation des nouvelles traductions des Saintes Ecritures en langue grecque et araméenne entreprises par deux hommes récemment convertis au judaïsme, un riche membre de la cour romaine, Aquila, et un Grec, Onqelos. De l'œuvre d'Aquila, il ne subsiste que quelques fragments, alors que le *targum Onqelos* demeure la traduction de référence pour la langue araméenne et est, encore de nos jours, largement utilisé par les biblistes. Les travaux d'Aquila et Onqelos montrent que les disciples de l'académie de Jamnia essayaient d'intégrer les nouvelles donnes de l'époque et d'élargir quelque peu les horizons du judaïsme alors que de nombreux Juifs persistaient à rejeter tout mode de vie soupçonné d'être entaché de l'influence de civilisations étrangères. Par exemple, l'habitude popularisée par les Grecs et les Romains de se frotter le corps d'huile parfumée était considérée par eux comme impure, et le simple fait de prendre un bain n'était pas sans poser problème. Le rabbin Yokhanan, qui avait, un jour, donné un bain à un vieillard de ses amis, déclara qu'il avait fait là œuvre pie. Sur la foi de cette affirmation, Gamaliel se rendit aux bains publics dont les murs étaient décorés de fresques dans le goût hellénistique représentant la déesse Aphrodite. Ce fut un beau scandale ! Gamaliel plaida sa défense, disant que la présence de la déesse était un simple élément de la décoration des bains. L'image d'Aphrodite ornait certes les bains, ce qui ne voulait pas dire que les bains célébraient le culte d'Aphrodite ! Les argumentations de Gamaliel étaient célèbres et certaines alimentent encore les débats des Juifs orthodoxes. Le personnage est d'ailleurs fort curieux ; il avait la réputation d'être féru de sciences et d'astrologie et d'utiliser des sceaux à figures gravées. En outre, il comptait de nombreux amis parmi les gentils. C'est pourtant lui qui promulgua les premières ordonnances contre le christianisme dont l'influence commençait à grandir.

L'énorme fonds de littérature juive accumulé au cours des siècles qui suivirent la chute de Jérusalem est plein d'histoires sur le demi-siècle d'existence de l'académie de Jamnia. Certains textes racontent comment les plus illustres chefs spirituels de l'époque vinrent s'établir dans cette grosse bourgade enrichie par l'agriculture pour débattre, tout à leur aise, dans le calme des jardins ou à l'abri des péristyles hellénistiques, des détails précis de la composition et du contenu de la Bible hébraïque. Les Juifs vivaient alors des temps difficiles, et Rome les tenait d'une poigne de fer. Partout où se trouvaient des communautés juives, guerres et soulèvements faisaient rage. Sur ce point, les annales sont peu bavardes mais laissent deviner l'ampleur que pouvaient prendre ces hostilités ; d'Alexandrie à Chypre et à Babylone, les populations s'entretuaient et la torture était pratique courante. Et pourtant, malgré tous les dangers dans cette montée des périls, les savants et docteurs venus de la diaspora juive se regroupaient, sans cesse plus nombreux, à Jamnia, et les annales, retrouvant leur voix, fourmillent d'anecdotes et fournissent d'extraordinaires vignettes sur ces moments où l'élaboration de la Bible hébraïque entrait dans sa phase finale. Il faut dire que parmi tous les auteurs-éditeurs rassemblés à l'académie, il se trouvait quelques fortes personnalités dont l'une se détache plus particulièrement : celle du rabbin Aqibah. Il avait fondé, non loin de Jamnia, sa propre école et venait en voisin, toujours accompagné de tous ses étudiants, des nationalistes enragés qui avaient l'œil rivé sur la vision d'un Messie qui se lèverait comme l'étoile du crépuscule sur le monde. Du haut de sa chaire, Aqibah tonnait : « Le rire conduit tout droit à l'immoralité. » « Qui veut se pendre, doit choisir un arbre de bonne venue. » « Dans les textes sacrés, chaque point, chaque virgule est lourd de sens. » La tradition rapporte qu'il tint pourtant à inclure dans le corpus biblique le texte du Cantique des cantiques tout en interdisant qu'on le chante dans les tavernes. Le savoureux personnage d'Aqibah infuse à ces verbeuses chroniques un formidable souffle. Il semble personnifier toute l'obstination, toute la résolution d'un peuple d'opprimés.

Agé d'une vingtaine d'années à l'époque de la chute de Jérusalem, Aqibah était venu à Jamnia se placer sous la férule de Gamaliel. Dures années d'apprentissage, si l'on en croit l'un de ses condisciples ! « Plus de cinquante-cinq fois, le châtiment imposé par Gamaliel s'abattit sur Aqibah. » Par ses opinions tranchées et sa force de caractère, l'étudiant s'imposait à toute la classe ; il avait l'étoffe d'un meneur d'hommes et ses nombreux partisans imitaient sa pugnacité. D'entrée de jeu, dans les débats, le ton s'enflait : « Faudra-t-il attendre, lança un jour un disciple ami d'Aqibah, que le rabbin Yokhanan soit à l'état de squelette pour que ses yeux se dessillent enfin ! » Fréquemment, les discussions portaient sur le tri à opérer dans l'amas de matériel disponible, et les questions fusaient : Quels textes pouvaient se réclamer comme venant directement de l'autorité divine ? Quels autres n'étaient que de pieux écrits à écarter ? Parmi toutes les différentes versions des Saintes Ecritures, lesquelles remplissaient le mieux les conditions de fidélité à l'inspiration de Yahvé ? L'un des rabbins de Jamnia illustre sa chronique d'une très belle image lorsqu'il avoue avoir « consumé mille mesures d'huile » pour mettre la dernière main au livre d'Ezéchiel dont le texte devait être examiné en séance le lendemain matin. Il restait encore des passages qui semblaient en opposition avec la Loi, des anomalies à vérifier et à rectifier, alors, à la nuit close, quand le souffle de l'air devient moins brûlant, que l'air vibre du crincrin des cigales et du bourdonnement des lucioles, le rabbin veilla auprès de sa lampe, jusqu'aux petites heures.

Certains textes furent moins bien traités que le livre d'Ezéchiel. Bien que vénérables et vénérés, le respect fervent où on les tenait ne réussissait pas à les sauver quand leur contenu se trouvait en porte à faux avec les préceptes de la Loi. C'est ainsi que les livres des Maccabées, de Tobit et le texte de l'Ecclésiaste furent finalement exclus du corpus après d'interminables discussions. Le seul livre biblique écrit par une femme, le livre d'Esther, fut réduit de moitié et on retira du livre des Psaumes dix-huit hymnes connus comme les « Psaumes de Salomon ». Quant au Cantique des cantiques, son inclusion fit l'objet d'un débat serré ; si ce splendide poème déroulait une thématique familière aux lecteurs des histoires racontées dans l'Ancien Testament, les Juifs dévots, craignant tout contact et toute relation avec les gentils et les sortilèges de leurs religions, prêchaient la pudeur et la retenue devant les séductions de la chair. Le Cantique des cantiques aurait connu le même sort que le livre de Tobit et l'Ecclésiaste sans l'intervention du rabbin Aqibah. Farouche conservateur, la pruderie n'était pourtant point son fait et il eut le dernier mot : « A Dieu ne plaise, déclara-t-il, qu'un Israélite vienne dire que le Cantique des cantiques n'est pas un texte sacré ! Tout le temps que nous avons vécu ne vaut pas le jour où le Cantique des cantiques fut donné à Israël. Certes, toutes nos Ecritures sont saintes mais le Cantique des cantiques est, de toutes, la plus sainte. » Aqibah l'emporta donc, les rabbins ayant fini par comprendre que la Bible hébraïque ne constituait pas seulement un mémorial de la Loi de Yahvé et de l'histoire de son peuple, mais un corps vivant qui ne se contentait pas de célébrer son Dieu et de conserver le témoignage du passé, mais pouvait aussi palpiter de toute la gamme des émotions humaines, être parcouru du frémissement de l'amour, du frisson du désir. Le rabbin Aqibah avait aussi pris conscience que la charge affective du Cantique des cantiques portait en elle un symbole puissamment exprimé par toute la mystique judaïque : Israël était vu comme l'épouse de son Dieu.

On a parfois dit que le Cantique des cantiques, à l'origine, formait le livret d'un petit opéra dont l'argument était tout à fait dans le goût hellénistique. Sur les murs de certaines synagogues, des fresques datant du deuxième siècle de notre ère montrent qu'on avait coutume de donner des représentations théâtrales sur les places devant les lieux de culte, et le texte du Cantique des cantiques se prête assez bien à la mise en scène. Cependant, malgré toute l'autorité du rabbin Aqibah, il fallut bien des années avant que le Cantique des cantiques ou d'autres écrits d'inspiration similaire ne fussent acceptés par les fidèles comme des textes sacrés ; ils considérèrent également très longtemps que les livres des Maccabés et de l'Ecclésiaste étaient des ouvrages profanes, de simples recueils de pensées ou d'annales historiques.

Au prix d'un long et difficile labeur, la Bible hébraïque voyait enfin le jour ; elle était divisée en trois parties : *la Loi* qui comprenait les cinq livres de Moïse, *les Prophètes* avec les livres de Josué, des Juges, de Samuel et des Rois ainsi que tous les écrits des prophètes à l'exception du livre de Job, et enfin *les Ecritures* qui rassemblaient tous les autres ouvrages. L'Ancien Testament chrétien a opté pour une répartition différente, mais c'est cette première articulation en trois parties qui fait, aujourd'hui encore, autorité dans le judaïsme.

Outre l'élaboration du canon de la Bible hébraïque, Aqibah se chargea de mettre de l'ordre dans la masse des commentaires pédagogiques portant sur la Loi et les livres sacrés qui s'étaient accumulés au cours des siècles. On se mit à rédiger des exégèses en vue de relier le contenu des Saintes Ecritures aux événements de l'actualité. Un commentaire de la Genèse datant de l'époque d'Aqibah essaie, par exemple, d'expliquer pourquoi Abraham sentit les forces lui manquer pendant les guerres contre les envahisseurs étrangers. Il attribue la soudaine faiblesse du patriarche au fait qu'un temple au césar de Rome serait plus tard érigé sur l'emplacement du champ de bataille. Curieuse inversion de la démarche habituelle aux historiens d'Israël qui s'attachaient toujours à démontrer que les défaites et revers étaient dus à des fautes antérieures ! Pris dans son contexte historique, ce commentaire fournit un premier exemple de l'utilisation qui sera faite des épisodes bibliques pour donner des paraboles et des moralités. Et, justement, c'étaient les problèmes de morale qui préoccupaient le plus les compilateurs de la *Midrasch*[1] et, en priorité, ceux que soulevait la conduite des anciens patriarches. L'horrible histoire d'Abraham se préparant à

1. Midrasch : recueil de commentaires sur les textes sacrés.

sacrifier son propre fils exprimait une foi si primitive que les rabbins, soucieux d'en atténuer les austères excès, rédigèrent un discours à Yahvé qu'ils placèrent dans la bouche d'Abraham : « Hier encore, tu me promettais une postérité nombreuse, et voilà qu'aujourd'hui je dois brûler ce corps exsangue sur ton autel ! » Et les rabbins ne cachent pas leur satisfaction lorsque — à la dernière minute — Isaac est remplacé par un bélier, car ils font de cet animal une sorte de figure emblématique que l'on va retrouver en maintes occasions : le bélier deviendra le premier animal à avoir été créé et, sous les fondations du Temple de Jérusalem, on placera les cendres d'un bélier sacrifié ; des tendons d'un bélier, David fera les cordes de sa harpe, et la trompette que Yahvé sonnera sur le mont Sinaï, comme celles, qui, plus tard, résonneront au jour du Jugement dernier, seront les cornes de ce même animal.

Tous les trésors de sagesse de toute la tradition, patiemment glanés au fil des pages des textes sacrés par les diverses écoles de Jérusalem, toutes les décisions des plus savants conseils furent enfin rassemblés, rédigés et soigneusement mis en forme. Le Temple n'existait plus, mais on nota les moindres détails des rites qui s'y étaient déroulés et même les indications de mesures qui avaient servi à ses architectes. La foi, la Loi, les coutumes et rites, tout l'ensemble du judaïsme, en somme, se trouva ainsi consigné dans une œuvre dont on devait dire, par la suite, qu'« un peuple entier avait fait passer ses émotions, ses croyances, toute son âme » dans son élaboration. C'est donc avec raison que les contemporains d'Aqibah, qui avait insufflé sa formidable énergie à la phase initiale du projet, le reconnurent comme « l'un des pères de la nation ».

Désormais établi à jamais, le texte biblique suscita une vénération croissante. L'ouvrage tout entier était auréolé de sainteté, et les préceptes de la Loi y trouvaient leur propre justification. Si un objet était déclaré « impur », ce n'était pas qu'il fût en lui-même source de souillure, mais parce que la Loi, dans sa sagesse, l'avait décrété. Certains textes sacrés, et plus particulièrement le Pentateuque, pierre angulaire de ce nouvel édifice, étaient perçus comme l'exhalation du souffle même de Dieu. Le rabbin Aqibah affirmait que tout signe d'orthographe ou de ponctuation, tout motif ornant certaines des lettres de l'ouvrage donnaient aux mots un sens particulier. Une histoire de l'époque raconte plaisamment que Moïse lui-même avait du mal à comprendre les sourcilleuses recommandations du grand rabbin, mais qu'on se fit fort de le rassurer en lui affirmant que tout était pour le mieux car « conforme à ce qui t'a été transmis, à toi, Moïse, sur le mont Sinaï ».

Les auteurs-compilateurs accordaient tant d'importance aux moindres détails qu'ils en oublièrent de corriger un certain nombre de contradictions qui sautent aux yeux. Il eut été facile de se mettre d'accord, une fois pour toutes, sur les âges respectifs à donner à Abraham et à Sara ou sur le nombre d'épouses d'Esaü. On a pourtant laissé ces petites incohérences dans les faits, alors que tous les termes des Lois saintes étaient passés au crible et vérifiés avec application pour traquer erreurs et déviations de sens.

Le véritable cataclysme qu'avait été la destruction de Jérusalem et de son Temple provoqua un bouleversement dans les esprits, et l'époque est marquée d'une farouche volonté de sauvegarder la Loi et les Saintes Ecritures qui constituaient le patrimoine d'Israël envers et contre tout ce que l'avenir pouvait réserver à son peuple. La Bible hébraïque, avec le corpus de ses livres, était considérée comme un ouvrage achevé ayant valeur pour toute éternité. Jamais d'autres écrits reprenant l'histoire des rapports de Yahvé avec son peuple ne viendraient s'y ajouter. La foi, le Dieu, inscrits dans un texte à un temps donné, appartenaient maintenant au domaine de l'éternel.

Pourtant, le cours du temps ne s'était pas arrêté, et le rabbin Aqibah vit disparaître la tradition religieuse qu'il croyait avoir fixée à jamais. Dans ses vieux jours, il allait être le témoin des dernières convulsions qui marquèrent l'histoire du peuple d'Israël. En 130 environ après Jésus-Christ, Aqibah avait repris son bâton de pèlerin et s'était rendu dans toutes les communautés juives à l'est de l'empire romain. Il annonçait une apocalypse imminente, prédisant que Yahvé viendrait en personne établir son royaume sur terre. Il choisit un chef de bande, lui donna l'onction et le désigna comme le Messie qui allait libérer le peuple juif. Alors, un vent de révolte se leva comme un tourbillon sur tout le territoire. Tandis que, dans leur retraite de Jamnia, les savants docteurs et leurs scribes alignaient les mots des livres de la Loi, retraçant chaque étape du rôle de Yahvé dans la destinée de la nation, des irréductibles voyaient en ce Dieu un allié, une force présente et active qui pourrait anéantir le pouvoir romain et ses armées. Reprenant la tradition des anciens prophètes et comme accomplissant leurs paroles, Aqibah avait jeté son dévolu sur un descendant de la maison de David, un meneur du nom de Bar Kosebah, plus tard rebaptisé Bar Kokhebah ou « Fils de l'Etoile ». Comme soixante ans auparavant, les rebelles commencèrent par remporter quelques victoires et firent même battre monnaie, les nouvelles pièces étant gravées à l'image du Temple détruit dont le portail était surmonté d'une étoile. On y lisait aussi les dates successives d'émission : première, deuxième, troisième année « de la liberté de Sion ».

Certes, tous les rabbins n'étaient pas convaincus par la personne de Bar Kokhebah et sa mission divine, et l'un d'entre eux, fort inquiet de la situation, déclarait : « L'herbe poussera à travers ton crâne, Aqibah, que tu attendras encore la venue de l'héritier de David ! » Une fois de plus, les légions romaines firent campagne en Judée, une fois de plus, la guerre ravagea le pays, mais Josèphe n'était plus là pour en consigner les lamentables péripéties. Seules, les annales de l'époque qui rapportent une séquence d'épisodes d'une poignante tristesse arrivent à donner une idée du climat de terreur à cette époque. On y lit, entre autres, que les dernières charges de la cavalerie romaine se heurtèrent à des foules si denses que le sang des victimes éclaboussa jusqu'aux garrots des chevaux ; que, pour empêcher leurs enfants d'être emmenés en esclavage, certains Juifs les enroulèrent dans des manuscrits sacrés et mirent le feu aux parchemins. La Judée fut presque complètement dévastée et les Romains pourchassèrent les derniers survivants jusqu'au fond des déserts où leur fin fut pitoyable dans la peur et la solitude. On découvre parfois encore les vestiges de ces malheureux : un petit panier contenant des lettres ou des actes juridiques, un jouet d'enfant, un miroir, un bol de verre bleu finement gravé, des pelotes de laine dont quelque femme espérait faire un manteau pour l'hiver, et aussi les corps desséchés de tant et tant de morts...

Le vieux rabbin Aqibah avait réussi à échapper aux massacres et continuait à prêcher l'obéissance à la Loi en dépit de l'interdiction formelle de toute forme de prédication promulguée par les Romains désormais poussés à bout par la violence de la résistance. Aqibah fut arrêté. Peu après l'an 135 de notre ère, on bannit les Juifs de la cité sainte, leur refusant même toute permission d'y jeter le regard. Sur les ruines de Jérusalem, s'éleva la nouvelle ville d'Ælia Capitolina, avec des temples dédiés à la gloire des dieux de Rome et un grand portail qui affichait à son fronton l'image de l'ours, mascotte de la garnison qui tenait la place. Du fond de sa cellule, Aqibah continuait à répondre à tous ceux qui venaient solliciter de lui des éclaircissements sur des points de doctrine ou sur les préceptes de la Loi. L'un de ses disciples, le rabbin Johannan, faisait le guet sous la lucarne de la geôle, déguisé en cordonnier, et c'est lui qui lançait les questions au prisonnier : « Les rites de la vie civile célébrés par-devant rabbin sont-ils valides si on les célèbre en privé ? » Le problème soulevé résumait bien l'époque de désespérance que vivaient les croyants dans une Judée désormais dépeuplée, et la réponse affirmative du rabbin en donne un juste écho.

Les Romains avaient interdit, sous peine de mort, toute prédication de la Loi, mais Aqibah refusait de se soumettre. A ceux qui lui conseillaient la prudence et le suppliaient de ne pas mettre sa vie en danger, il répliquait par la parabole du renard qui encourage le poisson à sauter sur la berge pour échapper au filet du pêcheur. Il ajoutait : « Si nous sommes en proie à la peur dans le milieu qui est celui où nous vivons, alors nous devrions être terrorisés à l'idée de vivre dans un autre, car là, c'est la mort qui nous guette... » Les Romains finirent par le mettre à mort ; ils le condamnèrent à être écorché vif avec des « peignes de fer ». Au milieu des tourments de son supplice, Aqibah se mit à réciter la Chema, la grande prière de Moïse tirée du Deutéronome : « Ecoute, Israël ! Le Seigneur notre Dieu est le Seigneur Un. Tu aimeras le Seigneur ton Dieu de tout ton cœur, de tout ton être, de toute ta force » (Deutéronome VI, 4-5). La chronique rapporte qu'en entonnant ces mots « son cœur fut rempli de joie. Alors un officier romain s'écria : "Vieil homme, vieil homme, es-tu un sorcier ou veux-tu nous défier en faisant bonne mine dans la souffrance ?" A quoi, Aqibah répondit : "Ne te mets point en peine... je ne suis ni un sorcier ni un provocateur ; toute ma vie, j'ai lu ce verset du Pentateuque et je me demandais avec tristesse quand viendrait le temps où je pourrais adorer mon Dieu des trois manières indiquées dans le texte. J'étais arrivé à aimer mon Seigneur de tout mon cœur et aussi de toute ma force, mais je ne savais pas encore ce que c'était que de l'adorer de tout mon être... Maintenant, dans l'épreuve, je l'ai appris et c'est pourquoi je récite la Chema." Et, reprenant les mots du verset sacré, il rendit son âme à Dieu. »

Des scribes aux imprimeurs

Des coffres, une quantité de coffres empilés dans la resserre exiguë et murée attenant à une synagogue du Caire et, dans ces coffres, des milliers de bouts de papier... voilà pratiquement tout ce qui reste des exemplaires de la Bible hébraïque mise en circulation au cours des siècles qui ont suivi l'exécution d'Aqibah. Mêlés à ces fragments, se trouvaient des pages de catalogues de livres anciens prouvant que les écrits de la tradition judaïque étaient vendus dans tout le bassin méditerranéen et demandés par les communautés juives de Babylone jusqu'au Yemen pendant les IXe et Xe siècles. Ces bribes de textes sacrés portent la marque de l'évolution qui s'était produite depuis l'époque des manuscrits de la mer Morte. En effet, l'acte de copier mot à mot entraîne graduellement, et comme sournoisement, le copiste à modifier quelque peu le modèle à reproduire. Parfois, le scribe fait une erreur de retranscription dans une phrase qu'il croit connaître par cœur, ou bien, il inverse l'ordre des mots, écrit le même deux fois, à moins qu'il ne lui arrive de sauter des paragraphes entiers. Il peut, au fil des lignes, découvrir une expression qui le choque et qu'il sera tenté de « corriger ». Dans certains passages de manuscrits datant de l'époque du rabbin Aqibah, l'auteur n'hésite pas, par exemple, à écrire que Yahvé se tient devant Abraham alors que, dans les textes des IXe et Xe siècles, c'est toujours Abraham qui vient se présenter devant Yahvé. Cependant, ces différences portent presque toujours sur des points de détail. L'intransigeance d'Aqibah et de ses confrères, leur insistance pour que soient respectés le moindre tiret, le moindre trait de plume ont certainement contribué à une transmission du texte d'une extraordinaire fidélité à l'original.

La lecture et la compréhension de ces anciens textes

soulevaient toutefois un problème d'un autre ordre : les mots étaient accolés et la plupart des voyelles omises. Tant que scribes et lecteurs partageaient le même patrimoine linguistique et culturel — même prononciation de la langue hébraïque et même schéma mental d'interprétation de l'énoncé — tout allait pour le mieux, mais, au cours des siècles, les Juifs étaient allés s'établir un peu partout dans le monde, et leurs communautés avaient fini par adopter la culture, le parler et les accents des populations avec lesquelles elles étaient en contact.

La lettre des textes sacrés était sauve, mais le danger d'une dérive du sens existait et risquait de s'aggraver. La tradition voulait que, pour l'interprétation des Saintes Ecritures, on s'en remît au savoir collectif des docteurs et rabbins, aussi bien qu'aux commentaires et exégèses disponibles dont le nombre était considérable et dont certains remontaient au temps d'Aqibah. A mesure que les communautés juives essaimaient à travers le monde, les traditions tendaient à se perdre et les mots les plus saints prenaient de nouvelles significations. Dès le VIIIe siècle, plusieurs grands foyers de spiritualité — à Babylone, en Espagne, à Alexandrie — étaient conscients de ces difficultés et cherchaient des moyens de les surmonter.

Il fallait inventer un système de graphie qui puisse être adopté par l'ensemble des communautés du judaïsme ; ce fut une œuvre de longue haleine entreprise par les générations successives d'une famille de rabbins originaires de Tibériade, en Galilée, ville qui, depuis la chute de Jérusalem, était devenue un point de ralliement pour les Juifs de Palestine. Les Ben Asher inventèrent un code graphique qui faisait passer dans l'écriture la vocalisation traditionnelle de la langue hébraïque ; ils déterminèrent l'espacement des mots et des phrases et l'étalonnage des lignes et paragraphes pour l'ensemble du corpus biblique. Enfin matérialisé, l'héritage d'une tradition verbale s'inscrivait dans une graphie accessible à tous sur les rouleaux sacrés.

De surcroît, une numérotation vint signaler la lettre du milieu du mot au centre de chaque ligne dans tous les livres, permettant une vérification aussi précise que rapide du contenu de chaque manuscrit par simple comptage. Depuis des temps immémoriaux, la Loi avait décrété que toute copie défectueuse des textes sacrés devait être brûlée, et que seuls des exemplaires en parfait état seraient introduits dans les synagogues, les ouvrages défraîchis ou usagés étant gardés dans des resserres ou « genizah ». C'est d'un de ces genizah que provenaient les fragments trouvés au Caire.

Une législation des plus strictes régentait chaque étape du processus de fabrication des manuscrits sacrés. Elle indiquait l'encre à employer, le type de parchemin, ce dernier provenant toujours de peaux d'animaux jugés rituellement purs ; elle spécifiait de façon minutieuse les espaces entre les lettres, les mots et les lignes. Il était écrit que si un scribe était en train de calligraphier le nom du Seigneur, il ne devait jamais s'interrompre même au cas où un roi lui adresserait la parole. Il lui fallait attendre d'avoir consigné le nom saint entre tous avant de répondre au roi. Avant de commencer à écrire ce même nom, il devait prendre soin de tremper sa plume dans l'encrier pour ne jamais être pris de court avant d'avoir terminé. Le scribe se devait d'avoir pour modèle un manuscrit de référence, un texte jugé sans imperfection, à consulter avant la correction du moindre point ou du moindre mot, et il ne se mettait jamais à la tâche sans avoir récité les prières les plus solennelles. Reproduire un texte sous la contrainte de tels impératifs devenait un véritable défi qui se trouva relevé le jour où fut inventée la nouvelle technologie de l'imprimerie. Lorsque, vers l'an 1440, un procédé utilisant des caractères mobiles fut mis au point en Europe, les savants juifs ne furent pas les derniers à en voir les possibilités. Dix ans seulement après cette grande découverte, dans un atelier d'Avignon, des Juifs s'initiaient à ces nouvelles techniques et le premier livre en langue hébraïque connu parut en 1447. Dix années plus tard, les premières Bibles hébraïques — les plus remarquables sans doute par leur facture — sortaient des presses d'une famille d'imprimeurs juifs allemands qui s'était établie, avec la permission du duc de Milan, dans la petite ville de Soncino, près de Crémone. A cette époque, toutes les bibliothèques d'Italie commençaient à enrichir leurs fonds des belles productions des imprimeurs de la Renaissance italienne dont les maquettes d'une élégante netteté continuent, même de nos jours, à influencer l'édition. Dans leurs ateliers, les imprimeurs de Soncino se mirent à fabriquer leurs propres caractères hébraïques dont la splendeur donnait aux mots antiques une étrange qualité d'exotisme. En 1485, toujours dans ces ateliers de Soncino, on publia une Bible hébraïque de format réduit. Ce premier « livre de poche » convenait particulièrement aux Juifs — grands voyageurs s'il en fut — et c'est sans doute une de ces petites Bibles qu'emporta Martin Luther quand il se vit réduit à fuir ; on peut penser que c'est à partir de ce texte qu'il traduisit en allemand l'Ancien Testament qui allait devenir la pierre d'angle du protestantisme en Allemagne. Au cours du XVIe siècle, les imprimeurs de Soncino établirent des ateliers à travers toute l'Europe ; ils s'installèrent à Naples, puis en France et en Espagne, dans les communautés juives des bords du Rhin, et même à Constantinople où ils furent les premiers à introduire une presse à imprimer. Leur production était considérable, car la Bible hébraïque faisait de gros tirages ; chaque exemplaire numéroté portait l'estampille des ateliers de Soncino : un petit castel fièrement crénelé.

C'est pourtant de l'imprimerie d'un éditeur chrétien que sortit l'exemplaire de la Bible hébraïque qui allait être reconnu comme version courante. Expulsé de Tunis, le vénérable érudit Jacob ben Khayim avait réussi à trouver un emploi à Venise où, selon ses propres termes, « Dieu me fit rencontrer un chrétien à l'esprit distingué et au cœur pieux ». Cet homme, Daniel Bomberg, était imprimeur et il avait demandé à Ben Khayim de réviser l'édition d'une Bible en langue hébraïque qu'il avait publiée quelque temps auparavant « pour en corriger les erreurs et en examiner le contenu afin de lui donner le poli de l'argent le plus pur et l'éclat de l'or le plus fin ». En 1524, Bomberg sortit sa seconde édition de la Bible hébraïque réalisée sous la direction de Jacob ben Khayim qui fut adoptée comme la version faisant autorité pour le texte imprimé. Enfin, l'Occident allait pouvoir tenir en main le corpus des manuscrits rassemblés par les soins de la famille des Ben Asher de Tibériade, le fruit du travail du rabbin Aqibah, la tradition de tout un lointain passé, et cela dans un texte clair, minutieusement revu et corrigé.

Daniel Bomberg était un homme hors du commun. Né à Amsterdam d'une riche famille de négociants, il avait été attiré très vite par cette nouvelle technologie qu'était l'imprimerie. Mais, chose encore plus remarquable pour un gentil de son époque, il était féru de langue hébraïque. Il l'avait apprise en autodidacte ; il la parlait et l'écrivait. « Sur ce livre reposent les fondations de la chrétienté », disait-il de la Bible hébraïque. Bomberg avait été l'un des premiers imprimeurs à s'établir à Venise, et la qualité de son travail en faisait le meilleur artisan de la place ; il recrutait les ouvriers les plus habiles et les plus qualifiés de l'époque, fondait ses propres caractères et, parfois même, fabriquait le papier qu'il utilisait. En ces temps, les Juifs de Venise étaient assignés à résidence dans un quartier proche des fonderies de canons et qui portait le nom de « Ghetto ». Bomberg obtint des dispenses spéciales qui permettaient à son personnel de circuler librement en ville sans être coiffé du couvre-chef jaune dont le port pour les Juifs était obligatoire.

Les ateliers de Bomberg ne se cantonnaient pas dans la seule production de Bibles hébraïques ; ils imprimaient aussi toutes sortes d'ouvrages de la littérature juive auxquels Bomberg appliquait des critères de qualité et d'élégance qui sont exactement ceux que l'on attend aujourd'hui d'un bon éditeur. Quelle force avait bien pu pousser cet homme à se choisir un créneau si particulier, une spécialité aussi pointue ? L'extraordinaire fini de son travail ne peut s'expliquer par le seul amour de l'ouvrage bien fait chez un érudit, ni même par le sentiment du devoir accompli pour une âme chrétienne. On ne sait sur lui que très peu de chose, sauf qu'il mit dans son entreprise toute sa fortune personnelle et que son fils suivit ses traces. Parmi les premiers imprimeurs, ces deux personnages se signalent autant par leur talent que par le mystère qui les entoure.

Pour observer la Loi dans toute sa rigueur, il était nécessaire de la bien connaître, et les membres des communautés juives possédaient un bon niveau d'instruction. La demande pour les ouvrages en langue hébraïque était telle que beaucoup d'imprimeurs se mirent à en produire. D'autre part, les érudits chrétiens faisaient publier le texte de la Bible hébraïque concurremment aux versions grecque et latine. Au XVIe siècle, des voix commencèrent à s'élever pour réclamer une révision des textes sacrés du christianisme en vue de leur donner une forme littéraire adaptée à la culture religieuse contemporaine. Le clergé prit d'abord ombrage devant cette requête, car toute version du texte autre que celle qu'il utilisait lui semblait inutile, voire teintée d'hérésie. On craignait qu'en donnant aux chrétiens la possibilité de lire la Bible en langue hébraïque ils n'aient la tentation de se convertir au judaïsme ; quant à la version des Septante, n'était-elle pas déjà l'ouvrage de référence d'une église schismatique ? Cependant, les érudits et les intellectuels ne désarmaient pas et leurs demandes se faisaient de plus en plus pressantes en dépit des bulles papales interdisant la publication de presque toutes les œuvres hébraïques et des continuelles persécutions qui frappaient leurs éditeurs. L'imprimerie était alors une nouveauté et personne ne prévoyait que ses progrès techniques allaient créer une nouvelle forme de pouvoir, mais on sentait pourtant qu'il allait falloir compter avec cette innovation, qu'elle risquait de jouer un rôle déterminant dans la formation des esprits de la Renaissance.

C'est en Espagne, à Alcala, en 1552, que fut établi et publié le texte d'une première Bible multilingue qui serait suivie de beaucoup d'autres. Appelé *Computensian Polyglotte* (d'après *Computensis*, nom latin de la ville d'Alcala), ce superbe ouvrage reproduisait l'Ancien Testament à la fois dans le texte grec de la version des Septante — imprimé pour la première fois — et dans le texte hébraïque de la Bible de Soncino qui encadraient le texte en latin romain. Un commentaire expliquait que ce triptyque rappelait la scène de la Crucifixion où le Seigneur sur la croix était flanqué des deux larrons. Le livre était magnifique et connut un si large succès que la maquette en fut reproduite par les imprimeurs de presque toute l'Europe. Enfin, les textes sacrés qui comprenaient l'histoire d'Israël et de son peuple opprimé et toute la somme d'érudition de ses sages s'offraient à l'univers du monde chrétien.

CHAPITRE IV

Jésus et le Nouveau Testament

L'air du temps

On peut dire que l'élaboration et la rédaction de la Bible correspondent, *grosso modo*, aux deux périodes historiques qui ont suivi les grandes invasions de la Terre sainte. Au VIe siècle avant Jésus-Christ, une première vague venue de l'est avait entraîné l'annexion de la Judée et l'exil de ses populations. Avant même le Retour, c'est au cours de cette longue période d'Exil que les scribes ont eu l'occasion de réécrire les anciennes annales célébrant la foi de la nation, fournissant ainsi le matériel où serait puisé le texte de l'Ancien Testament. Venue de l'ouest, au IVe siècle de l'ère chrétienne, une seconde vague d'invasion avait apporté avec elle l'hellénisme et vu son triomphe. Tiraillés entre les païennes délices de cette nouvelle forme de culture et la répulsion qu'ils éprouvaient à son égard, les Juifs s'étaient laissés piéger par leurs propres contradictions ; entraînés dans des conflits qui ne pouvaient tourner qu'à leur désavantage, ils avaient fini par tout perdre dans cet affrontement avec le pouvoir romain. Le désastre national avait incité les rabbins à faire un nouvel examen des textes sacrés, à y mettre de l'ordre et à en déterminer, une fois pour toutes, les formes et le contenu. A la même époque, le climat d'insécurité et la remise en cause des valeurs traditionnelles ainsi que les problèmes moraux soulevés par l'occupation romaine allaient favoriser l'émergence du christianisme et l'élaboration du premier texte sacré chrétien : le Nouveau Testament.

Hors du territoire de la Palestine, les premiers hommes à se convertir au christianisme furent les citoyens des grandes villes hellénistiques des frontières orientales de l'empire romain. Les apôtres ont apporté le message de leur foi dans les cités qui étaient des creusets du pouvoir impérial : Antioche, Ephèse, Alexandrie, Corinthe, Rome. Et c'est au public de ces métropoles que s'adressait le texte du Nouveau Testament écrit au cours des deux premiers siècles de notre ère. Ainsi, les enseignements d'un Juif obscur de Palestine pénétrèrent au cœur des grands centres de la civilisation la plus cosmopolite, et s'ils connurent un tel retentissement c'est qu'ils vibraient d'une passion qui comblait l'attente des déçus de l'hellénisme fort nombreux car les villes de lumière cachaient des zones d'ombre. Derrière l'arrogance de leurs sublimes façades, derrière l'assurance que la fortune donnait à leurs habitants, se dissimulaient bien des faiblesses comme en témoignent les statues qu'ils érigeaient en l'honneur de leurs divinités.

Celle du satyre Marsyas, par exemple. Vaincu dans un concours musical où s'affrontaient les dieux, Marsyas, condamné à être écorché vif par Apollon, dieu de la Lumière, vient d'être attaché au poteau. L'œuvre est célèbre car ce bloc de marbre résume toute la beauté selon les canons du goût hellénistique ; elle a été exécutée dans l'un des royaumes d'Asie Mineure fondés par les généraux d'Alexandre. A l'approche des lames qui vont le dépecer, le corps de Marsyas se convulse. Pieds et poings si étroitement liés qu'on les dirait bottelés, sa chair est parcourue de frissons devant la souffrance qui, déjà, le déchire. Le satyre est devenu un martyr en puissance ; il semble le précurseur de tous les corps crucifiés sculptés au cours des siècles qui suivront, images de torses humains qui gardent dans la rigidité de la mort toutes les affres d'une agonie endurée sur la croix. La seule contribution que l'hellénisme ait faite à la Bible, c'est de lui donner un nouveau sens de la durée. Alors que les patriarches de l'Ancien Testament existaient dans les limbes du temps, et que Marsyas était encore suspendu entre mythe et réalité, Jésus, du haut de sa croix, domine tout notre monde contemporain ; avec lui commence notre propre histoire ainsi que le prouve le calendrier qui est le nôtre. Jésus est à l'origine de la civilisation occidentale : il est peut-être le fils de Dieu, mais toute la tragédie de la condition humaine est inscrite dans son corps supplicié.

En éveillant chez l'homme la conscience de la durée et de la marche implacable du temps, l'hellénisme avait engendré un désenchantement qui n'a pas fini de hanter les esprits. Et, là encore, la statue de Marsyas peut servir de repère, car c'est à Pergame qu'elle a été exécutée ; Pergame, joyau de la période hellénistique, avait été construite grâce aux fabuleux trésors que ramenaient les chars de guerre d'Alexandre. Cette fortune appartenait à un général qui mourut subitement, et l'un de ses chambellans eut la chance de voir tomber toutes ces richesses dans son escarcelle. Dans la mythologie, la vie de Marsyas, ses succès, ses échecs, sont également marqués des caprices du hasard. Flûtiste de grand renom, sa vocation était née tout à fait accidentellement ; un jour, il avait ramassé une flûte abandonnée par une déesse fort dépitée de voir les dieux se moquer des grimaces qui déformaient son visage quand elle s'essayait à en jouer. Si Marsyas était entré en compétition avec Apollon, il le devait à une circonstance fortuite : il avait vaguement entendu parler de ce concours que, d'ailleurs, il s'était vu à deux doigts de gagner. La statue montre donc un homme victime des coups du sort, et le supplice de Marsyas est à la fois le fruit du hasard et celui de la nécessité. Le personnage résume bien la grande thématique du destin que la statuaire grecque illustre si fortement avec ses géants — dieux ou mortels — tous engagés dans des combats aussi futiles que désespérés, comme ces petits soldats dont les silhouettes sautillent au rythme des vieilles bobines des « actualités » de la Première Guerre mondiale. On sent bien que tous ces hommes sont englués dans des luttes sans merci dont l'issue ne peut être que fatale ; effroyablement solitaires et vulnérables, il ne leur reste plus que la dignité de regarder la mort en face.

Cela, c'est l'envers de l'hellénisme. Les grandes certitudes qui avaient permis d'entreprendre la construction des villes de lumière se payaient au prix de la solitude et d'un éloignement des dieux que les civilisations plus anciennes n'avaient jamais connus. La vie de tous les jours était cruelle, froide, impersonnelle. Témoin, la pratique esclavagiste qui, du temps de Socrate, était la source des richesses de la grande cité-Etat d'Athènes où les esclaves fournissaient la main d'œuvre dans des mines d'argent dont le rendement était tel que tous les hommes libres de la ville recevaient une allocation régulière comptée en pièces d'argent ; l'esclavage s'était répandu dans tout l'empire d'Alexandre ; c'était de lui que le pouvoir romain tenait ses principales ressources. Parlant des esclaves, un penseur romain disait qu'ils étaient « en quelque sorte, des outils de travail ». Jamais, les antiques civilisations assyriennes ou babyloniennes n'avaient ainsi bafoué la dignité humaine. Rome a fait le silence sur ses esclaves, un silence qui lui a permis de condamner une multitude d'hommes au travail forcé et à l'oubli de leurs contemporains. Cependant, dans la sévérité des châtiments que le pouvoir romain infligeait à ses esclaves — et dont la crucifixion était le plus horrible — on peut deviner la peur latente qu'inspiraient ces opprimés.

Mais l'esclavagisme n'était qu'un des nombreux problèmes qui assaillaient le monde romain. Dans les Evangiles, Jésus de Nazareth aborde une foule de questions auxquelles les patriarches de l'Ancien Testament ne s'étaient jamais heurtés et qu'ils auraient même été bien incapables de comprendre. Il faut dire que l'époque permettait aux individus d'accumuler de vastes fortunes. Ce n'était plus le lignage ou le rang social qui déterminaient la possession des biens matériels ou du pouvoir, mais les jeux de l'économie et de la finance. D'autre part, le corps social avait subi de profondes mutations et le code de moralité publique devait intégrer de nouveaux critères : transparence dans les affaires et influence des activités de négoce sur le niveau moral de l'individu. Enfin, la prospérité même amenait des problèmes à résoudre de toute urgence : gestion des villes nouvelles et maintien de leur loyauté à l'Empire, ordre civique, collecte des impôts et traitement de la fraude fiscale, coexistence des anciennes religions en place et de l'ordre impérial.

Trop souvent, la vision de cette « période de la naissance du christianisme », celle où fut rédigé le Nouveau Testament, est déformée par le regard de ceux qui ne veulent la voir que comme l'écran où se projetterait, en quelque sorte, le générique de leur religion. De même qu'il ne faut pas prendre Alexandre le Grand pour un jeune Grec idéaliste qui, frais émoulu de l'académie d'Athènes, brûlait du désir de porter la sagesse de ses maîtres aux satrapes de l'Orient, il serait faux d'adhérer au vieux cliché éculé selon lequel l'Empire romain au Ier siècle de notre ère serait un pouvoir païen « vieilli, épuisé, barbare et avide de boire à la source limpide d'une nouvelle foi ». Avec de tels arguments, on pourrait tout aussi bien soutenir que les farouches royaumes qui échurent aux généraux d'Alexandre étaient des foyers d'ardente spiritualité dont le christianisme est sorti pour être plus tard commercialisé par ces rapaces marchands qu'étaient les Romains, à grands renforts de campagnes publicitaires comme un vulgaire produit de consommation !

La société cosmopolite pour laquelle le Nouveau Testament a été écrit était certes impitoyablement cruelle, mais il serait faux de croire qu'elle sombrait dans la décadence. Pendant les deux premiers siècles de notre ère, la prospérité était plus ou moins générale et la vraie crise économique ne viendrait que plus tard, sous les règnes des derniers empereurs christianisés, amenant un accroissement sensible du nombre des esclaves et de la paupérisation, alors que les églises, les cours impériales et les grandes maisons militaires étalaient sans vergogne leurs richesses. Il n'y a pas non plus lieu de penser qu'en embrassant le christianisme, qui était alors une religion minoritaire, l'Empire romain ait réalisé ce qu'on est convenu d'appeler une bonne opération.

L'époque où s'élaborait les textes du Nouveau Testament coïncide avec un monde dynamique, relativement prospère et administré avec compétence, où les divinités existantes répondaient parfaitement aux besoins spirituels des hommes. C'est bien ce monde qui allait recevoir la prédication de Jésus et celle des apôtres. Si cette nouvelle conception de la spiritualité avait sa source en Orient, c'est l'Occident qui devait lui donner une assise, une structure, et permettre son enracinement et sa propagation. Grâce à ses méthodes d'administration et de gouvernement, l'Empire romain, qui s'étendait sur un immense territoire, était beaucoup plus puissant que ne l'avaient été les grands empires de l'Antiquité, car le pouvoir central était relayé par un maillage si serré que le message d'un obscur artisan originaire d'une province perdue en ses lointains confins orientaux pouvait se faire entendre et trouver un écho de l'Egypte à la Northumbrie. Ce qui faisait la force de ce maillage, c'était la présence de l'influence hellénique que Rome avait su très habilement exploiter à son avantage. Devenues langues internationales, le grec et le latin favorisaient l'accès à l'éducation, et l'immense réseau commercial qui remplissait les coffres impériaux a certainement facilité l'expansion du christianisme et des ouvrages qui en contenaient la doctrine sur toute l'étendue de l'Empire. D'autres religions ont d'ailleurs profité de ce même concours de circonstances, mais Jésus a été le premier chef spirituel qui ne soit ni un noble ni un familier de quelque cour que ce soit. Le pouvoir de l'écriture était devenu si fort dans la Rome impériale qu'un mécénat de ce genre n'était plus nécessaire pour fonder une nouvelle religion. Mais ce qui est le plus étonnant, c'est que le Jésus des Evangiles n'appartient pas, par ses origines, aux grandes sociétés urbanisées et cosmopolites de l'époque ; d'après les Evangiles, il a passé le plus clair de son existence dans le milieu farouchement conservateur du judaïsme. Si l'on examine les textes juifs de la région et de la période de Jésus, et si on les compare au texte des quatre Evangiles, il apparaît clairement que Jésus se comporte bien en pharisien et en Galiléen, et pourtant, les passages les plus forts, les images les plus prégnantes de la prose des évangélistes sont destinés au vaste public des citoyens de l'Empire romain. On dirait que les auteurs des Evangiles ont tenté, par l'écriture, de camper un personnage qui puisse se faire comprendre de deux cultures totalement différentes. Qui donc était ce Jésus qui se tient ainsi à la charnière de deux mondes ?

La main sur l'Evangile, ou Jésus devant les archéologues

Les écrits évangéliques répètent à longueur de pages que si Jésus a réussi à éveiller l'intérêt des populations de Judée et de Galilée, c'est grâce aux miracles qu'il faisait, aux guérisons qu'il opérait chez les malades. Pour les gens de l'époque, le détenteur de tels pouvoirs ne pouvait être qu'un homme parfaitement au fait des traditions religieuses et de l'interprétation de la Loi : un saint. « Rabbi, dit Nicomède à Jésus, nous savons que tu es un maître qui vient de la part de Dieu, car personne ne peut opérer les signes que tu fais si Dieu n'est pas avec lui » (Jean, III, 2). D'après les Evangiles, la faculté qu'avait Jésus de guérir les affections du corps et de l'esprit servait en quelque sorte de « bande-annonce » à l'enseignement qu'il dispensait ensuite. Le miracle venait en préambule à la prédication et la persistance de ce schéma devint l'une des causes des persécutions dont Jésus fit l'objet et de sa condamnation à mort. En effet, dans le quatrième Evangile, les grands prêtres et les pharisiens déclarent : « Que faisons-nous ? Cet homme opère beaucoup de signes. Si nous le laissons continuer ainsi, tous croiront en lui, les Romains interviendront et ils détruiront et notre saint lieu et notre nation » (Jean, XI, 41-48).

Guérisseur et prédicateur, Jésus, de passage à Jérusalem, ne pouvait manquer de visiter les refuges réservés aux malades qui — comme ceux des villes hellénistiques — se trouvaient à proximité de quelque source d'eau. Ainsi, l'Evangile de Jean décrit Jésus puisant dans les eaux limpides et tièdes de l'étang de Siloé qui servait de réservoir à la cité de David pour guérir un aveugle : « Et toi, que dis-tu de celui qui t'a ouvert les yeux ? » demandèrent les rabbins au miraculé qui répondit : « C'est un prophète. » (Jean, IX, 17). Une autre fois encore, à la piscine de Bethesda (dite aussi piscine Probatique), près de la porte des Brebis, la même scène se déroule :

> Elle [*la piscine*] possède cinq portiques sous lesquels gisaient une foule de malades, aveugles, boiteux, impotents. Il y avait là un homme infirme depuis trente-huit ans, à qui Jésus dit : « Lève-toi, prends ton grabat et marche. » Et l'homme prit son grabat et il marchait.
>
> (Jean, V, 3-9)

Dans la civilisation hellénistique, ces épisodes font référence à une pratique médicale tout à fait courante. A Corinthe, en Grèce, dans un refuge semblable quoique beaucoup plus vaste, un certain Hermodikos fit graver dans le temple d'Esculape, dieu de la Médecine, une inscription qui mentionne une guérison en tout point similaire à celles qu'évoque l'Evangile de Jean : « En remerciement pour tes bontés, ô Esculape, je te dédie ce roc que j'ai soulevé par la seule force de mes bras et qui restera, aux yeux de tous, le témoignage de tes pouvoirs. Car, avant de me remettre entre tes mains et entre celles de tes fils médecins en ton temple, je souffrais d'une terrible maladie : j'avais un abcès au poumon et mes deux bras étaient paralysés. Tu m'as convaincu que je pourrais soulever ce roc ; je t'ai obéi et j'ai été guéri. » Lorsque, au Ve siècle après Jésus-Christ, un chrétien vint en pèlerinage à la piscine de la porte des Brebis, il nota : « C'est à cet endroit même que le Christ a guéri un paralytique dont on peut d'ailleurs encore voir le grabat. » Comme aujourd'hui sur les lieux où se produisent des guérisons miraculeuses, les sanctuaires de l'Antiquité étaient ornés d'ex-voto en mémoire des prodiges qui y avaient eu lieu.

A l'époque où vivait Jésus, Jérusalem était encore une ville juive, car les grandes émeutes qui allaient amener sa destruction ne se dérouleraient que quelque quarante ans plus tard. Mais le labyrinthe de ses passages et de ses venelles était déjà flanqué des monuments dans le goût hellénistique dont Hérode était féru : le grand Temple, le palais royal avec sa forteresse, mais aussi de belles villas à la grecque qui étaient les demeures des prêtres, et, bien sûr, un *Esculapium*, c'est-à-dire un asile pour les malades. La renommée de cet Esculapium était telle que sa façade, semblable à celle d'un temple classique, figurait sur certaines des pièces de monnaie alors en circulation à Jérusalem. Il était situé à côté des piscines de la porte des Brebis. Les prêtres du Temple exigeaient, pour le lavage des animaux à sacrifier sur les autels du sanctuaire, une eau qui fût rituellement pure et se servaient de celle que les pluies faisaient ruisseler des collines avoisinantes et que l'on recueillait dans deux grands bassins. Les beaux portiques sous lesquels gisaient les malades — selon le texte de Jean — étaient de construction récente ; ils dataient sans doute de la période des grands travaux de reconstruction entrepris par Hérode. Ces fameux « cinq portiques » de l'Evangéliste ont d'ailleurs donné aux chercheurs bien du fil à retordre, car qui aurait pu, à l'époque, imaginer une piscine à cinq côtés ? En 1960, le problème a été résolu. Des fouilles ayant mis au jour une partie de l'infrastructure du site montrent l'emplacement de deux bassins rectangulaires entourés de colonnades entre lesquels se dessine une allée étroite qui formait le cinquième portique. Tout à côté, se dresse la belle église Sainte-Anne, construction gothique datant du XIIe siècle et due aux croisés qui l'ont édifiée sur les vestiges d'une basilique byzantine. Deux lieux successifs de culte ont donc marqué l'endroit où se trouvaient les piscines de la porte des Brebis, déjà connues par les écrits traditionnels et par l'Evangile de Jean. La grande masse de la basilique byzantine, dont le parvis s'élevait bien haut, au-dessus des portiques qui ceinturaient les bassins, avait tout simplement caché l'espace de la petite allée ! On peut pardonner aux archéologues un léger sourire de satisfaction lorsqu'ils voient les résultats de leurs travaux venir étayer les descriptions parfois un peu énigmatiques que donne le texte du Nouveau Testament, surtout s'ils corroborent la réalité en Palestine à l'époque de Jésus.

Une fois déblayées les ruines de l'église byzantine qui occupait l'emplacement de la porte des Brebis, les archéologues découvrirent des vestiges provenant des fondations de l'Esculapium sur lesquelles s'érigeait en partie ladite église. Comme si souvent, la construction d'un sanctuaire sur les fragments d'un ancien temple soulignait le triomphe du christianisme sur les divinités païennes. En l'occurrence, l'église sanctifiait du même coup les guérisons miraculeuses que le Christ avait opérées dans ce lieu de culte du paganisme. Les Byzantins avaient détruit la plus grande partie de l'Esculapium dont ne restaient que quelques petites salles souterraines, celles qui, autrefois, servaient de dortoirs et de « salles d'attente » aux malades qui venaient consulter le dieu guérisseur. L'Evangile de Jean affirme que, pour être guéri, le malade devait être plongé « dans la piscine au moment où l'eau commence à s'agiter » (Jean, V, 4), croyance tout à fait courante à la période hellénistique où il fallait que l'eau bouillonne pour avoir vertu curative. Près des bassins, les archéologues ont découvert des morceaux de bas-reliefs classiques ; l'un d'eux était un ex-voto, don d'une femme, une certaine Poppeia Lucilia, dont le pied blessé avait été guéri par le dieu ; d'autres montraient des scènes de malades descendant dans les piscines miraculeuses, et il y avait même un fragment de sculpture représentant un serpent, Esculape ayant fait du reptile son animal de compagnie. De nos jours encore, l'image du serpent orne le caducée qui est devenu l'emblème de la profession médicale.

Si, pour des mentalités contemporaines, il peut paraître étrange de voir ainsi se côtoyer culte païen et culte sacré du Temple de Yahvé — puisque les mêmes eaux rituellement pures servaient à l'un et à l'autre — il ne faut pas oublier que, dans l'Antiquité, Jérusalem avait toujours abrité des sanctuaires dédiés aux divinités du paganisme, objets de grands courroux pour les prophètes bibliques. Au IVe siècle, un moine chrétien a donné une description des « piscines aux cinq portiques », ajoutant qu'à l'époque « un grand nombre de malades les fréquentaient encore sous les yeux écarquillés et incrédules de la population juive ». C'est qu'en effet, au IVe siècle, la personne du Christ, souverain guérisseur, avait déjà supplanté Esculape dans les esprits, et la grande basilique byzantine qui écrasait de toute sa masse les deux piscines en donnait l'éclatant témoignage. Les guérisons qu'avait opérées Jésus en ce lieu ne différaient en rien dans leur méthode de celles obtenues par les disciples d'Esculape dans tout l'Empire romain. Comme eux, Jésus procédait par imposition des mains, par l'énoncé de formules et, pour ses contemporains, ces pratiques n'avaient rien de surprenant ; elles correspondaient exactement à ce que l'époque attendait de ses médecins. De nos jours, on est tenté d'attribuer les miracles de Jésus à des phénomènes psychosomatiques ou encore au pouvoir de l'hypnose. Ce genre d'explication n'apporte rien à la compréhension de la réalité du monde antique, où tout le monde savait que la guérison des maux était le domaine réservé des sages et des dieux. On peut à la rigueur s'en contenter si, tout en acceptant le message de Jésus, on se refuse à croire qu'il ait pu faire des « miracles », mais c'est s'obstiner à ne tenir compte ni des circonstances historiques, ni du milieu qui était celui de Jésus et des auteurs des Evangiles. Lorsqu'on étudie le monde de l'Antiquité, mieux vaut se garder de vouloir à toute force en « expliquer » les événements ou les faits ! Il est préférable d'essayer de comprendre une civilisation qui les tenait pour parfaitement normaux et crédibles ; certes, cette civilisation est bien différente de la nôtre, et sa sagesse, ses subtils modes de pensée nous désarçonnent souvent, mais ce n'est pas une raison pour les traiter avec condescendance. D'ailleurs, n'est-il pas pratiquement impossible d'obtenir sur le même événement deux témoignages identiques ? Chacun a sa façon de rapporter les faits, de voir les choses sous tel ou tel angle, et les quatre évangélistes n'échappent pas à la règle mais, tous quatre, ne font-ils pas implicitement référence à la vision commune qu'ils ont de la réalité de leur époque ? Au IVe siècle, la très haute et noble Dame Egeria qui faisait un pèlerinage en Terre sainte raconte qu'on avait fabriqué un autel avec les pierres qui avaient servi de table à Jésus, le jour de la multiplication des pains sur les bords du lac de Tibériade, et que « les gens arrachaient des éclats de ces pierres et les ramenaient chez eux, dans l'espoir que ces reliques leur porteraient bonheur, ce qui était souvent le cas ». Ce témoignage résume très bien les mentalités de l'époque.

D'autre part, qui veut traiter les quatre Evangiles comme des documents de première main, de simples reportages de la vie de Jésus, risque de se heurter à des problèmes d'un autre ordre ; il faut, en effet, prendre en compte que ces textes ont été rédigés au moment où l'Eglise était en plein essor et où les souvenirs de Jésus qui l'avait fondée par ses enseignements et ses actes appartenaient déjà à une tradition orale. Cette tradition obéissait à toutes les lois du genre et inspirait la démarche des chrétiens de l'Eglise primitive. De l'avis général des biblistes, les Evangiles du Nouveau Testament constituent quatre tentatives distinctes de matérialiser dans l'écriture la mémoire de Jésus transmise par la tradition orale. Cette théorie implique que les quatre Evangiles sont des compilations de documents antérieurs, ce qui présuppose déjà un certain nombre de choix, sans doute en partie imposés par les priorités que se fixaient les premiers chrétiens. Jésus était-il véritablement le fondateur de leur Eglise ou n'en avait-il été que l'inspiration ? Le contenu des Evangiles tendrait à montrer que le projet de Jésus était bien de jeter les bases d'une Eglise nouvelle, mais l'image que les évangélistes donnent de ce fondateur reste celle d'un prophète juif parfaitement inscrit dans le milieu de son temps. Avec cette dualité de regard, le récit de la vie de Jésus entre dans le domaine littéraire. Les Evangiles sont une œuvre dont Jésus est le personnage principal.

Comment arriver à comprendre quel homme était Jésus ? L'entreprise est non seulement délicate mais rendue quasiment impossible par les opinions divergentes et les débats passionnés que soulève, aujourd'hui encore, la seule mention de son nom. Le site archéologique de Capharnaüm résume à lui seul toute la difficulté du problème. Si les vestiges de cette antique cité des bords du lac de Tibériade marquent le lieu où Jésus a vécu et prêché, alors le magnifique monument superbement restauré qui s'y dresse de nos jours à dû remplacer la synagogue décrite dans les Evangiles comme l'endroit où il dispensait son enseignement et accomplissait ses guérisons miraculeuses. De fait, les murs de pierre blanche du bâtiment actuel laissent voir la dalle de basalte noir sur laquelle ils ont été construits légèrement en biais, la curieuse projection de leurs angles montrant que le présent sanctuaire ne recoupe pas exactement le plan de la première synagogue.

Après la destruction de Jérusalem, le rituel quotidien des prières dans cette magnifique synagogue — comme dans toutes les autres, d'ailleurs — introduisait une formule de malédiction à l'égard des Juifs qui avaient renié leur foi et que l'on appelait les « minim ». On a souvent vu un lien entre l'influence du christianisme et l'incidence de tels reniements. Des quatre docteurs qui avaient enfreint l'interdit et pénétré dans les jardins du christianisme pour en savourer les fruits exotiques, un seul n'avait pas été empoisonné : le rabbin Aqibah. L'anecdote nous a été transmise par la tradition et semble indiquer qu'à l'exemple de Saül de Tarse, qui avait reçu l'enseignement des plus grands rabbins de son temps, de nombreux Juifs se sentaient attirés vers la nouvelle foi, ce que confirment aussi diverses chroniques juives qui mentionnent la présence de communautés de Juifs convertis au christianisme dans la région de Tibériade.

Non loin de la synagogue de Capharnaüm, parmi les habitations de la ville des bords du lac, certains de ces Juifs christianisés se seraient établis dans une sorte de bâtiment conventuel comprenant une église flanquée de cellules. Au IVe siècle, cet ensemble architectural jouissait d'une grande notoriété, car on disait que saint Pierre le Pêcheur y avait sa demeure où Jésus avait vécu avant de commencer ses prédications. Décidément infatigable, la très haute et noble Dame Egeria qui était venue en pèlerinage à Capharnaüm, aux environs de 380 au cours de son voyage en Terre sainte, déclarait : « A Capharnaüm, la maison du premier parmi les apôtres dont les murs subsistent encore est devenue une église. C'est en ce lieu que le Seigneur a guéri le paralytique. Mais il y a aussi une synagogue où le Seigneur a délivré un homme possédé par le diable. Ce sanctuaire est fait de pierres taillées et on y accède par une longue volée de marches. » Un siècle après le passage de Dame Egeria, l'ancien bâtiment conventuel avait été incorporé à une vaste église octogonale aux murailles faites de blocs de calcaire et au sol pavé de superbes mosaïques. Au cours de la construction, presque toutes les parties antérieures avaient disparu et leurs matériaux remblayaient désormais le soubassement du noble bâtiment de style byzantin qui était le nouveau sanctuaire ; outre des logements pour les officiants, il offrait plus d'espace pour accueillir les fidèles, et un baptistère dont les dimensions permettaient de faire face à la demande croissante des néophytes de la nouvelle religion de Jésus.

Ces églises de l'Antiquité empilées les unes sur les autres ont — tout autant que les Evangiles — suscité des interprétations multiples. A l'ouverture des fouilles de Capharnaüm, les archéologues franciscains qui travaillaient sur le site devaient frémir d'émotion : ce sol sablonneux allait-il révéler de quoi satisfaire leurs ardentes interrogations et — qui sait ? — livrer les vestiges de la maison, des salles, où l'apôtre Pierre, sinon Jésus lui-même, avaient vécu et travaillé ? Leur attente fut comblée ; du moins, c'est ce qu'ils proclamèrent car leurs excavations mirent d'abord au jour l'église octogonale construite au-dessus du petit bâtiment conventuel qui était probablement celui qu'avait vu la Dame Egeria lors de son pèlerinage ; puis, sous l'église, ils découvrirent quelques traces d'habitations villageoises regroupées qui remontaient au premier siècle de l'ère chrétienne. Ces maisons avaient été maintes fois reconstruites par leurs habitants successifs au cours d'environ deux siècles comme le prouvaient divers niveaux de sols ainsi que les nombreux éclats de poteries et fragments de lampes à huile qui y étaient incrustés. Ce qui frappa le plus les archéologues, ce fut l'absence complète de tout ustensile à usage ménager dans la petite salle carrée située au centre du bâtiment conventuel. Ils constatèrent également que, à la différence des autres maisons du village, les murs et le sol de cette même pièce montraient des restes de couches de peinture appliquées les unes sur les autres. Les enduits de plâtre du bâtiment conventuel portaient des traces de graffiti datant du IVe siècle, parmi lesquels on lisait les noms de Pierre et de Jésus entourés des signes et symboles de la tradition chrétienne, et même des indications sur le rituel du cérémonial religieux de l'époque.

Hélas ! Rien de tout cela n'apportait le moindre brin de preuve que Pierre eût jamais habité l'une ou l'autre des pièces des maisons villageoises au-dessous du bâtiment conventuel. Et il se trouve que le IVe siècle est justement une époque qui a vu, en Palestine, une véritable éclosion de sites sacrés similaires à celui de Capharnaüm, généralement due à des rêves ou à des visions qui signalaient ces emplacements qu'on se hâtait de sacraliser en y érigeant de belles églises de style byzantin ! Mais la conviction de nos archéologues n'en fut pas pour autant ébranlée ; persuadés d'avoir fait une découverte de la plus haute importance, ils renchérirent encore, déclarant qu'ils avaient également trouvé dans les maisons du village des articles de pêche, objets suffisamment probants à leurs yeux pour que le rapport final de leur mission prît pour titre *« La Maison de saint Pierre à Capharnaüm »*.

Dans les travaux scientifiques, il est d'usage de présenter d'une part les preuves documentées par la recherche archéologique, et d'autre part les interprétations que suggèrent les découvertes au cours des fouilles, sans pratiquer d'amalgame entre les deux parties. Or, rien dans les excavations des franciscains ne donnait l'ombre d'une preuve que la maison de saint Pierre se trouvait bien sur le site en question. Le titre même de leur rapport est donc hautement discutable et pénalise, d'entrée de jeu, l'intérêt qu'il pourrait avoir pour des archéologues dignes de ce nom. Il n'est donc guère surprenant que ce travail soit passé pratiquement inaperçu et n'ait suscité que fort peu d'intérêt dans les milieux autorisés. Un érudit de grand renom s'est borné à observer que « toute affirmation quant à la découverte de la maison de Pierre à Capharnaüm, basée sur la trouvaille d'un hameçon parmi les vestiges, doit être traitée avec scepticisme ». Les archéologues franciscains, déjà sérieusement attaqués par les érudits juifs qui leur cherchaient noise sur la datation exacte de la synagogue, prirent la mouche et répliquèrent à leurs collègues sur le ton de la plus acerbe polémique, notant que « leur argumentation manquait de sérénité », que leurs jugements reposaient « sur des thèses dont la faiblesse théorique confinait à la puérilité », leurs débats fourmillants « d'expédients ridicules » étant fondés sur « des hypothèses totalement gratuites ». Ces querelles byzantines ne seraient qu'une tempête de plus dans le verre d'eau universitaire si elles n'avaient été soulevées à propos du site de Capharnaüm qui se trouve être aussi important pour l'archéologie juive que pour l'archéologie chrétienne. Mais le débat est à ce point envenimé que ces vestiges découverts par les fouilles et consacrés par la piété des pèlerins qui, siècle après siècle, y ont vu la « vraie » maison de saint Pierre ne sont pratiquement plus jamais mentionnés aujourd'hui, même par les autorités religieuses. Un des guides qui, une fois par semaine, accompagnent la visite du site, a même dit à son auditoire : « Là, vous êtes libres de croire ce que bon vous semble ! Tout est affaire de foi ! » Il faut donc clore le débat et dire très simplement : Capharnaüm contient les vestiges d'une des plus belles et plus anciennes synagogues de Terre sainte ; à proximité, on trouve une église qui fut un lieu de pèlerinage parce que construite à l'endroit où la tradition place la maison de saint Pierre. On peut ajouter que le sous-sol du site renferme des ruines couleur de basalte et qu'elles proviennent d'un village qui, au premier siècle de notre ère, se nichait sous les frondaisons des grands eucalyptus au bord des eaux scintillantes du lac de Tibériade. En conclusion, on dira qu'on n'a jamais pu trouver en ce lieu de preuve formelle que Pierre ou Jésus aient vécu ici.

De même que nombre de chrétiens restent convaincus que les vestiges de Capharnaüm marquent bien l'emplacement de la maison de saint Pierre, d'autres demeurent intimement persuadés que les Evangiles sont un monde fermé aux âmes qui n'ont pas la foi et aux esprits sceptiques. Il y a pourtant plus d'un siècle que les savants chrétiens sont arrivés à la conclusion qu'il n'existe aucune preuve tangible ni sur l'homme que fut Jésus, ni sur l'humble vie qu'il a menée, et ils ont constaté que le personnage était devenu un mythe comme tant d'autres dans les grandes œuvres de la littérature. Cette assertion ne signifie nullement que Jésus n'ait pas existé car, si l'on applique à son cas les critères qui sont ceux des historiens, on voit bien que pour arriver à comprendre les données historiques, on est toujours impliqué dans une démarche qui participe du domaine de la foi. On pourrait dire, par exemple, qu'Alexandre le Grand et la reine Victoria ont tous deux connu des destins exceptionnels dont la légende s'est emparée au point qu'il est devenu malaisé de dégager leur biographie respective de la vénération dont ces deux monarques ont été l'objet et de l'aura qu'ils continuent à projeter. En ce qui concerne la reine Victoria, il ne reste qu'un nombre infime de témoins de son règne, et pourtant nul ne songerait à nier qu'elle ait bien existé et joué un rôle historique de premier plan. Et qui oserait mettre en doute la personne et le pouvoir d'Alexandre le Grand ? Souvent, dans les faits du passé, ce qui semble réel, ce qui engage l'adhésion et l'affectivité, c'est leur rayonnement beaucoup plus que leur poids de matérialité. Reste que cette matérialité est essentielle. Comme dans une boule de cristal que l'imagination ferait tournoyer à l'infini, c'est à partir du fait historique que jaillissent toutes les facettes de ces vies révolues. Le vieux village de Capharnaüm apporte donc sa contribution à la matérialité de l'histoire. Certes, là encore — comme dans tant d'autres sites en Terre sainte —, alors que le témoignage des Evangiles et la réalité historique sont sur le point de coïncider, un dernier élément vient faire disjoncter la belle logique du raisonnement, mais qu'importe ! La chose est si fréquente dans les textes sacrés qu'on est bien forcé de se demander si leurs auteurs n'ont pas délibérément refusé de faire le lien entre témoignage et réalité. S'ils n'ont pas voulu réduire la vérité à la seule matérialité du fait, c'est peut-être pour inviter leurs lecteurs à sauter le pas, à faire un acte de foi.

Même en l'absence de toute preuve tangible, l'existence de Jésus ne peut guère être mise en doute. Il n'est pas inutile de reprendre l'exemple d'Alexandre le Grand : comme Jésus, il a été, après sa mort, le sujet de nombreux ouvrages qui célébraient sa destinée légendaire sous forme de biographies, voire d'hagiographies comme il convient pour rendre hommage à un demi-dieu. La somme de ces œuvres ne nous empêche en rien de croire à l'existence du grand monarque, d'autant plus qu'il a laissé sa marque sur le monde, dans les villes et temples hellénistiques créés par lui de l'Egypte jusqu'en Inde, dans les royaumes établis par ses généraux dont le pouvoir a bouleversé toute l'Antiquité. Notre certitude de l'existence d'Alexandre se fonde sur les actes qu'il a posés. Ces mêmes critères de probabilité historique peuvent permettre de conclure à l'existence de Jésus. Bien sûr, à la différence d'Alexandre, Jésus est un homme du commun dont les traits ne sont pas gravés sur des pièces de monnaie et dont nulle inscription ne vient rappeler le passage sur terre. Pourquoi, d'ailleurs, s'attendre à trouver ce genre de documentation ? Les fouilles de Capharnaüm n'ont pas livré le nom d'un seul des habitants du village, et l'on sait bien que les humbles figurent rarement dans les chroniques de leur temps. Il ne serait donc pas raisonnable d'espérer trouver, à cette époque et en ce lieu, des preuves de l'existence de Pierre ou de Jésus. Pourtant, au bord de ce même lac, voilà que, d'un village, a surgi le message des Evangiles. Des mots si forts suivis d'effets si éclatants que — à moins de croire que tout ce qui est advenu constitue une géniale escroquerie d'une ampleur sans pareille — on se trouve obligé d'admettre qu'un homme nommé Jésus a vécu en Palestine sous le proconsulat romain.

Cela posé, reste le problème des interprétations multiples et variées quant à l'identité de Jésus, à ses buts, à ses ambitions. Car vrais ou faux, les Evangiles laissent planer sur toutes ces questions le flou le plus artistique. Le Jésus des Evangiles n'est-il qu'un homme de bien dont la sainteté et les enseignements ne visaient ni à changer le monde, ni à jeter les bases d'une Eglise ? Est-il, au contraire, consciemment engagé dans une vie dont chaque acte accomplirait les paroles des prophètes qui semblent cimenter les textes de l'Ancien et du Nouveau Testament, traçant ainsi une trajectoire pour toute l'humanité ? Ou encore s'agit-il d'un marginal « ivre de Dieu », d'un être dont la philosophie et le message dépassent l'entendement des mortels ? Enfin, toutes les hypothèses émises ci-dessus sont-elles tirées des paroles de Jésus ou bien des espoirs qu'il avait fait lever chez les auteurs des Evangiles et leurs disciples ? Les premiers écrits chrétiens de la période sont les Epîtres écrites par l'apôtre Paul quelque vingt ans après la mort de Jésus ; elles témoignent de la présence et de la vigueur d'une Eglise déjà bien structurée et dont le développement s'appuyait sur des règles et des rituels dépassant en précision et en complexité l'enseignement de Jésus dans les Evangiles. Les années comprises entre la mort de Jésus et la rédaction de la première des Epîtres de Paul sont un moment charnière dans l'histoire du Nouveau Testament. Là se situe l'émergence du public à qui ces Epîtres s'adressent, public identique à celui qui, plus tard, recevra le message contenu dans les Evangiles. Sur ces quelques décennies déterminantes, on ne possède que très peu de renseignements, car on tient de bonne source que les Actes des Apôtres écrits par Luc, et qui donnent sur l'époque quelques détails, datent d'au moins trente ans plus tard, c'est-à-dire qu'ils sont pratiquement contemporains des Evangiles. Est-il donc possible de voir une continuité entre les quatre Evangiles et les Epîtres de Paul ?

L'Eglise au temps de Paul

L'un des premiers textes chrétiens mentionne le pasteur d'une petite congrégation dans une cité d'Asie Mineure, et raconte comment cet homme, un certain Onopheros, s'était, un jour, posté au bord de la route pour guetter au loin la silhouette de Paul qui, à cette époque, parcourait le plateau d'Anatolie pour prêcher de ville en ville :

> « Soudain, Paul apparut ; sa taille n'avait rien d'imposant et il avait le cheveu rare ; la barre des sourcils faisait ressortir son nez un peu crochu, mais il avait une grâce extraordinaire, allure virile et sourire angélique, et l'on voyait en lui tantôt l'homme et tantôt l'ange. Dès qu'il aperçut Onophéros, le visage de Paul s'éclaira. »

Ces lignes donnent de l'apôtre Paul une description parfaite. Du flou de ce premier âge de la chrétienté, on voit émerger le personnage du prédicateur itinérant, homme vigoureux, toujours sur la brèche, homme engagé, au parler franc. Paul a reçu une vision qui l'inspirera jusqu'à son dernier souffle :

> « Car je vous le déclare, frères : cet évangile[1] que je vous ai annoncé n'est pas de l'homme ; et d'ailleurs, ce n'est pas par un homme qu'il m'a été transmis ni enseigné, mais par une révélation de Jésus-Christ. »
>
> (Epître aux Galates, I, 11-12)

Afficher avec le divin un tel rapport de proximité n'était pas pour surprendre à l'époque des villes hellénistiques. Déjà, au siècle précédent, un certain Ælius Aristides était, avec un dieu, sur un tel pied d'amitié qu'il avait pu, par des prières et des offrandes faites dans le plus grand secret, sauver la magnifique cité de Smyrne d'un tremblement de terre d'une formidable amplitude. Aristides aurait bien voulu faire savoir à ses concitoyens l'heureuse issue de son intervention, et il va jusqu'à admettre : « J'avais eu l'intention de les prévenir qu'ils n'avaient pas besoin d'avoir peur... mais je me suis tu, ne voulant pas avoir l'air de me mettre en avant. » La timidité d'Aristides, sa farouche volonté de ne pas donner libre cours au tourbillon de sentiments qui agitait son cœur ont fini par affecter sa santé au point de faire de lui un grand malade ; en revanche, Paul, le chrétien, n'a jamais connu semblable frustration. De toutes les voix qui s'élèvent des pages des textes sacrés, la sienne est la plus véhémente, la plus passionnée...

Ecrites, selon toute probabilité, avant l'an 60 de notre ère, les Epîtres de Paul sont les plus anciens textes chrétiens à être parvenus jusqu'à nous, et leur authenticité est indiscutable. Au cours du siècle dernier, des fouilles

1. Evangile = message, « bonne nouvelle ». (Note du Trad.)

archéologiques ont pu fournir des preuves qui accréditent une foule de détails auxquels les Epîtres de Paul font référence et qui n'avaient encore jamais pu être explicités. Grâce à eux, on a pu reconstituer avec la plus grande exactitude la chronologie et les itinéraires des voyages effectués par l'apôtre. Le style même de ses lettres en confirme la valeur historique, car Paul a adopté la manière épistolaire de son temps avec ses formules d'introduction très élaborées et la structure rigoureusement articulée de ses expositions. A l'époque, la rédaction d'épîtres de cette nature était confiée à des scribes professionnels qui travaillaient à partir d'un schéma dicté par ceux qui les employaient, mais, dans son ardent désir de communiquer au plus grand nombre sa foi de néophyte, Paul a su briser les cadres d'un genre purement littéraire et donner à sa volumineuse correspondance la force rhétorique qui était celle des grands tribuns. Au fil des Epîtres, les historiens découvrent un homme d'une énergie prodigieuse et qui sait gérer avec autorité et compétence les affaires courantes de la jeune Eglise. A mesure que le nombre des congrégations chrétiennes augmentait, leurs membres commençaient à prendre conscience que le christianisme allait affecter tous les aspects de leur vie quotidienne, qu'il leur fallait donc faire cause commune et affirmer leur différence dans les sociétés païennes des villes hellénistiques. Les conseils que Paul adresse à ces congrégations sont empreints d'un bon sens et d'une tolérance que l'on aurait bien voulu voir imités par les missionnaires qui allaient prendre sa suite. Lorsque, par exemple, les chrétiens de Corinthe, en Grèce, demandent à Paul s'il est ou non licite de consommer des viandes offertes sur les autels des temples païens avant de se retrouver, comme par hasard, aux étals des bouchers, il répond :

> Tout ce qu'on vend au marché, mangez-le sans poser de question par motif de conscience ; car la terre et tout

ce qu'elle contient sont au Seigneur... mais si quelqu'un vous dit « C'est de la viande sacrifiée », n'en mangez pas à cause de celui qui vous a avertis et par motif de conscience ; je parle ici non de votre conscience mais de la sienne... Ne soyez pour personne une occasion de chute, ni pour les Juifs, ni pour les Grecs, ni pour l'Eglise de Dieu. C'est ainsi que moi-même, je m'efforce de plaire à tous en ne cherchant pas mon avantage personnel mais celui du plus grand nombre. »

(I Epître aux Corinthiens, x, 25-33)

Parfois, ce souci de Paul de « plaire à tous » heurtait certaines mentalités régionales et, alors, l'apôtre n'y allait pas par quatre chemins :

O Galates stupides, qui vous a envoûtés, alors que, sous vos yeux, a été exposé Jésus crucifié ? Eclairez-moi simplement sur ce point : est-ce en raison de la pratique de la Loi que vous avez reçu l'Esprit ou parce que vous avez écouté le message de la foi ? Etes-vous stupides à ce point ? Vous qui d'abord avez commencé par l'Esprit, est-ce la chair maintenant qui vous mène à la perfection ?

(Epître aux Galates, III, 1-3)

Le « message de la foi » dont parle Paul était, bien sûr, celui de l'Ancien Testament traduit en grec dans la version des Septante, et l'apôtre adressait son argumentation à une communauté de chrétiens qui avait été encouragée à suivre la Loi judaïque au sein même de la nouvelle Eglise. C'est qu'à l'aube du christianisme, alors que Paul et les autres apôtres prêchaient dans les synagogues, certains sujets inquiétaient les consciences et faisaient l'objet de multiples débats. L'Eglise de Jésus devait-elle observer la Loi judaïque ? La fraternité des chrétiens pouvait-elle s'ouvrir aux gentils qui, eux, n'observaient pas les préceptes de cette Loi ? Pour Paul, fermement convaincu que sa mission était justement de prêcher la bonne parole à ces gentils, puisque tel était le message de la vision qui avait illuminé sa vie, le problème ne se posait même pas ! Les détails de la Loi qui s'appliquaient au domaine du corps ne valaient pas la peine qu'on s'y attache ; la congrégation des Galates l'ayant interrogé sur la nécessité de la circoncision, il piqua une véritable colère au point de se saisir de la plume de son secrétaire pour tracer en conclusion de son Epître :

> Voyez ces grosses lettres : je vous écris de ma propre main. Des gens désireux de se faire remarquer dans l'ordre de la chair, voilà les gens qui vous imposent la circoncision. Leur seul but est de ne pas être persécutés à cause de la croix du Christ [...] car ce qui importe, ce n'est ni la circoncision, ni l'incirconcision mais la nouvelle création... Que la grâce de notre Seigneur Jésus-Christ soit avec votre esprit, frères. *Amen.*
>
> (Epître aux Galates, VI, 11 et suiv.)

Comme toute personne qui a rejeté la religion de sa famille, Paul entretenait avec le judaïsme des relations passionnelles et ses réactions étaient souvent épidermiques. En tant que chrétien, il rejetait la nécessité d'une stricte observance de la Loi mais il respectait les mentalités et les usages des Juifs de son temps. Aussi a-t-il transmis à l'Eglise chrétienne l'aversion qu'il ressentait pour les rites orgiaques si courants dans la civilisation hellénistique, mais aussi les principes moraux qui étaient les siens sur la différence des rôles sexuels dans la vie sociale : « La nature elle-même ne vous enseigne-t-elle pas qu'il est déshonorant pour l'homme de porter les cheveux longs tandis que c'est une gloire pour la femme, car la chevelure lui a été donnée en guise de voile » (I Epître aux Corinthiens, XI, 14-15). En demandant aux femmes de se voiler la tête pour aller à l'église, Paul n'en appelle pas à la Loi divine mais à la « loi naturelle », terme qui lui vient de son milieu familial et monte en lui de son enfance. Il répète fréquemment son souci de « plaire à tous », ce qui ne l'empêche pas de monter au créneau et de dénoncer avec la dernière vigueur toute infiltration dans l'Eglise de rituels ou de coutumes venus du paganisme. En effet, à la différence de Paul, les gentils nouvellement convertis à la foi chrétienne venaient de tous les horizons et offraient l'éventail bigarré des grandes civilisations hellénistiques païennes ; il était donc aussi normal, pour eux, d'intégrer dans la croyance qu'ils avaient adoptée des souvenirs, des habitudes cultuelles ou culturelles de leur passé, qu'il était normal, pour Paul, de laisser transparaître dans les lignes de ses Epîtres des références aux modes de pensée transmis par son milieu familial. Né dans la communauté juive d'une grande métropole hellénistique, comment Paul aurait-il pu se défaire de pratiques dont il avait été témoin ? Il garda toujours des réflexes de méfiance à l'égard de tout ce qui pouvait lui rappeler le paganisme.

Les Epîtres de Paul abondent en aperçus saisissants sur une Eglise qui cherche encore ses marques et affirme progressivement son identité et sa place dans un monde dominé par l'hellénisme. Elles reflètent aussi la ferveur religieuse de l'apôtre en même temps que les préjugés qui étaient les siens. Paul convertissait les païens et prêchait aux chrétiens avec des mots que le temps a emportés, mais ses Epîtres nous ont laissé un témoignage de première main, car l'Eglise qu'il décrit ne connaissait pas encore le texte des Evangiles et ses fidèles constituaient le public potentiel pour lequel le message évangélique allait être rédigé. Les Epîtres de Paul ne contiennent aucune allusion prouvant qu'à cette époque les Evangiles aient déjà été écrits, ou même que se soit fait sentir le besoin d'avoir un récit biographique de la vie de Jésus-Christ. D'après le texte du Nouveau Testament, Paul, qui n'a jamais eu l'occasion de se trouver face à face avec Jésus, était convaincu de la divinité du Christ, car il se définissait lui-même comme « apôtre non de la part des hommes, ni par un homme, mais par Jésus-Christ et Dieu le Père » (Epître aux Galates, I, 1).

Les Evangiles, ou l'art de l'hagiographie

Selon une tradition qu'il serait vain de mettre en doute, Paul aurait été exécuté à Rome, sous le règne de l'empereur Néron. Quelques années plus tard, les légions romaines allaient dévaster la Judée et anéantir Jérusalem. Si Paul avait mis tant de hâte à accomplir sa mission, c'est qu'il croyait la fin du monde imminente. Reprenant un propos qui était devenu pour lui un leitmotiv, il affirmait : « Le temps est écourté » (I Epître aux Corinthiens, VII, 29), et il se pressait de parcourir l'empire romain de long en large avant que son sang ne soit « versé en libation dans le sacrifice » (Epître aux Philippiens, II, 17). Un demi-siècle seulement sépare les Epîtres de Paul de la rédaction des Evangiles, mais, en ce court laps de temps, la face du monde avait changé, car la destruction de Jérusalem n'était plus une vue de l'esprit : c'était un cataclysme bien réel.

Les Evangiles ne comportent aucune allusion aux Epîtres de Paul et leur perspective visionnaire est à cent lieues de l'accumulation de détails pratiques que l'apôtre égrène au fil de sa correspondance dont le thème central reste le message d'amour que Dieu adresse à son peuple par la bouche de Jésus, message assorti de l'avertissement donné par le Christ sur l'imminence de la fin du monde. En comparaison, la thématique des Evangiles a souvent quelque chose de flou, et l'objectif temporel de Jésus qui est le protagoniste des quatres récits semble assez mal défini. Alors que les Epîtres de Paul traitent du vécu quotidien de la nouvelle Eglise, les Evangiles essaient de cerner un personnage qui s'identifie avec la foi qu'il promulgue ; il est donc normal que leur sujet implique une manière littéraire différente. Mais le problème du style n'est pas seul en cause. Dans les Evangiles, le portrait de Jésus apparaît étrangement distancié du temps réel ; les auteurs, dans un narratif assez décousu, juxtaposent incidents et prédications, dessinant pour leur principal protagoniste une trajectoire, somme toute assez mystérieuse puisque les éléments du drame qui vont conduire à son arrestation et à sa mort forment une sorte d'imbroglio. Comme pour faire écho à ce flou dans la composition des Evangiles, les ouvrages de nos contemporains perdent, eux aussi, tout sens des réalités lorsqu'ils abordent les problèmes spécifiques au territoire de la Terre sainte. Tandis que, pour les pays limitrophes, ils ne manquent pas de faire état de la conjoncture économique et des ravages causés par les conflits politiques, les auteurs de ces œuvres ne voient dans la Terre sainte qu'un pays de contes de fées peuplé de bons paysans, de méchants rois, de prêtres corrompus, de percepteurs rapaces et de révolutionnaires d'opérette. Peut-on encore vraiment croire que les Galiléens étaient une nation d'idéalistes aux yeux rivés sur la ligne bleue de l'infini ? S'est-on jamais demandé, par exemple, comment Jésus concevait le rôle qu'il jouait en ce monde ? Ne se voyait-il que comme un guérisseur-prédicateur ? Avait-il réfléchi aux conséquences sociales et politiques que pourrait avoir son enseignement ? Sur toutes ces questions, les Evangiles sont curieusement muets et ce silence reflète l'ambiguïté qui pèse encore aujourd'hui sur les rapports entre l'Eglise et l'Etat dans le monde chrétien.

A mesure qu'on voit plus clairement ce qu'était l'état des lieux en Terre sainte du temps de Jésus-Christ, il devient plus facile de comprendre la vie du héros solitaire qu'est le personnage central des Evangiles. Les quatre textes s'accordent à dater le début de la mission de Jésus sur terre du jour où il reçut le baptême des mains de Jean-

Baptiste, dans le Jourdain. Ils montrent comment, venu de sa province, un jeune Galiléen d'origine rurale et qui, toute sa vie, gardera dans son parler le système métaphorique propre à son enfance paysanne et résumera toute la beauté du monde dans l'image qui lui monte spontanément aux lèvres des « lys des champs », s'en va, un jour, trouver un prédicateur de grand renom. Il est à noter que, dans les Evangiles, Jésus ne parle que très rarement des villes et des modes de vie urbains. La plupart de ses prédications, il les a faites dans trois bourgades si obscures, qu'à part le texte évangélique, elles ne figurent presque jamais dans les annales ou inscriptions de l'époque. Pourtant, les auteurs des Evangiles décrivent le paysage de la Galilée de façon si fidèle qu'il devait certainement leur être familier.

L'étude des Evangiles demande une démarche méthodologique comparable à celle que l'on utilise pour tout document datant de l'Antiquité ; on n'est pas en présence de faits irréfutables, mais d'un éventail de probabilités qui va de la quasi-certitude au doute le plus absolu. Devant une telle palette de choix, les chercheurs biblistes contemporains seraient sans doute d'accord pour établir une courte liste de points-repères de la vie de Jésus dont ils pourraient, en quelque sorte, faire leur credo : au début de sa mission sur terre, Jésus a reçu le baptême des mains du prédicateur Jean-Baptiste dont le nom figure dans les annales du temps ; il venait de Galilée ; entouré d'un groupe de disciples, il a prêché et opéré des guérisons sur le territoire de la Palestine ; pris dans une controverse qui tournait autour du Temple de Jérusalem, il finit par être crucifié par les autorités romaines. Cette liste ayant été produite par des historiens contemporains, on ne s'étonnera pas de n'y voir mentionner ni miracle, ni résurrection. Quant à son évidente brièveté, elle s'explique par le fait que certains points importants de la vie de Jésus sont encore loin de faire l'unanimité parmi les chercheurs. A qui, par exemple, parmi les nombreuses parties en présence, incombe la responsabilité de l'exécution de Jésus ? Si la liste ci-dessus semble sommaire, elle a le mérite de se fonder sur des probabilités historiques plus que sur un acte de foi ; en outre, elle contient un nombre de faits suffisant pour qu'on puisse tenter de reconstituer le déroulement de la vie de Jésus sur terre.

Lorsqu'on essaie de faire surgir des pages des Evangiles le personnage qu'était Jésus, on se heurte toujours au même problème crucial : quels critères ont choisi les auteurs pour décrire le héros de leur histoire et rapporter ses paroles et ses actes ? On touche là à une question de genre littéraire car, si les quatre évangélistes reprennent bien les événements en ordre chronologique — naissance, vie, mort, résurrection —, ils ne le font pas à la manière habituelle des biographes de l'Antiquité, et il est parfois malaisé de suivre l'enchaînement des idées, des actes et du message pédagogique qui devrait donner au caractère de Jésus son ampleur et sa vraie dimension.

Si ce point fait problème, n'est-ce pas à cause des incertitudes qu'éprouvaient les évangélistes eux-mêmes quant à l'identité réelle de leur personnage ? D'ailleurs, Jésus ne semble pas très sûr, lui non plus, de l'image qu'il projette à ses contemporains. Un jour, il demanda à l'un de ses disciples : « Qui suis-je aux dires des hommes ? » (Marc, VIII, 27). Il laisse donc le champ libre aux multiples interprétations et interrogations que suscite et suscitera longtemps sa personne. C'est l'épisode du baptême de Jésus par Jean-Baptiste qui donne la clef la plus propre à révéler ce que fut la vie du Christ, car ce baptême contient en germe tout le jeu politique qui sera déterminant pour expliquer le dénouement du drame et la crucifixion. A l'exemple de Jean-Baptiste, Jésus promettait la rédemption des péchés en ce monde, non par la méthode juive orthodoxe qui consistait à se rendre au Temple de Jérusalem pour y offrir des sacrifices, mais par un geste sincère de repentir de la part du pécheur. Pour signifier sa croyance en Dieu, plus n'était besoin de faire les frais d'un voyage à Jérusalem pour apporter des offrandes au Temple, il suffisait, comme le recommandait Jean-Baptiste, de se plonger dans les eaux bondissantes du Jourdain. A ce simple geste, Jésus ajouta un acte de libre arbitre et de foi qui engageait chaque individu.

Par la destruction du Temple de Jérusalem, quarante ans après la mort de Jésus, les Romains allaient anéantir du même coup le centre politique du judaïsme et le creuset de sa foi. Les souverains de l'Antiquité tiraient les ressources de leur Trésor d'impôts qu'ils présentaient comme les offrandes dues aux dieux qui protégeaient l'Etat. De même, à Jérusalem, le système fiscal qui alimentait les fonds publics dépendait de la complexe gestion de tous les biens offerts au Temple. En proposant une méthode de rédemption des péchés qui faisait fi des circuits financiers officiels, non seulement Jésus et Jean rabaissaient les compétences spirituelles des prêtres de la hiérarchie, mais surtout ils amputaient, en quelque sorte, leurs revenus à la source ! Condamnés à mort et exécutés tous deux, Jean-Baptiste et Jésus partageaient l'opprobre d'avoir voulu toucher aux privilèges des castes sacerdotales. Les Evangiles dépeignent le baptême du Christ comme l'effet d'une vision qui l'aurait visité et dont il ferait, lui-même, le compte rendu, car Matthieu écrit : « Voici que les cieux s'ouvrirent et *il* vit l'Esprit de Dieu descendre comme une colombe » (Matthieu, III, 16). Conformément à la tradition juive, la vision s'est manifestée sous la forme d'une « voix venant des cieux ». A partir de son baptême, Jésus, comme Jean-Baptiste, va proclamer qu'il est possible de parvenir à la rédemption sans passer par les structures officielles du judaïsme. Il n'ira pas, toutefois, jusqu'à imiter la manière un peu rude qui caractérise l'ermite du désert, et un ton empreint de sérénité et de l'amour de la vie irriguera tous ses enseignements. De leur mission,

Jean-Baptiste et Jésus avaient cependant la même conception : leur devoir était de préparer les croyants à cette « fin du monde » dont parlera Paul, et le texte du Nouveau Testament confirme que, pour les trois hommes, la catastrophe s'annonçait imminente.

En l'an 70 de notre ère, une fois le Temple tombé aux mains des légions romaines, le dernier carré des défenseurs de Jérusalem s'était retranché vers les portes à l'ouest de la ville dans le grand palais-forteresse d'Hérode, à l'abri des trois grosses tours auxquelles le roi avait donné les noms des membres infortunés de sa propre famille : Phasaël, Hippicus et Mariamme. Août 71 vit l'assaut final ; les troupes romaines investirent la place grâce aux rampes d'argile que les stratèges avaient fait dresser contre les murailles ouest. Affamés, épuisés, les Juifs abandonnèrent la forteresse. Et ce fut la reddition ; sillonnant les rues de la ville, les légionnaires massacrèrent les derniers civils. Ordre fut donné de raser le Temple et de détruire la cité ; on ne garda que les trois tours de la forteresse et leurs fortifications pour servir de casernement à la légion. Aujourd'hui, les ruines de la tour Phasaël sont incorporées aux remparts d'une citadelle turque dont le plan rappelle l'austère majesté des bâtiments construits par Hérode. Après la mort d'Hérode, les gouverneurs romains de la Judée avaient fait de cette tour leur résidence à Jérusalem, et c'est là que devait se trouver la salle où Jésus comparut devant Ponce Pilate. Les récits des Evangiles rapportent bien la séquence des événements qui amènent Jésus à être jugé, mais ils ne donnent jamais les chefs d'accusation pour lesquels il risquait la peine capitale ; il semble aujourd'hui plausible de croire que, dans ce tragique face à face avec le pouvoir romain, Jésus était accusé d'être un fauteur de troubles qui menaçait la paix et l'ordre civil dans la province. Certes, les Evangiles ne cessent de le souligner : tout au long de ses enseignements, Jésus a protesté que son royaume n'était pas de ce monde et déclaré qu'il n'avait nulle ambition d'établir son pouvoir sur terre. Mais il ne faut pas oublier que l'Antiquité ne voyait guère de différence entre religion et politique, à preuve les interminables conflits politico-religieux où l'Eglise fondée par Jésus allait être entraînée au cours du siècle suivant. Du temps de Jésus, partout, courait la rumeur qu'un Messie viendrait abattre le pouvoir romain et libérer les Juifs ; déjà, Rome avait fait mettre à mort quelques-uns de ces candidats au messianisme et, pour le pouvoir impérial, Jésus de Nazareth n'était qu'un cas parmi bien d'autres. En outre, il y avait dans le titre même de Messie, une note de défi envers tous les pouvoirs établis de Judée et de Galilée, tant romains que juifs. Les Saintes Ecritures étaient pleines d'allusions à l'avènement d'un libérateur messianique qui, avec l'aide de Dieu, chasserait à jamais les impies du territoire, et la croyance populaire nourrie de ce grand rêve attendait l'accomplissement des prophéties et la fin des temps. Devant cette image du Messie véhiculée par l'imaginaire de tout un peuple, la position de Jésus n'est pas sans ambiguïté. En se présentant aux foules comme le Messie attendu, s'est-il délibérément engagé sur la voie qui allait le conduire à la mort, comme s'il avait voulu, par son exécution, mettre un terme au mirage suicidaire de pouvoir, un jour, triompher par la force du formidable Empire romain ? Si tel était le projet de Jésus, alors on peut dire que son acte héroïque s'est soldé par un lamentable échec. Cette théorie a pourtant été adoptée par un certain nombre d'historiens croyants qui ont vu justement dans cet échec de Jésus, et dans son exécution, l'accomplissement de la parole prophétique disant que le Messie serait : « méprisé, laissé de côté par les hommes, homme de douleurs, familier de la souffrance » (Isaïe, LIII, 3).

Durant les années où Jésus exerçait son magistère — années crépusculaires où les populations angoissées attendaient l'apocalypse annoncée — la Judée sous l'oppression était le théâtre où toutes les passions se déchaînaient. Tout le monde savait que la catastrophe finale suivrait le dernier combat avec les Romains « fils des Ténèbres ». A en croire les Evangiles, le temps était aux voyants, aux apparitions, aux cieux zébrés d'étoiles filantes, le tout sur fond de miracles et de prophéties. Même si le Jésus des Evangiles répète à satiété que son royaume n'est pas de ce monde, on comprend que ses contemporains aient été tentés de faire le lien entre ses enseignements et leurs propres aspirations, car voilà un homme qui prédisait la chute du Temple et qui pleurait en public sur le sort qu'allait connaître Jérusalem. Le gouffre entre la conception qu'avait Jésus de son rôle en ce monde et l'image de ce rôle qu'il donnait aux gens de son époque n'aurait pu être plus grand. Et le moment où Jésus pénètre dans le prétoire de Pilate pour y être jugé selon le code des lois de Rome se révèle être un point de fracture comme celui déjà constaté à propos du site de Capharnaüm : une nouvelle fois, l'inexplicable va faire disjoncter le courant logique qui relie l'histoire au personnage du Fils de Dieu, car le compte rendu du déroulement du procès dans la version des évangélistes est, pour le moins, énigmatique. Il n'est d'ailleurs pas inutile de faire le point de nos connaissances : d'abord, la personne de Jésus semble focaliser toute la somme des passions et tensions qui agitent la Jérusalem de ce temps puisque certains réseaux de résistance secrète, tels ceux des Zélotes, ont pu voir en elle un Messie à vocation de combattant et de libérateur ; ensuite, Caïphe et les grands prêtres du Temple ne peuvent que souhaiter l'élimination de Jésus dont les enseignements paraissent bien dirigés contre l'autorité et les privilèges de la caste sacerdotale, ainsi que le prouve sa brutale intervention — une bagarre digne des voyous du bazar ! — auprès des changeurs d'argent des parvis du Temple ; enfin, du point de vue de Ponce Pilate, Jésus ne représente qu'un fauteur de troubles de plus et, de surcroît, dans un Empire dirigé par des empereurs divinisés, sa prétention à se proclamer le Fils de Dieu est une raison suffisante pour le faire mettre à mort.

Voilà, en résumé, le contenu des divers mouvements d'opinion que soulevait la comparution de Jésus dans ce prétoire de la forteresse d'Hérode. Nous avons, bien sûr, d'autre part, les actes du procès qu'ont rédigés les évangélistes, plusieurs décades après l'événement, actes écrits après la destruction de Jérusalem avec le bénéfice du recul qui a permis aux auteurs de voir le fonctionnement de la machine judiciaire comme préambule à la résurrection. Désireux de disculper les autorités romaines et de ne pas faire peser la condamnation et la mort de Jésus sur des convertis potentiels qui étaient sujets des héritiers de ce même pouvoir impérial, les évangélistes tracent de Ponce Pilate un portrait très édulcoré, faisant de ce gouverneur bien connu pour son impitoyable sévérité un fonctionnaire dépassé par les événements. Quant aux « Juifs », c'est-à-dire toute la population de la ville, les évangélistes les présentent en bloc, comme une seule voix qui s'enfle et gronde dans l'agitation des gens de la rue. Et la composition qu'ils donnent du Grand Conseil ne correspond pas à l'époque de Jésus, mais à celle qui a suivi la chute de Jérusalem, comme le confirment les annales du Judaïsme, détail qui a son importance lorsqu'on veut situer la rédaction des Evangiles dans le temps.

Que penser du compte rendu du procès de Jésus dans les textes des Evangiles ? Entre la période où il a été rédigé et la lecture qu'on peut en faire aujourd'hui, que d'opinions, que de débats sont venus, au cours des siècles, en brouiller le récit ! Chaque Eglise a voulu donner de Jésus sa propre vision ; souvent on a occulté sa condition d'homme pour ne voir en lui qu'un être abstrait dont la vie pourrait se résumer en une suite de paraboles moralisantes et de leçons édifiantes. Il n'est donc pas surprenant que de nombreux hommes d'Eglises contemporains en

Matthieu	Marc
Puis ils le lièrent, ils l'emmenèrent et le livrèrent au gouverneur Pilate.	Ils lièrent Jésus, l'emmenèrent et le livrèrent à Pilate.
Jésus comparut devant le gouverneur. Le gouverneur l'interrogea : « Es-tu le roi des Juifs ? » Jésus déclara :	Pilate l'interrogea : « Es-tu le roi des Juifs ? » Jésus lui répond :
« Penses-tu que je ne puisse faire appel à mon Père, qui mettrait aussitôt à ma disposition plus de douze légions d'anges ? »	
« C'est toi qui le dis. »	« C'est toi qui le dis. »
mais aux accusations que les grands prêtres et les anciens portaient contre lui, il ne répondit rien. Alors Pilate lui dit : « Tu n'entends pas tous ces témoignages contre toi ? » Il ne répondit sur aucun point, de sorte que le gouverneur était fort étonné.	Les grands prêtres portaient contre lui beaucoup d'accusations. Pilate l'interrogeait de nouveau : « Tu ne réponds rien ? Vois toutes les accusations qu'ils portent contre toi. » Mais Jésus ne répondit plus rien, de sorte que Pilate était étonné.

Luc	Jean
Et ils se levèrent tous ensemble pour le conduire à Pilate.	Cependant on avait emmené Jésus de chez Caïphe à la résidence du gouverneur. C'était le point du jour. Ceux qui l'avaient amené n'entrèrent pas dans la résidence pour ne pas se souiller et pouvoir manger la pâque. Pilate vint donc les trouver à l'extérieur et dit : « Quelle accusation portez-vous contre cet homme ? » Ils répondirent : « Si cet individu n'avait pas fait le mal, te l'aurions-nous livré ? » Pilate leur dit alors : « Prenez-le et jugez-le vous-mêmes suivant votre loi. » Les Juifs lui dirent : « Il ne nous est pas permis de mettre quelqu'un à mort ! » C'est ainsi que devait s'accomplir la parole par laquelle Jésus avait signifié de quelle mort il devait mourir.
Ils se mirent alors à l'accuser en ces termes : « Nous avons trouvé cet homme mettant le trouble dans notre nation ; il empêche de payer le tribut à César et se dit Messie, roi. »	
Pilate l'interrogea : « Es-tu le roi des Juifs ? » Jésus lui répondit : « C'est toi qui le dis. »	Pilate rentra donc dans la résidence. Il appela Jésus et lui dit : « Es-tu le roi des Juifs ? » Jésus lui répondit : « Dis-tu cela de toi-même ou d'autres te l'ont-ils dit de moi ? » Pilate lui répondit : « Est-ce que je suis juif, moi ? Ta propre nation, les grands prêtres t'ont livré à moi ! Qu'as-tu fait ? » Jésus répondit : « Ma royauté n'est pas de ce monde. Si ma royauté était de ce monde, mes gardes auraient combattu pour que je ne sois pas livré aux Juifs. Mais ma royauté maintenant n'est pas d'ici. » Pilate lui dit alors : « Tu es donc roi ? » Jésus lui répondit : « C'est toi qui dis que je suis roi. Je suis né et je suis venu dans le monde pour rendre témoignage à la vérité. Quiconque est de la vérité écoute ma voix. » Pilate lui dit : « Qu'est-ce que la vérité ? »
Il l'interrogeait avec force paroles mais Jésus ne lui répondit rien. Les grands prêtres et les scribes étaient là qui l'accusaient avec violence.	

viennent à considérer que le procès de Jésus — comme l'ensemble de sa vie terrestre — participe d'un mythe, et que la seule vérité du personnage est celle qui s'attache à son enseignement. Mais alors, qui est cet homme mystérieux, cet accusé que les Evangiles montrent si peu soucieux de présenter sa défense ? Qui est cet inculpé qui semble souffler à Pilate la fameuse question « Qu'est-ce que la vérité ? », ce condamné en puissance qui résume en sa personne tant d'espoirs et de rêves, tant de doutes et de craintes ? (*Cf.* p. 297, 298).

Si l'on fait le décompte de tous les épisodes contenus dans les Evangiles, on trouve un corpus d'environ 360 passages distincts repris tour à tour dans les quatre récits, et que l'on pourrait classer sous deux rubriques, l'une regroupant les moments consacrés à l'enseignement et l'autre les événements de la vie de Jésus. Ces vignettes biographiques sont présentées en séquences, sans pour autant suivre un ordre strictement chronologique ; il arrive fréquemment que chaque évangéliste opère son propre « montage » et que les mêmes faits ne soient pas racontés dans le même ordre. Le facteur temps n'est jamais la préoccupation essentielle des auteurs ; impossible, par exemple, de calculer avec précision l'intervalle entre l'entrée de Jésus à Jérusalem le « dimanche des Rameaux » et son arrestation et sa crucifixion ; impossible également de trouver un fil conducteur qui relierait les enseignements de Jésus aux divers incidents qui marquent sa vie, car ses prédications se suivent sans véritable enchaînement et sa pensée ne semble pas s'organiser en système. On dirait que les Evangiles ont rassemblé autour de la personne de Jésus tout un fond d'histoires transmises par la tradition.

La composition de ces histoires a eu pour but de montrer que la vie de Jésus est en parfaite synchronie avec les prédictions messianiques des grands prophètes d'Israël, et leur rédaction renoue avec la tradition judaïque qui se servait des archétypes du passé pour expliquer les événements contemporains. A l'exemple du patriarche Jacob — qui, après sa lutte avec l'ange et la blessure qu'il avait subie, changea de nom et fonda une nation —, Saül, à la suite de la vision rencontrée sur la route de Damas, avait pris le nom de Paul pour prêcher la nouvelle foi. Ces schémas psychologiques étaient courants dans la Palestine des temps bibliques, et les auteurs des Evangiles qui empruntaient aux textes des anciennes prophéties les éléments dont ils construisaient la vie de Jésus pouvaient à bon droit justifier leur démarche ; persuadés que Jésus était le Messie annoncé, ils accordaient les épisodes de sa vie terrestre au contenu du grand message prophétique. Quoi de plus naturel donc que de faire naître Jésus d'une vierge dans une étable de Bethléem que signalait une étoile ? Les évangélistes suivaient à la lettre la description des prophètes sur les circonstances de la naissance du Messie.

Pour les mêmes raisons, dans son récit de la naissance de Jésus, Luc qui déclare : « Or, en ce temps-là, parut un décret de César Auguste pour faire recenser le monde entier » (Luc, II, 1), n'hésite pas à tricher avec la vérité historique dans son désir de faire naître le Messie à Bethléem pour que s'accomplissent les paroles des prophètes. Et c'est aussi pourquoi les quatre évangélistes s'attachent à donner à Jésus un lignage messianique ; dans la longue généalogie qui sert d'introduction au texte de Matthieu, la liste des ancêtres qu'il produit a de quoi surprendre, car elle comprend des noms pour le moins inattendus, tel celui de Thamar dont la progéniture est issue d'une union incestueuse, ou encore de la « femme d'Urie » avec ses enfants adultérins. Mais c'est qu'il fallait citer des précédents illustres pour faire accepter la bâtardise de Jésus en même temps qu'on donnait à cet homme-dieu des ancêtres prestigieux auréolés de pouvoirs miraculeux. Ces choix narratifs, quoique très révélateurs sur la mentalité des auteurs des Evangiles, ne contribuent en rien à élucider le mystère de la vie de Jésus sur terre.

Et pourtant, les Evangiles fourmillent de détails historiques et topographiques dont l'exactitude peut paraître secondaire, mais qui ont immédiatement le ton de la vérité. Parfois, c'est la bizarrerie même de tel ou tel épisode qui entraîne la conviction ; c'est le cas pour l'affirmation dérangeante faite par Jésus et consignée par Matthieu : « Je n'ai été envoyé qu'aux brebis perdues de la maison d'Israël » (Matthieu, XV, 24), ou encore pour le terme de « chiens » utilisé dans le même passage pour désigner les gentils du voisinage, alors que cette épithète a toujours eu, en Orient, une connotation des plus insultantes. Dans cette scène, on dirait que Jésus prend plaisir à offenser la plus grande majorité de ceux qui vont être les lecteurs potentiels des Evangiles, et cependant les auteurs n'ont pas jugé bon de modifier le texte. Peut-être l'anecdote était-elle authentique au point que la tradition orale l'avait retransmise *verbatim* ? Elle ne peut en aucun cas avoir été inventée par un homme d'Eglise qui aurait su montrer plus de réserve et de sagesse...

L'épisode de la crucifixion de Jésus ne peut, lui aussi, qu'emporter la conviction, ne serait-ce que par le caractère infamant de la peine appliquée. Dans l'Empire romain, et même dans les mentalités des chrétiens de l'Eglise primitive — et les Epîtres de Paul apportent sur ce point leur confirmation — la crucifixion symbolisait la dégradation totale. Le stigmate de honte qui marquait cette forme d'exécution était si fort qu'il fallut attendre le IIIe siècle avant que la croix du Christ ne devienne l'emblème de toute la chrétienté. Aucun théologien de l'époque n'aurait eu l'imagination assez perverse pour inventer une fin aussi bassement humiliante pour le Roi des cieux. La description que font les Evangiles de Jésus marchant vers sa mort a la force d'un témoignage de première main, d'un reportage ; elle sonne juste. Si le lieu que fixe la tradition pour les exécutions publiques à Jérusalem est bien exact — et il n'y a guère de raison d'en douter — le chemin qu'a suivi Jésus de la forteresse d'Hérode au Golgotha passe par la rue principale du bazar de la ville actuelle ; cette rue descend le long d'une des anciennes murailles de la cité pour obliquer sur la gauche et atteindre enfin une butte rocheuse dont les Romains avait fait le site des exécutions. Dans les chroniques du temps, on retrouve des scènes similaires à celle décrite dans les Evangiles ; on y évoque la silhouette des criminels qui, affaiblis et exsangues après avoir été flagellés, devaient porter l'instrument de leur supplice jusqu'au lieu même où ils allaient être mis à mort. Ils avançaient dans des venelles aussi étroites que celles qui existent de nos jours. La population de Jérusalem qui a pu voir Jésus, encore tout ensanglanté de ses blessures, cheminer péniblement le long de ces ruelles, a dû sentir toute la sauvagerie de la scène. Impact brutal, car le condamné marchant à la mort devait se frayer un chemin dans la foule des passants et des badauds. Par-delà le fait historique et la conviction de la foi, de ce passage des Evangiles jaillit une réalité si poignante qu'elle a la qualité du vécu.

Avant l'ultime bataille qui, en l'an 70 de notre ère, allait opposer les esclaves révoltés aux légions romaines, Spartacus, le chef des rebelles, fit crucifier un prisonnier au milieu de son campement, afin que ses partisans puissent voir le sort qui leur échoirait en cas de défaite. Dans le code pénal romain, la crucifixion était considérée comme la peine la plus infamante. Etre crucifié symbolisait une dégradation pire que d'être décapité, brûlé vif ou livré aux bêtes féroces. A part les plus pauvres et les esclaves, cette condamnation ne s'appliquait pratiquement à personne. Etre mis au rang des pauvres et esclaves était déjà en soi une flétrissure, mais, en outre, la crucifixion ne châtiait que des crimes d'exception : espionnage, désertion, rébellion, fabrication de fausse monnaie. Un domestique qui trahissait son maître était, *de facto*, condamné à être mis en croix. S'il avait attenté à la vie de son patron, on crucifiait avec lui tous les autres esclaves de la maisonnée. Le condamné était ligoté à une poutre horizontale puis cloué à un poteau. C'était le caprice des bourreaux qui déterminait la posture de la victime sur la croix ; en cas d'exécutions multiples, ils s'amusaient parfois à composer des « scènes de genre » très prisées des badauds. Les condamnés mouraient généralement de froid ou des attaques de rapaces comme Juvénal le décrit en ces lignes :

Il [le vautour] arrache à la croix les chairs du condamné
Et d'un sanglant banquet régale sa portée...

Comme toute société qui appuie son pouvoir sur une population asservie, les Romains vivaient dans la terreur de voir s'allumer des mouvements de révolte chez leurs esclaves. La littérature romaine ne fait que très rarement allusion à l'abomination qu'était la mort par crucifixion, et certains écrivains, pourtant non dénués de qualités de cœur, acceptaient sans broncher la nécessité d'une telle mesure pour étouffer dans l'œuf toute tentative de rébellion. Aux portes des villes, parmi le paysage désolé des nécropoles et des tas d'ordures, les croix où pendaient les corps des condamnés faisaient en quelque sorte, partie du décor habituel...

A Jérusalem, les exécutions se faisaient au Calvaire, appelé Golgotha dans l'Evangile, un mot dont la racine araméenne signifie « crâne ». Le lieu était fortement symbolique car il marquait la présence du pouvoir de la Rome impériale.

Dans le sous-sol de l'église du Saint-Sépulcre qui, selon la tradition, marque l'emplacement où Jésus fut crucifié et le lieu de sa sépulture — sites respectivement connus comme « Calvaire » et « Saint-Sépulcre » — des fouilles récentes ont révélé leurs strates successives : d'abord, au niveau le plus bas, les veines rocheuses des carrières souterraines de calcaire, aussi anciennes que le royaume d'Israël, puis, en remontant, des vestiges de cryptes construites au milieu des cheminées d'aération des carrières et des citernes, enfin, après des marches taillées du temps des croisés où les pèlerins du Moyen Age ont pieusement gravé des croix, le socle de l'actuelle église. Pendant de nombreux siècles, on s'est efforcé de remblayer et de murer ces gouffres au-dessous du Calvaire car on disait qu'ils s'enfonçaient jusqu'aux profondeurs du purgatoire et que les gémissements des âmes en attente de salut parvenaient aux oreilles des fidèles rassemblés dans l'église et troublaient les cérémonies.

La veine rocheuse du Calvaire, qui affleure au sol de l'église, montre une fissure. Une légende chrétienne dit qu'au moment où le Christ fut crucifié, la roche se fendit et que, s'infiltrant par cette entaille, le sang de Jésus vint éclabousser le crâne d'Adam : ainsi serait né le premier homme. Le Christ crucifié jouerait donc un rôle dans la création de l'être humain, ce qui bouleverse les normes du temps et fait de l'histoire de l'humanité une véritable cosmogonie. Au sommet du Calvaire, deux chapelles marquent l'endroit où le Christ fut cloué en croix et celui où la croix fut dressée. On peut encore voir la cavité où l'on planta le poteau ou, du moins, ce qu'il en reste après que des générations et des générations de croyants en eurent cisaillé les bords pour en recueillir les éclats.

On descend quelques marches et on découvre la pierre de l'Onction à l'endroit où, une fois descendu de la croix, le corps de Jésus fut embaumé. Cette dalle est située au beau milieu du tracé de l'ancienne route qui conduisait à l'une des portes de la ville. Le tombeau du Christ était à proximité, sur l'autre versant du Calvaire. De nos jours, le site est occupé par un édicule d'une surprenante laideur ; dans la fumée des bougies, on distingue vaguement de lourds ornements d'albâtre parmi la forêt des échafaudages érigés par le corps du génie à la période du mandat britannique sur la Palestine. En ce même lieu, les archéologues ont découvert les vestiges d'un cimetière juif dont les dimensions étaient probablement assez modestes, enserré qu'il était par les villas hellénistiques de la banlieue de Jérusalem à l'époque de la domination romaine.

Derrière l'édicule du tombeau, se trouve une obscure absidiole en très mauvais état : la chapelle réservée aux chrétiens de Syrie. Peu visitée, mal éclairée par une maigre lampe à huile, elle renferme cependant dans un de ses sombres recoins d'anciens tombeaux juifs taillés à même la roche et datant du temps de Jésus. La tradition en attribue la propriété à Joseph d'Arimathie qui aurait donné au Christ crucifié le tombeau qu'il venait de faire creuser pour sa propre famille. Selon les rites funéraires de l'époque, on laissait les corps sur des méplats rocheux dans la tombe ouverte jusqu'à complète décomposition, puis on recueillait les ossements qui allaient rejoindre ceux des autres défunts de la famille dans un ossuaire. Les trois saintes femmes des Evangiles, en apportant des onguents pour embaumer le cadavre de Jésus au tombeau, accomplissaient un vrai geste d'amour car, à en croire l'épisode qui montre Jésus devant la sépulture de Lazare, le processus de décomposition était si rapide que le caveau devait être scellé jusqu'au moment où les cadavres desséchés cessaient d'empuantir les lieux.

Là encore, des mains pieuses ont transformé le site originel ; là encore, les textes sacrés ont servi de « Guide Bleu » ! Sur les ordres des empereurs chrétiens, toute la paroi rocheuse autour de l'emplacement du tombeau du Christ a été taillée pour dégager la chambre funéraire, laissant un cube de pierre nue qui, bien visible, ne manqua pas d'attirer les carriers d'un calife un peu fou, et fut ainsi presque complètement détruit. Depuis ce temps, à la suite d'incendies ou de tremblements de terre, le sanctuaire qui marquait le site du tombeau a été maintes fois reconstruit et restauré. Aujourd'hui, l'immense basilique du Saint-

Sépulcre est l'objet d'âpres rivalités entre une demi-douzaine d'Eglises différentes, chacune affirmant sa mainmise par la présence de solides escouades de moines. En conséquence, ce vénérable et étrange édifice ne semble appartenir à personne, sinon à la brave famille de musulmans qui, depuis les débuts de la période islamique, s'en est vu attribuer la propriété et le gardiennage. Au carrefour de mille et une controverses, le Saint-Sépulcre est l'exemple unique en son genre d'un lieu de culte devenu la propriété de ceux qui viennent le visiter.

Devant l'entrée du tombeau du Christ, là où s'aligne toujours la longue file d'attente des visiteurs, se dresse un bloc de pierre qui serait un fragment du gros rocher que l'on avait roulé pour fermer la tombe. C'est là, dit-on, que les trois saintes femmes venues pour embaumer le corps du Christ virent le grand ange vêtu de blanc qui leur adressa la parole ; là aussi, Jésus apparut à Marie de Magdala assise en pleurs auprès du tombeau vide. On a gravé dans la pierre l'endroit exact où ces faits se sont produits. En un tel lieu, le savant s'incline devant la foi des fidèles :

> Quand le sabbat fut passé, Marie de Magdala, Marie mère de Jacques et Salomé achetèrent des aromates pour aller l'embaumer. Et de grand matin, le premier jour de la semaine, elles vont à la tombe, le soleil étant levé. Elles se disaient entre elles : « Qui nous roulera la pierre de l'entrée du tombeau ? » Et, levant les yeux, elles voient que la pierre est roulée ; or, elle était très grande. Entrées dans le tombeau, elles virent, assis à droite, un jeune homme vêtu d'une robe blanche et elles furent saisies de frayeur. Mais il leur dit : « Ne vous effrayez pas. Vous cherchez Jésus de Nazareth, le crucifié ; il est ressuscité, il n'est pas ici ; voyez l'endroit où on l'avait déposé. »
>
> (Evangile selon Marc, XVI, 1-6)

Le dossier archéologique

L'éminent bibliste R. H. Lightfoot a vu, dans la rédaction des Evangiles, une manifestation de peur : un vent de panique aurait secoué l'Eglise primitive à mesure que la mort fauchait les uns après les autres ses Pères fondateurs et premiers prédicateurs, et faisait naître, chez leurs successeurs, le désir de sauver de l'oubli tout ce qui avait été dit de la vie de Jésus, de pérenniser ce savoir par l'écriture. Les plus anciens fragments des Evangiles parvenus jusqu'à nous viennent de découvertes faites en Egypte dans les villes hellénistiques de la grande oasis du Fayoum et dans quelques monastères installés aux franges du désert en bordure du Nil.

Il y a deux cents ans, ces cités gisaient encore sous la poussière accumulée des siècles, et leurs ruines formaient des taches noirâtres à la surface des dunes dans l'immensité sablonneuse. Pendant des générations, les paysans de la région, assez sagaces pour avoir remarqué les vertus fertilisantes de cette poussière, étaient venus avec leurs ânes jusqu'à ces buttes pour la transporter, par petites hottées, jusqu'à leurs champs. Très vite, les agronomes comprirent que le sol poudreux sous lequel étaient enterrées les antiques villes offrait, avec son mélange de poussière, de suie et d'excréments d'animaux, un engrais naturel à haute teneur de nitrate susceptible de répondre parfaitement aux besoins des paysans locaux par ses propriétés providentielles, à un moment où l'Egypte était écrasée sous le poids de sa dette extérieure, et où les rendements agricoles étaient maigres, le sol ayant été considérablement appauvri par les grands travaux d'irrigation des anciens empereurs. Les autorités gouvernementales se mirent donc à exploiter systématiquement les ressources qu'offraient les habitations des anciennes villes, assurant le transport de l'engrais par caravanes de chameaux jusqu'à des centres ferroviaires créés à cet effet. Aux environs de 1890, un archéologue estimait que le volume des extractions de « sebakh coufri » — ainsi appelait-on cette poussière nitrée — variait entre cent et cent cinquante tonnes par ville et par jour de travail. Ainsi furent éventrées et anéanties la plupart de ces villes de l'Antiquité ; une fois concassée, la boue séchée de leurs murs fut dispersée sur tous les champs d'Egypte. Jusqu'à la Première Guerre mondiale, des manuels de sciences agricoles, ouvrages de compilation signés de savants britanniques, dissertaient allègrement des avantages et inconvénients qu'il y avait dans l'exploitation des villes hellénistiques comme mines d'engrais. Les auteurs notaient au passage que les clignotants étaient au rouge et que cette belle terre noire qui constituait une richesse non négligeable pourrait bien, un jour prochain, venir à manquer !

En portant le pic au cœur de ces villes enfouies, les carriers — ou « sebakhim » — n'ignoraient pas qu'ils pourraient bien tomber sur quelque trésor, mais seuls quelques rares collectionneurs savaient que les drôles de petits objets que livrait le sol égyptien, verres, bronzes, poteries ou papyrus, représentaient les vestiges de toute une civilisation. Cette archéologie « sauvage » tourna bientôt au pillage, et l'Europe et les Etats-Unis virent affluer sur le marché des quantités prodigieuses de pièces de la plus haute Antiquité. En Angleterre, une petite équipe de spécialistes d'histoire ancienne, misant sur l'intérêt de découvertes susceptibles d'enrichir les études bibliques, réussit à financer une expédition et entreprit des fouilles sur le site des villes du Fayoum pour cataloguer leurs trouvailles avant que tout ne disparaisse. Entre 1880 et 1890, ces premiers archéologues venus pour sauver ces antiques cités d'une totale destruction proclamèrent qu'elles étaient « les villes de l'Exode », les « greniers de Joseph », et ainsi de suite ; leurs découvertes devaient marquer durablement les imaginations et les esprits de ceux qui cherchaient des « preuves scientifiques » pour étayer le texte de l'Ancien Testament. Ces archéologues étaient peu nombreux ; ils travaillaient dans des conditions difficiles — sites inaccessibles, risques sanitaires, menaces des bandits —, et ont donc traversé le delta du Nil au pas de charge, pratiquant des fouilles sommaires, dessinant de façon approximative les plans de villes que les carriers étaient en train de démolir presque sous leurs yeux. Leurs recherches avaient quelque chose de précipité et leurs compétences n'étaient pas toujours sans reproche. Reste qu'ils ont été les pionniers de l'archéologie égyptienne même s'ils n'ont pu empêcher que la quasi-totalité des villes établies depuis des milliers d'années sur le territoire nord de l'Egypte ne retombent en poussière à cette même époque. Outre des vestiges des civilisations gréco-romaines, le marché des antiquités en Occident offrait des quantités considérables de papyrus, innombrables fragments de textes divers dont l'éventail allait de documents officiels aux chefs-d'œuvre des dramaturges et philosophes grecs ou romains que l'on croyait perdus à jamais. Alors, une nouvelle génération de jeunes chercheurs se leva ; quoique nettement plus à l'aise dans les bibliothèques lambrissées de leurs universités qu'au fond des tranchées creusées en plein désert, ils venaient à la chasse aux papyrus et en trouvèrent à foison : textes jadis déchirés ou jetés au rebut, chassés par les vents et enfouis au plus profond des dunes, précieux copeaux de papyrus dispersés dans les anfractuosités des anciennes demeures ou enterrés dans les vastes dépôts d'ordures aux portes des villes de l'Antiquité. C'est probablement dans l'un de ces dépôts d'immondices que fut trouvé le plus ancien fragment du Nouveau Testament à parvenir jusqu'à nous, encore qu'il soit impossible d'en localiser avec précision la provenance. D'autres morceaux de papyrus — textes obsolètes ou inutiles — avaient été recyclés sous forme de carton-pâte dont on avait fait des cercueils vernis de couleurs éclatantes pour les momies dont les sépultures se trouvaient dans les nécropoles urbaines. Parfois, les défunts souhaitaient emporter dans leur dernier voyage les textes qu'ils avaient aimés, et on a retrouvé dans des tombeaux des formules de prières, des passages des poèmes d'Homère, et même un psaume de l'Ancien Testament. La chasse au trésor de ces jeunes chercheurs ramena des richesses d'une inconcevable variété qu'ils complétèrent encore en faisant l'achat de nombreux documents disponibles chez les marchands d'antiquités de la place : mandats impériaux destinés à des fonctionnaires, actes juridiques de la vie courante, reçus, factures, etc. Ils ramenèrent de telles quantités de papyrus qu'aujourd'hui, un siècle après leur retour, une équipe internationale de savants est encore à l'œuvre pour restaurer et préserver ces documents à fin d'examen et de publication.

Parmi ces chasseurs de papyrus, deux jeunes chercheurs de l'université d'Oxford, Bernard Pyne Grenfell et Arthur Surridge Hunt, firent des trouvailles spectaculaires. Dans leurs excavations, ils commençaient toujours par ceinturer le tertre qui faisait l'objet de leurs recherches d'une tranchée qui entaillait profondément la surface sablonneuse du sol et dévoilait d'abord les vestiges des villes arabes ou des maisons byzantines pour arriver jusqu'au niveau des ruines de l'époque hellénistique. Alors, ils se mettaient à traquer des veines très reconnaissables car constituées d'une terre assez meuble appelée « akfsh ». Hunt avait constaté que l'akfsh était moins friable que le poudreux sebakh à teneur nitrée, et moins dur que la couche damée qui formait le sol des anciennes maisons. Normalement, les fragiles papyrus étaient soit écrasés sous le poids des débris accumulés, soit attaqués par les acides du sebakh, tandis que l'akfsh formait une strate qui avait la finesse d'une dentelle et retenait dans ses fils la poussière et les vestiges de l'Antiquité. Pour trouver la couche d'akfsh, il fallait creuser très profond car les constructeurs de l'époque utilisaient pour fabriquer les murs et les sols des maisons une boue séchée au soleil qui s'émiettait continuellement en fines particules de poussière. « Le chercheur d'or sait pertinemment qu'il est inutile de prospecter là où il n'y a pas de quartz, déclarait Grenfell. De même, pour qui veut trouver des papyrus, le seul sol qui présente quelque intérêt est l'akfsh. » Il est aujourd'hui assez facile de pleurer la disparition de tant de villes de l'Antiquité, mais comment ne pas admirer la détermination de deux hommes qui réussirent à arracher au désert une telle quantité de fragments des plus anciens textes ?

Les découvertes de papyrus les plus sensationnelles, on les doit pourtant aux sebakhim qui travaillaient sur les sites des villes enfouies, même s'ils négligeaient parfois d'en recueillir des morceaux qui leur semblaient trop petits pour être dignes d'attention. D'ailleurs, avant de commencer leurs fouilles, au début de l'hiver, Grenfell, Hunt, aussi bien que les pasteurs et les touristes archéologues « du dimanche », faisaient la tournée des marchands d'antiquités du coin pour voir ce que les sebakhim avaient ramené de leur saison de travail. C'est ainsi que Grenfell put acheter, en 1920, dans une boutique du Caire, un minuscule copeau de l'Evangile selon Jean qui est le plus ancien passage du Nouveau Testament à être parvenu jusqu'à nous. Il fallut encore attendre une quinzaine d'années pour que cet infime vestige qui faisait alors partie des collections de la bibliothèque John Rylands de Manchester en Angleterre soit identifié, authentifié et daté — grâce à son mode d'écriture — comme remontant à l'an 130 de notre ère, soit un siècle environ après la crucifixion de Jésus.

Cet éclat de papyrus s'est révélé riche d'informations. L'examen minutieux du texte, des marges et de la découpe des bords, a permis de déduire qu'il provenait sans doute d'un petit livret relié par une cordelette. En supposant que ce livret ait été composé de 132 pages de 18 lignes chacune, il aurait donc pu contenir le texte intégral de l'Evangile de Jean.

S'il avait été découvert au début du XIXe siècle, ce fragment aurait fait sensation ; en effet, à cette époque, les grands spécialistes des études du Nouveau Testament étaient presque tous unanimes à déclarer que l'Evangile de Jean avait été écrit beaucoup plus tard que ceux des autres apôtres. Ils pensaient que Jean était le dernier des quatre évangélistes à avoir entrepris la rédaction de son propre récit. Le texte du papyrus porte sur un côté des extraits du compte rendu du procès de Jésus devant le Grand Conseil et, sur l'autre, un passage du face à face entre Jésus et Pilate avec la fameuse ligne : « Pilate lui dit : "Qu'est-ce que la vérité ?" » (Jean, XVIII, 38). C'est peu, mais cela suffit à confirmer l'exactitude des autres versions de ce même épisode découvertes postérieurement ; en outre, la formulation est presque la même que celle donnée dans les versions modernes du Nouveau Testament. Les divers textes des Evangiles qui circulaient dans le monde de l'Antiquité offrent en général si peu de variantes qu'on est en droit de supposer qu'ils n'ont guère été modifiés et que leur message originel nous est parvenu intégralement.

Ce fragment de papyrus appelé « fragment Rylands », le premier d'une série de quelque douze textes évangéliques à être découverts en Egypte, était comme tous les autres, écrit sur papyrus et non plus sur les longs rouleaux qu'utilisaient les scribes, y compris les scribes juifs. Tous ces exemplaires des premières versions du Nouveau Testament ont été achetés chez des marchands spécialisés dans la vente des antiquités en Europe au cours des années 30. Il est impossible de savoir précisément leurs origines ; sans doute proviennent-ils en majorité d'une même bibliothèque égyptienne appartenant soit à une communauté de fidèles, soit à une Eglise primitive. Aujourd'hui, on les connaît sous les noms des industriels et des banquiers qui en ont financé l'achat. Ce qui est extraordinaire, c'est qu'ils présentent tous le même style de calligraphie que les documents profanes provenant de l'Egypte hellénistique, et que la plupart de ces textes ont été rédigés soixante-dix ou cent ans plus tard que le fragment Rylands. Certains ont déjà l'aspect de livres et sont étonnamment bien conservés puisqu'ils montrent encore les traces de leur reliure d'origine. Mais il ne s'agit là que de quelques pièces sauvées, arrachées aux sables et aux antiques cités d'Egypte, une pauvre goutte d'eau dans la mer de tout ce qui a disparu à jamais. Ces papyrus proviennent de simples bibliothèques provinciales, et nous laissent imaginer quels trésors pouvaient contenir d'autres bibliothèques beaucoup plus importantes créées grâce à des subventions royales, telles celles d'Alexandrie ou de Pergame. Si l'on a, aujourd'hui, tant de mal à différencier les influences, les styles et les genres littéraires qui sont la marque personnelle de chacun des évangélistes, c'est en partie parce qu'on manque de véritable information sur l'ensemble de la production littéraire de cette importante époque. Reste que l'on peut déduire certains faits de l'environnement même où ces fragments ont été mis au jour, des ruines de ces villes provinciales de l'Egypte hellénistique.

On se trouve là devant des cités qui formaient le maillage d'une grande zone commerciale ; elles ont, pendant de nombreux siècles, quadrillé les oasis égyptiennes et fait partie des grands projets officiels pour l'irrigation et l'agriculture jusqu'au jour où, les champs étant saturés de sel, elles sont tombées en déshérence. Leur population — des gouverneurs et fonctionnaires aux travailleurs agricoles et esclaves — était assujettie à une administration bureaucratisée à l'extrême et fort soucieuse de tirer de la terre et des paysans un rendement optimum. Avec leur juxtaposition de civilisation égyptienne, grecque et juive, ces villes représentaient des microcosmes de la culture hellénistique. Leurs temples construits sur le modèle égyptien abritaient parfois des divinités grecques assez hybrides, mais elles avaient toujours, en leur centre, une agora à la grecque, au sol de sable, et des bains fréquentés par tous ceux qu'attirait le nouveau mode de vie hellénisé. Dans leurs cimetières, on a trouvé une extraordinaire collection de portraits, œuvres saisissantes de réalisme et de vie qui ont dû d'abord décorer les demeures de ceux qui les avaient commissionnés avant d'être placés dans leurs sépultures. Ces visages sont inoubliables et leur regard garde le pouvoir d'interroger le nôtre : jeunes hommes, femmes, enfants — garçons et filles —, groupes représentant la fratrie d'une famille, puissantes matrones aux traits énergiques, fonctionnaires figés dans la splendeur de leur fonction. Tous sont vêtus à la mode romaine, et certains brillent encore des feuilles d'or dont l'œuvre avait été embellie. Nous avons là les images des habitants de ces villes, de ces citoyens ambitieux et dynamiques qui étaient le fer de lance de la prospère société d'une Egypte désormais hellénisée. Parmi eux, se trouvent les auteurs et lecteurs des plus anciens textes des Evangiles à être parvenus jusqu'à nous.

Venu d'Alexandrie, capitale de l'Egypte, le christianisme avait réussi à pénétrer jusque dans ces villes en plein désert. Comment s'étonner alors que les textes qui en promulguaient la foi se soient répandus, à la même époque, jusqu'aux confins orientaux de l'Empire romain ? La grande majorité des écrits qui circulaient dans ce vaste territoire étaient des copies faites par des scribes professionnels, généralement des esclaves, qui travaillaient en ateliers. Il s'agissait là d'une production commercialisée, et les éditeurs veillaient au rendement de ces « employés aux écritures » qui fabriquaient des manuscrits à des milliers d'exemplaires. Les Evangiles trouvés en Egypte ne font pas partie de cette production préindustrielle ; ils étaient l'œuvre de secrétaires ou de négociants, hommes habitués à consigner par écrit leurs documents de travail ou leurs affaires de famille, et qui s'étaient mis, pour ainsi dire à temps perdu, à recopier des textes chrétiens dans le souci d'en garder un exemplaire à titre personnel. Il arrive que leur calligraphie imite l'élégance formelle des scribes de profession, mais leur écriture plus rapide et plus sobre trahit la plume de l'amateur. Ces copies faites pour le plaisir expliquent peut-être pourquoi les plus anciens exemplaires des Evangiles ne furent pas mis sur rouleaux comme l'exigeait la tradition, mais confiés à de petits carnets d'un maniement plus commode, tels les « codices » dont se servaient habituellement les commerçants. Paul avait, lui aussi, utilisé ces carnets, et, dans une lettre à son ami Timothée, il demandait : « Le manteau que j'ai laissé à Troas, chez Carpos, apporte-le en venant, ainsi que les livres, surtout les parchemins[1] » (II Epître à Timothée, IV, 13).

Dans ces carnets, l'écriture montre une main efficace et prompte à transcrire les anciens Evangiles, mais elle semble avoir perdu la componction et le respect qui caractérisaient le style des copistes de l'Ancien Testament pour qui chaque geste était entouré d'une infinité de rituels, chaque trait de plume l'objet de vérifications incessantes. Les Evangiles que fabriquaient les premiers chrétiens n'étaient pas destinés aux cérémonies du culte mais à leur propre usage. Et pourtant, les quelque douze textes qui ont traversé les siècles sont d'une remarquable cohérence de contenu et d'une facture très soignée, et il n'y a pas, dans l'ensemble du Nouveau Testament, une seule ligne dont le sens ait vraiment changé par la découverte des variantes qu'ils offrent. Le travail de ces scribes amateurs ne se limitait d'ailleurs pas aux seuls textes de quatre Evangiles. La somme des ouvrages que nous connaissons sous le titre

1. Le texte anglais de la New English Bible dit « notebooks », c'est-à-dire « carnets ». (Note du Trad.)

de Nouveau Testament n'était pas alors rassemblée en un seul volume, et beaucoup d'autres textes d'inspiration chrétienne circulaient parmi les fidèles, la majorité provenant d'Egypte. La première publication de Grenfell et Hunt, à la suite de leurs découvertes en 1897, traitait de deux antiques documents qui contenaient des passages inédits et jusque-là totalement inconnus des *Paroles de Jésus*. L'œuvre fit grand bruit ; elle présentait une série de paroles prononcées par Jésus, consignées dans un texte qui était probablement antérieur aux ouvrages plus élaborés des évangélistes, et elle eut le mérite de réveiller l'intérêt de nombreux biblistes pour une autre source postulée des Evangiles connue sous le nom de Q (de la première lettre du mot allemand *Quelle* qui signifie « source »), qui a été détectée dans les textes de Luc et de Matthieu (*Cf.* p. 324). Grande fut la satisfaction de nombreux chrétiens à l'idée de pouvoir enfin avoir accès à ces « paroles » que certaines congrégations de l'Eglise primitive n'hésitaient pas à attribuer à Jésus lui-même. A la fin de la Seconde Guerre mondiale, on devait découvrir en Egypte une version complète des *Paroles de Jésus* dont le titre original était l'*Evangile selon Thomas*. Mais, déjà, les révélations de Grenfell et Hunt avaient réussi à faire passer quelques-unes de ces fameuses « paroles » dans la littérature religieuse par le biais du répertoire des cantiques[1] où l'on trouve, par exemple, la grande invocation : « Soulève la moindre pierre et tu me trouveras ; fends le bois, je suis présent en son cœur. » Il est vraisemblable que l'Eglise primitive ait connu de multiples versions de ces *Paroles de Jésus* qui n'ont pas été retenues dans la collation des textes du Nouveau Testament et sont désormais perdues. Le nombre même de ces versions indique la force

1. En anglais « hymn-book ». Il s'agit d'une collection d'extraits de psaumes et de textes religieux mis en musique et chantés lors des offices de l'Eglise réformée. (Note du Trad.)

d'une tradition orale datant des origines du christianisme, du temps où l'on prêchait la foi à la manière de Jésus comme un message d'ardente conviction qui se passait de tout support écrit et volait de bouche en bouche pour se transmettre d'une congrégation à l'autre. Dans cette aube de la chrétienté, les Evangiles figés par l'écriture auraient fait barrage entre les croyants et les véhémentes exhortations des apôtres, barrage rendu encore plus sensible par le maniérisme de la langue grecque littéraire classique.

Dans ces premiers textes chrétiens, une nouvelle démarche intellectuelle se devine : la chrétienté est en train de se structurer, de prendre un caractère officiel et de se choisir un cadre formel. C'est peut-être pourquoi le grand bibliste R. H. Lightfoot voyait dans la rédaction du Nouveau Testament le premier souffle de panique à se lever sur l'ensemble de la communauté chrétienne. En effet, l'Eglise fondée par Jésus et ses deux textes essentiels, l'Ancien et le Nouveau Testaments, allaient connaître le destin aventureux de toute entreprise humaine.

La place et le rôle d'Antioche

Du temps de Jésus, la ville d'Antioche, située sur les rives de l'Oronte et très proche de Jérusalem, était l'une des grandes métropoles du monde. La vieille cité avec ses installations portuaires a été envasée par le limon du fleuve et des siècles et gît désormais sous plus de dix mètres de boue. Antioche, l'une des seize villes à porter ce nom, était — comme les quinze autres — la création d'une dynastie syrienne fondée par l'un des généraux d'Alexandre. Pour les Romains, Antioche-la-Grande symbolisait l'essence même de l'Orient avec son goût effréné du plaisir et son luxe hellénistique bariolé de splendeurs exotiques. La réputation des Grands Jeux qui s'y déroulaient lui assurait la deuxième place au monde après

Olympie en Grèce ; ses magnifiques courses de chars étaient aussi légendaires que les bagarres entre supporters auxquelles elles donnaient lieu. L'artère principale de la ville faisait environ trois kilomètres et avait été la première au monde à avoir été entièrement pavée de marbre grâce aux largesses d'Hérode, roi de Judée et grand admirateur de la cité. Libanius, philosophe et citoyen d'Antioche, disait que ses compatriotes ne prenaient rien au sérieux, sauf les choses de l'amour — à quoi il aurait bien fait d'ajouter le goût de la bonne chère et du confort bourgeois sur fond de robuste scepticisme. Dans les faubourgs de la ville, des fouilles ont mis au jour les plus belles mosaïques de toute l'Antiquité : des sols parsemés de motifs aussi nombreux que bigarrés, illustrant les ébats d'une foule de petits chérubins et de personnages érotiques, ou encore immortalisant les gloires locales : acteurs, auriges, gladiateurs. On y trouve aussi la reproduction du grand marché qui occupait toute la longueur de la grand-rue et débordait sous les portiques, devant les admirables façades des riches centres de commerce et des temples. Ces mosaïques montrent également quantités d'éléments symboliques porteurs de bonne fortune, tels ces nains dont les bosses sont en forme de phallus, ou ces représentations du « mauvais œil » percées de douzaines d'amulettes pointues à pouvoir maléfique. Dans les demeures des grands négociants d'import-export, les sols abondent en motifs nautiques ; ce sont de véritables « marines » où Neptune est entouré de pêcheurs, où les paysages sont balayés par les embruns, tandis que les dieux apparaissent parmi de grands passages d'oiseaux ou le frétillement argenté des poissons. Toutes ces œuvres ont été exécutées dans le style opulent qui faisait la réputation d'Antioche. En aval du fleuve, dans le faubourg de Daphné, qui était alors une banlieue cossue, la légende disait qu'Apollon avait poursuivi la première des nymphes qui, une fois dans les bras du dieu, s'était changée en buisson de lauriers. C'est en ce lieu qu'Antoine avait amené Cléopâtre pendant la première année de leur liaison, et le rusé Hérode qui avait — bien à contrecœur — pris fait et cause pour les amants, s'était hâté, après leur chute, de faire paver de marbre la grand-rue en l'honneur d'Octave, meurtrier d'Antoine. Après la destruction de la Judée et l'incendie de Jérusalem, Titus était entré en triomphe à Antioche et il avait fait ériger un autel dont l'inscription proclamait : « CONSTRUIT AVEC LES DEPOUILLES DE LA JUDEE. » A Daphné, se dressait un temple de vastes proportions recouvrant, sur ordre de Titus, les ruines de la plus grande synagogue de la ville.

Depuis sa création, Antioche abritait une nombreuse colonie juive dont la prospérité était à l'échelle de celle de la cité. Des rabbins venaient régulièrement de Jérusalem pour collecter les dîmes et rendre visite à la cour des gouverneurs romains de la Syrie tandis que de pieux Juifs établis à Antioche choisissaient de retourner à Jérusalem pour y finir leurs jours. Vu la proximité et la fréquence des échanges entre ces deux villes, il était inévitable que les missionnaires chrétiens qui, après la mort de Jésus, commençaient à se rendre aux marches orientales de l'Empire romain, choisissent Antioche comme première destination. Il est dit dans les Actes des Apôtres que Paul et Pierre, ainsi que nombre des premiers prédicateurs du christianisme, vinrent à Antioche et qu'en cette ville les nouveaux adeptes de la religion de Jésus prirent le nom de « chrétiens ». C'est à Antioche également que naquit le terme d'« Eglise catholique » — c'est-à-dire universelle —, ce qui marque bien que le but de ses fidèles était d'arriver à pénétrer le monde impérial des gentils. Et c'est en effet à partir d'Antioche que l'Eglise chrétienne se mit en devoir d'atteindre les grandes métropoles de l'Empire romain. Tout ce que l'on sait sur ces années qui furent déterminantes pour l'essor du christianisme est contenu soit dans les Actes des Apôtres, soit dans la tradition chrétienne transmise ultérieurement. Aucune autre source écrite n'est disponible sur l'histoire des débuts de la chrétienté, et l'on est obligé de se rapporter aux seules informations que les Eglises primitives ont, plus tard, laissé filtrer. Cette même remarque s'applique aux origines des Evangiles pour lesquelles on est forcé de s'appuyer, d'une part, sur les renseignements glanés au fil même de leurs pages et, d'autre part, sur la foule de déclarations contradictoires que l'on trouve dans les écrits des premiers Pères de l'Eglise.

Il est donc pratiquement impossible de remonter aux sources des textes évangéliques qui furent certainement rédigés plusieurs générations après la mort du Christ. Comme Jésus dont l'Evangile de Jean dit qu'il n'écrivit qu'une seule fois dans toute sa vie pour « tracer du doigt des traits sur le sol » (Jean, VIII, 6), l'Eglise primitive attachait plus d'importance à la prédication parlée qu'aux mots écrits, et toutes les premières manifestations de sa foi furent soutenues par la seule force du verbe. Si Paul a composé ses Epîtres, c'est, à l'en croire, qu'il ne pouvait aller en personne parler aux destinataires de sa correspondance. Mais, pour lui aussi, l'écriture n'était qu'un pis-aller. Il n'est donc pas inutile de redire que la rédaction des Evangiles a marqué le passage d'un premier vent de panique sur une jeune Eglise troublée à l'idée de voir se perdre ou se diluer un message qui jusqu'alors était passé, sans intermédiaire, d'un croyant à un autre. Si l'on a entrepris la compilation des Evangiles, c'est dans le souci de préserver pour l'usage des générations futures toute la connaissance que l'on avait de Jésus à travers les enseignements des premiers prédicateurs. Mais le contenu des textes évangéliques résume aussi toute l'attente du public pour lequel ils ont été conçus, et donc tous les besoins de l'Eglise dans la période qui suivit la mort des apôtres. Les quatre Evangiles ne sont pas seulement l'œuvre authentique et originale de quatre biographes, témoins privilégiés de la vie terrestre de Jésus, de ses prédications et de ses actes, mais aussi le travail d'auteurs qui ont vécu la formidable explosion du christianisme et son essor dans tout le bassin méditerranéen au cours des deux premiers siècles de notre ère.

Aux sources des Evangiles, il y a eu, en premier lieu, la volonté de reprendre et de rassembler la somme des éléments traditionnels des *Paroles de Jésus*, et des anecdotes, maximes, souvenirs ou récits d'événements divers que les premiers missionnaires évoquaient dans leurs enseignements au fur et à mesure que naissaient les communautés chrétiennes de Syrie, d'Asie Mineure, de Grèce ou d'Italie. De tous les textes évangéliques, celui de Matthieu est le seul pour lequel la tradition ne voit pas de lien direct avec la ville d'Antioche, car il semble bien avoir été écrit en divers lieux situés entre l'Ethiopie et la Sicile. Parmi les trois autres, c'est le texte de Jean qui traduit de la façon la plus fidèle le courant de pensée chrétienne qui prévalait à Antioche où, d'ailleurs, les premiers historiens de l'Eglise situent également la rédaction des récits de Marc et de Luc. Ils disent que Pierre était venu à Antioche et prêchait dans une grotte située sur les hauteurs de la ville. Les croisés allaient plus tard embellir ce lieu en y adjoignant une façade en forme d'étoiles. Ce sanctuaire, qui passe pour être le premier de tout le christianisme, a fait l'objet de fouilles et révélé des sols de mosaïque qui remontent peut-être au IVe siècle, mais certainement pas à une date antérieure. En arrière du chevet, près de l'autel, coule une source abondante ; de son eau glacée, l'évangéliste Marc aurait dilué les pigments de son encre et pris en dictée ce que Pierre lui racontait de ses premières expériences parmi le groupe encore restreint des disciples qui entouraient Jésus. Cette « dictée » serait devenue l'Evangile de Marc. Mais la tradition offre une autre version des faits : Pierre aurait bien dicté à Marc son Evangile, mais à Rome et non pas à Antioche. Après le martyre de Pierre, Marc serait alors venu à Alexandrie pour achever un récit destiné au public et en écrire deux autres tenus secrets et qui ont disparu, bien que des textes du IIe siècle y fassent référence. Hélas, ni l'« Epître de Clément », ni les premières annales de l'Eglise chrétienne à Rome ne font allusion à l'Evangile de Marc. Que Clément ait ignoré l'existence d'un ouvrage qui aurait été rédigé sur place semble indiquer que cet Evangile n'a pas été composé à Rome mais, plus vraisemblablement, en quelque lieu à l'est de l'empire, sans doute à Antioche selon la première version traditionnelle. C'est également à Antioche que Luc aurait écrit son texte. Luc était le secrétaire de Paul et il est l'auteur des Actes des Apôtres, lesquels, considérés comme « à part » dans le corpus du Nouveau Testament, apparaissent toutefois comme une suite donnée à son Evangile. Mais il existe aussi une autre version des circonstances qui ont entouré la composition du récit de Luc : présent à Rome au moment du martyre de Paul, Luc aurait pu s'enfuir et gagner la Grèce où il se serait installé pour écrire son œuvre. Il y aurait vécu dans le célibat jusqu'à sa mort, à un âge très avancé.

On voit que pour chaque version traditionnelle de l'origine des Evangiles existe une variante et que chacune de ces variantes soulève de nouvelles objections. La diversité même des solutions que propose la tradition pour remonter aux sources des Evangiles n'indiquerait-elle pas qu'elles ont toutes leur part de vérité ? L'hellénisme était de caractère international, pourquoi n'en serait-il pas de même pour le christianisme ? Dès l'aube de l'Eglise chrétienne, les ouvrages qui contenaient sa foi étaient de format tel qu'on pouvait facilement les transporter, comme les fameux « carnets » dont parle Paul dans son Epître à Timothée (*Cf.* p. 315). De nos jours, journaux et magazines sont conçus pour un public international ; leurs articles arrivent de tous pays ; corrigés et publiés, ils sont vendus et passent de main en main en bien d'autres lieux que ceux de leur origine. De la même façon, les récits évangéliques montrent des sources géographiquement distinctes : Rome, Alexandrie, Antioche, etc. Ne peut-on voir là les prémices d'un christianisme à vocation déjà internationale ? Les quatre Evangiles qui nous sont connus ne sont pas seulement les œuvres de quatre auteurs, mais le produit de traditions spécifiques, d'Eglises diverses qui, toutes, avaient plus ou moins le même fonds de savoir sur Jésus et les circonstances de sa vie.

Sur les quatre Evangiles, il en est un qui fait très nettement « bande à part », car sa thématique est originale et il rapporte des faits nouveaux dans un style marqué par l'abstraction : c'est le récit de Jean. Aucun des trois autres textes ne peut rivaliser avec le sien pour la beauté formelle et la solidité intellectuelle de l'introduction donnée à son récit :

> Au commencement était le Verbe
> et le Verbe était tourné vers Dieu
> et le Verbe était Dieu.
>
> (Evangile selon Jean, I, 1)

Il y a dans cette phrase toute l'essence d'une théologie qui participe de la tradition de sagesse du Moyen-Orient depuis des millénaires et se trouve soudain réactivée dans la promulgation d'une foi nouvelle. En cela, le texte de Jean semble se rapprocher de l'inspiration qui animait les Epîtres de Paul, car les deux auteurs s'adressent à un même public de gens cultivés, bourgeois, hellénisés. Les définitions abstraites que Jean donne de Dieu et de Jésus ne manqueront pas, plus tard, de provoquer la surprise chez les Pères de l'Eglise primitive. Mais comment ne pas remarquer qu'outre la différence de ton qui les démarque du texte de Jean, les trois autres Evangiles offrent entre eux des concordances multiples, non seulement dans le choix des épisodes qu'ils racontent, mais encore dans le style et le vocabulaire qu'ils utilisent. Les similarités sont si nombreuses qu'on peut étudier ses trois textes par la méthode comparative, comme il a été fait pour les extraits du procès de Jésus en p. 297, 298. Il est évident que les Evangiles de Matthieu, Marc et Luc ont une unité organique et que leur contenu respectif se chevauche et se recoupe, d'où le nom d'Evangiles synoptiques qu'on leur a donné. Au XIXe siècle, quand les études critiques des textes évangéliques commencèrent à prendre un caractère scientifique, il apparut bientôt que les connaissances léguées par la tradition sur les trois Evangiles de Matthieu, Luc et Marc, et qui, longtemps, avaient fait autorité, n'étaient pas exemptes d'erreurs. Lorsque saint Augustin déclarait, par exemple, que le récit de Matthieu, remarquable par sa longueur et sa puissance rhétorique, avait certainement été écrit avant les autres et que celui de Marc, plus court et d'un style moins élégant, prenait, par comparaison, rang de « subalterne », il se trompait. En fait, un examen un peu sérieux montre que le texte de Marc, malgré sa concision et sa facture sommaire, a été fusionné à l'ouvrage de Matthieu comme à celui de Luc, ce qui signifie que, loin d'être « subalterne », il a servi de document de référence aux deux autres apôtres. L'application de cette même méthodologie critique permet de détecter un fonds de connaissances communes à Matthieu et Luc, source postulée connue par la lettre Q pour *Quelle*. On a pu avancer, non sans vraisemblance, que si les récits de Matthieu et Luc reprenaient le matériel de Marc augmenté de la source Q, les différences qui existent entre ces deux textes pourraient bien représenter les traditions respectives des Eglises qui leur avaient donné naissance. Mais la véritable surprise vint de l'analyse du texte de Marc augmenté du contenu de la source postulée Q : elle révéla qu'il était peu probable que Matthieu et Luc aient pu connaître Jésus de son vivant. En effet, s'ils avaient été témoins des événements qu'ils rapportaient, quel besoin auraient-ils eu de puiser leur récit à des sources antérieures ? C'est pourtant ce qu'ont fait et Matthieu et Luc. En ce qui concerne les deux autres Evangiles, celui de Marc pourrait bien être l'œuvre d'un contemporain de Jésus dont le récit aurait, par la suite, été remanié, et celui de Jean, serait — de l'avis général des chercheurs — le dernier à avoir été rédigé, probablement à la fin du Ier siècle, encore que, sur ce dernier point, on se fonde plus sur un consensus d'opinions que sur de véritables preuves.

A supposer que soient découvertes de nouvelles preuves qui viendraient remettre en question toutes ces hypothèses, et que Jean soit en fait le premier des apôtres à avoir écrit son Evangile, on ne serait pas plus avancé pour cerner l'identité de cet auteur. Qui donc est « Jean » ? Les textes du Nouveau Testament attribués à sa plume — Evangile, Epître, Apocalypse — ont chacun un style si personnel qu'il est presque impossible de croire qu'ils aient été rédigés par la même personne. De nos jours, les biblistes tendraient à penser que les ouvrages de « Jean » seraient ceux d'un collectif d'érudits qui auraient suivi jusqu'en Asie Mineure l'apôtre Jean, lequel Jean serait peut-être le fils de Zébédée et donc le cousin de Jésus. Une source traditionnelle dit que Jean écrivit son Evangile en Asie Mineure justement, à Ephèse. Dans cette ville, on peut encore voir le « tombeau de Jean », lieu marqué depuis le IIe siècle par la vénération des fidèles comme la sépulture de l'apôtre. Ce sanctuaire remonterait donc à une date qui coïncide avec les générations des successeurs immédiats des douze apôtres et serait l'un des premiers de l'Eglise primitive. C'est encore la tradition qui affirme que, après la destruction de Jérusalem en l'an 70, les chrétiens se trouvèrent en butte à une hostilité croissante de la part des Juifs, et que les Pères fondateurs du christianisme vinrent trouver refuge en Asie Mineure ; l'un des premiers évêques d'Antioche a déclaré que, dans son enfance, il avait pu assister aux prédications de « Jean ». Toutefois, il est indéniable que l'influence de l'Egypte et, plus particulièrement celle d'Alexandrie avec son milieu intellectuel, marque très fortement le récit évangélique de l'apôtre. Les innovations du système narratif et le maniement des abstractions rappellent irrésistiblement le style des philosophes et théologiens du grand foyer d'érudition qu'était Alexandrie. Une fois de plus, on est comme étourdi par le jeu incessant des probabilités et des contradictions qu'elles entraînent. Pour couronner le tout, notons que les dernières études sur les Evangiles ont été faites par des linguistes et qu'elles apportent une nouvelle perspective : au lieu de se rattacher au milieu des grandes cités impériales, les récits évangéliques tireraient leurs origines d'une culture orale spécifique à la Palestine. Les structures de la langue grecque utilisée dans les textes tendraient à suggérer, par leurs nuances et les choix de leur système métaphorique, que les Evangiles seraient des traductions faites à partir de la propre langue que parlait Jésus, la langue araméenne de Palestine. Le monde de l'Antiquité était, on le voit, si internationalisé, que les mots prononcés par un saint homme dans son parler local arrivaient à pouvoir convertir des congrégations de l'Asie Mineure à l'Egypte, de l'Italie à la Grèce. Tout en bénéficiant du cosmopolitisme des grandes villes impériales, les Evangiles sont restés fidèles aux origines de la culture qui les avait vus naître et au message de Jésus, source et creuset de la foi qu'ils transmettaient.

Harpes tordues et mœurs dissolues...

Voilà que Rome est grecque ! Ah, la haine me tord
Car c'est la lie d'un peuple arrivant à nos bords.
O honte intolérable ! en princes ils sont traités ;
Dans le Tibre accueillant l'Oronte a dégorgé
Son obscène richesse et ses coutumes viles.

Que l'Italie est bonne à leurs filles faciles,
A leurs harpes tordues dont les sons discordants
En brouillant la raison pervertissent les gens.

En 1724, John Dryden[1] publia des *Satires*, une traduction dont le ton allègrement vengeur donne aux lamentations de Juvénal une étonnante modernité. Juvénal ne se trompait pas mais, en dégorgeant son « obscène richesse », l'Oronte, fleuve qui coulait à Antioche, ne charriait pas seulement vers Rome « des Grecs faméliques, retors, effrontés et beaux parleurs », il amenait aussi d'autres étrangers qui les égalaient en assurance et en prestance et qui étaient, eux, les premiers missionnaires du christianisme. A Pompéï, à Ostie, griffés dans le plâtre des murs, des graffiti prouvent que les chrétiens avaient débarqué en ces ports dès l'an 79. Les Actes des Apôtres racontent comment la communauté juive de Rome avait dû faire face à une première agression au moment même où Paul arrivait dans la capitale ; l'apôtre avait été reçu par un groupe d'« anciens » qui, dans leur innocence, étaient bien loin de soupçonner tous les ennuis que la présence de Paul allait attirer sur leurs têtes à l'époque des premières persécutions des chrétiens à Rome. En effet, Néron prenait les chrétiens pour des pyromanes en puissance et, lors du terrible incendie de Rome de 64, il leur en fit endosser la responsabilité. Ce mini-pogrome n'était, de la part de Néron, qu'un coup bas, une mesure démagogique, alors que les grandes persécutions qui allaient avoir lieu plus tard seraient des affaires politiques mettant en cause le civisme des chrétiens face au pouvoir impérial. Selon la tradition, ce fut pendant cette seconde période de persécutions sous le règne de Néron que saint Pierre fut crucifié et enterré dans un site qui se trouve aujourd'hui juste

1. Ecrivain anglais (1631-1700), auteur de tragédies et de satires politiques.

au-dessous d’un des autels de la basilique Saint-Pierre. Lors de l’office qu’il y célèbre chaque semaine, le pape se trouve ainsi dix-huit mètres au-dessus du premier des pontifes de l’Eglise.

Suivant les directives de Paul et en dépit de toutes les persécutions dont il avait fait l’objet, le christianisme avait, dès le IIe siècle, franchi l’enclave des communautés juives et pénétré la bourgeoisie et même l’aristocratie romaines. Le sous-sol et les fondations des grandes basiliques de Rome ont révélé des vestiges des églises chrétiennes primitives qui n’étaient souvent que de simples lieux d’assemblées dans des maisons particulières. Les sanctuaires de Sainte-Cécile, Saint-Clément et Sainte-Pudenziana recouvrent les demeures de citoyens ordinaires qui s’appelaient Cécile, Clément et Pudenziana et se virent par la suite canonisés lorsqu’on crut que les lieux de culte érigés sur leurs résidences signifiaient la présence de tombes de martyrs. La belle abside en demi-cercle de Saint-Clément, avec ses somptueuses fresques, recouvre exactement le plan d’une maison datant du IIe siècle dont le propriétaire était un certain Clément. Il avait fait aménager sa cour ouverte — ou atrium — pour qu’elle serve d’asile aux pauvres et aux malades, et ses héritiers en gardèrent la tradition. C’est sur cet atrium que reposent les fondations de la grande nef de la belle basilique qu’on peut voir aujourd’hui.

Avant la construction de Saint-Clément, l’atrium de la maison avait abrité un autre temple, sanctuaire païen celui-là, et réservé au culte de Mithra. Comme Jésus, le dieu Mithra était révéré à Rome et, comme lui, il était né dans une grotte, quelque part en Orient, non en Judée mais dans la lointaine Perse. D’emblée, les légions romaines s’étaient ralliées à son culte et l’avaient fait adopter de l’Iran jusqu’à Rome, ainsi qu’à Tunis, dans les villes riveraines du Rhin et même à Londres, et plus au nord encore, jusqu’au pied du mur d’Hadrien. Par nombre de ses aspects, le mithriacisme répondait aux mêmes aspirations qui allaient drainer les esprits vers le christianisme. Les deux doctrines reposaient sur un sentiment de fraternité qui faisait craquer le carcan des codes sociaux de l'époque ; les relations humaines et le système de classes y étaient régis par des liens secrets connus du seul petit cercle de leurs initiés, et les fidèles constituaient des réseaux, sortes de crypto-communautés soudées par une foi qui semblait faire fi des cloisonnements de la société. C'était ce cloisonnement qui faisait la force de l'Empire. Les lamentations de Juvénal ne visaient pas seulement les quelques baladins venus de Grèce ou les débordements sexuels des satrapes syriens ; elles pointaient du doigt les mystérieuses sectes dont les membres, passant des rives de l'Oronte à celles du Tibre, affluaient vers Rome et sapaient, petit à petit, les principes même de la vie civile et sociale de la capitale. Car, pour Juvénal, comme pour bien d'autres membres des classes privilégiées, Rome représentait la plus belle création sortie de la main de l'homme. Et pourtant, déjà du temps du poète, le dynamisme, le respect des lois et le sens exalté de l'honneur qui avaient soutenu le pouvoir de l'Etat et fait la grandeur de l'Empire se trouvaient menacés par des philosophies et des religions étrangères que le cosmopolitisme de Rome avaient attirées en ses murs.

Les religions qui venaient de l'Orient — et le christianisme était l'une d'elles — recrutaient leurs fidèles dans toutes les couches de la société romaine, et, parfois, des cultes archaïques originaires de lointains pays s'implantaient en sectes hybrides en plein milieu urbain. A part les citoyens des grandes métropoles aux marches orientales de l'Empire, la majorité des innombrables sujets du pouvoir romain — soldats, domestiques, esclaves — servait l'Etat sans pour autant abandonner la foi de leur patrie d'origine. A Rome, cette même foi, souvent abâtardie et devenue pratique superstitieuse ou rituel cabalistique réservé aux seuls initiés, se changeait assez vite en une forme de subversion larvée capable d'ébranler la lourde machine étatique. Parallèlement, dans les grandes cités aux frontières orientales de l'Empire qui offraient un extraordinaire brassage de cultures soudées par la conjoncture économique, d'autres sectes avaient surgi, regroupant, sous le couvert de la religion, des individus aisés mais aigris ou démotivés au point de voir l'ordre impérial comme un obstacle à leur salut personnel. Souvent influencées par des cultes locaux revus et corrigés au goût hellénistique, ces sectes créaient leurs propres rituels dont les cérémonies térébrantes, barbares et souvent orgiaques se voulaient initiatiques, permettant d'atteindre, par l'orgasme et toutes les perversions de l'esprit et des sens, la source de la lucidité, l'absolu de la vérité. Essaimant peu à peu à travers l'Empire, ces religions arrivèrent enfin, elles aussi, jusqu'à Rome.

Il est à Rome un lieu privilégié, un endroit où l'on peut encore sentir l'aura de ces sectes qui allaient, en quelque sorte, rivaliser avec le christianisme et influencer indirectement la formulation des textes sacrés, c'est la basilique de la Porta Maggiore. Avec la perfection de son architecture, sa petite crypte semble garder sous ses voûtes décorées de stuc et dans l'ombre de ses arcades le mystère des antiques cultes qu'on y célébrait. On retrouve là de nombreux éléments que le christianisme saura adapter à ses propres rituels : le plan de la *basilica*, qui sera celui des édifices religieux de la chrétienté, et aussi la représentation d'une gestuelle — telle celle des mains ouvertes pendant la récitation des prières — donnée par les poses des quelques personnages finement sculptés dans le stuc des murs et plafonds.

Les cosmogonies traditionnelles de la Perse et même de l'Inde transparaissent dans les croyances de bon nombre de ces mystérieuses sectes. Elles concevaient le monde comme un champ clos où s'affrontaient des pouvoirs adverses et constamment attirés les uns vers les autres : le bien contre le mal, la lumière contre les ténèbres, Dieu en face du Diable. L'univers de l'homme s'y trouvait sous l'emprise de forces obscures soutenues par toutes les formes terrestres de l'autorité et de l'Etat, et contre lesquelles seuls l'esprit et la connaissance permettaient de lutter. Aussi, l'Eglise chrétienne avec sa structure et sa hiérarchie était-elle vue comme une œuvre du Diable qui venait pervertir la pureté de la vraie foi. Les fidèles de ces sectes de l'ombre tendaient à la perfection et, pour les conduire à cet idéal, consommaient des aliments à pouvoir magique, le concombre, par exemple, dont la chair humide a un éclat lumineux. Une fois absorbées et filtrées par le corps, les fibres du concombre étaient évacuées en excréments noirâtres tandis que sa noble et claire essence donnait le sperme couleur de perle éjaculé dans l'orgasme. Liquide sacré, le sperme était souvent utilisé au cours des cérémonies ; il servait d'onction ou de libation dans les rites orgiaques semblables à ceux qui avaient autrefois déchaîné le courroux des prophètes de l'Ancien Testament. Et voilà que de telles pratiques s'infiltraient dans l'Eglise primitive ! Dans ses Epîtres, Paul avait clairement défini les frontières entre l'amour sacré et l'amour profane ; cependant, pour les nouveaux convertis baignés de culture hellénistique, ces distinctions étaient beaucoup moins évidentes.

Une merveilleuse légende chrétienne raconte les luttes de saint Pierre avec un des prophètes de ces sectes venues d'Orient qui enseignait aux citoyens de Rome sa façon bien particulière d'atteindre un salut qui n'avait rien de gratuit. L'extraordinaire Simon, dit Simon le Magicien, et qui se faisait appeler « la Puissance de Dieu », venait de Samarie ; non seulement il accomplissait des prodiges, mais ses pouvoirs de lévitation lui permettaient de voltiger gracieusement à travers l'espace. Il avait reçu le baptême chrétien en Palestine et n'avait pas tardé à adapter la plupart des rites de l'Eglise à sa cause et à son profit. Il avait même offert à l'apôtre Pierre de lui racheter son pouvoir sacré pour élargir un peu son petit fonds de commerce en farces et attrapes, mais il s'était fait vertement remettre à sa place en une seule réplique digne de la violence verbale de John Knox[1] : « Je vois en effet que tu es dans l'amertume du fiel et les liens de l'iniquité » (Actes des Apôtres, VIII, 23). Sans se démonter pour autant, Simon, comme Pierre, vint à Rome, accompagné de la belle Hélène qu'il déclarait avoir arrachée aux lubriques Levantins de Tyr après avoir reconnu en elle « le Premier Principe de Toutes Choses ». Hélène, que les chrétiens surnommaient la Putain, était en quelque sorte la Marie de Magdala de Simon. Il se trouva, plus tard, quelques méchantes langues pour dire que Simon était un personnage de fiction, une charge fielleuse dirigée contre saint Paul ! Toujours selon la légende, c'est à Rome que Simon le Magicien devait littéralement tomber de son haut. Un jour qu'il voletait au-dessus du Forum, les prières de saint Pierre mirent fin à ces pieux exercices de gymnastique lévitatoire et le firent choir, la cheville brisée. Sous sa forme de plaisante allégorie, l'histoire laisse voir la très réelle et très sérieuse menace que Simon et ses collègues faisaient peser sur l'Eglise des chrétiens, car les prédicateurs qui rivalisaient avec Pierre n'étaient pas tous des truqueurs ou des funambules de cirque, loin de là ! Il se trouvait parmi eux des érudits et des dévôts qui croyaient en Jésus et en Dieu, mais dont la pensée théologique s'écartait de la doctrine de l'apôtre.

Pourtant ces prédicateurs parlaient avec la même ferme assurance que Paul qui, lui non plus, après tout, n'avait jamais connu Jésus ! Sûrs de posséder la vérité, ils proclamaient que leur religion était de source divine et n'hési-

1. Réformateur écossais (1517-1572) célèbre par la virulence de ses prédications. (Note du Trad.)

taient pas à marquer leur désaccord avec les disciples de Jésus. A l'exemple de Paul qui avait écrit les plus anciens textes connus du Nouveau Testament, ces hommes prirent la plume et exprimèrent leur foi dans des écrits mystiques, des poèmes, contes ou spéculations abstraites. Comme celui de Paul, leur style véhicule leurs civilisations et trahit leurs origines culturelles. Déjà, au IIe siècle, plus d'une douzaine d'Evangiles étaient en circulation en même temps qu'une foule d'autres textes sacrés parmi lesquels des lettres adressées par Jésus à des rois étrangers, des épîtres de Paul à Aristote et des anecdotes sur la vie des disciples de Jésus. Plus tard bannis par l'Eglise, ces écrits ont pourtant fait secrètement leur chemin dans les mentalités des chrétiens et, graduellement, ils se sont mis à former un patrimoine de connaissances secrètes qui a alimenté les sources du mysticisme et influencé l'art et la littérature de la chrétienté. Le rôle de ce patrimoine est plus important qu'on ne le croit d'habitude, car le christianisme a figé dans les textes l'essentiel de sa foi, mais c'est aux anciennes sectes frappées d'interdit et tombées dans l'oubli qu'il doit en grande partie les manifestations et la symbolique de sa pratique rituelle.

Si ces écrits ont été rédigés dans les grandes villes orientales — Antioche, Ephèse, Alexandrie —, s'ils s'inspirent de l'esprit du christianisme, ils n'en gardent pas moins les croyances et les modes de pensée des civilisations locales. Dès l'aube des temps, la plupart des religions de l'Orient ont vu dans la mort et la résurrection de leurs dieux l'œuvre des grandes puissances cosmiques qui présidaient au cycle annuel de fécondité de la nature. Les chrétiens issus de ces cultures trouvaient tout naturellement en Jésus la réplique d'un dieu comme Osiris qui régnait sur la crue du Nil et garantissait les promesses des semailles. C'est ainsi qu'en Egypte, l'hiéroglyphe *ankh*, qui signifie vie, devint la croix du Christ, symbole de toute renaissance. Comme le dieu persique Mithra, Jésus n'était-il pas né dans une grotte d'où il avait fait rayonner sa lumière sur tout l'univers ? Le Christ avait apporté l'assurance du salut et de la rédemption, et certains fidèles qui voyaient dans cette assurance la possibilité d'être, sur l'instant et à jamais, délivrés de tout péché, célébraient cette libération par des rituels orgiaques archaïques ou de véritables bacchanales. D'après les enseignements de Jésus, le pardon universel accordé par Dieu était, pour chaque individu, la garantie de sa propre rédemption ; il n'est donc pas surprenant que les gnostiques, par exemple, en soient venus à considérer que l'Eglise, en tant que corps constitué, était l'œuvre du Diable, un écran malignement dressé pour empêcher l'homme d'arriver à la vraie connaissance et à atteindre Dieu. Ces sectes gardaient si farouchement leur savoir secret que rien n'en filtrait à l'extérieur. De petits cercles d'initiés portant le nom de « gnostiques » — c'est-à-dire « élus de la connaissance » — croyaient que la pratique de leur foi faisait d'eux les détenteurs des clefs qui ouvrent les portes de l'univers. Dans ce bouillonnement ésotérique, ces initiés voyaient en Jésus un grand maître, un sage ou un mage, et mêlaient aux récits des Evangiles des événements inédits ou tenus cachés de sa vie. Ces Evangiles remaniés n'auraient, à ce que disent les évêques du IIe siècle, été réservés qu'à un petit nombre d'initiés. Dans l'un d'eux, on trouve un passage où il est dit que Jésus amenait au jardin de Gethsemani des adolescents nus pour célébrer de mystérieux rites d'initiation. Tous deux, le mithriacisme et le gnosticisme, attaquaient les structures établies du corps social, pénétraient dans tous les milieux et faisaient sentir leur influence sur toutes les religions de l'époque. Au cours des deux premiers siècles, ces courants de pensée jouèrent un rôle de premier plan au sein d'une Eglise chrétienne qui cherchait encore son identité, et c'est pourquoi, aujourd'hui encore, tant de chrétiens condamnent avec virulence les « abominations » qu'ils représentaient. Il ne faut pourtant pas oublier qu'aux premiers temps du christianisme, l'orthodoxie n'existait pas encore et que les premières tentatives de création d'une théologie orthodoxe devaient venir indirectement des débats que suscitaient l'existence des nombreuses sectes gnostiques.

Lorsqu'ils essaient d'évaluer le rôle joué par les différentes sectes à l'époque du christianisme naissant, les chercheurs contemporains se heurtent souvent à des difficultés d'ordre sémantique. On dirait qu'ils regardent les faits par le mauvais bout de la lorgnette ! L'idée que nous avons des débuts de la chrétienté se limite à l'existence d'une Eglise — celle de Jésus de Nazareth, de Pierre et de Paul —, de quatre Evangiles et du volume de textes sacrés qui les accompagne. Pendant dix-huit siècles, toutes les Eglises chrétiennes ont tenté de fixer la ligne de démarcation entre la foi et l'hérésie, et les Occidentaux, qu'ils soient ou non chrétiens pratiquants, savent plus ou moins où se trouve cette zone frontière. Du temps de Pierre, de Paul, de Simon le Magicien, de Marc et de « Jean », la réalité était tout autre : les Eglises étaient multiples, leurs doctrines variées, leurs textes sacrés différents. Personne n'avait encore défini le credo des chrétiens, le contenu réel de la foi ou le canon des ouvrages du Nouveau Testament. A l'image de la religion qu'il promulguait, le Nouveau Testament demeurait un salmigondis ; relevé de toutes sortes d'épices, ce savoureux mélange exotique dégageait les fumets de multiples ingrédients venus de la tradition. Les Actes des Apôtres racontent les controverses qui agitaient le cercle des disciples de Jésus : fallait-il, par exemple, aller prêcher le message du Christ parmi le peuple des gentils ? Tandis que les Epîtres de Paul montrent d'autres préoccupations : les nouveaux convertis parmi les gentils se trouvaient-ils, de par leur adhésion à la foi chrétienne, sous obligation d'obéir à l'antique Loi du judaïsme ? Il est évident que les premières communautés chrétiennes n'avaient pas la moindre notion d'une quelconque orthodoxie théologique. Grâce à sa force de conviction, Paul réussit à rallier à ses vues la majorité des congrégations, mais il restait quelques poches de résistance, telle la première Eglise de Jérusalem qui avait eu pour chef spirituel le frère de Jésus, Jacques. Il est dit qu'après une période de persécutions, les fidèles de Jacques vinrent se réfugier en Syrie où ils prirent pour texte sacré leur propre évangile connu plus tard, dans l'Eglise des gentils, sous le nom d'*Evangile selon les Hébreux*. Dès ses origines, le christianisme a donc été mis à toutes sortes de sauces, et les Romains surveillaient la cuisson de ce salmigondis qui était une marmite de plus à laisser mijoter sur leurs fourneaux, un plat supplémentaire pour satisfaire l'appétit des voraces empereurs.

Vers le milieu du IIe siècle, Marcion, fils d'un évêque et riche armateur d'Asie Mineure, se mit en devoir d'établir la première liste à nous parvenir des nouveaux textes sacrés, le canon des ouvrages qui allaient former le Nouveau Testament. Marcion prônait un christianisme qui rejetait tout lien avec l'Ancien Testament et arrachait Jésus à la tradition judaïque. D'après sa doctrine, Jésus n'était pas né d'une femme mais avait surgi, adulte, comme Zeus, d'un geste créateur de Dieu, et il avait été envoyé sur terre pour accomplir un magistère et prêcher la rédemption au nom d'un Dieu qui était avant tout un Dieu d'amour et non plus une divinité cruelle et capricieuse comme Yahvé. Marcion était persuadé que le rattachement de Dieu aux sources du judaïsme était l'œuvre d'hommes marqués par le péché et inspirés de l'esprit du Malin. Aucun des ouvrages de Marcion n'a survécu aux fureurs des tenants de l'orthodoxie, mais les dénonciations multiples et détaillées que l'Eglise a pu faire de ses doctrines hérétiques permettent — fort à propos pour les historiens des religions ! — de reconstituer la teneur de ses écrits et, entre autres, de retrouver la fameuse liste des textes qu'il considérait comme le fondement authentique de la foi. Excluant tout écrit venant du judaïsme, la Bible de Marcion était assez mince ; elle contenait quelques Epîtres de Paul et un seul des quatre Evangiles, celui de Luc ; encore ce dernier avait-il été soigneusement expurgé de toute connotation juive ! Un peu plus tard, l'Eglise allait accepter le principe postulé par Marcion et tenter de définir sa propre orthodoxie en établissant le canon des textes destinés à devenir la Bible des chrétiens et se réserver le droit de condamner tous ceux qui étaient en désaccord avec ce choix ou souhaitaient apporter des modifications à ce canon. Ainsi, l'idée d'une Bible, c'est-à-dire d'un corpus unique des textes sacrés, naquit-elle d'un esprit hérétique pour être ensuite adaptée et élargie par des théologiens qui allaient mettre toute leur énergie à définir leur propre orthodoxie.

Un document d'origine romaine et datant des années qui ont suivi la mort de Marcion donne une seconde liste du canon des textes sacrés du christianisme : c'est le *Canon de Muratori*, du nom de l'historien Lodovico Muratori qui, au XVIIIe siècle, comprit l'importance de ce vestige. L'auteur a dû rédiger sa liste aux environs de l'an 70 ; sa connaissance de la langue romaine est assez sommaire et, dans le texte qu'il soumet, ne semblent figurer (« semblent » car le document nous est parvenu en très mauvais état) que les quatre Evangiles. Il fait mention des récits de Luc et de Jean et probablement aussi de celui de Marc, quoique ce dernier point soit sujet à caution. Il contient aussi un récapitulatif de presque tous les autres ouvrages du Nouveau Testament, à l'exception de quelques-unes des Epîtres de Paul. Evidemment, on n'y trouve aucun des écrits de Marcion, non plus d'ailleurs que les nombreux autres textes datant de l'Eglise primitive. En revanche, la liste intègre dans le Nouveau Testament des écrits aujourd'hui bien oubliés. L'auteur a cependant exclu un texte connu sous le titre de *Pasteur d'Hermas* qui ne figure pas non plus dans le canon de la

Bible que nous connaissons. Cet ouvrage est un recueil de maximes datant de l'époque romaine qui décrit les plus anciens rites et les plus vieilles traditions en usage dans les communautés chrétiennes de Rome et qui, compte tenu de sa date de composition, pourrait bien être la source de certains passages des textes évangéliques. Avec ses 70 lignes, son style gauche et son orthographe défaillante, le *Canon de Muratori* apporte la première indication que la version du Nouveau Testament, telle que nous la connaissons aujourd'hui, était en cours de compilation dans la seconde moitié du IIe siècle.

L'homme des choix : Irénée de Lyon

D'Antioche, au fil de l'Oronte, les dieux venus d'Orient arrivaient sur les bords du Tibre mais ils ne s'arrêtaient pas là. Peu à peu, ils gagnaient toutes les provinces de l'Empire. Au milieu du IIe siècle, des missionnaires chrétiens arrivant d'Asie Mineure remontèrent le cours du Rhône jusqu'à la ville de Lyon, pénétrant ainsi le territoire de la Gaule. Ces missionnaires étaient des évêques qui parlaient le grec, ou des pasteurs formés à l'école de mentors comme l'évêque Ignace qui, selon les premières annales ecclésiastiques, avait succédé à saint Pierre sur le siège épiscopal d'Antioche ; tous étaient imprégnés des plus solides traditions en vigueur dans l'Eglise primitive. La ville de Lyon avait été fondée en l'an 43 sur les ordres du sénat qui voulait en faire un lieu de résidence pour les vétérans des légions. Les ingénieurs romains avaient construit un formidable réseau d'aqueducs pour amener l'eau jusqu'au sommet d'un éperon rocheux dominant le brumeux confluent du Rhône et de la Saône. Sur les flancs de la colline, face à la plaine, la cité étalait dans la succession de ses terrasses la splendeur de ses constructions : théâtres, grandes places, vastes espaces ainsi qu'un énorme temple en l'honneur de la déesse orientale Cybèle.

Une telle réussite architecturale fit désigner la ville pour être la capitale de toute la province. C'est à Lyon que les contestataires de la famille d'Hérode avaient passé en exil la fin de leurs jours, et on dit même que la scandaleuse Salomé y fut enterrée. Parmi tous ceux qu'attiraient cette nouvelle métropole, il y avait donc des missionnaires chrétiens, mais également des fidèles des cultes persiques de Mithra et de Cybèle.

« Si tu veux savoir quel est le mortel qui repose ici », peut-on lire sur une pierre tombale grecque trouvée dans les fouilles de Lyon, « ta curiosité sera satisfaite car cette inscription ne cache rien des actes qui ont marqué sa vie. Son patronyme est Euternios et son prénom Julianos. Il est originaire de Laodicée qui est la perle de la Syrie. La branche paternelle de sa famille jouissait de quelque notoriété et la branche maternelle était, elle aussi, de bonne souche. Il a bien servi ses compatriotes et s'est montré juste à l'égard de tous, ce qui lui a valu d'être payé en retour de l'affection générale. Lorsqu'il parlait aux Celtes (c'est-à-dire aux populations des Gaules), il mettait dans ses paroles une grande force de conviction. Ses voyages l'ont conduit en de multiples pays étrangers où il a fait de nombreuses rencontres et eu l'occasion de prouver son courage. Sans relâche, il a sillonné les mers, apportant de l'Orient, par bateau, tous les bienfaits que la volonté de Dieu destine aux Celtes et aux contrées de l'Occident. Ses qualités d'homme lui ont assuré le succès dans toutes ses entreprises, et sa générosité de cœur lui a permis de faire accéder trois tribus celtes à une vie digne. » Ce Julianos de Syrie était vraiment un bon Hellène !

Le premier évêque chrétien de Lyon, Pothin, était arrivé de Smyrne accompagné d'un adjoint, Irénée. Comme Julianos, Irénée allait apprendre à parler les dialectes barbares locaux pour pouvoir prêcher la parole de Dieu aux Gaulois. Mais, du temps de Pothin, la ligne officielle romaine vis-à-vis de l'Eglise chrétienne changea de cap : de l'indifférence, elle passa à une irritation qui se manifestait par des accès de persécutions ; les chrétiens supportaient avec courage et résignation la capricieuse cruauté du pouvoir impérial ; leur nouvelle foi, leur récente adhésion à la fraternité du Christ leur donnaient souvent le courage de préférer la mort à l'apostasie. Le Dieu chrétien étant unique, ses fidèles ne pouvaient accepter la divinité de l'empereur, et les fonctionnaires du pouvoir impérial voyaient dans ce refus une opposition politique. Les lamentations de Juvénal qui vitupéraient les apports étrangers et les considéraient comme autant de menaces à la sûreté de l'Etat avaient été le premier symptôme d'un climat de peur commun à tous les milieux urbanisés et, pour les gouverneurs provinciaux, la tâche était rendue de plus en plus difficile à mesure que l'Empire englobait des civilisations d'une extraordinaire diversité. Au début du IIe siècle, Pline le Jeune, alors gouverneur de la province de Bithynie en Asie Mineure, avait débusqué quelques-unes de ces nouvelles communautés chrétiennes et il en référa directement à l'empereur : « Seigneur Empereur, écrit-il, je m'adresse à vous comme je le fais chaque fois que je me trouve devant un dilemme. » Et il poursuivait, disant que les chrétiens étaient fort nombreux sur le territoire de sa province et qu'ils avaient l'habitude de se rassembler pour « chanter tous ensemble des hymnes au Christ comme s'il était un dieu, et le serment qui les lie entre eux [...] leur interdit le vol et l'adultère [...] Ils ont coutume de se retrouver pour prendre leurs repas en commun ».

Pour Pline, tout cela semblait ressortir de la plus totale bizarrerie. Comme ces chrétiens refusaient d'adorer l'empereur, il ajoutait qu'il avait fait mettre à la torture deux servantes « qu'ils appellent entre eux des diaconnesses sans découvrir rien d'autre que superstitions détestables et sans retenue[1] ».

1. Pline le Jeune, Lettre CIII in *Correspondance*, Hachette.

Au gouverneur Pline, l'empereur Trajan répondit qu'il convenait de traiter le problème avec circonspection : « Il ne faut pas arrêter les gens simplement parce qu'ils sont, ou qu'ils sont dits chrétiens. » Il demandait même à Pline de faire relâcher tous ceux qui avaient été inculpés pour motifs religieux. Mais cette belle tolérance n'allait pas faire long feu et le pouvoir impérial ne tarda pas à radicaliser ses positions. Ignace, l'évêque d'Antioche, fut amené devant Trajan, confrontation qui tourna à l'aigre et au cours de laquelle le prélat osa dire tout net au divin empereur qu'il était dans l'erreur. Ignace fut alors transporté à Rome et mis aux fers avant d'être jeté aux fauves dans un des amphithéâtres de la capitale. Ce martyre, Ignace l'avait souhaité, car il y a, dans ses écrits une phrase où il se voit comme « le froment de Dieu [...] moulu par la dent des bêtes[1] ». Polycarpe de Smyrne, l'ami d'Ignace, fut lui aussi, plus tard, martyrisé et brûlé vif dans les arènes de sa ville, lui qui — selon l'un des disciples d'Irénée à Lyon — « avait pu s'asseoir aux pieds de Jean avec tous les autres qui avaient connu le Seigneur ». Peut-être, en arrivant à Lyon avec son évêque, Irénée avait-il cru s'éloigner de l'œil du cyclone, mais l'histoire le rattrapa. En effet, vingt ans plus tard, Pothin, arrêté avec un groupe de chrétiens, fut battu si férocement lors de l'interrogatoire que lui fit subir le gouverneur de la ville qu'il mourut en prison quelques jours après. De nombreux autres chrétiens furent torturés à mort dans l'amphithéâtre de Lyon ; leurs noms sont les premiers à figurer au martyrologe de la chrétienté d'Europe occidentale. D'autres, tout aussi nombreux, renièrent leur foi sous les pressions dont ils faisaient l'objet dans ce qui était devenu une véritable guerre des nerfs tenant à la fois du spectacle et du carnage. Certains, en revanche, refusèrent de se soumettre. Blandine, une jeune esclave récemment convertie et quelques-

1. Ignace d'Antioche, *Lettres*, Les Sources chrétiennes.

uns de ses amis furent flagellés, jetés dans les flammes et livrés aux bêtes féroces. Ligotée dans un filet, la jeune fille fut lancée au milieu d'une horde de taureaux furieux. Les spectateurs des premiers rangs qui se trouvaient à quelques mètres à peine de l'arène devaient être éclaboussés de sang, mais Blandine, « la petite, la faible, l'humiliée, avait mis en Christ tous ses espoirs » et ce n'étaient pas les sbires du plus grand Empire du monde qui lui feraient courber le front. La scène finale de son supplice est l'une des plus émouvantes de toutes celles que rapportent les annales des martyrs de l'Eglise primitive : attachée au poteau, au centre de l'amphithéâtre, Blandine, avant d'expirer, adressa des paroles de réconfort à un adolescent qui avait choisi de l'accompagner dans la mort. Peu à peu, le spectacle de ces chrétiens si dignes et fermes dans leur foi, et qui ne cessaient de chanter des hymnes et de louer leur Dieu en public face aux sadiques abominations qui les attendaient, se mit à impressionner le public, tandis que les hommes du pouvoir, irrités par le courage de ces fidèles de la nouvelle religion, redoublaient de cruauté dans leurs persécutions.

Présent à Lyon, à l'époque où l'évêque Pothin et ses disciples subirent le martyre, Irénée avait adressé, par l'intermédiaire de l'Eglise de Rome, une supplique aux autorités impériales demandant que cessent les persécutions dirigées contre les chrétiens de la ville. Au cours de ces tragiques événements, les communautés chrétiennes de Lyon avaient pu constater que les membres des sectes gnostiques, eux aussi persécutés, avaient montré dans l'épreuve autant de courage et de fermeté que la congrégation de Pothin. Lorsqu'il se rendit à Rome, Irénée put se rendre compte à quel point l'Eglise était infiltrée par toutes sortes de groupuscules et de sectes. De retour à Lyon, son premier souci fut de mettre un terme aux divisions qui minaient son Eglise ; en cela, il agissait comme ces révolutionnaires aussi zélés à réprimer toute visée séparatiste au sein de leur mouvement qu'à lutter contre les ennemis de l'extérieur. Peut-être souhaitait-il donner de la foi pour laquelle tant d'individus avaient sacrifié leur vie une définition claire et nette destinée au public des amphithéâtres qui avaient été les témoins de tant d'actes de courage. N'était-il pas aussi conscient que la religion qu'il avait vu pratiquer en Asie Mineure devenait floue, son message étant de plus en plus occulté par les élucubrations et les mystères de toutes les sectes chrétiennes qui proliféraient ? Comme autrefois celle de Paul, la foi d'Irénée était instinctive ; il tenait son idée de la vérité des enseignements traditionnels de l'Eglise d'Asie Mineure, de la certitude que Dieu — le Père et le Fils — était Un, et que le salut et la rédemption concernaient tous les hommes, sans exception. Dans une série d'ouvrages, il entreprit d'attaquer les sectes gnostiques, donnant pour chacune la liste des doctrines hérétiques sur lesquelles elles se fondaient, décrivant leurs rituels afin de les ébranler de la base au sommet, extirpant les mauvaises racines, taillant à ras les rameaux superflus. Son argumentation s'appuyait sur une théologie toute de bon sens, mais il procédait aussi par insinuation et maniait assez joliment la dérision. Dans ce grand débat polémique, Irénée inscrivait en filigrane les premiers jalons d'une orthodoxie pour l'Eglise chrétienne qui définirait sa foi et sa doctrine et désignerait les ouvrages garantissant ses sources les plus sacrées. La grande œuvre d'Irénée, *Traité contre les hérésies*, connut un tel succès qu'on en a retrouvé des fragments, datant du siècle même où elle fut écrite, dispersés dans tout l'Orient.

L'ouvrage d'Irénée ne se contentait pas de fustiger les divisions au sein de l'Eglise, il abordait le problème des exemples que donnaient les gnostiques et des conséquences qu'avaient ces exemples sur les congrégations de Lyon. Ainsi, il écrivait : « Un de nos diacres a reçu chez lui un gnostique du nom de Marcus. L'épouse du diacre, une femme d'une extraordinaire beauté, s'est laissé prendre corps et âme par les charmes de ce magicien, au point de le suivre dans ses voyages. » Et il ajoutait : « Ce

Marcus donne aux femmes le meilleur de son attention, surtout lorsqu'elles sont élégantes et de bonne éducation. Il cherche alors à gagner leurs faveurs par la séduction de ses discours, allant jusqu'à déclarer : “Je brûle de te faire partager mon *charis*... accepte-moi tel un époux.” »

Chez certains fidèles, la simplicité d'esprit s'accommodait mal de la définition que les chrétiens donnaient du mot « amour » ! Cependant, Irénée concluait : « Nos frères ont réussi à ramener la compagne de Marcus dans le droit chemin et la pauvre femme a passé le reste de ses jours à confesser publiquement ses errements. » On imagine facilement l'effet pervers que pouvaient avoir de tels incidents en un temps où les chrétiens se devaient de présenter un front commun devant l'adversité. Si Irénée dirigeait les coups de boutoir de sa virulente polémique sur l'obscurantisme théologique des diverses sectes, l'Eglise avait à résoudre de toute urgence un problème encore plus grave ; elle devait, en effet, intégrer et canaliser la gigantesque pulsion affective, l'intense désir de fraternité que le message du Christ avait apporté au monde. En ce domaine, la générosité de cœur et la chaleur humaine étaient plus convaincantes que les grands arguments philosophiques et théologiques.

Irénée avait la plume combative et savait lutter sur plusieurs fronts. Il s'attacha à démontrer que l'Eglise chrétienne fondait son autorité sur deux sources : d'une part, les Saintes Ecritures et, d'autre part, la prédication des hommes qui avaient personnellement connu les disciples de Jésus. Avant l'époque d'Irénée, les allusions aux textes des Evangiles étaient assez rares et on ne les trouvait guère que dans les archives des greffes à l'occasion de procès faits aux chrétiens et dont l'objet était d'éradiquer le christianisme et ses textes sacrés. « Qu'avez-vous à présenter pour votre défense ? » avait demandé le proconsul Saturnius qui conduisait les interrogatoires des chrétiens emprisonnés dans la ville de Scilla, en Libye, en l'an 180. « Les écrits et les épîtres d'un juste, un certain Paul », répondit Speratus, l'un des inculpés ; sur quoi, louant Dieu et répétant leur confiance dans les enseignements et les textes de leur Eglise, ledit Speratus et ses compagnons furent conduits à la mort.

Dix ans auparavant, Marcion avait établi sa propre liste de textes sacrés, curieux assemblage d'ouvrages sur lesquels il fondait la vérité de sa doctrine. Irénée allait suivre ses traces, mais il s'y prit de telle manière qu'il éclipsa complètement le travail antérieur du zélé gnostique ; en effet, il ne se contenta pas de remonter aux sources de sa foi pour les authentifier, il s'attacha à montrer les origines mêmes de l'Eglise en donnant la succession des titulaires de l'épiscopat romain et des autres Eglises chrétiennes. Quant au Nouveau Testament, il déclarait que son contenu avait été validé : n'avait-il pas servi de texte de référence à tous les Pères de l'Eglise des générations antérieures, aux Ignace et aux Polycarpe et, encore avant eux, aux « hommes qui avaient vu le Seigneur de leurs yeux » ? En ce qui concernait les Evangiles, Irénée fixa leur nombre à quatre ; quatre, comme les grandes divisions du monde, comme les quatre vents, les quatre âges de la vie de l'homme et les quatre espèces vivantes, les premières à avoir été créées : le lion pour Marc, le bélier pour Luc, l'aigle pour Jean, et l'homme pour Matthieu. Les arguments qu'avançait Irénée pour établir et défendre le canon des Evangiles ne manquaient ni de force ni de lyrisme et il réussit magistralement à esquisser le projet d'un livre saint destiné à toute l'Eglise chrétienne. Simultanément, il poursuivait son combat contre les gnostiques et leurs troubles doctrines, accumulant les preuves pour démontrer que le monde visible n'était pas l'œuvre du démon Achamoth, que l'idée même d'un Démiurge relevait « de l'ignorance la plus crasse », que ni Dieu Tout-Puissant, ni Jésus n'étaient constitués de Vingt-Quatre Eléments, et que l'univers n'avait pas été construit par cinquante Anges. Non seulement l'ouvrage d'Irénée allait devenir le grand classique qui désignait et réfutait les principales hérésies — pièce maîtresse au dossier de tous les futurs inquisiteurs —, mais il arrivait à définir une orthodoxie de la foi. En condamnant les erreurs des sectes, Irénée balisait avec infiniment de subtilité le chemin de la vérité.

L'influence d'Irénée fut considérable : grâce à elle, l'Eglise et ses textes sacrés firent une avancée spectaculaire, car la fin des temps que prêchait Paul devenait un concept totalement dépassé. Au-delà de ses combats contre les hérésies, au-delà du rôle qu'il a joué pour définir le contenu de la foi et celui du Nouveau Testament, la plus grande contribution qu'a faite Irénée à l'histoire de l'Eglise est de lui avoir donné une vision prospective, un avenir. Il avait bien compris les limites du gnosticisme : ce délire sacré, cette foi sectaire réservés à quelques initiés n'étaient pas faits pour l'ensemble des peuples qui composaient la grande mosaïque de l'Empire romain. Irénée croyait de toute son âme que son Eglise était la seule, la vraie, l'universelle, celle de tous les croyants et donc, inévitablement, celle de tout l'Empire. C'est pourquoi il accorde tant d'importance à l'histoire du clergé de l'église de Rome ; s'il retrace aussi méticuleusement la lignée des pontifes romains, c'est qu'il est bien conscient que la capitale de l'Empire est le siège du plus haut pouvoir et qu'il sait quel rôle l'Eglise sera amenée à jouer dans le destin de l'Empire romain.

Il n'est pas question d'affirmer à la légère, même en passant, qu'en écrivant son *Traité contre les hérésies*, Irénée ait voulu lancer un brûlot politique. Lorsqu'il s'attache à débattre, point par point, de la nature de Dieu et de celle de l'Univers, de Jésus ou des Anges, il accorde à ces sujets autant d'importance que les théologiens hérétiques contre lesquels il fulmine. Mais toute son argumentation témoigne d'une prise de conscience à l'égard du pouvoir — pouvoir temporel et pouvoir spirituel, car tous deux sont inextricablement liés — et c'est déjà là une démarche politique. Irénée soutenait que la division du pouvoir universel entre Bien et Mal que faisaient les gnostiques portait atteinte au principe de l'unité de Dieu. Tout comme il voyait en Rome le siège unique du pouvoir absolu, il considérait qu'un Dieu Un était le seul et suprême détenteur de la puissance universelle. L'ordre terrestre était ainsi le miroir de l'ordre qui régnait dans les Cieux. Cette conception de la divinité et du pouvoir temporel allait devenir le champ clos où s'affronteraient en de rudes combats, et parfois jusqu'à ce que mort s'ensuive, les théologiens et les politiques des siècles qui allaient suivre.

CHAPITRE V

Deo Gratia : par la Grâce de Dieu

Du paganisme au christianisme

On raconte que l'empereur Vespasien, l'homme qui avait anéanti la Judée, soupira sur son lit de mort : « Bonté divine ! Se pourrait-il que je sois en train de me changer en Dieu !... » La mort de Vespasien date de la fin du Ier siècle. Deux cents ans plus tard, sa métamorphose n'aurait été qu'une simple formalité car la force des lois et celle des armes seraient venues lui faciliter les choses. L'empereur Dioclétien, lui, fut mis de son vivant au rang des dieux ; bonne aubaine pour les architectes de l'époque qui purent lui construire un mausolée sur le plan d'un temple, et lui préparer ainsi une dernière demeure tout à fait digne d'une divinité. Deux siècles après la mort de Dioclétien, son magnifique mausolée abritait un autre dieu, le Dieu des Chrétiens, qui régnait alors sur tout l'Empire romain et avait imposé sa Bible comme code universel. Ni l'empereur Dioclétien, ni ses sujets n'avaient été véritablement dupes : le rôle de dieu-sur-terre assumé par le premier personnage de l'Empire constituait la pièce maîtresse d'un vaste projet conçu pour faire régner un ordre nouveau dans la grande mosaïque qu'était devenu le territoire impérial. Pour souder un Empire aussi disparate, il ne suffisait pas de placer à sa tête un empereur, fût-il divinisé, il fallait trouver une idée-force. L'Eglise chrétienne en avait une à proposer et ne mit guère que deux générations à l'imposer. Les successeurs de Dioclétien parvinrent à trouver un juste équilibre entre pouvoir spirituel et pouvoir temporel et à le garder quelques milliers d'années ; cet équilibre reposait sur une interprétation de la Bible qui validait l'Empire chrétien et accréditait ceux qui le gouvernaient. L'histoire de cet Empire chrétien et celle de la Bible se recoupent donc étroitement ; toutefois, les structures et la hiérarchie de la société des chrétiens étaient déjà en place du temps où les empereurs n'étaient encore que des mortels divinisés.

Dans sa sobriété, le mausolée de Dioclétien est le révélateur de toute une époque. La tradition voulait que ces monuments funéraires avec leurs hautes voûtes et leurs lignes dépouillées marquent le lieu où le divin empereur s'enfonçait dans la grande nuit éternelle et terminait son parcours de dieu temporel dans une sombre et majestueuse solitude. Au cours des siècles précédents, les artistes avaient décoré ces édifices de linteaux et de colonnes vigoureusement sculptées, mais déjà, du temps de Dioclétien, leur inspiration semblait à bout de souffle et les surfaces ornées — chapiteaux, frises et encadrements — donnaient l'impression d'avoir été tapissées de papier peint à motifs incrustés. Pour travailler les effets de relief, le ciseau artisanal lent et méticuleux avait fait place au foret de pierre, et pour la décoration des linteaux et colonnes on se contentait de récupérer des fragments de vieux bâtiments en ruines. Le grand ordonnancement architectural des âges classiques s'effondrait pour être remplacé par des formes simples et fonctionnelles. Le goût du jour allait à la solidité, à la simplicité, à la stabilité.

C'étaient justement ces valeurs-là que Dioclétien souhaitait faire régner dans son Empire. Avant qu'il ne prenne le pouvoir, il y avait eu une période de grands désordres, et ses augustes prédécesseurs qui, pour la plupart, avaient fait de Rome leur résidence, s'étaient conduits comme des fous dangereux, la majorité d'entre eux ayant d'ailleurs péri assassinés. Les grandes invasions qui menaçaient les frontières impériales de la Germanie à la Syrie avaient amplement montré les faiblesses de leurs gouvernements, et Dioclétien, qui était un soldat de métier, un vétéran, s'était mis en tête de restructurer le territoire. Conscient que l'Empire était désormais trop vaste pour demeurer aux mains d'un seul homme, il l'avait scindé en deux moitiés, l'une à l'est et l'autre à l'ouest, chacune étant placée sous la direction d'un « augustus » auquel il avait adjoint un député ou « césar ». Ainsi, au cas où le souverain viendrait à disparaître, sa succession serait automatiquement assurée et la continuité du pouvoir préservée. Ces quatre grands postes avaient été attribués à des hommes d'une irréprochable compétence dont la puissance était appuyée par la force des légions. Les deux augustii, Dioclétien et Maximien — ce dernier choisi également parmi les militaires — célébraient le même jour leur anniversaire officiel et prenaient place côte à côte lorsqu'ils se rencontraient. Le protocole impérial déjà fort complexe s'était encore alourdi pour prendre en compte cette situation nouvelle. En conversant, les augustii se tenaient par la main et, quand ils voyageaient ensemble, ils partageaient le même char doré. Les poètes les comparaient à Castor et Pollux, les jumeaux célestes, mais ces dieux de second rang n'avaient pas été évoqués au jour de la divinisation officielle des empereurs dont les titres respectifs étaient Dioclétien-Jupiter et Maximien-Hercule. En vérité, Dioclétien avait tout simplement choisi un de ses vieux frères d'armes pour partager le pouvoir avec lui, et il avait fixé, pour leur règne commun, un terme — souci que n'avaient pas les dieux ! — en décrétant que les deux augustii se désisteraient ensemble le 1er mai de l'an 305. Et ce jour-là, à Nicomédie, ville d'Asie Mineure dont Dioclétien avait fait sa capitale, les armées impériales firent cercle autour d'une butte escarpée au sommet de laquelle on avait, pour la circonstance, érigé une colonne surmontée d'une statue de Jupiter. L'empereur, le visage pâli car il avait été malade pendant tout l'hiver, pleura en s'adressant pour la dernière fois aux troupes dont il avait partagé, pendant tant d'années, les campagnes. Il déclara qu'il avait rempli sa tâche et, posant son manteau impérial de soie pourpre sur les épaules de son successeur, il proclama publiquement les noms des deux futurs augustii et des césars qui seraient leurs adjoints. Prenant ainsi congé de leurs armées, Dioclétien et Maximien quittèrent en ce même jour de mai leur capitale, Maximien pour se retirer probablement dans quelque belle villa en Sicile, et Dioclétien pour s'en retourner dans un simple chariot au pays de son enfance, en Dalmatie, dans une région qui fait partie de la Yougoslavie actuelle. Les parents de Dioclétien avaient été des esclaves de naissance, mais leur fils décida de se faire construire un énorme palais qui allait demeurer pendant des siècles le modèle le plus grandiose du style impérial classique. Si la structure du mausolée de Dioclétien, qu'abritait le grand palais de Split, devait être abondamment copiée par les architectes de l'Eglise primitive, les fondements de la chrétienté allaient s'édifier sur le socle des derniers grands monuments du monde païen classique.

Dioclétien était issu du milieu rural et son enfance lui revenait en bouffées nostalgiques ; il songeait parfois au petit garçon qu'il avait été et aux belles grosses truites pêchées dans le ruisseau dont le cours rejoignait la mer, tout à côté de son nouveau palais. En bon vétéran, il avait tout naturellement adopté pour sa demeure le plan d'anciennes citadelles comme celle qu'il avait fait construire à Palmyre, dans une oasis perdue en plein désert. Le palais de Split était donc un carré fortifié de murailles et de tours ; les grands portails s'ouvraient sur deux avenues centrales dont l'intersection divisait la forteresse en quatre parties. La moitié du site, la plus proche de la mer, était réservée à ses appartements privés et à ceux de son épouse, l'impératrice Prisca, et l'autre moitié abritait les casernes des gardes et les communs pour les domestiques. Pour un palais, ce plan ne laissait pas de surprendre, mais il faut dire qu'avant Dioclétien aucun empereur n'avait jamais songé à prendre sa retraite ! En outre, le souverain n'innovait pas pour la première fois : l'Empire étant en proie à d'incessantes guerres, il lui avait imposé un nouveau mode de vie, un ordre militarisé qui quadrillait tout le territoire et bouleversait profondément l'appareil de l'Etat. Les méthodes des empereurs précédents avaient été marquées d'un certain laxisme, d'une tolérance générale mais capricieuse ; désormais, elles n'avaient plus cours. Dioclétien et ses coempereurs mirent en place un pouvoir étatique qui gérait et contrôlait avec la même implacable rigueur le cheptel, la terre et les populations. Un écrivain pouvait déplorer que les percepteurs fussent plus nombreux que les contribuables mais, du moins, les turbulentes légions avaient-elles été vigoureusement reprises en main et protégeaient-elles maintenant les frontières de l'empire ; et l'intendance suivait...

Cette restructuration ne laissait aucune place à l'ancien réseau des villes indépendantes dont les citoyens devaient allégeance aux gouverneurs locaux et municipaux en même temps qu'à l'empereur en personne. L'Empire de Dioclétien était divisé en « dioceses » gouvernés par des fonctionnaires appelés « vicarii » qui dépendaient directement des deux grandes capitales administratives. Les vicarii, les magistrats civils et les milices locales supervisaient la hiérarchie des bureaucrates officiels. Ainsi réorganisé, l'Empire fonctionnait si bien sous ce régime de haute surveillance que Dioclétien tenta même d'imposer un système de prix unique pour toutes les marchandises commercialisées, mesure anti-inflationniste qui visait à stopper l'hémorragie financière qu'avaient connue les règnes antérieurs. Cette décision insolite est révélatrice de l'esprit du temps. La chrétienté ne tarderait pas à hériter de cette échelle de valeurs civiques et la Bible viendrait la valider et la consolider en l'appuyant d'exemples. Dioclétien proclamait : « Puisque la crainte a toujours été considérée comme la plus parfaite instigatrice du sens du devoir, nous décrétons et déclarons que quiconque contreviendra aux règlements consignés en ces statuts verra son audace punie de la peine capitale... Ainsi, nous en appelons à la loyauté de tous nos sujets afin que cette loi promulguée pour le bien public soit observée de bonne grâce dans un esprit d'obéissance et dans la crainte de Dieu. »

Cette notion abstraite de « bien public » avait déjà été utilisée : un siècle auparavant, sous le règne d'Antoninus Pius, les fonctionnaires qui ne montraient pas assez d'ardeur au travail s'étaient vus privés de salaire, et l'empereur lui-même avait commenté la décision, expliquant que des gens qui tiraient leurs ressources des fonds publics et ne donnaient rien en retour étaient des « égoïstes et des sans-cœur ». Dioclétien avait donc inventé une forme de socialisme assez primaire, un régime bureaucratique sublimé par sa divine omnipotence qui, sous la double pression des invasions et de l'inflation, fit de son règne un temps dur et cruel où l'accent était mis sur le conformisme et la discipline.

Il va sans dire que cette nouvelle idéologie s'accommodait assez mal de la prolifération dans tout l'Empire des multiples religions et sectes venues de l'étranger, comme le mithriacisme, le christianisme et tant d'autres, et que leurs fidèles pouvaient très aisément être rangés parmi les fauteurs de troubles qui menaçaient l'ordre public. Aux environs de l'an 295, au nom des quatre dirigeants de l'Empire, le divin Dioclétien publia un édit qui mettait hors la loi la religion gnostique des manichéens et ses « livres abominables », avançant que cette foi bâtarde d'origine perse « falsifiait tout ce que les Anciens avaient inscrit une fois pour toutes dans la tradition ». Et Dioclétien ajoutait : « L'état de paix donne parfois licence à de méchants esprits de propager les doctrines les plus folles et les plus viles. » En effet, les écrits du prophète Mani prônaient un ordre sacré tout différent de celui que formulaient Dioclétien et ses homologues. Sept ans après le début des persécutions contre les manichéens, un autre édit impérial, le premier de toute une série, vint frapper le christianisme : son clergé était sommé de se soumettre aux rites du culte de l'empereur, ses lieux de culte étaient fermés et ses livres saints détruits. Du temps de Dioclétien, c'est dans la moitié orientale de l'Empire que le christianisme comptait le plus de fidèles et il était plus répandu dans le peuple que les religions des sectes d'Orient qui, depuis fort longtemps, avaient infiltré les rangs des légions. Cependant, le nombre des convertis à la nouvelle foi venue de Palestine demeurait inférieur au dixième de la population globale de l'Empire.

Tous ceux qui venaient au palais de Split, prisonniers ou quémandeurs — car, s'il avait pris sa retraite, Dioclétien ex-augustus mais dieu toujours bien vivant, présidait les audiences du tribunal —, devaient franchir le gigantesque portail nord, la Porta Auria, descendre l'avenue principale sur toute sa longueur, dépasser, à l'est, le grand mausolée et, à l'ouest, le temple de Jupiter, avant de pénétrer au cœur même du bâtiment dans l'immense vestibule à colonnades où les visiteurs attendaient que l'empereur veuille bien leur donner audience. En ce lieu, les architectes syriens avaient lancé de hautes arches romaines à partir des fûts de colonnes corinthiennes qui alignaient leurs nobles enfilades jusqu'à la façade principale conçue sous forme d'arc de triomphe dans un style qui allait être repris *ad infinitum* dans l'architecture des églises chrétiennes. Mais à Split, c'était, bien sûr, l'effigie de l'empereur et non la croix de Jésus qui occupait la place centrale. Si l'on veut savoir à quoi ressemblait une audience de l'empereur, une superbe plaque d'argent provenant d'Espagne et sculptée à une époque légèrement postérieure — quand d'autres palais semblables à celui de Dioclétien se dressèrent un peu partout en Germanie, en Italie ou en Asie Mineure — en donne une bonne représentation ; on y voit une composition en trois arceaux dont le plus grand, au centre, est surmonté de l'effigie de l'empereur assis ; à sa droite et à sa gauche, apparaissent ses deux césars, figures plus petites, elles-mêmes flanquées de leurs troupes. La scène s'inscrit sur fond de champ élyséens — siège du bon gouvernement — où batifolent des chérubins que les empereurs chrétiens remplaceront, par la suite, par des personnages d'anges. L'historien Edward Gibbon l'a remarqué très finement, le pouvoir de Dioclétien aurait pu avoir pour maxime : DIVISER ET BRILLER POUR REGNER.

Etre admis dans la grande salle d'audience de Dioclétien donnait déjà l'impression d'avoir à confronter une présence divine. Les solliciteurs attendaient que l'empereur veuille bien paraître ; quand il quittait ses appartements privés, toute une procession se mettait en branle à sa suite ; au passage, courtisans et prêtres venaient en grossir les rangs tandis que les officiers se tenaient au garde-à-vous. La longue théorie impériale avançait avec une telle majesté qu'un flatteur de service a pu la comparer à l'arrivée du printemps, au lever du soleil qui réchauffe le sol après le gel. Au moment où l'empereur faisait son entrée avec toute sa suite, des sacrifices étaient célébrés en même temps dans le temple de Jupiter et dans le mausolée où Dioclétien était adoré en tant que Jupiter, père des dieux. Ces rites, l'empire païen allait en léguer une partie à la chrétienté et à ses églises. Une fois terminées les cérémonies des sacrifices, les courtisans avaient tout loisir d'adresser à l'empereur quelques pièces de vers de leur composition : « Même si tu as choisi d'élire pour demeure un seul et même lieu, ta divinité est universelle et ta présence est manifeste sur toute la terre, sur toutes les mers... ton âme immortelle dépasse en grandeur toute autre puissance, toute autre richesse... A la vérité, elle est encore plus vaste que l'Empire. » A mesure que le divin personnage pénétrait dans la grande salle, toute l'assistance se prosternait et ceux qui avaient la faveur du monarque étaient admis à poser leurs lèvres sur la frange de sa tunique de soie, rite venu d'Orient comme d'ailleurs toute la pompe architecturale du palais. De cet atrium, les ministres de haut rang étaient parfois invités à traverser une grande cour ouverte pour être admis à suivre l'empereur dans l'immense salle du trône où Dioclétien siégeait en majesté devant trois grandes arcades donnant sur la mer et où il daignait à l'occasion s'entretenir avec eux. Auparavant, ces quelques privilégiés avaient été regroupés dans une petite salle voûtée derrière l'atrium où, dans une obscurité saturée de parfums, ils attendaient que le grand chambellan de la cour les convie à pénétrer dans la salle du trône. Là, sur un geste du chef du protocole, « les nuages [c'est-à-dire, les rideaux !] qui cachaient la lumière des cieux » s'écartaient, révélant l'empereur vêtu de soieries et d'étoffes brodées d'or et semées de perles, la tête auréolée de l'éclat brasillant des torches. Alors, de l'assemblée, jaillissaient hymnes et acclamations tandis que, tout autour du trône, des officiants faisaient monter les vapeurs de l'encens, ce qui est bien l'une des plus vieilles recettes du monde pour créer un climat de communication entre le ciel et la terre, entre l'homme et les dieux. Sur son trône, l'empereur fardé et paré de joyaux, tenant le sceptre et l'orbe, restait immobile, hiératique, figure emblématique de la puissance impériale. De cette salle, Dioclétien veillait encore aux affaires de l'Etat, donnait ses conseils aux nouveaux augustii et à leur césar respectif. C'est sans doute en ce même lieu qu'il écoutait les rapports d'enquêtes faites sur les chrétiens et se tenait au fait des résultats des persécutions. La foi chrétienne, en effet, se propageait avec une telle rapidité que même les milieux officiels étaient affectés et que toutes sortes de rumeurs couraient : n'avait-on pas vu certains fonctionnaires se signer aux cérémonies des sacrifices offerts au culte de Dioclétien ? On disait que la famille même de l'empereur s'était laissé gagner par la nouvelle religion ! Avait-elle, oui ou non, été soumise à des interrogatoires ? Certes, ces rumeurs provenaient souvent des chrétiens eux-mêmes, mais les récits amers qui nous restituent cette époque ne sont-ils pas dus à la plume d'historiens chrétiens ? Les persécutions qui se déroulèrent sous le règne de Dioclétien furent d'une telle ampleur que l'Eglise d'Egypte a gardé la date de l'an 302 pour marquer le début de son propre calendrier.

Secondés par les prêtres du régime, les fonctionnaires de la police impériale ne tardèrent pas à voir quelle importance avaient les ouvrages du Nouveau Testament pour les fidèles d'une religion qui ne cessait d'accroître son audience ; aussi ces livres furent-ils bannis et brûlés. On lit, dans un procès verbal, que lorsque des enquêteurs se rendirent à l'église de Cirta, l'absence même de tout livre chrétien dans la bibliothèque éveilla leurs soupçons. On leur dit que tous les volumes avaient été empruntés, et lorsqu'ils demandèrent les noms et adresses de ceux à qui on les avait prêtés, les sous-diacres refusèrent de parler. Cet acte isolé montre le courage d'une petite communauté chrétienne en milieu urbain, mais voilà une scène qui a dû se répéter cent fois en cent autres lieux... Cirta était une petite ville côtière d'Afrique du Nord. Le refus opposé aux autorités donne la mesure de la fermeté de son clergé puisque deux prêtres de la ville avaient déjà été l'objet de semblables mises en demeure, mais comme ils n'avaient pas opposé la moindre résistance, on les avait relâchés sur-le-champ. Ce genre d'épreuves de force assorties de menaces de torture soulignait la confrontation entre la crainte de l'empereur-dieu et la foi en le pouvoir du

Christ. Les fonctionnaires impériaux en mission à Cirta exigèrent qu'on leur remît le trésor de l'église, les chandeliers d'argent et autres objets de valeur. Ce qui fut fait. « En cas de refus, avait dit l'un des policiers, je ne donne pas cher de votre peau ! » La menace était claire. Comment s'étonner que nombre de chrétiens aient été tentés de baisser les bras ? Et pourtant, d'autres faisaient front : « Nous ne sommes pas des traîtres, avaient répondu les diacres de Cirta. Si vous voulez nous faire mettre à mort, il vous suffit d'un mot ! » Le martyre faisait désormais partie du répertoire des divertissements publics ; on raffinait les supplices, on redoublait de sauvagerie autant pour mettre à l'épreuve la foi des chrétiens que pour étonner et épouvanter les spectateurs. Le nombre des chrétiens martyrisés n'a pas été très grand, mais leur sacrifice donnait à leur foi une valeur exemplaire et servait à la rendre populaire au point d'être connue d'un bout à l'autre de l'Empire. Ce qui est le plus surprenant, c'est que le cérémonial complexe d'un culte rendu à un empereur qui était le pire ennemi de l'Eglise ait été si rapidement adopté par les empereurs chrétiens qui l'introduisirent dans leurs cours et dans les lieux de culte. Il n'est que de voir les somptueuses reliures des Bibles impériales constellées de pierres précieuses, surchargées de dorures ! On dirait qu'on a voulu les doter des mêmes parures que celles qui drapaient les empereurs divinisés figés sur leur trône rehaussé d'or, en tuniques de soieries orientales semées de perles fines. Comme jadis on baisait l'ourlet du manteau impérial, les fidèles allaient venir poser leurs lèvres pieuses sur ces Bibles incrustées de gemmes que l'on portait en procession dans le balancement parfumé de précieux encensoirs.

Ainsi, la cour impériale du palais où Dioclétien avait tenu conseil en grand apparat devint, pour les églises de l'Empire chrétien, le modèle à imiter. Le lieu où se dressait autrefois le trône de l'empereur, où Dioclétien siégeait telle une figure emblématique du pouvoir absolu, la chrétienté l'a choisi comme emplacement pour le maître-autel où officieraient ses prêtres vêtus de robes semblables à celles des courtisans de la Rome de jadis.

Mais l'étalage, aussi rutilant fût-il, des artifices du paganisme ne permit pas à Dioclétien de redonner une unité à l'Empire. N'a-t-il pas implicitement reconnu, en cédant le pouvoir, que la tâche était au-dessus de ses forces ? Il avait tenté d'organiser un partage des responsabilités ; il avait voulu nommer des dirigeants intègres, des fonctionnaires irréprochables, et il n'était pas à la retraite depuis deux années que tous ces gens-là s'entre-déchiraient. Dioclétien avait proposé une idéologie qui ne répondait pas aux aspirations de ses sujets, et il constatait amèrement lors d'une conversation rapportée par un chroniqueur : « Les deux entreprises les plus difficiles au monde sont la direction et la gestion des affaires de l'Etat. » De sa retraite au palais de Split, l'empereur ne put même pas porter secours aux membres de sa propre famille qui eurent la malchance de se trouver mêlés aux guerres qui se rallumaient ; sa femme et sa fille furent publiquement décapitées à Thessalonique et leurs corps jetés à la mer. Et les années qui suivirent virent les exécutions de familles impériales entières ; personne ne fut épargné : les jeunes empereurs, leurs épouses, leurs concubines et les enfants légitimes ou bâtards, tous périrent. Quelles illusions pouvaient encore avoir Dioclétien sur sa propre divinité ? Quand, de sa villa de Sicile, Maximien lui écrivit pour suggérer qu'ils reprennent tous deux les rênes d'un Empire que leurs successeurs se disputaient, Dioclétien répondit à son vieil ami : « Pour me poser pareille question, il ne faut pas avoir vu les beaux choux qui poussent dans mon potager ! » C'est bien qu'il n'avait aucune envie de troquer son paisible bonheur pour une reconquête du pouvoir. Maximien devait faire une nouvelle entrée en politique, seul cette fois ; mal lui en prit : quelques années plus tard, il se suicidait après avoir perdu une bataille. Le vétéran compétent que Dioclétien avait choisi pour son honnêteté avait dû s'incliner devant les jeunes loups de l'Empire dont les meutes grossissantes menaient la chasse au pouvoir à un train d'enfer.

Lorsque Dioclétien mourut, aucune main filialement pieuse ne put clore ses yeux fatigués en y posant les traditionnelles pièces d'argent ; on descendit son corps dans le sarcophage de porphyre qui, au centre du mausolée, avait, durant tant d'années, attendu sa dépouille. Vers la fin de sa vie, il avait vu l'effondrement de l'univers grandiose qu'il avait créé, la fin de ce monde implacable dont il était le grand magicien drapé de soies moirées et paré d'or. Privé de vraie direction, l'Empire allait à la dérive, glissait vers l'abîme, s'émiettait en multiples provinces ; le fameux partage des responsabilités rêvé par Dioclétien avait été incapable de souder la loyauté des citoyens de Rome, et la notion même de civisme était restée une belle abstraction. La bureaucratie avait dépersonnalisé l'Etat au point que l'empereur, dans ses vieux jours, avait préféré cultiver son jardin et regarder pousser ses choux bien pommés. L'Empire n'était plus qu'un corps sans âme où même les immenses richesses accumulées par ses dirigeants ne réussissaient pas à allumer les imaginations. Un contemporain de Dioclétien, Porphyre, disait de son maître le philosophe Plotin : « On aurait pu croire qu'il avait honte de son enveloppe charnelle ; aussi ne pouvait-il pas supporter qu'on aborde, dans la conversation, de sujet relatif à son ascendance, à sa famille ou à sa patrie. » Le même Plotin avait jugé humiliant de poser pour sa propre statue ; il voyait là une dégradation et avait dit au sculpteur Amelius : « N'est-il pas suffisant d'avoir à supporter l'image que la nature nous impose de nous-mêmes ? Faudrait-il se compromettre encore et, par un choix délibéré, laisser après la mort l'image d'une image, comme si c'était une chose assez remarquable pour pouvoir être contemplée ! » La voix de Plotin parle pour tout un âge où les empereurs tiraient plus de plaisir de leurs choux que de l'éclat à eux conférés par leur statut de dieu. S'il gardait, vis-à-vis des premiers chrétiens, une attitude lucidement critique, Plotin partageait leur aversion pour la sordide bassesse des biens de ce monde et leur volonté de rejet devant un devoir civique imposé ; comme eux, il n'avait que mépris pour toute forme de gloire. Ces sentiments prévalaient aussi dans le milieu des chrétiens d'Egypte qui n'hésitaient pas à abandonner la vie bourgeoise des sociétés des grandes villes hellénistiques pour aller se réfugier dans les grottes du désert où, vêtus de haillons, ils vivaient en ermites et mouraient dans la solitude.

Tel un astre, le monde de l'Antiquité s'était refroidi. Du temps de Dioclétien, les païens ne se privaient pas de fabriquer des dieux à leur convenance ; ils n'avaient qu'à choisir dans les divers panthéons des religions les plus étranges, et ces dieux remplissaient les mêmes fonctions que les saints dans l'Eglise en jouant un rôle de médiation entre l'homme et le sacré. Mais, en même temps, le monothéisme faisait une percée ; dans ses écrits, Dioclétien lui-même ne se référait-il pas à « Dieu » comme si ce dieu était unique ? Rien de vraiment novateur dans cette notion, car la tendance à voir la divinité comme toute-puissante se manifestait déjà dans les cercles de la cour impériale gagnés par la déception devant l'inefficacité du pouvoir régnant. Sous le règne de Septime Sévère, du temps de la jeunesse de Dioclétien, l'Empire affirmait sa puissance avec un faste que le nouvel empereur allait reprendre à son compte ; pourtant, Septime Sévère avait tenu à épouser une femme du même signe astrologique que lui dans le zodiaque babylonien. Lui aussi s'était acharné à trouver une religion qui pourrait rallier l'Empire autour de sa personne, car les antiques cultes du Moyen-Orient, dont les origines remontaient à la création des grandes nations-

Etats, avaient su aménager entre dieux et rois un système de cohabitation bénéfique pour tous. Les dieux de la ville de Rome, pour vénérables qu'ils fussent, n'avaient jamais eu la stature suffisante pour répondre aux aspirations de tout un Empire.

L'une après l'autre, les anciennes religions orientales étaient venues jusqu'à Rome mais, fondues dans le tissu urbain, elles avaient perdu beaucoup de leur crédibilité première. Cependant, au cours du IIe siècle, alors que les empereurs avaient déjà décidé de se faire diviniser de leur vivant, un nouveau culte particulièrement grandiose allait connaître son âge d'or. Son introduction dans la capitale ne s'était pourtant pas faite sous les meilleurs auspices et la bonne société avait vu avec horreur les débordements sexuels et les perversions du jeune empereur syrien Héliogabale qui, tenant à montrer son œcuménisme, se mit en tête d'épouser une des vestales, les célèbres vierges de Rome ! Mais une fois raffinée et adaptée au goût romain, cette religion scolaire — ou culte de *Sol invictus* — imposée au IIIe siècle par l'empereur Aurélien, finit par s'implanter et par devenir tout à fait convenable. Le choix du nouveau dieu n'était pas innocent, car Sol, le Soleil de la Victoire, avait déjà dans l'armée une cote de faveur. Aurélien avait présenté sa trouvaille sans aucune vergogne, à la façon d'un directeur de marketing qui lance sur le marché une nouvelle marque de détergent... Il avait facilement accepté que les pièces de monnaie — qui, traditionnellement, célébraient l'empereur en immortalisant son profil — portent le nom du dieu du jour et les sesterces furent donc gravés de l'inscription DEUS SOL INVICTUS au lieu de porter la tête de l'empereur Aurélien qui se réserva, pour sa part, le titre de grand prêtre — ou *pontifex maximus* — de sa nouvelle religion. En l'honneur de *Sol invictus*, on construisit à Rome un grand temple octogonal ; on régala la foule de pain et de jeux, et les Romains — qui n'en étaient pas à un changement de divinité près — acceptèrent de fort bon gré d'adhérer à une autre croyance. Mais le dieu d'Aurélien allait disparaître avec lui. L'empereur fut assassiné, laissant Rome dans un tel chaos administratif que son successeur, Dioclétien, n'hésita pas à abandonner la capitale pour aller diriger l'Empire à partir de lointaines villes orientales, et à raffermir son pouvoir en se faisant diviniser derechef, ce qui le mettait au même rang que les dieux traditionnels de Rome. Si les sujets de l'Empire ne furent jamais convaincus par les abstractions théologiques de Dioclétien, leur attirance pour les grandes religions monothéistes de l'Orient s'en accrut. Enfin, après les interminables querelles qui opposèrent les augustii et les césars pour la succession de Dioclétien, l'Empire se ressaisit et trouva enfin une véritable planche de salut lorsqu'un nouveau souverain, Constantin, l'un des plus grands monarques au monde, réussit à établir entre pouvoir spirituel et pouvoir temporel l'équilibre que Dioclétien avait été incapable de trouver. Du christianisme, l'empereur Constantin fit un instrument de pouvoir ; les livres du Nouveau Testament, que son prédécesseur avait fait jeter aux flammes, fournirent un modèle et servirent de garant à la plus magnifique de ses œuvres : l'Empire romain chrétien.

Idéalisé par ses biographes chrétiens, honni par les païens de son époque, Constantin le Grand reste un personnage difficile à cerner. La meilleure image que nous ayons de lui, la plus révélatrice, c'est cette énorme tête de marbre que l'on peut aujourd'hui voir à Rome. Tout comme l'homme, cette image est nettement plus grande que nature et reflète bien l'époque où elle a été exécutée. L'historien Edward Gibbon a magnifiquement résumé la personnalité de Constantin en trois adjectifs : « Habile, intrépide, affable. » A quoi le professeur Baynes ajoutait dans une étude plus récente : « Constantin fut un souverain intimement convaincu que le Dieu des chrétiens l'avait personnellement investi d'une grande mission. »

Ce que nous ne saurons sans doute jamais, c'est si Constantin était, oui ou non, un chrétien de cœur, et ce qu'il entendait exactement par « christianisme ». Pour toute réponse, il nous a légué son Eglise, sa correspondance et ses décrets qui donnent le bilan de ce que fut sa vie publique. La célèbre tête de l'empereur qui fait partie des antiquités de Rome n'est qu'un vestige d'une colossale statue qui devait bien avoir quinze mètres de haut. Le corps était probablement en bronze, et on peut imaginer avec quel art et quel plaisir l'artiste avait dû se conformer à la tradition en fignolant les plis des soieries précieuses que portait Constantin sous la courte jupe de cuir et la cuirasse qui étaient la tenue réglementaire des hauts dignitaires des armées romaines. Mais ce qui frappe le plus, c'est la différence entre cette tête et les portraits des empereurs précédents. Voilà un visage qui n'a pas été sculpté dans le seul but de ressembler à un modèle. Certes, on retrouve le goût formel classique avec l'amorce d'un mouvement à partir du cou, mais les yeux sont démesurés, ils regardent droit devant eux ; ce regard est tourné vers l'éternité. De cette tête, le sculpteur a fait un morceau d'architecture : les boucles de la chevelure s'alignent comme les moellons d'une vaste arcade ; le crâne a la forme d'un dôme, forme reprise dans l'ample courbe du menton ; la bouche est largement fendue, généreuse, lippue ; sur les yeux globuleux, les paupières s'arrondissent, pesantes comme des voûtes de brique. L'ensemble a quelque chose de formidable : on croit voir une idole figée dans l'éternel. Un contemporain a décrit le fils de Constantin entrant à Rome à la tête de ses troupes : « Il gardait la tête haute, le cou fixe comme tenu rigide par un collier de fer ; il ne regardait ni à droite ni à gauche. Il ressemblait plus à une statue qu'à un être vivant. » La phrase semble avoir été écrite pour dépeindre la massive tête de marbre qui nous reste de la grande statue de Constantin ; elle restitue aussi la prestance qui devait être celle de l'empereur. Les dimensions mêmes de cette tête donnent une impression de puissance ; on se sent en présence du grand pouvoir impérial, de cette force quasi divine que Dioclétien avait tenté d'imposer à grand renfort de torches brasillantes et d'étoffes chamarrées dans la fumée de l'encens et les éclats de l'or.

Déjà célèbre du temps de l'empereur, la monumentale statue de Constantin avait été enchâssée dans une basilique gigantesque en plein cœur de Rome. Le monarque s'était emparé de la capitale à l'issue d'une bataille qui l'avait opposé au césar qui était son rival et il avait ainsi voulu imposer sa présence et faire savoir qu'il était désormais le maître. Les architectes officiels modifièrent le plan initial de la *basilica* pour que la statue impériale puisse, de toute sa hauteur, en dominer l'axe central, et la placèrent dans une vaste abside ; elle faisait donc face au portail d'entrée principal et présidait à toutes les cérémonies publiques qui se déroulaient dans le grand sanctuaire. La nef de Saint-Pierre de Rome présente, dans son plan et par ses dimensions, des ressemblances frappantes avec la basilique de Constantin. D'ailleurs, l'architecture de presque toutes les églises chrétiennes s'est largement inspirée du style des antiques basiliques, et la tête massive de Constantin, qui surplombait tout l'ensemble intérieur, servira de modèle à ces représentations de Dieu que l'on voit encore dans tant d'églises orientales, et dont les visages barbus et émaciés rayonnent d'une puissante énergie au milieu des dorures qui scintillent dans la pénombre et les volutes des encens, au-dessus des autels, dans l'envol des voûtes.

Au moment où la statue de Constantin fut achevée et mise en place à Rome, l'empereur était au pouvoir depuis une dizaine d'années déjà ; il était à mi-chemin de l'objectif qu'il avait en vue : la réunification des empires d'Orient et d'Occident. Constantin avait passé sa jeunesse à la cour de Dioclétien ; son père, césar de l'empire d'Occident, sentant approcher la mort, l'avait fait venir à ses côtés à York et proclamer augustus par les troupes des légions du Nord, le 25 juin 306. Le jeune homme avait alors vingt et un ans ; après sept années d'un parcours sans faute où il avait su déjouer tous les pièges, Constantin était entré à Rome en triomphe après avoir vaincu et abattu Maxence, un autre empereur, aux portes mêmes de la ville. Avant la bataille, Constantin s'était adressé à l'armée : il avait fait un rêve et la victoire était assurée si, au jour du combat, les troupes acceptaient de se mettre sous le signe de la croix. Superstitieux comme tout un chacun à l'époque, il donna aux combattants l'ordre de décorer les boucliers de l'emblème de la chrétienté. Mais, après la grande victoire du pont Milvius, les pièces de monnaie qui devaient en célébrer la gloire ne furent pas gravées au nom du Dieu de Jésus-Christ : c'est *Sol invictus*, l'éternel dieu-fétiche des légions qui figurait sur les sesterces battus pour l'occasion.

Cette victoire, Constantin l'avait remportée par un coup d'audace, car les troupes de son adversaire étaient bien supérieures en nombre. Désormais, il n'y avait plus que deux empereurs : Constantin à la tête de l'empire d'Occident et Licinius qui dirigeait l'empire d'Orient. Par l'édit de Milan, les deux augustii décidèrent d'un commun accord, entre autres choses, de mettre fin aux persécutions des chrétiens, persécutions qui, en fait, avaient alors pratiquement cessé. D'autre part, depuis quelque temps déjà, Constantin avait commencé à s'intéresser aux problèmes politiques soulevés par les diverses Eglises ; il en recevait les pétitions et se posait en médiateur. Douze ans après la proclamation de l'édit de Milan, prenant prétexte de ce que Licinius avait rallumé les persécutions contre les chrétiens d'Orient, il lui déclara la guerre et le tua. C'est alors qu'il décida de convoquer, à Nicée, petite ville à l'ouest de l'Asie Mineure, le premier concile général de toute l'Eglise chrétienne. Au cours de ce concile, c'étaient la nature exacte de la foi chrétienne et ses rapports avec Constantin et ses successeurs qui allaient former le fond du débat.

Le concile de Nicée

« Il n'est pas une seule Eglise qui ne se sente impliquée dans les travaux du concile de Nicée. » Cette phrase, que l'on doit au doyen Stanley, donne toute la mesure du génie de Constantin. En effet, s'il existe plus de pieuses légendes que d'archives authentiques sur le déroulement du concile, c'est bien à Nicée que Constantin réussit à résoudre les problèmes que posait le gouvernement de son Empire. De cet éclatant succès, l'Eglise chrétienne et la pratique politique de l'Occident portent encore la marque.

En 325, année du concile, la cote de popularité de l'empereur à Rome n'était pas fameuse. De création récente, son énorme Empire devait déjà faire face à de rudes épreuves, divisé qu'il était par la multiplicité des religions et des factions politiques. Les chrétiens eux-mêmes s'empoignaient sur des points de doctrine. Constantin était bien intervenu personnellement mais il n'avait pu empêcher les Eglises d'Afrique du Nord de faire sécession d'avec l'Eglise de Rome et la rupture était désormais consommée. A son tour, l'Eglise d'Orient se trouvait menacée par une séparation entre les provinces du Sud et celles du Nord. Et pourtant, c'est tout l'ensemble de cette Eglise que l'empereur décida de convoquer, un peu comme s'il la considérait comme le parlement de son nouvel Empire car il en admirait le dynamisme et la volonté de croissance, même si ses fidèles ne formaient encore que le dixième de la population globale de ses sujets. Des évêques de la chrétienté, Constantin voulait faire les relais de son pouvoir et les charger de diffuser sur tout le territoire impérial les principes de l'ordre à la fois temporel et spirituel qu'il voulait imposer. A la convocation de l'empereur, toutes les autorités de l'Eglise affluèrent à Nicée ; d'Espagne et de Perse, de l'Afrique du Nord aux provinces septentrionales de la Gaule, d'Egypte et de Syrie, d'Arménie et de Palestine, tous les pays du monde de l'Antiquité envoyèrent leurs représentants au concile. Cette première assemblée œcuménique, Constantin en avait pris l'initiative, et il en surveilla minutieusement l'organisation comme s'il souhaitait offrir à la Chrétienté l'occasion de présenter son image en public pour la première fois. Un témoin oculaire décrivant l'arrivée au concile de l'empereur entouré des évêques et de sa garde privée a pu dire : « On aurait cru voir la représentation même du Royaume du Christ. » Les générations qui allaient suivre n'ont donc eu aucun mal à se persuader que le souffle de l'Esprit saint avait inspiré les débats de cette assemblée conciliaire convoquée par Constantin. A Nicée, trônant en majesté et entouré de l'aréopage des évêques, l'empereur résumait dans sa personne l'ordre absolu, la fusion du pouvoir sous sa forme temporelle et spirituelle ; il apparaissait comme le précurseur de tous les monarques de l'Occident. Et les textes sacrés de la Bible étaient la pierre angulaire du nouvel Empire chrétien qu'il entendait fonder.

Les évêques d'Orient ayant déjà convoqué un concile restreint, Constantin saisit l'occasion de leur couper l'herbe sous le pied. Dans une lettre préliminaire à la convocation officielle, l'empereur déclarait : « Il avait été dit que le synode des évêques se déroulerait en Galatie dans la ville d'Ancyre ; cependant, il nous a semblé préférable, pour diverses raisons, que le synode se tienne en Bithynie, dans la ville de Nicée, car ce lieu est plus commode pour les évêques qui viendront d'Italie et des autres pays de l'Europe ; en outre, le climat de Nicée est d'une parfaite salubrité et je pourrai moi-même m'y rendre aisément pour assister aux séances et prendre part aux débats en cours... »

La missive de Constantin passait sous silence les procédures d'excommunication que l'assemblée d'Ancyre avait fait figurer en bonne place sur son agenda. Le souci de l'empereur était de faire l'unité et non de provoquer une cascade de confrontations. En déplaçant le lieu du concile à Nicée, il faisait preuve de beaucoup d'habileté car, du coup, les invitations officielles n'émanaient plus d'autorités ecclésiastiques contestataires ou rivales, mais du seul pouvoir impérial ; à l'appel de Constantin, les évêques se rendraient à une assemblée qu'il avait pris l'initiative de réunir et dont il avait fixé lui-même le lieu. D'ailleurs, Nicée n'était distante que d'une trentaine de kilomètres de l'ancien palais de Licinius, rival que l'empereur avait éliminé et dont il occupait désormais la résidence. Constantin imposait ainsi aux évêques rassemblés en concile son omniprésence en même temps que sa toute-puissance.

Aujourd'hui, les nobles bâtiments qui abritèrent le concile sont enfouis sous les gravats du sous-sol de la ville d'Isnik en Turquie. Selon la tradition, les vestiges de la grande salle du Conseil se trouveraient à proximité des murailles de la cité et du port qui s'ouvre sur le site enchanteur du lac Ascania. On comprend aisément pourquoi Constantin, qui, toute sa vie ou presque, élut domicile dans des palais au bord de l'eau, avait choisi ce nid de verdure et vanté son climat de « parfaite salubrité ». Nicée était située au cœur de la plus belle région de la Bithynie ; une riche plaine volcanique y déroulait son tapis de vignobles et ses vergers dont les arbres croulaient sous le poids des cerises, des poires et des beaux coings d'un jaune éclatant, tandis que les treilles ployaient sous les grappes de muscat ambré. Du palais lacustre de Constantin ne subsistent que quelques blocs de belle pierre blanche, une ou deux colonnes et de hautes murailles qui dominent le quadrillage des nouveaux lotissements urbains. Il y a un siècle, l'évêque de Nicée racontait encore à ceux qui venaient visiter le site que le trône de Constantin avait été installé à l'endroit où un vieux platane déployait ses frondaisons. Mais des témoins oculaires ont décrit la séance d'ouverture du concile de Constantin et la situent dans une grande salle rectangulaire au beau milieu du palais. Selon la tradition, un exemplaire des Evangiles qui représentait la présence même de Dieu en ces lieux avait été placé au centre de la pièce.

Le dossier authentique des travaux du concile ne fait pas un bien gros volume, mais il contient des pièces d'une importance capitale. D'abord, il fixe pour la foi chrétienne un credo officiel dit « symbole de Nicée », mais il contient aussi une liste de quelque vingt propositions qui déterminent un code de conduite à l'usage du clergé, code qui est resté en vigueur dans la plupart des Eglises jusqu'à ce jour. On y trouve, entre autres, une définition de l'usure, car ce problème était pour les banquiers chrétiens un souci majeur. Y était déclarée usuraire toute pratique d'un taux d'intérêt exorbitant. Dans l'Empire romain, le taux normal des prêts était aux environs de 12 % et le péché d'usure commençait donc avec le dépassement de ce pourcentage. Certains articles traitaient de l'organisation des cérémonies du culte, précisant à quels moments les fidèles devaient se lever ou s'asseoir pendant l'office. D'autres redéfinissaient les règles selon lesquelles il était possible de faire rentrer dans le sein de l'Eglise les apostats qui avaient abjuré leur foi à l'époque des persécutions, mesure qui, plus que toute autre, montrait le continuel souci d'ouverture des autorités ecclésiastiques rejoignant l'universalisme qu'avait déjà souhaité Irénée de Lyon. Il y avait aussi une disposition qui excluait de la fonction sacerdotale les prêtres émasculés et visait clairement ceux des membres du clergé qui s'étaient laissés gagner aux cultes de Sol ou d'autres dieux païens, car, dans ces sectes, la castration était considérée comme l'offrande la plus haute qu'on puisse faire à la divinité. Les règles de conduite imposées aux prêtres étaient fort détaillées, même si certains paragraphes relèvent de la fiction ou d'ajouts ultérieurs, comme cette vigoureuse description d'un vieil ermite égyptien, confit dans le célibat, qui aurait fait un vibrant plaidoyer pour le droit des prêtres à contracter mariage, s'écriant : « N'accablez pas le clergé ! Ne lui imposez pas un fardeau insupportable ! Le mariage n'est-il pas déjà une forme pratique de la continence ? » Ce moine fut par la suite canonisé par l'Eglise d'Orient dont les prêtres ont le droit de se marier.

Quant au fameux *symbole*, les archives du temps indiquent qu'il fit l'objet d'un compromis tendant, à l'instigation de Constantin, vers une réconciliation des deux grandes factions qui menaçaient l'unité de l'Eglise d'Orient. Un débat s'était engagé sur la définition exacte du terme de divinité. Si le problème de la nature divine semblait préoccuper les évêques au premier chef, l'important pour Constantin était de savoir de façon précise le rayon d'action du pouvoir de Dieu. A en croire certains hérétiques, le fait que Jésus ait été conçu de Marie présupposait l'existence d'un temps où Dieu n'était pas encore né, ce qui semblait indiquer une hiérarchie dans la famille divine et une préséance de Dieu le Père sur Dieu le Fils. Ajoutons qu'avec ce genre de spéculation, on pourrait tout aussi bien évoquer un temps d'avant la création du monde et se demander à quoi Dieu aurait pu occuper ce temps !... Un siècle plus tard, confronté à cette même question, saint Augustin allait riposter d'une petite phrase : « Il devait sans doute méditer la création d'un enfer réservé tout spécialement à ceux qui s'amusent à soulever de tels problèmes ! »

Ces polémiques sur la nature divine et le degré de filiation entre Jésus et Dieu son Père remontaient aux premiers jours de l'Eglise, mais, en ce temps, les chrétiens partageaient avec Paul la conviction que la fin du monde terrestre était imminente, et ces questions de définitions aussi pointilleuses qu'abstraites devaient paraître bien secondaires aux autorités ecclésiastiques, alors que, désormais, les descendants de l'Eglise primitive étant admis à siéger dans le faste des palais de marbre impériaux et à s'y présenter en assemblée ayant les pleins pouvoirs spirituels, ils éprouvaient le besoin de se regrouper au sein d'une hiérarchie que la doctrine chrétienne viendrait valider. Mais toutes ces manifestations d'apparat servaient surtout à placer Constantin sur un piédestal, à fournir le socle qui convenait à son ego d'empereur : toutes les arguties des hérétiques sur l'échelle des valeurs du sacré dans la personne de Dieu ne faisaient que masquer le véritable enjeu des débats. En effet, si Dieu était divisible en Père, Fils et Esprit, l'essence divine avait tout loisir de se diluer à l'infini et d'envahir le domaine de l'humain. L'exemple de ce qu'avait fait Jésus en son temps était là pour le prouver. En laisant le sacré s'infiltrer dans l'ordre du monde et, en quelque sorte, se démocratiser, ne condamnerait-on pas les souverains à de perpétuels rôles de figuration ? Or, Constantin voulait que son *imperium* soit un reflet de l'ordre qui régnait au Ciel et voyait le rôle de l'empereur sur terre comme le pendant de son céleste alter ego. On voit que, loin de planer dans les abstractions théologiques, les débats conciliaires sur la nature de Dieu traitaient en fait de la répartition des pouvoirs, pouvoir sur terre et pouvoir dans l'éternité.

Le Symbole de Nicée, qui fixe les premiers principes du dogme chrétien et figure encore, sous diverses formes, dans le rituel de presque toutes les Eglises, est un texte de compromis, fruit de difficiles négociations. Deux versions avaient été soumises au concile ; l'une fut jugée hérétique ; l'autre devait être amendée pour inclure la notion de « consubstantialité », terme qui donnait une définition précise de la nature divine. Ce second texte avait été proposé par Eusèbe, évêque de Césarée en Palestine, qui comptait Jérusalem parmi les villes de son diocèse ; la version d'Eusèbe reprenait la formulation qui servait de profession de foi dans la cérémonie du baptême des chrétiens de Jérusalem et remontait aux origines mêmes de l'Eglise. Une fois de plus, comme lorsque Irénée de Lyon avait voulu défendre ses choix pour les livres qui formaient les Evangiles, l'Eglise retournait à ses sources au moment crucial où il lui fallait trouver de toute urgence une définition de la nature et de la substance de son Dieu.

Le mystère de la Sainte-Trinité, qui est la clé de voûte de toute la théologie chrétienne et tient pour article de foi que Dieu existe en Trois Personnes et Une Substance divine, vint conforter la cause de l'Empire chrétien. En effet, Dieu étant l'unité ineffable et quelque peu lointaine du Père, du Fils et du Saint-Esprit, la venue sur terre de Jésus-Christ put tout naturellement s'inscrire comme l'événement historique à partir duquel commencerait le calendrier impérial. La date anniversaire de la naissance du Christ fut fixée au 25 décembre, remplaçant ainsi la fête annuelle qui célébrait Sol invictus, divinité autrefois privilégiée par Constantin. Cette restructuration de l'Eglise visait à systématiser les rapports entre l'homme et Dieu, et les dignitaires ecclésiastiques devenaient ainsi membres de la hiérarchie du pouvoir terrestre. Pouvoir pyramidal avec, à son sommet, Constantin, empereur et saint, imposant au monde un ordre qui était l'exacte réplique de l'ordre parfait qui régnait aux Cieux.

Si le concile de Nicée et le texte de son symbole départageaient avec autant de précision le royaume de la terre et celui des Cieux, c'est que cette question était de la plus haute importance pour Constantin en tant que chrétien comme en tant que fondateur d'un Empire. Il n'est donc pas surprenant qu'on ait pu dire que le propos même du Concile tendait à redéfinir l'étendue du pouvoir impérial. Au cours des années qui suivirent, Constantin ne cessera de rappeler à ses sujets — dans ses mandats ou ses textes de lois — que les conclusions du concile avaient été rédigées par « trois cents évêques d'une rare et subtile intelligence ». En retour de l'approbation donnée par l'empereur aux évêques et à leur foi, le concile approuvait implicitement le mode de gouvernement impérial. Constantin, qui avait été élevé à la cour de Dioclétien, n'avait jamais pensé à remettre en cause la valeur sacrée du pouvoir qu'il détenait.

Poussé par le désir d'unifier l'Eglise, Constantin n'épargna aucun effort pour faire rentrer au bercail les hérétiques qui ne voulaient pas renoncer à leur doctrine d'un Dieu partagé entre les personnes du Père et du Fils. Et même, lorsqu'il dut, par la suite, condamner à l'exil ceux qui s'exprimaient sur ce point avec le plus de violence, il ne le fit qu'après les avoir reçus en audiences privées, audiences qui furent suivies d'une véritable campagne épistolaire. Constantin n'ignorait pas que ces évêques — comme tant d'autres présents au concile — n'hésiteraient pas à endurer la torture et à affronter la mort plutôt que de se soumettre à une foi qu'ils ne reconnaissaient pas. Jamais, il ne sous-estima leur fermeté, fermeté dont ils avaient déjà eu l'occasion de faire preuve pendant les sauvages persécutions de Dioclétien. Pour se concilier l'adhésion de ces hérétiques, il fallut à Constantin autant de diplomatie que d'astuce, qualités dont il était amplement pourvu.

Il n'est pas étonnant que, dans tous les récits qui nous sont parvenus, les descriptions de l'entrée solennelle de Constantin dans la grande salle du concile, et du moment où il vient se placer au centre de l'assemblée des évêques au jour de l'ouverture, rappellent quelque peu la pompe qui entourait les audiences de Dioclétien au palais de Split. Chaque épisode du concile — les interventions de l'empereur et ses moindres gestes, et même la place exacte qu'occupait chacun des évêques dans la grande salle des débats — sera repris et embelli par la légende et viendra cautionner tel point de rituel ou telle coutume. Les pages de ce florilège évoquent Spyridon, l'évêque-berger de Chypre, qui vint au concile avec une brebis malade qu'il garda à ses côtés pendant toutes les sessions, et aussi d'autres prélats, mutilés lors des premières persécutions, et dont Constantin venait pieusement baiser les plaies et cicatrices. Les Eglises d'Orient ont donné au concile le nom de « 318 » d'après le nombre que la tradition a fixé pour ses participants. Transcrit selon l'alphabet grec, ce chiffre donne trois lettres : TIH, le T étant la croix et l'ensemble IH formant le nom du Christ. Il se trouve aussi que le nombre de 318 correspond à celui des esclaves d'Abraham dans la Genèse, ce qui parut de bon augure. Comme chaque évêque avait pu inviter dans sa suite personnelle deux prêtres et trois esclaves, le concile représentait un rassemblement de deux mille personnes, mais la plaine de Nicée était assez riche pour que ce surcroît de population pendant une période de six mois environ ne pose pas de problèmes d'intendance insurmontables.

Il existe une autre légende qui porte sur les premières sessions du concile où il est dit comment elles furent dominées par le caquetant verbiage d'évêques rompus au jeux rhétoriques et aux joutes oratoires de l'école classique grecque. Les prélats d'Egypte et d'Afrique, infiniment moins lettrés, restèrent saisis de stupéfaction, incapables qu'ils étaient de suivre ces flots d'éloquence qu'on leur déversait sur la définition de la nature de Dieu. Enfin, l'un des représentants de l'Egypte, un homme à qui les bourreaux de Dioclétien avaient crevé les yeux et brisé les jambes, s'avança en boitillant et vint se poster devant tous ces beaux esprits : « Ignorez-vous, leur cria-t-il, que le Christ et ses apôtres ne nous ont point légué un traité de logique ou un fatras de mots creux, mais une vérité simple et nue que nous devons défendre par notre foi et nos bonnes œuvres ? » La phrase est certes légendaire, mais elle permet de saisir toute la mutation qui va s'amorcer dans le domaine artistique et de comprendre pourquoi, à la perfection formelle de l'âge classique, va se substituer la vigoureuse et originale inspiration qui caractérisera tout l'art chrétien primitif. Alors que l'architecture des temples païens suivait un plan d'une extrême rigueur, celle des premières églises chrétiennes frappe par le caractère quasi fortuit de sa splendeur, comme si leurs bâtisseurs avaient enrichi leur métier de toute la vision de leur foi, de toute l'ardeur de leur prière. Ces édifices marquent un rejet total à l'égard des formes artistiques en honneur à Rome, des créations réalisées par le travail des esclaves, un refus de toute la perfection glacée qui était la marque de la grande tradition classique. Nos évêques frottés de culture gréco-romaine durent bien admettre que le vieil ermite avait raison, et l'un d'eux déclara : « Je vous le dis à vous mes frères dont le savoir est grand, tant qu'il s'agit de lutter avec des mots, je suis de taille à me mesurer avec n'importe quel rhéteur, à rendre coup pour coup et à renverser mon adversaire par mon seul discours ; mais si, de mon interlocuteur, jaillit une force qui dépasse celle des mots, alors toutes mes défenses verbales tombent devant cette force et toute parole humaine doit s'incliner devant elle. S'il en est parmi vous qui partagent mon sentiment, alors qu'ils se contentent de croire en Christ et qu'ils acceptent ce que vient de dire ce vieillard, car c'est Dieu qui a parlé par sa bouche ! »

Constantin avait voulu réformer l'administration de son Empire et unifier sa foi, mais l'œuvre impériale ne s'arrêta pas là : elle a donné naissance à un art qui transcende le réalisme et les apparences, et qui dépasse la seule perfection formelle. Cet art réussira à traduire un univers spirituel, le feu d'un regard inspiré comme la foi ardente des mains des orants. Et, en même temps, les textes de la Bible allaient assumer un nouveau rôle ; ils n'étaient plus, comme au temps des Epîtres de Paul, de simples exhortations à la morale chrétienne, ni même de vénérables archives consignant les enseignements de Jésus et les actes de sa vie. Prenant la force du Verbe sacré, ils devenaient le souffle même de Dieu, source de toute inspiration pour les artistes comme pour les mystiques.

Une Rome chrétienne : Constantinople

Alors que l'empereur livrait ses dernières campagnes dans l'Empire d'Orient, une de ses armées vint assiéger la petite ville de Byzance sur les rives du Bosphore. C'est peut-être à l'occasion de cette escarmouche que Constantin vit tout l'intérêt stratégique que présentait la place. Aux confins septentrionaux de l'Europe, la cité commandait le passage vers l'Asie et s'étendait entre les deux grands cours d'eau qui donnent à l'Europe ses plus belles frontières naturelles, le Danube au nord et l'Euphrate à l'est. A l'imitation de certains de ses prédécesseurs, Constantin avait résolu de se faire construire une nouvelle capitale qui prendrait la place de Rome, mais il souhaitait — fait nouveau ! — que sa capitale fût chrétienne. Les plans de cette nouvelle métropole sur les rives du Bosphore — à laquelle l'empereur voulait donner l'éclat qui avait été celui de Rome et qui surgit de terre en l'espace de quelques années — donnent une idée très précise de ce qu'entendait Constantin lorsqu'il parlait de la chrétienté. Conçue à l'origine comme un gadget, la ville de Constantinople (l'Istanbul moderne) allait devenir un lieu légendaire connu de l'Irlande à la Chine et dont on vanterait à tous les échos les richesses, le dynamisme intellectuel et la civilisation raffinée. Cependant, le 11 mai de l'an 330, jour où Constantin présidait les cérémonies marquant l'inauguration de la ville, à l'endroit même où était installée sa tente lors du siège de Byzance, ce brillant destin était encore du domaine du rêve. Mais le centre urbain inscrit dans le périmètre de l'ancien campement de l'empereur, et devenu une vaste *piazza* ovale, devait rester le cœur de la ville jusqu'au jour de sa chute. Pour marquer le site qu'il avait choisi, l'empereur fit célébrer d'innombrables cérémonies plus majestueuses les unes que les autres, où rites païens et rites chrétiens faisaient bon ménage. Des officiants de toutes confessions suivaient le cortège de Constantin qui offrit libéralement sacrifices et prières, et fit enterrer dans les fondations une superbe collection de pièces de la plus haute antiquité dont une gravure sur bois appelée « Palladium », représentant Athénée Pallas que Zeus avait lui-même apportée sur terre et qu'Enée avait réussi à sauver de l'incendie de Troie. Amenée à Rome, cette relique avait en maintes occasions sauvé la capitale par sa seule présence lorsque les envahisseurs étaient à ses portes. Aux côtés de ce trophée païen, Constantin n'omit pas de faire placer quelques morceaux de la croix de Jésus apportés tout spécialement pour l'occasion du site du Golgotha.

Le lieu où se déroulèrent les cérémonies célébrant la fondation de Constantinople est aujourd'hui signalé par une colonne noircie, composée de sept énormes cylindres faits de porphyre impérial maintenus en place par des cercles de fer et que masque en partie le travail de restauration autrefois entrepris par les Turcs. Du temps de Constantin, la colonne était surmontée d'une gigantesque statue de bronze, un Apollon dû — dit-on — au ciseau de Phidias et que l'on avait transformé en effigie de l'empereur ; le halo de rayons qui nimbait d'or la tête du dieu avait été remplacé par une auréole dont le métal provenait de l'un des clous massifs qui avaient servi à la crucifixion de Jésus. Selon la légende, un autre de ces clous servait de mors de bride au cheval favori de l'empereur. La colossale statue représentait Constantin tenant d'une main l'orbe et de l'autre l'épée dans une pose si réaliste que la population de Constantinople était persuadée que, si jamais l'ennemi s'annonçait aux portes de la ville, la grande image dorée ne manquerait pas de descendre de son socle pour pourfendre et chasser l'envahisseur. Cette effigie n'existe plus, mais on peut encore voir l'antique colonne qui se dresse d'un côté de la large artère tracée entre le bazar et les grandes mosquées qui escaladent les collines.

Par décret, Constantin ordonna qu'à chaque date anniversaire de la fondation de la ville, une autre statue faite à son image et arrimée sur un char de bois soit portée en procession dans la plus grande avenue de sa capitale et tout autour de l'Hippodrome, grande arène réservée aux courses de chevaux et de chars qu'il avait fait construire à proximité de son palais, dans la plus pure tradition romaine. Des siècles durant, les successeurs de Constantin devaient respecter ledit décret et rendre hommage à une statue qu'ils considéraient un peu comme une idole d'un culte païen, mais qu'ils saluaient avec respect lorsqu'elle passait en grande pompe au milieu de toute la population rassemblée devant la loge impériale ou « kathisma ». Le grand Hippodrome n'était pas seulement le centre de Constantinople, il allait devenir le cœur même de l'Empire romain d'Orient, lieu où se dérouleraient toutes les grandes cérémonies officielles marquant la vie civique d'une capitale.

Pour embellir cette ville à nulle autre pareille, Constantin avait, sans vergogne, pillé l'Empire. Un esprit cynique a pu remarquer qu'en effet, il n'y manquait rien sauf l'ardeur et l'intelligence des grands hommes dont les statues dominaient les rues et les places. La statuaire de Constantinople était tout à fait impressionnante : des milliers de pièces faisaient de la cité un véritable musée de l'époque classique. Les plus précieuses, l'empereur les avait fait placer le long de l'axe central — ou spina — de l'Hippodrome. On y voyait les quatre célèbres chevaux de bronze sculptés six siècles auparavant par Lysippe, ceux-là mêmes qui flanquent aujourd'hui la façade de Saint-Marc à Venise où d'autres pillards les transportèrent. On peut cependant encore voir, à l'endroit exact où elle fut placée, la formidable colonne de bronze où s'enlacent les corps de trois serpents, colonne qui avait été offerte à l'Apollon de Delphes en 479 avant Jésus-Christ, en témoignage de gratitude pour une grande victoire remportée par les Grecs. Le tripode est toujours flanqué de deux obélisques dont l'un, une grande aiguille de granit, datait déjà de deux mille ans lorsque Constantin l'arracha aux trésors de Thèbes, en Egypte. Le socle de cet obélisque montre des bas-reliefs où l'on voit l'empereur Théodose et sa cour assistant à des courses de chevaux, et qui furent exécutés cinquante ans environ après la mort de Constantin.

Constantin avait fait main basse sur l'Empire et il l'avait organisé à sa guise. Les artistes qui ont sculpté les grandes scènes de ces bas-reliefs semblent imiter cette démarche : la représentation qu'ils donnent de leurs personnages obéit à une stricte géométrie et chacun semble figé dans son rectangle. L'impression d'espace — si importante dans l'art classique — est réduite à sa plus simple expression et les silhouettes sont entassées au millimètre près, au point qu'on dirait des badauds, le nez collé contre une vitrine ! La spécificité de la personne humaine, la dignité de l'individu, toujours si présentes dans l'art classique, semblent ici avoir disparu. Les nouveaux Empires, créations de Dioclétien ou de Constantin, faisaient peu de cas de l'homme ; l'esclavagisme et la paupérisation allaient croissant, et le quotidien y était plus dur que jamais. Dans les scènes de ce bas-relief, le personnage le plus important est évidemment l'empereur qui domine tout le monde par la taille. Les courtisans qui l'entourent sont vus en stature décroissante suivant l'importance de leurs fonctions politiques. La cour a pris place dans une loge d'où elle contemple de très haut l'arène où courent les chars, où danseuses et musiciens font leur numéro. En arrière-plan, on aperçoit les lances des hommes d'armes. L'ensemble n'est pas sans rappeler de façon assez surprenante les grandes scènes du Jugement dernier qui vont plus tard orner le fronton de tant d'églises de la chrétienté.

Si ces empereurs et leurs cours semblent bien éloignés de la chrétienté occidentale, c'est pourtant leurs régimes qui ont inspiré la hiérarchie de l'Eglise et suscité les nouvelles formes de l'art chrétien. Une tâche restait encore à accomplir : maintenant que le pouvoir divin revenait au Ciel, et le pouvoir temporel à Constantin qui régnait sur terre *Deo gratia*, par la grâce de Dieu, il fallait que l'autorité impériale apparaisse à tous comme reliant l'un à l'autre. Aussi Constantin entreprit-il la construction de grands sanctuaires qui soient à l'échelle de la puissance impériale. Ils couvrirent bientôt les collines de Constantinople et se multiplièrent à Rome tandis que d'autres chantiers s'ouvraient sur tout le territoire de l'Empire. Mais c'est dans la province orientale de Palestine, dans la région même qui avait vu naître Jésus, que ce grand essor de l'architecture religieuse connut son âge d'or et qu'on vit surgir une foule d'églises. Constantin sut tirer parti de tous les épisodes de la Bible, de tous les récits rapportés sur la vie de Jésus et les immortaliser sous forme de monuments. Une petite région désertique dont l'histoire retentissait d'échos tragiques et passionnés se vit transformée en paysage biblique. Un empereur romain y planta, à distance, le décor qui convenait à la divinité occidentale qu'il s'était choisie ! Grand collectionneur d'antiquités et de reliques, Constantin fit de toute la Palestine un reliquaire qu'il sut enchâsser dans un cadre romanesque à souhait. C'est ainsi que, de toutes pièces, il créa la Terre sainte.

La Palestine devient Terre sainte...

Du temps de Constantin, Jérusalem n'était qu'une petite ville hellénistique semblable à tant d'autres ; elle avait peu changé depuis que l'empereur Hadrien avait fondé sur son site, deux siècles auparavant, la cité romaine d'Ælia Capitolina. Au-dessus des ruines de l'ancienne capitale d'Israël, au centre de la grande plate-forme où se dressait jadis l'imposante masse du Temple d'Hérode, on avait érigé deux statues à l'image d'Hadrien ; une fois par an, une délégation de Juifs avait la permission d'accéder jusqu'au vénérable rocher qui marquait l'ancien emplacement du Temple et de l'enduire d'aromates comme dans l'antique rituel du deuil pour la perte d'un être cher. Au sommet du rocher, à l'endroit qui, pour les chrétiens de Jérusalem, marquait la sépulture de Jésus, l'empereur avait fait construire un vaste sanctuaire votif dédié à Jupiter et Aphrodite, lequel sanctuaire, malgré les outrages du temps, resta un lieu de culte pendant toute la période du règne de Constantin. Il semble que la première église chrétienne de Jérusalem ait été une modeste bâtisse qui couronnait le mont Sion, lieu où, selon la tradition, les disciples se seraient réunis après la Pentecôte. A une date ultérieure, on devait situer en ce même endroit la salle où s'était déroulée la Sainte Cène.

A l'issue du concile de Nicée, Constantin se mit en devoir de changer le décor d'une Jérusalem devenue à son goût trop païenne, et il adressa à Marcarius, détenteur du siège épiscopal de la ville, une lettre qui ne laissa pas de surprendre son destinataire :

> *De Constantin Maximus Auguste à Marcarius,*
>
> *En raison de vos compétences, c'est à vous que je confie la tâche de prendre toutes mesures utiles et de faire établir des plans pour que soit construite une basilique d'une splendeur à nulle autre pareille...*

La missive développait les divers aspects du projet, détaillait le choix des matériaux et se terminait sur une remarque où perçait l'optimisme caractéristique de l'empereur :

Il serait bon que vous me fassiez connaître au plus tôt quels sont vos plans pour la construction de la toiture... Si vous pensez qu'elle doit être coffrée, ne faudrait-il pas alors en faire dorer à la feuille toute la structure ? Dieu vous garde, mon très cher frère !

Alors, on entreprit de mettre à bas le temple de Jupiter, « sanctuaire plein de maléfices et d'idoles mortes dédié à la lubrique et démoniaque Aphrodite où d'infâmes libations étaient offertes sur les autels maudits du paganisme ». Le sol et les fondations qui servaient de soubassement à ces « lieux de culte satanique » furent « creusés jusques en leur tréfonds, excavés et rejetés au loin ». Au cours de ces travaux de déblaiement qui devaient mettre à nu la veine rocheuse, les contremaîtres chrétiens eurent la joie de découvrir une anfractuosité dans un petit tertre caché parmi les gravats accumulés sous le socle du temple. A l'intérieur, se trouvait une tablette de pierre comme il en existait dans les anciens tombeaux, et, juste à l'extérieur, tout près de l'ouverture, se dressait une énorme pierre. Les carriers venaient de découvrir l'emplacement de la sépulture de Jésus ! Ce lieu « saint entre tous était rendu à la lumière comme le fut notre Sauveur au jour de la Résurrection ». Comme la doctrine chrétienne, cette trouvaille fut authentifiée par un acte de foi.

A un jet de pierre de cette sépulture, s'élevait l'éperon rocheux traditionnellement connu comme le site du Calvaire et dont le sommet portait encore les traces des trois trous où avaient été fichées les sinistres croix dont parlent les Evangiles. Là aussi on entreprit de gros travaux de déblaiement ; les carriers furent chargés d'aplanir le rocher qui marquait le Saint-Sépulcre et de dégager le Roc du Calvaire de sorte que ces deux lieux sacrés puissent se détacher en face à face comme surgissant du tertre mis à nu. L'audacieux plan de masse des architectes de Constantin allait se développer à partir de ces deux sites que les Ecritures avaient sanctifiés.

A la même époque, la mère de Constantin, l'impératrice Hélène, qui était déjà d'un âge avancé, fit le voyage de Jérusalem comme tant d'autres pieux pèlerins venus de tout le territoire de l'Empire. Il est facile d'imaginer à quoi ressemblait alors le site le plus sacré de toute la chrétienté : c'était une carrière qui résonnait du choc des pics et où flottait un épais nuage de poussière blanche. Avec l'aide de l'évêque Marcarius — qui n'était plus tout jeune, lui non plus ! —, à force de prières, de visions et d'interrogatoires judicieusement menés, Hélène réussit à retrouver la Vraie Croix de Jésus, ainsi que l'écriteau de bois dont Pilate avait dicté l'inscription, et même les clous qui avaient servi à la crucifixion et les croix des deux larrons. Ce trésor gisait au fond d'une ancienne citerne creusée à proximité du Roc du Calvaire et fut aussitôt expédié jusqu'à Constantinople. De deux des clous, l'empereur allait faire l'usage ostentatoire que l'on sait. Quant au bois de la Sainte Croix, il fut débité en milliers de fragments pour être distribué à travers toute la chrétienté. Ces reliques avaient un véritable pouvoir dans la mentalité d'une époque où l'on voyait en elles des legs sacrés témoignant d'un rapport direct entre le Ciel et la Terre, des symboles visibles de la grâce que Dieu faisait pleuvoir sur le monde. Et les Lieux saints que les architectes de Constantin faisaient si diligemment sortir de terre remplissaient les mêmes fonctions. D'ailleurs, Constantin concevait son impériale mission dans une optique similaire : il se voyait comme un trait d'union entre le Créateur et ses créatures, et c'est ce message qu'il transmit à tous les futurs monarques de la chrétienté en leur léguant des collections dûment choisies des plus saintes reliques.

Il n'est pas facile aujourd'hui de se représenter les monuments qui constituaient la Terre sainte telle que Constantin l'avait conçue tant ils ont été, au cours des siècles, d'abord embellis et enrichis, puis détruits avant d'être finalement reconstruits. Il n'en reste que quelques pans de murs de pierre, quelques colonnes, vestiges où la mémoire peut retrouver les sites sacrés qui s'y abritaient. Mais si l'on descend dans le souk de la vieille ville de Jérusalem en longeant les étals du marché de Khan El Zeit, on peut encore voir, derrière le modeste fournil de la boulangerie grecque Zalotimo, quelques fragments de chambranles appartenant au portail de l'église que Constantin avait fait édifier pour marquer le double emplacement du Calvaire et du Saint-Sépulcre. L'évêque de Césarée, Eusèbe, qui fut le supérieur hiérachique de Marcarius et le biographe de Constantin, a très bien décrit la vue plongeante que l'on pouvait avoir de ce même endroit sur l'intérieur de la plus belle de toutes les églises construites par l'empereur. Comme aujourd'hui, le portail était situé au beau milieu d'une rue commerçante. « Le parvis, dit Eusèbe, était somptueusement décoré et, lorsque les portes étaient grandes ouvertes, le sanctuaire offrait aux passants une perspective d'une stupéfiante beauté. » L'église, en effet, devait être splendide « avec des voûtes d'une hauteur vertigineuse et un vaisseau central d'amples proportions ». Les murs étaient rehaussés de marbres de couleur d'un beau poli et les coffrages supérieurs sculptés « étincelaient de toutes leurs dorures », à telle enseigne que l'intérieur semblait « scintiller et miroiter à l'infini ».

L'église du Saint-Sépulcre que l'on voit aujourd'hui et qui occupe l'intérieur de la grande basilique de Constantin cache au plus profond de ses fondations les antiques citernes où, selon la tradition, l'impératrice Hélène découvrit la Vraie Croix. On peut partir de là pour gravir le rocher dont le Calvaire forme le sommet et pénétrer dans l'église du Calvaire par une volée de marches assez raides qui flanquent le cube taillé en plein roc par les architectes de Constantin. Tout en haut, se trouvent deux sanctuaires, un « grec » et un « latin » puisque la basilique impériale est désormais divisée en deux moitiés, l'une orientale et l'autre occidentale. Ces sanctuaires sont de construction récente et c'est dans la partie « grecque » que l'on peut voir sous l'autel, à la lueur des bougies, l'emplacement où fut plantée la Croix.

Si l'on traverse l'église pour passer du Calvaire au Saint-Sépulcre, on foule le sol aplani, il y a quelque dix-sept siècles, par les carriers de Constantin, avant de pénétrer dans une zone sombre où chaque bruit fait écho, et l'on se trouve sous l'énorme dôme conçu par Constantin pour abriter le tombeau du Christ. Le périmètre du dôme est circonscrit par un déambulatoire où diverses églises ont installé leurs autels. La chapelle des catholiques romains est bien éclairée ; sur le sol, une étoile de marbre signale l'endroit où, selon les Evangiles, Marie-Madeleine apprit que le Seigneur était ressuscité. Un peu plus loin, une autre chapelle montre des murs noircis, un espace délabré décoré d'un seul tableau en partie calciné et parcimonieusement éclairé par un lumignon dont la mèche trempe dans un peu d'huile d'olive verdâtre : elle appartient à l'église syrienne qui fut la première à donner le nom de « chrétiens » aux fidèles de Jésus.

Dans un recoin de cette chapelle des Syriens, un trou noir bée dangereusement à fleur de sol ; il contient quelques tombes juives que leur forme permet d'identifier comme datant du premier siècle après Jésus-Christ. On a bien là une preuve que ce quartier de Jérusalem était, à l'époque du Christ, un cimetière situé à l'extérieur de la ville tout comme devaient l'être aussi le Calvaire et le Saint-Sépulcre. L'archéologie vient donc documenter la tradition mais, ce faisant, elle soulève un autre problème : si l'exécution et la mise au tombeau de Jésus se sont déroulées en ces lieux, comment la tombe du Christ a-t-elle pu être identifiée parmi les caveaux de cet ancien cimetière puisque aucun ne porte d'inscription ? Il faut donc faire foi aux récits de l'impératrice Hélène et de ses contemporains. Comme l'empereur lui-même, ses sujets vivaient dans un monde où la foi était souveraine et les miracles innombrables.

Au cours de son pèlerinage en Palestine, l'impératrice Hélène consacra deux autres sanctuaires, l'un sur le mont des Oliviers, à l'endroit où le Christ est remonté aux Cieux le jour de l'Ascension, et l'autre sur les lieux de la naissance de Jésus, à Bethléem. Trois églises marquent donc les sites où le Ciel, en quelque sorte, a « rencontré » la Terre, sites qui, tous, immortalisent les plus importants paragraphes du symbole de Nicée où il est dit que Jésus a été conçu du Saint-Esprit et est né de la Vierge Marie (église de la Nativité à Bethléem), qu'il a été crucifié, qu'il est mort, puis qu'il est ressuscité au troisième jour (église du Saint-Sépulcre) et est monté aux Cieux pour y prendre place à la droite du Père (église de l'Ascension).

Dans la basilique de Sainte Pudenziana à Rome, construite pendant le siècle qui vit le règne de Constantin, une mosaïque donne la représentation de cette Terre sainte de création récente avec ses monuments qui servent d'arrière-plan à la figure du Christ assis au milieu de ses disciples un peu à la façon d'un philosophe grec entouré de ses étudiants. La croix incrustée de gemmes, au-dessus de la tête de Jésus, est une réplique de celle, énorme, que Constantin avait fait dresser triomphalement sur le Roc du Calvaire. On voit, à la gauche du Christ, un beau monument battant neuf, avec une toiture en forme de baldaquin qui représente le dôme sous lequel les architectes de Constantin avait abrité le Saint-Sépulcre. Sur la droite, se trouve la bâtisse de forme octogonale qui ceinturait la colline de l'Ascension. Au firmament, s'inscrivent les symboles des quatre évangélistes surplombant la ville que célèbrent leurs écrits. De cet ensemble panoramique, l'artiste a fait une cité céleste. Jérusalem y est vue comme une étape à mi-chemin entre Ciel et Terre, nimbée de lueurs rougeâtres, un lieu doté d'un pouvoir étrange et surnaturel.

Au premier plan de cette scène, le Christ tient, grande ouverte, une Bible aux riches enluminures.

La Bible impériale

Constantin mourut en 337, dans la trente-deuxième année de son règne. Le jubilé marquant le vingtième anniversaire de son accession au pouvoir avait coïncidé avec le concile de Nicée et, dix ans plus tard, au cours d'un second jubilé, il avait consacré la basilique du Saint-Sépulcre. Le poids de sa présence sur terre dégageait une telle autorité que, lorsqu'il rendit son âme à Dieu dans une ville d'eaux toute proche de Constantinople, sa dépouille fut ramenée dans la capitale et conservée plusieurs mois. Bien calé sur son lit d'apparat, le défunt empereur semblait continuer à diriger les affaires de l'Etat et à parler par la bouche de ses ministres. Il est impossible de savoir si la foi de Constantin correspondait à un engagement personnel, mais il faut bien dire que ce monarque unique en son genre avait réussi à imposer le christianisme, religion qu'il avait lui-même adoptée. Pour ses contemporains, le triomphe de la religion impériale constituait un miracle qui suffisait à en valider la doctrine. Dès la fin du IVe siècle, la quasi-totalité de l'Empire s'était ralliée au christianisme. De quelle nature était la foi de Constantin ? Que représentait la religion dans sa vie privée ? Questions qui demeurent sans réponse. L'empereur était un homme de son temps et donc un homme de transition. La correspondance et les textes officiels qu'il a laissés indiquent qu'il avait de sa personne une image assez conforme à celle que se donnaient les rois de l'Ancien Testament ; il se considérait comme un « vase d'élection », un « instrument de Dieu », et il est donc assez normal qu'il ait vu dans tous ses ennemis des forces malignement opposées à la volonté divine, des antéchrists et des persécuteurs de la foi, pour la simple raison qu'ils osaient faire front et défier son autorité.

Constantin avait dressé le plan de son propre mausolée ; on pourrait dire qu'il avait prévu de convoquer autour de sa dépouille le ban et l'arrière-ban du Nouveau Testament. Eusèbe, l'évêque de Césarée, a décrit ce monument funéraire qui comportait douze cénotaphes — un pour chaque apôtre — auxquels venait s'en ajouter un treizième placé à l'intersection de la croix que dessinait le plan du sanctuaire, ce treizième cénotaphe étant destiné à Constantin qui prenait ainsi rang parmi les disciples de Jésus. La légende rapporte que l'empereur fut enseveli dans la blanche tunique qu'il portait au jour de son baptême, cérémonie qui, à l'époque, intervenait assez tard dans la vie des croyants. Baptisé, Constantin est donc bien chrétien, de cœur comme d'esprit.

L'église qui devait contenir la sépulture de l'empereur avait été dédiée au triomphe du Christ, et la croix — symbole de la victoire du christianisme — marquait l'édifice de son sceau. Ainsi, Constantin exprimait l'image qu'il souhaitait léguer de lui-même à la postérité ; ayant parfaitement compris le pouvoir symbolique de l'architecture, il n'aurait pu qu'approuver le geste du sultan Mehmet II qui, une fois Constantinople conquise par l'Islam, fit raser l'ancien mausolée impérial pour ériger sur le même site la mosquée qui abriterait sa dépouille. De la basilique qui contenait le monument funéraire de Constantin, seuls certains extraits des auteurs contemporains qui la décrivent peuvent donner quelque idée, mais elle reste immortalisée dans un admirable dessin exécuté trois siècles après la mort de l'empereur, et qui restitue certains détails de son architecture : des piliers peints de couleurs vives soutenant une rangée d'arcades qui jaillissent de magnifiques chapiteaux dans la plus pure tradition classique. L'ensemble n'est d'ailleurs pas sans rappeler les lignes de l'ancien palais de Dioclétien. Dans le dessin figurent également les portraits des douze apôtres traités dans la manière des peintres romains et qui ont peut-être été copiés sur les originaux qui décoraient la basilique de Constantin.

C'est dans un Evangile grec datant du Moyen Age qu'apparaît cette enluminure ; découpée et cousue à sa reliure, elle provient des illustrations ornant une longue table des matières récapitulant les textes comparatifs des quatre Evangiles, de façon à ce qu'on puisse rapidement retrouver un même épisode dans les différentes versions qu'en offrent les évangélistes. Ce genre d'ouvrage était appelé « tableau synoptique ». Attachée à ce même feuillet, on a trouvé la copie d'une lettre écrite par Eusèbe, évêque de Césarée. Eusèbe est une des grandes figures de la première Eglise, et c'est lui qui eut l'idée de compiler ces tableaux synoptiques. Sans la volumineuse correspondance qu'il a laissée, sans les multiples archives et annales rédigées de sa main, et surtout sans le corpus des dix tomes de sa *Storia ecclesiastica*, l'histoire des premiers siècles de l'Eglise serait réduite à bien peu de chose et le personnage de Constantin n'aurait jamais acquis le prestige qui est le sien. Grâce à l'évêque Eusèbe, l'histoire de la Bible entre dans sa seconde phase car, si les écrits d'Irénée avaient su préserver l'existence des textes sacrés, ceux d'Eusèbe fournissent la première liste exacte et complète de tout le contenu de la Bible chrétienne. Irénée avait inventé le terme de « Nouveau Testament » pour faire pendant aux textes déjà connus sous le nom d'« Ancien Testament », mais c'est Eusèbe qui, dans sa *Storia ecclesiastica*, va faire le relevé détaillé des livres que recouvre le titre donné par Irénée et qui constituent l'ouvrage que nous connaissons aujourd'hui. Dans son argumentation, Eusèbe traite d'autres textes qu'il qualifie de « douteux » et qui seront, pour la plupart, exclus du canon de la Bible au cours du demi-siècle qui suivra sa mort. Cette liste des ouvrages du Nouveau Testament, Eusèbe l'incorpore à sa grande histoire de l'Eglise et il situe chaque livre dans son contexte historique, affirmant que ces écrits ont été rédigés peu avant la fin du premier siècle de notre ère. Même à l'époque d'Eusèbe, c'est-à-dire deux cents ans plus tard, toute information sur une période aussi ancienne était déjà du domaine de la rareté. D'abord, tout comme le ferait un chercheur à notre époque, Eusèbe cite Flavius Josèphe, l'historien juif hellénisant et il a recours aux sources données par les écrits d'Irénée, puis il enchaîne sur la vie de saint Jean qui lui inspire des pages fort pittoresques et, après cette évocation colorée du passé, il propose ses choix et dresse la liste des livres que doit contenir le Nouveau Testament. De nos jours, les historiens s'appuieraient sans doute sur une méthodologie différente pour contextualiser les livres saints, car leur approche scientifique est plus documentée que ne l'était la démarche du vieux prélat, mais la liste qu'il donne correspond parfaitement au contenu de la Bible moderne :

> Il ne semble pas inutile, à ce point, d'opérer un classement des écrits du Nouveau Testament. D'abord, nous donnons, comme il se doit, une place d'honneur aux quatre volumes sacrés des Evangiles, ainsi qu'aux Actes des Apôtres qui en sont la suite logique. En second, viennent les Epîtres de Paul après lesquelles nous plaçons la première Epître de Jean, de même que la première Epître de Pierre. Ensuite de quoi, on pourra ajouter, si on le juge opportun, l'Apocalypse de Jean sur laquelle je me propose de revenir plus loin dans cet ouvrage. Ces écrits figurent sur la liste des textes authentiques. D'autres, pourtant bien connus, font l'objet de contestations : il s'agit des Epîtres de Jacques, de Jude, de la seconde Epître de Pierre et, mêmement, des deuxième et troisième Epîtres de Jean. Pour ces derniers textes, ils proviennent soit de la plume même de l'Evangéliste, soit de celle d'un homonyme. »

Parmi les ouvrages qu'Eusèbe appelle des « contrefaçons » se trouvent les *Actes de Paul*, le *Pasteur d'Hermas*, l'*Apocalypse de Pierre* et l'*Epître de Barnabé*. Puis l'auteur revient au problème de l'Apocalypse de Jean :

« Quant à l'Apocalypse de Jean, il semble bien qu'elle soit à sa place parmi les textes authentiques. Ainsi que je l'ai dit plus haut, si certains la rejettent, d'autres l'admettent de plein droit. Quoique soulevant de multiples questions, elle figure donc dans la présente liste. En outre, il s'est trouvé des gens qui voudraient y inclure l'*Evangile des Hébreux*, texte qui a, pour ceux parmi les Juifs qui ont embrassé le christianisme, une signification toute particulière. Voilà des exemples d'ouvrages qui devraient être classés sous la rubrique « Livres contestés » mais, en ce qui concerne le second, je me suis senti obligé de créer une catégorie à part, car il faut bien marquer une distinction entre les écrits que la tradition de l'Eglise tient pour véridiques, authentiques et donc autorisés, et ceux qui, quoique non canoniques et contestés, font cependant partie de notre patrimoine puisque nos prêtres en connaissent bien le contenu. Il ne faut à aucun prix qu'on puisse confondre ces ouvrages avec d'autres commis par des hérétiques qui se servaient du nom des Apôtres pour signer de prétendus Evangiles en tant que Pierre, Thomas, Matthieu et que sais-je encore... quand ce ne sont pas des Actes attribués soit à André, soit à Jean ou à d'autres disciples ! Il s'agit là d'écrits qui datent du deuxième ou du troisième siècle et, jamais, par le passé, aucun prêtre ne leur a donné la moindre caution, fût-ce par référence. D'ailleurs, leur phraséologie va à l'encontre de l'esprit du message apostolique, et les idées et raisonnements qu'ils contiennent sont totalement en contradiction avec la véritable orthodoxie, ce qui suffit à démontrer qu'on a affaire à des faux rédigés par des esprits hérétiques. En conclusion, je dirais qu'il n'est pas question de faire figurer de tels écrits même sur la liste des « livres contestés ». Ils sont tous à rejeter et à bannir car ce sont là des ouvrages impies. »

On voit que l'évêque de Césarée — tout comme Irénée en son temps — s'acharnait à ancrer le Nouveau Testament dans la plus pure tradition de l'Eglise.

– Dans sa biographie de Constantin, Eusèbe rapporte une des ordonnances les plus extraordinaires édictées par l'empereur. Le sujet est d'importance, car il s'agit d'un ordre signé par Constantin en personne pour que soit mis en fabrication un nombre suffisant d'exemplaires de la Bible en vue de les distribuer à toutes les églises de Constantinople :

> *Il m'a semblé judicieux de faire savoir à votre Très Haute Intelligence* (notons que Constantin s'adresse à Eusèbe) *qu'elle doit donner toutes instructions utiles pour que soient mis en fabrication cinquante volumes sur parchemin dûment traité. Il serait souhaitable que ces ouvrages aient une calligraphie des plus claires et qu'ils soient d'un format commode et maniable. J'entends qu'on donne cette tâche à des scribes professionnels et hautement qualifiés, car il s'agit là d'une commande concernant les Saintes Ecritures dont il est urgent — comme vous n'êtes pas sans le savoir — de fournir des exemplaires aux églises afin que nul n'en ignore le message. De par notre Très Haute Clémence* (ce terme désigne Constantin) *nous avons adressé des instructions écrites à l'intendant de la province, lui prescrivant de mettre à votre disposition tout le matériel nécessaire à la confection desdits ouvrages, et c'est à vous qu'il incombe de veiller à ce que la tâche soit promptement exécutée. Sur présentation de cette lettre, vous aurez toute autorité de disposer à votre convenance de deux chars officiels pour convoyer ces beaux volumes jusqu'à Nous à fin d'examen. Vous voudrez bien confier cette mission à l'un des diacres de votre église qui sera libéralement récompensé de ses peines au jour où il se présentera devant Nous.*

Cette commande de Constantin donne l'exacte mesure du pouvoir impérial, car la quantité de parchemin requise pour la fabrication de cinquante Bibles ne demandait pas moins de quatre mille cinq cents peaux d'animaux. Sans qu'on n'en ait aucune preuve formelle, il est tout à fait probable que le célèbre *Codex sinaiticus* soit l'un des cinquante volumes ainsi commandés par Constantin. Les fragments de ce Codex sont aujourd'hui dispersés ; on en trouve à Leipzig, au monastère de Sainte-Catherine au Sinaï, et surtout à Londres, car le British Museum s'est taillé la part du lion. Le magnifique manuscrit de ce Codex est l'une des plus anciennes Bibles au monde, et, par sa sobriété élégante et sa facture impeccable, il répond aux normes fixées par l'empereur et au standard de qualité des artisans choisis par Eusèbe. En fait, le vénérable prélat était bien le seul homme à pouvoir s'acquitter de semblable mission, car l'évêché de Césarée possédait une bibliothèque dont la réputation n'était plus à faire, et la ville abritait depuis plus d'un siècle le plus important centre d'études bibliques. C'est à Césarée que le grand théologien Origène avait décidé de s'installer en l'an 203 lorsqu'il fut obligé de fuir Alexandrie et les fureurs jalouses de son évêque. Les doctrines théologiques d'Origène allaient, plus tard, être condamnées par les conciles de l'Eglise et ses œuvres détruites, mais il avait mis à profit son séjour à Césarée pour faire une monumentale compilation de toutes les différentes versions de l'Ancien Testament, et ce grand travail lui avait valu prestige et considération. Ce maître livre demeura l'un des trésors de la littérature de l'Eglise jusqu'au VIIe siècle où il fut détruit au cours des invasions arabes. Connu sous le nom d'*Hexaples* — c'est-à-dire six — il offrait sur six colonnes six versions de l'Ancien Testament. Dans la première colonne figurait le texte hébraïque ; dans les cinq autres s'alignaient les versions en langue grecque dont quatre étaient les transcriptions des textes rédigés par les Juifs hellénisés, et la cinquième la propre version d'Origène compilée après de savantes études comparatives de ces transcriptions antérieures. De cette présentation simultanée de toutes les versions disponibles, Origène put tirer des conclusions qui concordent avec les recherches des biblistes qui sont nos contemporains : il n'y a jamais eu pour la Bible un seul et unique texte mais, en revanche, il s'est trouvé dans la tradition divers courants dont chacun a proposé sa version du texte sacré sans pour autant offrir autre chose que des variantes mineures. Origène a également constaté que pour obtenir un texte aussi exact que possible, il fallait, au préalable, faire une sérieuse étude comparative de toutes les versions existantes. Jamais l'énorme tome d'Origène n'a pu être recopié *in extenso*, mais sa transcription en grec de l'Ancien Testament fit autorité et on en a retrouvé de nombreux extraits sous forme de copies dans les fonds d'anciennes bibliothèques de Milan jusqu'au Caire.

Pendant son adolescence, Origène avait ardemment souhaité partager le sort des martyrs, et sa mère avait dû intervenir pour le sauver. En 254, alors qu'il n'était plus tout jeune, ses vœux allaient être exaucés car il fut longuement torturé avant d'être mis à mort à Césarée au cours d'une période de persécutions. Soixante ans plus tard, Pamphile, l'un de ses disciples, fut martyrisé à son tour dans la même ville. A ces tragiques événements, le *Codex sinaiticus* apporte un post-scriptum insolite par le biais d'une des très rares notes figurant sur le texte même du manuscrit, note qui permet d'en retracer les origines, car elle confirme que ce Codex a fait l'objet d'une contre-vérification pour laquelle l'ouvrage de référence était « une Bible extrêmement ancienne » et qui portait l'annotation suivante :

> « Copié sur l'Hexaples et portant les corrections dues à la main d'Origène, ce volume a été compilé par les soins d'Antoine le confesseur et vérifié par moi, Pamphile, alors que j'étais en prison, ce qui montre la faveur toute spéciale que Dieu, dans son immense bonté, a bien voulu

> m'accorder. A quoi j'ajouterai, sans vouloir offenser personne, que le présent travail me semble d'une qualité difficile à égaler. »

Dans un chapitre de son histoire de l'Eglise, l'évêque Eusèbe rapporte que, dans sa jeunesse, il avait été détenu dans la même prison que Pamphile et que ce vénérable érudit avait fait sur lui une impression si forte qu'il avait changé de nom pour se faire appeler « Eusèbe (fils) de Pamphile ». Il y a donc entre Origène et le *Codex sinaiticus* un lien de filiation directe, et rares sont les textes de l'Antiquité qui peuvent se targuer d'une telle ascendance. Ces quelques versions grecques de la Bible, ainsi qu'une centaine environ d'extraits de textes antiques de la même époque auxquels on pourrait adjoindre le célèbre *Codex vaticanus* qui se trouve à Rome (ses origines sont mystérieuses mais il semble remonter à la même période) forment un ensemble qui témoigne du dynamisme intellectuel et de la solide tradition d'érudition de l'Eglise primitive. Cette tradition a irrigué toute la pensée religieuse depuis les années sombres des grandes persécutions jusqu'aux jours de gloire et de faste du règne de Constantin. Le *Codex sinaiticus* a été rédigé par trois scribes qui devaient écrire sous dictée comme on peut en juger par les fautes d'orthographe et les erreurs de transcription qu'ils ont commises. Si leur écriture se ressemble, la présentation de chaque texte trahit chez eux des différences dans leur niveau d'instruction, mais ils ont dû faire leurs classes dans le même scriptorium et sont probablement tous trois originaires d'Egypte ou de Palestine. Leurs erreurs de transcription proviennent soit d'une mauvaise compréhension, soit d'une écoute défectueuse du texte qui leur est lu (l'un des scribes, par exemple, écrit « Césarée » à la place d'un mot qu'il n'a pas pu saisir), mais, de l'ensemble de ces fautes, on est en droit de déduire que ces scribes étaient tous proches de la culture palestinienne ou que le texte à eux dicté portait des traces du parler de

Palestine. De même, la division du Codex en sections dites « sections eusébiennes » rappelle la numérotation adoptée par l'évêque Eusèbe dans ses tables synoptiques et révèle à l'évidence un lien avec l'homme de Césarée, même si l'ouvrage contient trois livres entiers datant du deuxième siècle et déjà rejetés par l'Eglise à l'époque d'Eusèbe. Mais ce qui fait du *Codex sinaiticus* une œuvre hors du commun, c'est la manière dont l'ensemble du texte a été passé et repassé au crible par ses correcteurs. Quasi invisibles à l'œil nu, mais parfaitement repérables grâce aux infrarouges, apparaissent quatorze mille cinq cents corrections, dont certaines sont de la main des trois scribes qui procédaient à des vérifications du texte qu'ils avaient pris sous dictée, alors que d'autres ont été rajoutées beaucoup plus tard par des copistes soucieux de la perfection du manuscrit. La préparation de ce volume témoigne du soin scrupuleux qui entourait la production des Saintes Ecritures avant le temps où l'invention de l'imprimerie allait l'uniformiser de manière à la fois commode et rapide. Aucune des œuvres des grands philosophes grecs n'a bénéficié d'une aussi sourcilleuse attention que ces toutes premières Bibles. Telles ces vieilles pierres arrachées au sous-sol dont le tranchant s'est émoussé, les textes de la Bible, polis et repolis depuis leurs origines, ont peut-être perdu le grain du neuf, mais ils ont préservé, intact, leur vénérable message et gagné le droit d'être considéré comme le Livre saint qui fera autorité pour tout l'Empire chrétien.

Païens et hérétiques

L'un des successeurs de Constantin fit une tentative vite avortée pour détourner l'Empire des chemins du christianisme où il s'était engagé et le replonger dans le monde du paganisme. L'empereur Julien, le cousin de Constantin, eut l'idée de dépêcher à Delphes son ami Orobasius pour solliciter les conseils du célèbre oracle de ce haut lieu sacré de l'Antiquité classique. Il semble qu'Orobasius soit arrivé à Delphes vers l'an 360, époque où le sanctuaire vénéré depuis des temps immémoriaux devait avoir l'aspect désolé d'un cimetière profané et vandalisé. Quarante ans auparavant, Constantin avait fait le même voyage ; arrivé au sommet de la colline sainte, il assista aux cérémonies organisées en son honneur, puis il s'en retourna chargé d'un butin considérable, car il avait fait main basse sur les plus belles pièces de la collection de bronzes qui ornaient le site, et parmi lesquelles se trouvaient la grande colonne tripode qui est aujourd'hui à Istanbul, et les quatre magnifiques chevaux que l'on voit sur la place Saint-Marc à Venise. Et Constantin n'était que le dernier d'une longue cohorte d'empereurs pour qui le pillage était pratique courante.

A l'époque du voyage d'Orobasius, le temple d'Apollon, à Delphes, avait toujours sa pythie. Le rôle était généralement tenu par une vieille femme à qui le dieu prêtait sa voix pour proférer des oracles. C'était là une tradition dont les origines se perdaient dans la nuit des temps. Le rituel était resté le même : une fois faites toutes ses ablutions dans les eaux sacrées de la « kastalia », Orobasius a dû offrir en sacrifice sur l'autel d'Apollon quelque petit animal, agneau ou chevreau, que l'on dépeça pour verser une libation sur la dépouille encore tiède ; si la chair frémissait au contact de l'eau glacée de la kastalia on voyait là un présage de bon augure. Ensuite seulement, le visiteur a pu pénétrer dans le temple pour poser à l'oracle la question formulée par l'empereur. La pythie se tenait dans une grotte située dans les souterrains du sanctuaire. Elle aussi avait fait à la source sacrée des ablutions rituelles et déposé son offrande sur l'autel du dieu, grains d'orge ou cendres de lauriers ; assise sur un trépied sous lequel béait une fissure dans le roc qui formait le soubassement du sanctuaire, elle mâchonnait des feuilles de laurier sacré et effleurait parfois de la main la pierre ovale, ou « omphalos », qui marquait le centre du monde. De l'anfractuosité du rocher, montaient des émanations de gaz volcanique qui, ajoutées à l'effet des doses infimes de cyanure contenues dans les feuilles de laurier, suffisaient à plonger la pythie dans un état d'exaltation proche de la transe. Dans l'antre crépusculaire, résonna soudain la question d'Orobasius : « Quel secours l'empereur peut-il attendre des dieux s'il parvient à redonner souffle et vie à leurs antiques cultes ? » En réponse, la vieille arracha aux brumes de son cerveau quelques balbutiements que les prêtres du sanctuaire avaient l'art de traduire en stances aussi majestueuses que délibérément ambiguës. Ces stances, Orobasius les réciterait devant son souverain comme l'avaient fait, sept siècles avant lui, les messagers du roi Crésus ou des Etrusques. Les Grecs vénéraient le sanctuaire de Delphes depuis plus de mille ans, mais il y avait bien longtemps qu'un empereur n'était venu adresser de requête aux anciens dieux. Pour la dernière fois, l'oracle fit entendre sa voix, pour la dernière fois retentirent les nobles cadences, les harmonieux versets :

> « Va et dis à ton Roi qu'Apollon a quitté ses grandioses demeures, que son temple n'est plus... Morts sont les lauriers et muette est la source d'où jaillissait la parole prophétique... »

Julien, dit l'Apostat, n'avait nul besoin de se tracasser quant au sort des dieux de l'Antiquité. La religion chrétienne tenait en un seul Livre, se résumait à une unique doctrine, et sa foi s'appuyait sur le verbe et sur l'écriture. Chassés des églises par la porte, les dieux païens étaient rentrés par la fenêtre et les pauvres évêques n'y avaient vu que du feu ! Aussi légère, aussi impalpable que la brise de Méditerranée, la présence des anciennes divinités se faisait sentir partout. En 362, Julien, qui s'en allait faire campagne contre les Perses, s'arrêta à Antioche ; il fut surpris et quelque peu irrité de trouver la cité quasiment déserte, car ce haut lieu de la chrétienté était plongé dans le deuil ; on se livrait aux grandes lamentations d'usage dans les pays du Levant pour marquer le jour anniversaire de la mort d'Adonis, le bel amant de Vénus. A Ephèse, on avait bien sûr rasé le temple de Diane, déesse de la ville, dont les pierres avaient servi à construire des bains publics sur l'emplacement d'un ancien bordel, mais on avait pris soin d'enfouir les effigies de Diane bien à l'abri au creux des sables. Lorsque le troisième concile de l'Eglise avait tenu en cette ville des assises solennelles pour proclamer que la Vierge Marie devrait désormais être honorée du titre de « Theotokos » ou Mère de Dieu, Ephèse, vouée depuis des siècles au culte de Diane, la vierge chasseresse, avait tout naturellement élu pour patronne Marie la Vierge, Mère de Dieu. Comme en Egypte, où le très ancien symbole de l'« ankh », source de toute vie que l'on retrouvait toujours sur toutes les statues des dieux, était devenu sans coup férir la croix chrétienne, l'antique image d'Isis allaitant son fils Horus, fut remplacée par celle de la Vierge tenant dans ses bras l'Enfant Jésus. Trois siècles après la mort de Julien l'Apostat, les dieux de l'Antiquité étaient encore vénérés dans le sud de l'Egypte et ne cessèrent de l'être qu'au jour où, sous les regards navrés des prêtres de leurs cultes, les Byzantins arrachèrent des temples les dernières petites idoles de bois pour les emmener à Constantinople et les jeter aux flammes dans le grand Hippodrome.

A Rome, les divins jumeaux Romulus et Remus avaient cédé la place aux saints Pierre et Paul, héros du Nouveau Testament, mais, jusqu'au ve siècle, le pape dut continuer à interdire aux fidèles du premier office du matin qui craignaient d'offenser Sol, dieu du Soleil levant, de gravir à reculons les marches du sanctuaire. Quant au 25 décembre, s'il était officiellement le jour anniversaire de la naissance du Christ, il marquait aussi la fête annuelle de *Sol invictus* en même temps que la commémoration de la naissance de Constantin. Triple réjouissance donc, et, à cette occasion, on coupait en l'honneur du dieu de beaux rameaux bien verts auxquels on accrochait de petits lumignons, et l'on ne manquait pas d'échanger des présents. La tradition voulait que le dieu Sol fût célébré le dernier jour de la semaine qui devint pour les chrétiens la fête religieuse du Dimanche. On voit que l'Apollon de Delphes avait parfaitement réussi sa métamorphose en devenant le *Sol invictus* des Romains, et il n'allait pas tarder à se transformer encore pour être le Christ Lumière et Soleil du monde. Ces mutations, l'iconographie du temps les montre en la personne de trois auriges conduisant ensemble leurs chariots de flammes, trois silhouettes traitées à la manière classique : nez droit, visages nimbés de boucles blondes, têtes serties d'une auréole d'or sur le modèle de la statue aujourd'hui perdue, que Constantin s'était fait ériger dans sa capitale, et dont le rayonnant diadème provenait du métal des clous de la Vraie Croix. Toutes ces constatations tendraient à prouver que si le christianisme n'est pas la cause des grands bouleversements qui ont ébranlé l'Empire, son histoire en offre de multiples reflets.

Julien avait cédé à une illusion juvénile en croyant que la déesse de la Victoire avait abandonné l'Empire qui s'était détourné du culte de ses anciens dieux. Elevé en chrétien, il abjura sa foi dans l'espoir qu'en revenant aux cultes et aux rites de l'Antiquité, il pourrait galvaniser son peuple et, comme Constantin, le réunifier autour d'une nouvelle religion. Mais son règne ne devait durer que quatorze mois et il mourut des suites d'un coup de poignard reçu au cours d'une escarmouche dans une région reculée de l'Empire perse où il faisait campagne.

Julien avait commis erreur sur erreur ; il n'avait pas su voir d'où venait la véritable menace qui pesait sur son

Empire et n'avait rien compris ni à son époque ni au rôle qu'il aurait dû y jouer. Certes, le danger existait, mais il ne fallait pas le chercher du côté des Perses car, pendant le règne de Julien, déjà, les hordes des tribus d'Asie avaient repris leur marche conquérante. Moins de vingt ans après la mort de l'empereur, elles réussissaient à chasser les peuplades goths de l'Europe orientale qui, au nombre d'un million, s'étaient établies en Dacie, l'actuelle Roumanie, avec la bénédiction des autorités impériales de Constantinople. Délogés, ces Goths de Dacie s'ébranlèrent vers le sud, pénétrèrent en Grèce, détruisant Delphes et Athènes, et se mirent à jeter des têtes de pont jusqu'aux régions limitrophes de l'Italie. Ces barbares, qui n'allaient faire qu'une bouchée de l'empire d'Occident étaient justement des fidèles de la religion que Julien avait abjurée avec tant de mépris. Les Goths étaient chrétiens ; ils avaient pris la Bible pour enseigne et, quand ils durent traiter avec le sénat de Rome, ils savaient que leurs interlocuteurs étaient pour la plupart des païens. Si les armées de quelques-unes de ces tribus allaient chasser les prêtres d'Hippone — ville d'Afrique du Nord qui avait pour évêque saint Augustin — c'est qu'elles voyaient en eux des hérétiques. Pourtant, le concile de Nicée avait condamné les croyances de ces Goths et ils étaient eux-mêmes considérés dans tout l'Empire chrétien comme hérétiques.

Les barbares étaient cependant tout à fait en droit de se réclamer du christianisme. Leur titre de chrétiens, ils l'avaient gagné grâce à une conjoncture fortuite dans l'histoire de l'Empire. En effet, au moment où les tribus goths s'étaient établies en Dacie, un certain Ulfila y avait été désigné pour occuper le siège épiscopal. Dans la langue des Goths, Ulfila se prononçait *Wulfila*, mot qui signifie « louveteau », ce qui suffirait à marquer les origines de notre homme. Goth, Ulfila l'était, mais il avait fait ses études à la cour d'un prélat de Constantinople qui, lui-même schismatique, fit de son disciple le propagateur auprès des Goths des hérésies qu'il défendait. La Bible que brandissaient les hordes d'envahisseurs marchant sur la Grèce et sur l'Italie était une traduction des textes sacrés faite par Ulfila dans la langue des Goths. L'ouvrage avait fait son chemin ! Cette Bible des Goths, Alaric, le plus célèbre de leurs seigneurs de la guerre, la garda à son chevet et il l'avait à ses côtés lorsqu'il mourut en Italie. Les Vandales qui avaient écumé l'Espagne, laissant sur leur passage la Gaule comme « un gigantesque bûcher funéraire aux flammes rougeoyantes » pour aller détruire la province impériale d'Afrique du Nord, la connaissaient eux aussi. Lorsqu'il avait décidé d'entreprendre la traduction des Saintes Ecritures, Ulfila se proposait d'en omettre le livre des Rois, déclarant : « Ce texte n'est qu'une chronique relatant des hauts faits de guerre et les tribus goths n'ont déjà que trop tendance à manifester leurs instincts belliqueux. Plutôt que d'encourager leurs penchants naturels aux prouesses militaires, mieux vaut les exhorter à en calmer l'ardeur. » Espoir fragile, vite déçu ! Avec ou sans son livre des Rois, la Bible était la fidèle compagne des Goths et des autres hordes d'envahisseurs, et ils l'emportaient partout avec eux comme à la pointe de leurs javelines... On n'a jamais réussi à trouver le texte complet de la traduction d'Ulfila, mais on a découvert des fragments d'une Bible en version bilingue latin / goth en Egypte, et d'autres en Italie et en Allemagne. Le texte le plus complet qui ait survécu de cette version est celui du *Codex argenteus*, et il ne représente qu'un peu plus de la moitié des Saintes Ecritures.

L'histoire de la traduction de la Bible par Ulfila est du plus grand intérêt, car elle met en jeu des concours de circonstances que l'on verra se reproduire maintes fois. Le premier des soucis de tous les missionnaires sera en effet de faire connaître le contenu des textes sacrés, d'où la nécessité de les traduire en langues locales. Ce faisant, ils vont tous se heurter aux difficultés qu'a connues Ulfila, et seront comme lui obligés d'inventer un style et une écriture acceptables pour des publics de tradition orale. Il va donc falloir décoder le texte et créer des mots nouveaux, extraire le sens et en véhiculer le message pour le rendre accessible à des lecteurs de cultures différentes, et qui, pour la plupart, n'ont jamais eu accès auparavant à une tradition livresque. Le travail d'Ulfila est un modèle du genre : sa traduction respecte l'original dans les moindres détails ; elle est à la fois littérale et minutieusement exacte. A partir de la version de la Bible en langue grecque, il a inventé une écriture qui retranscrivait au plus près la prononciation du parler des Goths.

Au moment où l'on mettait le point final à la merveilleuse copie du *Codex argenteus*, où sur son parchemin teinté de pourpre et abondamment enluminé perlaient les dernières gouttes d'encre d'or et d'argent, le texte original d'Ulfila avait déjà subi maintes transformations et, tout en conservant les traces de ses origines orientales, l'œuvre n'était pas moins marquée par l'influence des versions des textes sacrés qui circulaient dans l'empire d'Occident. Il n'est pas impossible que ce Codex ait été fabriqué à Narbonne, ville qui était alors sous domination goth, ce qui tendrait à montrer combien la Bible suivait de près les grands courants migratoires des peuples barbares.

Que pouvait bien penser la population de ces tribus des querelles qui agitaient les théologiens sur la nature de la Sainte-Trinité ? Sur ce point, notre incertitude reste totale, mais pour les tenants de l'orthodoxie, à Rome comme en Orient, les Goths étaient de dangereux schismatiques. Une fois encore — car le cas est fréquent dans les conflits en matière de religion — les torrents de rhétorique des autorités ecclésiastiques occultent le vrai problème, et la dispute porte moins sur tel ou tel point de doctrine que sur le type de pouvoir auquel se rallie la doctrine en question. Il ne faut pas croire que l'orthodoxie s'appuie sur le seul pouvoir spirituel ; elle fait toujours allégeance aux hommes du pouvoir en place. C'est ainsi que l'observance de la fête de Pâques dont la date variait selon les différentes Eglises n'était pas tant, pour les fidèles, affaire de foi que d'obéissance à l'autorité ecclésiastique qu'ils reconnaissaient. Il en allait de même pour les Goths. Dans sa jeunesse, leur grand chef, Alaric, dont les tribus allaient conquérir l'Italie et la Gaule, rêvait de prendre le commandement des légions et de vivre en Romain, mais son peuple était resté fidèle à la doctrine hérétique léguée par Ulfila et clamait que « le Père précède le Fils ». Cette phrase était devenue le cri de guerre des hordes qui s'élançaient à la rencontre des armées de Rome. Ainsi, c'est bien au travers des multiples variations créées par les différences de niveau social et culturel que l'on saisit le mieux la nature des conflits qui travaillaient le christianisme. Les problèmes de doctrine, la beauté abstraite des grandes théories n'étaient que fétus emportés au gré des tourmentes de ces temps de terreur.

Saint Jérôme et la Bible romaine

En pénétrant en Grèce au cours de leur poussée vers le sud, les tribus des Goths avaient mis à profit une faille dans le système administratif de l'Empire. A l'époque, la province de Grèce était l'objet d'âpres contestations entre l'empereur d'Occident à Rome et l'empereur d'Orient à Constantinople, mais aucun bureaucrate n'avait pensé à la protéger par un système de défense adéquat. Il faut dire qu'à la mort de Julien, le grand Empire de Constantin avait été à nouveau partagé en deux, et l'empereur qui, de Constantinople, régnait sur l'Orient, gardait la suprématie sur l'empereur d'Occident à Rome. Ces monarques fantoches n'avaient d'ailleurs, ni l'un ni l'autre, de réel pouvoir. Ne disait-on pas qu'un des empereurs d'Orient avait donné le nom de Rome à l'animal favori de sa basse-cour ? Le gouvernement était devenu l'affaire des généraux qui se succédaient à la tête des états-majors. Cette seconde scission de l'Empire eut pour résultat de renforcer l'autonomie de l'Eglise d'Occident qui, se trouvant désormais éloignée de Constantinople et de ce creuset du christianisme qu'était devenu l'Orient, se vit forcée de se construire une identité et de trouver en Occident sa spécificité. Une Eglise latine commença donc à s'ébaucher. Les évêques romains alignèrent leur hiérarchie sur celle des patriciens, grands commis de l'Etat, et commencèrent à faire peser sur les congrégations locales le poids de leur autorité. Bien vite, les Eglises d'Orient apprirent à se tourner vers eux, à solliciter leurs lumières et à les prendre pour arbitres en cas de conflits internes. Rome n'était pas encore — loin s'en faut ! — le centre de la foi ; l'évêque de la ville n'avait même pas assisté au concile de Nicée et on n'y trouvait que peu d'hommes d'Eglise éminents. Rome n'était même plus le centre de l'empire d'Occident car, devant la menace des invasions barbares, le gouvernement s'était déplacé vers le nord pour mieux assurer la défense du territoire. La langue qu'on y parlait — le latin — isolait la ville des grands courants de la pensée religieuse. En effet, la Bible avait été traduite en grec et c'est en grec également qu'étaient écrits les ouvrages qui formaient le patrimoine littéraire de l'Eglise. Toutefois, le latin, avec ses origines très anciennes et la richesse des œuvres de ses grands auteurs, restait la langue véhiculaire de tout l'Occident et donc de son Eglise.

Theodorus, Felix, Divante Deo Omnipotente, pœmnio cœlitus... « Moi, Théodore le très heureux, avec l'aide de Dieu Tout-Puissant et celle des fidèles dont je suis le pasteur par la grâce du Très-Haut, j'ai réalisé cette œuvre que j'ai voulu parfaite et l'ai consacrée avec solennité... » Ce sont là les phrases que l'évêque d'Aquilée avait fait inscrire dans la grande mosaïque qui décorait le sol de son église. Il devait avoir la certitude que la plupart des membres de sa congrégation, outre l'émerveillement qui les saisirait devant la splendeur de cette œuvre d'art, seraient capables d'en lire le texte et d'en comprendre le message. Cette même mosaïque a sans nul doute résonné sous les pas d'un jeune homme qui entreprendrait de traduire la Bible du grec en latin, produisant un texte que l'Eglise d'Occident utiliserait pendant plus de mille ans et qui deviendrait la version officielle de l'Eglise catholique romaine approuvée et défendue par la papauté et par tous les conciles jusqu'à ce jour. Ce texte nous est connu sous le nom de *Vulgate*, terme qui signifie « livre communément répandu ». Son auteur, Eusebius Hyeronymous, ou Jérôme, était né un demi-siècle avant le début des invasions barbares, en 342, dans une ville qu'il dit être Stridon, mais qu'Attila et ses Huns détruisirent si totalement qu'on n'est jamais arrivé à la localiser.

Si son lieu de naissance est inconnu, le personnage de Jérôme, lui, est parfaitement mis en lumière grâce à la somme de ses ouvrages : traductions, texte de la Bible et commentaires divers, auxquels s'ajoute l'énorme correspondance où il aborde une foule de sujets et où il lui arrive souvent de se raconter. Jérôme est à la fois un saint et l'un des plus grands parmi les Pères de l'Eglise, même si l'on dit parfois qu'il doit sa canonisation aux services qu'il a rendus à l'Eglise plus qu'à la sainteté de sa vie. Avec son tempérament de feu, son franc-parler, son acharnement au travail et la fidélité sans faille qu'il témoignait à ses amis, Jérôme est un être d'exception, une grande figure de l'histoire ecclésiastique. Si sa traduction de la Bible en latin a pu s'imposer au point d'être souvent considérée comme le fruit d'une inspiration divine, c'est en partie à sa force de caractère qu'on le doit.

Les splendides mosaïques qui pavent la basilique d'Aquilée n'ont pas trop souffert des outrages du temps. Ce qu'elles présentent est formidablement révélateur de l'état de l'Eglise d'Occident qui, du temps de Jérôme, ne faisait guère figure que de parente pauvre en regard de la grande Eglise d'Orient. Les motifs de ces mosaïques illustrent le syncrétisme si caractéristique de l'art sacré de l'époque, avec son mélange d'éléments païens et d'éléments chrétiens. A côté d'une corbeille pleine des pains de l'Eucharistie, on voit une figure ailée, une déesse de la Victoire qui ressemble fort à celle que Constantin faisait graver sur sa monnaie moins de cinquante ans auparavant. Certaines vignettes isolées sont mystérieuses et taquinent l'imagination : ce coq, par exemple, les plumes ébouriffées devant une tortue, ne figurerait-il pas la lutte entre le Christ — représenté par le coq — et les hérésies condamnées par le concile de Nicée ? Et ces langoustes, ces poissons, ces champignons, ne célèbrent-ils pas, de toute la suggestion de leur succulence, un autre culte, celui de la bonne chère qui faisait d'Aquilée un haut lieu de la gastronomie ? Jérôme a pu dire que les citoyens d'Aquilée avaient pour seul dieu leur estomac, que la ville était une marmite avec tout son clergé pour couvercle, mais jamais il ne devait oublier les plaisirs que donne une table abondante et raffinée. Dans les mosaïques d'Aquilée défilent aussi les saisons vues comme des personnages et accompagnées de motifs païens. Il est assez surprenant que ce soit tout près du maître-autel que l'artiste — un chrétien — ait laissé la bride sur le cou au paganisme de son imagination dans des scènes où putti et cupidons batifolent à cœur joie, nageant et pêchant dans les flots bleus de la Méditerranée. Vision d'un paradis qui ne doit rien au christianisme même si elle n'oublie pas d'inclure quelques thèmes bibliques. C'est ainsi que l'un des poissons a pris les dimensions d'un monstre des mers pour figurer la baleine qui avale le prophète Jonas — qu'un autre poisson, dans un autre coin du décor, est déjà en train de recracher puisque dans cet univers artistique le temps sait vraiment suspendre son vol... Quant aux putti, personnages traditionnels des fresques égyptiennes, ne dirait-on pas que, de simples pêcheurs de poissons, les voilà devenus pêcheurs d'hommes ? Dans ce paradis aquatique, Jonas est représenté deux fois : sorti du ventre de la baleine, on le voit se prélasser sous sa verte tonnelle d'où pendent, comme en lampions, des coloquintes.

Plus tard, beaucoup plus tard, alors que Jérôme se colletait, jour après jour, avec le texte de sa traduction de la Bible, ce détail de la mosaïque d'Aquilée a dû lui revenir en mémoire. L'histoire de Jonas était fréquemment illustrée par l'iconographie chrétienne primitive, car elle avait valeur symbolique, et le vieux Prophète englouti dans le ventre de la baleine semblait en quelque sorte préfigurer la mort et la résurrection de Jésus-Christ. Un ami de Jérôme, Augustin, évêque d'Hippone, adressa au traducteur du texte sacré une lettre lui disant que la communauté chrétienne de Tripoli, petite ville de son diocèse, était en grand émoi. A l'office du dimanche, on avait lu la nouvelle version traduite par Jérôme du livre de Jonas qui avait soulevé une tempête de protestations. Soupçonnant quelque falsification du sens, la congrégation avait dépêché quelques-uns de ses membres dans le quartier juif de la ville pour consulter les lecteurs du texte en version hébraïque et procéder à une vérification. A cette époque, Jérôme avait derrière lui plus de vingt années de consultations avec les plus éminents docteurs juifs, et il put donc fournir tous les éléments de réponse : oui, il y avait bien un mot qui faisait problème ; il s'agissait du terme hébreu *qiqqayon*, dont l'équivalent en latin est *cucurbita* (en français : cucurbitacées et, par extension, coloquintes). A ce mot, Jérôme avait préféré celui d'*hedera* (en français : lierre) sans se douter qu'il remettait en question l'un des sujets favoris des artistes de son temps : le paradis et la décoration de ses vertes tonnelles. L'incident montre à quel point les congrégations d'Afrique du Nord étaient passionnées d'études bibliques, et quelle importance elles attachaient au moindre détail du texte sacré. Leur irritation devant ce contresens était partagée par de nombreux artistes qui se plaisaient à dessiner de belles grappes de coloquintes et se sentaient moins inspirés par le simple tracé d'une plante grimpante. Certains se consolèrent en mettant à profit le contresens de Jérôme et entrelacèrent quelques rameaux de lierre aux coloquintes de leurs tonnelles [1].

L'anecdote n'est pas sans enseignement. Un traducteur aussi scrupuleux que l'était Jérôme n'ignorait pas que les substitutions qu'il introduisait dans le texte poseraient problème ; pourtant, il n'a pas pu résister à la tentation de changer l'image conventionnelle de Jonas qu'il avait vue dans la mosaïque d'Aquilée du temps de sa jeunesse ! Dans sa réponse à Augustin, il ne cherche pas à dissimuler que le mot « lierre » s'éloigne de l'original. Il faut dire que Jérôme est un esprit d'une infinie complexité. L'homme est à la fois candide et bourré de contradictions ; par son caractère, il ne semble pas être le mieux qualifié pour achever la grande œuvre qu'il entreprend, mais, en fait, tout l'y prédispose. A commencer par son éducation et par les premières années de sa maturité, véritable période d'apprentissage et de préparation à la tâche qui l'attend. Jérôme a passé son enfance à Aquilée ; ses parents, riches propriétaires terriens, l'envoyèrent à Rome faire ses études dans la meilleure des écoles de l'époque. C'est à Rome qu'il commença à s'enivrer de la lecture des grands auteurs classiques qui inspireront son style et sa manière, et dont l'influence ne cessera jamais de hanter son âme de chrétien. Au crépuscule de sa vie, alors que sa fin était proche, Jérôme fut visité par un songe : il s'y

1. Les traductions modernes du *Livre de Jonas* montrent que la querelle n'est pas encore vidée. Si la Bible de Jérusalem traduit *qiqqayon* par « ricin », la Bible TOB se contente du terme générique de « plante ». J'ai choisi « coloquintes » pour son assonance avec le mot hébraïque et son approximation de sens avec « cucurbita ». (Note du Trad.)

vit traîné devant un tribunal céleste et accusé de la bouche même du Tout-Puissant d'avoir été, pendant toute son existence, non un vrai chrétien, mais un simple disciple du grand rhéteur romain Cicéron. Ainsi, à l'article de la mort, Jérôme était toujours déchiré entre les exigences de sa foi et les ardeurs de sa nature. Comment s'étonner qu'il ait tenté de résoudre les contradictions qui le torturaient en se réfugiant dans la solitude d'une petite communauté du désert de Syrie, en adoptant la vie érémitique avec toutes ses austérités. Il a évoqué cette expérience :

> « Il y a de cela longtemps, bien longtemps, dans ma quête du Royaume des cieux, j'ai tout quitté, ma maison, mes parents, ma sœur et toute ma famille. Le plus dur a été de renoncer aux mets délicats dont on avait, dès l'enfance, flatté mon palais... Je me mis en route pour Jérusalem où je comptai mener le bon combat, mais la pensée de la belle collection de livres que j'avais laissée à Rome, de tous ces volumes rassemblés au prix de tant de soins et de tant de peine ne me laissait pas une minute de paix... Plaignez le pauvre homme que j'étais alors car, oui, je jeûnais, mais je replongeais derechef dans la lecture de Cicéron. Je tirais de mon cœur des larmes amères au souvenir de mes fautes, et puis je reprenais mon Plaute. Et quand enfin j'arrivais à revenir à de meilleurs sentiments et à ouvrir les livres des prophètes, que leur langue me semblait rocailleuse et, pour tout dire, barbare... »

Les moines qui occupaient les petites cellules du monastère où Jérôme avait élu résidence s'acharnaient à mortifier leur chair alors que, pour lui, la pénitence la plus dure était de lutter contre sa fringale de lecture, d'autant plus qu'il était arrivé au désert avec une caravane de bourricots chargés de livres. Lorsqu'il parle des images qui le hantent, d'autres frustrations apparaissent, plus floues, certes, mais tout aussi cruelles :

« Dans ma jeunesse, j'ai fait du désert et de sa solitude ma protection, mon rempart. Mais quelle peine j'avais alors à lutter contre les tentations du péché et à combattre l'ardeur du tempérament qui m'enfiévrait ! Pour en venir à bout, j'ai eu souvent recours au jeûne sans arriver à calmer l'incessant bouillonnement de mon imagination. Pour trouver un peu de répit, je fis appel à l'un de nos frères, un Juif converti, et lui demandai de m'enseigner sa langue. Et c'est ainsi qu'après avoir goûté aux subtilités de Quintilien, à la grande rhétorique de Cicéron, à la majestueuse dignité de Fronton et à la suavité de Pline, je me remis à l'étude pour apprendre l'alphabet des Hébreux et m'exercer à comprendre les mots de leur langue si gutturale, si rocailleuse. Qui dira les difficultés qui furent les miennes ? La tâche était ardue et je me suis souvent senti prêt à abandonner la partie. Ce qui m'a sauvé, c'est la fureur que j'avais de dominer le sujet, fureur qui me renvoyait toujours à mes livres...

« Un sac de grosse bure couvrait mes membres décharnés. Faute de faire mes ablutions, ma peau était devenue écailleuse et aussi noire que celle d'un Ethiopien. Larmes et gémissements faisaient mon pain quotidien, et quand le sommeil finissait par avoir raison de mes forces, je tombais tout endolori sur le sol nu sans que ma pauvre carcasse y puisse trouver de repos. De mon maigre ordinaire, mieux vaut ne pas parler, car les ermites se contentent d'eau fraîche même lorsqu'ils sont malades, et tout mets sorti d'une cuisine est pour eux luxe et occasion de péché. La crainte de l'enfer m'avait poussé à aller m'enfermer dans cette geôle où je n'avais pour compagnons que des scorpions et des bêtes sauvages. Pourtant, que de fois il m'est arrivé de me voir entouré de jeunes femmes qui m'entraînaient dans leurs rondes folles... »

Oui, Jérôme aimait les femmes et même si, plus tard, il devait conseiller aux belles Romaines d'adopter l'austère mode de vie des ermites d'Orient, il les a observées avec une sorte de fascination. Et ce trait n'a pas manqué de surprendre ses contemporains, et de faire hausser le sourcil à certains hommes d'Eglise il n'y a pas si longtemps, car il est difficile de réconcilier pareille obsession avec une réputation de sainteté. « Les veuves, notait Jérôme, ont coutume de se farder le visage au rouge et au blanc de céruse ; elles paradent en tuniques de soie et ploient sous leurs étincelantes parures de joyaux ; elles ont le cou serti de colliers d'or et se font percer les oreilles pour y accrocher les perles les plus précieuses de la mer Rouge ; elles laissent dans leur sillage un entêtant parfum de musc... » La vérité, c'est que Jérôme était un jouisseur et que son cœur s'affolait pareillement devant la cadence d'une belle phrase latine et devant le galbe d'un genou. Il ne s'est jamais laissé intimider par l'opinion du vulgaire, même lorsqu'on a réussi à le chasser de Rome dans des circonstances assez déshonorantes : l'une de ses nombreuses admiratrices — toutes bonnes matrones romaines de haut rang et de grande vertu, vouées au service de Dieu sur les conseils de leur saint homme — était morte à la suite des macérations qu'elle s'était imposées. Le scandale avait fait d'autant plus de bruit que cet incident n'était pas le premier à éclabousser la réputation de Jérôme. Ses années de jeunesse avaient été marquées d'épisodes assez troubles dont la rumeur s'était déjà emparée. A peine sorti de l'adolescence, une fois terminées ses études à Rome, Jérôme était rentré à Aquilée le cœur plein de projets : il voulait fonder une petite communauté chrétienne qui, sous sa houlette, atteindrait à une vie irréprochable par les voies de l'austérité. Espoirs réduits à néant par un scandale atteignant sa vie privée. Jérôme mentionne le fait lui-même sans l'éclairer autrement, et on pourrait penser que son départ vers la solitude d'une vie érémitique au fond du désert de Syrie est un acte de pénitence à la mesure de ses remords pour cette faute. La personnalité de Jérôme ne se prête que trop facilement à des explications psychologiques dont les critères sont ceux de notre époque, d'autant que les allusions contenues dans sa correspondance semblent aller dans le même sens. Tout tendrait à faire penser que si notre homme s'est retiré du monde, s'il était brûlé d'une telle fièvre de dévotion, c'est que pesait sur lui le fardeau du remords et de la culpabilité. C'est oublier que, même si Jérôme se raconte avec une franchise déconcertante, il appartient à une époque dont le mentir-vrai était différent du nôtre, et c'est lui faire injure que de le juger avec des arguments aussi sommaires. La source du génie de Jérôme, le feu qui embrase ce tâcheron de la Bible, comment les expliquer, sauf à trouver le lien subtil qui existe entre la tumultueuse passion de ses commentaires littéraires et la franche gaillardise des métaphores qui éclate dans sa correspondance ?

A quarante ans, Jérôme avait déjà ce qu'on est convenu d'appeler un passé : deux épisodes scandaleux ouvertement connus, de longues années vécues dans le désert de Syrie, et de multiples voyages dans tout l'Orient chrétien. Il avait assisté au grand concile de l'Eglise à Constantinople et débattu avec les plus célèbres érudits de son temps, de Didyme l'Aveugle — grand savant bibliste d'Alexandrie — aux éminents théologiens grecs des villes d'Antioche et de Constantinople. Il avait rempli les fonctions de secrétaire auprès du pape Damase qui lui confia la tâche de traduire la Bible en latin. Il parlait couramment le latin, le grec et l'hébreu — trilinguisme qui, à l'époque tenait du prodige — et comprenait le syriaque, langue dérivée de l'araméen qui était le parler de Jésus-Christ. En 384, à la mort de Damase et à la suite du second scandale qu'il avait provoqué, on l'embarqua à Ostie sur un navire en partance pour l'Orient. Dernier voyage sans espoir pour lui de revoir jamais Aquilée ou le domaine familial car, six ans auparavant, Attila et ses Huns avaient mis la ville à sac et dévasté la propriété où il avait passé son enfance.

Un monde disparaît

« Redevenue chrétienne, Bethléem est le lieu le plus sacré au monde... Quand on pense qu'autrefois s'allongeaient sur le bourg les ombres du bosquet de Tammuz, nom local d'Adonis, et que, dans la grotte où l'Enfant Jésus avait fait entendre ses premiers vagissements, retentissaient les lamentations funèbres en l'honneur de l'amant de Vénus ! »

C'est en ces termes que Jérôme présente à ses lecteurs la petite ville où il passa quarante années. A son arrivée, en 384, le fameux bosquet du dieu païen avait disparu depuis longtemps sous la hâche des bûcherons et les clameurs d'indignation des chrétiens de l'endroit. En plein centre de la bourgade, se dressait flambant neuve la belle église de la Nativité construite par Constantin et consacrée un demi-siècle auparavant par la mère de l'empereur, l'impératrice Hélène. Le sanctuaire accueillait les flots de pèlerins qui faisaient la tournée des Lieux saints pour admirer la splendeur des nouvelles églises et se recueillir sur des sites sanctifiés par leur religion. De nos jours, parmi tous les lieux que l'on visite en Terre sainte, c'est Bethléem qui exige de la part d'un croyant le plus grand acte de foi, mais, pour Jérôme et pour les moines de la petite congrégation qu'il entendait fonder, il n'y avait pas de place pour le doute : c'était là l'endroit où Dieu avait choisi de s'incarner, raison suffisante pour que notre homme décide de s'y établir afin de parachever la grande traduction des textes sacrés qu'il avait entreprise.

C'est à Rome que Jérôme s'était mis à l'œuvre. Très lucidement il avait compris qu'avec un tel projet les orages ne manqueraient pas de s'amasser sur sa tête. Prévoyant toutes les critiques et controverses qui allaient surgir, il s'était un peu mis à l'abri en adressant au pape Damase une lettre où il disait :

Vous m'avez donné l'ordre de faire une nouvelle version d'un ouvrage hautement vénérable, ce qui revient à me mettre dans une position très délicate, car je vais être forcé de m'ériger en juge de toutes les versions antérieures des Saintes Ecritures aujourd'hui dispersées de par le monde. Comme elles offrent toutes des variantes, la responsabilité de déterminer laquelle est la plus fidèle à l'original en grec me sera imputée. Pour mener à bien un tel travail, il faut y mettre tout son cœur et toute sa foi, mais aussi tout son courage, car il peut paraître téméraire, voire présomptueux, de l'entreprendre, et je m'attends à être l'objet de maintes critiques. En effet, il y a une singulière audace à vouloir égaler une langue aussi ancienne que la tête chenue des antiques patriarches, à arracher des mots aux sources mêmes du monde pour essayer de les restituer dans toute la verdeur de leur prime jeunesse. Y a-t-il un seul homme dans tout l'univers — érudit ou ignorant, qu'importe ! — qui, ayant mon livre entre les mains, ne soit tenté de laisser éclater sa colère et de me traiter de profanateur ou de falsificateur si ce qu'il y trouve ne correspond pas à ce qu'il s'estimait en droit d'y trouver ? De quelles invectives ne couvrira-t-il pas alors le traducteur assez arrogant pour avoir corrigé, changé ou ajouté quoi que ce soit à un ouvrage aussi digne de respect ?

Notons que ces dernières phrases ne manquent pas de piquant car elles décrivent assez bien ce qu'auraient pu être les réactions de Jérôme devant toute traduction de la Bible faite par un autre que lui.

Jérôme et ses moines n'étaient pas à Bethléem depuis un an qu'une de ses admiratrices romaines, la très pieuse Paula, vint l'y rejoindre avec sa fille, la non moins pieuse Eustachium. Jusqu'à leur dernier jour, les deux femmes allaient collaborer à la grande œuvre de leur maître, et, pour l'aider dans ses traductions, Paula se mit même à l'étude de la langue hébraïque. Jérôme avait en elles deux secrétaires, ce qui n'était pas de trop car il échangeait avec toutes sortes de correspondants, en Afrique du Nord aussi bien qu'en Gaule, à Rome et en Asie Mineure, un volumineux courrier. Paula fonda en Palestine trois monastères qui furent, avec la petite communauté rassemblée autour de Jérôme, les premières congrégations religieuses à s'installer en Terre sainte. Beaucoup d'autres allaient suivre leur exemple comme en témoignent les grandes bâtisses silencieuses derrière leurs hautes murailles qui donnent à des villes comme Bethléem et Jérusalem une atmosphère si particulière.

Dans sa studieuse retraite de Bethléem, Jérôme s'attacha d'abord à terminer la traduction du Nouveau Testament du grec en latin qu'il avait commencée à Rome. Puis il se lança dans celle de l'Ancien Testament ; d'abord le livre de Job — pour lequel il travailla à partir de la version des Septante —, et ensuite une seconde version des Psaumes qu'il avait déjà traduits à Rome, toujours à la demande de Damase. Si l'on en croit la tradition, c'est ce premier jet qui figure dans le *Missel romain* que l'on utilise encore de nos jours aux offices de la basilique Saint-Pierre. Pour cette réécriture, Jérôme ne se contenta pas de revenir à la version grecque ; il en vérifia le texte en le confrontant à l'original en langue hébraïque et, encouragé par ce premier essai, bientôt il ne traduisit plus qu'à partir de l'hébreu. Cette nouvelle méthode de travail qu'il adopta en 391 le conduisit à produire la superbe version finale de l'Ancien Testament que nous connaissons et qui, avec le Nouveau Testament traduit antérieurement, forment l'ensemble de la *Vulgate*. A peine Jérôme avait-il mis la dernière main à chaque livre de la Bible que son travail était transmis à des copistes qui le reproduisaient en manuscrits. De tous leurs ateliers dispersés dans les congrégations de l'Europe occidentale, ces manuscrits étaient expédiés aux amis de Jérôme qui les adressaient à leur tour à leurs lointaines églises. En retour, tous ces destinataires envoyaient à Jérôme les commentaires critiques et savants que leur avait inspirés cette première lecture.

C'était donc l'une de ces nouvelles traductions, celle du livre de Jonas, qui avait soulevé l'indignation dans la congrégation de Tripoli en 403. Relatant l'incident dans une lettre à Jérôme, Augustin avait, à l'époque, exprimé quelques doutes sur le bien fondé d'une nouvelle version des anciens textes. Il avouait ne pas être le meilleur des juges, confessant que sa connaissance du grec était sommaire et qu'il n'entendait rien à l'hébreu, mais il estimait que, malgré les erreurs que contenaient sans nul doute les traductions antérieures, elles n'en avaient pas moins rempli leur office et que les fidèles y étaient attachés. Moins subtils qu'Augustin, d'autres érudits remettaient carrément en cause le droit que s'arrogeait Jérôme de toucher aux textes de la Bible et d'en modifier le lexique, surtout lorsqu'il s'agissait des paroles sortant de la bouche même de Jésus, que Jérôme avait adaptées en prenant quelques libertés. A ces polémiques, le grand homme répondit dans sa meilleure veine :

> « Je ne suis ni si borné, ni d'une ignorance assez crasse pour penser qu'on ait besoin de reformuler des mots que Dieu lui-même a prononcés, et je sais pertinemment que ces paroles sont d'origine divine, mais les versions en latin des vieux manuscrits des Saintes Ecritures sont criblées de toutes sortes d'erreurs. A preuve, les nombreuses variantes qu'ils offrent ! Ce que j'ai voulu faire, c'est de leur rendre l'exactitude qu'avait le texte original en grec. Car c'est bien au grec qu'il fallait revenir, et voilà un point sur lequel tous mes détracteurs sont bien forcés de tomber d'accord. S'ils n'ont pas de goût pour la pureté d'une eau de source, alors qu'ils se contentent des liquides boueux que roulent les ruisseaux. Et en ce qui concerne leur lecture des Saintes Ecritures, qu'ils veuillent bien en

scruter le texte avec la même acuité qu'ils mettent à repérer les taillis où le gibier abonde et les rivages riches en crustacés pour les plaisirs de leurs tables... »

Jérôme connaissait fort bien la force de la tradition et l'attachement qu'ont les lecteurs pour des œuvres devenues familières, mais, en dépit de tous les avertissements de ses rêves, il ne pouvait s'empêcher de revenir à ses chers auteurs classiques ; la cadence de leur prose se communiquerait à la sienne jusqu'au jour où la mort ferait tomber la plume de ses doigts. C'est ainsi qu'il note :

« Pour éviter de trop grandes distorsions avec les textes bibliques en latin qui sont les plus connus, j'ai souvent refusé de suivre mon inspiration, me contentant de corriger les passages où j'ai trouvé de véritables contresens [...] pour les autres, je les ai laissés en l'état... »

Persuadé que l'ensemble du Nouveau Testament avait été, à l'origine, rédigé en grec, Jérôme se refusait à passer des heures à corriger des versions des Evangiles en latin de date plus récente. D'autant qu'il était facile de consulter les textes en grec. Il s'exclamait :

« Existe-t-il une seule bonne raison pour ne pas se reporter à la première version en grec, alors qu'il y a là l'occasion de rectifier les erreurs faites par des traducteurs incompétents, les modifications aberrantes apportées par des commentateurs aussi ignorants qu'arrogants, sans compter les innombrables bourdes commises par des copistes à demi assoupis à leurs pupitres ! »

On voit que le monumental *Hexaples* d'Origène — disponible, pour ne pas dire à portée de main, à la bibliothèque de Césarée — a dû être pour Jérôme un indispensable ouvrage de référence.

La tâche à laquelle Jérôme s'était attelé exigeait surtout,

de sa part, beaucoup de discernement, car le succès de son travail dépendait d'un équilibre difficile à trouver entre l'érudition pure et la simple honnêteté intellectuelle. Fort heureusement, Jérôme n'était dépourvu ni de l'une ni de l'autre. Et il l'avait prouvé d'entrée de jeu, dès les premières pages rédigées alors qu'il était encore à Rome, en déclarant que les textes sacrés ne se prêtaient pas à une simple traduction littérale visant à reproduire servilement l'original, et que la seule façon de procéder était d'aller au fond du sens et d'essayer de le restituer au plus près.

Quand il recevait des critiques, Jérôme répondait en termes mesurés comme en témoignent ses lettres et ses ouvrages de commentaires. Toutefois, devant l'obstination de certains de ses détracteurs, il lui arrivait d'éclater en invectives et de tremper sa plume dans le vitriol, traitant ceux qui ne se rangeaient pas à ses raisons de « petits ânes aux petits sabots pointus ». D'un savant esprit qui lui avait écrit du fond de l'Ecosse, il ira jusqu'à dire : « Cet homme a une louchée de porridge en guise de cervelle ! » montrant par là sa totale répugnance pour la bouillie d'avoine qu'on avait dû lui servir lors d'un de ses voyages en Europe du Nord et dont il garda longtemps un souvenir horrifié... Année après année, Jérôme resta attelé à son travail de traducteur, mais il réservait quelques heures chaque jour à la rédaction de commentaires sur tel ou tel point des Saintes Ecritures, commentaires qu'il émaillait de réflexions sur les événements de sa vie et de sa carrière, et où il trouvait même le moyen de faire allusion à ces moments où l'écrivain, ayant déserté sa table, se sent coupable de paresse, ou encore aux misérables alibis qu'il se trouve lorsqu'il est pris de vertige devant la page blanche :

> « Une heure de lecture et l'on se surprend à bâiller ; l'ennui vous taraude et l'on se met à frotter des yeux que le sommeil pourrait bien fermer... Ou alors, on se sent saisi d'une frénésie d'activité comme si, la tâche étant

> accomplie, il était désormais temps de passer à autre chose... Parfois, c'est un repas trop copieux qui vient alourdir les facultés mentales ou, du moins, le peu qui vous en reste. Ou encore, on se laisse distraire en plein travail, on sort chaque jour pour aller voir des amis, on reste chez soi des heures sans rien faire, à attendre des visites. Rien que d'y penser, la honte me saisit ! »

Le style des lettres et des commentaires de Jérôme est caractéristique de la fin de l'âge classique et sa phraséologie ne va pas toujours dans le sens du goût de notre époque. Ce sont pourtant ces ouvrages-là qui donnent de leur auteur le portrait le plus achevé, le plus attachant, car ils nous permettent d'entrevoir ce que pouvait être le courant de conscience chez un chrétien de l'Eglise primitive.

En 410, six ans avant que Jérôme ne mette le point final à sa traduction définitive de l'Ancien Testament, Alaric entra enfin à Rome à la tête de ses Goths. La ville fut mise à sac. Par deux fois déjà, Alaric avait tenté de s'emparer de la capitale en l'assiégeant. On raconte même qu'au cours du premier siège, le pape Damase avait — dans le plus grand secret — accepté d'offrir des sacrifices aux dieux païens dont l'intervention avait, disait-on, permis de sauver d'autres villes. Pour consentir à lever le siège, Alaric s'entêtait à réclamer qu'on lui livrât tous les trésors de Rome : or, argent, œuvres d'art. Il était las de ces combats qui n'en finissaient pas et amer au sortir d'interminables négociations où ses interlocuteurs étaient des quarterons de généraux, sans compter les légats de l'Empire. Devant ses exigences, le sénat de Rome s'était récrié : « Mais que nous restera-t-il ? » « Votre peau ! » avait sobrement répondu Alaric. Finalement, il avait dû en rabattre et se contenter d'un butin moindre, mais il revint avec toutes ses tribus mettre le siège devant la ville et, cette fois, les autorités de Rome durent doubler la mise : 3 000 livres d'épices, 5 000 livres d'or, 400 tuniques de soie qui formaient les dernières ressources de la capitale désormais saignée à blanc. En 410, la guerre se ralluma ; fous de rage, les Goths reprirent leur marche sur Rome, décidés à ne pas faire de quartier. Le siège fut long et les Romains connurent la famine. Après la reddition, la capitale devait être mise à sac dans un horrible pillage qui dura trois longs jours avant d'être incendiée. Les Goths allèrent jusqu'à emmener en otage la propre sœur de l'empereur, Galla Placidia.

Jérôme avait autrefois quitté Rome en pleine disgrâce, dans des conditions déshonorantes, mais, pour lui, comme pour tous les sujets de l'Empire, la vieille capitale représentait le centre du monde. Plus tard, il écrivit : « Les nouvelles de Rome me plongèrent dans une sorte d'hébétude. Pendant toute une journée et toute une nuit, je ne pus penser qu'au malheureux sort des habitants de la ville. » De son lointain évêché d'Afrique du Nord, Augustin vit dans le sac de Rome — pareil événement ne s'était produit depuis plus de 1 000 ans ! — l'annonce de futurs désastres, et c'est alors qu'il conçut l'idée centrale de ce qui allait être son opus magnus : *La Cité de Dieu.* Selon lui, la destruction de la capitale montrait la fragilité de toute entreprise humaine, même lorsqu'elle était l'œuvre des puissants au pouvoir, d'où la nécessité de ne rien créer qui ne fût exactement à l'image du royaume éternel des Cieux. Dans l'introduction de son commentaire sur le *Livre d'Ezéchiel*, Jérôme se lamente sur la tragédie qui a ébranlé les fondements du monde de l'Antiquité : « Lorsque j'appris que la lumière de l'univers venait de s'éteindre, que l'Empire romain était en quelque sorte décapité, je me suis dit que le monde entier avait été englouti dans cette disparition. Je restai sans voix et fus saisi d'une telle humilité que je ne pouvais offrir de consolation à personne. »

Ainsi, Jérôme, Augustin et bon nombre de leurs contemporains étaient bien conscients de l'ampleur de la catastrophe. En effet, leur monde venait de s'écrouler, un monde où un traducteur né en Italie pouvait, de sa résidence de Bethléem, débattre en de longues missives avec des évêques d'Afrique du Nord et d'Espagne, où une communauté de langue, d'éducation et d'idées trouvait son expression dans l'internationalisme de la culture latine, où les événements heureux ou tragiques faisaient retentir partout les mêmes échos. Devant ce grand cataclysme, le Dieu des chrétiens restait le dernier recours. C'est pourquoi la Vulgate de Jérôme et les innombrables écrits d'Augustin allaient avoir un tel retentissement dans toute l'Eglise d'Occident et devenir le trait d'union entre l'Antiquité classique et le christianisme des siècles à venir.

Jérôme mourut dix ans environ après le sac de Rome, et Augustin lui survécut dix ans encore. Les Vandales étaient venus assiéger Hippone, et le dernier souci d'Augustin fut de rédiger un mémoire dans lequel il recherchait lucidement à trouver une solution au problème majeur du moment : alors que les Vandales torturaient et massacraient le clergé et ses auxiliaires qu'ils accusaient d'hérésie, fallait-il conseiller aux prêtres d'Hippone de rester auprès de leurs fidèles ou de fuir vers un endroit plus sûr ?

Paula, qui avait été l'amie fidèle de Jérôme, mourut avant lui, et il fit enterrer sa dépouille dans un caveau creusé à même le roc qui jouxtait la grotte de la Nativité. Atteint de cécité, le vieillard devait désormais dicter ses écrits à la fille de Paula, Eustachium, qui fut son scribe jusqu'au jour où elle mourut à son tour. On l'ensevelit aux côtés de sa mère. Jours de deuil encore assombris par les missives qui arrivaient à Jérôme, car elles ne manquaient pas de mentionner la formidable avancée des tribus barbares qui, ayant balayé l'Italie, la Gaule et l'Espagne, attaquaient maintenant la province impériale d'Afrique du Nord. Dans l'esprit du vieil homme, toutes ces guerres d'aujourd'hui réveillaient les échos des grands épisodes de combat dans les pages des textes bibliques. Il lui arrive dans ses lettres de déplorer la destruction de l'empire d'Occident avec la voix même des antiques prophètes dont les textes lui étaient si familiers. Un jour, lui parvint une étrange requête : un couple lui demandait de bien vouloir écrire à leur enfant nouveau-né, une petite fille. Il prit la plume pour conseiller aux parents de tenir l'enfant à l'écart des plaisirs factices d'un monde dont la fin était imminente :

> *La petite Patacula qui babille si doucement dans les bras de sa mère et préfère encore la douceur du miel aux mots les plus tendres, devra bien vite apprendre à lire et se plonger dans l'étude, car elle va s'éveiller à un monde qui risque de lui sembler immuable. Du passé, elle ne saura rien, et le présent ayant tout pour lui faire peur, tous ses désirs se porteront vers l'avenir... Voilà, cher frère Gaudentius* [le père de Patacula], *les mots que m'inspire l'affection que je vous porte. Ils vous paraîtront sans doute bien sévères mais, à mon âge, il m'est difficile de parler à une enfant. Pourtant, j'ai voulu répondre à votre demande, car mieux vaut recevoir une réponse décevante que de n'en point recevoir du tout, et je ne voulais pas que vous puissiez mettre en doute la sincérité de mon amitié. Mais, en ce moment j'ai le cœur si triste que je n'ai plus de goût à rien...*

A l'époque où il rédigeait cette lettre, Jérôme s'était réfugié pour travailler dans la fraîcheur d'une grotte qui s'ouvrait tout près de la Sainte Crèche, à l'intérieur même de la grande basilique de Constantin, et c'est dans cette grotte qu'il fut enseveli à sa mort en 420. Il avait alors soixante-treize ans. Sa dépouille reposait aux côtés de celles des deux saintes femmes qui avaient quitté Rome pour le suivre.

Neuf siècles plus tard, alors que les armées des croisés fuyaient la Palestine après la chute de l'Empire chrétien de Jérusalem, les ossements de saint Jérôme, de sainte Paula et de sainte Eustachium furent ramenés à Rome en même temps que les cinq planches de bois qui formaient la Crèche et qui, avec leurs cercles d'argent, étaient exactement conformes à la description que Jérôme en avait donnée. Rome accueillit avec respect et dévotion les restes d'un homme qu'elle avait jadis chassé, insulté et frappé de déshonneur, et qui revenait comme un saint dont l'intercession pouvait exaucer les prières et produire des miracles. Aujourd'hui, les reliques de Jérôme et le bois de la Sainte Crèche reposent parmi les splendeurs de l'antique basilique de Sainte-Marie-Majeure. L'âme de Jérôme doit en être toute réjouie, car ce sanctuaire dressait déjà sa haute silhouette au-dessus des vignobles dans ce qui était alors une banlieue résidentielle cossue, au temps où il assurait le secrétariat du pape Damase. A cette époque, l'Eglise de Rome traversait une passe difficile : Damase avait vu son élection au trône pontifical contestée par un rival, et la querelle était descendue dans la rue, dégénérant en batailles rangées. Parce qu'on leur avait interdit d'entrer dans Sainte-Marie-Majeure, les partisans de Damase en avaient escaladé les toits, lançant les tuiles à toute volée sur leurs adversaires. Une centaine de morts étaient restés sur le pavé et le rival de Damase avait pris la fuite...

Du temps où Jérôme était son secrétaire particulier, Damase avait mis tout en œuvre pour gagner au christianisme les grandes familles patriciennes toujours attachées aux dieux du paganisme. Tâche malaisée ! Jérôme lui-même n'avait-il pas été victime des soupçons que nourrissaient les patriciens à l'égard de la religion chrétienne lorsqu'il dut fuir la capitale en 384 ? Tout comme Jérôme et Augustin dans leur jeunesse, ces nobles Romains jugeaient la Bible de très haut ; ils en trouvaient la phraséologie barbare et n'avaient que mépris narquois pour un ouvrage qui venait d'Orient, manquait d'élégance et choquait le bon goût. Il est vrai qu'avant que Jérôme n'entreprenne sa monumentale traduction, les versions de la Bible en latin qui circulaient étaient aussi fragmentaires que disparates. Avec la Vulgate, les textes sacrés avaient enfin trouvé une expression formelle propre à satisfaire les esprits les plus fins, les âmes les plus délicates. Au moment où l'Eglise de Rome proclamait bien haut sa suprématie sur toutes les autres Eglises, elle avait besoin d'un ouvrage qui fût en tout point digne de son ardeur militante. Cet ouvrage, Jérôme venait de le lui donner. L'Eglise de Rome pouvait, avec ce livre, se targuer de posséder la « perle de grand prix » dont parlent les Evangiles.

CHAPITRE VI

Des ténèbres à l'éblouissement de la lumière

Au plus noir de la nuit

A mesure que déclinait l'empire d'Occident, ses villes se vidaient et s'endormaient, veillées par les grandes silhouettes fantomatiques de leurs marbres. L'Etat se morcelait en une myriade de petites nations dont les populations vivotaient de maigres récoltes, ou s'engageaient parmi les bandes de mercenaires au gré des guerres. Les grandes routes du commerce international étaient désertes. La pauvreté et l'ignorance régnaient partout. Par une cruelle ironie du sort, le christianisme triomphait au moment même où l'Empire était en train de s'effondrer ! Déjà, du temps de Jérôme, les empereurs d'Occident avaient depuis longtemps déserté Rome pour d'autres capitales ; d'abord installés à Milan — ville où Augustin était venu de sa province d'Afrique du Nord faire ses études et exercer son premier magistère —, ils se replièrent ensuite sur Ravenne. Plantée dans une région de marécages, au milieu de la lagune qui forme l'embouchure du Pô, cette petite ville difficile d'accès et de climat insalubre ne pouvait tenter que les envahisseurs les plus résolus.

Moins vulnérable donc que Rome ou Milan parce que plus éloignée des nœuds stratégiques de l'Europe, Ravenne fut hissée au rang de capitale impériale et se couvrit de monuments qui ont pour la plupart défié le temps.

Ses grands palais d'honneur, qui virent partir quelques bataillons de mercenaires assez hardis pour vouloir repousser les assauts de la soldatesque barbare, ont tous disparu, et leurs ruines sont restées enfouies dans le sous-sol spongieux sur une surface qui doit faire la moitié de l'actuelle zone urbaine. Ne subsistent que les grandes basiliques impériales qui font partie des trésors d'architecture du patrimoine européen et sont les derniers monuments que l'empire d'Occident ait légués au monde. Elles suffiraient à témoigner de la vigueur et de l'ambition d'un art spécifiquement chrétien qui n'a pu, hélas, connaître son apogée, puisque la désintégration de l'Empire l'a privé de mécénat comme de subventions officielles. Lorsqu'on visite ces nobles églises, on constate à quel point le christianisme, appuyé sur son grand livre sacré, la Bible, a su transformer la rigidité formelle qui caractérise la Rome païenne. Dès qu'on pénètre sous les voûtes et que le regard embrasse leurs grandes surfaces ornées de mosaïques, le jeu subtil du dessin et de la couleur indique l'ampleur de cette véritable révolution artistique qui a créé un univers d'une exotique et troublante splendeur.

Selon une légende qui ne doit pas être sans fondement, le petit bâtiment cruciforme connu sous le nom de mausolée de Galla Placidia aurait abrité, outre la dépouille de la grande impératrice, celles de son frère et de son fils qui furent les deux derniers empereurs d'Occident. Les archéologues affirment que ce monument funéraire a du être érigé à l'une des extrémités d'une vaste cour servant de parvis à une grande basilique et constituerait donc une sorte de pièce rapportée dans un ensemble architectural d'amples proportions. Ce terme de « pièce rapportée » ne peut en aucune façon s'appliquer à la personne de l'auguste Galla Placidia qui, pendant un quart de siècle, s'appliqua à gouverner un Empire en pleine décadence. Lorsqu'elle accéda au trône, Galla Placidia était une femme d'âge mûr et elle sut montrer une belle fermeté de caractère. En fait, le récit de sa vie est un véritable condensé de la période historique où elle vécut. Fille de l'empereur d'Orient Théodose le Grand, elle avait été élevée à Split dans le grand palais où Dioclétien reposait dans le sarcophage de son mausolée, mais c'est dans un autre palais, à Constantinople, qu'elle fit ses études. Elle était alors d'une grande beauté. Après le sac de Rome, Alaric la réclama pour sa part de butin et la donna à l'un de ses fils qui l'épousa à Narbonne, capitale des Goths en France. A cette cérémonie d'une splendeur à la fois chrétienne et barbare, la jeune mariée, drapée dans ses soieries et emmitouflée de fourrures, n'arrivait pas les mains vides ; elle apportait en dot tout un palais regorgeant de dépouilles arrachées à Rome parmi lesquelles se trouvaient les antiques trésors du Temple de Jérusalem entreposés dans divers sanctuaires du Forum romain que les Goths avaient mis au pillage. Puis, la jeune reine suivit son époux dans ses campagnes. Le couple eut plusieurs enfants dont un fils qui mourut à Barcelone et que l'on enterra en cette ville dans un cercueil d'argent. Lorsque son mari fut assassiné, Galla Placidia tomba aux mains de ses meurtriers. Prisonnière, enchaînée, elle repassa les Pyrénées. Les empereurs d'Orient rachetèrent sa liberté contre six cent mille mesures de froment — les Goths imprévoyants étaient alors menacés de famine — et elle rentra à Constantinople, car son propre frère l'avait bannie de Ravenne. Là, elle se remaria à un général d'origine grecque et se consacra à sa famille jusqu'au jour où, à la tête de l'armée d'Orient, elle entra dans Ravenne en conquérante pour y prendre le titre d'impératrice régente qu'elle garda jusqu'à sa mort, vingt-cinq ans plus tard. Une dernière anecdote sur cette exceptionnelle figure de femme : on raconte qu'elle fit emprisonner une de ses filles qui, non contente de s'être fait engrosser par un chambellan du palais, avait essayé de se faire enlever par Attila, le chef des Huns.

Jusqu'au début du XXe siècle a circulé une légende selon laquelle il aurait été possible de voir, par un trou percé dans le sarcophage de marbre, la dépouille de la vieille impératrice assise toute droite dans son tombeau ; mais un guide ayant fait tomber une chandelle par l'orifice, la momie fut réduite en cendres... S'il est bien sûr invraisemblable que les restes de l'impératrice soient restés si longtemps intacts, il n'était pas extraordinaire, à l'époque de Galla Placidia, d'enterrer les morts en position assise. Mais sait-on vraiment qui furent les occupants des trois énormes sarcophages regroupés dans l'espace réduit de la petite chapelle ? Sans doute des membres de la famille impériale, quoique rien en ce lieu ne vienne appuyer cette hypothèse.

En revanche, sur l'époque où fut construit ce superbe mausolée érigé par ordre des autorités impériales, aucun doute n'est permis : le bâtiment date bien du règne de Galla Placidia et il est l'œuvre d'architectes que l'on fit venir probablement de Milan. Quant aux mosaïques, elles sont le travail d'artisans recrutés dans le monde entier sous contrat officiel, mais qui, dans la communion de leur ardente foi chrétienne, ont su se laisser guider par leur inspiration et transformer leur manière. A l'implacable géométrie des dernières années de la période classique — colonnes uniformément poncées, murs de marbre où rien n'accroche le regard — viennent se substituer des surfaces habillées de couleurs vives qui épousent harmonieusement les parois et le berceau de la voûte. Il est évident que les architectes et les maçons qui ont dressé ces murs, façonné cette voûte et son dôme, jouissaient d'une large mesure de liberté. Fini le labeur forcé sous le fouet des contremaîtres ! Oubliées les contraintes du fil à plomb ! Le grand mausolée sinistre de Dioclétien est un monument païen, un antre de ténèbres construit par des esclaves. A Ravenne, la voûte et le dôme de la *cella* funéraire de Galla Placidia s'illuminent de toutes les étoiles du firmament.

Ces artistes chrétiens étaient cependant les héritiers des traditions du classicisme. L'une des mosaïques du mausolée montre le personnage du Christ assis sous une arcade à la mode impériale, et ses traits sont ceux d'un jeune berger grec : teint fleuri, boucles d'or, nez droit. Mais, en face, l'autre lunette dépeint une scène d'inspiration toute différente et qui surprend quelque peu dans un tombeau destiné — selon la tradition — à deux empereurs et une impératrice. D'ailleurs, il semble que les artistes aient négligé d'honorer les noms et les hauts faits de ces souverains ; nulle inscription, nul motif ne vient rappeler leur mémoire. En revanche, un pan entier a été consacré à célébrer saint Laurent, un simple diacre martyrisé à Rome au cours des persécutions. Une légende raconte que les magistrats romains auraient ordonné à Laurent de leur livrer le trésor de son église. Le diacre se présenta au tribunal avec les vases sacrés et le pécule de la paroisse. Il s'était fait accompagner d'un petit groupe de miséreux du bas peuple de la capitale. « Voilà les vrais trésors de mon église ! » dit-il à la cour. En châtiment de son audace, il fut condamné à être rôti tout vif sur un gril.

Que des fresques murales décorant les sépultures des plus hauts personnages de l'Etat aient pour sujet un rebelle comme Laurent, voilà qui en dit long sur les changements de mentalité intervenus pendant que l'Empire vacillait sous l'avancée des barbares ! Ce qui n'empêche pas que l'on retrouve dans ce même mausolée d'autres motifs dont les sujets sont d'un classicisme total, même si la force de l'inspiration et le sens du spirituel qui ont guidé la main de l'artiste arrivent à se jouer des rigueurs de ce style et en quelque sorte à en triompher. Les voûtes sont surbaissées, mais le regard qui les parcourt est comme aimanté par le petit dôme où s'ouvre tout un ciel. A sa base, se trouvent les symboles des quatre évangélistes et, juste au-dessus, scintille dans la nuit d'un bleu profond une étrange constellation, une croix dont les points d'or sont autant de veilleuses dans la pénombre du sanctuaire. Cette croix représente la clef du paradis. Imaginé par les empereurs païens, le *mysterium tremendum* est devenu l'apanage du Christ.

Dans cette même lunette où apparaît saint Laurent figure un élément qui n'a rien d'accessoire ; il s'agit d'une bibliothèque contenant quatre volumes sous reliure de cuir : les quatre Evangiles. De par ses fonctions de diacre, Laurent avait dû se voir confier le soin et la garde de tels ouvrages. Des bibliothèques semblables, il s'en trouvait alors dans presque toutes les églises ; placées derrière le portail d'entrée, elles mettaient des exemplaires des textes sacrés à la disposition des fidèles. Dans le mausolée de Galla Placidia, l'artiste a utilisé pour ce meuble la même échelle que pour la figure de Laurent, comme s'il voulait souligner l'importance du rôle des Evangiles dans la foi des congrégations orientales. En effet, à l'époque, l'extraordinaire et universel triomphe du christianisme était attribué au fait que sa foi émanait directement de la volonté divine. Dans les monuments chrétiens de cette époque, on trouve assez peu de scènes représentant des épisodes bibliques, mais les livres sacrés sont souvent pris pour motifs ; ils honorent le Verbe, ils célèbrent la Parole. Notons qu'à la base de la coupole du mausolée, ce sont les symboles des quatre Evangiles qui sont chargés de soutenir la voûte céleste.

Il y a, à Ravenne, un autre mausolée impérial d'un style tout différent, un petit décagone de pierre d'aspect sombre, barbare et presque menaçant : le tombeau de Théodoric, roi des Ostrogoths. Postérieur de soixante-dix ans au mausolée de Galla Placidia, ce monument funéraire rappelle celui de Dioclétien. On a, pour cette construction en blocs bien équarris, fait appel à toutes les ressources de l'Empire. La Syrie a fourni des maçons, l'empire d'Orient des architectes, et le porphyre pour la vasque du sarcophage est venu des carrières d'Egypte. En dépit de tous ces apports extérieurs, l'ensemble porte indéniablement la marque des origines barbares du grand chef goth, car il est coiffé d'une calotte basse qui fait penser aux yourtes, ces tentes arrondies des peuplades nomades. Sous les enchâssements des niches du dôme, on remarque d'étonnants motifs sculptés en « tenailles » et disposés en bandeaux superposés qui sont directement inspirés de l'art de l'Asie centrale. Les tailleurs de pierre syriens ont reproduit les décorations traditionnelles adoptées par les tribus barbares pour le harnachement des chevaux et les boucles des armures. En Italie, en Grèce, en Espagne et jusqu'en Afrique du Nord dans la nécropole de l'église d'Hippone, les fouilles archéologiques ont mis au jour des objets d'artisanat ornés de ces mêmes motifs « en tenailles ». Théodoric, roi des Ostrogoths, était un monarque chrétien ; comme toutes les tribus barbares nordiques, il était le fervent disciple de l'évêque Ulfila dont les doctrines hérétiques avaient été systématiquement condamnées par toutes les Eglises depuis le concile de Nicée.

Les seules coulées de lumière qui arrivent à percer l'univers crépusculaire du mausolée de Théodoric viennent tomber sur le sarcophage de porphyre d'un rouge sombre. Elles descendent de petites fenêtres en forme de croix orientale. La vasque funéraire avait été placée sous une voûte barrée d'une énorme croix polychrome, sans doute conçue à l'imitation d'une autre croix, celle que Constantin avait fait dresser et orner d'or et de gemmes sur le Rocher du Calvaire. Les petites niches de la *cella* funéraire présentent des motifs de coquillages ; autrefois considéré comme l'esquif de Vénus sur les flots de la Méditerranée, le coquillage est devenu symbole du paradis dans l'art chrétien primitif. Avec son architecture savante et ses proportions parfaites, le mausolée de Théodoric est un audacieux mélange de style classique et de style barbare, mais il a quelque chose de brutal et, pour tout dire, il laisse une impression de peur.

Ce bâtiment est le seul qui célèbre la mémoire de Théodoric, roi pieux et bourré de bonnes intentions, mais peu diplomate et atteint de la maladie du soupçon. Ce barbare fit venir de Rome à sa cour de Ravenne quelques-uns des esprits les plus éclairés de l'époque, savants, érudits, diplomates, et certains d'entre eux pensaient qu'il avait l'étoffe d'un véritable empereur romain. Ce fut le cas de Boèce qui arriva un jour avec un groupe de sénateurs dans l'intention avouée de « dompter ces bêtes féroces » — car c'est ainsi que Rome désignait les chefs des tribus du Nord qui faisaient désormais la loi en Italie. En tant que conseiller, Boèce était appelé à donner son avis sur les sujets les plus divers, de la fabrication des luths et des clepsydres à la rédaction d'un code de lois chrétiennes adapté à la monarchie des Ostrogoths. Dans ses écrits, Boèce commente avec circonspection l'optimiste principe d'Aristote selon lequel le savoir ne peut que progresser avec le temps, et déclare que son souci du moment est moins de faire progresser la connaissance que d'en préserver et d'en défendre les acquis. Dans les dernières années de son règne, Théodoric, que ces beaux esprits romains intimidaient quelque peu, fit jeter Boèce en prison et décida même de le faire mettre à mort. Boèce fut exécuté de façon particulièrement atroce : on ceintura son front d'une corde d'arc qu'on serra jusqu'à ce que les yeux du condamné lui sortent de la tête.

Les beaux discours des sénateurs de Rome et les prières des chrétiens d'Italie furent également impuissants à préserver l'Empire des invasions barbares. Bientôt, le système politique mis en place par les empereurs allait être, à son tour, anéanti. En 526, à la mort de Théodoric, soixante-quinze ans après la disparition de Galla Placidia, le pouvoir impérial avait perdu les provinces d'Afrique et d'Europe du Nord, et les autorités des deux empires d'Occident et d'Orient se voyaient obligés de faire appel à leurs anciens ennemis des tribus pour faire face aux dernières vagues d'assaut des barbares qu'attiraient, en nombre toujours croissant, les rivages méditerranéens si fertiles, si riches en trésors de toutes sortes qu'ils semblaient une véritable corne d'abondance. C'est de cette façon que Théodoric et ses Ostrogoths s'étaient introduits dans le territoire impérial, l'empereur d'Orient lui ayant demandé de l'aide au moment où le dernier souverain d'Occident, Romulus Augustulus, avait abandonné le pouvoir et rendu ses insignes aux autorités de Constantinople. Théodoric était donc arrivé devant Ravenne, place forte réputée imprenable à l'abri de sa lagune, et, pendant de longs mois, il avait assiégé la ville, la réduisant à la famine. Il finit par signer un traité de paix avec les défenseurs de la cité qui n'en furent pas moins massacrés. Prémices inquiétantes pour un règne qui dura pourtant trente années. Avec l'aide de conseillers politiques venus de Rome — tel Boèce — Théodoric promulgua toute une série d'édits pour encourager la coexistence pacifique entre les Romains et les hordes tribales qui s'infiltraient en toute liberté en Italie. De ces guerriers nomades, un poète romain avait pu dire : « Ils arrivent un beau matin à votre porte ; leur mine est altière et leur haleine empeste le poireau. Ce ne sont pas des brutes au demeurant, mais des gaillards aux mâchoires redoutables et qui vous vident un garde-manger en un clin d'œil. »

Si ses armées souffraient de la faim, Théodoric et sa cour semblaient par contraste nager dans l'abondance. Cassiodore, qui fut ministre au palais de Ravenne, raconte comment on y festoyait ; il décrit des banquets, des tables chargées de victuailles, et surtout de poissons pêchés dans toutes les rivières d'Europe : Rhône, Danube, Rhin, Pô... On imagine qu'à ces festins, les convives romains ne devaient guère avoir le cœur en joie !... Dans la prison où il attendait la mort, Boèce écrivit *De la consolation philosophique*, une des œuvres les plus remarquables de ce genre si particulier qu'est la « littérature de détention ». On croit entendre le chant du cygne de la grande tradition classique. L'auteur y livre ses méditations sur la gloire, le sens du destin et la valeur de la vie de l'homme. Chrétien, Boèce avait rédigé de savantes gloses sur divers points de doctrine, mais, au moment de faire face à la mort, le vieux patricien qu'il était n'arrivait toujours pas à réconcilier les exigences de sa foi avec les principes de son éducation classique :

Je fus cet homme inquiet, anxieux de savoir
D'où surgissent les vents qui soulèvent les flots
Et du monde agité où donc est le pivot ?
Si le soleil ardent se lève à l'Orient
Quelle main guide sa course aux brumes du Ponant ?
Pourquoi, à la tiédeur d'un printemps si fécond
Qu'il sème ses parfums et ses fleurs à foison
Succède une saison dont l'haleine brûlante
Gonfle les grappes d'or des vignes opulentes ?
Je fus jadis cet homme acharné à percer
Les mystères du monde, à en trouver la clef.
Et voyez aujourd'hui à quoi je suis réduit :
Un esprit abattu, prisonnier de la nuit,
Une nuque fléchie sous la lourdeur des chaînes,
Mon destin n'est que cendres et poussière prochaines...

Faut-il voir en ces lignes l'expression d'une humilité toute chrétienne ? Il reste que *De la consolation philosophique* a eu sur tout le Moyen Age une influence considérable. En Angleterre, par exemple, l'ouvrage fut successivement traduit par le roi Arthur, par Chaucer et par la reine Elisabeth Ire ; en Italie, Dante et Pétrarque ont puisé dans ses pages pour nourrir leurs méditations ou trouver des échos à leurs sentiments. D'après une légende médiévale, Théodoric, bourrelé de remords d'avoir fait exécuter son conseiller, mourut de chagrin. Une autre version de cette légende raconte que le monarque redoutait le châtiment divin à tel point qu'il alla se terrer dans son grand mausolée de pierre et qu'au cours d'un orage un éclair vint le foudroyer tandis qu'un épouvantable coup de tonnerre fracturait l'énorme coupole.

Durant son règne, Théodoric avait essayé de maintenir un relatif niveau de paix et de prospérité. A sa mort, l'empire d'Occident tomba dans la plus noire misère ; les guerres intestines faisaient rage et les populations croupissaient dans l'ignorance et la peur. En 540, après une longue campagne qui avait mis toute l'Italie à feu et à sang, les armées de l'empereur d'Orient entrèrent à Ravenne. Loin d'apporter les promesses d'une pacification, cette conquête ne fit qu'aggraver les désordres. L'empire des Goths craquait de toutes parts et Cassiodore, qui assurait les fonctions de premier ministre, s'enfuit pour regagner sa province de Calabre. Là, il fonda une petite communauté religieuse, véritable foyer intellectuel où se rassemblèrent quelques moines érudits qui entreprirent de copier et de traduire des textes classiques profanes ou chrétiens. Dans cette thébaïde qu'il nomma Vivarium — « vivier » — Cassiodore fit réunir sous une nouvelle présentation la somme des lettres et décrets qu'il avait rédigés pour la monarchie goth avec l'aide des sénateurs romains appelés à Ravenne. Ce recueil est un modèle de clarté dans sa composition, et son inspiration humaniste en fera un ouvrage de référence pour toutes les autorités judiciaires de l'Europe médiévale.

A Vivarium, Cassiodore et sa communauté se lancèrent dans une entreprise d'importance majeure : ils rassemblèrent toutes les versions alors disponibles de la Bible en latin pour les réviser et donner à l'Europe — qui était encore à naître — un texte définitif, un véritable schéma de pensée, un traité des affaires de la terre et des problèmes spirituels, une grille de valeurs politiques, sociales et morales. Avant l'invention de l'imprimerie, tous les textes étaient écrits un par un par des copistes qui travaillaient dans des ateliers — ou *scriptoria* — et les sources d'erreurs étaient nombreuses, soit que les scribes fassent du texte une lecture erronée, soit qu'ils introduisent des fautes en le retranscrivant. Des générations successives de copistes pouvaient multiplier ce genre d'erreurs à l'infini et, si l'on tient compte d'une certaine fantaisie dans l'orthographe et d'une ponctuation souvent erratique, on voit à quelles distorsions on pouvait arriver par rapport au modèle original. Il était pourtant établi de longue date que, pour la copie des Saintes Ecritures, la seule norme acceptable était une absolue perfection. Dans la tradition judaïque, la Sainte Loi avait tout prévu : les scribes étaient sous obligation de n'utiliser pour leur travail qu'un matériel de la plus haute qualité, et de ne prendre pour modèle à copier qu'un exemplaire irréprochable (*Cf.* p. 257), mais les Eglises chrétiennes n'avaient jamais imposé à leurs copistes de contraintes aussi rigoureuses, ce qui explique pourquoi, du temps de Cassiodore, circulaient d'innombrables versions de la Bible en latin qui présentaient une multitude de variantes. Il existait même de la célèbre Vulgate des copies de sources diverses montrant qu'on avait pris avec le texte original de Jérôme un certain nombre de libertés. En résumé, la réunion de tous les textes de la Bible chrétienne en un seul ouvrage sous reliure, en un unique recueil, restait encore à faire.

Dans leur petite communauté de Calabre, Cassiodore et ses moines entreprirent donc de passer au crible l'intégralité du contenu de la Bible en latin, à commencer par la monumentale traduction de Jérôme. Ils voulaient arriver à faire des Saintes Ecritures un ouvrage en un seul tome où la précision du texte s'allierait à la clarté de la présentation. L'équipe du *scriptorium* de Vivarium se livra d'abord à un premier travail de correction pour éliminer les fautes d'orthographe, de syntaxe et de ponctuation. Il fallait, par exemple, systématiser la transcription phonétique des noms propres des personnages bibliques, car on ne s'y retrouvait plus entre les diverses façons d'écrire « Moïse » ou « Habaquq » et cela entraînait de nombreuses méprises. Les érudits de Vivarium s'appuyaient sur une méthodologie qui avait fait ses preuves à la période classique, et ils réussirent à trouver une grille d'harmonisation pour l'orthographe, le lexique et la syntaxe ; ils furent impitoyables pour les quelques incohérences que Jérôme avait laissées passer. Il n'est pas abusif de qualifier la démarche des disciples de Cassiodore de scientifique car, non contents de comparer tous les textes à l'étude avec la version originale en grec, dès qu'il y avait le moindre doute sur la construction d'une ligne ou la formulation d'une phrase, ils opéraient une contre-vérification en retournant aux textes de l'Eglise primitive. Lorsque plusieurs sources antérieures concordantes venaient infirmer un passage plus récent, c'était l'interprétation donnée dans les sources les plus anciennes qui était choisie et réinsérée dans le contexte. Une fois la vérité du texte rigoureusement rétablie, les moines opérèrent une division en chapitres dont chacun reçut un nouveau titre. A l'intérieur même des chapitres, ils procédèrent à un découpage en versets avec des sous-divisions en paragraphes et phrases étalonnés et ponctués selon une méthode que Jérôme avait déjà utilisée mais de manière insatisfaisante parce que non systématique.

Pendant des siècles encore, d'autres versions des Saintes Ecritures continuèrent à circuler dans les monastères et églises de l'Occident, mais c'est l'ouvrage sorti des ateliers de Vivarium qui correspond à celui que nous connaissons aujourd'hui sous l'appellation de Vulgate. La version de la Bible en latin utilisée en Europe reste essentiellement le texte établi par Cassiodore et ses moines. Des siècles après leur mort, cette même Vulgate deviendra le

Codex Grandior, la célèbre Bible en un seul tome, texte magistral qui va peu à peu s'imposer dans toute l'Europe et devenir la clef de voûte de tous les développements du savoir jusqu'à l'an mille. En effet, pendant cette période, le *Codex Grandior* servira de modèle et, par le sérieux de son érudition, arrivera à irriguer toute la tradition littéraire et à surpasser tous les autres ouvrages écrits en latin. Cette Bible donnera à l'Occident un respect du savoir qui a joué un rôle aussi important que le message contenu entre ses pages.

Certains esprits refusent d'accepter que les ténèbres se soient abattues sur l'Occident à l'époque qui suivit la disparition de Théodoric et celle de Cassiodore ; peut-être font-ils une estimation insuffisante de ce qui a été une véritable catastrophe. Bien sûr, il n'est pas question de soutenir que l'empire d'Occident ait jamais été un havre de paix pour les chrétiens, de nier qu'il ait été marqué de brutalité et d'une sauvage indifférence au sort de l'individu, mais du moins a-t-il su, siècle après siècle, préserver et même encourager une tradition de savoir dont les œuvres lentement mûries ont nourri les esprits occidentaux pendant près d'un millénaire. Certes, ce savoir était fragmentaire et provenait de textes qui avaient parfois subi tant de remaniements qu'ils s'en trouvaient dénaturés, mais il avait le mérite d'exister alors que, par la suite, les populations n'auront d'autre ambition que de survivre en cultivant quelques lopins de terre ou en rapinant au gré des guerres. Seuls, quelques monastères isolés aux lointains confins septentrionaux de l'Empire vont encore offrir dans leurs bibliothèques un refuge à l'activité intellectuelle. Dans le grand naufrage du monde romain classique, le christianisme fait figure de rescapé.

Venus de Northumbrie et d'Irlande...

Aux environs de l'an 700, un des plus anciens exemplaires de la Bible en latin qui soient parvenus jusqu'à nous fut fabriqué dans un scriptorium de Northumbrie[1]. Il se trouve aujourd'hui dans la grande bibliothèque des Médicis construite par Michel-Ange à Florence. Comment l'ouvrage a-t-il échoué là ? Son périple à la fois touchant et rocambolesque est raconté à la perfection par un moine de Northumbrie, Bède le Vénérable. Cette Bible avait été copiée dans le scriptorium du monastère de Bède, à Jarrow, en même temps que deux autres exemplaires similaires. De ces trois volumes en préparation, l'un devait être porté à Rome par Ceolfrid, le vieil abbé de Jarrow qui souhaitait ardemment revoir la Cité des apôtres une dernière fois avant de mourir, et faire don au souverain pontife du monumental Codex, œuvre de ses moines. L'abbé avait été pour Bède un véritable père. Au temps où la communauté avait été frappée par la peste, Ceolfrid, alors jeune prêtre, et Bède, son petit servant, seuls épargnés par le fléau, mêlaient leurs voix pour célébrer les offices dans la chapelle déserte. Au sortir de ces jours sombres, la congrégation s'était agrandie et, en l'espace de trente ans, les deux moines étaient devenus membres d'une communauté florissante. Bède a décrit le départ du vieux prieur de Jarrow pour Rome avec une simplicité teintée de vraie tristesse.

> « Le matin du 5 juin (c'était un jeudi) après avoir assisté à une première messe dans l'église de la Bienheureuse-Marie-Toujours-Vierge-et-Mère-de-Dieu, puis à une seconde dans l'église du Bienheureux-Pierre, tous les fidèles présents s'étant avancés à la sainte table, il fit ses derniers préparatifs avant de se mettre en route. »

1. Northumbrie : royaume angle (VIe-IXe s.) avec York pour capitale.

Le groupe de voyageurs chargé d'apporter au pape la Bible qui lui était destinée descendit jusqu'aux berges de la Weir accompagné des moines qui venaient faire leurs adieux à leur bon abbé :

> « Arrivé au bord de la rivière, poursuit Bède, Ceolfrid passa parmi les rangs et donna à tous ses frères le baiser de paix. Les yeux gros de larmes, les moines tombèrent à genoux. Après une dernière prière en commun, les voyageurs montèrent dans l'embarcation. Les diacres de l'église portant la croix d'or et des cierges allumés les suivirent à bord. Une fois sur l'autre rive, notre abbé s'inclina devant la croix puis il enfourcha sa monture et disparut bientôt au loin. Il laissait derrière lui plus de six cents frères appartenant aux divers monastères sur lesquels il avait autorité. »

A petites journées, Ceolfrid et ses compagnons traversèrent le royaume saxon, puis la Manche, et mirent enfin le pied en France. C'est alors que le vieux prieur tomba malade :

> « Il était arrivé aux portes de Langres vers la troisième heure de ce jour et, vers la dixième heure de ce même jour, son âme s'est envolée vers le Seigneur. Le lendemain, on l'enterra en grande cérémonie en l'église des Trois-Frères-Martyrs parmi les pleurs et les lamentations de ses compagnons et compatriotes au nombre de quatre-vingts, auxquels se joignit la population de la ville qui était dans une grande affliction à l'idée qu'un si digne vieillard fût privé de voir exaucé le dernier vœu qu'il avait formulé sur terre. »

Et Bède conclut :

> « Au moment du départ, quand on vit s'éloigner le petit groupe de voyageurs qui allaient poursuivre leur route

sans la présence parmi eux de leur père, bien des larmes coulèrent. Certains de nos frères avaient renoncé à pousser jusqu'à Rome, les uns souhaitant rentrer au pays pour annoncer la triste nouvelle, et les autres, ceux qui aimaient le plus leur prieur, décidant de rester parmi des gens dont ils ne comprenaient même pas la langue pour veiller et prier auprès de sa tombe. »

La dépouille de Ceolfrid reposait donc en France et son tombeau devint lieu de pèlerinage tant il s'y accomplissait de prodiges et de miracles. Aux mains des moines voyageurs, le Codex continua son périple jusqu'à Rome où il fut remis au pape qui, à son tour, en fit don à l'une des nombreuses abbayes qui s'étaient installées au pied du mont Amiata dont la grosse croupe ronde se dresse parmi les vallonnements du sud de la Toscane. Au XVIIIe siècle, la Bible de Jarrow fut enfin amenée à Florence où elle prit place parmi les fabuleux trésors des ducs de Médicis à la bibliothèque Laurenziana. Un siècle plus tard, deux bibliophiles particulièrement doués d'imagination eurent l'idée de voir un lien entre le récit du pèlerinage de Ceolfrid fait par Bède et la présence à Florence de cette Bible qui était alors connue sous le nom de *Codex Amiatinus*. Ils arrivèrent à déchiffrer une page liminaire qui portait de nombreuses surcharges où le nom de Ceolfrid avait été biffé et remplacé par celui d'un évêque italien. Leur hypothèse se trouvait ainsi confirmée.

Plus étonnant encore, cette Bible de Northumbrie contient le texte de la Vulgate amendée par les soins de Cassiodore. On peut donc supposer qu'à une époque antérieure au voyage de Ceolfrid, le *Codex Grandior* était parvenu jusqu'à Jarrow et que Bède a donc pu avoir entre les mains un des exemplaires en provenance du scriptorium de Vivarium. Le *Codex Amiatinus* de l'abbaye de Jarrow fournit ainsi une sorte de chaînon entre la fin de la grande tradition classique du bassin méditerranéen et l'éveil d'une autre tradition de source chrétienne dans les lointains pays du Nord. L'ouvrage jouissait d'un tel prestige que, lorsque la papauté décida de faire réviser les textes sacrés une dernière fois afin d'en donner aux imprimeurs une copie aussi parfaite que possible, c'est ce *Codex Amiatinus* qui fut unanimement choisi comme œuvre de référence. Etrange destin que celui de ce manuscrit à la graphie si particulière copié par des Angles dans des monastères perdus dans les brumes du Nord !

Le monastère de Jarrow existait déjà du temps de l'enfance de Bède. Il avait été fondé par un seigneur de Northumbrie qui s'était fait moine et avait effectué son noviciat chez les bénédictins. L'abbé Benedict Boscop connaissait la célèbre abbaye de Lérins, au sud de la France, où il avait fait ses études aux environs de 665. Quand il entreprit de construire sa propre abbaye à Jarrow, il retourna en France pour ramener des artisans, maçons et verriers. De chacun de ses fréquents voyages à Rome, il rentrait chargé d'objets d'art dont il ornait les églises de ses paroisses, et de livres religieux pour l'instruction des moines de ses monastères. D'Italie, il fit aussi venir des peintures à thème religieux, premières œuvres de ce genre à franchir la Manche. Et il alla jusqu'à inviter le maître de chapelle de Saint-Pierre-de-Rome pour enseigner à ses moines les rituels et psalmodies des offices qui scandent la vie d'une communauté. De cette prodigieuse éclosion artistique en plein âge des ténèbres, il ne reste que quelques pans de murs et le grand *Codex Amiatinus*. Fort heureusement, les quelque deux mille pages de l'ouvrage contiennent certaines copies des illustrations qui ornaient la Bible de Cassiodore, comme ces motifs symboliques placés au début de chaque Evangile pour représenter son auteur, et une magnifique gravure mise fort justement en page liminaire qui représente Ezra, le grand scribe de l'Ancien Testament dans son cabinet de travail.

Le sujet de ce dessin est un portrait d'homme à cheveux

blancs ; il porte une sorte de plastron, signe distinctif des grands prêtres d'Israël, et l'auréole qui ceint son front est décorée du symbole de la Sainte Loi, mais il devient vite évident que c'est Cassiodore qui a servi de modèle dans le décor du monastère de Vivarium. En effet, le personnage est assis sur un banc de style romain, tout comme le petit escabeau qui, surélevant ses pieds, lui permet de tenir son livre au creux de ses genoux. Il écrit avec une plume d'oiseau — corbeau ou tout autre volatile — qui a été soigneusement polie et taillée en pointe très fine avec le rasoir triangulaire, de style romain lui aussi, que l'on voit à terre. De peur d'un geste maladroit, il a posé son encrier sur le sol, réservant la surface de la table à une petite palette d'un modèle très courant chez les scribes de l'époque classique qui s'en servaient pour préparer leurs encres, encres de couleur et encre noire, cette dernière fabriquée à partir de baies de houx ou de noix de galle de chêne particulièrement indélébiles. Le compas et le stylet qui figurent parmi les accessoires permettaient de faire sur chaque feuillet de légères incisions pour marquer les marges et l'espacement des lignes. Pour corriger toute erreur de copie, on grattait le parchemin avec un morceau de pierre ponce, technique qui ne réussissait jamais à effacer complètement l'encre, et permet donc aux savants qui sont nos contemporains de retrouver le texte original par l'usage des ultraviolets.

Si le décor apporte des indices que c'est bien Cassiodore que l'artiste a voulu représenter en Ezra, les ouvrages qui sont, dans cette composition, des motifs très significatifs viennent le confirmer. En effet, dans ses écrits, Cassiodore affirme qu'il a préparé de la Bible trois éditions distinctes : la première, en neuf tomes, il l'avait copiée sur un texte antérieur à la traduction latine de Jérôme ; la seconde, c'était le fameux *Codex Grandior*, la Bible qui se trouvait au monastère de Jarrow et que connaissait Bède, un volume unique de dimensions imposantes ; quant à la troisième, elle contenait le texte latin revu et corrigé de la Vulgate de Jérôme en un seul tome de format réduit. Or, la gravure du *Codex Amiatinus* reproduit exactement tous ces ouvrages et les groupes autour du personnage central : l'édition en neuf tomes a été soigneusement rangée dans une bibliothèque qui est l'exacte copie de celle qui figure dans la mosaïque du mausolée de Galla Placidia à Ravenne, le *Codex Grandior* est le manuscrit auquel le scribe est en train de travailler, et la petite Vulgate ouverte — sans doute pour quelque vérification — se trouve posée à même le sol.

Ce dessin est une œuvre d'art mais il constitue également un document d'une exceptionnelle importance car, par sa manière, il met face à face deux univers bien différents. D'ailleurs, son auteur — un Angle — a dû sentir cette opposition ; on le devine mal à l'aise devant son sujet comme s'il s'était trouvé un peu à court d'inspiration pour rendre une scène tirée d'une culture méditerranéenne dont les paramètres lui échappent quelque peu. Le traitement des ombres, par exemple, voudrait imiter les angles et arêtes toujours minutieusement dessinés à la fin de la grande période classique, mais il reste gauche. Certes, les plis de la tunique du scribe sont reproduits avec fidélité mais la couleur a été appliquée un peu au hasard, en grandes touches de rouge éclatant dans le but de réchauffer une scène où la lumière est rare et grise comme celle des pays nordiques. L'artiste a également modifié les motifs qui décoraient la bibliothèque : dans l'original on trouvait deux cerfs s'abreuvant à la fontaine de Vie et des paons au somptueux plumage qui, ici, ont été remplacés par une paire de bœufs de labour et des faisans des landes !

Précieuse gravure, en vérité, car elle exprime de façon saisissante le précaire équilibre d'un Occident menacé, et qui vivait, pour ainsi dire, sur le fil du rasoir entre ténèbres et lumière, entre sagesse et folie. Elle raconte un temps où les prieurs des monastères d'Europe du Nord étaient assez riches pour financer de fréquents voyages à Rome et amasser des trésors pour leurs paroisses, mais où une épidémie de peste pouvait décimer toute une congrégation, ne laissant pour chanter l'office quotidien qu'un seul prêtre et son petit servant. Cinquante ans après l'époque de Bède, les Vikings envahirent le royaume des Angles, passant moines et paysans au fil de l'épée et laissant derrière eux les ruines fumantes de ces grandes abbayes. Quelle différence entre l'aimable communauté de Vivarium où Cassiodore poursuivait ses travaux au soleil de Calabre et ces congrégations studieuses de Northumbrie dans leurs monastères battus des tempêtes ! Le fil ténu qui les reliait, c'était la connaissance apportée par les quelques livres qui arrivaient à circuler en Europe et qui passaient de main en main, d'un érudit à un autre, en de hasardeux circuits. Dans un monde où la pauvreté était le lot commun, la fabrication des livres demandait d'engager des capitaux considérables, de véritables fortunes. Le grand *Codex Amiatinus*, par exemple, avait requis des milliers d'heures de travail, la collaboration de sept scribes — dont l'un fut peut-être Bède — et les peaux de quelque cinq cents animaux. On comprend la vénération qui entourait ces ouvrages, d'autant que peu nombreux étaient ceux qui pouvaient les déchiffrer. En 1909, un pasteur découvrit chez un brocanteur de Newcastle des fragments de deux exemplaires de la Bible contemporaine du *Codex Amiatinus* ; ils avaient été reliés au milieu des pages d'un livre de comptes d'un grand domaine de la région où ils étaient restés pendant plus de mille ans, miraculeusement préservés de la destruction !

A l'époque de Bède, outre le monastère de Jarrow, existait une autre abbaye située quatre-vingt kilomètres plus au nord, dans la petite île de Lindisfarne. Là, le savoir et la règle des moines ne venaient pas, comme ceux de Bède, de la grande tradition classique ou de l'influence de l'ordre des Bénédictins, mais d'une source beaucoup plus ancienne remontant au temps où les premiers missionnaires chrétiens venus de Rome avaient apporté dans ces régions isolées l'idée du monachisme. Depuis bien longtemps, l'Empire avait abandonné toute visée de conquête sur les îles Britanniques mais ces poches de christianisme avaient survécu. Le mode de vie monastique oriental, qui avait exercé sur Jérôme une telle attirance, s'était merveilleusement adapté en milieu irlandais parmi une population très attachée à l'exploitation agricole familiale, et les moines avaient bientôt trouvé une règle qui convenait fort bien au pays et au temps, et qui ne devait rien à l'influence de saint Benoît alors prédominante en Occident. Vers la fin du VIIe siècle, le courant irlandais et le courant bénédictin fusionnèrent en Northumbrie ; la communauté de Jarrow et celle de Lindisfarne qui s'étaient d'abord tenues un peu à distance s'unirent dans un grand esprit de fraternité chrétienne.

C'est ainsi que Bède qui avait été nourri de tradition romaine se mit à écrire la biographie des saints irlandais et l'histoire de leurs monastères, tandis que les moines irlandais, de leur côté, adoptaient la Vulgate dans la version revisée par Cassiodore pour en faire le modèle des Evangiles qu'ils copiaient dans leurs ateliers. Le plus ancien de ces manuscrits irlandais, le Cathar de Columcille (qui est également le plus ancien des ouvrages à nous être venus de l'Europe du Nord) aurait, dit-on, été copié de la main même de saint Colomban, et il reprend des extraits qui figuraient dans la Vulgate de Jérôme. Voyageurs infatigables et missionnaires zélés, ces moines irlandais ne se déplaçaient jamais sans emmener leurs livres qui pénétrèrent ainsi jusqu'au cœur de l'Europe, frappant tous les regards par la vigueur de leurs illustrations de couleurs vives et contrastées qui balayaient les pages d'un pouvoir imaginaire à couper le souffle. Ici ou là, au cours de leurs expéditions, ces moines fondèrent des monastères, et l'on a pu ainsi retrouver le texte de la Vulgate dans la version de Cassiodore dans les superbes manuscrits enluminés qu'ils ont comme semés sur leur passage, en Allemagne, en Autriche, en Suisse et même en Italie. Les biographes de ces moines irlandais ont fait d'eux de délicieux personnages de légendes : ils traversent les mers avec des pierres tombales pour esquifs, célèbrent l'eucharistie sur le dos de paisibles baleines, prennent les oiseaux pour de petits anges tombés du ciel dont le plumage garde encore tous les parfums du paradis, et font sécher leurs robes de bure sur les sept cordes tendues de l'arc-en-ciel. Ces doux rêveurs venus du nord ont, avec l'aide de leurs scribes, fabriqué des manuscrits d'une beauté miraculeuse parmi lesquels il faut citer le Psautier de saint Colomban, les Livres de Durrow et de Kells, les Evangiles de Macregol et de Lindisfarne.

L'Evangile de Lindisfarne est le plus ancien de ces splendides manuscrits car l'art de l'enluminure n'est pas né en Irlande mais bien en Northumbrie où les copistes de la région tiraient leur inspiration des arts traditionnels des Angles et des Saxons. A travers ses pages, ce qui saute aux yeux, ce sont les points de ressemblance entre l'univers formel des peuples du Nord et celui des artisans syriens — maçons et sculpteurs — qui ont décoré avec tant de minutie les enchâssements du mausolée de Théodoric à Ravenne. Venu d'Asie centrale, le style dit « art animalier » s'était répandu dans les îles Britanniques d'abord avec l'arrivée des Saxons puis avec celle des Vikings. Dans l'Evangile de Lindisfarne, ce style vigoureux est admirablement maîtrisé ; le stylet et le compas des artistes de Northumbrie l'ont dégagé de toute lourdeur, épurant et disciplinant ses lignes, prenant et reprenant les motifs avec une touche si légère que les lecteurs du Moyen Age ont pu croire que ces enluminures étaient l'œuvre des anges.

Fabriqué à peu près à la même époque que le *Codex*

Amiatinus, l'Evangile de Lindisfarne est dédié à la mémoire de saint Cuthbert, un saint local mort peu de temps auparavant. Il a été copié par le scribe Eadfrith, et c'est un certain Ethilwald qui en a fait la reliure — ou, comme on disait alors en a « rendu la couverture extérieure rigide » — laquelle reliure fut rehaussée d'or, d'argent et de pierres précieuses par Bilfrith, un joaillier qui s'était fait ermite. Deux siècles et demi plus tard, un homme du nom d'Aldred qui se définit lui-même comme « le plus indigne des prêtres et le plus misérable des êtres » fit une paraphrase du texte copié par Eadfrith, insérant cette version en dialecte de Northumbrie entre les lignes du manuscrit, et donnant ainsi le tout premier texte des Evangiles dans le parler des Angles. Mais, dans ce grand ouvrage, ce sont moins les mots qui retiennent l'attention que les merveilleuses enluminures. Pour marquer le début de chaque Evangile, les illustrations ont fait de la page liminaire une page-tapis. Prenant parfois pour motif une seule lettre, ils l'ont travaillée et retravaillée, enroulant et déroulant ses volutes en savantes harmoniques de graphie jusqu'à ce que le plus petit détail vibre comme une note de musique. Il y a loin de ce labeur pointilliste à la lucidité et à la clarté de pensée qui caractérisaient l'œuvre des hommes de la Méditerranée qu'étaient Cassiodore et ses disciples. Le *Codex Amiatinus* avait apporté en Northumbrie la représentation réaliste du scribe Ezra, penché sur sa tâche dans un style qui répondait aux canons de la tradition classique. Les moines de Lindisfarne sont à l'opposé de cette tradition et leurs œuvres le disent en traduisant la vie intérieure et le mysticisme qui guidaient leur inspiration. Il est possible d'imaginer ce qu'a pu être la vie de ces moines du Nord : ivres de solitude, ivres de Dieu, la tête un peu brouillée par le vertige du jeûne, il leur suffit de trois sous de couleurs et d'encre pour que jaillisse sur le parchemin la plus extravagante orfèvrerie. On retrouve dans les feuillets de leurs Evangiles ces fulgurances que le rare soleil d'été vient parfois allumer sur les vagues de la mer du Nord. Les artistes de ces monastères isolés et battus des tempêtes ont coloré les textes sacrés de tous les tons que leur offrait la nature : l'argent vivant du poisson frais pêché et la nacre de l'huître arrachée à l'algue, le brun et le roux doré des pelages de lapins et de lièvres traqués dans les taillis du voisinage. Leur palette est celle de la vie.

Une très ancienne chronique raconte que, souhaitant protéger ce qu'ils avaient de plus cher au monde des mains prédatrices des Vikings, les moines de Lindisfarne décidèrent d'embarquer la dépouille de saint Cuthbert et les Evangiles copiés en mémoire de lui par Eadfrith sur quelque bateau qui les emporterait vers de plus sûrs rivages. Saint Cuthbert, outré à l'idée de quitter son pays, fit se lever une grosse tempête et le merveilleux livre fut emporté par les vagues. Comprenant leur erreur, les moines se lamentèrent et revinrent au port en toute hâte. Dans la nuit, l'un d'eux eut un songe dans lequel saint Cuthbert lui suggérait de descendre jusqu'à la mer, lui promettant qu'il y retrouverait le bel Evangile que l'on croyait à tout jamais perdu. Et le lendemain, à marée basse, le livre était là, sur le sable, miraculeusement intact, parfaitement sec ! A cette époque, on prenait le plus grand soin des livres qui étaient souvent gardés dans le secret des coffres. Il n'est pas impossible que l'Evangile de Lindisfarne ait été placé dans un coffre et confié à la garde des flots, car les marges montrent des auréoles provenant des taches d'eau. D'autre part, pendant tout le Moyen Age, ce grand manuscrit était connu sous le nom de « livre de saint Cuthbert, livre sauvé de la mer ». Décidément, il flotte autour de cet ouvrage comme un parfum de miracle !

Constantinople : la Divine Sagesse

Alors que l'Occident sombrait dans les ténèbres, l'empire d'Orient poursuivait son brillant destin. Les auteurs classiques païens ou chrétiens étaient fort populaires à Constantinople où une population largement alphabétisée aimait à s'adonner à tous les jeux, jeux de l'esprit en débats animés autour des abstractions de la théologie grecque, et jeux du cirque où le niveau de performance des auriges dans le grand Hippodrome était le sujet de discussions échauffées. Les successeurs de Constantin avaient considérablement agrandi la zone urbaine, élevant de hauts murs de terre pour déliminer le périmètre de la plus grande des villes fortifiées jamais construites par les Romains, et réussissant ainsi à préserver la capitale des invasions pendant un millénaire. A l'extrémité sud des remparts, à leur point de jonction avec la mer de Marmara, se dressait un gigantesque arc de triomphe qui, autrefois érigé en rase campagne, était désormais inclus dans le système des fortifications. En partie revêtu de plaques d'or, le monument était connu de l'Occident aussi bien que de l'Orient sous le nom de Porte Dorée. Au cours de dix siècles, les empereurs de Byzance, en maintes occasions, ont franchi cette grande Porte, parfois en triomphales processions et parfois dans la bousculade de la déroute avec, à leurs trousses, leurs éternels ennemis : Persans, Bulgares, Russes, Goths, Arabes, sans oublier les croisés venus de l'Occident. Au XVIe siècle, le sultan Mehmet III, qui, avec les armées turques, avait soumis Constantinople, décida de faire murer la porte et l'engloba dans le château qu'il s'était fait construire pour entreposer ses trésors et occasionnellement servir de prison aux émissaires de puissances étrangères.

Entre remparts et mer, Constantinople formait un grand triangle qui s'étalait sur sept collines. Tantôt protégée par l'énormité de l'empire d'Orient et tantôt cernée par les envahisseurs qui campaient sous ses murailles, la ville de Constantin, à la fois classique et chrétienne, allait jouer pendant mille ans un rôle de premier plan dans l'histoire de la chrétienté. Toutefois, malgré la réputation légendaire qui entourait son nom, la cité impériale, la « Reine des Villes », garda toujours une atmosphère quelque peu provinciale. Certes, les empereurs et impératrices qui exerçaient la magistrature suprême y avaient rang de demi-dieux et leur cour s'entourait de splendeurs et de fastes, mais ces souverains savaient rester proches de leurs sujets. On pourrait presque comparer la Constantinople de cette époque à un ghetto de la civilisation et de la culture classiques, tant sa société urbaine de mentalité bourgeoise et conservatrice était rigoureusement stratifiée. Il faut ajouter que les habitants de Constantinople avaient toutes les raisons de tirer vanité d'une capitale qui avait été la création personnelle de Constantin, et de s'enorgueillir jusqu'à l'arrogance de compter parmi les fondateurs de leur ville des sages qui avaient su lier le destin du christianisme à celui de l'Empire. Dieu faisait pleuvoir sur Constantinople d'abondantes bénédictions dont la moindre n'était pas la traduction en grec du Nouveau Testament. Le grec était la langue de Constantinople, et le texte sacré y était considéré comme le dernier chef-d'œuvre de la littérature classique. Alors que l'Occident basculait dans la nuit, les érudits de Constantinople étudiaient et transcrivaient toutes les grandes œuvres de l'Antiquité, et les artistes en décoraient les pages d'enluminures de goût classique. Le passage du passé au présent s'était fait sans le moindre heurt, et la grande civilisation de l'Antiquité marquait les moindres gestes de la vie quotidienne, à preuve l'habitude d'appeler la ville de son nom grec de Byzance — nom qu'elle garda jusqu'au jour de sa chute et qui avait d'ailleurs été le sien avant que Constantin n'en fît sa capitale — et de désigner les ennemis héréditaires de l'Empire par leurs noms grecs. Constantinople gardait vivantes toutes les grandes traditions classiques : joutes oratoires, jeux de cirque, courants esthétiques et respect des usages dans une pratique diplomatique tout en finesse. Au cours du xe siècle, un ambassadeur venu de Germanie se rendit à Byzance et, dans son rapport, déclara qu'il avait vu, en vérité, une ville bien étrange. Il se disait choqué de la désinvolture et des bizarres accoutrements de ses citoyens dont l'haleine empestait les épices. Quant à l'empereur, il le décrivit comme « un personnage contrefait comme on en voit dans les cirques, un nabot stupide avec des yeux de serpent ». On a là les impressions d'un barbare confronté à une civilisation qui lui est inconnue. Le jugement ne fit pas grande impression sur les Byzantins persuadés d'être les gens les plus civilisés de la terre et qui n'allaient pas se laisser ébranler par les propos d'un petit ambassadeur grincheux, d'autant que ce diplomate, venu à Constantinople pour apporter une demande de mariage de la part de son souverain qui voulait épouser une des filles de l'empereur, était reparti bredouille !

Au cours du VIe siècle, c'est-à-dire à l'époque où les nouveaux remparts de la ville étaient en construction, on mit en fabrication à Constantinople toute une collection de Bibles. Sur des feuillets de parchemin teinté de pourpre impériale, on copia une version soigneusement revue et corrigée du texte original en grec, version qui demeure celle qu'utilise de nos jours l'Eglise orthodoxe. De ces ouvrages, seules nous sont parvenues quelques pages enluminées qui sont antérieures d'un siècle aux manuscrits des moines de Northumbrie et d'Irlande, et leurs illustrations ne manquent pas d'intérêt. Si elles reproduisent tout naturellement des épisodes de la Bible, elles proposent en outre, pour certains d'entre eux plus épineux, une sorte de lecture explicative, donnant ainsi les premiers exemples de la façon dont on peut manipuler les documents visuels qui accompagnent les textes sacrés pour justifier ou appuyer la politique du pouvoir en place. Ainsi, Jésus avait-il été, de toute évidence, la victime d'une machination des autorités de la Rome impériale, et l'Eglise — elle-même impériale — avait quelque peine à réconcilier ce désastreux faux pas officiel avec l'image d'un Etat géré avec munificence et qui se voulait au-dessus de tout soupçon.

Ce problème, les illustrateurs de la Bible allaient le régler derechef en montrant Pilate au milieu d'une cour qui ressemble à s'y méprendre à celle d'un gouverneur de Byzance de l'époque. Il siège entouré de ses conseillers avec, en arrière-plan, les icônes qui représentent la famille impériale, devant lui, une table avec tout ce qu'il faut pour écrire : plume, encre, registre. Jésus vient d'être introduit devant ce tribunal et ses juges le dévisagent avec attention et curiosité. Une autre scène en séquence est consacrée au terrible verdict : elle montre des Juifs vociférant qui réclament la mort de Jésus et un Pilate visiblement irrité par ces braillards qui n'en sont pas moins, pour un bon gouverneur, des citoyens dont il faut prendre en compte les réactions. Pilate semble s'adresser au greffier de service pour lui demander de bien noter tout ce qu'il voit. Puis, on voit le Christ condamné, cependant qu'on libère Barabbas. Voilà la parfaite illustration d'une savante distinction entre pouvoir temporel et pouvoir spirituel, distinction aussi importante pour les empereurs de Byzance qu'elle l'avait été pour Constantin.

Un autre exemplaire de ces Bibles fabriquées à Constantinople, le *Codex Rossano* (du nom de la ville où il a été découvert), montre également la persistance de la grande tradition classique. Parmi ses quinze illustrations, l'une, d'admirable facture, représente le personnage de saint Marc. Assis sur une chaise à haut dossier, l'apôtre est en train de tracer la ligne suivante : « Commencement de l'Evangile de Jésus-Christ, fils de Dieu », mais ce n'est pas sur un codex qu'il écrit ; comme les scribes d'autrefois, il travaille sur un gros rouleau. Penchée sur l'épaule du saint, une silhouette de femme en longue robe bleue semble guider sa main. C'est bien là l'antique Muse, celle que l'on nommait Sophia — c'est-à-dire la Sagesse — qui était aussi la dame de la Philosophie chère à Boèce, la grande inspiratrice qui veillait sur les artistes et les écrivains. Cette illustration est intéressante ; elle déplace son sujet dans les temps et inscrit saint Marc et son Evangile dans une tradition vieille de mille ans, alors que certains de ses motifs annoncent de nouveaux courants esthétiques : la robe de la Muse, par exemple, est traitée en une série d'à-plats géométriques montrant les premières traces d'une influence byzantine, manière qui va développer et privilégier une abstraction majestueuse dans sa représentation des figures et formes. Comme tant d'autres volumes de format réduit, le *Codex Rossano* circulait de ville en ville et d'un pays à l'autre. Il ne faut pas minimiser l'influence de ces petits ouvrages, car leurs illustrations servaient d'inspiration et de modèles aux peintres de fresques et aux mosaïstes. Elles seront plus tard magnifiées en de grandioses compositions qui reprendront les mêmes sujets bibliques avec un luxe de détail infini dans la gestuelle et le costume des personnages.

Forte de son rôle d'héritière des plus pures traditions classiques, Constantinople était cependant désireuse de présenter au monde l'image d'une capitale dynamique toujours à la pointe du progrès. Imaginons un instant que le plan initial de la ville ait été conçu pour que sa zone urbaine se développe selon le schéma des grandes villes de l'Antiquité : des architectes grecs n'auraient pas manqué, par exemple, d'utiliser le promontoire qui s'avance sur la mer à l'extrémité du triangle des remparts pour y ériger un temple ou une forteresse, et c'est en cet endroit même que Constantin avait placé son palais et sa basilique. Les temples grecs occupaient toujours une position dominante. Leurs lignes sobres et pures couronnaient les paysage où ils se dressaient comme des vigies de la civilisation classique. En revanche, à l'époque de Justinien, les congrégations de moines et de nonnes avaient depuis longtemps renoncé aux fastes du monde, à ses pompes et à ses œuvres, pour se consacrer à l'essentiel de la vie spirituelle, à la contemplation. Suivant cet exemple, la Byzance impériale abandonne les grandioses façades qui, jadis, étaient la fierté des architectes grecs et romains pour faire de ses sanctuaires des lieux de recueillement. Constantin avait fait construire une basilique au sommet de l'acropole. Pour la remplacer, Justinien donne l'ordre de bâtir une église, certes vaste mais surbaissée, un édifice qui n'a plus rien d'écrasant ni de dominateur et dont l'étagement graduel signifie que toute la majesté de la fonction religieuse est désormais contenue à l'intérieur. Le sanctuaire devient un grand vaisseau, véritable théâtre fait pour l'apparat des cérémonies liturgiques qui ponctuent le calendrier de l'Eglise d'Orient. Cette nouvelle conception de l'architecture religieuse eut un tel retentissement qu'elle surclassa bientôt les autres styles et fut adoptée sur tout le territoire de l'Empire. Justinien avait dédié cette basilique à la Sainte Sagesse — Haghia Sophia — inspiratrice de Marc dans la gravure du *Codex Rossano*. Le christianisme d'Orient venait donc de s'approprier la figure classique traditionnelle de la Muse pour en faire le symbole de l'inspiration émanant du Christ.

Lorsque Justinien pénétra pour la première fois dans la grande basilique et vit la splendeur de la voûte et du dôme, il fut, dit-on, saisi d'admiration et s'écria : « Je t'ai vaincu, ô Salomon ! » Le tout-puissant empereur avait osé se mesurer à l'une des grandes figures héroïques de la Bible, au plus sage des rois d'Israël, au bâtisseur du Temple, et l'avait surpassé en faisant construire le sanctuaire de la Sainte-Sagesse. Selon le verset 10 du psaume CXI : « Le principe de la sagesse c'est de craindre le Seigneur ; tous ceux qui font cela sont bien avisés. » Désormais, Dieu avait le gouvernement des cieux et, par Sa Sainte Grâce, Justinien se réservait celui de la terre ; il fallait admettre que le principe de toute sagesse ici-bas était de craindre Justinien et de lui rendre obéissance en tout. Quand l'empereur entrait en procession dans l'église de la Divine-Sagesse, suivi des évêques et du clergé qui portaient les pains et le grand calice de vin pour la célébration de l'eucharistie ainsi que les lourdes Bibles ornées de joyaux et l'énorme croix d'or, le chœur entonnait l'hymne intitulé *Cherubikon*, c'est-à-dire « A l'image des Chérubins », et lorsqu'on arrivait au passage : « Le Roi de l'Univers est descendu jusqu'à nous accompagné par les neuf cohortes de ses Anges », les courtisans présents, avec leurs beaux bijoux et leurs tuniques de soies chatoyantes, faisaient tout à fait figure de personnages angéliques.

Pour donner à cette savante liturgie le cadre qui lui convenait, les deux architectes de Justinien, Anthémios de Tralles et Isidore de Millet, avaient fait de Sainte-Sophie la plus belle église du monde, un chef-d'œuvre qui, à l'image de Dieu, alliait suavité, humanité et austère grandeur. Ils donnaient ainsi au christianisme un nouveau langage visuel, une articulation originale des plans et des surfaces que les artistes pourraient à leur gré remplir de grandes compositions décoratives tirées des scènes de la Bible. Du temps de Justinien, cette décoration n'existait pas et les seuls motifs bibliques que l'on pouvait voir alors étaient les quatre chérubins de la Genèse dont les figures dessinées en mosaïques ornent les voûtes en arc de cloître qui soutiennent la grande coupole. Comme pour le mausolée de Galla Placidia, le bâtiment n'était pas tant une prouesse technique que l'expression même du souffle qui inspire le Nouveau Testament. Le grand portail Ouest — dit Porte royale — résume à lui seul cette nouvelle conception : juste au-dessus de cette entrée, presque invisible à l'œil nu, se trouve une plaque de bronze sculpté dont les motifs sont une colombe céleste et un codex ouvert à la page de l'Evangile de Jean, où Jésus débat avec les Pharisiens à la manière des philosophes de l'Antiquité et déclare : « Je suis la porte : si quelqu'un entre par moi, il sera sauvé. » (Jean, x, 9). C'est donc la vision même du paradis que donne l'église sitôt cette porte franchie. Pour souligner le sens de la citation évangélique, on a gravé tout autour de l'énorme chambranle de cuivre un délicat bandeau de feuilles de lierre, lierre qui, dans la Vulgate de Jérôme, enrubannait la fameuse tonnelle de Jonas, symbole du paradis pour tous les théologiens de l'Orient. C'est l'essence des textes sacrés qu'exprime la grande basilique de Justinien ; le message est plus distillé que martelé, plus allusif qu'affiché, mais il est présent en maints détails. On peut en citer un : c'est la croix de Jésus qui a donné à l'univers chrétien son unité et son échelle de valeurs, aussi les artistes qui ont créé les premières mosaïques dorées des voûtes et des dômes les avaient-ils décorées de motifs de croix comme pour donner à l'ensemble architectural son unité et l'échelle de ses proportions.

Sitôt franchi le seuil de Sainte-Sophie, la promesse énoncée dans le texte qui surmonte le portail se trouve accomplie et l'on comprend l'exclamation de Justinien. Salomon a bien été surpassé, car tout dans ce lieu semble fait pour théâtraliser la liturgie et donner une vision du paradis sur terre. L'architecture massive reste à l'échelle humaine ; ses courbes sont aimables et semblent inviter la caresse de la main. A la différence des monuments grecs et romains, dont la beauté a quelque chose d'immuable au point qu'il serait impossible d'ajouter ou de retrancher quoi que ce soit sans dénaturer l'ensemble, on pourrait imaginer d'agrandir Sainte-Sophie sans que son architecture en souffre, sans que les petites arches, les demi-coupoles ou même les moindres motifs décoratifs perdent la perfection de leurs proportions. Il semble que le sanctuaire ait été conçu pour que l'homme s'y sente à l'aise au contact d'une divinité omniprésente, dans la lumière qui descend de la vaste coupole, une des plus grandes du monde. Cette coupole élevée à grand-peine est l'œuvre d'artisans qui travaillaient dans le respect des plus anciennes traditions, mais la foi était encore leur meilleur outil et ils ont su rendre souffle et vie à des formes classiques que le temps avait sclérosées. Au-dessous de la coupole principale s'ouvre un espace qui semble aussi vaste que l'infinité de Dieu. A l'époque romaine, l'alignement des murs de soutènement n'aurait été qu'un savant assemblage de briques sévèrement uniformes ; ici, il est brisé par des rangées successives de colonnes qui vont se fondre dans les lointains. Toutes les surfaces ont été revêtues soit de pierre polie dont les couleurs vibrent à la moindre flèche de lumière, soit de tessères rehaussées d'or. L'immense vaisseau flotte dans une clarté venue de très haut, qui tournoie à l'infini dans le volume sphérique de la coupole.

Sainte Sophie résume parfaitement l'idée que les Byzantins avaient de Dieu et de la Bible, et c'est l'univers biblique que la basilique souhaite représenter. Occupant le vaste espace central, les fidèles sont au cœur d'une structure architecturale qui symbolise le royaume des cieux, modèle d'un ordre que l'Empire se charge de faire régner sur terre, et ce n'est pas une coïncidence si le trône de Justinien se trouvait placé le plus près possible du point central du sanctuaire. Pendant l'âge des ténèbres, l'Occident était sans empereur et, du coup, les évêques se sont vus nantis d'un pouvoir dont leurs homologues de l'Eglise d'Orient n'eurent jamais l'équivalent puisqu'ils dépendaient étroitement du pouvoir impérial. C'est pourquoi les dômes des églises orientales cachent encore de nos jours un mystère qui n'est pas seulement d'essence divine. Foyers d'intense spiritualité, les sanctuaires d'Orient semblent toujours en deuil : avec la disparition du dernier empereur de Byzance, la communauté des Eglises orientales a perdu son représentant sur terre.

L'empereur de Byzance

Aux environs de l'an 530, une des armées de Justinien partie du sud de l'Italie remonta toute la péninsule, repoussant pied à pied un adversaire qui ne concédait chaque pouce de terrain qu'au prix de lourdes pertes dans une campagne qui n'est pas sans rappeler l'offensive que les Alliés mèneront environ mille quatre cents ans plus tard, au cours de la Seconde Guerre mondiale. Pour les habitants de l'Italie appauvris par d'incessantes guerres, les temps étaient durs. On raconte qu'un petit fermier éleveur de porcs, désespérant de voir la fin des conflits, se livra à un exercice de simulation pour voir comment évoluerait la situation. Il divisa son troupeau de porcs en trois bandes à qui il fit jouer les rôles des Goths, des Grecs et des Romains — les ennemis alors en présence — et les jeta les uns contre les autres. L'histoire donne l'issue du combat : « Des premiers, tous périrent ; chez les deuxièmes, il n'y eut pas une seule victime ; sur les troisièmes, la moitié avait succombé et l'autre moitié s'était fait sérieusement tanner le cuir. » Commentant cette anecdote, l'historien Gibbon notait : « L'image n'est pas sans valeur historique. » Alors que les Byzantins se défendaient avec acharnement et payaient le prix du sang, Cassiodore abandonna la cour pour se retirer à Vivarium. Enfin, les chefs goths durent s'incliner devant les envahisseurs, et les Grecs firent main basse sur toute l'Italie. Justinien entra à Ravenne en 540 et l'un de ses premiers gestes officiels fut de dédier à saint Vital la nouvelle basilique impériale qui venait d'être achevée et se trouvait toute proche de son palais. C'est à Saint-Vital que l'on peut, de nos jours, comprendre vraiment ce qu'a été le grand empire de Byzance, car ses mosaïques restituent tout le faste de la cour impériale parmi une foule d'autres scènes qui, elles, représentent l'univers biblique. Justinien souhaitait que sa présence et son autorité pèsent de tout leur poids sur une ville qui était au cœur d'une province nouvellement conquise ; les artistes n'ont donc pas lésiné sur le nombre de portraits où figurent le souverain et les membres de sa cour. Ces œuvres hallucinantes de réalisme prouvent à quel point l'art de la mosaïque, difficile entre tous, était désormais maîtrisé. Prenons, par exemple, la scène où Justinien est représenté faisant une entrée solennelle dans la basilique : l'empereur a le teint pâle, la mine autoritaire ; il est précédé — d'un pas seulement ! — du plus haut dignitaire de son Eglise, l'évêque, lequel est accompagné de deux prêtres ; derrière le souverain, s'avancent les grands fonctionnaires. Voilà, en version profane, bien sûr, une image de la Sainte-Trinité qui dirigeait l'Empire. Juste en face de ce panneau, de l'autre côté de l'abside, s'en trouve un autre de mêmes dimensions. Là, c'est tout un cortège de silhouettes féminines en robes de soie et parées de bijoux qui défile sur un fond chatoyant où mille trésors allument leurs feux. La vedette de cette gracieuse théorie est l'épouse de Justinien, la belle, la sémillante Théodora dont l'aguichante présence fait immédiatement penser aux scandaleuses rumeurs que Procope sema sur elle dans son *Histoire secrète*, dite aussi *Anecdota.*

Exotiques et majestueux, ces deux panneaux illustrent les splendeurs qui caractérisaient cette cour orientale et le lien tout à fait privilégié, et très oriental lui aussi, qui existait entre Dieu et le maître de l'Empire. La singularité de ce lien va devenir le thème d'une somptueuse évocation artistique au moyen de scènes qui, tout en dépeignant des épisodes bibliques, invitent à une seconde lecture. A Saint-Vital, les citations des textes sacrés et les personnages qu'ils mettent en scène font parfois penser aux fragments d'un puzzle qui ne livrent leur message qu'une fois agencés par une main habile. Ici, l'assemblage des motifs dispersés proclame haut et clair l'importance du pouvoir terrestre de l'empereur de Byzance. Ne serait-ce que pour cette raison, la basilique de Saint-Vital, à Ravenne, est unique au monde, et on comprend qu'elle ait influencé les options politiques, religieuses et esthétiques de tout l'Occident.

Ravenne avait autrefois été gouvernée par le chef des Goths, Théodoric, qui était chrétien et disciple d'Arius. Il ne voyait donc dans la personne du Christ que le fils fait homme de Dieu tout-puissant. Tous les empereurs d'Orient avaient vigoureusement condamné cette hérésie, déclarant que les trois personnes divines étaient consubstantielles. Autrement dit, le Père, le Fils et l'Esprit saint étaient indissociables. Ces querelles ne relevaient pas que de la pure théologie, elles exprimaient de profonds clivages tant politiques que culturels. Enfin, la doctrine d'Arius impliquait qu'à l'exemple de Jésus, d'autres mortels pourraient bien se targuer d'une paternité divine, alors que l'orthodoxie impériale soutenait que le seul pouvoir terrestre émanant de Dieu était incarné dans la personne de l'empereur dont le gouvernement reflétait l'ordre qui régnait au ciel. Le faste de la cour et l'omnipotence du souverain donnaient corps à cette idée. Le Christ étant dûment relégué au royaume des cieux, toute ambiguïté était levée, et la hiérarchie du pouvoir s'en trouvait affermie. Personne n'aurait plus l'audace de se substituer à Dieu ou de se réclamer d'une quelconque filiation divine, et l'empereur restait l'unique détenteur du pouvoir sur terre.

Constantin avait voulu marquer par sa sépulture qu'il avait rang de treizième apôtre et son cénotaphe était entouré de douze autres à la mémoire des disciples de Jésus. Ne pouvant égaler cette extravagance funéraire, ses successeurs firent transporter la vasque de porphyre qui contenait la dépouille de Constantin dans un autre mausolée jouxtant la grande basilique qu'il s'était fait construire à Constantinople. A l'époque de Justinien, les prétentions de Constantin ne se justifiaient plus. Les domaines de la Terre et du Ciel se trouvaient parfaitement délimités comme en témoignent les grandes mosaïques de Ravenne qu'il n'est pas totalement abusif de lire comme un manifeste affiché dans une province nouvellement conquise ou comme un état des lieux. Les belles histoires tirées de la Bible, si magnifiquement transcrites sur les murs de Saint-Vital, n'ont certes pas été réalisées dans le but pédagogique de fournir aux illettrés des repères visuels ou dans l'unique souci de célébrer les saints et les prophètes par de sublimes portraits, mais il serait erroné de considérer les basiliques de cette période comme des officines de propagande vantant les mérites de l'Empire et de l'Eglise, car elles sont avant tout des lieux permettant une mise en scène spectaculaire de la liturgie pour que l'humain et le divin se rencontrent dans un acte de foi. A Saint-Vital, les architectes et les artistes de Justinien ont joué sur la connivence entre la représentation des scènes bibliques et le déroulement de la liturgie pour faire passer une idée-force et ils ont parfaitement réussi. Dans l'Eglise byzantine, le rituel de la grand-messe était le temps fort de la vie religieuse autant par son ampleur symbolique que par le spectacle qu'il offrait. C'est donc ce grand moment que les mosaïques de Ravenne vont exalter : Justinien, Théodora et toute leur cour se rendent en procession à la grand-messe, escortés de suivants qui portent tous les objets du culte indispensables aux rites de l'Eglise d'Orient.

Le hiératisme de la composition ne doit pas cacher le mouvement de la scène : le clergé précède l'empereur à l'entrée dans le sanctuaire ; l'évêque Maximien tient la croix incrustée de pierres précieuses qui sera élevée au-dessus de l'assistance à l'instant le plus solennel de la cérémonie ; l'un des prêtres porte l'encensoir dont les capiteuses bouffées embaumeront l'atmosphère ; un autre apporte une grande Bible dont on lira des extraits pendant l'office. Les membres du clergé ont endossé des tuniques très simples comme en portaient les courtisans du temps de Dioclétien et de Constantin, costume qui est resté celui des officiants à l'autel jusqu'à nos jours. Sur un autre panneau, à la suite des hommes, s'avance le cortège des dames d'honneur, l'impératrice Théodora en tête, se dirigeant probablement vers le *gynæceum* ou tribune réservée aux femmes dans une des galeries supérieures. Avec une extraordinaire finesse, l'artiste a su indiquer une délicate ondulation qui part du drapé des robes, suit le geste des mains de Théodora, et finit par guider l'œil de droite à gauche jusqu'au personnage du courtisan qui soulève une portière de damas à côté d'une petite fontaine. Les fontaines étaient rares à Ravenne où l'on disait que le vin coûtait moins cher que l'eau ! Le mince jet d'eau qui vient emperler le bassin de marbre arrive en point d'orgue à la procession ; elle passe... elle passe... elle est passée...

Ces grandes compositions, sur lesquelles jouaient les reflets des marbres polis et qui baignaient dans une lumière si douce que le jeune Oscar Wilde y vit un « crépuscule gothique », surplombaient le maître-autel où l'on célébrait la messe au beau milieu de l'abside. A droite et à gauche, deux absidioles servaient de sacristies, et c'est là que se faisaient les minutieuses préparations qui préludaient à la cérémonie : on fractionnait rituellement les pains cuits avec un levain spécial, on amenait le vin à la température du sang. La première partie de l'office consistait en psaumes et répons parfois suivis d'un sermon. Puis, on fermait le lourd portail de bronze et commençait alors le cérémonial de la Grande Entrée. Venant d'une des sacristies, s'avançait un cortège portant le pain et le vin destinés à l'eucharistie. Le cortège faisait solennellement tout le tour de l'église, empruntant le déambulatoire qui longe les deux côtés de la nef principale. Cette Grande Entrée fait le sujet des panneaux de mosaïque, et il est juste que Justinien et Théodora y figurent en place d'honneur. A Sainte-Sophie de Constantinople, la Grande Entrée devait être encore plus majestueuse, car elle convenait parfaitement à la disposition des lieux et trouvait sa parfaite théâtralité grâce à la participation d'une vaste congrégation, mais le rite était exactement le même. Une fois achevé le tour de l'église, la procession remontait la grand-nef portant toujours l'eucharistie « le plus saint et le plus vénérable de tous les Mystères » aux accents de l'hymne *Cherubikon* qui s'élevait alors : « Il est temps d'oublier tout ce qui est de l'ordre du monde pour accueillir dignement le Roi de l'Univers qui descend jusqu'à nous avec ses innombrables légions d'anges. » Au milieu de la foule de ses courtisans trônait Justinien entouré de tous les insignes de son impérial pouvoir. On pouvait alors passer à l'acte principal de cette grande dramaturgie : la communion.

Dans l'Eglise, l'orthodoxie donnait au rite de la Communion un sens différent de celui qu'elle avait pour les hérétiques disciples d'Arius. En effet, selon la doctrine aryenne, la célébration du sacrifice fait par le Fils de Dieu incarné en Christ était un rite qui mémorialisait la Sainte Cène de Jérusalem comme Jésus lui-même avait demandé qu'il soit fait jusqu'à la fin des temps. En revanche, pour les tenants de l'orthodoxie qui voyaient en Jésus une personne consubstantielle au Père et au Saint-Esprit, le sacrifice du Christ n'était pas un simple événement historique à répéter pour en garder la mémoire : il avait la qualité des choses éternelles. Pour appuyer cette thèse, les théologiens n'avaient pas manqué de chercher des précédents au sacrifice du Christ, précédents accompagnés de rites qui en perpétuaient le souvenir. Et ils les avaient trouvés. Où donc, sinon dans les épisodes de l'Ancien Testament, dans un temps antérieur à celui de Jésus, et ils en apportaient les preuves dans des pages des textes sacrés qui validaient et sanctifiaient leur doctrine.

Remontant la grand-nef de Saint-Vital dans la procession de la Grande Entrée, le cortège passait sous deux arches placées de part et d'autre du maître-autel. Ces arches trilobées présentent des lunettes décorées de mosaïques dont les sujets sont justement les préfigurations du sacrifice de Jésus et de la célébration de la sainte messe. Dans l'une, on voit les trois anges qui sont venus avertir Abraham que sa femme allait lui donner un enfant, et auxquels le patriarche vient de servir une collation de pain et de vin comme il est dit dans la Genèse, ce qui est une première préfiguration de la messe. Toujours sur la même arche, une autre lunette dépeint la scène où Dieu retient la main d'Abraham qui se préparait à sacrifier son fils Isaac. Isaac porte le bois qui va servir à son propre bûcher au sommet du mont Moriah à Jérusalem, tout comme, plus tard, Jésus portera sa propre croix jusqu'au haut du Calvaire. Aux pieds d'Abraham, le bélier qui va être sacrifié à la place d'Isaac semble prendre son sort en patience.

En face, c'est un portrait d'Abel qu'offre la seconde arche. Le jeune homme est debout sur le seuil de sa petite cabane et tient entre ses mains levées un agneau qu'il va offrir à Dieu en sacrifice. Dans la même lunette et comme en réplique à la figure d'Abel est campé le roi de Jérusalem, Melkisedeq, dont on voit le palais en arrière-plan. Lui aussi est debout et, du même geste qu'Abel, il tend vers le ciel une coupe remplie de vin. La Genèse ne mentionne cet obscur monarque que dans un seul verset où il est dit qu'il « fournit du pain et du vin » à Abraham (Genèse, XIV, 18). Surplombant les compositions des arches, les murs sont décorés de portraits de prophètes penchés sur la rédaction des textes sacrés qui sont le fondement même de l'orthodoxie impériale. Et, surmontant le tout, au beau milieu de la voûte étincelante de dorures, se détache la silhouette hautement symbolique de l'Agneau mystique porteur de la croix, image tirée du texte de l'Apocalypse qui fait de Jésus à la fois le sacrificateur et le sacrifié, et donne au contenu des livres prophétiques de la Bible un relief saisissant. Bien des siècles avant que les artistes de Ravenne n'aient commencé leur travail, une très ancienne formule de prière soulignait déjà le sens des trois sacrifices qui en forment la thématique. Elle disait : « Daignez jeter un regard propice et bienveillant sur ces dons... comme il vous a plu d'agréer les présents de votre serviteur Abel... de notre patriarche Abraham et celui que vous a offert votre grand prêtre Melkisedeq ». A Saint-Vital, la collation de pain et de vin qu'Abraham offre à Melkisedeq est représentée comme le pain et le vin du sacrement de l'eucharistie et les mosaïques, en soulignant le grand mystère essentiel de la foi, semblent lui apporter comme un supplément d'âme. Lorsque les mains de l'officiant élevaient bien haut le lourd calice d'or annonçant ainsi à l'assistance que le grand moment de la communion était venu, la lumière miroitante qui tombait des voûtes le faisait ressembler à quelque étincelant reliquaire. Et l'art délicat des mosaïques semblait exalter ce geste où le prêtre répétait ce qu'avant lui avaient fait Abel, Abraham et le roi Melkisedeq.

La leçon théologique est donc explicite : elle part de la voûte avec la représentation de l'Agneau de Dieu et elle est orchestrée par les décorations des panneaux des murs. Mais comment expliquer que Melkisedeq, qui ne joue dans la Genèse qu'un petit rôle de figurant, se trouve projeté au premier plan par les artistes de Justinien qui s'acharnent à le caser dans toutes leurs compositions et lui font même porter une auréole qu'ils refusent aux saints et aux prophètes ? La réponse est évidente : dans le geste convivial de Melkisedeq à l'égard d'Abraham, les théologiens ne voyaient pas simplement une préfiguration de l'eucharistie, ils voulaient présenter le roi de Jérusalem comme la préfiguration de Justinien et celle de chacun de ses successeurs, tous empereurs de droit divin. Melkisedeq avait régné sur l'antique capitale d'Israël, et Justinien, après lui, gouvernait la nouvelle Jérusalem, c'est-à-dire tout l'Empire. Le message des superbes mosaïques doit donc être pris au pied de la lettre : au moment de l'élévation, Jésus descendait de son ciel dans la grande basilique, et l'empereur et sa cour, avec Melkisedeq et tous les prophètes, étaient là pour l'accueillir. Le temps et l'éternité se rejoignaient.

Du temps de Justinien, les mystères sacrés de la Sainte-Trinité et de l'Eucharistie avalisaient le pouvoir impérial avec l'accord de toute la hiérarchie ecclésiastique. Au cours des siècles, les théologiens se sont affrontés à ce principe sur lequel les monarques chrétiens ne transigeaient pas puisqu'il validait du même coup tous leurs pouvoirs. Certains d'entre eux allèrent jusqu'à sacrifier leur vie pour préserver une orthodoxie qui servait si admirablement leurs fins. On peut donc répéter que les artistes qui ont fait les mosaïques de Ravenne n'étaient ni de simples pédagogues travaillant pour l'instruction des masses illettrées, ni de talentueux mémorialistes des héros bibliques. A l'aide d'exemples tirés de la Bible, ils présentaient une « défense et illustration » du pouvoir impérial procédant un peu à la manière des savants d'aujourd'hui lorsqu'ils étayent des théories nouvelles sur des données déjà vérifiées par l'expérience, ou de nos hommes politiques qui sollicitent l'histoire pour cautionner leurs décisions ou leurs prises de position. N'oublions pas qu'à l'époque de Justinien, on avait pour la vérité infaillible de la Bible le même respect que certains de nos contemporains ont pour les fameuses « leçons de l'histoire » !

Charlemagne et Alcuin

En 801, revenant de Rome où il avait été sacré empereur et remontant vers la Germanie, Charlemagne s'arrêta dans la vieille cité impériale de Ravenne. Il en profita pour faire main basse sur quantité de beaux marbres et d'antiques colonnes qui gisaient parmi les ruines de la ville et dont il comptait orner sa capitale nordique. Disons à sa décharge que ladite capitale, à l'image de son vaste Empire dont les sujets croupissaient dans la misère et l'ignorance, était assez pauvre en décorations. Telle la pie voleuse, Charlemagne faisait collection de tout objet brillant pour donner quelque lustre à son nouvel *imperium*. Il avait donc visité Saint-Vital, admiré son architecture et ses mosaïques, et compris les desseins de Justinien derrière cette admirable réalisation aussi bien que s'il avait pu s'entretenir avec lui d'homme à homme ou plutôt d'empereur à empereur. Faisant sienne la conception qui avait présidé à la décoration de la basilique, il convoqua à Ravenne ses propres architectes qui firent de minutieux relevés de plans et de mesures pour construire dans la capitale d'Aix-la-Chapelle un énorme palais impérial qui serait la copie conforme de Saint-Vital. L'époque de Charlemagne est à l'image de ce projet de palais, car elle offre un mélange hétéroclite de styles. Elle est à la fois ambitieuse et hybride.

Sur la personne de Charlemagne, les jugements varient énormément. Certains historiens voient en lui une figure annonciatrice de celle de Napoléon ; d'autres en font le « père fondateur de l'Europe », et d'autres encore le représentent comme un être fantomatique qui gouvernait un Empire où la sauvagerie le disputait à la plus grande misère, avant que les légendes locales ne s'en emparent pour le hausser au rang du premier de tous les empereurs du Saint Empire d'Occident. Pour rester dans le domaine des certitudes, on peut dire qu'on doit à Charlemagne la fondation de nombreux monastères où, pour la première fois depuis de longs siècles, le savoir et ses grandes œuvres étaient objet de respect. L'empereur créa aussi bon nombre de scriptoria où la parole de Dieu fut transcrite et superbement enluminée. L'ensemble de ces monastères et scriptoria est en quelque sorte le berceau de l'Europe du Moyen Age. En effet, les abbayes abritaient des écoles où l'on enseignait le latin, langue du droit et langue de la foi, et l'on peut voir dans ces établissements les prémices de ce qui deviendra le système éducatif de l'Europe moderne. Mais la force principale de Charlemagne est d'avoir eu le temps pour lui ; son exceptionnelle longévité lui a assuré de 771 à 814 un demi-siècle de pouvoir, rare parenthèse de stabilité dans une époque marquée de brutalité et d'arbitraire. Il eut donc le loisir de laisser sa marque, d'engranger les fruits des réformes législatives et administratives qu'il avait lancées, et de créer une forme de gouvernement durable. Le pivot de cette renaissance carolingienne était la Bible, livre qui résumait toute la sagesse du monde dans la parole de Dieu.

Il faut pourtant ajouter que le hasard a donné à Charlemagne un sérieux coup de pouce : ayant triomphé de tous leurs ennemis, ses prédécesseurs avaient légué à leur descendance de vastes royaumes à se partager, et voilà que par la mort d'un frère — qui s'était fourvoyé dans une guerre aussi ruineuse qu'insensée — Charlemagne accroissait encore son domaine ! Il en fut tout aussi satisfait que les sujets du défunt roi, mais où pourrait-il encore donner libre cours à son humeur belliqueuse ? Il ne lui restait plus un seul ennemi à combattre à part ceux des confins de l'Empire : les Saxons païens, les Maures, quelques petits princes italiens... Pourtant, au cours des années, il ne cessa d'agrandir ses Etats au point que le pape, fort conscient que ce pieux roi du Nord était le seul qui pût assurer sa sécurité, le couronna empereur d'Occident à la grande fureur des Byzantins. Le concours de circonstances qui avait placé Charlemagne à la tête d'un tel territoire ne risquait guère de se reproduire avant longtemps. D'ailleurs le projet de faire une Europe unifiée et stable n'avait jamais effleuré l'empereur qui, dans son testament, partagea sa succession entre ses enfants comme le voulaient les us et coutumes de sa dynastie. Reste qu'en cinquante ans de pouvoir, Charlemagne a profondément marqué le destin de l'Europe future.

Il n'est pas facile de dire comment ce monarque conquérant percevait son rôle politique. Sur les nombreuses biographies que ses contemporains lui ont consacrées, deux se détachent du lot : l'une est d'une désespérante banalité et l'autre, au contraire, colorée et pittoresque, a le désavantage d'avoir été écrite à une époque légèrement postérieure alors que le destin de Charlemagne commençait à s'auréoler de toutes sortes de légendes. De ces deux ouvrages, il ressort que l'homme était d'une grande simplicité de manières, qu'il aimait la chasse et l'atmosphère des combats. Il est décrit comme un chrétien dévôt et comme un infatigable recruteur d'enseignants et de scribes pour l'école du palais qu'il avait fondée à Aix-la-Chapelle. On sait aussi qu'il subventionna fort généreusement la fabrication de somptueuses Bibles. Si l'on veut mieux comprendre l'idée que Charlemagne se faisait de son pouvoir pendant ses longues années de règne, la meilleure référence est encore la chapelle qu'il fit construire dans sa capitale. Pour ce monument, il a utilisé toutes les impressions reçues lors de sa visite à Saint-Vital, ainsi que les plans et mesures qu'il y avait fait relever par ses architectes. Sans avoir consciemment perçu le rôle historique des empereurs romains ou mesuré la portée de la civilisation classique qui s'exprimait dans l'architecture et l'art de Rome, Charlemagne se voyait comme le successeur direct des dynasties impériales et le continuateur de leur civilisation. Dans son royaume du Nord, il s'est efforcé de reproduire Ravenne et Rome en rassemblant les éléments les plus hétéroclites. A partir de cette étrange juxtaposition de matériaux, de modèles tant esthétiques qu'intellectuels, va s'élaborer un nouveau style qui deviendra le style de l'Europe et aussi celui de la Bible de l'Europe. Après la mort de Charlemagne, ses successeurs ont poursuivi l'œuvre commencée à Aix-la-Chapelle, et l'un d'eux fit commande d'une grande chaire destinée à être placée sur la droite du maître-autel. C'est du haut de cette chaire qu'on lirait les textes sacrés dans les grandes Bibles fabriquées dans le scriptorium du palais, et son style donne le ton de l'univers artistique que Charlemagne avait voulu créer pour son Empire. Elle est plaquée de lourds panneaux d'or incrustés de figurines en os de provenance égyptienne. De chaque côté du panneau central, apparaissent Dyonisos, Isis, Pan et même la déesse-mère d'Alexandrie. Tous semblent faire allégeance à la grande croix barbare du centre de ce panneau. Pour décorer la croix, on s'est servi de gros cabochons de pierres dures — agate, cristal de roche, calcédoine — qui viennent d'un service de table romain. Ces objets dont on ne connaissait pas l'usage, mais dont on appréciait la beauté clinquante, avaient tout simplement été mis à l'envers ! A l'intersection de la croix, sur le fond d'une coupe, on a scellé un précieux camée représentant l'aigle impériale romaine qui devint le symbole du Saint Empire romain. Le nouveau style imposé par Charlemagne ne s'exprimait pas dans la subtile géométrie des formes architecturales ou dans la délicatesse des mosaïques, mais l'or et la pierre lui donnaient une splendeur tourmentée et comme baroque.

Sur le rebord de la chaire, on ajouta un grand lutrin où étaient posées les lourdes bibles carolingiennes aux reliures incrustées d'ivoire, d'argent et d'or. Du temps de Charlemagne, la Bible était le fer de lance de toute civilisation. Avec leurs couvertures parées d'orfèvreries et les enluminures de leurs pages, les volumes de la Bible formaient le trésor de l'Occident, véritables pépites d'or arrachées à la gangue des ténèbres. L'empereur était féru de savoir et d'érudition. Lorsqu'il apprit le rôle qu'avaient joué ces hommes de génie qu'étaient Jérôme et Augustin, il s'écria : « Plût au Ciel que j'aie à mes côtés douze ministres de cette trempe ! » A quoi son conseiller, le patient Alcuin, un Angle originaire d'York, répondit que le Très-Haut lui-même n'ayant eu, pour le servir, que deux esprits de ce calibre, il seyait mal à un simple empereur d'en réclamer une douzaine ! Charlemagne et Alcuin forment un extraordinaire duo : l'un bouillonne d'une énergie désordonnée, alors que l'autre est un modèle de calme, de détachement et de jugement. Sous leur autorité conjuguée, d'incontestables progrès furent accomplis. L'Empire était immense, comprenant presque tout le territoire de l'actuelle Allemagne, la France, la plus grande partie de l'Italie, de l'Europe centrale, des Pays-Bas ainsi que le nord de l'Espagne. La population était concentrée dans de petites bourgades ou éparpillées sur de minuscules exploitations agricoles. On comptait encore très peu de constructions en pierre, d'outillage et d'armes de métal. Des bandits de grand chemin et des pillards ravageaient le pays, sans parler de ces prédateurs de Saxons et de Vikings. Le savoir était l'affaire des monastères et églises au nombre de quelques douzaines. Très peu de gens étaient alphabétisés, et Charlemagne lui-même ne sut jamais écrire. Le fonds de bibliothèque de l'Occident chrétien de ce temps aurait pu facilement tenir à l'intérieur d'un de nos modernes bibliobus, et quand la parole de Dieu retentissait dans les lieux de culte, les fidèles la recevaient et la chantaient avec ferveur, mais sans toujours bien en saisir le sens. C'est sur ce point que Charlemagne voulut faire porter la plus importante de ses réformes, car il souhaitait exercer son pouvoir dans un royaume civilisé où Dieu et le bon gouvernement iraient de pair.

> *De nous, Charlemagne, par la grâce de Dieu, roi des Francs et des Lombards et Patricien de Rome, à vous, Abbé Baugulf et à toute votre communauté... Durant ces dernières années, nous sont souvent parvenues des*

monastères des lettres écrites par des frères qui souhaitaient nous informer qu'ils soutenaient notre action de toutes leurs prières et de tous leurs exercices de piété. Il nous est cependant apparu que si lesdites lettres témoignaient de sentiments sincères, leur style était généralement fort négligé. Si le zèle dévôt de ces frères est le garant de la foi qui habite leur cœur, leur langue est malhabile et leur plume trébuche dans l'expression de la vérité révélée, et cela nous semble dû à la piètre instruction qu'ils ont reçue. C'est pourquoi il nous arrive d'éprouver quelque crainte et de nous demander si leur ignorance de la chose écrite ne trahirait pas des lacunes plus graves portant sur le contenu même des Saintes Ecritures.

Charlemagne voulait lancer une vaste campagne d'alphabétisation où la Bible jouerait le rôle de manuel de lecture, puisque les pages de ce maître livre contenaient la somme de la foi et les clefs de tout le savoir humain. Mais, dans l'Empire de Charlemagne, les textes de la Bible en latin alors disponibles étaient totalement hétéroclites. On trouvait des versions dans les langues dialectales des Francs, des Espagnols et des Goths dont certaines comportaient des passages d'une authenticité plus que douteuse, des rajouts et parfois même des substitutions de textes. Pour servir le grand projet de l'empereur et faire naître dans tout l'Empire un climat de piété et de respect pour le savoir, il fallait établir une version modèle de la Bible en latin et donc revenir à la source première : la Vulgate de Jérôme révisée par Cassiodore. C'est Alcuin qui devait être le maître d'œuvre de cette entreprise hérissée de difficultés étant donné le petit nombre d'érudits et de lettrés que comptait alors l'Empire de Charlemagne.

Cependant, aux confins nord de l'Europe, le goût de l'étude et les traditions de l'érudition étaient toujours vivants grâce à la présence des moines d'Irlande. Leurs monastères isolés avaient continué à accueillir des novices

— Francs ou Angles — qui venaient y faire leurs études. Ne disait-on pas qu'Alcuin lui-même avait séjourné à l'abbaye de Clonmacnois, au centre de l'Irlande, avant de retourner dans sa ville natale d'York pour y diriger l'école de sa communauté ? Dans les monastères irlandais, on enseignait encore le grec, langue qui n'était plus guère connue en Europe que de ces solitaires, et on s'adonnait aux délices de la versification en latin. Peut-être justement parce qu'ils vivaient au bout du monde dans un grand isolement, ces moines d'Irlande ne tenaient pas en place et ils avaient comme une fureur de voyages ! A l'époque de Charlemagne, certains d'entre eux, férus de culture égyptienne, avaient déjà mesuré les pyramides — qu'ils appelaient les « greniers de Joseph » — comptant quatre cents pas d'un angle à l'autre, et ils avaient essayé de retrouver dans le désert les sillons creusés par les chariots des pharaons lancés à la poursuite des Israélites. Le journal de bord de ces voyageurs qui faisaient un pèlerinage en Terre sainte cite trente fois les grands auteurs, ce qui prouve qu'ils connaissaient leurs classiques. Aussi, lorsqu'un jour deux moines irlandais passant par le royaume des Francs annoncèrent qu'ils étaient prêts à monnayer leur savoir — car ils se doutaient bien qu'un enseignement gratuit pourrait paraître suspect ! — on les conduisit à bride abattue jusqu'à la cour de Charlemagne d'où on les dépêcha vers des monastères italiens, ceux-là mêmes qui deviendraient plus tard le siège des premières universités d'Occident. Ces frères irlandais, dont la faconde naturelle s'épanouissait encore dans la convivialité des monastères où on les accueillait et où ils faisaient connaissance des petits vins de pays, parcoururent ainsi tout l'Empire de Charlemagne, semant sur leur passage les perles de leur sagesse.

L'une des plus belles fondations de Charlemagne est le monastère de Saint-Gall, en Suisse, dont la bibliothèque conserve les admirables manuscrits de ces moines irlandais nomades. Le nom de Saint-Gall avait d'ailleurs été choisi en mémoire d'un missionnaire qui était venu d'Irlande s'établir en ces lieux un siècle auparavant et avait vécu dans une grotte des environs « à la manière d'un ours ». Dans la bibliothèque de Saint-Gall, on peut encore voir le plan de masse de l'abbaye qui comprenait porcheries, étables, bergeries, poulaillers, aires de battage et potagers dont les produits figurent dans les inventaires détaillés que les comptables impériaux faisaient des domaines de l'Etat. Tout est noté : une couvée de poussins, un œuf frais pondu dans la paille... Cette ferme abbatiale formait un grand rectangle. Au centre, se dressait l'église ; tout alentour, d'autres bâtiments : une hôtellerie et une cuisine pour les invités de passage, des écoles, les résidences des prieurs et celles des moines, un cabinet d'apothicaire, une infirmerie. Il y avait aussi un cimetière. Des établissements comme Saint-Gall étaient, du temps de Charlemagne, de véritables centres de vie intellectuelle et de culture.

Derrière l'abside principale de l'église abbatiale, un petit bâtiment distinct, mais accolé au chœur, abritait un scriptorium, une bibliothèque et quelques modestes cellules. Là se faisait l'essentiel de la grande œuvre civilisatrice entreprise par l'empereur ; là, on copiait, on gardait les textes des Saintes Ecritures. Dans ces manuscrits, les marges recèlent des surprises : « Cairbre et moi, on vient tous les deux du village d'Inch Madoc », disait l'un de ces scribes irlandais. Mais d'autres laissaient courir leur plume avec plus de verve :

Mon chat Pangur Ban et moi
Partageons le même état
De souris, il fait bombance
Et les mots sont ma pitance
Quand je veille à mon grimoire
Ses yeux brillent dans le noir.

Ah, si ma pauvre écriture
Ressemblait à sa fourrure
Nette, soyeuse et polie !
Ah, si mon petit esprit
Etait agile à la tâche
Aussi fin que sa moustache !

Ainsi, tout paisiblement
Moi et mon chat Pangur Ban
Nous vivons le cœur à l'aise
Le temps jamais ne nous pèse
Tout à nos petits travaux
Moi les mots, lui les mulots.

Un exemplaire unique d'une grammaire latine apportée d'Irlande présente des marges émaillées de dialogues qui commentent le temps qu'il fait, la qualité du vin au réfectoire ou la douceur particulière d'une journée. A la lecture de ces phrases, on croit entendre l'aimable conversation des frères pendant les longues heures laborieuses passées au scriptorium et leurs menus propos : « Un voyage à Rome, c'est beaucoup de dérangement pour pas grand-chose !... » « Aujourd'hui, un charmant rouge-gorge est venu gazouiller sous la fenêtre, et notre chat qui a disparu !... » « Toujours cette douleur dans la poitrine... Sainte Vierge, venez à mon secours !... » et enfin : « Plume maudite ! je te hais ! »

L'humour des scribes et moines irlandais est un vrai rayon de soleil dans cette Europe qui devait être assez sinistre et avait grand besoin de leur érudition. Leur calligraphie très originale, très soignée, allait influencer l'émergence d'une écriture spécifiquement carolingienne qui, avec l'apport de modèles venus d'Italie, donnerait les caractères de notre propre mode d'écriture et ceux des imprimeurs. Si les Irlandais étaient devenus d'inlassables coureurs de grands chemins, ils avaient de bonnes raisons : les drakkars danois sillonnaient les mers nordiques et, lorsqu'ils abordaient, leurs équipages dévastaient tout sur leur passage, ne respectant rien, même pas les ossements des saints arrachés aux reliquaires des monastères. L'angoisse qu'ils semaient est dite très simplement dans un petit poème :

Vente le vent, gronde l'orage
L'écume court sur le rivage,
La vague est blanche et le ciel noir.
Au creux des lits, on va pouvoir
Dormir en paix car ceux du Nord
Cette nuit resteront au port

Ce n'est pourtant pas à ces Irlandais à semelles de vent que Charlemagne allait confier la grande œuvre littéraire qui devait marquer son époque. La révision du texte latin de la Bible fut confiée à Alcuin qui se vit aussi chargé de fonder une école et un scriptorium à la cour impériale d'Aix-la-Chapelle. C'est dans ce dessein que l'empereur avait fait venir Alcuin d'York où il dirigeait une école abbatiale. On disait qu'Alcuin avait été le disciple de Bède ; il resta à Aix-la-Chapelle une dizaine d'années qu'il occupa à superviser la rédaction de la nouvelle version des textes sacrés et à composer pour chacun des livres de la Bible un chapitre d'introduction ; outre le magistère qu'il exerçait dans le scriptorium, Alcuin dirigeait aussi le cursus enseigné à l'école du palais dont les élèves étaient les enfants de la noblesse. Esprit pointilleux, il fit supprimer dans la version des Bibles carolingiennes la fameuse parenthèse — dite « parenthèse de Jean[1] » — grâce à laquelle on avait transformé une phrase de la première Epître de Jean (v, 7) comme suit : « Car il y en a trois qui témoignent (dans le Ciel : le Père, le Verbe et l'Esprit

1. Cette incise est appelée par les biblistes « comma johannique ».

saint, et ces trois sont un) », pour que le mystère de la Sainte-Trinité soit bien clairement mentionné dans la Bible. Alcuin passa également au crible toutes les versions plus ou moins douteuses de la Vulgate qui circulaient à son époque. Son texte définitif, ou Vulgate d'Alcuin, est une copie de l'œuvre de Jérôme débarrassée de toutes les scories et erreurs qui étaient venues la dénaturer, et augmentée de commentaires témoignant de tous les progrès du savoir. D'ailleurs, Alcuin avait fait venir d'York les meilleurs ouvrages de la bibliothèque de son abbaye, et on peut comparer la finesse de son érudition et la rigueur de son travail à celles de Cassiodore au temps de Vivarium. Il semble, en effet, que les textes d'Alcuin et de Cassiodore se fassent écho à travers les siècles, car la Vulgate dans la version de Cassiodore avait inspiré la rédaction des Bibles de Northumbrie, particulièrement le *Codex Amiatinus*, mais aussi celle d'une autre également en latin, envoyée, celle-là, de Rome à Canterbury, un siècle auparavant, par un pape soucieux de propager la foi dans le royaume des Angles. Le texte d'Alcuin sera finalement adopté au Moyen Age par l'université de Paris, laquelle le transmettra aux ateliers qui imprimeront les premières Bibles aux environs de l'an 1460.

On peut donc considérer qu'avec la Vulgate d'Alcuin, un pas décisif a été fait vers l'établissement du texte définitif de la Bible en latin. Pourtant, le rôle primordial qu'a joué ce grand érudit dans la constitution du patrimoine intellectuel de l'Occident est moins le travail textuel qu'il a accompli qu'une véritable prouesse technique. Si les scriptoria de Charlemagne ont pu produire les plus belles Bibles du monde, celles dont la calligraphie est la plus exquise, dont les enluminures sont les plus belles et les reliures les plus riches avec leurs incrustations de métaux précieux, de gemmes et d'ivoire, c'est à la haute supervision d'Alcuin qu'ils le doivent. Il a su faire de chaque ouvrage un livre-objet, un livre-trésor, un reliquaire où la parole de Dieu est enchâssée avec autant de révérence que les vénérables reliques des saints. Les nobles de l'époque, pour la plupart illettrés et — comme on dirait aujourd'hui — a-culturés, se mirent à considérer les livres et le savoir qu'ils représentaient avec un nouveau respect. Car ce n'était pas seulement la Bible que l'on copiait dans les monastères de Tours, de Fulda, de Reims, d'Echternach, de Corbie ou de Saint-Gall, mais aussi les grandes œuvres classiques de l'Antiquité. La quasi-totalité (85 % selon les estimations) des plus anciennes versions des classiques à être parvenues jusqu'à nous est sortie des scriptoria carolingiens. Trempées dans l'encre noire faite des noix de galle de chêne, les plumes des scribes ont couché sur des parchemins si épais qu'on les dirait crémeux des textes qu'ils ont copiés, mot après mot, de cette belle écriture ronde qui est la marque distinctive de l'art graphique carolingien.

Une superbe enluminure qui forme la page liminaire d'une Bible offerte par le successeur d'Alcuin, l'abbé Vivien de Tours, au petit-fils de Charlemagne, Charles le Chauve, dépeint la cérémonie officielle au cours de laquelle on remettait à leurs destinataires ces somptueux ouvrages qui étaient alors ce que la main humaine pouvait produire de plus beau et de plus raffiné. Le sens de la perfection d'Alcuin et la munificence de Charlemagne sont à la source de ce nouveau prestige acquis par le livre, mais la Bible n'a pas été seule à en bénéficier : les scribes de l'époque transcrivaient aussi les vers qui scandaient les chants de marche des légions romaines dont Kipling reprend les rythmes lorsqu'il compose ses grands poèmes à la gloire des armées britanniques aux Indes.

Alcuin avait pour l'Antiquité la plus fervente admiration ; il mettait toute son énergie à en garder vivantes les traditions. Les lettres qu'il adressait aux prieurs et aux souverains abondent en exhortations à la piété, mais elles mentionnent aussi les dons qu'il faisait, parchemins, plumes, encres et pigments, et ne ménagent pas les encouragements aux scribes des scriptoria. Le 8 juin 793, les Vikings ayant mis à sac et incendié le monastère de Lindisfarne au cours d'un de leurs raids, Alcuin prit sa plus belle plume et rédigea deux longues missives ; la première est adressée au roi de Northumbrie, Ethered, et lui rappelle que le châtiment de Dieu peut s'abattre sur l'homme, même en ce monde, et que le malheur est souvent la rançon du péché. Sur un ton d'affectueuse fermeté, Alcuin encourage le souverain à placer désormais ses pas sur le chemin de l'innocence et de la vertu. La seconde lettre est destinée à l'évêque Higbald, prieur de Lindisfarne, et à sa communauté, et elle est pleine de compassion et riche de promesses : Alcuin s'y engage à intervenir auprès de Charlemagne pour que l'abbaye soit dédommagée des pertes subies, « soit en faisant libérer les jeunes novices qui ont été emmenés en captivité par les païens, soit en subvenant à vos besoins » ; il exhorte les moines à reprendre leurs travaux dans l'abbaye dévastée « car cette épreuve, c'est de Dieu qu'elle vous vient », ajoutant que, « grâce à la miséricorde divine », la grande Rome avait pu être restaurée après les invasions barbares. Ce raid sur Lindisfarne n'avait rien d'exceptionnel ; les populations riveraines des mers nordiques vivaient sous menace, et le monachisme irlandais allait bientôt en faire les frais.

Après dix années laborieuses passées à la cour d'Aix-la-Chapelle, Alcuin se retira à Tours, au monastère de Saint-Martin où il prit à nouveau la direction d'un scriptorium. Il resta toujours en correspondance avec Charlemagne à qui, dans ses lettres, il donne le nom hautement symbolique de David. Il raconte au souverain sa vie à Tours et comment il nourrissait ses frères « du miel des Saintes Ecritures » et les abreuvait « jusqu'à satiété du vin capiteux des grands classiques ». Il évoque souvent avec tendresse sa bonne vieille ville d'York et sa grande bibliothèque — qui, avec ses quelques centaines d'ouvrages, semblait alors gigantesque —, mais jamais il n'exprime l'ombre d'un regret d'avoir quitté le royaume des Angles pour l'Empire. Lors d'une visite dans son pays, il écrivit à l'un de ses collègues en France : « La bière d'ici me donne des brûlures d'estomac... fais-moi donc parvenir un tonnelet de bon vin. » A Tours, avec ses frères, Alcuin ne se contentait pas du vin capiteux des classiques, celui de la région aidait aussi à le mettre de belle humeur. On sait que le vin figurait pour un quart dans le régime des réfectoires monastiques ; on sait aussi quel fabuleux vecteur de civilisation il peut représenter ! Alcuin mourut en 804 — dix ans avant son empereur — et fut enterré à Tours. Il avait préparé son épitaphe : trois petits couplets dont le dernier se termine ainsi :

Ici repose Alcuin dont la vie fut donnée aux travaux de l'esprit.
O toi qui lis ces mots, pense à son âme et prie...

Au-dessous de ce texte, ses frères ont ajouté : « Ci-gît le Seigneur Abbé Alcuin de vénérée mémoire, mort en paix le 19 de mai. » Pour conclure sur une métaphore culinaire, on pourrait ajouter qu'à la pâte assez lourde qu'était alors l'Europe, Alcuin a su mêler la pincée de levain qui a fait gonfler le Moyen Age comme une belle brioche bien dorée :

Sur la page tombent en perles
Gouttes de savoir toutes belles
Tons rouges, bleus, fauves et roux
Mais ma main ferme se fait douce
Quand la sagesse coule en source
De la verte écorce du houx...

A l'époque de Charlemagne, l'Empire vit en paix, refait ses forces, reconstruit quelque peu son économie, car les guerres se déroulent au loin comme dans des épopées. Le Moyen Age saura rendre hommage à ce premier représentant d'une grande monarchie chrétienne. Trois siècles après sa mort, Charlemagne est canonisé. Au cours du XIVe siècle, on ouvre son tombeau, on rassemble les fragments de son crâne et on les place dans un énorme reliquaire aussi impressionnant, aussi étincelant que le masque d'or de Tout Ankh Amon. Cette œuvre de style flamboyant exprime la souveraineté absolue du pouvoir impérial : le visage aux traits droits est encadré par les vagues souples des cheveux et de la barbe ; le front est barré d'une frange surmontée d'une couronne sertie de pierres précieuses entourant une croix gothique classique. La silhouette de l'empereur est drapée dans une cape dont les motifs — des aigles — rappellent le titre de saint empereur romain qui lui avait été conféré par le pape au jour de Noël en l'an 800.

A Aix-la-Chapelle, dans l'église que Charlemagne avait fait construire sur le modèle de Saint-Vital de Ravenne, un siège de marbre sculpté occupait la place d'honneur dans une des galeries supérieures. De ce poste d'observation, l'empereur aimait contempler longuement le déroulement des offices dans le chœur. Après sa mort, ce siège devint le trône du couronnement pour tous ses successeurs à la tête du Saint Empire romain ; sur le pourtour de la galerie, on ouvrit des chapelles, une par province. Le trône fut surélevé de six marches en mémoire des instructions données par Salomon pour son propre trône ; pendant tout le Moyen Age, les pèlerins vinrent se faufiler sous cette estrade dans l'étroit espace laissé par les maçons, car ce geste était supposé porter bonheur et fortune. Aujourd'hui encore, on célèbre la messe sur le petit autel placé derrière le trône. Tous les biographes de Charlemagne s'accordent à dire que l'empereur passait de longues heures dans cette galerie ; son regard attentif suivait les différents actes des cérémonies, notant toute erreur ou omission au rituel liturgique. Lorsqu'il était témoin de quelque manifestation de piété particulière, il marquait l'occasion par un don. Imaginons-le un moment assis, là-haut sur son trône ; au-dessous de lui, la masse des fidèles et le clignotement des petites lampes qui allument des reflets sur les marbres du grand octogone ; au-dessus de sa tête, le ciel et ses mystères. Au fil des heures, des jours, des années, il reste là dans la douce pénombre. Le siège qu'il occupe a été fabriqué à l'imitation des fauteuils épiscopaux italiens ; les panneaux-écrans de bronze qui l'entourent et qui sont magnifiques sont, en fait, d'assez pauvres copies d'antiquités romaines. Qu'importe ! Qu'importe aussi les évidentes erreurs de mise en scène... que le roi des Francs ait, par exemple, choisi de placer son trône dans la galerie qui, à Ravenne, était le *gynæceum* réservé aux femmes... que les formes artistiques et le cérémonial de Byzance et de Rome aient parfois été mal interprétés ou utilisés à contresens ! L'essentiel est sauf : le trône de la galerie est, pour Charlemagne, le symbole du pouvoir qu'il a sur toute la chrétienté d'Occident. Autour de lui, l'Europe est rassemblée par la foi, par les certitudes inscrites dans la Bible. Quand le saint empereur romain partait guerroyer, son écuyer portait une lance décorée d'un des clous de la Vraie Croix. Au cou du monarque pendait un médaillon qui contenait deux petites fibres du bois de la Croix sacrée à l'intérieur d'une goutte lumineuse de cristal de roche enchâssée dans une pépite d'or.

Le royaume d'Occident

Pour mieux préserver l'intégrité de la foi, Charlemagne avait fait construire une église forteresse. A la massive architecture carolingienne allait succéder le jaillissement des grandes cathédrales gothiques où la pierre semble se tendre et se déployer avec la légèreté d'une voile. Autant l'église d'Aix-la-Chapelle est enracinée au sol et repliée sur elle-même, autant les cathédrales du Moyen Age semblent, dans l'envol des arcs-boutants qui épaulent la minceur de leurs murs, aériennes, vertigineuses et comme aspirées vers le ciel. Leur extérieur est une promesse du miracle qu'elles cachent à l'abri des hautes voûtes. Les bâtisseurs de cathédrales étaient de grands géomètres et, sous leur savante direction, l'édifice devient une démonstration, un exercice d'équilibre entre possible et impossible, entre points d'appui et points de rupture. Les gigantesques structures de pierre que l'on dresse de nos jours ont toujours une fonction : elles soutiennent le tablier d'un pont, elles étalent des panneaux publicitaires. Les cathédrales n'avaient d'autre finalité que de rayonner à la face de Dieu de toute l'harmonieuse danse de leurs lignes. Elles témoignent d'une folle ambition qui correspond à l'éveil d'une nouvelle civilisation. Les cathédrales du Moyen Age montrent les aspirations, le savoir-faire, le génie de la société qui est née autour de leurs grands chantiers ; elles sont le produit de l'imagination des nantis de l'époque.

Si la vieille Europe s'était transformée, c'était en partie sous l'impulsion de l'Eglise. Les monastères ont, en effet, aidé le vaste Empire de Charlemagne à sortir de la misère, à émerger de la nuit. Grâce aux moines, l'espace cultivable s'est agrandi, les forêts ont été débroussaillées, les premiers systèmes de drainage sont apparus. On sait désormais fabriquer des harnais, et donc utiliser à meilleure capacité les animaux de trait ; on multiplie le nombre des moulins à eau et on en perfectionne le mécanisme pour accroître les sources d'énergie ; on améliore les techniques d'élevage des moutons ; on procède à des croisements de race — et ce dernier progrès n'est pas le moins important car il signifie que, dès la fin du premier millénaire, les parchemins pour la fabrication des Bibles seront disponibles dans de plus grands formats. Du temps de Charlemagne, la population de l'Europe tournait autour de trois millions. Quatre siècles plus tard, au moment de la construction des cathédrales, elle avait presque triplé, tandis que trois mille nouvelles villes étaient créées et que les plus anciennes voyaient leur périmètre s'agrandir et jouissaient d'une belle prospérité. Le Paris du XIIe siècle comptait déjà plus de deux cent cinquante mille habitants. Une nouvelle société bourgeoise se constituait, société dont l'Eglise voyait le développement d'un très bon œil et à laquelle elle accordait son soutien en encourageant tous les corps de métier et la formation de guildes ou confréries de marchands qui, toutes, avaient un saint patron. Aux fêtes carillonnées, se tenaient d'importantes foires de commerce, et les grands négociants parcouraient à nouveau l'Europe d'un bout à l'autre pour acheter des matériaux ou vendre leurs produits.

A côté des églises et cathédrales, certains évêques ouvrirent alors des écoles qui allaient devenir les premières grandes universités de l'Europe. C'est ainsi qu'au XIIe siècle, Chartres était un centre intellectuel de grand renom ; son école qui jouxtait la cathédrale réunissait des étudiants qui avaient voyagé et avaient connu en Espagne ou en Afrique du Nord des condisciples arabes et juifs, et qui étaient eux-mêmes de bons hellénistes. L'Occident se mit à renouer avec les grands auteurs classiques, avec les mathématiques contenues dans les propositions d'Euclide, avec l'étude du ciel et des astres par l'observation et la collation des données astronomiques. Les savants météorologues affirment que le climat de l'Europe a connu un réchauffement au cours des trois siècles qui ont suivit l'an mille. Tel le lézard qui s'arrache aux crevasses des vieux murs, la population de l'Europe commença à sortir de la gangue qui l'étouffait. Emergeant timidement des ténèbres et des peurs, elle se surprend à se frotter les yeux, à renifler l'air du temps, à se tourner vers l'aube du nouveau monde qui s'annonçait.

Et justement, pour cette population, des cathédrales

comme celle de Chartres représentaient une aube ensoleillée, car elles s'élevaient comme des hymnes, elles chantaient l'espérance et le renouveau. Dans ces grands vaisseaux de pierre, l'Europe voyait à la fois la somme de son savoir et les promesses d'un avenir riche de nouveaux modes de pensée et de courants esthétiques différents. C'est pourquoi l'architecture des cathédrales proclame à la fois l'ambition de leurs bâtisseurs et les aspirations de l'Europe vers de nouvelles formes de civilisation. Or, l'Europe avait pour pivot une foi partagée et contenue dans les pages d'un livre unique : la Bible, celle de Charlemagne pour laquelle Alcuin avait rédigé ses fameux chapitres d'introduction ; dans ce texte, toute la vérité du monde était expliquée et trouvait sa validité. Aujourd'hui, les savants ne tiennent que peu de certitudes comme absolues, à part la vitesse de la lumière, les vibrations à l'intérieur de certains cristaux et quelques rares autres principes... alors qu'au Moyen Age, chaque phrase de la Bible était considérée comme vérité première. La chose n'allait d'ailleurs pas sans poser problème aux étudiants des nouvelles écoles comme celle qui s'était établie à Chartres. Leur questionnement était double : comment devait-on interpréter les textes sacrés ? (Interrogation pressante car il ne faut pas oublier qu'au Moyen Age, et même plus tard, des variations d'interprétations pouvaient mener leurs auteurs au bûcher comme à la canonisation !) Et comment pouvait-on accorder avec le texte biblique les œuvres si pertinentes et si brillantes de l'Antiquité classique païenne ? Etait-il possible, par exemple, de réconcilier les opinions nuancées de Platon sur la réalité du monde physique avec le récit de la Création que donnait la Genèse ? Chacun était, bien sûr, persuadé de vivre dans le monde qui avait été créé par le Dieu de la Bible, mais certains esprits n'hésitaient pas à demander sur ce monde un supplément d'information, des précisions que les Saintes Ecritures ne fournissaient pas. Un érudit à qui l'on avait dit que ce genre de questions était futile puisque Dieu, dans sa Toute-Puissance, pouvait exercer son pouvoir à sa guise répondit, non sans pétulance : « Pauvres sots ! Ne voyez-vous pas que Dieu aurait pu faire sortir les vaches des arbres mais qu'il s'en est bien gardé ! Alors trouvez-moi de bonnes raisons pour expliquer que les choses sont ce qu'elles sont, ou cessez une bonne fois pour toutes de l'affirmer ! » Pour des intelligences aussi exigeantes que celle-là, les auteurs de l'Antiquité païenne tenaient peut-être en réserve des réponses plus pointues sur l'ordre universel du monde, sur des champs d'expériences qui vont au-delà du « tumulte des sens », que celles proposées par les textes sacrés.

Au cours du XIIe siècle, après cent années de recherches, d'études et de controverses, Thomas d'Aquin, déjà auteur de nombreux ouvrages, termina sa *Somme théologique* qui est aujourd'hui encore la base doctrinale de l'Eglise catholique, romaine. Influencée par Aristote, la pensée de Thomas d'Aquin formule la grande distinction entre raison et foi (qui recoupe en partie la distinction entre littérature chrétienne et littérature païenne) et réussit à faire fusionner ces deux concepts dans une éblouissante démonstration. Avec sa *Somme théologique*, Thomas d'Aquin a mis au point un système qui trouve, pour chaque article de foi, des preuves, donnant ainsi aux croyants une argumentation logique, un rempart intellectuel à toute épreuve. Ces grands débats scolastiques du Moyen Age ont certes joué un rôle important dans la formation des esprits, mais il n'empêche que c'est la construction des cathédrales qui domine toute l'époque et qui l'incarne le mieux. N'étaient-elles pas la preuve la plus éclatante que la raison et la foi en Dieu avaient trouvé un point d'équilibre, là-haut, tout là-haut, quelque part entre ces contreforts et ces flèches trouant le ciel ?

Il arrivait parfois — pas trop souvent, heureusement ! — que les grandes cathédrales s'écroulent, écrasant sous leur poids les congrégations en prière. Ces accidents permettent d'évaluer la part d'audace dans des constructions où les architectes mettaient un point d'honneur à surpasser ce que d'autres avaient fait avant eux. A l'occasion de ces catastrophes, c'étaient toujours le diable et ses démons qu'on accusait : pour punir quelque faute humaine, Satan avait donné du jeu aux câbles des échafaudages, secoué malignement les planches et précipité au sol les ouvriers. Pour ouvrir ces gigantesques chantiers, toutes les ressources et tout le savoir-faire humains, somme des connaissances accumulées au cours des âges et données par la sagesse divine, avaient été nécessaires. « Nous sommes des nains, déclarait Bernard de Chartres qui enseignait la philosophie classique à l'ombre de la cathédrale au XIIe siècle, mais, juchés sur les épaules des géants qui nous ont précédés, nous pouvons voir beaucoup plus loin qu'eux, non que notre vision soit plus claire, mais parce que nous percevons les choses de plus haut, grâce à la stature de nos ancêtres. »

Si le diable s'amusait à dénouer les câbles des échafaudages des cathédrales, la sagesse des hommes savait redresser la situation, trouver des nœuds plus solides, créer des techniques de renforcement pour les matériaux et de protection pour les hommes. Une sagesse semblable venait étayer les structures de la nouvelle société qui émergeait, et ce sont de hautes figures de sages que l'on a sculptées de chaque côté des portails d'entrée de la cathédrale. Dans un grand brassage de générations, les contemporains y côtoient les héros de l'Antiquité et les personnages bibliques. Ces statues jouent le même rôle que des notes explicatives de bas de pages. Voici alignée la cohorte des grands ancêtres : Jérôme tenant sa Bible et, à côté de lui, un pape en train de rédiger une glose des Saintes Ecritures ; sur son épaule, pour le guider, est venue se percher une colombe, symbole de la sagesse divine. Sur la façade on trouve aussi un calendrier des divers travaux agricoles, le zodiaque des Babyloniens, le Soleil, la Lune et les figures de la Vertu et de la Philosophie, cette dernière portant le costume qu'avait autrefois décrit Boèce. Mais, tout près de ces éléments à valeur emblématique, sont rangés les grands héros bibliques, les prophètes et les saints dont les paroles inspirées par Dieu sont le garant de l'ordre dans les temps nouveaux qui s'annoncent.

La construction des cathédrales a opéré la fusion des acquis du savoir classique et de la culture biblique. Les auteurs classiques avaient toujours vu dans le chiffre 7 un symbole de l'harmonie cosmique ; il y avait, en effet, 7 planètes, 7 notes dans la gamme, 7 couleurs dans l'arc-en-ciel, etc. Les chrétiens reprennent le symbole à leur compte en distinguant 7 vertus et 7 péchés et en comptant 7 âges dans la vie de l'homme. La Genèse, déjà, avait utilisé ce nombre, car Yahvé avait créé le monde en 7 jours. Aussi décida-t-on de célébrer dans les cathédrales 7 offices quotidiens à la gloire de Son Saint Nom. Mais les théologiens renchérissaient encore : 7 était la somme de 3 et de 4, ce qui permettait d'additionner la Sainte-Trinité et les quatre évangélistes, et d'unir ainsi les mystères de la foi et les hommes qui les avaient exprimés dans leurs écrits. Cette arithmétique divine allait toujours plus loin : en multipliant les trois facettes de l'âme par les quatre éléments de l'univers — et en sollicitant un peu les théories d'Aristote — on obtenait le chiffre 12, soit exactement le nombre des apôtres fondateurs de l'Eglise universelle. Cette symbolique des nombres, on la retrouve aussi bien dans la théologie que dans l'architecture gothiques ; elle est reprise à l'infini comme les paillettes de lumière d'un kaléidoscope ; elle se fonde toujours sur un passage de la Bible.

On aurait tort de prendre ces extrapolations à la légère, car l'architecture des cathédrales du Moyen Age repose sur l'agencement géométrique de ces nombres symboliques. Si l'on veut agrandir un triangle tout en gardant un angle droit, on se réfère à la longueur proportionnelle de chacun de ses côtés. C'est à partir d'un principe aussi sommaire que celui-là que les architectes, avec leurs règles et leurs compas, ont élaboré la savante géométrie des cathédrales ; à l'exemple de Dieu qui avait jaugé la Création avec ses propres instruments de mesure, les bâtisseurs de ces sublimes églises ont fait avec leurs pierres le modèle même de l'univers gothique. Si, dans ce monde, figuraient les héros de l'Antiquité et de la Bible, s'ils étaient replacés dans le contexte des scènes où ils avaient joué un rôle, ce n'était nullement par souci de raconter au petit peuple des histoires qu'il ne pouvait pas lire lui-même, ou de lui donner des leçons de morale. Avait-on voulu enseigner les techniques agricoles aux paysans en plaçant au fronton des églises des vignettes où l'on montrait la taille des arbres et les moissons ? Ce que l'on a voulu rassembler dans ces sanctuaires, c'est toute la création de Dieu, tout l'univers du Moyen Age, et personne ne pouvait se prévaloir de comprendre chacun de leurs multiples éléments. Les cathédrales dressaient leurs hautes lignes pour exalter l'ordre d'un monde nouveau édifié selon les règles du grand ordre qui régnait aux cieux et que le texte de la Bible permettait de percevoir. Cette même vision ordonnée et géométrique, les architectes la retrouvait dans l'univers qui les entourait, et les canons esthétiques de l'époque en témoignait : beauté des visages et des silhouettes longilignes, beauté des plantes et des animaux dont le dessin s'épure. L'homme et la nature participent de cette grande géométrie universelle de source divine. Tout ce qui existait dans le monde avait son origine dans la Bible. Et l'ordre biblique était beau et le monde était beau. Pour la première fois, depuis de longs siècles, le monde avait renoué avec la beauté.

Alors qu'à Aix-la-Chapelle, on entre dans l'église de Charlemagne par un lourd portail dont les vantaux de bronze romain ont des poignées fichées dans la gueule de féroces lions, on pénètre dans Chartres sous le regard bénin et souriant des grands rois sculptés sur les porches. C'est déjà le signe d'une nouvelle douceur de vivre ! A l'époque de la construction de Chartres, un prêtre avait un jour demandé au roi ce qu'il ferait s'il lui fallait choisir entre le stigmate du péché et celui laissé par la lèpre. « Plutôt trente péchés que la lèpre ! » avait répondu le roi sans hésiter. Oui, le monde avait vraiment changé ! Fini le temps où les aspirations de l'Europe étaient confinées dans les petites cellules bien closes où des moines vivaient dans la solitude, la prière et la macération, grattant le parchemin en attendant la mort et le salut éternel, ou l'apparition terrible d'une horde de Vikings ! Désormais, il y avait place pour la lumière, pour l'amour, pour le tourbillon des passions, mais aussi pour la cupidité, pour les biens matériels et toutes les dangereuses tentations qu'ils présentent et qui sont les plaisirs de l'existence : or, pierres précieuses de la plus belle eau, vins fins... Parmi les sept péchés capitaux, ceux qui avaient fait le plus de ravages à l'âge des ténèbres étaient l'avarice et la paresse, alors qu'au Moyen Age la concupiscence devient la bête à abattre. Ce beau printemps qui éclatait sur le monde faisait monter la sève et bouillonner le sang. Pierre Abélard, le plus éminent théologien du XIIe siècle, accusé d'avoir suborné une de ses étudiantes, fut castré par les hommes de main du tuteur de la fille. En 1139 — quelque vingt ans plus tard — le concile de Latran décrétait que les prêtres n'avaient plus le droit de se marier et que ceux qui avaient contracté mariage verraient leur union annulée. A la même époque, le culte de la Sainte Famille va se répandre — talonnant de près celui de la Sainte-Trinité — et la dévotion à la Vierge Marie Mère de Dieu s'épanouit en floraison de poèmes qui la célèbrent en termes aussi ardents que ceux qui exaltent l'amour humain. L'affectivité reprend ses droits, comme en témoignent des œuvres aussi diamétralement opposées que celles de François d'Assise et François Villon.

La partie est de la façade de Chartres est dédiée au culte de la Vierge Marie mais un œil attentif y trouvera aussi toute l'histoire du Moyen Age en résumé. A l'image de l'Europe médiévale, cette partie repose sur un socle carolingien. C'est d'ailleurs le petit-fils de Charlemagne qui avait fait le renom du sanctuaire — renom qui devait grandir avec l'essor de la dévotion mariale — en lui offrant une relique fort précieuse puisqu'il s'agissait de la tunique que la Vierge portait, si l'on en croit la légende, le jour de son Assomption. Dévastée par un incendie, la cathédrale fut aussitôt reconstruite et, bientôt, elle surgit de la butte au centre de la ville comme un chêne dont les ramures s'élançaient à perte de vue. Au-dessus des fondations carolingiennes, apparaissaient des rappels d'une architecture beaucoup plus ancienne, et les deux grandes portes, avec le majestueux portail royal, forment un ensemble qui fait inévitablement penser aux arcs de triomphe romains. Surmontant le portail, le tympan présente un Christ en majesté entouré des quatre évangélistes. Tout le plan de l'église semble inspiré des basiliques romaines. Comme au temps de Constantin, il comprend une large nef centrale et deux bas-côtés, mais là où l'architecture de Chartres s'éloigne du modèle classique, c'est dans l'usage qui est fait de la hauteur des voûtes. La cathédrale s'élance vers Dieu dans un mouvement de vertige mystique ; elle jaillit avec la spontanéité joyeuse qui embrase l'être dans le mouvement de la passion. Il s'est écoulé quatre siècles entre la construction des voûtes de plein cintre des tours romanes et celle des clochetons et ogives de style flamboyant qui couronnent la flèche nord et s'accrochent au ciel comme les vrilles d'une vigne. La cohésion de ces éléments disparates et leurs fusion en un chef-d'œuvre d'harmonieuse unité témoignent de la modestie de générations d'architectes de personnalité et de culture fort différentes qui n'ont jamais tenté d'imposer leur style ou de faire table rase de ce que d'autres avaient construit avant eux. Au contraire, de ce foisonnement de richesses, ils ont fait surgir un ensemble d'une radieuse perfection. Comment expliquer cette réussite ? Si l'on prend la façade pour exemple, on constate que chacun de ses éléments obéit à une stricte géométrie : à partir de quelques points fixes, elle s'organise suivant une grille de nombres et de mesures, une rigoureuse échelle de proportions. Selon les données de cette grille, une fois le bloc de pierre découpé par les carriers, les maçons travaillaient les moellons un à un dans leurs petits ateliers, mesurant, coupant avec une précision minutieuse. Puis, les pierres étaient hissées sur les échafaudages et finalement mises chacune à sa place avant d'être jointoyées par un emplâtrage de chaux. Dans la Bible, chaque ligne a une signification précise tout en contribuant à l'unité de l'ouvrage ; de même, dans des grandes cathédrales, chaque pierre joue son rôle dans le projet d'ensemble.

Au cours des XIIe et XIIIe siècles, la construction des deux tours de Chartres déclencha une telle flambée d'enthousiasme que des milliers de gens affluèrent de toute la région vers la ville. D'un même cœur, nobles et manants s'attelèrent aux jougs à la place des bœufs pour tirer les lourds chariots des maçons qui transportaient les pierres, arrivées par barges, de la rivière jusqu'au tertre de la cathédrale. Les chroniqueurs rapportent que ce travail se faisait dans une telle atmosphère de piété que personne ne disait mot. Ce silence impressionnant n'était brisé que par les formules de prière qui scandaient les mouvements de ces chrétiens pliés sous le fardeau comme des pénitents. Citant le livre d'Ezéchiel, l'évêque de Chartres disait que la lente progression des chariots était guidée par la main de Dieu. Ezéchiel, en effet, avait été visité par un songe : le trône du Très-Haut lui était apparu roulant sur quatre signes du zodiaque : le Taureau, le Lion, le Scorpion

— parfois représenté dans l'Antiquité par un aigle — et le Bélier, animaux dont les chrétiens avaient fait les symboles des quatres évangélistes. Que cette extraordinaire vision d'un prophète exilé sur les lointains rivages du fleuve Kébar au pays des Chaldéens ait annoncé l'existence des quatre évangélistes tenait déjà du miracle ; qu'elle soit annonciatrice de la construction de deux grosses tours à Chartres, voilà qui donnait encore plus de poids aux vérités révélées de ce grand livre universel qu'était la Bible.

> Je regardai : un vent de tempête venait du nord, une grande nuée et un feu fulgurant et, autour, une clarté ; en son milieu, comme un étincellement de vermeil au milieu du feu. En son milieu, la ressemblance de quatre êtres vivants ; tel était leur aspect : ils ressemblaient à des hommes. Chacun avait quatre visages et chacun d'eux quatre ailes. Leurs jambes étaient droites ; leurs pieds, comme les sabots d'un veau, scintillants comme étincelle l'airain poli...
>
> Je regardai les vivants et je vis à terre, à côté des vivants, une roue, pour chaque face. Voici quels étaient l'aspect des roues et leur structure : elles étincelaient comme de la chrysolite et elles étaient toutes les quatre semblables. C'était leur aspect. Quant à leur structure, elles étaient imbriquées l'une dans l'autre. Lorsqu'elles avançaient, elles allaient dans les quatre directions ; elles n'obliquaient pas en avançant. La hauteur de leurs jantes faisait peur ; et c'était un foisonnement d'étincelles sur leur pourtour à toutes quatre. Quand les vivants avançaient, les roues avançaient à leurs côtés ; et quand les vivants s'élevaient de dessus la terre, les roues s'élevaient. Ils allaient dans la direction où l'esprit voulait aller, et les roues s'élevaient en même temps ; c'est que l'esprit des vivants était dans les roues. Quand ils avançaient, elles avançaient, et quand ils s'arrêtaient, elles s'arrêtaient ; et quand ils s'élevaient au-dessus de la terre, les roues s'élevaient en même temps car l'esprit des vivants était dans

les roues. Au-dessus de la tête des vivants, la ressemblance d'un firmament, étincelant comme un cristal resplendissant ; il s'étendait sur leurs têtes, bien au-dessus. En dessous du firmament, leurs ailes étaient tendues l'une vers l'autre. Chacun en avait deux qui le couvraient, chacun en avait deux qui lui couvraient le corps. Et j'entendis le bruit que faisaient leurs ailes quand ils avançaient ; c'était le bruit des grandes eaux, la voix du puissant ; bruit d'une multitude, bruit d'une armée. Quand ils s'arrêtaient, ils laissaient pendre leurs ailes. Il vint une voix depuis le firmament qui était au-dessus de leurs têtes, telle une pierre de lazurite, il y avait la ressemblance d'un trône ; et au-dessus de cette ressemblance de trône, c'était la ressemblance, comme l'aspect d'un homme, au-dessus, tout en haut. Puis je vis comme l'étincellement du vermeil, comme l'aspect d'un feu qui l'enveloppait tout autour, à partir et au-dessus de ce qui semblait être ses reins ; et à partir et au-dessous de ce qui semblait être ses reins, je vis comme l'aspect d'un feu et d'une clarté, tout autour de lui. C'était comme l'aspect de l'arc qui est dans la nuée un jour de pluie : tel était l'aspect de la clarté environnante. C'était l'aspect, la ressemblance de la Gloire du Seigneur...

(Ezéchiel, I, 4 et suiv.)

Ces visions, mystères venus d'un autre monde, fécondaient les imaginations, et les architectes et artisans des cathédrales du Moyen Age les ont intégrées dans leurs travaux, qu'ils soient souffleurs de verre, maîtres verriers, peintres ou sculpteurs. Au même titre que les statues qui figurent sur les porches, les vitraux — équivalents occidentaux des *tanka* tibétains — contiennent dans leurs motifs en tapisseries tout l'univers médiéval, et mêlent les personnages de l'époque aux grandes figures bibliques. Une fois les plans des architectes achevés, les maîtres verriers se mettaient à l'œuvre, dessinant leurs panneaux de sorte que les décors de verre soient en parfaite harmonie avec le projet d'ensemble. Chacune des petites scènes qu'ils composaient est un chef-d'œuvre en miniature, mais, là encore, les sujets choisis ne relèvent ni de la pédagogie ni de la théologie ; leur propos est de faire figurer tout le peuple de la chrétienté dans le grand ordre du monde défini par les érudits et les savants de l'époque.

Ainsi, aux côtés de Moïse, de Jacob, de David et de bien d'autres héros bibliques, et rythmant sur ces grands modèles leurs postures ou leurs gestes, voici des bouchers équarrissant des carcasses de bœufs, des boulangers à leur fournil, des porteurs d'eau dont les poses rappellent celles des dieux classiques des fontaines et rivières lorsqu'ils font ruisseler dans leurs jarres de longs filets de liquide argenté. Toutes les guildes de l'Europe médiévale, tous les seigneurs et notables de la région sont présents dans ces vitraux qui les exaltent à l'égal des monarques chrétiens. Il faut dire qu'ils payaient cet honneur à bon prix ! Le financement des cathédrales retombait en partie sur l'Eglise qui laissa dans ces chantiers une bonne partie de ses ressources et dépêcha dans toute l'Europe des prédicateurs chargés de collecter de nouveaux fonds. Les voyages de ces frères prêcheurs s'accompagnaient souvent de miracles pour encourager les donateurs comme si la terre et le ciel avaient voulu unir leurs efforts pour multiplier le nombre des sanctuaires. Parfois, c'était la Vierge qui apparaissait aux futurs mécènes, et parfois, des visions céleste ou des lampes miraculeuses venaient éclairer le travail nocturne des humbles qui, n'ayant pas d'or à donner, fournissaient gratuitement la main-d'œuvre ou les matériaux des chantiers. Les rois offraient les vitraux, choisissant les sujets qui avaient leur préférence. Tandis que les rois de France voulaient honorer leur patron saint Denis, les monarques espagnols en tenaient pour saint Jacques, le preux chevalier qui avait autrefois combattu les Maures. Et le peuple suivait leur exemple : en échange de leurs donations, les paysans réclamaient un vitrail à la gloire d'Adam, premier homme à avoir cultivé la terre, les tonneliers en voulaient un autre dédié à Noé, qui avait su fabriquer l'arche et planté la vigne, et les vanniers demandaient que soit célébrée la mémoire de l'ermite égyptien saint Antoine qui ne dédaignait pas de tresser les roseaux. Quant aux chevaliers chrétiens, ils faisaient don de vitraux représentant des saints tombés au combat ou des évangélistes ayant tenu l'épée. A une époque où chaque individu trouvait sa place dans l'une ou l'autre des nombreuses confréries — car même les lépreux et les truands avaient la leur, bien qu'aucun vitrail ne vienne le rappeler ! —, c'était tout le corps social qui pouvait venir contempler son image dans le miroir tendu de ces grands panneaux de verre. S'ils ne sont pas représentés dans les vitraux, les lépreux et truands devaient se presser en foule sur le parvis de ces cathédrales qui conféraient à tous ceux qui avaient aidé à les construire la dignité la plus haute en les associant aux prestigieux modèles des Saintes Ecritures.

Et comment les marchands qui chevauchaient vers ces villes-cathédrales, comment les paysans de la région qui voyaient les hautes flèches se dresser au-dessus de leurs champs auraient-ils manqué de comprendre que ces grandes structures de pierre et de verre proclamaient le pouvoir de la chrétienté, et donc du maître livre qui en contenait la doctrine ? Lors des fêtes, quatre fois l'an environ, toute la population des villes-cathédrales s'assemblait et parcourait les rues en longues processions. Les cortèges arrivaient tous sur la place du parvis, franchissaient les portails ouverts à deux battants et pénétraient dans le grand vaisseau fabriqué à l'image même de Dieu. Dans un seul élan, la population de la ville, toutes classes sociales confondues — nobles et guildes, marchands et manants —, se présentait devant Dieu.

On peut se demander si une architecture aussi ambitieuse ne viendrait pas parfois occulter un obscur désir de subversion devant une société aussi stratifiée, ordonnée et conformiste. Les autorités du Moyen Age ont condamné au bûcher plus d'hérétiques et de savants que les monarques carolingiens. L'Inquisition est en train de devenir toute-puissante, et on recommence à utiliser la torture comme méthode de gouvernement, ce qui n'était plus arrivé depuis le temps des Romains. Les cathédrales résument donc un monde nouveau, mais ce monde est en effervescence ; elles ne représentent ni un Disneyland à l'échelle du Moyen Age, ni un produit de l'oppression due au servage. Elles sont la crête d'écume d'une société qui a soulevé de puissantes vagues ; elles marquent un moment comme il en est peu dans l'histoire de la civilisation humaine, une pause où le temps est suspendu, où la certitude est totale, une brève fulgurance comme celle que connaît la passion avant de retomber dans la routine du vécu. Le temps des cathédrales a été une parenthèse où l'homme s'est senti proche de son Dieu dans un monde qui coïncidait avec le message de la Bible.

Constantinople, mardi 29 mai 1453

Un pan de mur, des pierres noircies, une alignée de bordels aux couleur criardes, voilà ce qui marque aujourd'hui le lieu où le dernier des empereurs de Byzance rencontra la mort en défendant sa capitale. Les vagues d'assaut des armées turques n'eurent aucun mal à pénétrer jusqu'au cœur de Constantinople en ce matin du 29 mai 1453. Depuis de longs siècles, l'Occident gothique et l'Orient byzantin faisaient route à part ; tandis que l'Occident, surmontant les grandes épidémies de peste, s'ouvraient à la prospérité économique et à la floraison du savoir et allait connaître un développement extraordinaire, les années qui passaient faisaient de l'Orient un grand musée à ciel ouvert regorgeant de vestiges des civilisations classiques et chrétiennes sur lesquels tout le monde venait faire main basse. Depuis le XIe siècle, des armées venues d'Occident — celles des croisés — s'en allaient guerroyer en Méditerranée orientale, en Palestine et en Syrie. Elles avaient repris Jérusalem tombée aux mains des Arabes ; des rivages de l'Anatolie jusqu'aux frontières de l'Egypte, leur pouvoir s'était établi par la fondation de petits royaumes crénelés de forteresses. Au cours de la quatrième croisade, en 1204, Constantinople avait été pillée, et la plus grande partie de ses saintes reliques et de ses trésors servaient désormais d'ornements aux grandes cathédrales de l'Occident. De ce coup fatal, le vieil empire de Byzance déstructuré ne se remit jamais ; aux yeux du monde, sa capitale humiliée n'était plus qu'une cité vassale des sultans de Turquie qui contrôlaient presque entièrement l'Asie Mineure.

Les derniers empereurs de Byzance étaient souvent venus en Occident. A Paris, à Rome, à Londres, on les avait vus quémander de l'aide pour repousser les assauts de l'Islam. L'Eglise d'Orient et l'Eglise d'Occident, qu'un schisme séparait depuis des milliers d'années, s'étaient plusieurs fois réunies en conciles, et, devant le péril, elles finirent par s'unifier à nouveau à Florence en 1439. Mais la population de Constantinople avait refusé cette unification qui était leur dernière planche de salut, et cela à un moment où le système défensif de la ville était affaibli au point que les artilleurs n'osaient plus installer leurs canons sur les remparts qui menaçaient de s'écrouler sous le choc des décharges. Les habitants étaient déjà réduits à la famine. Le sacre du dernier empereur de Byzance s'était déroulé à la sauvette dans une cour provinciale du sud de la Grèce en 1449 et, pour les derniers combats décisifs, l'état-major consistait en partie de généraux italiens, des Gênois. Lorsque le sultan Mehmet II, le « Grand Conquérant » turc, fit son entrée triomphale à Constantinople, le mardi 29 mai 1453, les fortifications étaient déjà à demi en ruines et tous les hauts lieux qui avaient fait la réputation de Byzance étalaient leur nudité et leur délabrement.

L'armée turque avait donné l'assaut au centre même des grands murs de terre qui défendaient la ville. Pendant de longues semaines, c'est sur ce point stratégique qu'elle dirigea le feu de ses batteries de canon, matériel fabriqué sur le modèle de l'artillerie européenne. Une fois les remparts franchis, rien ne vint mettre obstacle à son avancée ; en quelques heures, elle portait le fer au cœur de la ville et déferlait dans les grandes avenues. Passant devant la colonne que surmontait toujours la statue de Constantin, les envahisseurs fonçaient en direction de l'Hippodrome et de la basilique d'Haghia-Sophia. La veille encore, pour la dernière fois, on y avait célébré le rituel de la grand-messe impériale avec tout le faste habituel : procession tenant haut les belles Bibles, trésors de Byzance remontant vers le maître-autel et cérémonie de la Grande Entrée. L'empereur Constantin — le onzième du nom — un jeune homme courageux, avait communié, et tous ses généraux avec lui ; au sortir de la basilique, il avait passé la nuit à mettre au point le dispositif de la bataille prévue pour le lendemain. Aurait-il pu penser que, quatre jours plus tard, le vendredi à l'aube, du haut des toits d'Haghia-Sophia, un muezzin lancerait l'appel à la prière : « Il n'y a qu'un seul Dieu et Mahomet est son Prophète », et que le Grand Sultan Conquérant se prosternerait, le front sur les dalles de marbre, courbé dans la plus fervente dévotion à Allah ? Le jour de l'invasion de Constantinople, les grands portails de bronze de la basilique de Justinien arrêtèrent un instant la main des inévitables pillards, mais les janissaires eurent tôt fait de les enfoncer et se ruèrent dans le sanctuaire. Là, un étrange spectacle les attendait : la basilique était pleine, comme si toute la population de la ville avait voulu y trouver refuge. Les gens s'entassaient dans la nef, le chœur, les galeries supérieures, les moindres encoignures. Il y avait des femmes, des enfants, de vénérables sénateurs, des intellectuels, des courtisans avec leurs domestiques, ces derniers venus du grand palais tout proche. Arrachés à la protection de la Vierge — celle dont on peut aujourd'hui encore voir l'image tout en haut de l'abside dorée qui surmonte l'endroit où se dressait le maître-autel — tous ces gens, y compris les prêtres et les nonnes, furent enchaînés en longues files, maîtres et esclaves confondus dans la même opprobre et emmenés en captivité. Un total de quelque soixante mille prisonniers fut ainsi déporté de Byzance.

L'historien Phrantzês[1], qui avait été l'ami du dernier empereur d'Orient et devait, plus tard, écrire le récit du siège de Constantinople et de son tragique dénouement, faisait partie de ce convoi d'esclaves avec sa femme et ses deux enfants. Au bout de quatre mois, il réussit à payer sa propre rançon et se rendit à Erdine, capitale du royaume ottoman, pour négocier celle de son épouse qui avait été vendue au Mir Bashi — c'est-à-dire au Grand Maître des Ecuries — du sultan Mehmet. Il eut gain de cause, mais ne devait jamais revoir ses enfants. Il affirme que son jeune fils a été tué dans les appartements du palais impérial, et sa fille enfermée dans un harem. Dans la période qui suivit sa victoire, on put croire que Mehmet se montrerait clément envers les nobles de Byzance. Bref répit ! Au bout de quelques mois, on rouvrit le grand Hippodrome qui devint lieu d'exécutions où des milliers de gens furent mis à mort. On raconte que lorsque le sultan pénétra pour la première fois dans la basilique d'Haghia-Sophia, il enfonça le pouce dans une colonne de porphyre et, d'un simple geste du poignet, fit tourner le monument dans la direction de La Mecque. Le Grand Conquérant avait compris que ce lieu était consacré à Dieu, et il prit la décision de le conserver en l'état et d'interdire toute déprédation supplémentaire par les pillards. Il se contenta

1. Ou Phrantza. 1401-1478.

de demander à ses maçons de masquer tous les signes et symboles qui marquaient le sanctuaire de l'empreinte du christianisme. La basilique de la Sainte-Sagesse, suprême chef-d'œuvre des architectes grecs au service de l'empereur Justinien, désormais appelée mosquée de la Sainte-Sagesse, devint le modèle à suivre pour les bâtisseurs ottomans dont les goûts étaient infiniment moins classiques et austères que ceux des Grecs ; en quelques siècles, ils allaient couvrir Constantinople de mosquées dont les dômes rivalisaient de splendeur avec celui de la vieille basilique.

Phrantzês raconte qu'au soir de la défaite, on trouva le corps du jeune empereur gisant tout près de la première brèche faite dans les remparts et qu'on put l'identifier grâce à ses bas rouges ornés d'aigles impériales brodées de jais et de perles fines. Si l'on en croit la légende, sa dépouille fut transportée dans une église devenue plus tard la mosquée de Gül Camil. Mais les musulmans du quartier disent que le tombeau de la mosquée, qui passe pour être celui de Constantin XI, est, en fait, la sépulture d'un de leurs saints du nom de Baba Gül (qui signifie Père Rose). Le jour même de la prise de Constantinople, cette église devait célébrer la fête de sa patronne, sainte Théodosie, et la veille, selon la coutume, on avait orné les portes de gerbes de roses rouges. Vérité ou légende, qu'importe ! Une chose est certaine : la reddition de Constantinople mettait le point final à toute la grande époque du classicisme, et l'Occident n'était pas sans ressentir une certaine gêne. Le musicien attitré de la cour de Bourgogne, Guillaume Dufay, composa pour l'occasion un bel hymne funèbre. Pour la partition des ténors, il reprit, en pianissimo, les phrases des Lamentations de Jérémie :

« *Omnes amici eius spreverunt eam*... tous ses compagnons la trahissent : ils deviennent des ennemis pour elle » (Lamentations, I, 2).

Le jour même où Constantinople était tombée aux

mains des Turcs, les mercenaires italiens avaient repris la mer pour rentrer au pays, ramenant leur général en chef mortellement blessé et abandonnant la ville à la puissance occupante. Les pillards commencèrent à s'attaquer aux bibliothèques. On estime à cent vingt mille le nombre de manuscrits détruits, et on raconte qu'on pouvait alors acheter dix ouvrages parmi les plus précieux avec une seule petite pièce de monnaie. « Somme encore exorbitante, dit l'historien Gibbon, quand on pense au fatras que contenaient les ouvrages de théologie, mais tristement dérisoire pour ces trésors, ces fleurons des sciences et des lettres de l'Antiquité grecque que sont les écrits d'Aristote ou d'Homère ! » Tout ne fut pas détruit pour autant. Des Grecs de la noblesse qui étaient arrivés à survivre sous la férule ottomane, et même à se faire une place au soleil, arrivèrent à sauver un certain nombre de volumes qu'ils mirent en sécurité en les envoyant aux bibliothèques des monastères du mont Athos, dans le nord de la Grèce. Au XXe siècle, on a même retrouvé à Istanbul un exemplaire en parfait état d'un ouvrage d'Archimède que l'on avait cru perdu à jamais ; il était encore sur son étagère, dissimulé au milieu des gravats, parmi des ruines datant de l'époque de Byzance. En fait, les grands érudits de l'empire d'Orient avaient quitté le pays bien avant l'arrivée des Turcs ; au fur et à mesure que Constantinople déclinait, ils prenaient la route de l'exil et s'installaient en Occident. Déjà, en 1400, des moines grecs venus du sud de l'Italie étaient établis à Florence où ils enseignaient les beautés de leur langue classique aux fins lettrés de la ville. Plus tard, au moment où les derniers empereurs de Byzance commencèrent à venir chercher secours auprès des monarques européens, les savants et les clercs qui faisaient partie de leur suite décidaient parfois de ne pas rentrer chez eux. Certains historiens voient même, dans la visite que firent à Florence en 1438 l'empereur Jean VIII et le cardinal Bessarion, le premier signe annonciateur du grand mouvement de la Renaissance en Italie.

L'année de la chute de Constantinople marque la fin de l'empire d'Orient, mais elle apporte aussi un événement d'une autre nature : un orfèvre allemand, Johannes Gutenberg, met au point le procédé que nous connaissons sous le nom de typographie, et imprime le premier livre. Inévitablement, le texte qu'il choisit pour cette publication est celui de la Bible en latin : la Vulgate de Jérôme. Gutenberg salue cette grande première dans le monde de l'édition en ces termes : « Voilà un livre qui n'aura eu besoin ni de roseau affilé, ni de stylet, ni de plume. Il doit tout à l'ingénieux agencement, à l'ajustement précis de la presse et des caractères. » Et il ajoute avec modestie que, dans son travail, il a reçu « l'aide du Très-Haut qui souvent choisit de révéler aux humbles ce qu'il cache aux sages ».

L'invention de l'imprimerie peut paraître un événement bien secondaire par rapport au grand cataclysme qui venait d'engloutir l'empire d'Orient. Il n'en reste pas moins que les imprimeurs des ateliers de Mayence sur les bords du Rhin avaient donné le coup d'envoi à une industrie qui, en l'espace d'un demi-siècle, allait révolutionner le monde. Grâce à Gutenberg et à ses successeurs, la Bible allait connaître plus de cent éditions différentes, dont certaines dans des collections à bon marché, et être publiée dans une douzaine de langues. Ainsi vulgarisées, les Saintes Ecritures verraient leur rôle et leur fonction changer, et l'ordre religieux de l'Occident en serait affecté pour toujours. Certes, la Bible va continuer à être, pour toute la chrétienté, à la fois un guide et un miroir mais elle va aussi commencer à devenir un vecteur de crises politiques et de changements de société.

CHAPITRE VII

Le paradis perdu

« Le style, c'est l'homme... »

Il y a quelques années, la télévision italienne donnait un reportage sur le vol d'une toile du Titien dans une petite église de Vénétie. Il s'agissait d'une œuvre mineure, mais je me surpris à penser non sans tristesse : « Encore un cambriolage qui va encourager ces messieurs de la Culture à enlever les œuvres d'art des sites non protégés, à les confier à des musées gardés comme des coffres-forts, à les exposer sur panneaux numérotés, à les figer dans des pages de catalogues, bref à en faire des curiosités esthétiques parmi tant d'autres ! » Soudain, la caméra s'arrêta sur un petit groupe de vieilles femmes qui sanglotaient à chaudes larmes devant l'église où le tableau avait été volé. « C'était notre Vierge ! cria l'une d'elles à l'opérateur, et sa voix vibrait d'indignation. Depuis des centaines et des centaines d'années, elle était là, aux baptêmes, aux enterrements ! Elle était à nous, cette Vierge, à nous ! » Devant cette scène, on comprend que la même beauté abstraite d'un Titien qui justifie dans un musée une pause admirative est demeurée pour certains une image sacrée, une représentation faite pour rendre la Mère de Dieu plus proche, plus accessible, puisqu'elle est la propriété de toute une communauté.

Devenu profane, le monde moderne a séparé la beauté abstraite des images qu'elle véhicule ; de même, la Bible n'a plus les précieuses reliures et les fermoirs ouvragés qui faisaient d'elle un ouvrage à part ; elle est maintenant un livre comme les autres, un livre de poche. Toutes les pieuses et nostalgiques imitations de Bibles anciennes mises sur le marché par d'astucieux éditeurs à la fin du XIXe siècle ne sont que pauvres camouflages : la Bible s'est banalisée, elle a perdu son premier « état de grâce ». En fait, il y a bien longtemps que cet état de grâce était sous menace. Dès la fin du Moyen Age, l'Europe s'est mise à voir le monde et les choses autrement qu'au travers des pages des Saintes Ecritures. Ces siècles de ruptures et de fractures ont retenti de controverses dont certaines se sont terminées en âpres et sanglantes batailles. De texte sacré, la Bible est devenue œuvre littéraire, et c'est là une forme de déchéance. Le premier et imperceptible glissement vers cette déchéance est dû à l'influence d'un humaniste toscan, le suave, le délicieux poète Pétrarque qui, le premier, a semé dans les esprits l'idée que le style pourrait bien être une fin en soi, une forme esthétique, un goût à cultiver, que les mots — comme la nature — étaient détenteurs d'une beauté abstraite. Cet intérêt pour le texte en tant que forme va jouer un rôle dans l'histoire de la civilisation et marquer la naissance de l'homme moderne.

Francesco Petrarca avait grandi en Provence parmi les splendeurs de la cour des papes exilés en Avignon ; lorsqu'il eut seize ans, son père, Ser Petracco, qui souhaitait que son fils fît, à son exemple, carrière dans la magistrature l'envoya faire des études à l'université de Bologne. Le jeune étudiant montra tant de mauvaise volonté et même de dégoût pour une profession qu'il appela plus tard « le commerce de la justice » qu'il préféra se jeter à corps perdu dans la collection des textes classiques plutôt que de « monnayer les richesses de son esprit ». Un jour, Ser Petracco vint rendre visite à son fils ; fou de rage, il allait mettre le feu à tous ces vieux grimoires accumulés lorsque le garçon éclata en sanglots, gémissant que c'était péché que de voir ainsi « partir en fumée toute la douceur et l'harmonie des mots ». Cette phrase résume un important changement de mentalité : le style, l'écriture deviennent des valeurs littéraires.

Son père mort, l'étudiant revint en Avignon et reprit sa place à la cour papale « en exil, comme à Babylone ». Et là, à l'en croire, il connut l'amour, écrivit des vers enflammés, fréquenta assidûment le monde, acquit de belles manières et changea les dernières syllabes — aux consonances trop rudes à son goût — de son nom. De Petracco, il devint Petrarca (francisé en Pétrarque). Le jeune écrivain plaçait au-dessus de tout le culte de la forme qui traduisait l'essence même des choses et disait : « Le style, c'est l'homme, car c'est le style qui donne à l'homme son individualité, sa personnalité. » Par cette déclaration, Pétrarque annonce déjà l'esprit de la Renaissance qui verra dans le choix des mots l'expression de la pensée et, dans toutes les formes de l'art, des expérimentations esthétiques.

Le poète va consacrer le meilleur de son temps à rechercher les textes de l'Antiquité dont une bonne part dormait dans les poussiéreuses bibliothèques des vieux monastères. Dans cette chasse aux manuscrits, quelques érudits l'avaient précédé avec d'encourageantes trouvailles ; c'est ainsi que l'exemplaire original des poèmes de Catulle avait, dit-on, été découvert dans un cellier à Mantoue, ses pages chiffonnées et souillées ayant servi de bouchon à un tonneau de vin ! Pétrarque fit un voyage à Liège puis à Vérone où il put mettre la main sur les œuvres de Cicéron. A peu près à la même époque, à Florence, son meilleur ami, Boccace, l'auteur du *Décaméron*, avait pris en résidence un Italien du sud appointé pour lui faire la lecture. Tous les jours, ce lecteur déclamait des pages d'Homère en grec, et Boccace se « laissait bercer par la musique des mots », mais l'homme traduisait également en italien le texte de *L'Iliade*. Pétrarque et Boccace ont ainsi donné à la Renaissance italienne les sources de sa pensée, les richesses de son imaginaire.

Pétrarque aimait la nature et habita toujours, par goût, des maisons isolées en pleine campagne. Grand marcheur, il parcourut toute la Provence et l'Italie du Nord, mais il n'avait pas pour autant renoncé aux plaisirs de la vie en société. Son œuvre poétique jouissait d'une telle réputation qu'il reçut en 1349 une invitation du sénat de Rome. Quittant donc sa retraite, il se rendit dans la grande capitale de l'Antiquité et reçut le titre de poète lauréat au cours d'une cérémonie dans le plus pur style classique où on le couronna de lauriers. Les plus beaux poèmes de Pétrarque célèbrent dans des rimes exquisement ciselées son amour de la nature, et aussi la passion qu'il portait à une femme qu'il appelle Laure (toujours par référence au laurier, plante qui est le symbole de l'Antiquité). Pétrarque aimait et les femmes et la gloire, et le disait dans une poésie limpide et introspective, d'un tel intimisme qu'elle entretient entre auteur et lecteur une sorte de communication dialoguée. La littérature n'avait plus connu de semblable cœur à cœur depuis l'Antiquité et il n'est pas étonnant que le poète traite les grands classiques comme s'ils étaient de ses familiers, de ses amis. Avec Cicéron, avec Homère, il entretenait une correspondance imaginaire où il s'adresse à eux avec un abandon tel qu'on croit sentir leur présence. Il classait amoureusement les livres de sa merveilleuse collection — une des premières bibliothèques privées de l'époque gothique —, les considéraient comme des ombres fraternelles et bienveillantes à ses côtés. Un jour, un énorme tome lui tomba sur le pied. Aussitôt, il composa un poème où il se demandait — en rimes parfaites — en quoi il avait bien pu offenser cet ami de toujours !

Lorsque Pétrarque décide de faire l'ascension du mont Ventoux, à quelque cinquante kilomètres au nord d'Avignon, il transforme cette simple excursion en itinéraire littéraire ou — comme on dirait de nos jours — en « pèlerinage culturel ». Cette idée lui était venue à la lecture d'un texte classique qui racontait une expédition plus ou moins similaire. Aussi, dès son retour chez lui à travers la campagne endormie sous le clair de lune, le poète se mit-il en devoir de rédiger le récit de son voyage. Dans cette désormais célèbre « promenade », Pétrarque n'avait pas voulu se faire accompagner de ses fidèles amis, car il craignait de n'en trouver aucun qui pût vraiment partager l'émotion du moment ; il avait fait appel à son jeune frère qui s'était plié de bonne grâce à son caprice. Partis d'Avignon, ils parcoururent une trentaine de kilomètres pour atteindre Malaucène où ils passèrent la nuit dans une auberge. Le lendemain, à l'aube, « avec deux domestiques pour toute compagnie », ils attaquèrent le sentier escarpé.

Le soleil se lève tandis qu'ils traversent la forêt, puis ils doivent se frayer un chemin parmi les éboulis de roches semés de plantes aromatiques et de ces petites fleurs de couleurs vives que l'on trouve en altitude. La montée est rude, et Pétrarque fouette son énergie en se récitant les vers d'un autre poète : « Le labeur acharné vient à bout de tout. » C'est alors que les promeneurs rencontrent un berger venu avec son troupeau sur les hauts pâturages. L'homme s'étonne de les voir ainsi peiner pour atteindre le sommet et leur raconte qu'autrefois, quand il était « jeune et vaillant », il avait lui aussi entrepris cette ascension, et qu'une fois arrivé au but, au prix d'une immense fatigue, après avoir laissé aux ronces les lambeaux de ses hardes et récolté maintes égratignures, il avait été rudement déçu et avait bien regretté de s'être donné tant de mal, car il n'y avait là-haut rien qui vaille toute cette peine. Le berger suivit quelque temps des yeux la petite caravane qui continuait à grimper, s'efforçant de la guider vers les sentiers les plus aisés, lançant ses indications aux échos de la montagne... Il est vrai que, pour ce berger comme pour tout homme de ce temps d'ailleurs, la vie était déjà bien assez dangereuse... Pourquoi aller ainsi volontairement courir des risques ? La haute montagne n'avait d'autre intérêt que d'offrir aux moutons de bonnes pâtures ! Le Ventoux de ce berger était bien différent du Ventoux de Pétrarque qui, lui, gravissait mentalement d'autres pentes, car la lecture des classiques lui avait révélé l'existence d'une réalité différente, d'un ailleurs. Dans un texte grec de l'Antiquité, le poète avait trouvé le récit d'une ascension faite dans les montagnes de Thessalie. L'auteur disait qu'arrivé au sommet il avait été récompensé par un superbe panorama : deux mers ! Pétrarque s'était lancé dans une expédition similaire pour vérifier si la chose était vraiment possible, si ce vieil ami rencontré au hasard des pages n'avait pas tout simplement eu la berlue ! Dans ce même esprit de recherche et d'expérimentation, certains contemporains de Pétrarque avaient entrepris de disséquer des cadavres pour contrôler les thèses des médecins de l'Antiquité. Un siècle plus tard, à l'apogée de la Renaissance, Léonard de Vinci fera encore de telles dissections, mais ce sera pour vérifier ses propres hypothèses. Du temps de Pétrarque, ce n'était pas seulement sur des cadavres que l'on portait le scalpel : certains érudits affûtaient leurs facultés critiques sur les textes sacrés, car la Bible était devenue un livre comme les autres dont on pouvait ou non goûter le style, vérifier les assertions en les soumettant à l'expérimentation. Comme le Ventoux pour Pétrarque, la Bible était désormais objet d'études.

Le sommet du Ventoux est pelé. Lorsque Pétrarque et ses compagnons y arrivent enfin, ils trouvent « un coin de roche plate » pour « offrir quelque repos aux fatigues du corps ». Puis, comme dans le texte antique, le poète scrute le vaste panorama, et son regard s'attarde dans la direction de l'Italie qu'il n'aime jamais autant que lorsqu'elle est lointaine, un peu comme cette Laure qui occupe son cœur. Il tire de sa poche un volume que lui avait offert un moine d'Avignon et qu'il avait emporté comme lecture de voyage. Il s'agit de l'autobiographie de saint Augustin, les fameuses *Confessions* :

> « J'ouvris ce livre dont le petit format recelait tant de douces promesses, avec l'intention de lire le premier passage qui me tomberait sous les yeux.
>
> Et voilà que, tout à fait par hasard, je tombe sur le chapitre x. Mon frère attendait avec impatience d'entendre le message qu'Augustin allait faire passer par ma bouche. J'en prends Dieu à témoin, les premiers mots qui frappèrent mon regard furent : “Les hommes sont éperdus d'admiration au spectacle des grandes montagnes, des puissantes vagues des mers ou de l'infini étoilé du firmament, mais ils ne pensent jamais à contempler les merveilles qui sont en eux.” »

Pendant son séjour en Avignon, Pétrarque s'était abandonné avec délices aux tourments de son amour pour Laure et ses désirs enflammés luttaient parfois avec sa crainte de l'enfer. Les phrases de saint Augustin lui apportèrent une révélation, d'autant plus qu'à ce lumineux moment faisait écho un autre passage des *Confessions*, celui où l'auteur racontait les circonstances de sa propre conversion.

L'ascension du mont Ventoux a donc bien été pour Pétrarque un itinéraire littéraire et spirituel. Dans les vieux volumes de sa bibliothèque, il avait trouvé de quoi enfiévrer son imagination et dynamiser sa volonté, et c'est le pouvoir des mots qui l'avait fait se lancer dans une aventure dont le sens restait lettre morte pour bon nombre de ses contemporains et qui, pourtant, annonçait un véritable bouleversement des attitudes mentales. Du sommet du Ventoux, Pétrarque a jeté sur le monde un autre regard, et c'est ce regard qui le différencie du paysan qui cultive son lopin au pied de la montagne. Ce paysan, il le voit un peu à la manière d'un de nos ethnologues débarquant au milieu d'une tribu amazonienne, avec une culture qui lui permet de prendre du recul devant la réalité. De cette forme de distanciation, nous avons tous, peu ou prou, fait l'expérience. Elle apporte avec elle une solitude qui est devenue le lot de l'homme moderne. Dans les siècles qui suivront la mort de Pétrarque, l'apprentissage de cette mesure de recul, de cette distanciation, va bouleverser la chrétienté et changer la compréhension qu'elle a des textes bibliques.

Du vivant de Pétrarque, la grande peste noire décima l'Europe. Parmi ses victimes, de nombreux parents du poète, et Laure, la femme qu'il aimait. La France fut dépeuplée de moitié. En Italie, l'épidémie prit une telle ampleur que la structure même de la société fut ébranlée et qu'on considéra plus tard l'âge de la peste comme un temps à part, un hiatus entre l'Antiquité et le présent, d'où le nom de Moyen Age. Il fallut un siècle à l'Europe pour se remettre de ce cataclysme. Enfin, les échanges internationaux et le commerce reprirent, plus florissants encore qu'auparavant, et les grands négociants devinrent les nouveaux princes de l'époque. La prospérité de l'économie fit naître de nouvelles certitudes plus fortes que celles qui existaient au temps de Pétrarque. Ce renouveau mérite bien son nom de Renaissance tant il est dynamique et jubilatoire. La légère fêlure que la distanciation de Pétrarque avait pu déceler dans le christianisme est alors bien oubliée. Ce que l'on retient dans la carrière du grand poète, c'est le rôle qu'a joué son érudition dans la formation des esprits de la Renaissance, car son admiration pour les grands auteurs classiques et la chaleureuse compréhension qu'il avait de chacun d'eux l'avaient amené à étudier leurs textes en profondeur. A force d'explorer la biographie des hommes et l'histoire de leur temps, il avait compris que le style est aussi révélateur que le contenu des textes ; comme il savait reconnaître les écrivains par le biais de leurs manières littéraires, il lui était arrivé de mettre en doute l'authenticité et l'exactitude des différentes versions de leurs œuvres alors disponibles.

Les successeurs de Pétrarque vont attacher beaucoup d'importance à la collation de ces versions existantes ; ils retournent aux sources et retranscrivent toujours au plus près la vérité des mots. Les cercles d'érudits regardaient désormais avec un œil plus que condescendant les travaux faits au Moyen Age par Pierre Abélard et Thomas d'Aquin ; ils déploraient chez eux l'absence de toute démarche critique, le refus de mettre les sources en question, le flou de l'interprétation ; ils disaient qu'Abélard et Thomas d'Aquin avaient fondé la doctrine chrétienne qu'ils enseignaient sur un nombre beaucoup trop restreint de textes. En mettant l'accent sur l'emploi d'une méthodologie critique, Pétrarque avait donné au savoir de nouvelles exigences.

Sous le mécénat de la cour des Médicis, Florence devint le pôle d'attraction de tous les intellectuels de l'époque. Avec le respect de la littérature classique grandit le goût d'un mode de vie copié sur les grands exemples du passé et qui remettrait à l'honneur les principes de la démocratie, les raffinements de la civilisation et des mœurs policées. Les Médicis qui s'étaient enrichis par le grand négoce envoyaient des émissaires dans tous les vieux monastères de l'Europe — dont certains de fondation carolingienne — à la recherche des manuscrits de l'Antiquité ou des œuvres de l'époque de Charlemagne qui y dormaient sous la poussière des siècles. Avec leur passion de redécouvrir à travers les textes un monde disparu, de faire resurgir des parchemins jaunis la pensée et les rêves de leurs auteurs pour en nourrir leur imaginaire et en copier le style, ces érudits du XVe siècle font figure de romantiques. A la cour des Médicis, l'Antiquité était, pour beaucoup, autant un modèle à imiter dans la vie quotidienne qu'une mode littéraire.

Pétrarque l'avait déjà compris : cette révolution dans le

goût pour les belles-lettres ne pouvait s'accomplir sans une parfaite connaissance de la langue latine. A Rome, Lorenzo Valla, secrétaire du pape, qui partageait cette préoccupation, se mit à faire une étude systématique de tous les aspects de cette langue, avec un incroyable acharnement. Il y a une certaine ironie à constater que le travail auquel il consacra pratiquement toute sa vie coïncide avec la période où le latin, en tant que langue véhiculaire, était en train de disparaître au bénéfice de multiples formes dialectales qui restèrent le parler des provinces d'Italie jusqu'au XIXe siècle. Au moment où il n'y avait presque plus personne à Rome qui fût capable de lire le texte de la Bible dans la célèbre Vulgate de Jérôme, Valla, avec quelques disciples, faisait du latin une langue figée, lapidaire, précise et donc parfaite pour l'expression littéraire. Le goût de Valla était sûr et pointilleux, et ses connaissances stylistiques lui permirent de détecter bon nombre de falsifications ou d'attributions abusives d'ouvrages à tel ou tel auteur. Il vit très vite que la fameuse correspondance entre saint Paul et Sénèque — dont l'authenticité n'avait jamais été remise en question — était manifestement un faux, et il fit la même constatation pour d'autres textes chrétiens d'origine douteuse. En 1440, par exemple, il établit que le document connu sous le nom de *Donation de Constantin*, édit par lequel le premier empereur chrétien donnait aux pontifes la haute main sur l'ensemble de l'Eglise et de la chrétienté, n'était que falsification. Dans ses *Adnotationes* qui datent de 1448, il compare le texte du Nouveau Testament de la Vulgate de Jérôme avec un original en grec, et dresse un long récapitulatif de toutes les erreurs de traduction commises par Jérôme. C'était la première fois, depuis la transcription de la Vulgate, que les mots sacrés de la Bible étaient ainsi passés au crible. Les travaux de Valla ne comportaient ni glose savante ni commentaire théologique, son travail était purement linguistique, mais nombre de ses contemporains ne l'entendaient pas de cette oreille. Un de ses amis écrit, la plume allègre : « Valla s'inscrit en faux contre la physique d'Aristote, il trouve le latin de Boèce barbare, il attaque la religion jusque dans ses fondements, il professe des thèses hérétiques et n'a que mépris pour la Bible. »

En effet, cinquante ans plus tard, Valla aurait risqué le bûcher pour hérésie. Il eut la chance de vivre et de faire son œuvre dans une des dernières époques de tolérance, dans ces années qui précèdent la Réforme et le développement de l'imprimerie. Le pape qui l'employait avait de l'indulgence pour les observations savantes et souvent caustiques de Valla qui alimentaient les débats d'une cour où l'on pouvait s'exprimer avec beaucoup de liberté. Les idées de Valla n'eurent aucune influence sur la pensée théologique de ses contemporains, et cependant il avait innocemment allumé un feu qui couva longtemps sous la cendre. Soixante-cinq ans plus tard, alors que de nombreuses imprimeries avaient installé leurs ateliers en Europe centrale, Erasme découvrit par hasard, dans un monastère des Flandres, le manuscrit des *Adnotationes* de Valla. Publié en 1516, ce texte fit une forte impression sur la génération des érudits qui allaient traduire la Bible dans les différentes langues européennes et en refaisaient une étude textuelle. Il est donc possible de dire que la démarche critique proposée par Pétrarque et Valla allait influencer l'esprit des savants biblistes à l'apogée de la Réforme.

Mais déjà, au temps de Valla, ce n'étaient plus les hommes de sciences et de lettres qui, en Italie, détenaient l'exclusivité des moyens d'expression. Les artistes avaient pris la relève. La renommée des humanistes de la Renaissance va donc quelque peu s'éteindre avec les échos de leurs brillantes discussions, alors qu'apparaissent les multiples et prodigieuses créations des peintres, sculpteurs et architectes qui étaient leurs contemporains. Tout comme les lettres, les arts témoignent du renouveau du goût classique et de l'influence de l'Antiquité en Italie. A partir des textes des grands auteurs, Valla et ses disciples avaient élaboré les principes d'un nouvel art de vivre ; de même, les artistes ne se contenteront pas de copier les formes esthétiques « à l'antique », ils vont les transformer à leur manière, leur donner une force et un brio qui feront éclater à la face du monde, et pendant plus d'un siècle, le formidable univers de leur génie.

Pour déceler dans cette splendeur la première petite zone d'ombre, pour voir sous la peau dorée du fruit la marque du ver qui en attaque le suc, il fallait une sensibilité exacerbée, celle d'un Michel-Ange. Décorateur des palais des papes et des princes de la finance et du négoce, il avait perçu la légère fêlure qui s'ouvrait peu à peu dans le christianisme ; il avait compris qu'une aussi souveraine affirmation de la personnalité dans le style, le sens de la perspective, le goût, qu'une telle distanciation vis-à-vis du sujet traité se paieraient pour l'artiste et pour l'homme par un terrible sentiment de solitude. Michel-Ange sentait qu'en passant de la ferveur communautaire du Moyen Age à la prise de conscience individuelle que réclamait l'esprit de la Renaissance, le christianisme risquait de se retrouver dévalué, désacralisé, destructuré. Tout le grand ordre divin avec sa hiérarchie de rois et de papes allait être ébranlé et la Sainte Bible n'échapperait pas à un tel bouleversement. Une anecdote raconte qu'un jour, après avoir longuement observé un sculpteur au travail sur les toits de la cathédrale de Milan, le jeune Michel-Ange lui demanda pourquoi il mettait tant de soin et de perfection dans cette statue à la manière gothique que personne ne remarquerait jamais puisqu'elle était au faîte du sanctuaire. L'homme lui répondit : « dieu et ses anges la verront. » Cette simple phrase résume toute la différence entre deux époques. Le regard de Michel-Ange était aussi lucide que celui de ses contemporains, et son génie protéiforme allait faire table rase des représentations traditionnelles du sacré. Puissante, tragique, profondément dérangeante, sa vision du monde prend en compte toute la part de nuit qui assombrissait alors l'Europe.

Les hommes de la Renaissance avaient goûté au fruit de l'arbre de la Connaissance, et leurs yeux étaient dessillés ; ils ne voyaient plus dans la société l'image de l'ordre qui régnait aux cieux. A ces créatures chassées une nouvelle fois de l'Eden, Michel-Ange apporte des réponses stupéfiantes : il recrée le monde de la Bible, il l'intègre au contexte dynamique du nouveau classicisme et fait des antiques héros et des grands prophètes les prototypes de l'homme d'un âge nouveau. Une de ses œuvres de jeunesse est une grande statue de David : il a sculpté un torse à la manière classique, mais il a donné à son personnage la musculature d'un vigoureux Toscan. Ce David en qui fusionnaient audacieusement la tradition et la modernité lui avait valu la célébrité et force commandes. Il s'était jeté dans le travail avec bonheur. Vingt ans plus tard, il n'était qu'amertume : ses meilleures pièces détruites, plusieurs de ses grands projets abandonnés faute de financement, il se sentait plus sévère pour une société dont les princes-banquiers et les papes-seigneurs de guerre lui avaient parfois demandé d'immortaliser leurs personnages avec la pompe et l'apparat de la plus pure tradition classique. Les grands de ce monde qui discutaient avec tant de brio des qualités de la prose de tel ou tel auteur de l'Antiquité ou des nouveaux courants esthétiques n'avaient pas un seul quartier de noblesse ! La famille de Michel-Ange était fort critique à leur égard : son père, un hobereau réduit à la misère, proclamait haut et fort qu'il n'avait jamais voulu s'abaisser à faire du commerce ou à se lancer dans la finance et n'avait que mépris pour la vocation de son fils en qui il voyait une sorte de tâcheron !

Les grandes figures tragiques sculptées par Michel-Ange représentent les Européens de son temps ; elles ont triomphé des poses alanguies chères au XVIIIe siècle comme du culturisme naïf et de la grotesque « gonflette » de certaines de nos stars de cinéma. Mais ces géants ne correspondent plus à l'inspiration du sculpteur vieillissant. Au moment de sa mort, en 1564, Michel-Ange travaillait à une statue où l'influence gothique est à peine voilée. Reprenant une *Pietà* faite à une époque antérieure, il élimine les détails, retrouve pour les personnages le dépouillement de l'épure, du dessin anatomique. La main du vieux sculpteur se fait révérente et pieuse. En pleine maturité, Michel-Ange s'était progressivement tourné vers l'architecture comme s'il avait voulu créer des lieux où les hommes frileux dans une chrétienté désormais moins généreuse pourraient trouver refuge. Avec lui, l'architecture classique s'ouvre sur d'audacieuses perspectives :

« Les différentes parties d'un ensemble architectural, écrivait-il, devraient s'aligner sur les proportions des parties du corps humain. »

Les monuments dont il faisait les plans étaient conçus pour une société triomphante dont lui seul semblait entrevoir le déclin. Son pessimisme est en porte à faux avec l'assurance de son époque et affecte tous les jugements qu'il porte sur elle. Décrivant le projet que lui avait laissé le premier architecte du pape pour la nouvelle basilique de style Renaissance de Saint-Pierre, il disait avec une grinçante ironie que c'était « un lieu sinistre, un antre où des cavités s'ouvrent sous les pas, où la tête est perdue dans le vide des hauteurs, un décor monstrueux où l'on peut imaginer des oubliettes pour prisonniers indésirables, des officines de faussaires, des réduits où violer des nonnes ; cet endroit serait propre à abriter toutes sortes de basses œuvres. » Voilà des propos qui s'accordent mal avec l'humanisme de la Renaissance et les projets visionnaires des bâtisseurs qui avaient reconstruit les vieilles basiliques romaines selon les canons du classicisme ! Au plan initial, pur produit de la Renaissance dans ses lignes équilibrées et ses proportions à l'échelle humaine, Michel-

Ange va ajouter des colonnes massives d'une totale simplicité et une vaste coupole. On dirait que, par ce gigantisme, il veut donner un démenti à ses premières théories. Peut-être souhaite-t-il seulement offrir, aux chrétiens des temps qui s'annoncent, un sanctuaire où ils se sentiront en sécurité, protégés par une Eglise puissante et généreuse.

Martin Luther

Tandis que Michel-Ange poursuivait son œuvre à Rome et à Florence, une véritable révolution se préparait au nord des Alpes. Aux environs de 1520, les ateliers des imprimeries tournaient à plein rendement et on publiait des milliers de livres et de pamphlets, ouvrages des auteurs de la Renaissance ou rééditions de textes classiques découverts de fraîche date. Toute cette production trouvait son chemin dans les universités comme dans les demeures de la nouvelle bourgeoisie de l'époque. Alors, se développèrent un goût pour l'étude, une frénésie de savoir, qu'il est difficile d'imaginer. A peu près à cette même date, les princes des royaumes de l'Europe septentrionale qui n'avaient jamais vraiment accepté le principe de déléguer une partie de leur souveraineté au pape et au saint empereur romain trouvèrent l'avocat dont ils avaient besoin en la personne d'un moine fort éloquent qui enseignait la philosophie à l'université de Wittenberg en Saxe : Martin Luther. Le 25 décembre 1521, dans la sombre église gothique de Sainte-Marie qui domine aujourd'hui encore la grande-place de Wittenberg, on célébra pour la première fois la communion selon le rite protestant : les officiants avaient abandonné les riches chasubles portées aux grand-messes de la cathédrale ; la formule de prière de la consécration et l'élévation de l'eucharistie étaient supprimées, et les fidèles communièrent sous les deux espèces. Le lendemain, le célébrant annonça du haut de la chaire son intention d'épouser une nonne d'un couvent de la ville. Et en

1529, le bruit courut qu'on avait trouvé des exemplaires du Nouveau Testament dans la traduction de Martin Luther dans les paquetages des volontaires allemands des troupes impériales qui avaient sauvagement mis à sac la ville de Rome que les protestants du Nord appelaient — comme autrefois Babylone — la « Grande Prostituée ».

La réforme de l'Eglise du Nord ne tarda pas à rallier les suffrages d'un nombre toujours croissant de princes qui gouvernaient des pays allant de la Suisse aux rives des mers nordiques. Ils trouvaient là le moyen de défier ouvertement l'ordre temporel et spirituel de la chrétienté établie, d'afficher leur opposition. Ces « réformateurs » n'avaient en commun ni doctrine ni projet politique ; ce qui les rassemblait c'était leur antagonisme envers la papauté, sa doctrine, ses pouvoirs. Ce bouillonnement de révolte ne reçut d'abord que peu d'échos auprès de ceux qu'il menaçait le plus directement : les papes de Rome et les empereurs du Saint Empire romain germanique, successeurs de Charlemagne et suzerains d'une foule de petits Etats disparates aux frontières toujours mouvantes. Quand elles vinrent, leurs premières réactions furent assez brouillonnes. Luther, qui avait alors été arrêté et traduit devant le tribunal impérial à Worms, mit à profit les audiences d'un procès où il risquait la peine de mort pour définir avec la plus grande clarté les raisons des attaques qu'il dirigeait contre l'Eglise de Rome. Il déclara qu'il ne désavouerait le contenu de ses ouvrages qu'à moins « d'être condamné par le témoignage scripturaire ou par l'argument de la raison ». Il devint vite évident qu'il contestait l'autorité de l'enseignement traditionnel de l'Eglise, et que la Bible lue avec son solide bon sens d'homme du Nord lui semblait suffisante pour légitimer ses opinions. Lorsque Luther se tut enfin, un Espagnol de la garde impériale cria que cet homme méritait le bûcher, mais les princes allemands intervinrent en sa faveur. Bien sûr, un édit impérial fut promulgué, visant à mettre un terme à « un mal dont la purulence risquait de s'étendre ». Luther était banni, et il était fait « défense à quiconque de lui donner et asile et nourriture », et « ordre à tous de le faire arrêter s'il tentait de rentrer au pays et de brûler ses écrits ou de les détruire par tout autre moyen ». Implicitement, c'est la personne même de Luther que l'on souhaitait voir jeter aux flammes, mais les princes allemands veillèrent à sa sécurité. Non seulement Luther échappa au bûcher des hérétiques, mais il mourut de sa bonne mort à un âge avancé et fut enterré fort dignement à Wittenberg. Il laissait en héritage une Eglise qui porte aujourd'hui son nom et une traduction de la Bible aussi magistrale que la Vulgate de Jérôme et qui eut peut-être une influence encore plus grande. La grand-rue de Wittenberg, petite ville paisible, garde sous ses frondaisons, dans le tracé de ses rues et dans l'architecture de ses bâtiments, le souvenir de toute la carrière de Luther, entre les ateliers et les maisons particulières se profilent les lieux qui sont les coulisses de toute révolution : bureaux d'information et de propagande, banques, centre administratif et siège de la région militaire. Le décor est resté planté.

Au moment où les architectes de Saxe mettaient la dernière main au grand Hôtel de Ville gothique de Wittenberg, Florence se transformait en ville de la Renaissance grâce aux artisans formés à l'école de Michel-Ange. Ce style nouveau parvint jusqu'à Wittenberg, et les pignons qui couronnent le bâtiment municipal donnent une touche de gaieté méditerranéenne au grand temple érigé à la gloire d'un nouvel âge de prospérité pour les pays nordiques qui coïncide avec la multiplication des guildes et l'émergence d'une classe de bourgeois et de nantis. A son tour, l'Europe du Nord se remettait des terribles ravages des grandes pestes qui l'avaient frappée au cours des derniers siècles. Vers les années 1500, l'industrie et le commerce allaient lui assurer une richesse jamais encore égalée. Le duc Frédéric le Sage, qui gouvernait alors la

Saxe et n'hésitait pas à faire résonner dans les conseils impérieux sa voix sonore et souvent contestataire, avait doté Wittenberg d'une fort belle université. Dans ce centre intellectuel affluèrent des enseignants réputés, des imprimeurs hautement qualifiés, de bons artistes et de nombreux libraires. Et puis, arriva Luther...

Comme presque toutes les grandes idées-forces, le principe de base du mouvement protestant en Allemagne est né dans l'esprit d'un individu isolé. Luther avait fait de brillantes études et il était entré au monastère à la suite d'un vœu formulé dans un moment de complet désarroi : au cours d'un orage, un éclair l'avait précipité au sol, épisode qui évoque irrésistiblement la conversion de Paul. Après son noviciat à l'abbaye d'Erfurt, Luther avait été nommé en 1508 à l'université de Wittenberg, de fondation toute récente, pour y enseigner la morale d'Aristote considérée par les intellectuels du Moyen Age comme le corollaire indispensable de toute étude théologique. Luther avait une connaissance approfondie de la scolastique traditionnelle, mais ne trouvait ni chez Aristote ni chez Thomas d'Aquin cette sagesse qui donne la paix à l'âme comme au corps. Il restait hanté par les menaces d'un péché inévitable, d'une damnation toujours à craindre, même si la doctrine de l'Eglise assurait que l'homme pouvait échapper aux feux de l'enfer à force de repentir et de pénitence. Plus tard, Luther allait confesser combien il avait « haï ce Dieu de vengeance si prompt à châtier le pêcheur, d'une haine qui ne fut jamais blasphématoire, même en pensée, mais qui grondait, grondait de plus en plus fort au fond de moi. Devant ce Dieu, j'éprouvais comme de l'indignation. Quoi ! Il avait déjà écrasé ses misérables créatures sous le poids du péché originel, et voilà qu'Il les remettait encore sous le joug au moyen des commandements du décalogue... Je brûlais d'une rage qui tourmentait mon cœur et brouillait ma raison. »

C'est donc avec rage que Luther s'était remis à lire la

Bible. Ses études avaient été influencées par la démarche critique de la Renaissance et il osa s'interroger sur la validité des interprétations des Saintes Ecritures que proposait la tradition de l'Eglise. Par exemple, le mot latin qui signifie « justice » — cette justice divine qui vient sauver l'humanité de la géhenne — avait-il été compris dans toute son acception ? Il relut un passage de la première Epître de Paul aux Romains et, soudain, la lumière se fit dans son esprit : une autre interprétation du mot était possible. Alors que le terme « justice » avait été pris par la tradition au sens de « justice active » (c'est-à-dire opérant au jour du Jugement dernier, quand Dieu séparerait les âmes élues des âmes damnées), Luther le comprenait au sens de « justice passive » par laquelle Dieu donne à tout homme une possibilité de salut en lui accordant l'option de faire un acte de foi. Si tel était bien le sens du texte de Paul, il en découlait que la foi pouvait sauver l'humanité de la damnation éternelle. Le salut de chacun ne dépendait donc ni de la qualité de son repentir ni du nombre de ses actes de pénitence et encore moins de l'intercession des saints et martyrs ou des prières de l'Eglise, mais de sa foi et rien que de sa foi. Luther n'eut aucune peine à trouver dans les pages de la Bible et les écrits des Pères de l'Eglise de nombreux passages qui confortaient sa propre interprétation. Un de ses contemporains devait dire : « Luther pourfend du même coup l'autorité papale et les grasses prébendes des abbayes. » Pour arriver à ce résultat, Luther n'avait eu besoin d'autre source que la lecture qu'il avait faite des textes sacrés.

Dans sa première Epître aux Romains, Paul exprime sa joie et sa fierté de prêcher la Bonne Nouvelle : « Car je n'ai pas honte de l'évangile : il est puissance de Dieu pour le salut de quiconque croit... C'est en lui en effet que la justice de Dieu est révélée par la foi et pour la foi selon qu'il est écrit : Celui qui est juste par la foi vivra... » (Epître aux Romains, I, 16-17). « A la lecture de ces mots, dit Luther, je me sentis renaître sur-le-champ, et c'était comme si les portes du paradis s'ouvraient largement devant moi. » Les Saintes Ecritures étaient la parole même de Dieu ; elles détenaient donc la seule autorité légitime. En conséquence, pour retrouver les voies du salut, l'Eglise devait retourner à ses sources, c'est-à-dire aux enseignements de la Bible et aux ouvrages des Pères de la primitive Eglise. Depuis fort longtemps, de nombreux moines partageaient cette pensée, mais aucun n'avait jamais osé l'exprimer. Luther, lui, n'était pas homme à garder ce qu'il avait sur le cœur ; il était certain d'avoir eu la révélation de la vérité, et son âme avait été soulagée d'un grand poids. Pourquoi ne clamerait-il pas sa miraculeuse découverte et n'aiderait-il pas tous les hommes dans la voie du salut ? Mais le climat de tension qui régnait alors en Allemagne et le sourd mécontentement de toute la population à l'égard des autorités impériales allaient donner à la vision spirituelle de Luther des prolongements politiques.

A ce moment-là, justement, les papes de Rome œuvraient pour faire reconstruire l'ancienne basilique romaine dédiée à saint Pierre — celle-la même que Michel-Ange allait plus tard transformer en la dotant de piliers massifs et d'une vaste coupole. Pour le financement de cet énorme projet, la papauté avait tout naturellement fait appel à la générosité des chrétiens du monde entier, comme l'avaient déjà fait les évêques du Moyen Age pour leurs belles cathédrales. Mais elle assortit ses appels de fonds d'une alléchante promesse aux donateurs : toute obole offerte pour la reconstruction de Saint-Pierre serait récompensée par l'octroi d'une « indulgence ». Une fois achetée et dûment accompagnée d'un repentir sincère, cette indulgence permettrait au pécheur le rachat des peines temporelles qui sanctionnaient ses fautes et pouvaient aller de la récitation imposée de quelques prières à l'excommunication pure et simple.

La pratique des indulgences était — si l'on peut dire —

monnaie courante bien avant l'époque de Luther et ralliait tous les suffrages. C'est qu'alors, il n'était pas question d'un simple acte d'achat ; l'indulgence était accordée selon les mérites comme ce fut le cas pour tous ceux qui s'étaient enrôlés dans les croisades pour aller combattre les infidèles. Désormais, le système était vicié, à telle enseigne que des marchands s'étaient spécialisés dans le commerce des indulgences et pouvaient, en échange de quelques sous, assurer leurs clients qu'ils avaient effectivement racheté l'âme de quelque parent mort qui languissait encore au purgatoire. Pour financer la reconstruction de Saint-Pierre, le pape avait accordé l'exclusivité de la vente de toutes les indulgences sur le territoire de la Saxe à l'archevêque de Mayence, personnage peu recommandable puisqu'il avait lui-même acheté sa charge ecclésiastique au moyen d'emprunts contractés auprès des banquiers d'Augsbourg. Le prélat s'était arrangé pour que l'encaisse des indulgences soit divisée en deux : une moitié allait à Rome et servait bien aux chantiers de la basilique, mais l'autre était destinée à rembourser les intérêts qui couraient sur son emprunt. Jamais Luther n'eut connaissance des termes de ce sordide marché ; le racolage des marchands d'indulgences qui rançonnaient la crédulité du petit peuple de Wittenberg suffisait à soulever son indignation. N'oublions pas que, depuis la révélation qu'il avait eue à la lecture du texte de Paul, une certitude l'habitait : la justice divine n'est pas un bien négociable, mais un don fait aux croyants. N'oublions pas non plus que Luther avait reçu la formation des moines du Moyen Age. C'est pourquoi il comprit que ses multiples et éloquentes protestations resteraient lettre morte s'il ne procédait pas selon la méthode approuvée par la tradition scolastique ; il rédigea donc une liste de quatre-vingt-quinze articles qui détaillaient ses objections au trafic des indulgences, puis il organisa la présentation desdits articles en « thèses » qu'il s'en alla placarder sur le grand portail de bois de l'église du château, lieu où l'on affichait toutes les nouvelles en provenance de l'université.

Le grand portail sur lequel, au matin du 31 octobre 1517, retentirent les coups de marteau qui clouaient à son bois les quatre-vingt-quinze thèses de Luther a volé en éclat au XVIIIe siècle sous les canonnades de l'armée de Prusse. Quant aux objections de Luther, elles résonnent encore de toute la force de sa colère :

> 27) Là où un prédicateur affirme que telle ou telle âme sort du Purgatoire d'un coup d'aile dès qu'une pièce d'argent tinte dans la sébille de la quête, je ne vois que verbiage profane.
>
> 28) Par contre, ces tintements des pièces d'argent dans les sébilles me semblent propres à encourager chez certains la cupidité et l'avarice...
>
> 32) Tous ceux qui croient pouvoir acheter leur propre salut par l'acquisition de Lettres d'Indulgences seront condamnés à la damnation éternelle ainsi que ceux qui les ont abusés.
>
> 92) Qu'ils disparaissent donc tous ces prophètes qui disent au peuple du Christ : « Paix, paix » et il n'y a point de paix.
>
> 95) Mieux vaut croire que le chemin du Ciel passe par beaucoup de tribulations que de se laisser bercer par la sécurité d'une paix illusoire.

A première vue, le contenu des quatre-vingt-quinze thèses de Luther ne semble pas de nature à pouvoir mettre toute l'Allemagne à feu et à sang, et pourtant il eut un retentissement immédiat et fut compris partout. C'est que son auteur avait mis le doigt sur un point particulièrement sensible et réveillé les émotions de tout un peuple. Le duc Frédéric qui, depuis longtemps, cherchait à se regrouper en fédération avec quelques autres princes pour lutter plus efficacement contre le joug imposé par leur suzerain temporel, le saint empereur romain, et l'autorité spirituelle des pontifes de Rome, se chargea de faire rapidement publier le texte de Luther et de lui assurer la plus large diffusion. Pour avoir publiquement dénoncé la corruption au sommet de la hiérarchie, Luther devint célèbre du jour au lendemain.

Ce n'était pas la première fois que surgissaient des « réformateurs », car l'irritation des nations du Nord envers les empereurs et l'Eglise romaine allait croissant au fil des années. Avant Luther, quelques hommes avaient été assez hardis pour prôner une foi fondée sur la Bible et les écrits des Pères de l'Eglise primitive et vivre en « communes » où régnaient l'égalitarisme et même parfois une certaine permissivité sexuelle. Maintenant, c'était Luther qui affirmait avec force que tous les hommes étaient égaux devant Dieu, disant : « Entre laïcs et prêtres, entre princes et évêques ou — si l'on veut adopter la langue de bois de ces gens — entre représentants du pouvoir temporel et représentants du pouvoir spirituel, il n'est d'autre différence que celle qui découle de leurs charges et fonctions. Ils partagent tous l'humaine condition. » On voit combien de telles déclarations étaient lourdes d'implications politiques. Profondément ancré dans son époque, Luther sentait bien qu'il lui fallait trouver des accommodements avec les ambitieux princes allemands qui, seuls, pouvaient l'aider à réaliser son projet visionnaire. Sans ce nécessaire compromis, toutes ses tentatives pour réformer l'Eglise d'Allemagne et la libérer de la tutelle de Rome risquaient de partir en fumée, et lui avec ! Presque aussitôt après la parution de ses fameuses thèses, il publia un pamphlet intitulé *Appel à la noblesse chrétienne de la nation allemande* qu'il ne rédigea point en latin, langue des érudits, mais en langue allemande locale. Dans cette œuvre, il s'adressait aux princes de l'Empire et à l'empereur en personne, les pressant d'établir dans leurs Etats une Eglise enfin réformée. Pour soutenir son argumentation, il avait recours à la notion de droit divin qui légitimait le pouvoir des monarques et les mettait sous obligation de donner sa place dans leurs royaumes terrestres à une Eglise fondée sur le principe de la justice. Et là, Luther visait juste, car, depuis le temps de Charlemagne, le droit divin avait une valeur quasiment mythique et était reconnu comme l'un des fondements de l'ordre sacré qui donnait aux souverains du Moyen Age la consécration du Tout-Puissant. En dépit des multiples querelles qui venaient les opposer, les papes et les princes auraient certainement fait front commun si quiconque avait mis en doute le caractère sacré inhérent à leur autorité. Jamais Luther ne commit cette erreur. Plus tard, lorsque les paysans d'Allemagne, qui croupissaient dans la plus abjecte pauvreté à un moment où les villes profitaient pleinement de la croissance économique, tentèrent de se révolter, il se trouva de nombreux pasteurs de la nouvelle Eglise pour soutenir ces jacqueries. D'abord favorable à la cause des paysans, Luther, voyant la rébellion tourner à la guerre ouverte, changea de camp et, dans un pamphlet passionné intitulé *Contre les hordes criminelles et pillardes des paysans*, engagea les princes à écraser sans pitié les révoltés, recommandation qui fut très vite suivie, on l'imagine ! « Je l'ai toujours dit, la victoire des paysans serait un triomphe pour le diable », écrivait Luther. Signe qu'il était redevenu partisan d'une société organisée selon l'ordre sacré de la tradition.

Aux premiers bouleversements qui agitèrent les royaumes du Nord, les papes de Rome n'opposèrent que des réactions de principe à la fois faibles et maladroites. On excommunia Luther et on le frappa d'anathème. De son côté, le saint empereur romain ne fit pas preuve de beaucoup plus de discernement. Il faut dire que le jeune empereur Charles-Quint n'avait guère su se gagner le cœur des princes allemands réformateurs. Quelle bévue que de convoquer le Conseil impérial en 1529 pour lui demander de réaffirmer solennellement l'autorité papale sur toute la chrétienté ! Les princes avaient violemment contesté l'édit du Conseil par une déclaration ou *protestia* — d'où l'origine du terme « protestant » — qui avait poussé l'empereur à déléguer assez vite une bonne partie de ses pouvoirs temporels à une puissante Ligue. A partir de 1529, tous les décrets impériaux concernant les affaires de l'Allemagne furent rédigés en allemand. Il faut préciser que, pendant ces années troubles, Luther, considéré comme hérétique, vivait toujours sous la menace du bûcher. D'abord protégé très officiellement par les princes allemands, il jouit bientôt d'une sécurité qui allait grandissant avec les pouvoirs de la nouvelle Ligue, car la force de son discours et le rayonnement qui émanait de lui en avaient fait, pour toute l'Allemagne, une figure charismatique. Sa personnalité triomphait de la disparité des ambitions personnelles ; il incarnait pour ses protecteurs un objectif commun.

Plus qu'une ville, Wittenberg était une bourgade, et Luther n'avait eu que quatre pas à faire de son monastère à l'église Sainte-Marie pour aller placarder ses quatre-vingt-quinze thèses. Il est facile d'évoquer son image : petite silhouette courtaude en froc de bure, il tient en main son marteau, une poignée de clous et son fameux papier, il descend l'artère principale de la ville, la grand-rue pavée où — tout comme aujourd'hui à Oxford et Cambridge — il n'est pas une maison, une vitrine, une enseigne qui ne proclament qu'on est dans un grand centre universitaire. Luther avait sur place, à portée de main, toute la logistique qu'il fallait pour diffuser la doctrine de sa nouvelle religion. A Wittenberg, les presses des imprimeurs travaillaient jour et nuit et il en sortait tant d'ouvrages et de pamphlets que Luther finit par persuader le maître-imprimeur Hans Lufft de venir s'installer à Wittenberg au sein de l'université ; pendant un demi-siècle, les presses universitaires de Lufft produisirent des ouvrages d'excellente facture dont quelque deux cent mille exemplaires de la Bible en diverses éditions, tous mis en vente à un prix unitaire qui n'excédait pas le salaire hebdomadaire de l'artisan moyen. Ces Bibles bon marché n'étaient nullement fabriquées à la grosse : leur présentation soignée, leur maquette disposée en colonnes bien équilibrées, et les petites gravures sur bois qui, selon la tradition des imprimeurs suisses, venaient orner de leurs rectangles les têtes de chapitres, ont fait d'elles un modèle standardisé qui sera adopté pour la publication de la Bible protestante dans toutes les langues.

Certains exemplaires étaient décorés de magnifiques gravures sorties des ateliers de Lucas Cranach qui jouissait de la plus haute réputation parmi les artistes de son temps. Originaire de Wittenberg, Cranach avait participé à la fabrication de la première des Bibles publiées par Luther, et les deux hommes entretenaient des liens d'amitié très forts comme en témoignent les innombrables dessins et toiles où le moine a servi de modèle au peintre graveur : Luther jeune en habit de novice, Luther en toge d'universitaire, Luther triomphant en grand réformateur de l'Eglise, et enfin Luther sur son lit de mort. Toutes œuvres où s'affirme le style si caractéristique des artistes du Nord, où la fermeté du trait semble souligner la flamme de passion qui couve dans l'âme. Cranach fit aussi le portrait de la femme de Luther, cette ex-nonne que le moine avait épousée « pour jeter le diable dans le bénitier » comme il se plaisait à dire, et qu'il aima de tout son cœur ainsi que les nombreux enfants qu'il eut d'elle. Dans ces représentations de Luther et de sa famille, le peintre met la même sensualité gourmande que dans ses fameux nus aussi admirés par ses contemporains de la Réforme qu'ils le sont de nos jours pour leur qualité érotique. Lorsque Cranach place Luther et ses disciples parmi les convives de la Sainte Cène ou qu'il les campe au sommet du Calvaire, il fabrique des images sacrées pour la nouvelle Eglise, mais il sait aussi rendre la force et le magnétisme que dégageait la personne même de Luther. Que l'homme ait eu une personnalité hors du commun n'est pas un point contestable. Un écrivain de son temps confirme le fait en rapportant dans un vigoureux récit une conversation entendue dans une auberge d'Iéna en Thuringe : un voyageur confie à la compagnie rassemblée devant la cheminée qu'il est incapable de dire si Luther doit être jugé ange ou démon, mais « qu'il sacrifierait volontiers dix guilder pour le privilège de l'avoir une fois comme confesseur, car voilà un homme qui a le don de vous mettre l'âme en paix ! » Il est certain que Luther a su faire vibrer l'âme de toute l'Allemagne.

Tout bouleversement aussi radical de la pensée religieuse à partir d'une révélation faite à un individu isolé — et c'est le cas pour Luther — pose un problème de fond : les âmes étant égales devant Dieu, comment ne pas penser que l'exemple puisse se reproduire et exclure la possibilité d'autres « révélations » tout aussi marquantes, tout aussi légitimes ? Et si ces « révélations » venaient à se contredire ? Il semblait donc urgent de faire passer le message visionnaire de Luther dans l'ensemble de la population, de répondre à l'ardente attente des fidèles et d'articuler les textes inspirés et véhéments du maître de Wittenberg en une doctrine cohérente pour que son grand projet coïncide avec l'adhésion des croyants. Ce travail de synthèse fut entrepris et mené à bien par un savant confrère de Luther à l'université de Wittenberg, Philippe Mélanchthon, qui avait sans faillir partagé ses épreuves et soutenu ses combats. En 1521, Mélanchthon publia un énorme ouvrage intitulé *Loci communes* dans lequel il démontrait que la révélation faite à Luther contenait une vérité qui s'appliquait légitimement à chaque individu et constituait le fondement d'une démarche théologique neuve et valide. L'œuvre reçut l'entière approbation de Luther qui y vit le maître livre de la Réforme et loua le génie de l'auteur qu'il considérait comme un ami, bien qu'il fût parfois prodigieusement agacé par le caractère placide de Mélanchthon. « Comme d'habitude, lui écrivait-il un jour, tu as encore fait preuve d'une mansuétude excessive... » Pourtant, les deux hommes formaient un impressionnant duo. En 1529, à la tête d'une délégation de réformateurs allemands, Luther rencontra les représentants de l'Eglise réformée de Suisse. C'était là un « sommet » semé d'embûches, d'autant plus que Luther et Zwingli, son homologue suisse, avaient tous deux la réputation d'être « des hommes au sang chaud et qui ne mâchaient pas leurs mots ». Par peur des affrontements qui s'annonçaient, on décida d'éviter le face à face et de discuter par assistants interposés. Zwingli se retrouva avec Mélanchthon pour interlocuteur. « Que voilà donc un homme plein de finasseries ! » dit-il de lui. A la différence de Luther, Mélanchthon était fin diplomate. Alors que Luther, banni pour hérésie, rongeait son frein dans un château des environs, c'était Mélanchthon qui, en 1530, avait présenté devant le Conseil impérial la profession de foi luthérienne, et on peut voir en lui le fondateur du luthéranisme moderne. C'est aussi sur une suggestion de Mélanchthon que Luther avait entrepris dès 1521 une traduction de la Bible pour en faire le texte de référence de l'Eglise qu'il souhaitait fonder.

Luther avait commencé sa traduction de la Bible peu après sa dramatique confrontation avec la diète de Worms ; il vivait alors dans un autre de ces châteaux où on consentait à lui donner abri. Dès qu'il terminait un livre, il en envoyait copie à son « cher Philippe » à Wittenberg ; en retour, lui parvenaient dans son exil les commentaires fort savants de Mélanchthon.

La traduction de Luther est superbe : le texte allemand est d'une prose si ferme, si riche, qu'il constitue l'acte de naissance de l'allemand comme langue littéraire, et a joué un rôle essentiel dans l'éclosion de l'identité culturelle de la nation. Les publications de Lufft, avec leurs prix raisonnables, assuraient à toutes les œuvres de Luther — premiers manifestes et pamphlets, bibles et commentaires scripturaires — une large diffusion dans la bourgeoisie lettrée. Pour avoir une juste idée de l'influence des écrits du grand réformateur, revenons à cette conversation entre voyageurs dans l'auberge d'Iéna :

La scène se passe en 1540. Deux marchands pénètrent dans la salle commune. Ils ont chevauché tout le jour et oublient leur fatigue, accoudés à la table d'hôte. Un autre convive est déjà installé, le dos au feu, et cet inconnu n'est pas n'importe qui, car il est plongé dans la lecture d'un ouvrage en hébreu. Un demi-siècle auparavant, la chose eut semblé fort étrange sinon franchement suspecte, mais ici les réactions des voyageurs marquent moins l'étonnement qu'une vive curiosité : « Je serais prêt à me faire couper le petit doigt pour être capable de comprendre cette langue ! » s'exclame l'un des marchands à qui l'inconnu répond : « Bah ! il n'y a rien de bien sorcier là-dedans... il suffit de s'y mettre et de persévérer. Moi, je fais une heure ou deux d'hébreu tous les jours... »

L'inconnu n'était autre que Luther qui, pour ne pas être reconnu, voyageait en vêtements d'emprunt. Ce même soir, d'autres commensaux vinrent se joindre à la présente compagnie ; ils mirent leurs manteaux crottés à sécher et s'assirent au coin du feu. L'un d'eux, un Suisse, tenait un livre sans doute tout juste imprimé puisque encore sans reliure ; Luther — qui, bien sûr, ne s'était pas présenté sous son vrai nom — en demanda le titre. « Ce sont là les nouveaux commentaires de quelques Evangiles et Epîtres que le docteur Luther vient d'achever, dit l'homme. Ils sont récemment sortis des presses. Vous ne connaissez pas encore ces textes ? » Et Luther de répondre que, non, il ne les connaissait pas encore, mais qu'il comptait bien s'en procurer un exemplaire dès que possible. Ce qui n'était pas faux puisqu'il faisait route vers Wittenberg. Puis, tout le monde festoya de bon cœur, Luther régla l'addition de tous les convives, et chacun s'en alla de son côté.

Le voyageur suisse avait acheté les Commentaires scripturaires de Luther mais c'était la traduction de la Bible qui suscitait les plus vives réactions : « Ce ne sont point les textes sacrés que l'on trouve dans ce livre éhonté, c'est un tissu de blasphèmes et de mensonges dirigés contre Dieu et contre le pape », disait un critique tandis que d'autres déclaraient : « Luther n'a pas hésité à solliciter l'original pour pousser en avant sa propre doctrine. » A ses détracteurs, Luther, qui ne cessa jamais de mettre et remettre sur le métier une œuvre devenue pour lui essentielle, assénait des répliques aussi pertinentes et aussi féroces que celles de Jérôme dans sa retraite de Bethléem :

> *Dans ces pages, je me suis efforcé sans relâche de traduire l'original dans un allemand aussi correct et limpide que faire se peut. Avec maître Philippe (Mélanchthon), il nous est souvent arrivé de passer trois ou quatre semaines à traquer le mot juste sans toujours le trouver. Pour le livre de Job, par exemple, il nous a fallu quatre journées pour transcrire tout au plus trois pauvres lignes. Maintenant que la tâche est terminée et qu'on peut lire le texte d'un bout à l'autre, la critique est aisée ! On peut facilement parcourir plusieurs pages sans trouver une seule erreur et le regard du lecteur glisse sans peine d'une ligne à l'autre. Est-il conscient, ce lecteur, du travail de fourmi patiemment accompli pour éliminer les grumeaux de la pâte, les ornières du chemin ? Ah, que la tâche du laboureur devient facile lorsqu'il trace son sillon dans un champ bien retourné ! Mais il se trouve peu de volontaires pour le méchant labeur qui précède le labour, quand il faut attaquer les ronces et arracher les vieilles souches.*
>
> *Pour revenir au 3e verset de l'Epître de Paul aux Romains, je sais fort bien que j'y ai ajouté un mot qui ne figure pas dans les versions grecques ou latines, et les papistes n'ont point à me donner des leçons là-dessus. De*

tout le texte, ces têtes de bourriques ne s'obstinent à regarder que les quatre lettres de ce mot que j'ai bien ajouté. Devant cet obstacle, elles renâclent aussi bêtement qu'une vache devant la porte d'une nouvelle étable !... Pauvres sots qui ne sentent pas que le sens exigeait ce mot supplémentaire pour que la traduction garde la clarté et la force du texte original... Ce n'est pas en latin ou en grec que je voulais traduire les textes sacrés, mais en bel et bon allemand.

Gardons-nous de faire comme ces bourriques et n'allons pas nous mettre en peine d'imiter servilement la prose latine... Pour bien connaître et parler notre langue, il faut demeurer à l'écoute des gens du peuple, de la mère de famille dans son foyer, des enfants dans la rue et de l'homme ordinaire sur la place du marché... Ce sont eux qu'il faut savoir entendre avant de se plonger dans un travail de traduction en allemand...

Dans ma version du Nouveau Testament, j'ai mis ce que j'avais de meilleur en moi : toutes mes connaissances, toute ma conscience professionnelle... Libre à chacun de s'essayer à faire un travail encore meilleur !... Mais je revendique la paternité de ces pages et je ne les désavouerai jamais : c'est là ma traduction, ma version du Nouveau Testament et je n'accepte pas d'avoir pour juges des papistes car je suis bien payé pour savoir que ces ânes bâtés qui sont eux-mêmes incapables de traduire une seule ligne ne comprendront jamais la somme de savoir, de travail, de jugement et d'intelligence qu'il faut pour être bon traducteur...

Laissons donc ces médiocres discutailler à perdre haleine sur tel ou tel mot que j'aurais pu ajouter et clouons-leur le bec par cette simple phrase : « Luther l'a voulu ainsi et son érudition le met au-dessus de tous les pseudo-érudits de toute la papauté.

A l'exemple de Cranach, l'imprimeur Wolfgang Stuber publia un album de gravures — ouvrages dont l'époque était friande — dans lequel il avait pris pour sujet Luther au travail sur sa traduction de la Bible. L'œuvre de Stuber rappelle irrésistiblement la fameuse gravure où Dürer représentait saint Jérôme. Comme le Jérôme de Dürer, Luther est assis à son bureau dans le salon bourgeois d'une maison typique de l'habitat de l'Allemagne du Sud ; il est coiffé du chapeau cardinalice et ceint du rosaire mais, alors que Dürer avait placé un crucifix sur la table de Jérôme, cet accessoire a disparu dans le dessin de Stuber. Pourtant, l'artiste a fort bien vu la correspondance entre les deux personnages. En effet, les similarités sont nombreuses : tous deux ont la même vigueur de style, le même goût d'une prose claire, ardente, sans artifice superflu ; ils ne répugnent ni l'un ni l'autre à la polémique, ils n'hésitent pas à manipuler les mots, et surtout ils partagent la même certitude : leur traduction est la bonne car ils ont compris le sens de chaque terme dans les Saintes Ecritures. Il est certain que, dans les ouvrages de Luther et de Jérôme, l'excellence du savoir et la force de l'inspiration donnent au texte une fulgurance comparable à celle de l'original.

Tandis que Luther se colletait avec sa traduction et que les réformateurs de Wittenberg organisaient leur nouvelle Eglise dans un climat de calme et de prospérité, d'autres réformateurs, dans d'autres pays, devaient faire face aux enquêtes policières, aux poursuites, aux persécutions, au bûcher. Lorsqu'ils comprirent l'ampleur du mouvement de la Réforme, les souverains et princes catholiques réalisèrent que l'imprimerie qui avait répandu partout les thèses du protestantisme était devenue le fer de lance de la nouvelle doctrine. Après avoir jeté aux flammes les réformateurs, on s'attaqua aux imprimeurs, et ces derniers furent nombreux à être exécutés. A Paris, l'un d'eux fut brûlé vif sur un bûcher fait de ses propres livres. Sous l'inculpation d'hérésie, les imprimeurs ne pouvaient échapper au châtiment suprême : les hommes allaient au bûcher et les femmes étaient enterrées vivantes. Or, les métiers du livre employaient un nombreux personnel féminin. A partir de 1540, la plupart des Etats mirent en place une législation spéciale pour tous les corps de métier qui, de près ou de loin, touchaient à la fabrication et à la vente des imprimés. En Europe, dans les villes impériales, les imprimeurs ne pouvaient désormais ouvrir des ateliers que dans des sites agréés, et les patrons des imprimeries étaient tenus responsables du contenu des ouvrages qui sortaient de leurs presses.

Luther mourut paisiblement en 1546 et ne vit pas sa ville de Wittenberg détruite au cours des guerres qui allaient ravager l'Allemagne. Si l'on peut dire que les princes allemands s'étaient servis de lui pour arriver à leurs fins, la vérité se doit d'ajouter que leur cœur penchait sincèrement pour la Réforme, et que certains n'hésitèrent pas à sacrifier leur vie pour la cause de la nouvelle Eglise. Il est aujourd'hui difficile de mesurer le courage et la force d'âme qu'il a fallu aux réformateurs comme aux princes pour prendre l'initiative d'une pareille mutation. En se séparant de l'Eglise de Rome qui, en dépit de ses faiblesses, constituait toujours le grand rempart de la foi, les contestataires faisaient preuve d'une singulière audace, car, en dépit de leurs attitudes de bravade, Luther et les princes allemands gardaient des mentalités d'hommes du Moyen Age ; ils étaient donc parfaitement conscients d'enfreindre l'ordre sacré de la chrétienté qui régissait les rois et les prélats aussi bien que les gens du peuple, et de mériter pour cela la damnation éternelle. Certes, à l'époque, le trafic des indulgences signalait que cet ordre était frappé de corruption, mais leurs pouvoirs tout aussi étendus que ceux des saintes reliques en dépendaient étroitement. Une lettre dans laquelle Luther rapporte la mort du duc Frédéric qui fut son inébranlable protecteur montre bien le climat des débuts de l'Eglise réformée :

Mon Gracieux Seigneur vient de s'éteindre en pleine possession de ses esprits ; il a communié sous les deux espèces mais n'a point reçu l'extrême-onction. Nous l'avons enterré sans veillée funèbre ou messe de requiem, mais avec toute la dignité due à son rang... Sa mort avait été annoncée par un arc-en-ciel que Philippe Mélanchthon et moi-même avions observé une nuit de l'hiver dernier dans le ciel de Locau. Autre signe prémonitoire : la naissance à Wittenberg d'un enfant sans tête et dont les pieds étaient tournés dans le mauvais sens.

Le superbe portail gothique flamboyant à l'entrée du monastère qui était devenu la résidence de Luther et de sa famille était un cadeau de la femme du moine à l'occasion du cinquante-septième anniversaire de son époux. Aux approches de la soixantaine, Luther, doté d'un bel enbonpoint et d'un visage rubicond, ne soignait guère son apparence. Un jour, sa femme lui reprocha de porter une culotte ravaudée avec un morceau d'étoffe coupé dans les vêtements d'un de ses fils. « C'est que le trou était de taille et qu'il me fallait trouver une bonne pièce pour le raccommoder ! répondit Luther avec indignation. J'ai beaucoup de mal à trouver des culottes qui m'aillent vraiment bien... Alors je porte celles que j'ai jusqu'à ce qu'elles tombent en loques ! Voudrais-tu que je ressemble à un pigeon avec des haut-de-chausses étriqués et un petit manteau qui laisse voir mon cul ? Ce serait un spectacle affligeant ! » Ces propos d'une banalité quotidienne permettent d'évoquer « les Luther » tels qu'ils devaient être, prenant le frais dans leur jardin, à l'abri du beau portail : lui, un colosse un peu rustaud, et elle, toute menue, toute mignonne comme elle apparaît dans la toile de Cranach. Luther a aimé la nature, les oiseaux et les plantes, mais il goûtait aussi la musique et la bonne peinture. Tout homme de notre temps peut, sur bien des points, se sentir en affinité avec lui. Il est en quelque sorte de notre famille. Il pèse encore de tout son poids sur notre monde.

En Angleterre : la Bible du roi Jacques

Plus que tout autre ouvrage au monde, la version anglaise de la Bible a influencé la langue et la littérature d'une nation qui fut aussi une grande puissance impériale. Lue — souvent à voix haute — au fil des siècles à des auditoires britanniques et anglophones, son texte est devenu si familier à tant de gens divers qu'il constitue à lui seul un patrimoine commun. Les mots sacrés y sont revêtus d'une telle splendeur que ceux qui les entendaient ont pu parfois croire que Dieu s'était exprimé directement dans leur langue. Ce chef-d'œuvre qu'est la *Bible du roi Jacques*[1] date de 1611 ; connu aussi sous le nom de *Version autorisée*, il fait penser par sa structure aux grandes cathédrales d'Angleterre dont les multiples annexes, ajouts et bâtiments rapportés finissent toujours par fusionner dans une splendide et improbable harmonie. Ces sanctuaires ont quelque chose de sylvestre avec les ramures et les nervures de leurs voûtes et ces chapiteaux feuillus sur des piliers qui s'arrachent comme des futaies. Dans leur pénombre, au fond de quelque chapelle, rôde peut-être une silhouette solitaire, celle d'un jeune homme qui fut le premier à vouloir traduire en anglais les textes sacrés.

William Tyndale naquit aux environs de 1494 dans le Gloucestershire ; au cours de ses études, il s'était familiarisé avec les travaux de Luther, et sa savante traduction est celle d'un prosélyte qui, par d'abondants commentaires, radicalise encore les thèses de son maître. Cette attitude attira sur lui le courroux du roi Henri VIII et de ses archevêques. Le monarque n'avait pas craint d'affronter l'Eglise de Rome lorsqu'il s'était agi de faire annuler son

1. Jacques Ier (1566-1625). Roi d'Ecosse sous le nom de Jacques VI Stuart, de 1567 à 1603, puis roi d'Angleterre et d'Ecosse de 1603 à 1625.

mariage avec Catherine d'Aragon et de prendre la direction de l'Eglise d'Angleterre. Changer de femme, passe encore ! Changer la Bible était diantrement plus grave. Or, la traduction de Tyndale sentait le soufre... Le jeune homme dut quitter sa province pour se réfugier d'abord à Cologne puis à Worms. Il ne devait plus jamais revenir au pays. L'exil influe toujours sur les rapports de l'exilé avec sa langue maternelle ; dans le cas de Tyndale, il semble bien que l'éloignement ait exacerbé le respect et l'amour qu'il portait à son héritage linguistique, tout en contribuant à affermir à l'égard de l'école de Wittenberg une loyauté qui l'alinéa définitivement des réformateurs de son propre pays. En 1524, dans les ateliers de Cologne où l'on imprimait le Nouveau Testament dans la version anglaise de Tyndale, les ouvriers imprimeurs riaient à gorge déployée à l'idée de fabriquer un brûlot qui allait jeter le trouble en Angleterre... C'est alors qu'à la suite d'une dénonciation, Tyndale dut s'enfuir à Worms, emportant les quelque trente mille feuillets déjà sortis des presses. Il demanda au contremaître de Gutenberg installé en cette ville de bien vouloir finir le travail tandis qu'il se rendait à Wittenberg dans l'espoir de rencontrer Luther. Les deux hommes se sont-ils vus ? On n'en a aucune preuve, mais la version de la fameuse Epître de Paul aux Romains, avec son interprétation révolutionnaire due à la plume du maître de Wittenberg, a certainement influencé le texte de Tyndale dans l'esprit et dans l'approche stylistique. Première Bible en langue anglaise à avoir été imprimée, l'œuvre de Tyndale a fait l'objet de tant de haines, elle a été si impitoyablement traquée et brûlée, qu'il ne nous en est parvenu qu'une infime partie. Mais c'est assez pour voir tout ce que la célèbre *Bible du roi Jacques*, officiellement autorisée et acceptée par tout le monde anglophone, doit au travail d'un malheureux réprouvé.

Trahi, livré à un prince catholique, Tyndale termina ses années d'exil entre les quatre murs d'un cachot dans la sinistre forteresse de Vilvorde en Flandre. Il n'éleva plus la voix que pour demander une chemise de laine contre le froid humide de son dernier hiver sur terre, et un dictionnaire hébreu pour lui permettre de poursuivre sa traduction de l'Ancien Testament. On finit par le livrer au bourreau... Un hérétique de plus sur un bûcher ! Cette fois, par égard pour le savant qu'il était, on l'étrangla avant d'allumer le premier fagot. Aucun réformateur anglais n'avait eu le courage de plaider pour lui. Dans sa dernière prière, Tyndale demandait à Dieu de montrer au roi d'Angleterre la voie de la vérité. Quand son destin se clôt, il est âgé de quarante-cinq ans environ.

Parmi les conseillers d'Henri VIII, deux voix puissantes condamnaient avec la dernière vigueur les écrits des Réformés d'Allemagne : Sir Thomas More, et l'archevêque de Rochester, John Fisher, qui était titulaire de la chaire de théologie à l'université de Cambridge. Ces hommes éminents et fervents catholiques étaient favorables à la traduction des Saintes Ecritures en anglais. « Il est parfaitement concevable d'avoir une version de la Bible dans notre langue, disait More. Et je ne vois pas quel argument raisonnable on pourrait opposer à un tel projet. » Ni More ni Fisher ne purent se faire entendre longtemps, car Henri VIII les dépêcha dans l'au-delà avant d'épouser Anne Boleyn. Pourtant, les nouvelles modes littéraires importées d'Italie étaient bien accueillies par les intellectuels anglais par ailleurs fort conservateurs dans le domaine des arts. Dès 1497, les cours de l'université d'Oxford s'inspiraient de la méthodologie de Pétrarque. Parmi les étudiants se trouvait un jeune philosophe hollandais du nom d'Erasme qui avait été fortement impressionné par une série de conférences sur les Epîtres de Paul. Quelques années plus tard, dans un monastère flamand, Erasme tomba sur les *Adnotationes* de Lorenzo Valla qui lui donnèrent le goût de rééditer les œuvres complètes d'Irénée et de Jérôme en les actualisant selon la nouvelle démarche critique alors en vogue. Pour publier ce travail gigantesque, Erasme chercha un bon imprimeur et le trouva à Bâle en la personne de Frobenius. Son *Novum instrumentum* parut en 1526 : c'était la première version du Nouveau Testament en grec assortie d'une traduction en latin, toutes deux de la plume d'Erasme. L'œuvre allait jouer dans toute la période de la Réforme un rôle de premier plan, non qu'elle fût parfaite, mais elle servit de source à Luther, à Tyndale et à maints autres traducteurs chez les réformateurs français, hollandais et italiens. En outre, le travail de Frobenius était d'une telle qualité éditoriale et technique qu'il s'imposa bientôt comme modèle de toutes les Bibles protestantes qui en imitèrent la présentation sur deux colonnes et le choix de caractères romains classiques — œuvres de typographes de Venise —, et adoptèrent pour les traditionnelles gravures sur bois les motifs décoratifs puisés dans les manuscrits de la Renaissance italienne. La maquette de Frobenius sera reprise par tous les imprimeurs d'Europe.

Sous le règne d'Henri VIII, à l'exception des moines et des clercs, très peu de gens connaissaient les textes sacrés pour les avoir consultés. Il fallait qu'une décision épiscopale intervienne avant qu'un individu n'ait le droit de lire tel ou tel passage des Evangiles, et ces permissions étaient rares. Le souverain et ses conseillers semblaient redouter les conséquences que pourrait avoir le libre accès aux Saintes Ecritures dont ils connaissaient la formidable résonance. Pour persuader et convaincre le roi de céder sur ce point, l'influence d'Anne Boleyn fut déterminante, car il ne savait rien refuser à cette petite épouse dont « les grands yeux noirs avaient tant de pouvoir ». D'abord, Henri VIII consentit à ce que le texte des offices et le psautier soient traduits et lus à haute voix dans toutes les églises. Puis, par l'édit du 5 septembre 1538, il ordonna que chaque paroisse du royaume soit dotée d'une Bible en langue anglaise. La nouvelle Eglise d'Angleterre avait enfin sa propre version des textes sacrés dont la page de garde s'ornait du portrait du roi. Quant au texte, c'était en grande partie celui du malheureux Tyndale hâtivement complété et signé du pseudonyme de Thomas Matthew sous lequel se cachaient deux proches collaborateurs du véritable auteur. Connue sous le nom de *Grande Bible du roi Henri* ou encore de *Bible de Cranmer*[1], la première Bible officielle de l'Angleterre était née. Et elle fit grand bruit. Devant ses grandes pages étalées sur les lutrins des églises, les foules affluèrent. On raconte qu'à Saint-Paul de Londres — qui n'était pas encore la belle cathédrale que nous connaissons — « des quidam aussi entêtés que naïfs en ânonnaient des passages à tout bout de champ », couvrant de leurs voix hésitantes mais sonores le sermon de l'évêque qui avait du mal à se faire entendre dans ce brouhaha et se plaignait d'une concurrence déloyale faite à son éloquence. Désormais, on pouvait acheter la Bible en librairie, et les clients étaient nombreux. « Dans la ville de Chelmsford[2], dit un contemporain, il se trouva des gens peu aisés, mais qui, ayant pu acquérir le Nouveau Testament de Jésus-Christ, en faisaient la lecture le dimanche à l'église. » Malgré cette relative libéralisation, Henri VIII était peu enclin à opérer au sein de l'Eglise d'Angleterre des réformes affectant la doctrine et le rituel. Il avait déjà confronté les autorités de Rome à l'occasion de son divorce et savait quelles conséquences pouvait avoir cet écart sur la validité de son droit divin de monarque que le pape était en position de lui contester.

Fille d'Henri VIII et de Catherine d'Aragon, et donc héritière légitime, Marie Tudor, dite Marie la Sanglante, qui accéda au trône après le bref interlude du règne

1. Cranmer était le nom de l'archevêque de Canterbury.
2. Petite ville du comté d'Essex.

d'Edouard VI [1], ne connut pas ce genre d'états d'âme. Les réformateurs les plus obstinés, elle les expédia soit au bûcher — comme Cranmer — soit en exil. Et c'est vers Bâle et Genève que partiront ces proscrits parmi lesquels se trouvait le puritain John Foxe. Bien accueillis par les milieux calvinistes de ces villes, ils vont mettre à profit leur éloignement forcé pour élaborer une autre version de la Bible en anglais qui sera connue sous le nom de *Bible de Genève*. Excellent travail d'érudition, cet ouvrage bénéficia pour sa présentation fort élégante des derniers progrès techniques de l'imprimerie. Il apporte un précieux témoignage des liens tissés à Genève entre les protestants de toutes nations qui s'y étaient réfugiés d'abord sous la houlette de Calvin puis sous celle de son successeur Théodore de Bèze. Il n'est donc pas surprenant de trouver dans la *Bible de Genève* quelques illustrations qui figurent dans une autre Bible, en français celle-là, également imprimée à Genève.

L'encre des premières épreuves de cette nouvelle Bible en anglais était à peine sèche que les réformateurs exilés apprenaient la mort de la trop sanglante Marie. Chargés de leurs feuillets, ils revinrent au pays. Leur confiance fut récompensée car, dès son accession au pouvoir en 1558, la reine Elisabeth Ire nomma un imprimeur chargé de publier la *Bible de Genève* qui ne connut pas moins de cent quarante éditions. Sans atteindre à l'inégalable splendeur textuelle de la *Bible du roi Jacques*, cette version a joué un rôle essentiel dans la formation des esprits et dans l'élaboration de la langue, car elle pénétra dans toutes les maisons, fut enseignée dans toutes les écoles, se grava dans toutes les mémoires. Tandis que la *Bible du roi Henri* continuait à trôner sur les lutrins, la *Bible de Genève* imprégnait lentement la conscience collective. C'est sans doute dans ses pages que Shakespeare a appris à lire, et ce sont ses phrases qu'il a glissées dans les puissants

1. Fils d'Henri VIII et de Jeanne Seymour qui régna de 1547 à 1553.

monologues de Shylock[1] et du Prince Hal[2]. La *Bible de Genève* n'eut jamais l'approbation officielle des autorités ecclésiastiques qui lui trouvaient des relents de calvinisme, et la reine Elisabeth ne l'aimait guère à cause des suffrages que son texte trouvait auprès des puritains, mais elle fut plébiscitée par le public et particulièrement par les Ecossais qui se réjouissaient d'y trouver les échos de Calvin. Plus tard, pendant la guerre civile[3], Cromwell en fit publier des extraits qu'il distribua à ses troupes pour qu'elles les emportent jusqu'au fond de la très catholique Irlande.

Sous le règne d'Elisabeth Ire, ce fut au tour des catholiques de prendre la route de l'exil, car le pape avait excommunié la souveraine et encourageait ses sujets à la rébellion ouverte. Les représailles furent terribles ; non seulement les « traîtres » étaient exécutés, mais leurs biens et propriétés « détruits et anéantis comme ceux qui ont tenté de détruire et d'anéantir le gouvernement de Sa Majesté ». Certains catholiques exilés se retrouvèrent à Douai, en Flandre, et organisèrent un réseau de résistance : ils offraient leurs services à l'Armada des Espagnols, mais surtout ils contre-attaquaient le protestantisme en travaillant à leur propre version des Saintes Ecritures.

Leur Bible, dite *Bible de Douai*, s'inspirait largement de la Vulgate de Jérôme qu'un concile avait approuvée comme texte de référence. Les attaques virulentes des protestants d'Angleterre contre la *Bible de Douai* lui firent une belle publicité au point qu'on en trouvera des extraits dans la version ultérieure de la *Bible du roi Jacques*. Elisabeth réagit en faisant réviser la très officielle *Bible du roi Henri* qui, dépouillée de ses notes et commentaires, prit le nom de *Bible de l'Evêque* pour honorer le prélat

1. Personnage principal du *Marchand de Venise*.
2. Surnom du prince de Galles (futur Henri V) dans *Henri IV* (I et II).
3. 1642-1649.

Parker qui avait supervisé le travail. Dans les petites gravures sur bois — motifs décoratifs devenus traditionnels — figuraient, outre les habituels héros bibliques, les portraits des ministres de la reine qui, elle-même, était représentée sur la page de garde tenant le sceptre et l'orbe. Hommage appuyé mais mérité, car c'est sous le règne d'Elisabeth que le protestantisme s'affirma en Angleterre.

Elisabeth Ire mourut en 1603 sans laisser de descendance et le pouvoir passa à la dynastie des Stuarts d'Ecosse. Ainsi, Jacques VI Stuart, roi d'Ecosse, devint à trente-sept ans Jacques Ier, roi d'Angleterre et d'Ecosse. En Ecosse, l'Eglise était agitée par l'influence calviniste, mais c'est aux puritains d'Angleterre que le nouveau roi allait désormais devoir tenir tête ; ils étaient farouchement égalitaristes et leur cri de ralliement « Ni évêque, ni roi ! » faisait entendre une sérieuse menace pour la monarchie. Dans un souci de conciliation, Jacques Ier réunit dès 1604 dans son palais de Hampton Court toutes les autorités ecclésiastiques du pays ; il ne réussit pas à faire la paix entre les évêques anglicans et les intraitables puritains, mais il accéda à une pétition présentée par ces derniers qui réclamaient une Bible plus fidèle au texte original que celles qui avaient reçu l'aval des souverains précédents. Une nouvelle fois, les Saintes Ecritures étaient remises sur le métier. Le travail de révision fut organisé de façon fort systématique : on nomma six commissions qui travaillaient respectivement à Westminster, Cambridge et Oxford, et on recruta les plus grands érudits du temps pour y siéger. Chaque commission avait sa spécialité : textes en hébreu pour les unes, en grec pour les autres, avec possibilité de se tourner vers d'autres savants pour statuer sur des points délicats. Après cette phase de préparation, deux membres de chaque commission se réunirent en session spéciale pour revoir en séquence la totalité du texte. On chargea l'évêque de Winchester de rédiger les têtes de chapitres, tandis qu'un autre théologien, le Dr. Smith, composait une préface et supervisait la fabrication. Le grand incendie de Londres a détruit les archives de Westminster pour cette période, et nous prive donc de chiffres exacts sur le coût d'une telle opération. On sait toutefois que le Trésor royal n'était pas en mesure de l'assumer, et que le projet fut financé par la puissante Guilde des Papetiers qui en garda longtemps le monopole.

Personne n'avait jamais prétendu que cette nouvelle version de la Bible serait une œuvre originale. En fait, la variété de ses sources est étonnante : pour texte de base, on avait choisi la *Bible de l'Evêque*, c'est-à-dire que le texte de Tyndale fournit à peu près 90 % de son contenu, et, cette fois, son nom figure bien dans la liste des traducteurs. Il va sans dire qu'on avait supprimé la totalité de ses notes et commentaires, dont certains portaient atteinte au pouvoir royal. Déjà, de son temps, la langue de Tyndale était teintée d'archaïsme, mais on se garda de la moderniser. On conserva certains des latinismes de la *Bible de Douai* et on incorpora les savantes corrections faites dans la *Bible de Genève*. Le résultat de ce travail de compromis est d'une totale splendeur. La *Bible du roi Jacques* est une de ces œuvres dont on n'épuise jamais la richesse. Deux facteurs surprenants sont à noter : d'abord la décision de réécrire tous les passages de la Bible où Dieu figurait comme personnage, et tous les épisodes concernant les rois de l'Ancien Testament ; cette rédaction bénéficia de l'influence des grands écrivains de la période élisabéthaine et particulièrement de Shakespeare dont les poèmes et le théâtre étaient fort admirés. Un tel modèle stylistique allait donner au narratif une majesté et une couleur inégalables. Le second facteur tient du miracle linguistique : la valeur d'une traduction dépend de sa fidélité à l'esprit de l'original et du talent du traducteur à restituer dans sa propre langue le génie d'une langue autre en trouvant le meilleur système d'équivalences. Dans le cas de la *Bible du roi Jacques*, les harmoniques de l'hébreu trouvent une parfaite correspondance dans le mouvement prosodique de l'anglais en usage depuis la période des Tudor.

Une telle réussite semblait de bon augure pour le jeune souverain. Or, son règne servit de prélude à un des épisodes les plus douloureux de l'histoire d'Angleterre, et son fils Charles Ier qui lui succéda en 1625 périt sous la hache du bourreau. Il payait de sa vie l'acharnement qu'il mit à se vouloir monarque de droit divin, alors que ses contemporains commençaient à mettre sérieusement en doute le grand ordre sacré de la chrétienté. Le poète Milton exprime fortement ce changement de mentalité lorsqu'il déclare : « Il est parfaitement licite [...] de demander des comptes à un tyran ou à un roi dont le pouvoir est néfaste, de le juger selon le droit, de le déposer ou de le mettre à mort. » La vieille Angleterre gothique s'ouvrait à son tour à la Renaissance, accueillait les toiles de Rubens dans ses nouveaux palais dessinés par Inigo Jones[1]. La monarchie de droit divin n'avait plus de place dans ce monde qui abolissait une fois pour toutes l'ordre sacré contenu dans le texte de la Bible. L'admirable texte de la *Bible du roi Jacques* est le dernier ouvrage qui validait cet ordre. Vénéré par toute l'Angleterre — tous partis politiques et toutes confessions religieuses confondus — il n'est plus uniquement considéré comme le saint réceptable de la parole de Dieu. La Bible va devenir un objet d'étude. Critiques littéraires et théologiens, historiens et géographes, juristes et savants vont se mettre à disséquer ses pages. Sous la multitude de ces regards d'experts, la Bible va peu à peu perdre son caractère sacro-saint.

Le concile de Trente : la lettre et l'esprit

L'ampleur de la menace que représentaient les réformateurs du Nord, avec la création de nouvelles Eglises qui

1. Architecte anglais intendant des bâtiments royaux (1573-1662).

échappaient à la tutelle de Rome, avait alerté la papauté qui, pourtant, tarda à mettre au point une véritable stratégie de défense. Enfin, en 1537, le pape Paul III convoqua un grand concile dans le but de définir pour l'Eglise un système doctrinal qui prendrait en compte les débats qui agitaient les esprits de l'époque. L'organisation du concile posa tant de problèmes que la première assemblée plénière ne se réunit qu'en décembre 1545 ; le terme d'assemblée plénière était d'ailleurs un peu abusif, compte tenu du nombre restreint des participants. Comme siège du concile, on avait choisi la ville de Trente, dans les Dolomites, ce qui explique la présence dominante des représentants italiens à l'ouverture des débats. Il fallut presque vingt années pour que les Pères conciliaires atteignent l'objectif que s'était fixé la papauté : examiner et évaluer tout le patrimoine de la tradition ecclésiastique ainsi que tous les points de doctrine, les soumettre au vote de l'assemblée et les rédiger sous forme de décrets officiels. On peut dire qu'avec le concile de Trente est née l'Eglise catholique romaine telle que nous la connaissons aujourd'hui. Regénérée, restructurée, elle avait fixé le rôle et le contenu de sa propre Bible.

Les Eglises réformées du Nord proclamaient que toute la doctrine de la foi se trouvait contenue dans les Saintes Ecritures, et que chaque individu devait avoir libre accès aux textes sacrés. Le 8 avril 1546, lors de ses premières sessions, le concile déclara que la Bible était la parole de Dieu, mais que, pour en faire une bonne interprétation, il fallait s'appuyer sur les plus anciennes traditions de l'Eglise, ce qui revenait à dire que l'héritage légué par l'église primitive (doctrine, Credo, commentaires et gloses) constituait la véritable source de sagesse. Il était difficile de s'opposer plus clairement aux thèses des réformateurs, de souligner avec plus de netteté la frontière entre le protestantisme et l'Eglise de Rome. Cette déclaration consommait la rupture ; cependant les assemblées conciliaires montraient des divergences d'opinion au sein même de l'Eglise catholique romaine entre conservateurs et libéraux, et un interminable débat s'engagea sur la validité des nombreuses versions de la Bible en langues vernaculaires qui étaient désormais utilisées un peu partout par le clergé. Malgré les virulentes attaques d'un évêque espagnol qui voyait en ces œuvres les « génitrices de l'hérésie », le concile finit par admettre que si ces Bibles n'étaient pas toutes à bannir, elles demeuraient très inférieures à la grande Vulgate en langue latine sanctionnée par la tradition, et donc seul texte biblique véritablement authentique. On pourrait croire qu'avec cette décision les conservateurs venaient de gagner la partie. Il n'en fut rien car, à l'époque du concile de Trente, quelques-unes des versions les plus anciennes de la Bible n'étaient pas encore connues et, parmi celles qui circulaient alors, certaines ne répondaient pas à des normes acceptables de sérieux et d'érudition. Au XVIe siècle, le texte de Jérôme présentait infiniment plus de garanties d'exactitude que des manuscrits grecs et hébreux dont les origines étaient parfois douteuses.

Un siècle avant l'assemblée de Trente, s'était tenu à Florence un autre concile qui avait établi la liste détaillée des livres bibliques, mais sans préciser pour chacun la version à considérer comme autorisée. Car ces versions étaient multiples ; pour la seule Italie, il existait plus de cent éditions de la Vulgate qui, toutes, présentaient des variantes, et il fallut attendre 1528 pour que soit publiée une édition vraiment sérieuse de ce texte en latin, ouvrage d'une parfaite érudition fabriqué par les presses d'un imprimeur protestant de Paris, Me Stéphane. Tout au long du concile de Trente, c'est le contenu d'une bibliothèque qui fut acheminé vers les Dolomites : toutes les archives des conciles précédents, quantité de textes bibliques dont certains remontaient à la plus haute Antiquité. Nombre de ces précieux documents furent égarés par des mains distraites et d'autres perdus à tout jamais. Les Pères conciliaires examinèrent les unes après les autres les variantes des éditions de la Vulgate, s'arrêtant à la fameuse « parenthèse de Jean » (*Cf.* p. 348), aux différentes conclusions de l'Evangile de Marc, à l'épisode de l'Evangile de Jean qui traite de la femme adultère (Jean, VIII, 1-11). Puis on passa aux problèmes des *Apocryphes* que les rabbins de l'époque de la destruction de Jérusalem avaient supprimés de leur Bible, mais que l'Eglise primitive avait considérés comme sacrés. Tous restèrent dans la Vulgate à l'exception de trois : les deux livres d'Esdras (Esdras I et Esdras-Néhémie) et la prière de Manassé. Ces exclusions faisaient fi des opinions de Jérôme et s'opposaient aux positions des Eglises protestantes, Luther ayant affirmé que si ces *Apocryphes* n'étaient pas vraiment la parole de Dieu, personne ne pouvait mettre en doute « leur valeur et leur bienfaisante utilité ». Une fois examiné le texte complet de la Vulgate, le concile prit la décision de nommer une commission de sages chargée de toutes les questions scripturaires, commission qui veillerait à une édition des textes révisés et authentiques de toutes les versions de la Bible en grec et en hébreu, ainsi que de la Vulgate en latin. Au cours du XVIIe siècle, les papes Sixte V et Clément VII allaient superviser la production d'une version grecque et latine des Saintes Ecritures qui incorporerait un certain nombre de sources parmi lesquelles le *Codex Vaticanus* du IVe siècle, et le *Codex Aminatinus*, refonte par les moines angles du travail de Cassiodore à Vivarium. Cette nouvelle Bible dite *Sixto-Clémentine*, déclarée autorisée par bulle pontificale en 1592 va rester le texte officiel de l'Eglise catholique romaine, bien qu'elle ne soit pas entièrement fidèle à l'original comme on le constata très vite après l'avoir adoptée.

Le concile de Trente s'inscrivait dans la grande tradition médiévale, mais son ambitieux projet doctrinal et pastoral témoignait d'une volonté de « réforme catholique ».

Les Pères conciliaires, en terminant leurs longs travaux, renouaient avec un idéal : le retour à la grande chrétienté, c'est-à-dire à l'expansion du catholicisme dans tout le monde connu ; or, cet objectif impliquait une bonne cohésion du spirituel et du temporel que l'époque rendait difficile, puisque l'idée d'autonomie faisait son chemin parmi les princes et les grands. Si l'Europe méridionale demeurait dans le giron de Rome, les Etats du Nord avaient été gagnés à la Réforme protestante. En France, la coexistence des deux confessions s'était transformée en un douloureux affrontement où la Bible, sa lecture et son interprétation allaient souvent servir d'enjeu.

Dès le Moyen Age, il y eut en France une « culture d'Eglise » fondée sur la connaissance du latin qui, seule, donnait accès aux Saintes Ecritures, aux ouvrages de la tradition, en même temps d'ailleurs qu'aux grands classiques de l'Antiquité. Détenteurs de ce savoir, les clercs pratiquaient la *lectio*, ou lecture commentée de la Vulgate, d'où la floraison d'un symbolisme biblique qui irrigua l'âge roman. Dès le XIIe siècle apparaissent des traductions en français d'ouvrages religieux et moraux tandis que la littérature profane utilise parfois le contenu de la *lectio* dans des formes dramatisées — tel le *Jeu d'Adam* où une succession de discours prophétiques est mise en dialogues avec un vrai sens scénique — ou lyriques comme dans le poème *Quant li solleiz*, habile paraphrase du *Cantique des cantiques*. Dans l'univers mental français du Moyen Age, la Bible est omniprésente, même si le nom de la « Bible » recouvre parfois des œuvres qui n'ont strictement rien à voir avec le texte sacré, ce qui est le cas pour les longs poèmes didactiques et satiriques connus au début du XIIIe siècle comme la *Bible de Guiot de Provins* ou la *Bible de Hughes de Berzé*.

Il faut attendre la fin du XVe siècle pour voir la publication de la première version imprimée en français des Saintes Ecritures. Compilée par Jean de Rely, confesseur du roi Charles VII, elle forme un ensemble assez indigeste avec ses gloses intégrées au texte, ses anachronismes et ses archaïsmes. Sous l'aiguillon de la Réforme, les problèmes théoriques de traduction vont enfin être sérieusement abordés. Membre du cénacle de Meaux et fort suspect de sympathie aux idées luthériennes, Jacques Lefèvre d'Etaples dans sa *Sainte Bible translatée en françois* ne corrige que fort prudemment le texte autorisé par le concile de Trente, *vetus et vulgata editio*, mais ses options sont révélatrices ; destinant son travail à « ung chascun qui a cognoissance de la langue gallicane », il déclare préférer l'inélégance d'une parole révélée aux afféteries de poétiques paraphrases. Cet attachement au respect de la lettre fait un peu sourire chez un auteur qui n'a pas hésité à trouver ses sources dans la lettre déjà définie par un intermédiaire. Certes, le latin de Jérôme s'adaptait assez bien à la syntaxe et au lexique du français de la Renaissance, mais pourquoi ne pas retourner aux textes d'origine ? D'autant que l'Université française ne manquait pas d'érudits hellénisants ou hébraïsants. En 1535, Olivétan fit preuve de plus d'audace en modelant sa traduction sur l'hébreu et le grec ; s'attachant au mot à mot, il produit une œuvre à la fois géniale et monstrueuse, mais qui, reprise, retouchée et clarifiée par Calvin, Louis Budé et Théodore de Bèze, deviendra en 1588 la *Bible de Genève*, texte de référence de tous les réformés d'expression française. Livre de combat autant que livre de culture, la *Bible de Genève* s'impose dans toutes les églises « dressées », et les persécutions et poursuites auxquelles ses lecteurs doivent faire face contribuent à faire le succès d'un texte qui le méritait déjà largement par ses qualités de grande érudition et de fidélité à l'original. En s'acharnant pendant plus d'un siècle à déconsidérer cet ouvrage, le pouvoir monarchique et le clergé français ont réussi à en faire pour tous les protestants du royaume un trésor d'autant plus inestimable qu'on voulait à tout prix le leur arracher.

Aux antipodes des travaux d'Olivétan, se place la traduction de la Bible faite en 1555 par Sébastien Castellion. Ce prote d'imprimerie qui connaissait l'hébreu et le grec parlait non la langue châtiée des intellectuels, mais le patois de sa province de Bresse. Dans son désir de rendre les Saintes Ecritures « entendibles » aux gens du peuple, il les contextualisa à outrance, bannissant les mots étrangers ainsi que les locutions savantes, (l'holocauste devint « brûlage » ou « flammage ») et substituant au milieu et au décor de l'Orient la réalité sociologique de son temps. Il n'hésita pas à décrire les filles de Sion comme de bonnes paysannes bressanes, portant aux jours de fêtes « guimpes, bourses, miroirs, mouchoirs et taffetas », ce qui lui valut bien des quolibets de la part des réformés comme des catholiques du Grand Siècle. La superbe réussite de la Bible en langue vulgaire, en Allemagne et en Angleterre, n'avait pas encore été imitée en France.

Au tour du janséniste Isaac Louis Le Maistre de Sacy de se mettre à la tâche. Embastillé en 1666 pour ses sympathies à Port Royal, il tire profit de ses trois ans de détention et commence une nouvelle traduction à partir de la Vulgate. Tout Isaac qu'il soit, il ne sait point l'hébreu, mais les trentes volumes qu'il publie à partir de 1672 vont faire autorité, même si sa version des Evangiles qui date de 1667 et reste connue sous le titre de *Nouveau Testament de Mons* est condamnée par la papauté en 1668. C'est que Le Maistre de Sacy écrivait la langue des honnêtes gens, et que son œuvre est remarquable par son unité d'ensemble et sa clarté, quoique, de nos jours, l'élégance de sa prose semble un peu monochrome. Cette mauvaise langue de Joubert[1] rendra acte à l'auteur de ses mérites en disant : « Il a rasé, poudré, frisé la Bible, mais, au

1. Joseph Joubert, écrivain et moraliste (1754-1824).

moins, il ne l'a pas fardée. » C'est d'ailleurs l'Ancien Testament de Le Maistre de Sacy qui figurera dans la *Bible de Royaumont* publiée par Nicolas Fontaine en 1670. Ce beau livre qui associait l'image au texte influencera fortement l'émergence d'une nouvelle sensibilité religieuse dans les classes bourgeoises qui y auront accès.

S'il est difficile de mesurer quel fut le véritable impact de ces diverses traductions hors du public des clercs et des gens instruits, de tous les Livres bibliques, il en est un qui sut pourtant marquer la chrétienté en parlant au cœur et à l'imagination des croyants. Il s'agit des Psaumes dont le texte interpelle l'individu de la même manière que, jadis, la représentation des *mistères* exaltait le peuple aux parvis des églises. Au Moyen Age, le psautier est utilisé comme un manuel particulièrement adapté aux pratiques de dévotion personnelle. Entre 1533 et 1549, Clément Marot paraphrasa quarante-neuf psaumes, et ses intentions ne devaient rien avoir de subversif puisqu'il en présenta un exemplaire à l'empereur Charles Quint. Plus tard, à partir des stances de Marot et de Bèze, le *Psautier Huguenot*, avec ses mélodies composées par Goudimel et Le Jeune, réunira autant que des prières des chants de ralliement adoptés par les protestants persécutés. Sous les châtaigniers des Cévennes, lors des assemblées, sur les petits sentiers des garrigues résonnaient des versets aux accents rudes et enivrants :

Que Dieu se montre seulement
Et l'on verra tous les méchants
Abandonner la place...

Les poètes catholiques entendirent aussi le grand appel lyrique des psaumes. Desportes et La Ceppede, Du Perron et Malherbe vont trouver dans les textes du psautier de quoi faire chanter leur lyre. Féconde inspiration où se rejoignaient les thèmes les plus sublimes et les impressions les plus concrètes sans jamais choquer la raison, les bienséances ou les dictats du « bon goût ». Passant ainsi des chapelles aux salons, les Psaumes eurent la chance d'échapper à l'oubli.

Le concile de Trente avait mis l'accent sur le rôle éminent du clergé et, longtemps encore, la parole biblique continuerait d'être transmise oralement par la prédication et la catéchèse. A la fin du XVIIe siècle, on voit se multiplier les manuels de catéchisme dont certains, fidèles aux enseignements conciliaires, étaient constitués presque entièrement de citations de l'Ecriture et des Pères. C'est le cas du *Catéchisme du diocèse de Paris* publié par François de Harley en 1687. Quant aux livres de messe, fort nombreux à l'époque, leur audience semblait se limiter aux fidèles des centres urbains. Lorsque Bossuet déclarait : « C'est lire les Ecritures que d'écouter les pasteurs qui les expliquent », il résumait peut-être encore plus exactement qu'il ne le pensait les rapports de l'Eglise catholique de France avec les textes sacrés.

« Eppur si muove ! »

Moins de cent ans après le concile de Trente, un savant de Florence allait subir les conséquences du décret qui faisait de l'interprétation des textes sacrés le domaine réservé de la tradition de l'Eglise. A genoux dans le chœur de Santa Maria sopra Minerva à Rome, Galilée dut justifier ses recherches, promettre de s'abstenir à l'avenir de répandre des opinions jugées hérétiques, se soumettre au régime d'isolement qu'on lui imposait comme châtiment, et s'engager à réciter quotidiennement les psaumes de la pénitence pour racheter l'effet pervers de ses écrits. Dans ce magnifique sanctuaire où les chefs-d'œuvre de la Renaissance voisinaient avec les plus vénérables reliques des saints, l'Eglise post-tridantine se faisait la réputation d'être opposée à toute démarche de progrès en donnant la palme du martyre à un homme de sciences réputé parce qu'il avait osé remettre en question la cosmologie biblique. Dans la longue suite d'escarmouches et de batailles rangées qui opposeraient les savants de la Renaissance aux autorités de Rome, l'épisode de la condamnation de Galilée permet de comprendre un peu mieux l'attitude des scientifiques du XVIIe siècle dont les travaux sur l'univers apportaient des conclusions contradictoires à tel ou tel passage du livre de la Genèse.

Galilée avait eu le malheur de choisir les cieux comme sujet de ses études. Il avait observé les battements de la grande horloge cosmique sans pour autant mettre en cause la présence et la personne du grand Horloger, mais, pour la hiérarchie ecclésiastique, Dieu était le maître des cieux, et le seul fait de regarder de trop près le firmament et ses étoiles — comme on le faisait maintenant avec ce diable de télescope que Galilée venait justement d'inventer — avait quelque chose de suspect et d'impie, puisque seule la foi donnait les clefs de l'univers. Si Galilée avait été condamné, c'était parce que ses travaux portaient sur l'ordre universel et semaient le doute sur certains passages de la Bible. En effet, avec des termes comme « lever » et « coucher » de soleil, le texte biblique semblait sous-entendre que l'astre du jour parcourait le ciel tandis que la terre était immobile. Certes, la Bible n'avait pas la prétention d'expliquer le fonctionnement du système solaire, mais les phrases qui s'y appliquaient et qu'étayaient les principes aristotéliciens formaient la base de l'enseignement traditionnel de l'Eglise : comme un roi au milieu de sa cour, comme Dieu parmi les cohortes de ses anges, la terre trônait au centre de l'univers.

Galilée connaissait les ouvrages de l'astronome polonais Copernic et il soutenait que c'était la terre qui tournait autour du soleil immuable. Lorsque les théories de Copernic avaient commencé à se répandre, vers 1531, la papauté les avait admises, ce qui alimenta d'ailleurs un grand débat dans les milieux ecclésiastiques et scientifiques qui, à l'époque, regroupaient les mêmes personnes. Un savant cardinal[1] fit entendre la voix de la sagesse : tant que les théories coperniciennes n'étaient pas prouvées, il était impossible d'arriver à une véritable conclusion, et le jour où les preuves tomberaient, on ferait un nouvel examen des passages de la Bible en question pour trouver une interprétation convenable. Ce cardinal était lui-même un savant ; ses leçons et travaux sur l'univers lui avaient valu une immense réputation et il avait siégé à la commission chargée de réviser la Vulgate pour en faire la *Bible Sixto-Clémentine*. En sa double qualité d'homme de sciences et de théologien, il avait un poids considérable, et s'il n'avait pu finalement empêcher que les écrits de Copernic fussent mis à l'Index, il prodigua toujours à Galilée conseils et soutien. Depuis, vingt ans avaient passé. En 1630, le savant cardinal était mort comme la plupart des Pères conciliaires de Trente. L'Eglise catholique romaine avait durci ses positions et exigeait une soumission absolue à tout son code doctrinal. La Contre-Réforme était l'ordre du jour. Galilée avait vieilli, mais son esprit gardait une fermeté et une vivacité aiguisées par les joutes oratoires en usage à l'époque de la Renaissance. Il souhaitait faire réhabiliter l'œuvre de Copernic et, dans ce but, il avait rassemblé tout un dossier de preuves, dont certaines n'étaient guère convaincantes ; par-dessus tout, il voyait, dans la mise à l'Index des travaux du grand astronome, un affront non seulement à la science, mais à l'intelligence d'une Eglise à laquelle il adhérait de toute son âme de croyant. C'est donc dans le souci de rétablir la vérité qu'il avait publié, en 1632, son *Dialogue sur les deux grands systèmes du monde*. L'ouvrage ayant été déclaré hérétique par les dominicains de Florence, il fut immédiatement convoqué à Rome. Avant son départ, un de ses jeunes

1. Robert Bellarmin (1542-1621).

collègues lui suggéra d'émailler ses réponses au tribunal de l'Inquisition de « petites phrases qui prouveraient son esprit d'obéissance à Notre Sainte Mère l'Eglise ». L'interrogatoire fut serré, la menace de la torture planait, et les audiences ne prirent que trois jours. Terrorisé par l'appareil d'une féroce répression, le savant vieillard dut s'incliner et promettre de faire pénitence. En 1633, dans l'église de Santa Maria sopra Minerva, l'Eglise avait mis la science à genoux.

Ne nous laissons pas, toutefois, aller à des généralisations hâtives en concluant que, soucieuse de préserver par tous les moyens l'intégrité de ses plus anciennes traditions, l'Eglise n'ait pas hésité à faire un exemple en sacrifiant un homme qui représentait l'esprit de progrès de la Renaissance. Les choses sont moins simples : si le bras de l'Inquisition s'abattit sur Galilée, on lui permit néanmoins de rentrer chez lui à Pise et même de continuer ses recherches. Le procès et l'humiliation d'un des plus grands savants de l'Europe n'avaient été, en fait, qu'une horrible machination ourdie, non par les autorités ecclésiastiques, mais par un collègue de Galilée, un savant profondément réactionnaire qui enseignait à Florence et craignait — pour son rang et pour la sécurité de son emploi — ce trop brillant rival ! Cette circonstance réduit quelque peu la portée du procès. On se croyait emporté dans le mouvement des grandes sphères de l'univers, et voilà qu'on retombe dans la petite sphère du monde universitaire ! Toutefois, le procès de Galilée représente une étape importante dans l'histoire de l'Europe qui passe avec lui de l'âge d'innocence à l'âge d'expérience, c'est-à-dire à la modernité. Alors que l'Eglise et certains savants continuaient à voir les cieux figés dans la hiérarchie universelle de la chrétienté, Galilée annonce une nouvelle vision : un univers en mouvement, un monde dynamique, un autre équilibre des forces cosmiques où Dieu n'est plus une impérieuse figure dominant le système pyramidal de sa création, mais l'expression puissante de l'interaction des forces d'un cosmos créé par son pouvoir. Galilée n'avait pu découvrir aucune preuve scientifique pour appuyer le système de Copernic, mais ses propres travaux ont apporté une autre conception de Dieu et de l'univers.

Jouxtant l'église de Santa Maria sopra Minerva, le grand Collège des jésuites abritait un centre d'études scientifiques renommé. Son enseignement était fidèle à la scolastique médiévale qui avait harmonieusement agencé les principes d'Aristote dans le but de les faire coïncider avec l'exposé des faits dans la Bible et l'argumentation de Thomas d'Aquin. Le corps enseignant était en partie constitué de catholiques romains de l'Europe du Nord qui avaient fui les guerres de religion. Le cursus offrait toutes les garanties de sérieux, et l'enseignement des mathématiques avait été confié à un jésuite allemand, Athanasius Kircher. Esprit curieux et extrêmement brillant, l'homme se passionnait pour les mystères de la nature, et il créa un musée d'histoire naturelle tout à fait étonnant pour l'époque. Sa fascination pour les machines n'est pas sans rappeler le génie de Léonard de Vinci, mais son sujet favori, celui qui enfiévrait le plus son imagination était l'histoire du Déluge. Avec la double ressource de son savoir scolastique médiéval et de la méthodologie empirique née de la Renaissance, il calcula la date précise du Déluge, la force et la durée des précipitations, et les effets que le cataclysme avait eus sur les antiques populations qui l'avaient subi. Dans un merveilleux dessin, il reconstitua une sorte d'organigramme de l'arche de Noé où figurait la faune du monde entier avec toutes ses espèces différenciées bien rangées en cases séparées : le fond des cales grouillait de serpents — Dieu ayant tenu à préserver ces reptiles pour que l'homme ait un témoignage vivant de l'animal qui avait causé le péché originel —, les soutes contenaient les gros animaux, puis s'étageaient les ponts.

Le pont inférieur était bourré de provisions et, sur les ponts supérieurs, se tenaient les petits animaux, les oiseaux et les humains, de sorte que Noé n'ait qu'un geste à faire pour appeler à lui corbeau ou colombe le moment venu. Dans leur genre, les travaux de Kircher sont aussi précis, aussi documentés que ceux de Galilée, mais ils portent sur un univers statique et rassurant, alors que les recherches du pénitent de Santa Maria sopra Minerva s'ouvraient sur des visions de l'infini, de l'inconnu. L'interprétation littérale et traditionnelle du monde biblique que faisait Kircher n'était pas l'apanage des catholiques romains ; à l'époque de Galilée, un savant calviniste, l'évêque Ussher d'Armagh, en Irlande, s'appliquait à retracer la chronologie historique des épisodes de la Bible. La datation à laquelle il était arrivé figurait encore il n'y a pas si longtemps dans les marges de certaines éditions de la *Bible du roi Jacques*. Ussher était parfaitement conscient de la difficulté de relier historiquement l'Ancien et le Nouveau Testament, et il appuyait donc sa théorie sur la croyance médiévale que quatre mille ans s'étaient écoulés entre la création du monde et la naissance du Christ. A partir de cette donnée, il fixa quelques dates pour l'ère d'avant Jésus-Christ : 4004 pour la création du ciel et de la terre, 1663 pour le Déluge, et 1704 pour la composition du Cantique des cantiques. Déjà, Mélanchthon avait affirmé que l'historique du monde s'étalerait sur huit mille années en quatre cycles égaux de deux mille ans, dont le dernier verrait le règne du Christ. La tradition chrétienne faisait partir de l'an 1 — date de la naissance du Christ — l'ère dite « après Jésus-Christ », mais Ussher avait lu les œuvres de l'historien Josèphe qui disait qu'Hérode était mort dans la vingt-troisième année du règne de l'empereur Auguste, d'où la nécessité de reculer de quatre ans la date de la Création. Les calculs d'Ussher se voulaient encore plus précis et, des années, on passa bientôt aux jours et aux heures ! Dieu aurait terminé la création du monde le dimanche 23 octobre à midi pile ! Devant ces affirmations péremptoires et protestantes, les catholiques ne voulurent pas être en reste, et le jésuite français Petavius corrigea la date donnée par Ussher en faisant observer que, dans le récit de la Genèse, le soleil reste immobile dans le ciel à plusieurs reprises, ce qui reportait la date de la Création au lundi 26 octobre de l'an 4025 avant Jésus-Christ. Ces soucis de chronologie cosmique avaient hanté l'esprit de Galilée au moment où il formulait ses théories sur les mouvements dans l'univers d'après les calculs de Copernic. On en retrouve un naïf écho dans un cantique que ramène chaque veillée de Noël :

Depuis plus de quatre mille ans
L'annonçait la voix des prophètes...

Dans la recherche scientifique, catholiques et protestants suivaient des chemins parallèles, ce qui ne manquait pas de fournir à bien des esprits une preuve supplémentaire que la science était une activité impie. Le cardinal Bellarmin, qui avait fait trembler la Flandre sous la menace de l'Inquisition, était considéré comme le diable en personne à cause des expériences qu'il conduisait dans son cabinet d'alchimiste et qu'on tenait pour des actes de sorcellerie. En 1679, un étudiant de l'université d'Edimbourg fut pendu pour avoir affirmé qu'Ezra — et non Moïse — était l'auteur des cinq premiers livres de la Bible. En Espagne, on brûla les hérétiques jusqu'au milieu du XVIIIe siècle.

Lorsque Isaac Newton reprit les travaux commencés par Copernic sur le système solaire, il eut soin de s'entourer de toutes sortes de précautions oratoires, déclarant que Dieu était bien le créateur de l'univers, et que toute sa démarche de savant se résumait à décrire en termes scientifiques le seul ordre possible, l'ordre divin. Comme Ussher, il consacra des années à décrypter les nombres symboliques contenus dans les Saintes Ecritures, et plus particulièrement dans l'Apocalypse. Cependant, dans les milieux cultivés, on commençait à lire la Bible avec un regard plus critique, à se poser des questions d'éthique et de morale sur certains personnages des textes sacrés. En 1792, un Anglais, Thomas Paine, publia *l'Age de raison*, ouvrage qui fit scandale au point que son éditeur fut poursuivi en justice. L'auteur n'avait-il pas eu l'audace de se demander pourquoi le Tout-Puissant avait jugé bon « de descendre sur terre, de s'incarner et de mourir pour la seule raison qu'un homme et une femme avaient un beau jour croqué une pomme » ? Quelques années auparavant, une autre déclaration du même genre avait déjà défrayé la chronique : au sujet de l'épisode des porcs des Gadaréniens (Matthieu, VIII, 30-34), un universitaire pince-sans-rire disait que si le Christ avait pris pareille initiative dans un comté du pays, il aurait été sur-le-champ pendu haut et court ! Ce passage du Nouveau Testament touchait à l'un des plus hauts principes de la moralité bourgeoise : le respect dû à la propriété. Tous ces propos n'avaient rien de badin, mais semblent bien innocents en regard de ceux des grands auteurs français du Siècle des lumières. Voltaire était en délicatesse avec l'Eglise de France et avec les jésuites. Pour mieux les confondre, il s'en prit à la Bible. Les Français sont réputés avoir de l'esprit, et Voltaire en avait plus que son lot. Ses sarcasmes firent mouche. Il pratiquait avec un talent littéraire consommé une sorte d'exégèse de la dérision qui mettait les rieurs de son côté. Du *Dictionnaire philosophique* à la *Bible enfin expliquée*, parue en 1776, et à *L'Examen de Milord Bolingbroke*, publié l'année suivante, il fit donner l'artillerie lourde : Moïse est traité de « faussaire maladroit », le peuple d'Israël devient « une horde d'Arabes voleurs », et le *Cantique des cantiques* — « rhapsodie inepte » — ne rachète en rien un Ancien Testament dont la lecture lui « soulève le cœur ». Quant au Nouveau testament, il a été écrit par « des gens qui n'étaient au fait de rien ». Même le personnage de Jésus ne trouve pas grâce à ses yeux : « Jésus est évidemment un paysan grossier de la Judée plus éveillé sans doute que la plupart des habitants de ce canton », et son supplice est une preuve supplémentaire de la barbarie des Juifs « bien capables de cette abominable atrocité ». En Paul, Voltaire voit « un énergumène insensé », un affabulateur, un esprit incapable de « mettre deux idées cohérentes à la suite l'une de l'autre ».

Voltaire méprisait la tradition, et son article « Antiquité » dans le *Dictionnaire philosophique* insulte à plaisir les Anciens. Plus que tout, il détestait la fausse science, et les apologistes, curés, prédicateurs, étaient tous également victimes de sa verve. En 1768, voici comment il rédige les *Instructions du gardien des capucins de Raguse à frère Pediculoso partant pour la Terre sainte :*

> 1) La première chose que vous ferez, frère Pediculoso, sera d'aller voir le Paradis Terrestre, où Dieu créa Adam et Eve, si connu des anciens Grecs et des premiers Romains, des Perses, des Egyptiens, des Syriens, qu'aucun auteur de ces nations n'en a jamais parlé. Il vous sera très aisé de trouver le Paradis Terrestre, car il est à la source de l'Euphrate, du Tigre, de l'Araxe et du Nil ; et quoique les sources du Nil et de l'Euphrate soient à mille lieues l'une de l'autre, c'est une difficulté qui ne doit nullement vous embarrasser. Vous n'aurez qu'à demander le chemin aux capucins qui sont à Jérusalem, vous ne pourrez vous égarer.
>
> 2) N'oubliez pas de manger du fruit de l'arbre de la science du bien et du mal ; car vous nous paraissez un peu ignorant [...].
>
> [...]
>
> 7) Vous comptez aller ensuite sur le mont Ararat voir les restes de l'Arche qui sont de bois de Gopher. Vérifiez

les mesures de l'Arche données sur les lieux par l'illustre M. Lepelletier [...].

Vous aurez aussi la bonté de nous rapporter l'original du texte hébreu qui place le Déluge en l'an de la création 1656, l'original samaritain qui le met en 2039, le texte des Septante qui le met en 2262. Accordez les trois textes ensemble et faites un compte juste [...].

8) Saluez de notre part notre père Noé qui planta la vigne. Les Grecs et les Asiatiques eurent le malheur de ne connaître jamais sa personne ; mais les Juifs ont été assez heureux pour descendre de lui.

Demandez à voir dans ses archives le pacte que Dieu fit avec lui et avec les bêtes. Nous sommes fâchés qu'il se soit enivré ; ne l'imitez pas...

Peut-on voir dans la hargne de Voltaire contre les Ecritures, dans les accents trop jubilatoires de son style incisif, un non-dit qui trahirait un esprit angoissé et avide de ces effusions mystiques qu'il refuse ? Le personnage est trop complexe pour qu'on puisse trancher. Il n'en reste pas moins que ses œuvres où l'anticléricalisme se teinte de déisme ont marqué les mentalités de la bourgeoisie occidentale tout entière. Au XIXe siècle, les débats sur la Bible en sont toujours empreints. En effet, sous l'avalanche de découvertes multiples et de théories nouvelles, les interprétations traditionnelles de la Bible, et surtout de la Genèse, sont sérieusement menacées. Voilà que les géologues constatent, par l'étude des roches et des fossiles, que la fameuse datation d'Ussher est plus que fantaisiste ! Voilà que les biologistes se mettent à travailler sur l'évolution des espèces animales et végétales, et qu'ils viennent contrecarrer la notion que Dieu aurait, d'un seul geste, créé un univers parfait. La description de la création donnée par la Genèse va se trouver au centre des plus âpres controverses avec la publication en 1859, de l'ouvrage de Darwin : *De l'origine des espèces par voie de sélection naturelle*. La théorie darwinienne était présentée avec tant de clarté et de force, documentée de façon si convaincante, qu'elle déchaîna les passions entre ses adeptes enthousiastes et ses détracteurs acharnés. En substituant le hasard à la nécessité de la création divine, Darwin abolissait tout l'ordre moral si patiemment élaboré au cours des siècles par les Eglises. Au centre du cyclone, il se défendait d'avoir voulu soulever des problèmes d'éthique et disait avec une innocence un peu sournoise que « Moïse était bien assez grand pour assurer sa propre défense ». Les esprits s'échauffaient au point qu'un grand débat public fut organisé à l'université d'Oxford pour faire toute la lumière sur la question. En 1860, le biologiste Thomas Huxley prit donc la parole pour répondre aux opposants de Darwin représentés par l'évêque Wilberforce. Impressionnant face à face : savant de grand renom, Huxley se disait agnostique — terme qu'il avait inventé pour signifier que toute métaphysique lui était étrangère — tandis que Wilberforce mettait dans la balance son rang dans l'Eglise anglicane appuyé sur une tradition de courage et de libéralisme puisque son propre père s'était engagé à fond dans la campagne pour l'abolition de l'esclavage ; de plus, il avait pour lui le soutien des plus hautes autorités politiques du royaume. La presse avait orchestré le débat avec force articles, et les caricaturistes s'en étaient donné à cœur joie : leurs dessins reproduisaient des profils de Darwin, bien faits pour démontrer qu'il « descendait du singe ». Wilberforce tomba dans le piège de la facilité en demandant à Huxley de préciser les origines de sa famille, et Huxley, qui voyait dans le clergé un bastion de crasse ignorance, lui coupa tous ses effets d'une seule phrase qui était une citation de la Bible : « Le Seigneur me les a livrés ! » (Juges, XII, 3). Mettant tous les rieurs de son côté, il remporta la victoire haut la main. Le savant agnostique avait utilisé une langue, un style, un système métaphorique qui devaient tout à la lecture des textes sacrés car, comme tous les hommes de son temps, il était imprégné de culture biblique, et sa vie familiale demeurait ponctuée des rites chrétiens traditionnels. Lorsqu'il eut à conseiller les éducateurs de Londres à l'occasion d'une réforme des programmes scolaires, il déclara que l'enseignement des Saintes Ecritures était insurpassable pour la formation morale des jeunes esprits. Le grand débat public d'Oxford qui opposa Huxley à Wilberforce fut suivi de graves conséquences : les savants se virent investis du rôle que le clergé jouait depuis si longtemps. Dans le climat du XIXe siècle, avec l'avènement du capitalisme, les théories évolutionnistes devinrent, sans que Darwin ou Huxley l'aient consciemment voulu, les nouvelles vérités fondamentales d'une société qui ne reconnaissait plus la Bible comme seul guide. Désormais, le comportement de l'homme et celui des groupes sociaux allaient être étudiés de la même façon que pour les espèces animales. On comprend pourquoi les Eglises voyaient dans le triomphe de Darwin l'équivalent pour l'humanité d'un second péché originel. A la leçon en parabole de l'histoire d'Adam et Eve, se substituait une version des faits audacieusement matérialiste. Privé de sa principale raison d'être, le texte des livres saints pouvait être disséqué et livré au froid regard des nouveaux experts.

Or ces experts étaient déjà à pied d'œuvre. Dès 1753, Jean Astruc, chirurgien officiel du roi Louis XV, avait porté le scalpel au cœur de la Genèse. Dans un opuscule qu'il s'était bien gardé de signer et qu'il avait fait publier à bonne distance de la cour de Versailles, il soutenait que le narratif attribué à Moïse provenait en fait de deux sources différentes. Par la simple méthode de classer sur deux colonnes les passages où Dieu est appelé tantôt Elohim et tantôt Yahvé, Astruc constata que, loin d'offrir un texte discontinu, chaque colonne était d'une lecture parfaitement cohérente. Cette analyse par simple division mécaniste expliquait certaines anomalies de la Genèse : les comptes rendus différents de la création dans les chapitres I et II, les variations de l'âge donné à Sara, la première épouse d'Abraham, et les divergences de la description du Déluge quant au nombre des animaux embarqués dans l'Arche. Astruc concluait que l'auteur qui avait compilé ces deux récits devait être fort pieux pour en avoir consigné tous les détails, fussent-ils contradictoires.

La méthode d'Astruc fit école. Au XIXe siècle, avec l'éclosion de nouvelles approches scientifiques dans des disciplines comme la philosophie, l'histoire et la philologie, de nombreux universitaires — plus particulièrement en Allemagne — prirent la Bible comme champ d'expériences. En 1880, le professeur Julius Wellhausen distinguait pour le livre de la Genèse au moins quatre auteurs différents qu'il s'efforçait de situer dans le temps et l'espace et en qui il voyait la manifestation de talents divers ; certains représentaient la voix d'un groupe spécifique de la société israélite, d'autres étaient de simples chroniqueurs, ou encore des ethnographes chargés de rassembler le patrimoine de chants et de rites de leur religion. La même méthode analytique fut appliquée au Nouveau Testament que l'on divisa en « courants » suivant les mentalités ethniques ou religieuses qui s'y exprimaient. Et les hypothèses de tomber dru ! Se pourrait-il que tous ces « auteurs » sortis de l'ombre ne soient que les voix oubliées des clercs des religions archaïques, les échos rémanents de mythologies et de cultes antiques ? L'ensemble des quatre Evangiles n'était-il que le corpus des plus vieilles traditions de l'Eglise rédigées sous forme de narratif longtemps après la mort du Christ ? Inutile de dire que ces savantes spéculations laissaient de marbre le lecteur moyen de la Bible, mais qu'elles irritaient profondément le clergé un peu partout en Europe. En 1881, les recherches de Wellhausen firent l'objet d'une rubrique dans la célèbre *Encyclopedia Britannica* signée par un éminent professeur écossais du nom de Smith, qui fut promptement jugé et condamné pour « diffamation », car on n'avait tout de même pas osé prononcer le mot d'hérésie. Smith se défendit vigoureusement, arguant que la Bible était certes la parole de Dieu, mais qu'il s'agissait d'un ouvrage collectif dont la composition s'étalait sur une longue période et que, comme toute autre entreprise humaine, elle n'était à l'abri ni d'erreurs ni d'imperfections, ajoutant qu'une minutieuse analyse du texte s'avérait indispensable. Pour ses peines, Smith se vit retirer sa chaire de théologie à l'université d'Aberdeen et se tint à l'avenir prudemment éloigné de toutes controverses sur un sujet aussi brûlant.

Vint le jour où les mordus de l'analyse textuelle durent à leur tour s'incliner devant d'autres experts. Au début du XXe siècle, les travaux des archéologues leur apportèrent quelques cinglants démentis. Les premières fouilles sérieuses en Egypte, en ramenant d'anciens manuscrits, mirent fin aux suppositions suivant lesquelles les Evangiles auraient été écrits au cours des IIIe et IVe siècles, car les textes découverts étaient de beaucoup antérieurs à cette période (*cf.* p. 311, 312). Plus grave encore : aucun des manuscrits recouvrés ne concordait avec la fameuse hypothèse des « courants ». Tout ce que l'on pouvait dire, c'est que de nombreux livres de la Bible étaient irrigués par des modes de penser distincts, sans pouvoir fournir à l'appui une seule preuve vraiment concluante. Toutes les recherches débouchaient donc sur une impasse. Si Darwin avait ébranlé les fondements de la foi avec sa théorie de l'évolution, l'analyse textuelle n'avait fait que renforcer le doute en donnant la preuve de son impuissance, et la confusion était totale. En Angleterre, le clergé tonnait du haut des chaires, proclamant que toute la science n'avait fait qu'éloigner les fidèles des textes sacrés. « Devrions-nous, cria un pasteur outragé, attendre des mots d'ordre d'Oxford ou de Tübingen avant d'ouvrir la Bible ? » A partir de 1909, d'éminents évangélistes réclamaient un retour au « fondamentalisme » de la doctrine protestante qui voyait dans les Saintes Ecritures l'unique source de toute doctrine. Impossible régression, car la foi avait désormais perdu son innocence devant la multitude des alternatives possibles. La Bible était à l'image de l'auberge espagnole...

Pourtant, certains développements de cette science si vilipendée viennent apporter aux interprétations les plus littéralement traditionnelles de la Bible un soutien inattendu. Pendant que la controverse fait rage dans les milieux scientifiques autorisés, des expéditions archéologiques commencent à retrouver sur le terrain des objets et même parfois des témoignages écrits du peuple dont parle la Bible, et un souffle nouveau gonfle les pages des Saintes Ecritures au fur et à mesure que l'Orient antique commence à livrer ses secrets. La stèle de basalte trouvée à Nemrod est acheminée en 1850 jusqu'au British Museum de Londres, et on peut y voir le personnage de Jehu, roi de Juda, s'inclinant devant un souverain assyrien. Pour la première fois, le regard de l'Occident va se poser sur un héros biblique vu par un de ses contemporains, sur un document qui montre l'image projetée par Israël sur un pays voisin. D'autre part, l'exactitude d'une foule de détails contenus dans les textes sacrés est en train d'être vérifiée par l'observation scientifique. C'est ainsi que l'expédition de Sir William Ramsey dans l'Empire ottoman établit sans conteste possible que les itinéraires de Paul consignés dans les Actes des Apôtres, loin de constituer un périple imaginaire — comme le croyaient les universitaires allemands qui pratiquaient l'analyse textuelle — corroborent la documentation disponible sur les conditions de vie en Asie Mineure et en Grèce à l'époque de Paul, c'est-à-dire aux environs de l'an 50 de notre ère. Les belles cartes des anciennes Bibles, où les voyages de l'apôtre s'inscrivent en lignes sinueuses et colorées, sont donc exactes et prouvent la bonne foi de

Luc, l'auteur des Actes des Apôtres, en même temps qu'elles marquent une victoire de l'archéologie sur l'interprétation philosophique de l'histoire.

Toutes ces découvertes vont réveiller l'intérêt du grand public pour le contexte historique de la Bible et enflammer sa curiosité pour un Proche-Orient qui, peu à peu, commence à être mieux connu. Lorsque, en 1872, un jeune conservateur du British Museum fait une communication à la Société biblique d'archéologie et lit la traduction qu'il vient de faire d'une tablette cunéiforme figurant depuis une vingtaine d'années dans les collections du Museum, le Parlement interrompt sa séance pour que les députés puissent aller l'écouter. Le texte en question était d'origine babylonienne et donnait une nouvelle version de l'épisode du Déluge et de l'histoire de l'Arche. On pouvait donc trouver ailleurs que dans les Saintes Ecritures les récits de ces événements ? L'étonnement était à son comble, et un grand quotidien, le *Daily Telegraph*, attribua au jeune conservateur nommé Smith une somme de mille livres sterling pour qu'il se rende sur le champ à Ninive afin de retrouver d'autres fragments de cette même tablette. Et Smith de se mettre en route avec un bel optimisme. Aux innocents les mains pleines ! Il ne lui fallut pas plus d'une semaine pour rassembler les pièces du puzzle...

De prime abord, cette version babylonienne du Déluge semblait donner raison à tous ceux qui avaient émis l'hypothèse que la Bible était, pour une bonne part, un vaste réservoir de mythologies archaïques, mais d'autres découvertes confirmaient l'exactitude des récits bibliques et leur valeur de documents historiques et politiques. Le consul français en poste à Jérusalem publia le texte d'une longue inscription figurant sur une stèle à laquelle on attacha le nom de Stèle moabite (de l'ancien royaume biblique de Moab). Le texte, qui datait de 845 avant Jésus-Christ, décrivait la révolte des Moabites contre leur suzerain d'Israël, le roi Omri (*cf.* p. 150, 151), et venait documenter et vérifier un passage du livre des Rois (II Rois, III, 4-5). En outre, le nom d'Israël figurait en toutes lettres dans l'inscription, première mention du peuple de Dieu faite par des contemporains et que viendra plus tard confirmer une mention similaire sur une autre stèle découverte à Thèbes, en Egypte (*cf.* p. 105). La nation biblique trouvait donc sa place dans le temps historique grâce à ces vestiges qui faisaient remonter son existence au début du second millénaire, c'est-à-dire à une période qui coïncidait avec celle de la datation de l'Exil par de nombreux historiens. La science donnait enfin la preuve qu'Israël avait bel et bien existé.

Mais la géographie et la cartographie battaient les autres sciences d'une bonne longueur. Dès 1840, un pasteur baptiste du Connecticut, éminent bibliste, le professeur Edward Robinson, se mit en devoir de reconstituer le milieu géographique de l'antique Etat d'Israël. Il affichait un mépris souverain pour la tradition de l'Eglise primitive, et seules les méthodes approuvées par la science trouvaient grâce à ses yeux. Il publia le résultat de ses travaux en une série de cartes qui couvraient tout le territoire du Proche-Orient de Jérusalem à Jaffa, et de Dan à Beersheba. Robinson avait chevauché à travers tout le pays, étudiant sols, reliefs et climatologie, retrouvant des lieux-dits qui figuraient dans le texte biblique et avaient survécu dans le parler de Palestine par-delà la topographie imposée par les Romains et les envahisseurs postérieurs. Ce travail de fourmi permit à Robinson de retracer tous les itinéraires de la Bible : il arpenta les vallons du Wadi el-Surar qui, dans l'épisode des combats de Samson, sont appelés la vallée de Soreq ; il s'attarda à Bethléem alors nommée Beit Lalm et dans la bourgade de Nasivah qui n'était autre que Nazareth ; attaché aux pas de Jésus, il fit le tour du lac de Tibériade et navigua sur les eaux plombées de la mer Morte. Pendant ce temps, dans les universités du monde occidental, les érudits se lançaient des hypothèses à la tête : les murailles de Jéricho se seraient-elles écroulées sous l'effet d'un tremblement de terre ? Robinson, lui, avait déjà localisé le site et, l'ayant reconnu comme l'un des plus anciens de toute la Palestine (*cf.* p. 140 et suiv.), il exultait : « Les tertres qui surplombent la fontaine (*en fait, une source !*) présentent de multiples soubassements de pierres non équarries, ainsi que des vestiges de fondations d'une époque antérieure... Aucun doute n'est permis... Il s'agit bien de Jéricho ! » Une vingtaine d'années après la publication de l'ouvrage de Robinson, des fouilles allaient être entreprises sur ce site appelé Tell-es-Sultan. On doit à la vérité de dire que la plupart des grands chantiers archéologiques ouverts actuellement en Israël concernent des lieux identifiés et décrits par le tenace baptiste du Connecticut.

Le patient travail des premiers archéologues commençait à porter ses fruits et la Bible sortait du purgatoire où l'avaient enfermée la critique littéraire et l'historiographie sacrée pour prendre rang et place parmi les témoignages de l'Antiquité. Si l'archéologie biblique pratiquée au XIXe siècle se fondait sur le rationalisme, il faut cependant noter de grandes différences d'approche entre les recherches des archéologues biblistes et celles des savants d'autres disciplines qui pratiquaient des fouilles pour retrouver les vestiges de l'Orient antique. En effet, Israël n'a jamais été le centre d'une civilisation spécifique dont les restes seraient immédiatement identifiables. Sans l'obstination des chercheurs à faire coïncider leurs découvertes avec le contenu des Saintes Ecritures, aurait-on accordé tant d'importance au moindre vestige sorti du sous-sol de ce pays ? Jusqu'à l'époque très récente où l'on se mit à comprendre le rôle des grands circuits commerciaux et des mouvements de population dans l'Antiquité, le principal objectif des expéditions archéologiques en Terre sainte était d'établir un lien entre les récits de la

Bible et les données scientifiques de l'histoire. Cet objectif a d'ailleurs en partie été atteint, et le contexte historique d'Israël est sorti de l'ombre. Mais il faut bien reconnaître que le cas d'Israël est unique dans le domaine de l'histoire, puisque de grands pans de son passé continuent à reposer sur le seul témoignage d'un livre : la Bible.

« Tout reposait dans Ur et dans Jérimadeth »

Mme Fortunée Hamelin, qui vivait à Paris sous le Premier Empire, se piquait de belles lettres et n'avait rien d'une bigote. Le samedi saint 15 avril 1802, lendemain de la parution en librairie du *Génie du christianisme* de Chateaubriand, elle écrivait :

> *Ce jour-là, dans Paris, pas une femme n'a dormi. On s'arrachait, on se volait un exemplaire. Puis, quel réveil, quel babil, quelles palpitations ! Quoi, c'est là le christianisme ? disions-nous toutes ; mais il est délicieux !*

Chateaubriand rentrait d'exil. Dans ses bagages, il avait emporté la vieille Bible maternelle si souvent lue au château de Combourg ; il avait séjourné quelque six mois dans la famille d'un pasteur anglais et servi de précepteur à sa fille. Hôtesse parfaite, la femme du pasteur avait sûrement placé dans la chambre du jeune homme la *Bible du roi Jacques*. Nostalgie, remords, vagues aspirations au mysticisme et à l'héroïsme, le *Génie du christianisme* mêlait tous ces ingrédients avec un étonnant pouvoir de séduction. L'auteur n'avait de l'hébreu qu'une connaissance des plus vagues, et son érudition est sujette à caution, mais son livre fourre-tout donna à la religion, et surtout à la Bible, une qualité poétique qui allait réconcilier les Français avec les textes sacrés. De cette admiration littéraire, tous les grands poètes romantiques tireront des échos, à tel point que Victor Hugo pourra déclarer « De même que toute la mer est sel, toute la Bible est poésie... » Est-il nécessaire d'ajouter qu'une si douce et si neuve ferveur s'alimentait aux sources de l'enfance ? Lamartine raconte qu'il avait appris à lire dans le bel exemplaire de la *Bible de Royaumont* ; dans le grenier des Feuillantines où se réfugiaient les trois fils du général Hugo pendant les pluvieux jeudis d'hiver, « sur le haut d'une armoire », un livre « inacessible » taquinait leur curiosité :

Nous l'ouvrîmes alors tout grand sur nos genoux,
Et dès le premier mot il nous parut si doux
Qu'oubliant de jouer, nous nous mîmes à lire.
Nous lûmes tous les trois ainsi tout le matin
Joseph, Ruth et Booz, le bon Samaritain
Et toujours plus charmés, le soir nous le relûmes.

Notons que ces petits lecteurs voraces ont un œil sélectif : ils sont allés droit aux passages les plus remplis d'action et de pathétique. A se demander si le vieux livre « à l'odeur d'encensoir » n'aurait pas plutôt été une de ces belles « histoires saintes », merveilleux florilège des grands épisodes bibliques ! Mais qu'importe après tout... Car, pour la première fois depuis bien longtemps, la Bible devient un livre fraternel où les joies et les peines, les extases et les angoisses de la condition humaine peuvent être ressenties par la conscience individuelle. C'est pourquoi, lorsqu'il arrive à certains auteurs de perdre la foi, leurs écrits continuent à vibrer d'une orthodoxie dont l'ambiguïté ne frappe pas toujours le public. La traduction commentée que fait Lamennais des Evangiles en 1846 en est un témoignage. Avec Quinet et Michelet, les visions bibliques vont se charger d'autres messages encore ; dans son *Génie des Religions* qui date de 1842, Quinet fait de Job le personnage-charnière de la Bible et le met avec Prométhée, Hamlet et Faust au rang des grands protagonistes qui résument « toute l'histoire du cœur de l'homme aux prises avec la religion ». Pour Michelet, « la belle encyclopédie juive que l'on appelle la Bible », donne « une voix pénétrante, éternelle, au soupir de l'esclave ». *La Bible de l'Humanité*, que l'historien publie en 1864, exalte le fond romanesque des textes sacrés où les personnages des femmes traduisent un climat d'amour toujours teinté de lubricité. De la redécouverte du merveilleux chrétien par Chateaubriand, au prophétisme messianique de Hugo, la prodigieuse symbolique biblique irrigue le courant romantique en France et, du coup, réveille l'intérêt du public pour des textes sacrés tombés dans l'oubli ou dans le mépris depuis les coups de boutoir voltairiens. Réveil des esprits ou des cœurs, qui pourrait le dire ? Réveil en tout cas des imaginations, ce qui n'a rien de bien surprenant car, si les débats scientifiques et philosophiques ont parfois, au cours des siècles, opéré pour les lecteurs de la Bible de subtils effets de brouillage, celle-ci est toujours restée le plus fantastique album d'images au monde. Ses multiples épisodes ont été une source d'inspiration pour les artistes, les décorateurs et les scénaristes ; ses thèmes et ses personnages ont une telle force qu'ils continuent à aimanter l'attention du public, à le tenir en quelque sorte sous le charme.

Cette illustration de la Bible a son histoire qui n'est pas proprement notre sujet, mais, en ce qui concerne les XIXe et XXe siècles, elle vient à propos compléter nos réflexions puisque, de la peinture préraphaélite aux superproductions hollywoodiennes, les arts visuels d'inspiration biblique ont peuplé notre imaginaire et notre subconscient. Les premiers pionniers-inventeurs du « cinématographe », Auguste et Louis Lumière, envoyèrent dès 1897 une équipe de techniciens à Oberammergau pour réaliser *La Vie et la Passion du Christ*, tandis que Méliès, en 1899, déployait toutes les ressources de ses « effets spéciaux » dans *Le Christ marchant sur les flots*. Le succès dut couronner leur audace, puisque la firme Pathé introduisit à son catalogue des séries intitulées « Films bibliques » dont elle assura la distribution pendant plus de trente ans jusque dans les plus lointaines missions. Depuis, on a fait plus grand, plus coloré, plus sophistiqué, au point que lorsqu'on parle des Dix Commandements, c'est d'abord la silhouette de Charlton Heston qui vient à l'esprit, plutôt que le texte du Décalogue. Au box-office comme à l'audimat, la Bible est une valeur sûre, et l'on voit les plus grandes stars se disputer le moindre rôle de figuration dès qu'un réalisateur prononce les noms magiques de Samson, de Salomé ou de Josué.

Comment ne pas voir, par exemple, dans les fresques bibliques de Cecil B. de Mille, l'héritage de la peinture orientaliste du XIXe siècle ? Encore tout récemment, on pouvait consulter dans les archives des grands studios d'Hollywood une impressionnante collection de reproductions de cette école achetées à grands frais en Europe ou à New York, et qui servait de banque de données aux costumiers et fabriquants de décors qui les étudiaient en détail. Hollywood a reproduit avec fidélité les images de l'Orient antique rapportées de leurs voyages par les peintres, dessinateurs et photographes européens au cours du siècle dernier. Les premiers artisans involontaires de cette formidable usine à rêves — qui devait influencer non seulement les réalisateurs des épopées bibliques en technicolor, mais aussi tous les fantasmes sur un Orient devenu mythique — ont été les vaillants artistes français qui, à la fin du XVIIIe siècle, accompagnèrent Bonaparte dans la campagne d'Egypte. Cette expédition, rondement et glorieusement menée, prenait des allures de tourisme à la hussarde, et elle leur inspira des fresques où l'exaltation patriotique et l'exotisme trouvaient leur compte. Pour le jeune général « à cheveux plats », l'aventure égyptienne avait un enivrant parfum d'épopée comme en témoigne la fameuse phrase qu'il adressa à ses troupes : « Du haut de ces Pyramides, quarante siècles vous contemplent... »

Cette martiale apostrophe ne manqua pas de galvaniser l'armée française qui tailla en pièces les Mamelouks à la bataille des Pyramides. Superbes décors et sujets grandioses repris dans une abondante production picturale de la *Bataille de Nazareth* au *Siège de Saint-Jean-d'Acre*, grandes scènes héroïques nimbées de la fumée des salves et canonnades sur des fonds de désert aride d'où émergeaient des bouquets de palmes desséchées. Ce traitement du paysage n'est pas sans rappeler la manière du Lorrain, alors que la composition et les poses des personnages évoquent Poussin et David en contrastant les hordes des Mamelouks fauchés au sol avec les sabres dressés des Français montant à l'assaut. Dans cet orientalisme guerrier, fusionnaient les souvenirs et récits de la campagne d'Egypte, l'étude des pièces de musée, et surtout la formidable documentation ramenée par les dessinateurs et savants que Bonaparte avait attachés à sa suite pendant son expédition en Orient et recueillie dans les énormes tomes de la *Description de l'Egypte* où la précision du détail et du trait se relevait d'une pointe de baroquisme.

Les lieux où Bonaparte s'était auréolé d'une gloire exotique devinrent pour toute l'Europe une terre de fantasmes, un pays idyllique au ciel toujours bleu où le soleil avait la chaude densité des vernis sur les toiles du XVIIIe siècle — couleurs que le technicolor reprendra plus tard sans vergogne — un somptueux bazar où se monnayait le rêve. L'Europe du XIXe siècle souffrait de tant de frustrations engendrées par la rigidité de son code moral que, en comparaison, l'Orient islamique représentait le royaume de la liberté. Ceux qui faisaient le « voyage en Orient » avaient une telle soif de l'ailleurs qu'ils restaient aveugles ou indifférents au poids des contraintes et usages qui accablaient tout autant les citoyens du Caire ou de Jérusalem que ceux de Londres ou de Berlin. Ils étaient venus pour voir ce qu'ils souhaitaient voir, ce qui est le plus sûr moyen de ne pas être déçu ! Les bourgeois de

Paris se disaient qu'ils abordaient aux rivages de la luxure dans les pays où les hommes pouvaient posséder autant de femmes que Salomon. Lorsque Gérard de Nerval demanda à un notable cairote combien d'épouses il pouvait accueillir dans son lit, il fut tout étonné de s'entendre répondre sur le ton de l'indignation : « Dieu vivant ! Est-il une seule femme, même infidèle, qui consentirait à partager avec une autre l'honneur de dormir près de son mari ? Est-ce ainsi que l'on fait en Europe[1] ? »

Corsetées dans les valeurs bourgeoises, les classes moyennes de la vieille Europe respiraient à longues bouffées les capiteux parfums de cet Orient de l'imaginaire, et leurs rêves se peuplaient de scènes superbes : marchés persans, esclaves soumises, courtisanes et houris au teint de café ou d'ébène, tentures chatoyantes, éclairs de poignards damasquinés, sauvagerie des exécutions publiques et suavité des divans profonds, apparitions de djinns et de démons, opulence des caïds côtoyant le pittoresque de l'extrême misère. Irriguant la conscience collective, ces visions orientales coloraient au passage les pages de la Bible dont la lecture prenait soudain une teinture d'exotisme. Et les touristes qui revenaient de « là-bas », l'imagination gavée des images de village endormis dans la poussière des sables et des villes bruyantes, violentes, mais si adorablement typiques, étaient convaincus d'avoir vu un monde où le temps était suspendu depuis la nuit des origines. Nullement effarouchés par la brutalité des mœurs citadines, ils s'émerveillaient de retrouver dans l'homme les qualités qui font le « bon sauvage » gouverné par la force de ses seuls « instincts naturels ». Leur Orient sentait un peu la pacotille, mais il a exercé sur les imaginations du temps un charme si puissant qu'il en reste encore des traces dans nos mentalités, même si la réalité a fait disparaître le mirage de l'Eden-Arabie. Ainsi, aux environs de

1. *Voyage en Orient*. Œuvres t. II, p. 200. Edition de la Pléiade.

1840, bravant les dangers, les vents de sable et l'inconfort des auberges, les peintres quittaient leurs ateliers pour se lancer sur les routes de Palestine. Parmi eux, Vernet, qui était bon photographe, et qui réalisa à Alexandrie en 1839 les premiers clichés de l'Afrique, dressa son chevalet au hasard des étapes, brossant des scènes vigoureuses où ses modèles ont tous des allures de héros bibliques, où les franches couleurs de la lumière méditerranéenne illuminent une foule d'accessoires glanés dans les souks et bazars pour donner une note d'authenticité aux épisodes qui taquinaient son inspiration. A cette époque, les arts visuels se devaient de répondre à la double attente d'une élite aux goûts raffinés et d'un large public qui y trouvait un plaisir semblable à celui qu'ont nos contemporains avides lecteurs de magazines. Le grand tableau de Vernet, *Juda et Tamar*, a certainement été peint pour satisfaire la curiosité des nombreux visiteurs des Salons parisiens. La scène est l'illustration d'un passage du chapitre XXXVIII de la Genèse, où la belle Tamar, veuve d'Er et d'Onan, tente une opération de séduction sur son beau-père Juda en se déguisant en prostituée. L'épisode a un poids d'érotisme dont Vernet a fort habilement tiré les effets : Tamar ressemble à une esclave circassienne sortie de quelque harem ottoman ; elle exhibe une cuisse nacrée, dévoile un sein-coquin devant un Juda vêtu à la manière des cheiks orientaux. L'influence d'Ingres est évidente : Tamar a la finesse des traits que donnait « Monsieur Ingres » aux jeunes épouses des bourgeois nantis qui formaient sa clientèle, et les somptueux drapés du manteau de Juda sont traités avec le même souci du détail à la fois précis et opulent qu'il mettait à rendre les toilettes de ses jolies madames. Les accessoires placés dans le tableau sont révélateurs, car ils y apportent des notes qui sont de valeur plus ethnographique qu'historique ou archéologique : le sceau que Juda présente à son aguichante bru est monté en bague comme on le faisait au XIXe siècle. Juda tient un chapelet à l'orientale, il porte une « abiya » à l'algérienne, et la légère badine avec laquelle il dirige son chameau est copiée sur celles des nomades. Quant au fin sourire qui éclaire son visage, c'est exactement celui du banquier parisien des boulevards franchissant le seuil du boudoir d'une *demi-mondaine*[1]. Ce qui est remarquable dans la toile de Vernet, c'est le subtil brouillage du réalisme par l'imaginaire, brouillage dont tous les metteurs en scène d'épopées bibliques ont précieusement conservé la recette avec le succès que l'on sait. De quelques lignes de la Genèse : « Juda la vit et la prit pour une prostituée puisqu'elle avait couvert son visage. Il obliqua vers elle et dit : "Eh ! Je viens à toi" » (Genèse, XXXVIII, 15), Vernet a tiré un sujet où la sensualité et le rêve se fondent dans la perfection plastique.

Pour d'autres peintres, l'Orient évoquait des scènes moins lascives, plus symboliques. Tel était le cas de William Holman Hunt l'un des maîtres de l'école préraphaélite qui, en austère calviniste, voyait dans le soleil de la Terre sainte l'expression même de Dieu, source de toute lumière. Pendant l'hiver 1853-1854, il séjourna sur les rives de la mer Morte, et c'est là, sous l'écrasant soleil de midi, qu'il peignit sa célèbre toile *Le Bouc émissaire*. Quand on pense aux tonitruantes controverses sur les théories de Darwin et d'Huxley, au dépeçage des textes sacrés pratiqué par les biblistes allemands, on se surprend à penser que ce bouc pourrait bien figurer la Bible sur laquelle tant de savants s'étaient acharnés, et que la symbolique de Hunt rejoint un peu la réalité ! Le XIXe siècle a voulu faire de Jésus un homme lâché au milieu des intrigues politiques, interprétant ses miracles et sa résurrection en termes de phénomènes scientifiques ou de vignettes ethnographiques, et oubliant totalement les schémas mentaux des auteurs des Saintes Ecritures. Le regard que jette Hunt

1. En français dans le texte.

sur son sujet est froid et détaché : le bouc émissaire, que les Juifs voyaient comme victime propitiatoire, plaçant sur son échine, dans un rituel hautement symbolique, tous les péchés du monde avant de le chasser hors des portes de Jérusalem, est représenté, les sabots enfoncés dans les flots gluants de la mer Morte. L'exactitude zoologique du dessin est parfaite, mais le vrai sujet a été affadi. Par la simplicité de la composition, l'hyperréalisme de la couleur et une lecture symbolique qui s'arrête au premier degré, le tableau de Hunt fait un peu penser à ces hypocrites imitations du réel que sont certaines affiches publicitaires. Cette manière marque d'ailleurs l'ensemble de son œuvre qui, si elle était rassemblée en rétrospective, donnerait une préfiguration assez convaincante des grands plans fixes dans les sagas bibliques hollywoodiennes où Jésus ressemble toujours vaguement à Lawrence d'Arabie, et où Juifs et Romains paraissent tout droit descendus des canevas du XIXe siècle. Son *Jésus retrouvé au Temple*, par exemple, montre le Christ comme le parfait représentant de la « jeunesse dorée » de l'époque de Hunt ; il est vêtu d'une de ces tuniques de soie bariolée qu'affectionnait la bohème chic de Londres et, dans tout cet Orient qui l'entoure, il réussit à avoir l'air complètement désorienté ! A la décharge de Hunt et de ses contemporains, il faut dire à quel point ils étaient en réaction contre la sombre grandiloquence baroque et postbaroque des grands maîtres qui célébraient les images chères à l'église catholique romaine dans des fresques immenses et superbes qui étaient de véritables tours de force de technique. Pour ces artistes, la dépendance économique envers les grands mécènes s'accompagnait parfois de blocages d'autre nature, comme on le voit à la lecture des comptes rendus d'audiences du méchant procès que l'Inquisition fit à Véronèse, en 1573, au sujet des trois panneaux formant le tableau de la *Cène* qui lui avait été commandée pour une église de Venise :

— « Dans la Cène que vous avez peinte pour l'église de Saint-Jean et Saint-Paul, que signifie la présence de cet homme qui saigne du nez ?

— J'ai simplement voulu représenter un serviteur victime d'un saignement de nez... Quant aux autres personnages de domestiques, je les ai mis là, comme il sied pour un repas pris dans une maison riche et prospère où, selon mes renseignements, l'hôte a coutume de s'entourer d'un nombreux personnel...

— Et que vient donc faire sur votre toile cet autre personnage en costume de bouffon ?

— Il y a été placé comme élément de décoration, comme dans tant d'autres compositions...

— Et qui sont les convives assis aux côtés de Notre-Seigneur ?

— Les douze apôtres...

— Pourriez-vous nous expliquer le geste de saint Pierre ?

— Il est en train de découper l'agneau sur un plat qui va être passé aux convives à l'autre bout de la table...

— Expliquez-nous ce que fait le personnage qui est à côté de saint Pierre...

— Il se cure les dents avec une petite fourchette...

— Vous paraît-il convenable d'introduire dans une toile, dont le sujet est la Cène de Notre-Seigneur, des personnages de bouffons, d'ivrognes, de soldats allemands, de nains et autres éléments incongrus ?

— Non, Messeigneurs !... »

L'interrogatoire avait suivi son cours et Véronèse dut se justifier point par point, clamer sa bonne foi et la pureté de ses intentions, et enfin promettre de « modifier » son tableau. Il n'en fit rien, se contentant de le débaptiser. Ainsi, la *Cène* devint *Le Repas chez Lévi*, aujourd'hui exposé à l'Académie de Venise. En fait — et l'Inquisition avait bien dû le voir — Véronèse n'était coupable d'autre chose que d'avoir déplacé dans le temps le principal épisode de la vie de Jésus pour faire coïncider le sujet avec la vision qu'il avait de sa propre époque. Animant la Cène d'une vitalité dérangeante, son génie choquait le goût conventionnel. Trois siècles plus tard, le primat de la « science » et l'« objectivité » de la photographie allaient rendre encore plus difficile la présentation artistique de sujets où s'engageait la foi de leurs auteurs, une foi qui était devenue plus raisonnée que spontanée.

Avec le XIXe siècle, le sentiment religieux s'est transformé, et cette mutation est tout entière exprimée dans le succès et le scandale qui accompagnent la parution de la *Vie de Jésus* d'Ernest Renan. Renan, qui était professeur au Collège de France, a mis dans cet ouvrage ses souvenirs de voyages en Orient, mais aussi une solide documentation archéologique et tout le poids de ses connaissances en théologie. Il mêle ces ingrédients avec autant d'habileté que Hunt composant sa palette et, de la biographie de Jésus, il fait un savant mélange de spéculations et de « données scientifiques les plus récentes ». La description qu'il donne de Jésus adolescent ressemble trait pour trait au personnage central du tableau de Hunt *Jésus retrouvé au Temple* : « Son caractère aimable, et sans doute une de ces ravissantes figures qui apparaissent parfois dans la race juive, faisaient autour de lui comme un cercle de fascination auquel presque personne au milieu de ces populations bienveillantes et naïves ne savait échapper[1]. » Hunt et Renan sont bien de la même époque, celle qui a réinventé l'histoire et le sentiment national, redonné du lustre aux anciens druides, orné les façades de ses monuments de créneaux et de mâchicoulis d'un Moyen Age d'opérette, remis à l'honneur Parsifal et Jeanne d'Arc. De la même façon, Hunt et Renan ont réinventé le monde biblique. Du coup, l'image de l'antique peuple juif sera, elle aussi, renouvelée. Objets de crainte, mais aussi d'avide curiosité de la part des populations européennes

1. Ernest Renan, *Vie de Jésus*, Gallimard, coll. Folio, p. 163-164.

médiévales, les Juifs seront désormais figés et drapés dans les chatoyantes tuniques orientales que Vernet, Hunt et leurs homologues leur ont assignées pour costumes. Sous ce déguisement, ils font une nouvelle entrée dans l'inconscient collectif. C'est ainsi que le personnage d'une légende qui remonte au XIIIe siècle, celui du Juif errant, condamné à parcourir le monde en attendant l'apparition du Second Messie, et cela pour avoir insulté le Christ montant au calvaire, refait son apparition dans la littérature du XIXe siècle et devient héros de romans et de pièces de théâtre. L'idée d'un peuple juif aux caractéristiques immuables est en train de naître, et la force des images créées au cours du siècle dernier est telle que cette même idée a bien failli trouver — il n'y a pas si longtemps de cela — son aboutissement dans l'holocauste. Cette réflexion ne vise pas à incriminer des artistes, mais à souligner quelles traces profondes et parfois insoupçonnées leurs œuvres ont pu laisser dans les esprits et les imaginations. Une bonne partie des clichés dont on nous bombarbe aujourd'hui dès qu'il est question de « race » ou de « religion » viennent de l'imaginaire de ces créateurs qui, au XIXe siècle, avaient puisé leurs sujets dans la Bible. Leurs clichés sont à la racine d'innombrables préjugés.

Le renouveau biblique

Au XIXe siècle, la découverte de manuscrits inconnus et les bouleversements méthodologiques des sciences poussèrent les autorités pontificales à demander une remise à jour de la *Bible Sixto-Clémentine* qui faisait autorité depuis 1592. Le Comité international pour la révision de la Vulgate nommé par Pie X, et installé dans un monastère bénédictin de Rome qui portait le nom de Saint-Jérôme, commença ses travaux dans des circonstances difficiles. La crise « moderniste » déchirait les exégètes catholiques et l'attitude de la hiérarchie était pour le moins timorée.

Si la fameuse « quatrième règle » de l'Index qui interdisait la lecture des traductions de la Bible en langue vulgaire sans la permission de l'évêque du lieu était tombée en désuétude avant d'être finalement abolie, aucune nouvelle édition des Ecritures, aucune initiative dans ce sens ne voyait le jour, alors que les protestants étaient très actifs comme le prouve la convocation à Canterbury, en 1870, d'une commission chargée de reviser la version autorisée de la *Bible du roi Jacques*. Le seul texte disponible pour les catholiques francophones, l'ouvrage du chanoine Crampon : *La Sainte Bible, traduction d'après les textes originaux*, publié en 1904, jouira jusqu'en 1950 d'une position de quasi-monopole faute de concurrence. C'est par le biais de la liturgie que l'intérêt des fidèles pour les textes sacrés va se faire connaître ; en 1920, le *Missel quotidien et vespéral* de dom Gaspard Lefèbvre donne en français les passages des Saintes Ecritures figurant dans les offices de l'Eglise. Naît alors un besoin d'explication qui va provoquer la création de cercles d'études informels ressemblant aux « cercles bibliques » protestants où, sous la direction de prêtres, les laïcs commencent à étudier des passages dont l'écoute leur est devenue familière et qui leur donnent le goût d'aller voir plus loin que ces quelques « morceaux choisis », de retourner au texte, aux sources.

Chez les protestants, le choix des éditions de la Bible est nettement plus ouvert. Deux ouvrages font autorité : la version d'Ostervald, *La Sainte Bible qui contient l'Ancien et le Nouveau Testament* — souvent rééditée depuis le XVIIIe siècle et devenue, après révision, *Version synodale* en 1910 —, et le travail de Louis Segond, datant de la fin du XIXe siècle mais qui fit l'objet de révisions régulières, *La Sainte Bible qui comprend l'Ancien et le Nouveau Testament traduits sur les textes originaux hébreu et grec*. A ces deux ouvrages va bientôt s'ajouter la très belle et très savante *Bible du Centenaire*, œuvre collective de la

Société biblique de Paris, dont les fascicules paraîtront entre 1916 et 1948.

« Ce n'est pas rien que la parole de Dieu ! » disait le curé d'Ars dont la petite église ne désemplissait pas. Pour déchiffrer et rendre accessible cette parole, faire la synthèse de toutes les connaissances, intégrer tous les acquis et restituer un texte qui allierait la précision linguistique à un style littéraire aussi proche que possible de l'original, il fallait penser à un projet éditorial novateur et hardi. En 1943, en pleine guerre, dans le Paris de l'occupation, alors que la pénurie de papier était quasi totale et que la censure rendait tout colloque impossible, l'idée jaillit : mettre en chantier une nouvelle Bible et, pour cela, s'adjoindre la collaboration de l'Ecole biblique de Jérusalem. Dès la fin de la guerre, les options sont prises, les objectifs clarifiés, le calendrier des opérations fixé. L'Ecole biblique de Jérusalem se met immédiatement à l'œuvre.

Solennellement inaugurée en 1890, l'Ecole biblique et archéologique de Jérusalem connut des débuts modestes. Son premier directeur, le père Marie Joseph Lagrange, disposait d'un petit local — un ancien abattoir — situé près de la porte de Damas, d'un matériel rudimentaire et de quatre professeurs. Spécialiste des langues anciennes, le père Lagrange accueillit les novices des ordres français et les initia à la critique textuelle, à l'étude de la géographie, de l'histoire et de l'archéologie du pays, sans négliger le travail de terrain, l'apprentissage des langues sémitiques ou la théologie des Saintes Ecritures. Cette pluridisciplinarité avait un côté héroïque en plein tourbillon de la crise « moderniste ». Tour à tour encouragé ou réduit au silence selon le degré de tolérance des pontifes et le niveau de virulence de ses détracteurs, le père Lagrange, qui mourut en France en 1938 dans son couvent de Saint-Maximim-la-Sainte-Baume, maintint le cap entre esprit d'obéissance et fermeté intellectuelle avec une dignité qui force l'admiration. Quinze années après sa disparition, une encyclique de Pie XII allait lui rendre hommage en reprenant à son compte l'approbation que le directeur de l'Ecole de Jérusalem avait reçu de Léon XIII dans des jours difficiles : « La science biblique a reçu [de l'Ecole] des avantages sérieux » et « elle en attend encore de plus grands ». Après la Seconde Guerre mondiale, les nouveaux directeurs de l'Ecole vont continuer l'œuvre de Lagrange et le père de Vaux, à la tête d'une équipe de chercheurs internationaux, se fera l'un des principaux artisans du projet éditorial lancé en 1943, projet qui allait devenir la *Bible de Jérusalem*, publiée en fascicules réunis finalement en un volume en 1956.

A partir de cette parution, les nouvelles éditions de la Bible vont se multiplier : celle de la bibliothèque de la Pléiade (1956-1972), à laquelle s'ajoutera un volume pour *Les Ecrits intertestamentaires*, celle du chanoine Osty (1973), ou encore celle d'André Chouraqui (1985) sans parler des revisions du texte de Segond dont la dernière en date (1978) est appelée *Bible à la Colombe*. Mais la démarche éditoriale la plus novatrice naîtra du climat de sérénité induit par les travaux du concile Vatican II. Avec l'appui des autorités des Eglises catholiques, protestantes et orthodoxes, et avec le concours de multiples collaborateurs, paraît entre 1972 et 1976, la *Traduction œcuménique de la Bible, Nouveau et Ancien Testament*, dont l'Alliance biblique universelle a fait une édition allégée en 1977 sous le titre de *Traduction œcuménique de la Bible comprenant l'Ancien et le Nouveau Testament*, plus connue sous son sigle de TOB.

Ainsi, depuis près de soixante ans, grâce à l'action des biblistes, des exégètes, des chercheurs et, il faut bien le dire, des éditeurs, grâce aussi à une fantastique évolution des mentalités dans les Eglises et chez les laïcs, et au jeu des influences réciproques entre les diverses confessions, la Bible n'est plus réservée aux savants et aux clercs, et sa diffusion ne dépend plus des dictats de quelque autorité ecclésiastique que ce soit. Il est peut-être bien trop tôt pour parler d'une vulgarisation du texte sacré. Du moins chacun peut-il le lire, l'étudier, recevoir ou non son message. Ce n'est peut-être pas suffisant pour changer une société, mais c'est rendre accessible à tous un énorme pan du patrimoine culturel de l'humanité.

Entre Eden et Apocalypse

Dès 1880, avec la mécanisation de l'imprimerie et la baisse des prix du papier, on pouvait, en pays protestant, acheter pour un penny le texte intégral de la Bible — soit un million de mots —, et déjà l'ouvrage se révélait un best-seller. En 1885, lorsque paraît la version revisée de la *Bible du roi Jacques*, on se rue dans les librairies qui écoulent un million d'exemplaires le jour même de la mise en place, tandis qu'à Chicago un quotidien offre, en supplément gratuit, le texte du Nouveau Testament. Traduites dans presque toutes les langues connues, les éditions des Saintes Ecritures sont multiples et leur diffusion se chiffre à des centaines de millions de volumes qui sont vendus partout dans le monde. Désormais accessible à tous, la Bible répand son message, son code moral et rituel, ouvre le trésor de ses chroniques et histoires riches d'enseignement pour les croyants, et d'images qui vont peupler les imaginations.

L'impact de ce succès eut de multiples conséquences ; certaines quasi immédiates, comme la prolifération dans le monde protestant de toutes sortes d'Eglises non conformistes qui, parfois, appuient leur doctrine sur le texte même de la Bible, donnant ainsi corps aux pires craintes du concile de Trente et de l'Inquisition dans leur farouche obstination à s'en tenir à la seule interprétation traditionnelle des Saintes Ecritures pour éviter justement de voir s'opérer une fragmentation de la foi. D'autres conséquences furent plus lentes à se manifester, mais non moins importantes : la prose de la Bible, ses images, son système métaphorique échappent à l'emprise du clergé, se banalisent, passent dans la langue quotidienne et viennent émailler de citations la rhétorique des tribuns aussi bien que la sagesse populaire. Plus grave : à force d'être interprétée à tout va, la Bible est utilisée, pour ne pas dire manipulée, et il ne manque pas de têtes fêlées pour nourrir de son texte les théories les plus farfelues, cautionner de prétendues « apparitions » ou « prophéties », ou même faire remonter jusqu'à Jésus-Christ une branche de la maison royale de France à l'aide de mythes médiévaux refourbis pour l'occasion. Dans leurs gaucheries et leurs outrances, ces tripotages textuels s'appuient sur un vieux fond de croyance populaire, mais aussi sur le pouvoir de noms devenus familiers — Adam, Eve, Moïse, Jésus — et de thèmes porteurs — la Terre promise, la Croix, l'Apocalypse. Certaines mentalités occidentales acceptent que le cours de l'histoire soit modelé sur la chronologie biblique qui va de la Création au Jugement dernier, de la Genèse à l'Apocalypse, et on retrouve la simplicité de ce schéma aussi bien dans quelques thèses écologistes avec leur désir de retrouver sur terre un paradis perdu, que dans les esprits de certains scientifiques qui travaillent à la fabrication d'engins capables de détruire la planète et de provoquer l'Apocalypse. Est-il un seul individu au monde qui n'ait jamais rêvé de paradis ?

Par-delà les alléchantes images en technicolor, le subconscient de l'homme occidental reste hanté par les promesses contenues dans la Bible, habité de visions où se mêlent l'innocence de l'aube de l'humanité et l'horreur de l'anéantissement final. En 1930, le romancier anglais D. H. Lawrence, qui était venu finir ses jours dans le sud de la France, rédigea une méditation sur la Bible et le pouvoir des images qu'elle évoque, un texte qui appartient à la tradition des grands mystiques du Moyen Age. A l'approche de la mort, dans le lumineux paysage provençal, l'écrivain fait surgir les souvenirs de son enfance dans un village minier du nord de l'Angleterre :

> « Nuit. Nuit noire. Ce mardi soir, les mineurs sont venus en foule au temple. C'est un livre bien étrange que celui qui peut inspirer en eux ce sens extraordinaire d'être des hommes supérieurs, cette arrogance, cet orgueil des croyants ! Nuits. Nuits noires. Nuits habitées de fabuleux mystères. Nuits des pays de terrils et de crassiers. Dans l'humble temple, siffle la flamme bleue des lampes à gaz, s'enflent les voix rauques des mineurs dans le rugissement des hymnes. Religion populaire : religion où l'individu s'affirme, se glorifie, se croit éternel. Religion des ténèbres [...] Il est des mots qui, aujourd'hui encore, savent faire vibrer les cœurs des vieux mineurs et s'inscrivent pour eux en lettres de feu : *Mystère... La Grande Babylone... la mère de toutes les putains et de toutes les abominations de la Terre...* Ces mêmes mots qui trouvaient déjà des échos chez les paysans puritains d'Ecosse et chez les plus intransigeants chrétiens de la primitive Eglise... »

Tout comme les hommes de son village minier, Lawrence avait gardé au fond de lui une image de la Bible dont son esprit restait marqué. Si le langage est le propre de l'homme, le facteur déterminant qui suffit à le distinguer de toutes les autres espèces vivantes, et aussi le moyen grâce auquel il peut transformer en fait culturel les expériences naturelles qu'il a en commun avec le monde animal, alors il faut bien noter qu'en ce qui concerne l'Occident, c'est dans la Bible que l'homme a puisé les plus grandes ressources de son vocabulaire. Si les mineurs dont parle Lawrence réagissaient aussi spontanément, aussi instinctivement à des mots archaïques venus d'une culture orientale, n'est-ce pas parce que ces mots transmis au cours des millénaires étaient devenus leur patrimoine commun ? Avec ses merveilles, avec ses lacunes, la Bible fait partie de notre héritage, et le seul nom d'Apocalypse suffit à résumer la grande peur nucléaire :

> Ce sont en effet des esprits de démons.
>
> Ils accomplissent des prodiges et s'en vont trouver les rois du monde entier afin de les rassembler pour le combat du grand jour du Dieu tout-puissant...
>
> Ils les rassemblèrent au lieu qu'on appelle en hébreu Har Magedon
>
> Le septième ange répandit sa coupe dans les airs,
> Et du temple sortit une voix forte venant du trône
> Elle dit : C'en est fait !
>
> Alors ce furent des éclairs, des voix et des tonnerres et un tremblement de terre si violent qu'il n'en fut jamais de pareil depuis que l'homme est sur la terre...
>
> Et les cités des nations s'écroulèrent...
>
> (Apocalypse, XVI, 14-19)

Selon l'Apocalypse, les rois de la terre seront les témoins de la fin du monde au lieu-dit Har Magedon/Har-Meggido, marqué par la courbe d'une étrange colline, petit éperon qui surgit des vallonnements de la plaine entre Esdralon et Nazareth. Autrefois bourgade fortifiée en plein pays de Canaan, Meggido se trouvait sur la grande route qui, d'Egypte, allait jusqu'en Mésopotamie. Si tous les rois de la terre y sont convoqués par le texte sacré pour assister au combat qui marquera la fin des temps, c'est que de nombreuses batailles s'y sont déjà déroulées. D'après des archives égyptiennes, les armées des pharaons avaient combattu à Meggido au XVe siècle avant Jésus-Christ, et le cantique de Débora qui figure dans le livre des Juges célèbre une victoire remportée à cet endroit précis. Salomon fit relever les murailles de la petite place forte, et le roi Josias est mort, les armes à la main, sur la plaine en contrebas. Pour Jean l'Evangéliste, la colline et la plaine de Meggido semblaient le lieu tout désigné pour l'anéantissement des royaumes terrestres. L'Apocalypse apporte à la Bible sa conclusion, et le livre se referme sur une vision de désastre évoquée en images qui orchestrent toute la symbolique des mots des Saintes Ecritures. L'Apocalypse débouche sur un gouffre, mais ce gouffre est l'équivalent littéraire d'un chantier archéologique : tels des vestiges enfouis, les mots de Jean arrachés à l'aube du monde donnent le dénouement de l'histoire.

Le vocabulaire des langues que nous parlons est un acquis, un legs culturel qui vient des générations qui nous ont précédés. Dans leurs spéculations sur l'univers, les Cananéens de Meggido utilisaient, eux aussi, l'héritage de leurs ancêtres. Reprenant d'archaïques mythologies engrangées dans leur mémoire, ils voyaient les forces cosmiques en termes de rapports d'amour et de haine dans les sept générations de la même famille. A partir de cette source, la Bible a élaboré un univers abstrait fabriqué en sept jours par la main créatrice de Yahvé. Cette notion du cosmos s'est modifiée de Copernic à Galilée jusqu'aux plus récentes découvertes qui la modifient encore, mais ces histoires antiques de luttes entre des familles de dieux ont transmis à tout l'Occident le dynamisme de leurs certitudes et l'angoisse de leurs doutes. La Bible a donné à l'homme occidental le sens de son destin dans la trajectoire historique ; elle lui a fait prendre conscience qu'un tel destin se méritait à force de courage et se payait d'une attente jamais comblée. La civilisation de l'Occident reste marquée de ce double message.

Bibliographie

Akurgal, E. *Ancient Civilisations and Ruins of Turkey*. Istanboul, 1985.

Albright, W. F. *The Archaeology of Palestine* (4e ed.). Harmondsworth, 1960.

Amiran, R. *Ancient Pottery of the Holy Land*. Jérusalem, 1969.

Annan, N. *Leslie Stephen : The Godless Victorian*. Londres (2e ed.). 1984.

Auden, W. H. *The English Auden : Poems, Essays and Dramatic Writings 1927-1939* Londres, 1977.

Saint Augustin, *Confessions*, Pierre de Labriolle — Belles-Lettres, 1966.

Avigad, N. *Discovering Jerusalem*. New York, 1980.

Aviram, J. *et al. (ed.). Biblical Archaeology Today*. Jérusalem, 1985, etc.

Bagatti, B. *Un anello in Transgiordania*. Jérusalem, 1978.

Barkay, G. *Ketef Hinnom : A Treasure facing Jerusalem*. Jérusalem, 1986.

Barnett, R. D. *Ancient Ivories in the Middle East*. Qedem, 14. Jérusalem, 1982.

Baur, J. *Why the World was Created in 4004 BC. Archbishop Ussher and Biblical Chronology*. Bull. John Rylands Library 67. Manchester, 1983.

Baynes, N. H. *Constantine the Great and the Christian Church* (2e ed.). Londres, 1972.

Bede. *A History of the English Church and People* (trans. L. Sherley-Price), Harmondsworth, 1968.

Beeskow M. *et al. Martin Luther 1483 bis 1546 in der Staatlichen Lutherhalle*. Wittenberg, 1982.

Beitak, M. *Tell el-Dab'a II*. Vienne, 1975.

Bell, H. I. *Egypt from Alexander the Great to the Arab Conquest*. Oxford, 1948.

Bianchi, U. (ed.), Mysteria Mithrae. Leiden, 1979.

Biran, A. (ed.). *Temples and High Places in Biblical Times*. Jérusalem, 1981.

Boèce, *La Consolation de la philosophie*, Maisnie-Trédaniel, 1981.

Bovini, G. *Il Mausoleo di Teodorico*. Ravenne, 1977.

Bowersock, G. W. *Julian the Apostate*. Londres, 1978.

Breasted, J. H. *Ancient Records of Egypt*. Chicago, 1906-1907.

Brown, P. *La Vie de saint Augustin*, Seuil, 1971 ; *Genèse de l'Antiquité tardive*, Gallimard, 1983 ; *Le Culte des saints : son essor et sa fonction dans la chrétienté latine*, Cerf, 1984 ; *La Société et le Sacré dans l'Antiquité*, Seuil, 1985.

Bruce-Mitford, R.L.S. *The Art of the Codex Amiatinus*. Jarrow, 1967.

Cambridge Ancient History (12 vol.). Cambridge, 1923-1939.

Cambridge History of the Bible (3 vol.). Cambridge 1963-1970.

Cambridge History of Judaim (vol. 1). Cambridge, 1984.

Chadwick, H. *Early Christian Thought and the Classical Tradition*, Oxford, 1966 ; *The Early Church*, Harmondsworth, 1967.

Chiera, E. *et al. Joint Expedition at Nuzi*. Harvard, 1927-1939.

Corbo, V. *The House of Saint Peter at Capharnaum*. Jérusalem, 1969 ; *Il Santo Sepolcro di Gerusalemme*, Jérusalem, 1981.

Coüasnon, Ch. *The Church of the Holy Sepulchre in Jerusalem*. Schweich Lectures 1972. Londres, 1972.

Crossland, R. A. et A. Birchall (ed.). *Bronze Age Migrations in the Aegean*. New Jersey, 1974.

Crowfoot, J.W. and G.M. Crowfoot. *Early Ivories from Sumaria*. Londres, 1938.

Cruden, A. (ed. C. H. Irwin). *Complete Concordance to the Bible*. Cambridge, 1977.

Dahmani, S. *Hippo Regius*. Alger, 1973.
Darlow, T. H. and H. F. Moule (rev. A.S. Herbert). *Historical Catalogue of Printed Editions of the English Bible*. Londres, 1968.
Demus, O. *Byzantine Mosaic Decoration*. Londres, 1948.
Dothan, T. *The Philistines and their Material Culture*. Jérusalem, 1982.

Einhard and Notker the Stammerer (trad. L. Thorpe). Harmondsworth, 1969.
Eissfeldt, O. *The Old Testament ; An Introduction*. Oxford, 1965.
Encyclopaedia Britannica (14e ed.). Londres, 1929.
Encyclopaedia Judaica. Jérusalem, 1971.
Encyclopaedia of Religion and Ethics. Londres et Edimbourg, 1908-1926.
Encyclopaedia of Archaeological Excavations in the Holy Land. Oxford, 1975-1978.
Eusèbe de Césarée. *Histoire ecclésiastique*, Cerf, 1960.

Finegan, J. *Encountering New Testament Manuscripts*. Londres, 1975.
Focillon, H. *Arts d'Occident, le Moyen Age, roman et gothique*, Livre de Poche, 1988.
Frankfurt, H. et H. A. Frankfurt et *al. Before Philosophy (The Intellectual Adventure of Ancient Man)*. Harmondsworth, 1949.
Freedman, D. N. et D. F. Graf (ed.). *Palestine in Transition*. Sheffield, 1983.
Freely, J. *Istanbul* (Guide Bleu). Londres, 1983.
Frye, N. *Le Grand Code*, Seuil, 1984.

Garstang, J. et J. B. E. Garstang. *The Story of Jericho*. Londres, 1948.
Gibbon, J. (ed. J. B. Bury) *The Decline and Fall of the Roman Empire*. London, 1896-1900.
Golb, N. « *Who Hid the Dead Sea Scrolls ?* » Biblical Archaeologist 48. Philadelphia, 1985.

Grabar, A. *Les Voies de la création en iconographie chrétienne*, Flammarion, 1979.

Graves, R. *Les Mythes grecs*, Fayard, 1985.

Graves, R. et R. Patai. *Les Mythes hébreux : le livre de la Genèse*, Fayard, 1987.

Grenfell, B. P., A. S. Hunt *et al. Fayûm Towns and their Papyri*. Londres, 1900.

Gray, J. *The Legacy of Canaan*. Leiden, 1965.

Halevi, B. A. *A Modern Guide to the Jewish Holy Places*. Jérusalem, 1982.

Halsberge, G. H. *The Cult of Sol Invictus*. Leiden, 1972.

Hastings, J. (ed.). *Dictionary of the Bible*. Londres et Edimbourg, 1898-1904.

Heidel, A. *The Gilgamesh Epic and Old Testament Parallels*. Chicago, 1949.

Hengel, M. *Judaism and Hellenism*, Londres, 1974 ; *Crucifixion*, Cerf, 1981 ; *Jews, Greeks and Barbarians*, Londres, 1980 ; *Between Jesus and Paul*, Londres, 1983.

Herodote. *Histoires*, Belles-Lettres, 1960-1969.

Heyden, A.A.M. van der. *Atlas of the Classical World*. Londres, 1960.

Hoade O.F.M.E. *Guide to the Holy Land*. Jérusalem, 1983.

Holman Hunt, W. *Pre-Raphaelitism and the Pre-Raphaelite Brotherhood*. Londres, 1905.

Holt, E. G. *A Documentary History of Art*. Princeton, 1958.

Huitzinger, J. *L'Automne du Moyen Age*. Payot, 1989.

Jacobson, T. *Treasures of Darkness*. Yale, 1976.

James, M. R. *The Apocryphal New Testament*. Oxford, 1924.

Jerome, *Correspondance*, Belles-Lettres, 1951-1963.

Jones, C. *et al.* (ed.). *The Study of Liturgy*. New York, 1978.

Josephe, F. *The Complete Works* (trad. W. Whiston). Halifax, 1864.

Jugman, J. A. *The Early Liturgy to the Time of Gregory the Great*. Londres, 1960.

Justin, Martyr et Irenaeus. (trad. A. Cleveland Coxe) *The Ante-Nicene Fathers vol I*. Edimbourg, 1867.

Juvenal, *Les Satires*, Belles-Lettres, 1968.

Kahle, P. E. « The Cairo Genizeh ». Schweich Lectures 1941. (2e ed.) Londres, 1960.

Kelly, J. N. D. *Jerome, His Life, Writings, and Controversies*. Londres, 1975.

Kenyon, F. *Our Bible and the Ancient Manuscripts* (5e ed.). Londres, 1958.

Kenyon, K. *The Bible and Recent Archaeology*, London, 1978 ; *Archaeology in the Holy Land* (4e ed.), Londres, 1979.

Kiblansky, R. *et al. Saturn and Melancholy*. Londres, 1964.

Krautheimer, R. *Early Christian and Byzantine Architecture*. (3e ed.) Londres, 1981.

Krautheimer, R. *et al. Corpus Basilicarum Christianum Romae*. Rome, 1962.

Lang, B. (ed.) *Anthropological Approaches to the Old Testament* Londres, 1985.

Lang, *M. Cure and Cult in Ancient Corinth*. Princeton, 1977.

Lawrence, D. H. *Apocalypse*. Londres, 1931.

Layard A. H. *Nineveh and its Remains* Londres, 1851.

Leach, E. *Genesis as Myth and other Essays*. Londres, 1969.

Leach, E. and D. A. Aycock. *Structuralist Interpretations of Biblical Myth*, Cambridge, 1983.

Loewe, M. et C. Blacker (ed.). *Divination and Oracles*. Londres, 1981.

Loud G. *The Megiddo Ivories*, Chicago, 1939.

Lyon, H. R. Et J. Percival. *The Reign of Charlemagne*, Londres, 1975.

Maas, J. *Holman Hunt and the Light of the World*. Londres, 1984.

Mâle, E. *L'Art religieux du XIIIe siècle en France*, Armand Colin, 1986.

Marasovic, T. *Diocletian's Palace*. Belgrade, 1982.

Marrou, I. *Saint Augustin et l'augustinisme*, Seuil, 1978.

Marx, K. et F. Engels. *L'Idéologie allemande*; Messidor-Ed. Sociales, 1982.

Meeks, W. A. et R. L. Wilkinson. *Jews and Christians in Antioch*. Missola, Montana, 1978.
Meer, F. van der et C. Mohrmann. *Atlas of the Early Christian World*. Londres, 1959.
Mendenhall, G. E. *The Hebrew Conquest of Palestine*. Biblical Archaeologist 25. Philadelphie, 1962.
Milnes, H. J. M. et T. C. Skeat. *The Codex Sinaiticus and the Codex Alexandrinus*, Londres, 1951 ; *Scribes and Correctors of the Codex Sinaiticus*, Londres, 1951.
Murphy-O'Connor, J. *Guide archéologique de la Terre sainte*, Denoël, 1982.
Murray, G. *The Rise of the Greek Epic*. Oxford, 1907.

Newman, S. *A Concordance to the Holy Scriptures*. (1672) repr. Londres, 1889.
Nietzsche, F. *L'Antéchrist*, Gallimard, 1978.
Nordenfalk, C. *Die Spätantiken Kanontafeln*. Gothenburg 1938.

O'Neill, T. *The Irish Hand*. Portlaoise, 1984.
l'Orange, H. P. *Art Forms and Civic Life in the Late Roman Empire*. Princeton, 1965.
The Oriental Institute Epigraphic Survey. *Medinet Habu*, Chicago, 1930-1969 ; *The Bubastite Portal*, Chicago, 1954.
Otto, R. *The Idea of the Holy*. Oxford, 1923.
Oxford Classical Dictionary (2e ed.). Oxford, 1970.
Oxford Dictionary of the Christian Church. Oxford, 1974.

Paine, T. *Le Siècle de la raison*, Presses Univ. de Nancy, 1989.
Panofsky, E. *Architecture gothique et pensée scolastique*, Minuit, 1967.
Pauly-Wissowa, *Realencyclopadie der klassischen Altertumswissenschaft*. Stuttgart, 1893-1981.
Petrarque. *Canzoniere*, Garnier, 1989.
Petrie, W. M. F. *Tell el-Hesi*, Londres, 1881 ; *Seventy Years in Archaeology*, Londres, 1933.
Pfeiffer, R. *History of Classical Scholarship from 1300 to 1850*. Oxford, 1976.
Pollard, A. W. *The Holy Bible : An exact reprint of the Authorised Version 1611*. Oxford, 1911.

Porter, R. et R. Moss (rev. J. Málek). *Topographical Bibliography of Ancient Egypt*. Oxford, 1927.
Possidius, *Life of St. Augustine* (trans. M. M. Muller). Washington, 1952.
Pritchard, J. B. (ed.). *Ancient Near Eastern Texts relating to the Old Testament* (3e ed.). Princeton, 1969.
Proceedings of the Cracow Conference 1984, Vatican City, 1985.
Psellos, M. *Chronographie ou histoire d'un siècle de Byzance*, Belles-Lettres, 1967.

Renan, E. *Vie de Jésus*, Gallimard, 1974.
Roberts, C. H. *An unpublished fragment of the Fourth Gospel*. Manchester, 1935.
Robinson, E. *Biblical Researches in Palestine*, Londres, 1841.
Robinson, H. W. *The Bible in its Ancient and English Versions*. Londres, 1954.
Robinson, J. (ed.). *The Nag Hammadi Library in English*. Leiden, 1977.
Roud, R. (ed.). *Cinema. A Critical Dictionary*. Londres, 1980.
Rudolf, K. *Gnosis*. Edimbourg, 1983.
Runciman, S. *The Fall of Constantinople, 1453*. Cambridge, 1985.
Rupp, E. G. et B. Drewery. *Martin Luther*. Londres, 1970.

Ste Croix, G. E. M. de. *The Class Struggle in the Ancient World*. Londres, 1981.
Sandars, N. K. (trad.). *Epic of Gilgamesh*. Harmondsworth, 1964.
Sanders, E. P. *Paul, the Law, and the Jewish People*, Londres, 1983 ; *Jesus and Judaism*, Londres, 1985.
Santillana, G. de. *The Crime of Galileo*. Londres, 1958.
Sayce, A. H. *Reminiscences*. Londres, 1923.
Schacffer, F. C. A. *et al. Mission de Ras Shamra* (vol. 1-18). Paris, 1929-1978.
Schürer, E. *A History of the Jewish People in the Age of Jesus* (nouv. éd. rev.) M. Black *et al.* Edimbourg, 1973-1985.
Segal, J. B. *« The Sabian Mysteries » in Vanished Civilisations*, Londres, 1963 ; *Edessa « The Blessed City »*, Oxford, 1970.

Shiloh, Y. *Excavations at the City of David* (vol. 1). Qedem 19, Jérusalem 1984.

Simpson, von O. *The Gothic Cathedral*, Princeton, 1962.

Smith, G. A. *Historical Geography of the Holy Land* (25e ed.). Londres, 1931.

Smith, M. *Palestinian Parties and Politics that shaped the Old Testament*, Columbia, 1971 ; *The Secret Gospel*, New York, 1973 ; « The Difference between Israelite Culture and other Major Cultures of the Ancient Near East », Journ. N. East Soc. Columbia U. Columbia 1974 ; *Jesus the Magician*, Londres, 1978.

Stager, L. E. « Merenptah, Israel and the Sea Peoples ». Archaeological, Historical and Geographical Studies. Chicago, 1984.

Stanley, A. P. *Sinai and Palestine*, Londres, 1856 ; *Lectures on the History of the Eastern Church*, Londres, 1861 ; *Sermons in the East*, Londres, 1863 ; *Christian Institutions*, Londres, 1881.

Stevenson, J. (ed.) *A new Eusebius*, Londres, 1960 ; (ed.) *Creeds, Councils, and Controversies*, Londres, 1966.

Stronach, D. *Pasargadae*. Oxford, 1978.

Tanner, J. R. (ed.). *Tudor Constitutional Documents*. Cambridge, 1922.

Theophilus, *On Divers Arts* (trad. J. G. Hawthorne et C. S. Smith). Chicago, 1903.

Thomas, D. W. (ed.) *Archaeology and Old Testament Study*, Londres, 1967 ; (ed.) *Documents from Old Testament Times*, Londres et Edimbourg, 1958.

Tischendorf, C. *Codex Sinaiticus*. (8e ed.). Londres, 1934.

Tolnay, C. de. *Tout l'œuvre peint de Michel-Ange*, Flammarion, 1986.

Vaux, R. de. *Histoire ancienne d'Israël*, Gabalda J, 1971 ; *Archaeology and the Dead Sea Scrolls*, Schweich Lectures 1959, Londres, 1972.

Vallée, G. *A Study iun Anti-Gnostic Polemics*. Waterloo, Ontario, 1981.

Vatican (Publication de l'Observatoire du Vatican). *Galileo and the Council of Trent*. Vatican City, 1983.

Vermes, G. *The Dead Sea Scrolls : Qumran in Perspective*, (2e ed.) Londres, 1982 ; *Jésus le Juif*, Desclée, 1978 ; *Jesus and the World of Judaism*, Londres, 1983 ; (ed. et trad.), *Dead Sea Scrolls*, Harmondsworth, 1968.

Vitruve, *Les Dix Livres d'architecture*, Errance, 1984.

Ward-Perkins, J. B. *Roman Imperial Architecture*. Harmondsworth, 1981.

Webb J. F. (trad.) *The Age of Bede*. Harmondsworth, 1983.

Weitzmann, K. *Late Antique and Early Christian Book Illumination*. Londres, 1977.

Wilkinson, J. *Jerusalem Pilgrims*, Warminster, 1977 ; *Jerusalem avec Jésus*, Cerf, 1981 ; *Egeria's Travels to the Holy Land*, Warminster, 1981.

Winter, P. *On the Trial of Jesus*. Berlin, 1961.

Woolley, L. *Ur of the Chaldees*, Londres, 1929 ; *Alalakh*, Londres, 1955.

Yadin, Y. *The Art of Warfare in Biblical Lands*, Londres, 1963 ; (ed.) *Jerusalem Revealed*, Jérusalem, 1975.

Yurko, F. « Merenptah's Palestinian Campaign ». Journal for the Study of Egyptian Antiquities, 8. Chicago, 1978.

Table des matières

De la traductrice au lecteur 7

Chapitre premier : La Genèse 9

Une visite à Abraham 9
Aux origines 13
Abraham dans son époque 19
L'archéologie et ses mythes 29
Sara et les mandragores 39
La Genèse 43
La tour de Babel et le Sphinx 51
La place des étrangers dans l'Egypte de l'Antiquité 57
L'Antiquité égyptienne vue au travers de la Bible 66
L'Exode 75

Chapitre II : Des Chroniques et des Rois 92

Dieu arraché aux sables 92
Israélites et archéologues 96
Les premiers Israélites 105
Le pays de Canaan 109
Ecumeurs de villes 120
David, Goliath et Samson 124
Israël : au commencement 129
Le Seigneur est notre rempart, notre forteresse... 136
Les Royaumes 146
La nostalgie de Sion 159

Chapitre III : La Bible : un ouvrage en chantier 167

Paroles d'exilés 167
Le retour 173
De multiples Yahvés... 181
Des villes de lumière 189
Hérode et l'hellénisme 206
La Judée sous domination romaine 212
Le voile déchiré 218
Les manuscrits de la mer Morte 223
Des auteurs à l'œuvre 244
Des scribes aux imprimeurs 255

Chapitre IV : Jésus et le Nouveau Testament........................ 262
L'air du temps.. 262
La main sur l'Evangile, ou Jésus devant les archéologues 268
L'Eglise au temps de Paul... 282
Les Evangiles, ou l'art de l'hagiographie 288
Le dossier archéologique 307
La place et le rôle d'Antioche.. 317
Harpes tordues et mœurs dissolues... 326
L'homme des choix : Irénée de Lyon................................ 338

Chapitre V : *Deo Gratia* : par la Grâce de Dieu.................. 348
Du paganisme au christianisme.. 348
Le concile de Nicée 367
Une Rome chrétienne : Constantinople.............................. 377
La Palestine devient Terre sainte....................................... 381
La Bible impériale... 388
Païens et hérétiques... 397
Saint Jérôme et la Bible romaine 405
Un monde disparaît.. 415

Chapitre VI : Des ténèbres à l'éblouissement de la lumière.. 427
Au plus noir de la nuit.. 427
Venus de Northumbrie et d'Irlande................................... 441
Constantinople : la Divine Sagesse 452
L'empereur de Byzance 461
Charlemagne et Alcuin 469
Le royaume d'Occident.. 485
Constantinople, mardi 29 mai 1453 500

Chapitre VII : Le paradis perdu 507
« Le style, c'est l'homme... » 507
Martin Luther 521
En Angleterre : la Bible du roi Jacques............................ 541
Le concile de Trente : la lettre et l'esprit 550
« Eppur si muove ! »... 558
« Tout reposait dans Ur et dans Jérimadeth »................... 576
Le renouveau biblique... 587
Entre Eden et Apocalypse... 591

Bibliographie.. 597

Aubin Imprimeur
LIGUGÉ, POITIERS

Achevé d'imprimer en août 2002
pour le compte de France Loisirs
123, bd de Grenelle, 75015 Paris
N° d'édition 37434 / N° d'impression L 63987
Dépôt légal août 2002
Imprimé en France